彭林 主編

朱載全集

第九册 史傳三編（下）

復旦大學出版社

本册總目

史傳三編（下）

朱莉莉　張旭輝　整理

目録

史傳三編卷四十五

史傳三編卷四十六

史傳三編卷五十一……（一二二九）

史傳三編卷五十二……（一二五一）

史傳三編卷五十三

史傳三編卷五十四……（一二八五）

史傳三編卷二十七

名臣傳十九

唐

李渤

李渤，字濬之，刻志於學，與仲兄涉偕隱廬山白鹿洞。後久之，徙少室。元和初，以右拾遺召，不拜。洛陽令韓愈遺以書，曰：「昔孔子知不可爲而爲之不已，跡接於諸侯之國。今可爲之時，自藏深山，牢關而固拒，即與仁義者異守矣。必審察而諦思之，務使合於孔子之道。」渤善其言，始移家東都，每朝政有闕失，輒附章列上。

元和九年，討淮西，上平賊三術，及禦戎新録，召爲著作郎，遷右補闕，以直忤旨，左遷王府諮議參軍，分司東都。

十二年，上言：「昔舜、禹以匹夫宅四海，其烈如彼。今以五聖營太平，其難如此。臣恐群臣藴晦術略，啓沃未盡，使陛下翹然思文、武、禹、湯而不獲也。宜正六官，叙九疇，修王制、月令，崇孝弟，敦九族，廣諫路，黜選舉，復俊造，定四民，省抑佛、老，明刑行令，治兵禦戎。願下宰相公卿大夫議，博引海内名儒，大開學館，與群臣參講，據經稽古，作制度。因上五事：一禮樂、二食貨、三刑政、四議都、五辨讐。」渤雖在外，然志存朝廷，表疏凡四十五獻。擢庫部員外郎。會皇甫鎛輔政，務剥下佐用度，而渤適奉詔弔鄜士美喪，于道上言：「州縣逃亡多，其弊始于攤逃人之賦。誠由聚歛之臣割下媚上，願詔禁止，計不三年，人必歸農。夫農，國之本，本立而太平可議矣。」渤既以峭直觸要臣意，乃謝病歸。

穆宗立，召拜考功員外郎。歲終，校考。渤上奏，自宰相而下，皆升黜之。值渤請急，馮宿領考功，渤議遂廢。

時魏博節度使田弘正表渤爲副，杜元穎由是劾渤外交方鎮，出爲虔州刺史。至州，奏還信州移税錢二百萬，免賦米二萬石，廢冗役千六百人。不閲歲，移刺江州。白鹿洞在江州境，渤舊所隱處也。乃即洞創臺榭，環以流水，雜值花木，爲一州勝。

度支使張平叔方歛天下逋租，渤言：「州田二千頃，今旱死者千九百頃。若復追逋，臣懼天下謂陛下當大旱而責民賦。臣上不能奉詔，下不忍民窮，無所逃死，請放歸田里。」有詔蠲責。又治湖水，築堤七百步，人不病涉。

入爲職方郎中，進諫議大夫。敬宗晏朝，群臣入閤，帝久不出，至有頓仆者。渤見宰相曰：「昨論晏朝事，今益晚，是諫官不能移人主意，渤請出閤待罪。」會喚仗，乃止。退即上疏曰：「陛下不時見群臣，群臣皆布路跛倚。夫跛倚形諸外，則憂思結諸内。憂倦既積，災釁必生，小則爲旱爲孽，大則爲兵爲亂。禮：『三諫不聽，則逃之。』陛下新即位，臣至三諫，恐危及社稷。」俄充理匭使，建言：「事大者以聞，次白宰相，下以移有司。有司不當，許再納匭。妄訴者加所坐一等，以絶冒越。」詔可。

時政移近倖，紀律蕩然，渤勁正不顧患，通封章無闋日。天子雖幼，亦感寤，擢給事中，賜金紫服。未幾，以論宦人益横，出爲桂管觀察使。

桂有灕水，出海陽山，世言秦史禄伐粤，鑿爲漕，馬援討徵側，復治以通餽。其後江水潰毁，渠遂廞淺，每轉餉，役數十户濟一艘。渤釃浚舊道，鄣泄得宜，舟楫利焉。踰年，以病歸洛。太和中，召拜太子賓客。卒，年五十九。

渤，孤操自將，不苟合于世，人咸謂之沽激。屢以言斥，而倖直不少衰，守節者尚之。

論曰：陽城及渤皆起處士，而能以直名城，不毛舉細故。渤則遇事風發，此爲少異耳。白鹿洞之迹，自渤倡之，至南唐建學于是，朱子爲之修墜葺廢，揭五教之目，爲學之序及修身、處事、接物之要，以示學者。其高弟繼之，毋荒厥緒，是地遂爲理學源瀾之所自出，渤之風流，亦因以百世不湮矣。

韋處厚

韋處厚，字德載，京兆萬年人也。親没，廬墓終喪，事繼母以孝聞。登進士，授校書郎。舉賢良方正異等，預修德宗實録，改咸陽尉。

憲宗初，擢左補闕。進規納忠，言多切直，時人莫知也。李絳規帝，未聞納諫。帝乃言：「處厚、路隋，數上疏，極忠切。」由是中外推其慎密。歷考功員外郎，坐與宰相韋貫之善，出爲開州刺史。

穆宗以其學有師法，召爲翰林侍講學士。處厚以帝沖怠不向學，偕路隋合併五經、孝經論語，掇其粹要，題爲六經法言二十篇上之，冀助省覽。帝稱善。遷中書舍人。張平叔以言利得幸，建言官自鬻鹽，籠天下之財。宰相不能詰，處厚發十難，平叔愧縮，事遂寢。

敬宗初，李逢吉黨劉栖楚等，構李紳，欲置之死。處厚言：「紳，先朝舊臣，就令有過，尚當祓瑕洗垢，以成三年無改之道，况被讒譖！比楊炎爲元載復讐，盧杞爲劉晏償怨，諸鎮多爲不平，兵連禍結，天下騷然，陛下目所親見，寧不深念哉？」紳得免死，遠竄。逢吉怒，未解。寶歷三年，赦書不予降官量移，處厚復奏：「逢吉緣紳一人，使曠蕩之恩，不及近歲斥逐之徒，非所以示天下。」帝悟，追改其條。進學士，承旨兵部侍郎。時帝畋游無度，月視朝不過三四。處厚入見，自陳有罪當死。帝曰：「何哉？」對曰：「臣昔爲諫官，不能死争，使先帝因酒色而損壽，于法應誅，所以不死者，以陛下在春宫，年十有五，可望弼成。今皇子方在襁褓，臣安敢畏死而不諫？」帝感其言，賜以錦綵，然實無能改也。王廷湊之亂，帝歎宰相不才，使姦臣跋扈，處厚奏：「陛下有一裴度而不能用，何況其他？」于是以度爲司空同平章事。

嘗奉命于宣州徵鷹鷙及揚、益、兩浙索奇文綾錦。皆抗疏不奉詔，帝不得已從之。

帝即位三年，以荒淫嬉戲爲内侍劉克明等所弑，矯詔立絳王悟。宦官王守澄等迎江王涵入宫，討賊黨，盡斬之。絳王爲亂兵所害，守澄等欲號令中外，疑所以爲詞，問于處厚。處厚言：「春秋大義滅親，内惡必書，以明逆順。正名討罪，何所避諱？」又問江王踐阼之禮，處厚曰：「詰朝，當下王教以已平内難，布告中外，然後群臣三表勸進，以太皇太后令册命即位耳。」守澄等從其言，以裴度攝冢宰，百官謁江王于紫宸外廡，王素服涕泣。明日，即位，進處厚中書侍郎、同平章事，封靈昌郡公。

居位務在濟時，不爲身家計。中外補授，咸得其宜。先是，齊抗奏罷諸州别駕，凡當授者，壅滯京師。又元和以來，裨將立功，得補宫官，久伺闕者，朱紫淆沓。處厚乃置六雄、十望、十緊等州，别駕以處之，由是流品澄别。帝雖自力機政，然驟信輕改，浮論易奪。與宰相議事已定，尋復中變，處厚嘗獨對諫曰：「陛下不以臣不肖，使待罪宰相，凡所奏可，中輒變易。出自上心耶，乃示臣不信。得于横議耶，即臣何名執政？裴度元勳舊德，實易直長厚忠實，所宜親信。臣乃陛下自擢，今言不見聽，宜先罷退。」趨下頓首。帝矍然曰：「何至是，卿之忠力，朕自知之，安可遽辭以重吾不德？」處厚趨出，帝復召問所欲言，對以：「近君子，遠小人，始可爲治。」諄復數百言。又言：「裴度忠，可久任。」帝嘉納之。

自大歷以來，節度使多出禁軍，大將以倍稱之息貸錢，以賂中尉，動踰億萬。至鎮，則重歛以償。至是，處厚與裴度始革其弊，中外相賀，曰：「自今債帥鮮矣。」

李同捷叛，史憲誠陰懷向背心，度待以不疑。憲誠遣吏白事中書，處厚召語曰：「晉公以百口保汝帥于天子，我則不然，正須所爲，以邦法從事耳。」憲誠懼，不敢貳，卒有功。李載義數破滄、鎮兵，每俘執生口，皆刳剔之。處厚戒諭，前後全活數百千人。太和二年，方奏事，暴疾，次日卒，年五十六，贈司空。

處厚姿狀如甚懦者，至廷争，嶷然不可回奪。百僚謁事，畏惕未嘗敢及以私。推擇群材，往往棄瑕録善，時亦譏其太廣。性嗜學，家書讐正至萬卷。本名淳，避憲宗諱，改焉。

論曰：處厚望不及裴度，才不及李德裕，而鯁亮公明，爲晚唐一賢相。方穆、敬時，立朝尤難，而處厚苦口納忠，不少自替。文宗初政清明，恭儉勵精，若出宫人三千，放五坊鷹犬，省教坊、總監冗食千二百餘員，罷別貯、宣索，奇日視朝，深談政體，待制官屢蒙召問，中外咸冀太平，因以知處厚匡扶之力不少也。文宗時，方信任，又薦裴度，元老同心共事，故初政如此。此與崔祐甫在德宗初年何異？迨處厚卒，而李宗閔、牛僧孺相，裴度不能獨立矣，馴致甘露之變，讀史者不能不爲之歎也。

李德裕

李德裕，字文饒，吉甫子也。卓犖有大節，不喜與諸生試有司，以蔭補校書郎。穆宗即位，擢翰林學士。凡號令大典册，皆更其手。累遷至御史中丞，雅有入相之望。始，吉甫相憲宗，牛僧孺、李宗閔對直言策，痛詆當路。吉甫訴于帝，有司皆得罪，遂與爲怨。而李逢吉亦怨吉甫，至是逢吉引僧孺并相，出德裕爲浙西觀察使。

潤州兵素驕，傾府庫賚之猶不足。德裕自檢約，以留州財贍兵，均而不怨。南方信機巫，父母癘疾，雖其子不敢養。德裕擇長老，諭以慈孝大倫，違約者有明法，惡俗大變。按屬州毁淫祠千餘所，撤山房庾盗者千四百舍。

敬宗立，侈用無度，詔浙西上脂盝粧具，德裕奏：「比年蝗旱，物力未完。本道所存，惟留使錢五十萬緡，率歲經費尚少十三萬，軍用褊急。今所須脂盝粧具，度用銀及金二萬餘兩，願詔宰相議，何以俾臣不違詔旨，不乏軍興，不疲人，不歛怨，則前勑後詔，咸可遵承。」不報。又詔索盤縧繚綾千匹，德裕奏言：「太宗時，或獻名鷹，李大亮諫止，賜詔嘉歎。玄宗令益州織半臂、琵琶捍撥、鏤牙合子等，蘇頲不奉詔，帝不加罪。豈二祖有臣如此，今獨無之？蓋有位者蔽而不聞，非陛下拒不納也。」優詔爲停止。

時帝好游幸，狎比群小，聽朝簡忽。德裕上丹扆六箴，一曰：宵衣，諷視朝稀晚也；二曰正服，諷服御乖異也；三曰罷獻，諷歛求怪珍也；四曰納誨，諷侮棄忠言也；五曰辨邪，諷信任群小也；六曰防微，諷僞游輕出也。帝雖不能用，猶敕韋處厚作詔，厚謝其意。然爲逢吉所排訖，不内徙。

自元和後，禁毋度僧。徐州王智興言天子誕月，請築壇度僧以資福，因收其利以自入。德裕劾：「智興爲壇泗州，願度者輸錢二千，自淮而右，户三丁男，必一男削髮，規避徭賦。若不禁遏，江淮失丁男六十萬，不爲細變。」詔徐州禁止。

亳州浮屠詭言有聖水可愈疾，南方之人，率十户僦一人往汲。互相欺訹，德裕嚴勒津邏捕絶之，且言：「昔吴有聖水，宋、齊有聖火，皆本妖祥，古人所禁。請下觀察使令狐楚填塞，以絶妄源。」從之。

帝方惑佛老，禱福祈年，奸徒杜景先妄言，其師周息元壽數百歲，遣宦者至浙西迎之。德裕疏言：「此皆迂怪小術，如文成、五利者。前世天子雖好方士，未御其藥，豈非以宗廟爲重乎？」不聽。

太和三年，召拜兵部侍郎。裴度薦其材堪宰相，而李宗閔以中人助，先秉政，出德裕爲鄭滑節度使，引僧孺協力，罷度政事。凡德裕所善，悉逐之。于是二人權震天下。

踰年，徙劍南西川。蜀自南詔入寇，一方凋敝。德裕至，完殘奮怯，皆有條次。建籌邊樓，按南道山川險要與蠻相入者圖之左，西道與吐蕃接者圖之右。其部落衆寡，饋運遠邇，曲折咸具。召習邊事者與之指畫商訂，纖悉情僞必盡知之。乃請甲人于安定，弓人于河中，弩人于浙西。由是器械犀鋭，率户二百取一人，使習戰，貸勿事，緩則農，急則兵，謂之「雄邊子弟」。築仗義城，以制大度、清溪之阻；作禦侮城，以控榮經犄角之勢；作柔遠城，以扼西山吐蕃；復邛崍關，徙嶲州治臺登，以奪蠻險。于是二邊寖懼，南詔還所俘掠四千人，吐蕃將悉怛謀以維州來降。德裕遣兵據守，且陳出師之利。僧孺居中沮其功，詔德裕以其城及悉怛謀等還吐蕃，吐蕃盡誅之境上，極慘酷，德裕終身以爲恨。會監軍使王踐言入朝，盛言悉怛謀死，拒遠人向化。帝亦悔之，乃召爲兵部尚書，俄拜平章事。未幾，宗閔罷，德裕代爲中書侍郎。時鄭注因王守澄以進，又薦李訓待詔，帝欲授以諫官。德裕曰：「訓小人，咎惡滿天下，不宜引置左右。」帝曰：「人誰無過，當容其改。」且逢吉嘗言之。」對曰：「聖賢則有改過，若訓天資姦邪，尚何能改？」逢吉位宰相，而顧愛兇回，亦罪人也。」訓、注皆怨，復召宗閔輔政，出爲鎮海節度使，再貶袁州長史。未幾，宗閔以罪斥，而訓、注等敗，帝悟，乃以德裕爲太子賓客分司東都。

開成中，遷淮南節度使。武宗立，復召同平章事。既入謝，即疏：「辨邪正，專委任，而後朝廷治。請以松栢蔦蘿爲喻，惟正人一心事君，無待于助。邪人必更爲黨，以相蔽欺。幸以是辨之。」又引管仲對齊桓公所以害覇事，惟知人不能舉，舉不能任，任而雜以小人之故也。又曰：「先帝于大臣，好爲形迹，小過皆含容不言，日累月積，以至禍敗。兹事大誤，願陛下以爲戒。臣等有罪，陛下當面詰之，小過容其悛改，大罪加之誅譴，則君臣之際無疑間矣。」上嘉納之。

初，上之立非宰相楊嗣復、李珏意，仇士良既譖死知樞密劉弘遠、薛季稜，又奏遣中使就誅嗣復及珏。杜悰奔馬見德裕曰：「天子新即位，兹事不宜手滑。」德裕乃與同官崔珙、崔鄲、陳夷行上奏，曰：「德宗疑劉晏摇動東宮而殺之，中外咸以爲冤，兩河不臣者得以爲詞。德宗後悔，録其子孫。文宗疑宋申錫交通藩邸，竄謫至死，既而追悔，爲之出涕。嗣復等若有罪，當先行訊鞫，俟署狀著白，誅之未晚。」帝命之坐者三，德裕等曰：「臣等願陛下免二人于死，勿使既死，而衆以爲冤。今未奉聖旨，臣等不敢坐。」上乃曰：「特爲卿等釋之。」德裕等躍階舞蹈，帝召升坐，追還二使，二人得免。

時帝數出畋游，德裕上言：「人君動法于日，故出而視朝，入而燕息。傳曰：『君就房有常節。』惟深察古誼，毋繼以夜。側聞五星失度，恐天以是勤儆戒。《詩》曰：『敬天之渝，不敢馳驅。』願節田游，承天意。」尋册拜司空。

回鶻挾太和公主，所求無厭，遂寇振武。德裕以方略授劉沔，薦石雄邀擊之，大破之于殺狐山，奪太和公主以還。進位司徒。黠戛斯遣使來，請攻取安西、北庭地。德裕以爲，漢魏相請罷車師，賈捐之請棄珠崖，近狄仁傑亦請棄四鎮及安東，皆不欲貪外以耗內。得之無用，遂止。又追論維州事，云：「維州據高山絶頂，三面臨江，在戎虜平川之中，是漢地入兵之路。初，河、隴盡没，惟此獨存。吐蕃潛以婦人嫁此州門者，二十餘年，生子長成，竊開壘門，引兵夜入，遂爲所陷。號曰無憂城。從此得以併力西邊，憑陵近甸，旰食累朝。貞元中，韋皋欲經略河、湟，須此城爲始。急攻數年，卒不可克。臣到西蜀，空壁來歸。南蠻震懾，山西八國，皆願内屬。可減八處鎮兵，坐收千里舊地。且維州未降前一年，吐蕃猶圍魯州，豈顧盟約！臣受降之初，指天爲誓，面許奏聞，各加酬賞。當時不與臣者，望風疾臣，詔執送悉怛謀等令彼自戮。臣累表陳論，乞垂矜捨，答詔嚴切，竟令執還。體備三木，輿于竹畚，及將就路，冤叫嗚嗚，將吏對臣，無不隕淚。蕃帥即以此人戮于漢境之上，恣行殘忍，用固攜離，至乃擲其嬰孩，承以槍槊。絶忠款之路，快兇虐之情，從古以來，未有此事。雖時更一紀，而運屬千年，乞追奬忠魂，各加褒贈！」乃詔贈悉怛謀右衛將軍。

澤潞節度劉從諫死，軍中立其從子擅留事，以邀節度。廷議以回鶻餘燼未滅，復討澤潞，國力不支。德裕獨曰：「澤潞事體與河朔三鎮不同，澤潞近處腹心，一軍素稱忠義。如李抱真成立此軍，德宗猶不許承襲。敬宗不恤國務，宰相又無遠略，劉悟之死，因授從諫，使其跋扈，垂死之際，復以兵權付豎子，若又因而授之，則諸鎮誰不思效其所爲？天子威令不復行矣！」帝曰：「卿以何術制之？果可克否？」對曰：「澤潞所恃者三鎮，但得鎮、魏不與之同，則彼無能爲也。今若遣重臣往諭王元逵、何弘敬，以河朔自艱難以來，列聖許其傳襲，已成故事，與澤潞不同。今將加兵澤潞，不欲更出禁軍，其山東三州委兩鎮攻之。賊平之日，將士并加厚賞。苟兩鎮聽命，則澤潞必破矣。」上喜，曰：「吾與德裕同之，保無後悔。」命德裕草詔，賜元逵、弘敬曰：「澤潞一鎮，與卿事體不同，勿爲子孫之謀，欲存輔車之勢。但能顯立功效，自然福及後昆。」上曰：「當如此直告之是也。」又賜張仲武詔，令專禦回鶻。于是遣御史中丞李回往三鎮宣慰，弘敬、元逵、仲武皆具櫜鞬郊迎，立道左，不敢令人控馬，讓制使先行。自兵興以來，未之有也。

三鎮皆奉詔，已而元逵兵已出，弘敬逗留持兩端。德裕建遣王宰以陳、許精甲，假道于魏以伐磁。弘敬聞，遽勒兵自涉漳取磁、潞。會横水兵叛，入太原，逐其帥李石，奉裨將楊弁主留事。方是時，澤潞未下，議者頗言兵可罷。王宰又言：「游奕將得澤、潞表，有意歸附。」德裕言：「建立奇功，實在今日，必不可以太原小擾，失此事機。望即遣使督其進兵，必其與舉族面縛，方可受納。」又爲相府與宰書，言：「昔王承宗逆命，遣子弟奉表入朝，憲宗猶未之許。今置表于衢路之間，游奕不即毁除，實恐非是。自今更有章表，宜即所在焚之。惟面縛而來，始可容受。」德裕又上言：「太原人心，從來忠順，止是賞犒不足。況千五百人何能爲事，必不可縱。且用兵未罷，深慮所在動心。望詔李石還赴太原，召兵討亂。」上皆從之。

詔王逢留太原守榆社，以易定、汴、兖兵，還討弁。又遣中使馬元實到太原曉諭，且覘之。元實受弁賂，還于衆中大言：「相公須蚤與之節！」德裕曰：「何故？」元實曰：「自牙門至柳子列十五里明光甲，若之何取之？」德裕曰：「李相以無兵。故發横水兵赴榆社。弁何能遽致如此之衆乎？」元實曰：「召募所致耳。」德裕曰：「召募須有貨財，李相止以欠軍士絹一匹，故致此亂，弁何從得之？」元實詞窮。德裕曰：「縱其有十五里明光甲，必須殺此賊。」因奏：「弁微賊，決不可恕。如國力不支，寧舍澤潞，而討弁。」河東兵戍榆社者聞朝廷令客軍取太原，恐妻孥爲所屠滅，乃擁監軍吕義忠自取太原，斬弁，獻首京師。

德裕每疾貞元、太和間有所討伐，諸道兵出境，即仰給度支，多遷延以困國力。或與賊約，令懈守備，得一縣一屯以報天子，故師無大功。因請勅諸將，令直取州，勿攻縣。故元逵等下邢、洺、磁，而澤潞氣索。

又先是，韓全義敗于蔡，杜叔良敗于深，皆監軍宦人制其權，將不得專進退。勝則飛章奏捷，不勝則歸其罪于將。凡詔書一日三四下，宰相不預。又諸道鋭兵，皆監軍取以自衛，每督戰，乘高建旗自表，小不勝，輒卷旗去，大兵隨以北。德裕之討回鶻、澤潞也，請詔書付宰司乃下，監軍不得干軍要。自是，號令明壹，所向有功。未幾，澤潞將郭誼斬其主以降，帝問何以處之，德裕曰：「誼先教乳臭子以反，今見主將敗，復賣主求利，不誅無以懲惡。」帝從之。

澤潞平，策功拜太尉，德裕固讓，不敢當太尉。又言：「趙，先臣舊封，將傳舊封，乃改封衛。」嘗與帝從容言朋黨之説，正人同心共濟，不可爲黨。大意欲朝廷尊，臣下肅，而政出宰相，深疾朋黨，故感切言之。又嘗謂：「省事不如省官，省官不如省吏，乃請罷郡縣吏凡二千餘員，衣冠去者皆怨。時天下已平，德裕當國凡六年，方用兵時，決策制勝，他相莫能與，故威名獨重于時。

宣宗即位，德裕奉册太極殿。帝退謂左右曰：「向行事近我者，非太尉耶？顧我，毛髮爲森豎。」翼日，罷爲荆南節度使。俄徙東都留守。大中元年，白敏中、令狐綯使仇黨李咸斥德裕陰事。再貶潮州司馬。明年，又貶爲崖州司户參軍。明年，卒，年六十三。

德裕性孤峭，明辨有風采，善爲文章。雖至大位，猶不去書。其謀議援古爲質，袞袞可喜。嘗以經綸天下自爲，武宗知而能任之，言從計行，是時王室幾中興。先是，元和後數用兵，宰相率不休沐，以夜繼日。至德裕，從容裁決，雖遽書警奏，沛然若無事。午漏還第，休沐如常。帝以詔書處報機急，學士不能盡意，悉命親爲之。

澤潞平，帝每道其語，切于事情，而能伐謀也。河北三鎮每遣使至京師，德裕常面諭之，曰：「河朔兵力雖强，不能自立，須藉朝廷官爵威命，以安軍情。語汝吏，與其使大將邀勅使以求官爵，何如自奮忠義，立功立事，結知明主乎？且李載義爲國家平滄景，及爲軍中所逐，不失作節度使。楊志誠遣大將遮勅使馬求官，及爲軍中所逐，朝廷竟不赦其罪。此二人禍福足以觀矣。」由是不敢有異志。

後除浮屠法，僧亡命，多奔幽州。德裕召邸吏戒曰：「爲我謝張仲武，劉從諫招納亡命，今安在也？」仲武懼，以刀授居庸關吏曰：「僧敢入者，斬之。」時歸俗僧尼二十六萬人，收良田數千萬頃。又慮朝廷數討有功，或傷于武，奏請少息，勿損威重，願以兵爲戒，乃可保其成功。帝嘉納之。

嘗奏言：「方士趙歸真，乃敬宗時罪人，不宜近左右。」帝以歸真無大過，召與語養生術耳。對曰：「小人于利，若蛾赴燭，向見歸真之門，車轍滿矣。」帝不聽。于是挾術詭時者進，帝志衰焉。所居安邑里第有，院號起草，亭曰精思，每計大事，則處其中，雖左右侍御不得預。不喜飲酒，後房無聲色娱。生平所論著多行于世。

論曰：德裕與僧孺、宗閔等爲水火，未免徇愛憎，因事貶黜。又若崔珙薦柳公權爲學士，以恩非己出而左遷之，惡白居易，而沮其爲相。何德量之不弘也？然其才猷事業，烺烺炳炳，宇宙間有卓然不可磨滅者。在浙西能化汙俗，在西川籌邊經濟，爲當世第一。不幸佞臣居中沮撓，墜震叠懷來之事機，維州一棄，千載有餘恨焉。匡勷事宜，決策制勝，澤潞既平，三鎮惕息而不敢動。仇士良專擅奸滑，屏息而求自退。藩鎮反側，宦寺專恣，不知消歸，何有唐室幾于中興？固武宗之英明，亦德裕有以佐之也。昔人稱姚崇爲救時相，若德裕何多讓乎？使加以聖賢中正和平之問學，其功業且不知所届矣。

劉蕡

劉蕡，字去華，幽州昌平人。登寶歷進士，博學善屬文，通春秋，能言古興亡事，沉健于謀，浩然有救世志。元和後，紀綱弛廢，宦豎弑逆，更二帝不能討，支黨握兵，横制海内，號曰「北司」。蕡常憤嫉之。

太和二年，舉賢良方正，能直言極諫。蕡對策曰：「臣誠不佞，有正國致君之術，無位而不得行。有犯顔敢諫之心，無路而不得達。陛下詢求過闕，咨訪嘉謀，請披肝膽爲陛下别白而重言之。謹按春秋：元者，氣之始也。春者，歲之始也。春秋以元加于歲，以春加于王，明王者當奉若天道，以謹其始也。又舉時以終歲，舉月以終時，雖無事，必書首月。明王者，當承天之道，以謹其終也。陛下能謹其始，又謹其終，懋而修之，勤而行之，安有三代循環之弊，百僞滋熾之漸乎？臣聞不宜憂而憂者，國必衰；宜憂而不憂者，國必危。陛下不以國家存亡、社稷安危之策降于清問，臣未知果以布衣之臣不足與定計耶？或萬幾之勤有所未至？宜憂而不憂乎？臣以爲陛下所憂者，宫闈將變，社稷將危，天下將傾，四海將亂。此四者，國家已然之兆，聖慮宜先及之。夫帝業艱難而成之，固不可容易而守之。太祖肇其基，高祖勤其績，太宗定其業，玄宗繼其明，至于陛下，二百餘載，其間聖明相因，擾亂繼作，未有不用賢士、近正人而能興者。謹按春秋，人君之道，在體元以居正。繼故必書即位，所以正其始也；終必書地，所以正其終也。故爲君者，所發必正言，所履必正道，所居必正位，所近必正人。春秋：『閽弑吴子餘祭。』書其名，譏疏遠賢士，昵刑人，有不君之道。伏惟陛下思祖宗開國之勤，念春秋繼故之誡。明法度之端，杜篡弑之漸，遠刀鋸之殘，親骨鯁之直，使輔相得以顓其任，庶寮得以守其官。奈何以褻近五六人總天下大政，外專上命，内竊朝權，威攝斧扆，勢傾海内，群臣莫敢指其狀，天子不得制其心，禍稔蕭墻，姦生帷幄，曹節、侯覽復生今日，此宫闈將變也。臣謹按春秋：『定公元年春王。』不言正月者，春秋以爲昭公不得正其終，則定公不得正其始。今忠賢無腹心之寄，閽寺專廢立之權，事與定公無異。况太子未立，郊祀未修，將相之職不歸，名器之宜不定，此社稷將危也。臣謹按春秋：『王札子殺召伯、毛伯。』兩下相殺不書。此書者，重其顓王命也。夫天之所授者在命，君之所存者在令。操其命而失之者，是不君也；侵其命而奪之者，是不臣也；不君不臣，此天下所以將傾也。臣謹按春秋，趙鞅以晉陽之兵叛入于晉，書其歸者，善其能逐君側之惡以安其君也。今威柄陵夷，藩臣跋扈。有不達人臣大節，而首亂者將以安君爲名；不究春秋之微，而稱兵者將以逐惡爲義。則典刑不由天子，征伐必自諸侯，此海内之將亂也。故樊噲排闥而雪涕，袁盎當車而抗詞，京房發憤以殞身，竇武不顧而畢命，此皆陛下能明知之矣。臣謹按春秋，狐射姑殺陽處父，書襄公殺之者，以其君漏言也。襄公不能固陰重之機，處父所以及殘賊之禍，故春秋非之。夫上漏其情，則下不敢盡意；上泄其事，則下不敢盡言。故傳有造膝詭詞之文，易有失身害成之戒。今公卿大臣，非不欲爲陛下言之，慮不能用而反泄，必嬰其禍。適足鉗直臣之口，而重姦臣之威。故徘徊鬱塞，以須上意感悟，然後盡其啓沃。陛下何不于聽朝之餘，時御便殿，召當世賢相老臣，訪持變扶危之謀，求定傾救亂之術，塞陰邪之路，屏褻狎之臣，制侵陵迫脅之心，復門户掃除之役。則雖不得治其前，能治其後；不得正其始，能正其終。可以虔奉典謨，克承丕構。臣聞堯、禹之爲君，元凱在下雖微必舉，四凶在朝雖彊必誅。至秦二世、漢元成，不見安危之機，不任大臣，不親忠良，不遠讒佞。伏惟陛下察唐、虞之所以興，而景行于前；鑒秦、漢之所以亡，而戒懼于後。無謂廟堂無賢相，庶官無賢士，今綱紀未絶，典刑猶在，人誰不欲致身爲王臣，致時爲昇平？陛下何忽而不用耶？又有居官非其能，左右非其賢，惡如四兇，詐如趙高，奸如恭顯，陛下何憚而不去耶？昔秦之亡也，失于彊暴；漢之亡也，失于微弱。彊暴則姦臣畏死而害上，微弱則强臣竊權而震主。伏見敬宗不虞亡秦之禍，不翦其萌。惟陛下深軫亡漢之憂，以杜其漸，則祖宗之洪業可紹，三五之遐軌可追矣。臣謹按春秋『梁亡』不書『取』者，梁自亡也，以其思慮昏而耳目塞，上出惡政，人爲寇盜，皆不知其所，終而自取滅亡也。臣聞國君之所以尊，重其社稷；社稷之所以重，存其百姓。故治天下者，不可不知百姓之情。夫百姓者，陛下之赤子，陛下宜令慈仁者視育之，如保傅焉，如乳哺焉。則人之于上，恭之如神明，愛之如父母。今或不然，所親者貴倖，分曹建署，補除卒吏，召致賓客，因其貨賄，假以聲勢，大者統藩方，小者爲守牧，無清惠之政，而有饕餮之害，無忠誠之節，而有奸欺之罪。海内困窮，饑寒流散，寃痛之聲，上達于九天，下入于九泉，鬼神爲之怨怒，陰陽爲之愆錯。君門萬里，不得告訴，士人無所歸化，百姓無所歸命。官亂人貧，盜賊并起，竊恐陳勝、吴廣不獨興于秦，赤眉、黄巾不獨生于漢，此臣所以爲陛下發憤扼腕，痛心泣血也。臣聞漢元帝即位之初，更制七十餘事，其心甚誠，其稱甚美，然不能擇賢而任之，以致失其操柄，紀綱日紊，國祚日衰，奸究日强，黎元日困。陛下即位，憂勤兆庶，屢降德音，四海之内，莫不抗首而長息，自喜復生于死亡之中也。伏惟陛下慎終如始，以塞四方之望。揭國柄以歸于相，持兵柄以歸于將，選清慎之官，擇仁惠之長，敏之以利，煦之以和，教之以孝慈，導之以德義。俾萬國懽康，兆庶蘇息，即心無不達，而行無不孚矣。

臣聞德以修己，則人不勸而自立；教以導人，則人不教而率從。夫立教之方，在乎君以明制之，臣以忠行之。陛下能斥奸邪而不私其左右，舉賢正而不遺其疏遠，則化浹朝廷矣。愛人而敦本，分職而奉法，修其身以及于人，始于中而成于外，則化成天下矣。臣愚，又謂欲氣之和，在遂其性以導之，納人于仁壽也。夫欲人之仁壽，在立制度，修教化。制度立，則財用省，賦歛輕，而人富矣。教化修，則争競息，刑罰清，而人安矣。既富，則仁義興焉，既安，則壽考至焉。仁義之心感于下，和平之氣感于上，故災害不作，休祥薦臻，四方底寧，萬物咸遂矣。臣又謂『救災旱在乎致精誠』，謹按春秋魯僖公一年之中，三書『不雨』者，以其君有恤人之志也。文公三年之中，一書『不雨』者，以其君無閔人之心也。故僖致誠而旱不害物，文無恤閔而變則成災。陛下有閔人之志，則無成災之患矣。臣又謂『廣播殖在乎視食力』，謹按春秋：『君人者必時視人之所勤。人勤于力則功築罕，人勤于財則貢賦少，人勤于食則百事廢。』今財食與力皆勤矣，願陛下廢百事之用，以廣三時之務，則播殖不愆矣。臣又謂『國廩罕蓄，本乎冗食尚繁』，謹按春秋：『臧孫辰告糴于齊。』譏其無九年之蓄，一年不登而百姓饑。臣願斥游惰之人以篤耕殖，省不急之費以贍黎元，則廩蓄不乏矣。臣又謂『吏道多端，本乎選用失當』取人不盡其材，任人不明其要也。今陛下之用人，求其聲而不求其實，故人之趨進，務其末而不務其本。臣願覈考課之實，定遷序之制，則多端之吏息矣。臣又謂『豪猾踰檢，由中外之法殊』者，以其官禁不一也。謹按春秋，齊桓公盟諸侯不日，而葵丘獨以日者，美其能宣天子之禁，率奉王官之法。夫官者，五帝、三王之所建也；法者，高祖、太宗之所制也。法宜畫一，官宜正名。未聞分外官、中官之員，立南司、北司之局，或犯禁于南則亡命于北，或正刑于外則破律于巾，法出多門，人無所措。夏官不知兵籍，止于奉朝請；六軍不主武事，止于養階勳。軍容合中官之政，戎律附内臣之職。首一戴武弁，疾文吏如仇讎；足一蹈軍門，視農夫如草芥。謀不足以翦除姦兇，而詐足以抑揚威福；勇不足以鎮衛社稷，而暴足以侵害里閭。羈紲藩臣，干陵宰輔，隳裂王度，汩亂朝經。張武夫之威，上以制君父；假天子之命，下以御英豪。有藏姦觀釁之心，無仗節死義之誼。豈先王經文緯武之旨耶？臣願陛下貫文武之道，均兵農之功，正貴賤之名，一中外之法，還軍衛之職，修省署之官；近崇貞觀之風，遠復成周之制。自邦畿以刑下國，始天子而達諸侯，可以制猾姦之强，無踰檢之患矣。昔晁錯爲漢削諸侯，非不知禍之將至。忠臣之心，壯夫之節，苟利社稷，死無悔焉。臣非不知言發而禍應，計行而身僇，蓋痛社稷之危，哀生人之悔，豈忍姑息時忌，竊陛下一命之寵哉？」

時，第策官馮宿、賈餗等咸咨嗟歎服，以爲過古晁、董，而畏中官，不敢取。士人讀其詞，有感慨流涕者。諫官御史交章論其直。爲執政所抑，同時被選者，裴休、李郃、杜牧等二十三人，皆得優調。物論囂然稱屈。李郃曰：「劉蕡下第，我輩登科，能無顏厚？」乃上疏曰：「陛下御正殿求直言，臣才志懦劣，不能質今古是非，使陛下聞未聞之言，行未行之事，忽忽内思，愧羞神明。今蕡乃敢空臆盡言，指切左右，輒引春秋爲據，漢魏以來，無與爲比。有司以言涉訐忤，不敢上聞。萬口籍籍，歎其忠鯁，至于垂泣。誠恐忠良道窮，綱紀遂絶，季漢之亂，復興于今。且陛下以直言召天下士，雖訐必容，雖過必録，書于史策，千古昭明。而蕡以直言副陛下所問，近臣銜怒，朝野惴息，萬一變興非常，蕡不幸死，天下必曰陛下陰殺讜直，結讐海内，忠義之士，皆憚誅僇，人心一摇，無以自解。況臣所對，不及蕡遠甚，自謂賢良，奈人言何！乞回臣所授，以旌蕡直。庶臣逃苟且之慚，朝有公正之路，顧不美哉？」帝不納。

蕡對後七年，果有甘露之難。迄于唐季，禍不可解。節度令狐楚、牛僧孺皆表蕡幕府，授秘書郎，以師禮禮之。而宦人深嫉蕡，誣以罪，貶柳州司户參軍，卒。

及昭宗誅韓全誨等，左拾遺羅衮上言：「使蕡策早用，則杜漸防萌，逆節可消，寧殷憂多難，遠及聖世耶！」帝感悟，贈蕡左諫議大夫，訪子孫授以官云。

論曰：蕡之忠至矣，唐書言，仲舒天人三策大槩，緩而不切。蕡獨譏切宦官，果若所言。劉將無賢于董乎？仲舒承文景之餘，遭時尚盛。蕡親見憲宗、敬宗之禍，故所言有和緩激烈之不同要，易地則皆然耳。至稱蕡太疏直，恐帝漏言，而身誦語于廷，則蕡當亦笑無以自解。然忠臣之心每多直，遂彼但知有君與國，其身之利害、言之行否，初不暇計及之也。蕡忠誠鯁節，彪炳乾坤，雖終司户，賢于位高而無所建白者遠矣。獨歎宇宙生才甚難，如此人而不以匡扶國家，君子不能不爲唐惜焉！

五代周

王朴

王朴，字文伯，東平人也。舉進士，爲校書郎，依漢樞密使楊邠。邠與王章、史弘肇有隙，朴知必亂，去之東歸。後隱帝誅權臣，邠、章、弘肇皆見殺，三家之客多及，而朴以去獨免。

周世宗鎮澶州，辟掌書記。尹開封，拜右拾遺，爲推官。及即位，遷比部郎中。世宗鋭意征伐，慨然有平一天下之志，數問治道，命近臣著爲君難爲臣不易論及平邊策各一篇以獻。朴乃獻策曰：「唐失道而亡吴、蜀。晉失道而喪幽、并。必先觀所以失之由，然後知所以平之術。當失之時，君暗政亂，兵驕民困，姦黨内熾，武夫外横，因小致大，積微成著。今欲取之，在乎反唐、晉之所爲而已。進賢退不肖，以收其才；恩信號令，以服其心；賞功罰罪，以盡其力；去奢節用，以豐其財；時使薄歛，以阜其民。俟其倉廩實、器用備、人可用而後舉之。彼方之民，知我政化大行，上下同心，力彊財足，人安將和，有必取之勢，則知其情狀者願爲間諜，知其山川者願爲鄉導。民心既歸，天意必從矣。攻取之道，從易者始。當今惟吴易圖，東至海，南至江，可撓之地二千里。從少備處先撓之，備東則撓西，備西則撓東，彼必奔走以救其敝，奔走之間，可以知其虚實、强弱，然後避實擊虚，避强擊弱。未須大舉，且以輕兵擾之。南人怯弱，聞小有警，必悉師以救，則民疲而財竭。彼竭我利，江北諸州，將爲國家有也。既得江北，則用彼之民，揚我之兵，江之南亦不難平之也。得江南，則桂、廣、巴蜀可傳檄而定，南方既定，則燕地必望風内附。惟河東必死之寇，不可以恩信誘，必須以强兵攻之，此可爲後圖。俟天下既平，然後伺間一舉可擒也。今士卒精練，甲兵有餘，群下畏法，諸將用命，期年之後，可以出師。」世宗欣然納之，遷諫議大夫，知開封府事。

時群臣多守常偷安，所對少可取者。惟學士陶穀、竇儀、中丞楊昭儉與朴皆言用兵之策。世宗偉朴論，引與計議天下事，無不合，遂決意用之。顯德三年，征淮，以朴爲東京副留守。還，拜户部侍郎，遷樞密使。四年，再征淮，留守京師。廣新城，通道路，壯偉雄闊，入宋因之。

朴爲人明敏多才智，非獨當世之務。至于陰陽律歷之法，莫不通焉。奉詔校定大歷，削去近世符天流俗不經之學，設通、經、統三法，以歲軌離交朔望周變率策之數，步日月五星，爲欽天歷。又詔考正雅樂，以十二律管互吹，難得其真，乃依京房爲律準，以九尺之絃十三，依管長短寸分設柱，用七聲爲均，樂成而和。凡其所爲，當世無敢難者，然人亦莫能加也。其後宋興，皆用之不可變。至言諸國興滅次第，宋平定四方，惟并獨後服，皆如朴言。六年，卒，年五十四。世宗臨其喪，以玉鉞卓地，大慟，贈侍中。

論曰：歐陽公謂五代之際，君不君，臣不臣，且勿論臣品之純疵，其朝梁唐，夕晉漢，不可名爲一代之臣者，何可勝數，歐陽公皆以雜傳列之，其亦可歎也。夫五代之君，首推周世宗，次唐明宗。爲之臣者，亦首推王朴，次則郭崇韜。崇韜佐莊宗滅梁，爲佐命元勳，識大體，善諫争，斥宦寺，有古大臣之風。然以畏讒，而請立劉后，其後殺之者，即劉后也。欲立大功，而滅蜀以自固，其後禍即起于克蜀。莊宗殺之，固自取滅亡，然人臣之義，公爾忘私，死生以之。私意一萌，罔知所届。况劉后位在第三，而勸立出自大臣非正也，故削崇韜而録王朴者。以此推而論之，梁臣之最著者，敬翔、李振、王彦章也。翔、振當朱温在藩之時翼成，篡竊之事，本無足言。李振尤險詖無行，莊宗入汴，即先入朝，又不如敬翔一死矣。彦章一武人，死節之外，無聞焉。唐臣之最著者，則崇韜與周德威、安重誨也。德威戰將，少瑕疵；重誨專愎驕恣，雖有諫正補益之功，然不如崇韜遠矣，其得禍宜也。晉以用桑維翰而興，用景延廣而亡。維翰始終乎晉者，然迹其行事，可羞愧者多矣。漢臣尤無足稱，史弘肇略有微勞，然險賊小人，與蘇逢吉、楊邠同死于隱帝之手，尤有天道，無足惜焉。周臣如王峻，斗筲小才，范質又欠一死，惟朴行誼無忝，其理國料敵，確有成算，定律曆、興禮樂，有太平休風焉。方之六朝魏、周之間，其與蘇綽等倫乎。

史傳三編卷二十八

名臣傳二十

宋

吕蒙正

吕蒙正，字聖功，河南人。太平興國二年擢進士第一，五年，拜左補闕、知制誥。初，蒙正父龜圖多内寵，與妻劉氏不睦，并蒙正出之，淪躓窘乏，劉誓不復嫁。及蒙正登仕，迎二親，奉養備至。入爲翰林學士，旋參知政事。初入朝堂，有朝士指之曰：「此子亦參政耶？」同列不能平，詰其姓名，蒙正遽止之曰：「若一知其姓名，則終身不能忘也。」

李昉罷相，以蒙正同平章事。蒙正質厚寬簡，有重望，遇事敢言。每論時政，有未允者，必固稱不可，帝嘉其無隱。趙普開國元老，蒙正後進，同相位，普甚推許之。

先是，盧多遜爲相，其子雍起家即授員外郎，後以爲常。至是，蒙正奏曰：「臣忝甲科及第，釋褐止授九品京官。況天下才能，老於巖穴，不霑寸禄者多矣。今臣男始離襁褓，膺此寵命，不可。乞以臣釋褐時官補之。」乃止授九品京官，遂爲定制。

嘗入對，論及征伐，帝曰：「朕比來征討，蓋爲民除暴，苟好功黷武，則天下之人燔亡盡矣。」蒙正曰：「隋、唐數十年中，四征遼碣，人不堪命。煬帝全軍陷没，太宗自運土木攻城，卒無所濟。且治國之要，在内修政事，則遠人來歸，自致安静。」帝韙之。

燈夕設宴，蒙正侍，帝曰：「五代之際，生靈凋喪，當時謂無復太平之日矣。朕躬覽庶政，萬事粗理，上天之貺，致此繁盛，乃知理亂在人。」蒙正避席曰：「乘輿所在，士庶走集，故繁盛如此。臣嘗見都城外不數里，飢寒而死者甚衆。願陛下視近以及遠，蒼生之幸也。」帝變色，蒙正侃然復位。人皆多其直諒。

帝欲遣使朔方，命中書選才，蒙正以名上，帝不許。他日，三問，三以其人對。帝曰：「卿何執耶？」蒙正曰：「臣非執，蓋陛下未諒耳。臣不敢用媚道，以害國事。」同列悚息。帝退謂左右曰：「蒙正器量，我不如。」卒用所薦，果稱職。

景德二年，表請歸洛。陛辭日，因言：「遠人宜和，弭兵省財，古今上策。」帝嘉納之。真宗封太山，過洛，幸其第，問：「卿諸子孰可用？」蒙正曰：「臣諸子皆不足用。從子夷簡，任潁州推官，宰相才也。」夷簡由是見知。

富弼父富言，蒙正客也，請令弼入書院，事廷評、太祝。蒙正許之。及見，驚曰：「此兒他日名位與吾相似，而勳業遠過於吾。」令與諸子同學。

蒙正初爲相，張紳知蔡州，坐贓免。或讒於帝曰：「紳家富，不至此，特蒙正貧時勾索不如意，今報之耳。」帝即復紳官，蒙正不辨。後考課院得紳實狀，黜之。及蒙正再入相，太宗謂曰：「張紳果有贓。」蒙正亦不謝。

嘗問諸子曰：「我爲相，外議如何？」諸子云：「大人爲相，四方無事，蠻夷賓服，甚善！但人言無能爲事，權多爲同列所奪。」蒙正曰：「我有一能，善用人耳。」蒙正夾袋中有册子，每四方人謁見，必問以人才，客去隨即疏之，悉分門類。或有一人而數人稱之者，必賢也。朝廷求賢，取之囊中，文武百官各稱職者。以此。

卒年六十八，贈中書令，謚文穆。

論曰：宋自藝祖以及太宗之初，師旅亟興，日不暇給。朝廷之規未定，而踐台輔者多周室舊臣。虔恭朝夕，惟恐有過，所守者簿書之計而已。若乃竭忠盡慮，以道匡君，犯顔數争，不欺其志者，自蒙正始。觀其延接人士，搜閲俊彦，書策貯囊，以待敷求，斯宰臣之法也。

張齊賢

張齊賢，曹州冤句人也。生三歲，值晉亂，徙家洛陽。孤貧力學，有遠志，慕唐李大亮之爲人，故字師亮。

太祖幸西都，齊賢以布衣獻策馬前，召至行宫，以手畫地，條陳十事：曰下并、汾，曰富民，曰封建，曰敦孝，曰舉賢，曰太學，曰籍田，曰選良吏，曰慎刑，曰懲奸。内四説稱旨，齊賢堅執以爲皆善，帝怒，命拽出之。及還，語太宗曰：「我幸西都，惟得一張齊賢耳。我不欲爵之，異時可使輔汝爲相也。」

及太宗立，擢進士，欲置齊賢高第，有司偶失掄選，帝不悦，一榜盡與京官，于是齊賢以大理評事判衡州。累遷著作佐郎，直史館，改左拾遺。車駕北征，議者皆言宜速取幽薊，齊賢上言：「方今海内一家，朝野無事。若緣邊諸砦撫馭得人，但使峻壘深溝，畜力養鋭，以逸自處，寧我致人，此李牧所以用趙也。聖人先本而後末，安内以養外。臣慮群臣或以纖微之利，侵苦窮民，以爲功能。伏望慎擇通儒，分路採訪，凡賦斂苛重者，改而正之。諸州有不便於民者，委長吏以聞。敢循故常者，重置之法。以德懷遠，以惠型民，則遠人之歸，可立而待也。」

六年，爲江南西路轉運使，以饒、信、虔諸州産銅、鐵、鉛、錫，乃推求前代鑄法，取饒州永平監所鑄以爲定式，歲鑄五十萬貫，凡用銅八十五萬觔，鉛三十六萬觔，錫十六萬觔，詣闕面陳其事，敷奏詳確，議者不能奪。

先是，諸州罪人多錮送闕下，路死者十常五六。齊賢道逢南劍、建昌、虔州所送，索牒視之，率非首犯，悉伸其冤抑。因力言于朝，後凡送囚至京，請委强明吏慮問，不實，則罪及原問官屬。自是江南送罪人者爲減大半。

先是，江南諸州民，居官地者有地房錢，吉州緣江地雖淪没，猶納勾欄地錢，編木浮居者名水塲錢，齊賢悉論免之。

初，李氏據有江南，民户税錢三千以上者户出丁一人，黥面，自備器甲輸官庫，出即給之，日支糧二升，名爲義軍。既内附，皆放歸農。至是，言者以爲此輩久在行伍，不樂耕農，乞遣使選充軍伍，并其家屬送闕下。齊賢上言：「江南義軍，例皆良民，横遭黥配，無所逃避。克復之後，便放歸農，久被皇風，并皆樂業。若逐户搜索，不無驚擾。不若且仍舊貫。」齊賢居使職，勤究民弊，務行寛大，江左人思之不忘。召拜樞密直學士，擢右諫議大夫、簽書樞密院事。

雍熙初，遷左諫議大夫。三年，大舉北伐，代州楊業戰没。帝訪近臣以策，齊賢請行，授給事中、知代州，與部署潘美同領緣邊兵馬。是時遼兵自湖口入寇，薄城下，齊賢選厢軍二千，誓衆慷慨，一以當百，遼兵遂却。

先是，約潘美以并師來會戰，間使爲遼人所得。齊賢以師期既漏，虞美爲遼所乘。既而東師敗績于君子館，美奉詔不許出戰，全軍還州。齊賢得報，乃曰：「賊知美之來，而不知美之退。」乃夜發兵二百，人持一幟，負一束芻，距州城西南三十里，列幟然芻。遼兵遥見，以爲并師至矣，駭而北走。齊賢又先伏兵二千於土磴砦，掩擊大敗之，擒其北大王之子一人，帳前錫里一人，斬數百級，獲馬二千、器甲甚衆。

端拱元年冬，拜工部侍郎。遼人又自大石路南侵，齊賢預簡廂兵千人爲二部，分屯繁畤、崞縣。令曰：「代西有寇，則崞縣之師應之；代東有寇，則繁畤之師應之。比接戰，則郡兵集矣。」至是，果爲繁畤兵所敗。入拜刑部侍郎、樞密副使。淳化二年，參知政事。數月，拜平章事。齊賢母孫氏，年八十餘，封晉國太夫人，每入謁禁中，帝歎其福壽、有令子，多手詔存問，加賜與，縉紳榮之。

四年罷相，知定州。以母老不願往。丁内艱，水漿不入口者七日，自是日啖粥一器，終喪不食酒肉。尋知河南府，獄有大辟將決，齊賢立辨而釋之。徙知永興軍，時閤門祇候趙贊以言事得幸，提點關中芻糧，所爲多豪横。齊賢論列其罪，卒抵於法。加刑部尚書。

真宗即位，召拜兵部尚書、同平章事。嘗從容言皇王之道，而推本其所以然，帝曰：「朕以皇王之道非有迹，但庶事適治道則近之矣。」戚里有訟，分財不均者入宫自訴。齊賢曰：「是非臺府所能決，臣請自治之。」齊賢坐相府，問曰：「汝非以彼所分財多、汝所分少乎？」曰：「然。」

命具款。乃召兩吏，令甲家入乙舍，乙家入甲舍，貨財無得動，分書則交易之。明日奏聞，帝大悦，曰：「朕固知非君莫能定者。」坐冬至朝會被酒失儀，免。

四年，李繼遷陷清遠軍，命爲涇、原等州軍安撫經略使。齊賢上言：「清遠既陷，靈武一郡，援隔勢孤，今加討則不足，防遏則有餘。其計無他，蕃部大族首領素與繼遷有隙者，若能啗以官爵，誘以貨利，結之以恩信，而激之以利害，則山西之蕃部族帳，靡不傾心朝廷矣。人言靈州斗絶一隅，南去鎮戎五百餘里，東去環州僅六七日程，欲全軍民，理須應接。爲今之計，若能增益精兵，以合西邊屯聚、對替之兵，從以原、渭、鎮戎之師，率山西熟户從東界入，嚴約師期，兩路交進。設若繼遷分兵以應敵，我則乘勢而易攻，且奔命道途，首尾難衞，千里趨利，不敗則禽。臣謂兵鋒未交，而靈州之圍自解。然後取靈州軍民，置砦於蕭關、武延川險要處以僑寓之，如此則蕃漢土人之心有所依賴，裁候平寧，却歸舊貫，然後縱蕃漢之兵，乘時以爲進退，成功不難矣。」時不能用，未幾，靈武果陷。

十二月，拜右僕射，坐事責太常卿、分司西京。景德初，起爲兵部尚書、知青州。二年，改吏部，從東封還，復拜右僕射。時建玉清昭應宫，齊賢言繪畫符瑞，有損謙德，又違奉天之意，屢請罷其役。

三年，出判河陽，進左僕射。五年，請老，以司空致仕。歸洛，得裴度午橋莊，日與親舊觴咏其間。七年，卒，年七十二，贈司徒，謚文定。

齊賢姿儀豐碩，議論慷慨，有大略，以致君自負。留心刑獄，多所全活。喜提奬寒雋。少時家貧，父死，無以爲葬，河南縣吏爲辦其事，齊賢深德之，事以兄禮，雖貴不替也。仲兄昭度嘗授齊賢經，及卒，表贈光禄寺丞。又嘗依太子少師李肅家，肅死，爲營葬事，歲時祭之。趙普嘗薦齊賢於太宗，未用，普即列其前事，以爲：「陛下若進齊賢，則齊賢他日感恩，更過於此。」帝大悦，遂大用之。齊賢四踐兩府，九居八座，以三公就第，康寧福壽，時罕其比。

論曰：齊賢之用兵，臨敵制勝，變化若神，雖武夫健將，有所不逮。及其涖民施政，弘清淨，務簡易，去民所疾苦，是以所居民樂，所去民思，何其能也。兩登政府，輒以事罷，其亦有未竟其用者歟。籌邊事，千里外若眼見，使施行其言，裨益不少，無同所見者，故卒不行。古所稱才士者，齊賢蓋其人歟！

田錫

田錫，字表聖，嘉州洪雅人。自爲布衣，有意風化，上書闕下，請復鄉飲、藉田禮。太平興國三年，進士高等，授將作監丞、通判宣州。累遷左拾遺，上疏獻軍國要機者一、朝廷大體者四。其略曰：

頃歲王師平太原，稽功賞者二載，願因郊禋之禮，叙平戩之功，駕馭戎臣，莫此爲重，此要機也。

今交州未下，老師費財，縱使得之如獲石田，自古聖人不務廣疆土，惟務廣德業，聲教遠被，自當來賓。臣願陛下修德以來遠，何必以蕞爾蠻邦，上勞震怒乎？此大體之一也。

今諫官不聞廷争，給舍不聞封駁，左右史不聞升殿陛、記言動，御史不敢彈奏，中書舍人未嘗訪以政事，集賢院雖有書籍而無職官，秘書省雖有職官而無圖籍。臣願陛下擇才任人，使各司其局，職業修舉，則威儀自嚴。此大體之二也。

爾者寓縣平寧，京師富庶。軍營馬監，靡不恢崇。佛寺道宫，悉皆輪奐。加又闢西苑，廣御池，而尚書省湫隘尤甚，郎曹無本局，尚書無廳事。九寺三監，寓天街之兩廊，貢院就武成王廟，是豈太平之制度耶？臣願陛下别修省寺，用列職官。此大體之三也。

案獄官令，枷杻鉗鎖，尺寸觔兩，并載刑書，未聞以鐵爲枷者也。昔唐太宗觀明堂圖，見人之五藏皆麗于背，遂減徒刑。况隆平之時，將措刑于不用，法之所無，去之可矣。此大體之四也。

疏奏，優詔褒答，賜錢五十萬。僚友有勸以少晦者，錫曰：「事君之誠，惟恐不竭，矧天植其性，豈爲一賞奪耶？」時趙普當國，令有司受群臣章奏，必先白，然後聞。又令於閤門署狀，錫謂普曰：「公以元勳當國，宜事損檢，今群臣書奏，先經中書，既非尊王之體，諫官章疏，令閤門塡狀，尤弱臺憲之風，皆不便。」普引咎厚謝，皆罷之。

六年，出爲河北轉運副使，驛書言邊要四事：

一謂，動静之機，不可不審。應動而静，則養寇以生奸；應静而動，則失時以敗事。今北鄙繹騷，皆以居邊任者，規羊馬細利，矜捕斬小功，賈怨結仇。興戎致寇，願飭將帥，慎固封守，勿尚小利。許通互市，俘獲蕃口，撫而還之。務使河朔之民，得務農業，亭障之地，可積軍儲。然後待其亂而取之則克，乘其衰而兵之則降，力省功倍，誠要舉也。

二謂，國家務大體，求至治則安；舍近謀勞，遠務則危。爲君有常道，爲臣有常職，是務大體也。上不拒諫，下不隱情，是求至治也。漢武帝躬秉武節，登單于之臺；唐太宗手結雨衣，伐遼東之國。沙漠窮荒，得之何用？是舍近謀遠，勞而無功也。在位之臣，敢言者少，言而見聽，未必蒙福，言而不從，方且虞禍，欲下不隱情得乎？

三謂利害相生，變易不定。兵書曰：「不能盡知用兵之害者，則不能盡知用兵之利。」蓋事有可進而退，則害成；可退而進，則違利；可速而緩，則利必失；可緩而速，則害必至；可誅而赦，則奸宄生心；可赦而誅，則忠勇解體；可賞而罰，則害勤勞之功；可罰而賞，則利僭踰之輩。誠不可不審也。

四謂，取舍無惑，思慮必精。夫孟賁之狐疑，不如童子之一得。差之毫釐，謬以千里。自國家圖燕以來，連兵未解，財用不得不耗，人心不得不擾，願陛下精思慮，決取舍，無使曠日持久，窮兵極武。

書奏，帝甚嘉之。七年，徙知相州，改右補闕。復上章論事。明年，移睦州。睦州舊阻禮教，錫下車建孔子祠，請入紙國子學印經籍給諸生，詔賜以九經，睦人由是知學。會文明殿災，又上章極言時政，轉起居舍人，還判登聞鼓院，兼知制誥，加兵部員外郎。

錫好直諫，太宗雖或時不能堪，然心益重之。端拱二年，京畿旱，錫言：「陰陽失和，調燮倒置。上侵下之職，而燭理未盡。下知上之失，而規過未能。」帝及宰相皆不悦，出知陳州。召爲工部員外郎，復論時政闕失，俄詔直集賢院。

真宗即位，遷吏部郎中。出使秦、隴，還，連章言，陝西數十州苦於靈、夏之役，生民重困，帝爲之惻然。同知審官院與魏廷式，議不協，出知泰州。將行，會彗星見，疏請責躬以答天戒，帝召見，優賜之。

咸平三年，詔近臣舉賢良方正，翰林學士承旨宋白以錫應詔。還朝，屢召對言事。因奏曰：「陛下即位以來，治天下何道？臣願以皇王之道治之。舊有御覽，但記分門事類，無益治道。臣請鈔略四部，别爲御覽三百六十卷，萬幾之暇，日覽一卷，經歲而畢。又采經史要切之言，爲御屏風十卷，置扆座之側，則治亂興亡之鑒，常在目矣。」帝善其言，錫乃先成御覽三十卷，御屏風五卷上之。

時京東西淮南水災，遣使賑恤，平決獄訟，錫言：「朝廷檢勘災傷，乃是虚名，施行賑貸，亦非實事。今災沴之餘，盜賊若起，適足以貽宵旰之憂而已。」帝爲動容。

五年，再掌銀臺，覽天下章奏，有言民飢盜起及詔勅不便者，悉條奏其事。帝以錫得争臣之體，即日命兼侍御史。每進見，帝容色必莊，目之曰：「此吾汲黯也。」俄擢右諫議大夫、史館脩撰。連上八疏，皆直言時政得失。

六年冬，病卒，年六十四。遺表勸上以慈儉守位，以清淨化人，居安思危，在治思亂。真宗召宰相示之，且曰：「朕閲是表多矣，非祈澤宗族，則希恩子孫，未有如錫，生死以國家爲慮，而儆于朕者。」又謂李沆曰：「田錫，直臣也。朝廷少有闕失，方在思慮，錫之章奏已至矣。若此諫官，不可多得，天何奪之速乎。」特贈工部侍郎。録其二子，并爲大理評事，給俸終喪。

他日，帝幸龍圖閣閲書，指一漆函，帝親署録者，謂學士陳堯咨曰：「此田錫疏章也。」愴然久之。

錫爲人，動必以禮，言必以法，賢不肖咸憚服之。耿介寡合，未嘗趨權貴之門。居公庭，危坐終日，無懈容。慕魏徵、李絳之爲人，以盡規獻替爲己任。立朝以來，章疏五十有二，自謂：「諫臣任職之常言，苟獲從，幸也，豈可藏副本示後，以賣直耶？」悉焚之。有咸平集五十卷。

論曰：宋自開國，群臣言事，盡諫諍之道，號稱直臣者，自錫始也。錫事太宗，位侍從，知無不言，爲盧多遜等嫌忌，頻歷州郡，不盡其能。晚遇真宗，虚懷納諫，動見褒獎，拔之庶僚之中，三四年間，致位卿班，旋至大用矣。值錫以天年終，不然錫之忠直敢言，又明習於國家之務，其功施未可量也。

吕端

吕端，字易直，幽州安次人。初以司門員外郎知成都府，爲政清簡。會秦王廷美尹開封，端充判官。太宗征河東，廷美將有居留之命，端白曰：「主上櫛風沐雨，以申弔伐，王地處親賢，當表率扈從。今主留務，非所宜也。」廷美由是懇請從行。尋知蔡州，有善政，出使高麗。暴風折檣，舟人大恐，端恬然讀書，若在齋閣。拜右諫議大夫。

許王元僖尹開封，又爲判官。王蕘，有發其陰事者，坐裨贊無狀，遣御史武元穎、内侍王繼恩就鞫於府。端方決事，二使曰：「有詔推君。」端神色自若，顧從者曰：「取帽來。」二使曰：「何遽至此？」端曰：「天子有制問，即罪人矣。」因下堂，隨問而答。無何，爲樞密直學士，逾月，拜參知政事。

時趙普在中書，曰：「吕公奏事，得嘉賞未嘗喜，遇抑挫未嘗懼，亦不形於言，真台輔之器也。」時旦暮相端，左右或曰：「端爲人糊塗。」太宗曰：「端小事糊塗，大事不糊塗。」會吕蒙正罷，即相端焉。端爲相，持重識大體，以清簡爲務。同列奏對，多有異議，惟端罕所建明。一日，内出手札戒諭：「自今中書事必經吕端詳酌，乃得聞奏。」

保安軍奏獲李繼遷母，時寇準居樞密，獨召與謀。準退，端問故，準以告，端曰：「何以處之？」準曰：「準欲斬之於保安軍北門之外。」端曰：「必若此，非計之得也。願少緩其事，端將覆奏。」即入，奏曰：「昔項羽得太公，欲烹之，高祖曰：『願分我一杯羹。』夫舉大事，不顧其親，况繼遷悖逆之人乎？且今日殺繼遷之母，繼遷可擒乎？徒結怨讎，愈堅其叛心耳。以臣之愚，宜置於延州，使善養視之，以招來繼遷，雖不能即降，終可以繫其心，而母死生之命在我矣。」太宗撫髀稱善曰：「微卿，幾誤我事。」即用端策。其母與繼遷尋俱卒，繼遷子竟納款請命，端之力也。

太宗不豫，端日與太子問起居。及疾大漸，内侍王繼恩忌太子英明，陰與參政李昌齡、殿前指揮使李繼勳、知制誥胡旦，謀立故楚王元佐。太宗崩，李皇后使繼恩召端，端知有變，鎖繼恩於閣内，使人守之而入。皇后曰：「宫車已宴駕，立嗣以長，順也，今將何如？」端曰：「先帝立太子，正爲今日，豈可更有異議？」真宗既即位，垂簾引見群臣，端平立殿下不拜，請卷簾，升殿審視，然後降階，率群臣拜呼萬歲。繼恩等皆坐貶。真宗每見端入對，肅然拱揖，不以名呼。又以端軀體洪大，宫庭階戺稍峻，特令梓人爲納陛。嘗召對便殿，訪軍國大事經久之策，端陳當世之務，皆有條理。

端器量寬厚多恕，意豁如也。雖屢經擯退，未嘗以得喪介懷。兩使絶域，其國歎重之。後有使往者，每問端爲宰相否，其名顯如此。卒，年六十六，贈司空，謚正惠。

論曰：朱子有言，不貪之心一也，而一介與千駟，揖之有難易之殊。不懼之心一也，而平地與高臺，習之有先後之序。是知定大事者，非小器所能勝任何。則成敗之機重，而罪責匪輕也。當太宗晏駕，事幾不測，雖有宏才遠略，文武兼資者，未必能定之俄頃也。端決機於始，而堅持於後，升階審視，然後下拜，非器識凝定，其孰能之。跡其洊歷州郡，所在著聲，周旋同列，群而不黨，小事糊塗，豈篤論哉！

李沆

李沆，字太初，洺州肥鄉人。少好學，器度宏遠。其父炳，嘗曰：「此兒異日必至公輔。」太平興國五年，舉進士甲科，嘗侍曲宴，太宗目送之曰：「沆風範端凝，真貴人也。」累官翰林學士、參知政事。真宗咸平初,以户部侍郎,同平章事。

李繼遷久叛,有圖取朔方之意。朝廷困於飛輓,中外咸以靈州乃必争之地,苟失之,則邊郡不可保。帝以問沆,沆曰:「繼遷不死,靈州非朝廷有也。莫若密召州將,使部分軍民空壘而歸,則關右之民息肩矣。」衆議各異,未即從沆言,未幾靈州陷,帝由是益重之。

沆爲相,王旦參政。以西北用兵,或至旰食。旦歎曰:「我輩安得坐致太平,優游無事耶?」沆曰:「少有憂勤,足爲警戒他日。四方寧謐,朝廷未必無事。」後契丹和親,旦問何如。沆曰:「善則善矣,然邊患既息,恐人主漸生侈心耳。」旦未以爲然。沆又日取四方水旱盜賊奏之,旦以爲細事,不足煩上聽。沆曰:「人主年少,當使知四方艱難。不然,血氣方剛,不留意聲色犬馬,則土木、甲兵、禱祠之事作矣。吾老,不及見此,參政他日之憂也。」及旦親見王欽若、丁謂等所爲,欲諫則業已同之,欲去則上遇之厚,不忍去。乃歎曰:「李文靖真聖人也。」

沆在相位,接賓客,常寡言。馬亮與沆同年生,又與其弟維善,語維曰:「外議以大兄爲無口匏。」維乘間達亮語,沆曰:「吾非不知也。然今之朝士得升殿言事,上封論奏,了無壅蔽,多下有司,皆見之矣。邦國大事,北有强遼,西有叛夏,日旰條議所以備禦之策,非不詳究。薦紳中如李宗諤、趙安仁,皆時之英秀,與之談,猶不能啓發吾意。自餘通籍之子,坐起拜揖,尚周章失措,即席必自論功最,以希寵獎,此有何策而與之接語哉?苟曲意妄言,即世所謂籠罩,吾病未能也。爲我謝馬君。」沆嘗言：「居重位實無補，萬分獨中外所陳利害，一切報罷之，惟此少以報國耳。朝廷防制，纖悉備具，或狥所陳請，施行一事，即所傷多矣。」

寇準與丁謂善，屢以謂才，薦於沆，不用。準問之，沆曰：「如斯人者，才則才矣，顧其爲人，可使之在人上乎？」準曰：「如謂者相，公終能抑之，使在人下乎？」沆笑曰：「他日後悔，當思吾言也。」準後爲謂所傾，始服沆言。

真宗嘗問：「治道宜何先？」沆曰：「不用浮薄新進喜事之人，此最爲先。」問其人，曰：「如梅詢曾致堯是也。」又嘗問沆曰：「人皆有密啓，卿獨無，何也？」對曰：「臣待罪宰相，公事則公言之，何用密啓？夫人臣有密啓者，非讒即佞，臣常惡之，豈可效尤。」

真宗嘗夜遣使持手詔，欲以劉氏爲貴妃，沆對使者引燭焚詔，附奏曰：「但道臣沆以爲不可。」議遂寢。駙馬都尉石保吉求爲使相，帝問沆，沆曰：「賞典之行，須有所自。保吉因緣戚里，無攻戰之勞，台席之拜，恐騰物論。」他日再三問之，執議如初，遂止。

景德元年卒，年五十八。上哭之慟，謂左右曰：「沆爲大臣，忠良純厚，始終如一，豈意不享遐壽。」贈太尉、中書令，謚文靖。

沆嘗讀論語，或問之，沆曰：「沆爲宰相，如論語中『節用而愛人，使民以時』，尚未能行。聖人之言，終身誦之可也。」性直諒，内行修謹，言無枝葉，識大體。居位慎密，不求聲譽，動遵條制，人莫能干以私。公退，終日危坐，未嘗跛倚。治第封邱門内，廳事前僅容旋馬。或言其太隘，沆笑曰：「居第當傳子孫，此爲宰相廳事誠隘，爲太祝、奉禮廳事已寬矣。」至於垣頽壁損，不以屑慮。

沆與諸弟友愛，尤器重維，暇日相對宴飲清言，未嘗及朝政，亦不及家事。沆没後，或薦梅詢可用，真宗曰：「李沆嘗言其非君子。」其信倚如此。

論曰：真宗之朝多賢相，最爲世所稱者，沆及王旦、寇準是也。沆能遏真廟東封西祀之萌，而旦至，同其事，發於感歎。旦能抑丁謂、王欽若輩，使十年不爲宰相。而準始受其欺，終罹其禍，時爲之耶？抑沆之勁正清苦，所以發誠忠，而養威重者，實有以過人乎？殷憂啓聖，慮遠思深，力持鎮静，以與黎元休息，培國家元氣者，厚哉！

王旦

王旦，字子明，魏州人也。父祜，以文章顯於漢、周之際，事太祖、太宗，爲名臣，常諭杜重威使無反漢，拒盧多遜害趙普之謀，以百口保符彦卿無異志，世多稱其陰德。嘗手植三槐於庭，曰：「吾子孫必有爲三公者。」旦少而好學有文，祜甚器之。太平興國五年，進士及第，通判鄭州。表請天下建常平倉，以塞兼并之路。

真宗即位，拜翰林學士。嘗奏事退，目送之曰：「爲朕致太平者，必斯人也。」咸平四年，拜參知政事。

契丹犯邊，旦從幸澶州。而東都留守元份，遇暴疾，帝命旦馳還，權留守事。旦曰：「願宣寇準，臣有所陳。」準至，旦曰：「十日之間，未有捷報時，當如何？」帝默然良久，曰：「立皇太子。」旦至京，直入禁中，下令毋得傳播。及駕還，旦子弟皆迎於郊，忽聞後有騶訶聲，驚視之，乃旦也。景德三年，拜工部尚書、同平章事。

時西北二邊兵罷不用，帝以無事治天下。旦務行祖宗故事，慎所變改。帝久益信之，言無不聽，凡大臣有所請，必曰：「王旦以爲何如？」旦爲人寡言笑，默坐終日，及奏事，群臣異同，旦徐一言以定。

天下大蝗，執政或袖死蝗以進，曰：「蝗實死矣，請率百官賀。」旦獨不可。後數日方奏事，飛蝗蔽天，帝顧旦曰：「使百官方賀，而蝗如此，豈不爲天下笑耶？」

宫禁災，旦馳入，帝曰：「兩朝所積，一朝殆盡，可惜也。」旦曰：「陛下富有天下，財帛不足憂，所慮者政令賞罰之不當耳。臣備位宰府，天災如此，當罷免。」連上表待罪，帝乃下詔罪己，許中外上封事言得失。後有言實榮王宫火所延者，置獄劾，當坐死百餘人。旦獨請曰：「陛下降詔罪己，今反歸咎於人，何以示信？且火雖有迹，寧知非天譴耶？」帝欣然聽納，當坐者皆免。

有日者上書言宮禁事，坐誅。籍其家，得朝士所與往還占問吉凶之説。帝欲付御史問狀，旦曰：「此人之常情，且語不及朝廷，不足罪。」帝怒不解，旦因自取嘗所占問之書進之曰：「臣少賤時，不免爲此。必以爲罪，願并臣付獄。」帝曰：「此事已發，何可免？」旦曰：「臣爲宰相，執國法，豈可自爲之，幸於不發而以罪人。」帝意解。旦至中書，悉焚所得書。既而帝復悔，馳取之，已焚矣。由是皆免。

及帝將東封，契丹請於歲給外別給錢幣。旦曰：「東封甚近，車駕將出，彼以此探朝廷耳。」乃于歲給銀絹内各借三萬，諭以次年額内除之。次年，復下有司：「契丹所借，事屬微末，今仍依常數與之，後不爲例。」契丹大慙。趙德明言民飢，求糧百萬斛。帝以問旦，旦請敕有司具粟百萬于京師，而詔德明來取。德明得詔，慙且拜曰：「朝廷有人。」

旦任事久，人有謗之者，輒引咎不辨。至人有過失，雖人主盛怒，可辨者辨之，必得而後已。旦專稱寇準，而準數短旦，帝以語旦，旦曰：「理固當然。臣在相位久，闕失必多，準對陛下無所隱，益見其忠直，此臣所以重準也。」帝以是愈賢旦。中書有事送密院，違詔格，準在密院，以聞。旦被責，第拜謝，堂吏皆見罰。不踰月，密院有事送中書，亦違詔格，堂吏欣然呈旦，旦令送還密院。準大慙。及準罷樞密使，託人求爲使相，旦驚曰：「將相之任，豈可求耶？」已而除準武勝軍節度使、同平章事。準入，謝曰：「非陛下知臣，安能至此？」帝具道旦所以薦準者。準始愧歎，以爲不可及。準在鎮，服用僭侈，爲人所奏。帝怒曰：「寇準每事輒欲效朕，可乎？」旦徐對曰：「準誠賢能，無如騃何。」帝意解，曰：「然，此正是騃耳。」遂不問。

翰林學士陳彭年嘗詣政府呈科場條貫，旦投之地曰：「内翰得官幾日，乃欲隔截天下進士耶？」彭年惶懼而退。其後彭年再來，旦不見。既而同官，向敏中爲呈所留文字，旦瞑目取紙封之，曾不一覽，曰：「不過興建符瑞圖進取耳。」

帝嘗示兩府喜雨詩，旦袖歸，見有一字誤寫，將入奏正。王欽若止之，已而密奏之。帝愠，詰旦曰：「詩有誤字，何不來奏？」旦但拜謝，諸臣皆拜，惟馬知節不拜，具以實奏，且曰：「王旦略不辨，真宰相器也。」帝顧旦而笑焉。

帝欲相欽若，旦曰：「欽若遭逢陛下，恩禮已隆，且乞留之樞密。」帝遂止，及旦没後，欽若始大用，語人曰：「爲王公遲我十年作相。」欽若與陳堯叟、馬知節同在樞府，因奏事忿争。帝大怒，命付獄。旦從容曰：「欽若恃陛下厚顧，上煩譴訶，當行朝典。然覷天顔不怡，願且還内，來日取旨。」明日，召旦問之，旦曰：「欽若等當黜，未知坐以何罪。」帝曰：「坐忿争無禮。」旦曰：「陛下臨馭天下，使大臣坐忿争無禮之罪，或聞外國，恐無以威遠。」帝曰：「卿意如何？」旦曰：「願至中書，召欽若等宣示陛下含容之意，且戒約之。俟少間，罷之未晚也。」帝曰：「非卿言，朕固難忍。」後月餘，欽若等皆罷。

旦嘗與楊億評品人物，億曰：「丁謂久遠當何如？」旦曰：「才則才矣，語道則未。他日在上位，使有德者助之，庶得終吉；若獨當權，必爲身累。」後皆如言。

内臣劉承規得幸，病且死，求爲節度使。帝語旦曰：「承規待此以瞑目。」旦執不可，曰：「他日將有求爲樞密使者，奈何？」遂止。

旦爲相，賓客滿堂，無敢以私請。察可與言及素知名者，召與語，詢訪四方利病，或使疏其言而獻之。觀才之所長，密籍其名，其人復來，不見也。每有差除，先密疏三四人姓名以請，所用者帝以筆點之。同列不知，争有所用，惟旦所用，奏入無不可。丁謂以是數毁旦，帝益厚之。故參政李穆子行簡，以將作監丞家居，有賢行，遷太子中允。使者不知其宅，帝命問旦，人始知行簡爲旦所薦。旦凡所薦，其人未嘗知。旦没後，史官修真宗實録，得内出奏章，始知朝士多旦所薦云。

諫議大夫張師德兩詣旦門，不得見，意爲人所毁，以告向敏中，爲從容明之。及議知制誥，旦曰：「可惜張師德。」敏中問之，旦曰：「師德名家子，有士行，不意兩及吾門。狀元及第，榮進素定，但當静以待之耳。若復奔競，使無階而入者當如何也？」

石普知許州不法，朝議欲就劾。旦曰：「普武人，不明典憲，恐恃薄效，妄有生事。乞召歸置獄。」乃下御史按之，一日而獄具。議者以爲不屈國法而保全武臣，真國體也。

張旻爲馬軍副都指揮使，被旨選兵，下令太峻，兵懼欲謀爲變。帝召二府議之。旦曰：「若罪旻，則自今帥臣何以御衆？捕謀者，則震驚都邑。今但擢旻，使解兵柄，反側者當自安矣。」帝從其言，以旻爲樞副，兵果無他。帝語左右曰：「王旦善處大事，真宰相也。」

薛奎爲江淮發運使，辭旦，旦無他語，但云：「東南民力竭矣。」奎退曰：「真宰相之言也。」張詠知成都，召還，以任中正代之，言者以爲不可。帝以問旦，對曰：「非中正不能守詠之規。他人往，妄有變更矣。」

天禧中，疾甚，累疏懇辭。帝曰：「朕方以大事託卿，而卿疾如此。」因命皇太子出拜，旦皇恐走避，太子隨而拜之。旦言：「太子盛德，必任陛下事。」因薦可爲大臣者十餘人，其後惟李及、凌策不至宰相，亦皆爲名臣。旦復求避位，帝覩其形瘁，憫然許之。尋又命肩輿入禁中，帝曰：「卿萬一不諱，天下事復誰託？」旦曰：「知臣莫若君，惟明主擇之。」帝歷舉有時望者一二人，旦不對。帝曰：「試以卿意言之。」旦强起舉笏曰：「以臣之愚，莫如寇準。」帝曰：「準剛褊，更思其次。」旦曰：「他人，臣所不知也。」後歲餘，竟用準爲相。

旦與楊億素厚，既疾甚，延入卧内，撰遺表。旦授以意，曰：「吾忝爲宰輔，不可以將盡之言，爲宗親求官。止叙平生遭遇，願日親庶政，進用賢士而已。仍飭子弟，當務儉素，毋厚葬，以累清德。」表上，帝幸其第，賜賚甚厚。卒時，年六十一，帝臨之慟，贈太師，謚文正。乾興初，配享真宗廟庭。

旦事寡嫂有禮，與弟旭友愛甚篤。婚姻不求門閥，被服質素，家人欲以繒錦飾氈席，不許。服飾過者，即令減損。有貨玉帶者，弟以呈旦，旦命繫之，曰：「還見佳否？」弟曰：「繫之安得自見？」旦曰：「自負重而使觀者稱好，無乃勞乎？」亟命還之。平生不置田宅，曰：「子孫當各念自立，何必田宅，徒使爭財爲不義耳。」真宗以其居陋，欲治之，旦辭以先人舊廬，乃止。

諸子多賢，素最知名，與歐陽、余、蔡稱「慶歷四諫」。

論曰：易稱「天地交而萬物通，上下交而其志同」，真宗之於王旦，其庶幾者乎？當是時，契丹始講和好，德明亦受約束，帝能虛懷恭己，以盡群下之情，而旦受不世之知，竭誠殫智，以忠於上，慮事周密，見微知彰。是以兵息於外，政修於内，列庶位者，多公卿之選。黎民乂安，有宋三百年間，未有如此盛者也。或乃指其不諫東封，以爲大圭之瑕，然旦之功烈遠矣。

史傳三編卷二十九

名臣傳二十一

宋

寇準

寇準，字平仲，華州人。少英邁，通春秋三傳。年十九，舉進士。太宗取人，多臨軒顧問，年少者往往罷去。或教準增年，荅曰：「準方進取，可欺君耶？」既中第，授大理評事，知成安縣。每期會賦役，未嘗輒出符移，惟具鄉里姓名揭縣門，百姓莫敢後期。擢右正言、直史館。會詔百官言事，準極陳利害，帝益器重之。嘗奏事殿中，語不合，帝怒起，準輒引帝衣，請復坐，決其事然後退。帝由是嘉之曰：「朕得寇準，猶唐文皇之得魏徵也。」

淳化二年，大旱，帝延近臣問得失，皆曰：「天數也。」準獨曰：「刑罰偏頗，天旱爲是發耳。」帝怒，起入禁中。頃之，召準問所以偏頗狀。準曰：「願召兩府至，臣即言之。」有詔召兩府入，準乃言曰：「頃者祖吉、王淮皆侮法受賕，吉贓少乃伏誅。淮以參政沔之弟，盜主守財至千萬，止杖，仍復其官，非不平而何？」太宗以問沔，沔頓首謝，即皆罷去，暮遂大雨。帝喜，擢準樞副，後坐事貶。明年，入爲參知政事。

自唐末，蕃户有居渭南者，温仲舒知秦州，驅之渭北，立堡栅以限其往來。帝覽奏不懌，曰：「古羌戎尚雜處伊、洛，蕃落易動難安，一有調發，將重困吾關中矣。」準言：「唐宋璟不賞邊功，卒致開元太平。疆埸之臣邀功以稔禍，深可戒也。」帝因命準使渭北，安撫族帳，而徙仲舒鳳翔。

時帝在位久，馮拯等以乞立儲貳，斥嶺南，中外無敢言者。準自青州召還，入見，帝曰：「卿來何緩？朕諸子孰可以付神器者？」準曰：「陛下爲天下擇君，謀及婦人、中官，不可也；謀及近臣，不可也；惟陛下擇，所以副天下望者。」帝俛首久之，屏左右曰：「襄王可乎？」準曰：「知子莫若父，聖慮既以爲可，願即決定。」于是立襄王爲太子。廟見還，京師之人擁道喜躍，曰：「少年天子也。」帝聞之不懌，召準謂曰：「人心遽屬太子，置我何地？」準再拜，賀曰：「此社稷之福也。」

真宗景德元年，與畢士安并同平章事。時契丹内寇，縱游騎掠深、祁間，小不利輒引去。準曰：「是狃我也。請練師命將，簡驍鋭據要害以備之。」是冬，契丹果大入。急書一夕凡五至，準不發，飲笑自如。明日，同列以聞，帝大駭，以問準。準曰：「陛下欲了此，不過五日耳。」因請帝幸澶州。同列懼，欲退，準止之，令候駕起。帝難之，欲還内。準曰：「陛下入則臣不得見，大事去矣，請無還而行也。」帝乃議親征，召群臣問方略。既而契丹圍瀛州，直犯貝、魏，中外震駭。參知政事王欽若，江南人也，請幸金陵；陳堯叟，蜀人也，請幸成都。帝以問準，準曰：「誰爲陛下畫此計者，罪可斬也。今陛下神武，將臣協和，大駕親征，賊自當遁去。不然，出奇以撓其謀，堅守以老其師，勞逸之勢，我得勝算矣。奈何棄廟社欲幸楚、蜀，人心崩潰，天下可復保耶？」固請幸澶州。及至南城，契丹兵方盛，衆請駐蹕以覘軍勢。準曰：「陛下不過河，人心益危，敵氣未懾，非所以取威決勝也。且王超領勁兵屯中山，以扼其吭，李繼隆、石保吉分大陣，以扼其左右肘，四方征鎮赴援者日至，何疑而不進？」衆議皆懼，準力争之，不決。出遇高瓊，謂曰：「太尉受國恩，今日有以報乎？」對曰：「瓊，武人，願効死。」準復入，瓊隨立庭下。準厲聲曰：「陛下不以臣言爲然，盍試問瓊等。」瓊即仰奏曰：「寇準言是。」準曰：「機不可失，宜趣駕。」瓊即麾衛士進輦，帝遂渡河，御北門城樓，遠近望見御蓋，踴躍懽呼，聲聞數十里。契丹相視驚愕，不能成列。

帝盡以軍事委準，準承制專決，號令明肅，士卒喜悦。敵數千騎乘勝薄城下，詔士卒迎擊，斬獲大半，乃引去。帝還行宫，留準居城上，徐使人視準何爲，準方與楊億飲博，歌謔懽呼。帝喜曰：「準如此，吾復何憂。」相持十餘日，其統軍達蘭中流矢死，契丹乃奉書請盟。準不從，使者請益堅，帝將許之。準欲邀使稱臣，且獻幽州地。而帝厭兵，有譖準幸兵以自取重者，準不得已許之。帝遣曹利用如軍中議歲幣，曰：「百萬以下，皆可許也。」準召利用，語曰：「雖有敕旨，汝所許過三十萬，吾斬汝矣。」利用果以三十萬成約而還。河北罷兵，準之力也。

帝嘗欲用一人爲馬步軍指揮使，吏以文籍進，準問：「何也？」曰：「例簿也。」準曰：「用一牙官，尚須檢例耶？」準爲相，用人不以次，同列頗不悦。帝之在澶淵也，問準曰：「魏州危急，何人可守？」準曰：「智將不如福將，王欽若福祿未艾，宜可用。」是時，契丹未退，欽若驚懼，不敢辭，乃馳入魏。及事畢，譖準曰：「陛下知博乎？錢輸將盡，取其餘，盡出之，謂之孤注。陛下，寇準之孤注也。」帝顧準遂衰。明年，罷知陝州。天禧元年，復拜同平章事。

三年，帝得風疾，劉皇后預政，準請間曰：「皇太子，人所屬望，願陛下思宗社之重，傳以神器，擇方正大臣爲羽翼。丁謂、錢惟演，佞人也，不可以輔少主。」帝然之。準密令翰林學士楊億草表，請太子監國，且欲援億輔政。已而謀洩，丁謂、曹利用以準謀白太后，矯詔罷準政事，以太常卿知相州，三貶雷州司户。

天聖元年，徙衡州司馬。一日沐浴，具朝服束帶，北面再拜，呼左右施卧具，就榻而卒。

準鎮大名時，北使道由之，謂曰：「相公望重，何以不在中書。」準曰：「上以朝廷無事，北門鑠鑰，非準不可。」準爲相時，丁謂參政，會食都堂，羹染準鬚，謂起拂之，準正色曰：「身爲執政，而親爲宰相拂鬚耶？」謂由是不悦。既貶雷州，謂遣中使賫敕往授之，以錦囊貯劍於馬前。準方宴飲，衆惶恐不知所爲。準神色自若，使謂之曰：「朝廷若賜準死，願見敕書。」中使不得已授之，準拜受於庭，升階復宴，至暮而罷。及謂竄崖州，道出雷州，準遣人以一蒸羊逆境上。聞家僮欲報讐，乃杜門使縱博，毋得出，伺謂行遠，乃罷。

準少時，不修小節，愛飛鷹走狗。太夫人性嚴，嘗不勝怒，舉□錘投之，中足流血，由是折節從學。及貴，母已亡。每捫其痕輒哭。初爲樞密直學士，嘗賜金帛甚厚，乳母泣曰：「太夫人不幸，時家貧，求一縑作衾襚不可得，豈知今日富貴哉？」準聞之慟哭，盡散金帛，生平不蓄財産。外奢内儉，無聲色之娱。寢處一青幃，二十餘年破壞，命補葺。或舉公孫弘事，準曰：「彼詐我誠，何傷，且用之久，不忍棄也。」卒於雷，還葬洛陽，過公安，民皆迎祭，斬竹插地，以挂紙錢，尋復生筍成林，邦人神之，因號曰「相公竹」，立廟其旁。

論曰：準傳所載，澶淵之役，帝已至澶州，聞契丹兵盛，不欲過河。王欽若勸幸金陵，陳堯叟勸幸蜀，非也。初契丹兵至，準勸帝幸澶州，帝博問群臣，而王欽若、陳堯叟等各異説。準極陳利害，帝乃從之。及至南城，衆請駐蹕以觀兵勢，準與高瓊固請渡河。史所定本末如此。及和議欲成，而準固諫曰：「用臣之策，可數百年無兵。不然，四五十年後，又生戎心矣。」帝曰：

「朕不忍生靈受困。」遂許之。真宗疾時，以準與李迪可託大事，其知之深如此。以性剛褊，不大用也，非畢士安，則準無所施其長。若士安者，豈在齊鮑叔、鄭子皮輩之下哉？

張詠

張詠，字復之，濮州鄄城人。少負氣，不拘小節。太平興國五年，郡舉進士，以詠首薦，詠以讓夙儒張覃。是歲，登進士乙科，以大理評事、知崇陽縣。縣民以茶爲業，詠曰：「茶利厚，官將榷之，不若早自異也。」命拔茶植桑，民以爲苦。其後榷茶，他縣皆失業，而崇陽之桑爲絹，歲百萬匹，民富數世。

累官至銀臺，出知益州。時川中李順作亂，招討使王繼恩始收復成都，關中饋糧，道路不絶。詠至府，問城中屯兵，尚三萬人，而無半月之食。訪知鹽價素高，而廩有餘積，乃下其估，聽民以米易鹽。民爭趨之，未踰月，得米數十萬斛。益雖收復，餘寇尚盛。繼恩恃功驕恣，緩兵不進，往往剽奪民財，詠悉擒招安司吏數其罪，將斬之，吏皆股栗，求活。詠曰：「汝帥聚兵玩寇，皆汝輩爲之。今能亟白乃帥，分兵出，可免死。」吏曰：「惟公所命。」詠乃釋之。繼恩即分兵鄰州，城中兵減半。既而諸軍請馬芻粟，詠給以錢，繼恩詬曰：「馬不食錢，給錢何也？」詠曰：「今賊黨尚多，民不敢出，君頓兵不討賊，芻粟何由得之？」繼恩懼，即出城討賊。詠計軍食，有二歲備，乃奏罷陝西運糧。帝喜曰：「益州日以運糧爲請，詠至踰月，已有二歲備。此人何事不能了？朕無慮矣！」詠以順黨皆良民，脅從當示恩信，許自新，揭榜諭之。自是首者相踵，皆釋其罪，歸田里。一日，繼恩械數十人，請行法，悉前自首者，詠復縱之。繼恩不悦，詠曰：「李順脅民爲賊，今吾化賊爲民，不亦可乎？」詠度繼恩日横，以狀聞，帝命上官正代之。詠激正親行，仍盛爲供帳餞之。酒酣，舉盃屬軍校曰：「汝曹蒙國厚恩，無以塞責，此行當直抵寇壘，蕩平醜類。若老師曠日，即此地還爲爾死所矣。」正由是決行深入，卒大捷。

再閲月而兩川平，西川卒劉旰逐其廵檢使韓景裕，掠懷安，破漢州。報至，詠方會僚屬飲燕如故。旰又掠邛蜀，將趨益，報者愈急。詠召上官正，曰：「賊始發，不三四日，破數郡，勢方鋭，不可擊。氣驕，迫吾城，乃送死耳。請出兵，北至方井，當遇賊，破之必矣。」正行至方井，果遇賊，一戰斬旰首，餘黨盡平。兵還，有以斬首級求賞者，詠曰：「當奔突交戰時，豈暇獲其首耶？此必戰後翦來。」殿直叚倫曰：「公果神明也。當時隨倫爲先鋒入賊用命者，皆中傷破體。」詠命悉舁以來，先録其功，於是軍情以賞罰至當，相顧懽躍。

初知益州，斬一猾吏。吏稱無罪，詠封判，令至市曹讀示之。既聞斷詞，告市人曰：「爾輩得好知府矣。」蓋李順嘗有死罪，此吏縱之也。

民間訛言，有白頭老翁午後食人男女，一郡囂然。詠召犀浦謂曰：「訛言惑衆，汝歸縣，訪市肆中有大言其事者，立解來。」明日，果得之。詠戮之於市，即日帖然。詠曰：「妖訛之興，沴氣乘之，妖則有形，訛則有聲，止訛之術，在乎識斷，不在厭勝也。」

蜀不貢士，幾二十年，學校頽廢。詠察郡人張及、李畋、張逵皆有學行，延奬加禮，勉就舉。後三人登科，歷美官，於是兩川學者知勸，文風益振。詠每斷事，有情輕法重，情重法輕者，必爲判語，讀以示之。蜀人鏤板傳布，謂之戒民集。爲政恩威并用，蜀民畏而愛之。詠以蜀地素狹，游手者衆，事寧之後，生齒日繁，稍遇水旱，則民必艱食。乃按諸邑田税，如其價，歲折米六萬斛。至春，計口給券，俾輸元估糴之，奏爲永制。行之百十年，雖時有災饉，而益民無饑色。

詠凡有興作，先牒諸縣，於籍係工匠者，具帳申來，分爲四番，役十日，日滿則罷去。夏則卯入，午中暫歇，冬抵暮放，各給木札一幞，以禦寒。工徒皆悦。

詠寢室中張燈炷香，通夕宴坐，郡樓上鼓番漏水，歷歷分明，少差必詰之。詠曰：「鼓角爲軍中號令，號令在前，尚不分明，餘事將如何也？」

有清鑑，善臧否人物。凡在薦辟，皆方正恬退之士。嘗謂轉運黄虞部曰：「舉人須舉好退者，好退則廉謹知恥，舉之忠節愈堅，少有敗事。若奔競者，則能曲事諂媚，求人知己，舉之則矜才好利，累及舉官，故不少矣。」

有詔川、陝諸州參用銅鐵錢，每銅錢一當鐵錢十。詠言：「諸州錢有銅鐵，價輕重不一，望依估折納銅錢。」公私便之。

咸平二年，以工部侍郎出知杭州。屬歲歉，民多私鬻鹽以自給，捕獲數百人。官屬請痛懲之，詠曰：「錢塘十萬家，飢者八九，苟不以鹽自活，一旦蜂起爲盜，則患深矣。俟秋成，當仍舊法。」遂悉寬之。有民家子與姊壻訟家財，壻言妻父臨終，此子方三歲，命壻掌産，有遺書，令異日以十之三與子，餘七與壻。詠覽之，曰：「汝妻父，智人也，以子幼故屬汝，不然，子死汝手矣。」乃命以七給其子，而三給壻，人皆服其明斷。

詠之自蜀還也，詔以牛冕代之。詠曰：「冕非撫御才，其能綏輯乎？」踰年，王均亂，逐冕據益州，後雖討平之，民尚未寧。上以詠治蜀，威惠在人，復以刑部侍郎，知益州。蜀民鼓舞相慶，如赤子久失父母而復來也。詠知民信已，易嚴以寬，令下人情懽愜，蜀復大治。帝諭詠曰：「卿在蜀，朕不復有西顧憂。」因詔鑄景德大錢于嘉、邛州，一當小鐵錢十，民咸便之。

大中祥符三年，以江左旱歉，命充昇、宣等十州安撫使。范延貴爲殿直，押兵過金陵，詠問曰：「天使來，于道曾見好官否？」延貴曰：「過萍鄉縣，得一邑宰張希顔。」詠曰：「何以知之？」延貴曰：「入縣境，驛傳橋道皆完葺，田萊墾闢。至縣，則廛肆無賭博，市易不敢諠争。夜宿邸中，更鼓分明，以是知之。」詠大笑，曰：「希顔固善矣，天使亦好官也。」即日同薦于朝，後二人皆爲能吏。

以疾召還，恨不得面陳所懷，乃抗疏論：「近年以來，虚國家帑藏，竭生民膏血，以奉無用之土木者，皆賊臣丁謂、王欽若啓上侈心之爲也。不誅死，無以謝天下。」章三上，出知陳州。

詠自奉甚儉，寢室中無侍婢，服用之物闃如也。知益州日，單騎赴任。官屬憚其嚴，莫敢蓄侍婢。詠不欲絶人情，遂自買一婢，以侍巾櫛。自此官屬稍置姬侍。及還闕，呼婢父母，出資嫁之，仍處女也。

嘗曰：「事君者，廉不言貧，勤不言苦，忠不言已效，公不言已能，可以事君矣。」謂李畋曰：「大小之事，皆須用智，智猶水也，不流則腐。」又曰：「臨事有三難，能見一也，見而能行二也，當行必果決三也。」李畋苦痁，既瘳，請謁，詠曰：「子於病中曾得移心法否？」曰：「未也。」詠曰：「人能於病中移其心，如對君父畏之慎之，静久自愈。」

守蜀時，聞寇準拜相，曰：「寇準真宰相也！」又曰：「蒼生無福。」李畋怪而問之，詠曰：「人千言不盡者，準一言而盡，然仕太早，用太速，不及學耳。」張、寇布衣交也，準兄事，詠常面折不少恕，雖貴不改。準在岐，詠自蜀還，將别，謂準曰：「曾讀霍光傳否？」曰：「未也。」準歸取傳讀之，至「不學無術」，笑曰：「此張公謂我矣。」嘗語人曰：「吾榜中得人最多，慎重有雅望，無如李文靖。深沉有德，鎮服天下，無如王文正。面折廷争，素有風采，無如寇公。當方面寄，則詠不敢辭。」卒年七十，贈左僕射，謚忠定。

論曰：真宗之時，衆正在朝，而丁謂、王欽若挾其私邪，投機抵隙，以售其志。雖王旦、寇準周旋其間，與之出入，詠獨抗疏三上，乞斬之以謝天下，可謂忠義死節之臣矣。詠之公忠直諒，明達有遠識，使施之朝廷，其功謀亦不可勝道者。試之方隅，固可見其概云。

李迪

李迪，字復古，其先趙郡人，後家濮州。迪深厚有器局，嘗携所爲文見柳開，開以公輔奇之，出見曰：「讀君文，須沐浴乃敢見。」舉進士第一，授將作監丞，歷通判徐、兖州。累遷右司諫，知鄆州，遷起居舍人，安撫江、淮，以尚書吏部員外郎爲三司鹽鐵副使，擢知制誥。

真宗幸亳州，爲留守判官，遂知亳州。亡卒群剽城邑，發兵捕，久不得。迪至，悉罷所發兵，陰察知賊區處，部落驍鋭士，擒斬以徇。代歸，會唃厮囉叛，帝憂關中，召對長春殿，進右諫議大夫、集賢院學士、知永興軍。城中多無賴子弟，喜犯法，迪奏取其甚者，部送闕下。徙陝西都轉運使，入爲翰林學士。

時仍歲旱蝗，國用不給。一日歸沐，忽傳詔對内東門，帝出三司所上歲出入財用數，問何以濟。迪曰：「祖宗初置内藏庫，欲復西北故土及以支凶荒。今邊無他費，陛下用此以佐國用，賦斂寬，民不勞矣。」帝曰：「今當出金帛數萬借三司。」迪曰：「天子於財無内外，願下詔賜三司，以顯示德澤，何必曰借。」帝悦，又言：「陛下東封時，勅所過毋伐木除道，即驛舍或州治爲行宫，裁令加塗墍而已。及幸汾、亳，土木之役，過往時幾百倍。蝗旱之災，殆天意所以儆陛下也。」帝深然之。

他日，又召對龍圖閣，帝謂迪曰：「曹瑋在秦州，屢請益兵，未及遣，遽辭州事，第怯耳。誰可代瑋者？」迪對曰：「瑋知唃厮囉欲入寇，且闚關中，故請益兵爲備，非怯也。且瑋有謀略，諸將皆非其比，何可代？陛下重發兵，豈非將上玉皇聖號，惡兵出宜秋門邪？秦之旁郡，兵甚多，可分兵赴瑋。」帝因問兵有幾何，對曰：「臣向在陝西，以方寸小册籍兵糧數備調發，今猶置佩囊中。」帝令探取，迪目小黄門取紙筆，具疏某處當留兵若干，餘悉赴塞下。帝顧曰：「真所謂頗、牧在禁中矣。」

未久，唃厮囉果犯邊。秦州方出兵，帝復召迪問曰：「瑋此舉勝乎？」對曰：「必勝。」居數日，奏至，瑋與敵戰三都谷，果大勝。帝問迪何以知瑋必勝，對曰：「唃厮囉兵遠來，使諜者聲言以某日下秦州會食，以激怒瑋。瑋勒兵不動，坐待敵至，是以逸待勞也。此知其勝。」帝益重之，自是欲大用矣。

初，帝將立章獻后，迪屢上疏諫，以章獻起寒微，不可母天下。章獻深銜之。天禧中，拜給事中、參知政事。周懷政之誅，帝怒甚，欲責及太子，群臣莫敢言。迪從容奏曰：「陛下有幾子，乃欲爲此計？」帝大悟，乃獨誅懷政等。仁宗爲皇太子，除太子賓客。寇準罷，帝欲相迪，迪固辭。一日，對滋福殿，皇太子出拜曰：「陛下用賓客爲宰相，敢以謝。」帝顧謂迪曰：「尚可辭耶！」拜吏部侍郎兼太子少傅、同平章事。

初，真宗不豫，寇準議皇太子總軍國事，迪贊其策，丁謂以爲不便，曰：「即日上體平，朝廷何以處此？」迪曰：「太子監國，非古制耶？」力争不已。于是太子于資善堂聽常事，他皆聽旨。準既得罪，帝命與小州。丁謂輒云：「與遠小州。」迪言：「聖旨無『遠』字。」由是，二人不協。謂寖擅權，至除吏不以聞。迪憤語同列曰：「迪起布衣至宰相，有以報國，死猶不恨，安能附權倖爲自安計耶！」謂益恨之。時議二府皆進秩兼東宫官，迪以爲不可。謂又欲引林特爲樞密副使，迪曰：「除兩府必須面奉聖旨。」既而帝御長春殿，内出制書置榻前，謂輔臣曰：「此卿等兼東宫官制書也。」迪進曰：「東宫官屬不當增置，臣不敢受此命。宰相丁謂罔上弄權，私林特、錢惟演而嫉寇準。特子殺人，事寢不治，準無罪罷斥，惟演姻家使預政，曹利用、馮拯相爲朋比。臣願與謂俱罷，付御史臺劾正。」帝怒，左遷迪户部侍郎。謂再對，傳口詔入中書復視事，出迪知鄆州。

及帝臨崩，惟言寇準、李迪可用。仁宗即位，太后預政，以宿憾貶準雷州，迪衡州團練副使。謂使人逼之，或諷謂曰：「迪若貶死，其如士論何？」謂曰：「異日諸生記事，不過曰『天下惜之』而已。」謂貶，起爲秘書監、知舒州，累遷工部尚書。太后崩，復同平章事。

迪自以受不世之遇，盡心輔佐，知無不爲。呂夷簡忌之，潛短之於上。景祐中，范諷得罪，迪坐姻黨，罷爲刑部尚書，歷知徐州。迪謂人曰：「迪不自量，恃聖主之知，自以爲宋璟，而以呂爲姚崇，不知其待我乃如是也。」後以太子太傅致仕。

慶歷四年冬，卒，年七十七，謚文定。帝篆其神道曰「遺直之碑」，又改所居鄉曰「遺直鄉」。迪初貶時，宋綬知制誥，將草迪責，辭請其罪名，謂指以「春秋無將，漢法不道」，宋受而陰改之。及謂貶朱崖，宋猶掌詞，命即爲之詞曰：「無將之戒，深著于魯經；不道之誅，難逃于漢法。」天下快之。子柬之，歷官少師。孫孝基，累官光禄卿，年纔五十，父子同致仕，士大夫以比二疏云。

論曰：李迪諳識大體。其曰「天子于財無内外」，大哉斯言！料曹瑋如指掌，至先籍兵數，預備調遣，可謂留心遠慮者矣。與寇準同諫立章獻、定太子，正色立朝，風表稜稜，卒與準同爲奸邪所忌。丁謂知天下惜之，而擯之不遺餘力。小人害正，雖公論非所畏也，可懼哉！

王曾

王曾，字孝先，青州益都人。由鄉貢試禮部及廷對皆第一。學士劉子儀戲之曰：「狀元試三場，一生喫著不盡。」曾答曰：「曾平生之志，不在温飽。」當召試學士院，宰相寇準奇之，特試政事堂，授秘書省著作郎，遷右正言，知制誥。時瑞應沓至，曾奏曰：「此誠國家承平所致，然願推而弗居，異日或有災沴，可免輿議。」及後飛蝗旱暵，乃亟被擢用焉。帝既受符命，大建昭應宫，曾上疏諫，極陳不便者五。

知審刑院。舊違制無故失，率坐徒二年，曾請須親被旨乃坐。既而有犯者，曾以失論。帝曰：「如卿言，是無復有違制者。」曾曰：「天下至廣，豈人人盡曉制書，如陛下言，亦復無有失者。」帝悟，卒從曾議。以諫議大夫參知政事。罷，知應天府。民間訛言，妖起自京師以南，人皆恐。曾令夜開里門，敢倡言者即捕之，卒無妖。徙天雄軍，復參知政事。

真宗不豫，劉皇后諷宰臣丁謂，欲臨朝，中外洶洶，無敢言者。錢惟演，后戚也，曾密語惟演曰：「太子幼，非中宫不能立。公，后之肺腑，何不入白皇后。太子即位，太后輔政，豈不爲劉氏之福乎？若欲稱制以取疑天下，非惟劉氏之禍，亦恐延及公矣。」惟演大懼，入白之，其議遂止。

真宗晏駕，曾被命入殿廬草遺詔：「以明肅皇后輔立皇太子，權聽斷軍國大事。」丁謂欲去「權」字。曾曰：「皇帝冲年，太后臨朝，斯已國家否運。稱『權』猶足示後。且增減制書有法，表則之地，先欲亂之耶？」太后既權處分軍國事，儀式久而未定。曾時判禮儀院，乃取蔡邕獨斷所述東漢故事，皇帝在左，母后在右，同殿垂簾。中書樞密院以次奏事如儀，人心乃定。

丁謂欲擅權，不欲同列與聞機政，潛結入内押班雷允恭，密請太后降手書，云：「帝朔望見群臣，大事則太后召輔臣決之，非大事則令允恭傳奏禁中，畫可乃下。」學士草制辭，允恭先以示謂，閲訖乃示王曾。曾曰：「兩宫異處，而柄歸宦官，禍端兆矣。」於是允恭恃勢專恣，而謂權傾中外，衆莫敢抗。惟曾正色立朝，時倚爲重。

謂既擅權，因大行貶竄，逐李迪於衡州，貶寇準於雷州。曾不平之，曰：「責太重矣。」謂熟視曾曰：「居停主人勿復言，恐亦未免耳。」曾嘗以第舍假準，故謂云爾。曾遂不復争。

會謂爲山陵，使允恭爲都監判。允恭欲移穴山陵上百步，司天監邢中和曰：「恐有石與水。」允恭曰：「第移上，我入見太后白之。」允恭方貴横，人不敢違。后命與山陵使議，謂唯唯而已。既而改穿上穴，果有石，石盡水出。内侍毛昌達奏之，詔兩府議，遣曾覆視。曾還請獨對，因言謂包藏禍心，故令允恭移皇堂於絶地。太后大驚，命按劾其事，遂誅允恭，而逐謂。謂既去，自是兩宫垂簾，輔臣奏事如曾初議焉。是年秋，拜中書侍郎，同平章事。

曾以帝初即位，宜近師儒，即召孫奭、馮元更侍經筵。曾方嚴持重，每進見，言利害事，審而中理，多所薦拔，尤惡僥倖。帝問曾曰：「比臣僚請對，多求進者。」曾對曰：「惟陛下抑奔競而崇恬静，庶幾有難進易退之人矣。」曾嘗詮録古先聖賢事跡，凡六十事，繪事以獻，帝嘉納之。

王欽若卒，帝謂輔臣曰：「欽若久在政府，觀其所爲，真奸邪也。」曾對曰：「欽若與丁謂、林特、陳彭年、劉承珪同惡，時稱『五鬼』，奸邪憸僞，誠如聖諭。」

天聖四年六月，大雨震雷，平地水數尺，壞京城民舍，溺死者數百人。時宰執方晨朝未入，有旨放朝，曾獨附中使奏曰：「天變甚異，乃臣等燮理無狀，豈可退安私室？」亟請入見，陳所以備禦之道。同列先歸者，咸愧服焉。又傳言汴口決，水已大至，都人恐，欲東奔。帝以問曾，曾曰：「河決奏未至，民間妖言，不足信也。」已而果然。陝西轉運使置醋務，以榷利，且請推其法於天下，曾言其非便，罷之。

曹利用惡曾班已上，常怏怏不悦。及利用坐事，太后大怒，曾爲之解，太后曰：「卿言利用强横，今何解也？」曾曰：「利用素恃恩，臣故常以理折之。今加以大惡，則非臣所知。」太后意少解，卒從輕議。

始，太后受册將御大安殿，曾執不可。及長寧節上壽，止供張便殿。太后左右姻家稍通請謁，曾多所裁抑，太后滋不悦。乃出知青州，徙天雄軍，又改判河南。屬歲歉，里有囷積者，飢民聚黨，脅取鄰郡，以强盜論報，死者甚衆。曾但重笞而釋之，遠近聞以爲法，全活者數千人。

景祐二年，復拜平章事，封沂國公。初吕夷簡參知政事，事曾甚謹，曾力薦爲相。及曾再入相位，夷簡下。夷簡遇事專決，曾不能堪，論議多異同，遂與夷簡俱罷。

寶元元年，卒，年六十一，贈侍中，謚文正。

曾資質端厚，在朝廷，進止有常處，平居寡言笑，人莫敢干以私。帝之即位也少，而太后垂簾專制，曾正色危言，以立於朝。由是宦官近習不敢窺覦，而帝德日就，太后亦全令名，世推爲社稷臣云。曾爲相，門下未嘗顯拔一人。范仲淹乘間諷之，曰：「明揚士類，宰相之任也。公之盛德，獨少此耳。」曾徐曰：「君不之思耶，恩若己出，怨使誰當？」仲淹憫然歎曰：「真宰相也！」

曾嘗言，始參大政，屬王太尉當國，每進用朝士，必先望實。或曰某人才，某人賢，則曰：誠知此人，然歷官尚淺，且俾養望。歲久不渝，而後擢任，則榮途坦然，中外允愜。故曾執政之日，遵行是言，而人心皆服。再涖大名，軍民畫像事之。契丹使往來入境，皆云：「此府王公在焉。」必沐浴潔服而入。在閣下累年，楊億已居内制。楊性詼諧，凡僚友無不狎侮。至曾則曰：「第四廳舍人，不敢奉戲。」李翰林昌武尤歎服，嘗曰：「若王舍人，可謂不可得而親疏也。」曾嘗語人曰：「昔楊文公有言，人之操履，無如誠實。吾每欽服斯言。苟執之不渝，夷險可以一致。」韓琦爲諫官時，曾稱之曰：「近來見章疏，非擇利則近名，須如此純意于國事乃可耳。」琦以爲榮。

論曰：曾在政府，時值危疑，耆臣端士，皆被斥遠，莫與共扶持者，獨能定仁宗之位，正朝廷之儀，首鋤大奸，以安宗廟，可謂功無與二矣。胡文定嘗謂：李文靖淡然無欲，王沂公儼然不動，資學并至，皆幾于道者。世以爲知言。

杜衍

杜衍，字世昌，紹興山陰人。總髮苦志，篤學厲操。擢第，補揚州觀察推官，歷著作佐郎、知平遥縣，通判晉州，知乾州。

衍聽訟明敏，屢決疑獄，人以爲神。其簿書出納，推析毫髮，終日無倦色。至爲條目，必使吏不得爲奸而後已。及其施於民者，則簡而易行。在乾州未滿歲，以陳堯咨薦，移權鳳翔。二邦之民，争於界上。一曰：「此吾公也，汝奪之！」一曰：「今我公也，汝何有焉？」

俄除太常博士，提點河東刑獄。按行潞州，有誣知州王繼昇謀變者，衍廉得其冤，抵告者罪。寧化軍守將鞫人死罪，不以實，衍覆正之。遷祠部員外郎，移知揚州，復辨疑獄法當賞，改刑部。章獻太后察其治狀，轉河東運副、陝西運使。召爲三司户部副使，擢天章閣待制。會河北乏軍資，選爲都轉運使，不增賦而用足。還，授樞密直學士。求外，以右諫議大夫知天雄軍。

爲治謹密，不以威刑督下，吏民咸憚其清整。仁宗親政，召爲御史中丞。衍言：「中書、樞密，古之三事大臣，坐而論道者。今止隻日對前殿，何以盡天下之事？宜迭召見，賜坐便殿，以極獻可替否。」又論常平法曰：「歲有豐凶，穀有貴賤，豪商大賈，乘時賤收，水旱之歲，則閉糴高價，以圖厚利，而困吾民。請量州郡遠近，户口衆寡，嚴賞罰，課官吏，出納無壅，增損有宜。公糴未充，則禁争糴以規利者；糴畢而儲之，則察其以供軍爲名而假借者。州郡闕母錢，願出官綒助之。」皆見裨益。

判吏部流内銓。選補科格繁長，主判不能悉閱，吏多受賕，出縮爲奸。衍始視事，選者三人争某闕。衍以問吏，吏受丙賕，對曰：「當與甲，乙不能争。」遂授他闕。居數日，吏教丙訟甲負某事，不當得。衍悟，召乙問之。乙謝曰：「僕已得他闕，不願争。」衍不得已與丙，笑曰：「此吾未知銓法爾。」因命諸曹各具格式科條以白，問曰：「盡乎？」曰：「盡矣。」衍閲視，具得其本末曲折。令諸吏無得升堂，各坐曹聽行文書，銓事悉自予奪，由是吏不能爲奸利。數月，聲動京師。改知審官院，裁制如判銓時。有以賂求官者，吏謝不受，曰：「我公有賢名，不久見用，去矣，姑少待之。」遷尚書工部侍郎、知永興軍。民有晝亡其婦者，爲設方略捕，立得殺人賊，發所埋屍，并得所殺他婦人屍二，秦人大驚。徙并州。

寶元二年，復知永興軍。時元昊反方，用兵陝西，困於科斂，吏緣侵漁，調發督迫，民至破産不能足，往往自經投水以死。衍語其民曰：「吾不能免汝，然可使汝不勞耳。」乃爲區處計較，量物有無貴賤，道里遠近，寬其期會，使以次輸送，由是物不涌貴，車牛芻秣，宿食來往如平時。而吏束手無所施，民比他州省費十六七。召還，權知開封府，遠近聞衍名，莫敢干以私。拜同知樞密院事，改樞密副使。夏竦上攻守策，宰相欲用出師。衍曰：「僥倖成功，非萬全計。」争議久之，求罷不許，出爲河東宣撫使，拜吏部侍郎、樞密使。每内降恩澤，率寢格不行，積詔旨至十數，輒納帝前。帝語諫官歐陽修曰：「外人徒知杜衍封還内降，不知凡有求於朕，告以杜衍不可而止者，更多于所封還也。」

契丹與元昊戰黄河外，參知政事范仲淹宣撫河東，欲以兵自從。衍曰：「二國方交鬭，勢必不來，我兵不可妄出。」仲淹争議帝前，詆衍，衍不以爲恨。後契丹卒不來，契丹壻劉三嘏避罪來歸，輔臣欲厚館之，以詰契丹陰事。衍曰：「中國主信義，若違誓納叛，不直在我。且三嘏爲契丹近親，而逋逃來歸，其謀身若此，尚足與謀國乎？納之何益，不如還之。」乃還三嘏。拜同平章事。

衍好薦引賢士，推奬後進，一時知名之士，多出其門。沮止僥倖，小人多不悦。言者攻范仲淹、富弼，帝欲罷其政事，衍常左右之。御史并劾衍壻蘇舜欽及所知王益柔，因以傾衍，罷爲尚書左丞，出知兖州。慶歷七年，遂以太子少師致仕。

衍清介不殖私産，既退，寓南都凡十年，第室卑陋，才數十楹，居之裕如也。出入從者十許人，烏帽、皂履、綈袍、革帶。或勸衍爲居士服，衍曰：「老而謝事，尚可竊高士名耶？」居家聞時事，有不便者，則憂形於色。聞善人進用，則喜曰：「社稷之福也。」嘗曰：「孔子稱『不在其位，不謀其政』，第衍受國恩深，退居以來，家事一不關心，但未能忘國耳。」善爲詩，楷書、行草皆有法。嘉祐元年卒，年八十，贈司徒兼侍中，謚正獻。遺疏有曰：「無以久安而忽邊防，無以既富而輕財用。宜早建儲副，以安人心，語不及私。」衍嘗曰：「今之在上者多摘發下位小節，是誠不恕也。」衍知兖州日，州縣官有累重而素貧者，以公租所得均給之。公租不給，即繼以公帑，量其小大，咸使自足，尚有復侵擾者，真貪吏也，于義可責。又曰：「衍歷知州，提轉安撫，未嘗壞一官員。其間不職者，即委以事，使之不暇惰。不慎者，諭以禍福，俾之自新。從而遷善者甚衆，不必繩以法也。其有文學政事殊行絶德者，雖不識面，未嘗不力薦于朝。有一善可稱一長可録者，未嘗不隨其所能而薦之。」人有問衍曰：「公在相位未久而去，使蒼生不被澤。」衍曰：「衍以非才，妨賢路，得去乃遂素心。然獨有一恨耳，衍平生聞某人之賢，可某任，某人之才，可某用，未能悉薦而去，此所以爲恨也。」韓琦稱衍：「公心而樂與人善。」始琦爲樞密副使，論難一二，事衍不樂，久而相敬信，琦益爲之盡心不敢忽，君子兩賢之。

論曰：漢世以良吏起家，後登台輔者，多云威名減于治郡，時才之難兼也如此。衍之發幽摘伏，鈎距繆數，奸不得隱，人服其神。又當擾攘之秋，加以師旅飢饉，而能斟酌條理，沛然有餘，雖古稱良吏，莫能過也。迨至位歷台階，謀兼軍國，是時韓、范、富等皆以蓋世非常之材，各抒所見，論議紛然。而衍以虚公清慎爲之弁冕，和衷同濟，退無後言，可謂得公輔之體矣。宋至仁宗之朝，士知廉恥，人懷自勵，幾于三代之風。所患者，兵弱財匱，而外寇肆其侵凌也。誠得衍之才而用之，因權制變，精通微密，財易足，兵易振也。語曰：士易得而難用。豈衍謂耶！

史傳三編卷三十

名臣傳二十二

宋

范仲淹

范仲淹，字希文，蘇州吳縣人。二歲而孤，母改適長山朱氏。既長，知其世家，泣辭母，去之南都，入學舍，掃一室晝夜講誦，未嘗解衣就寢。夜或昏怠，輒以水沃面。往往饘粥不充，日昃始食。居五年，大通六經之旨，爲文章論説，必本于仁義。舉進士第，爲廣德軍司理。日抱獄詞，與太守争是非。守盛怒臨之，不爲屈。比去，貧，止一馬，鬻之，徒步而歸。徙監楚州糧料院，先是，迎母歸養。至楚州，以母喪去官。

晏殊知應天府，延掌府學，仲淹常宿學中，訓督學者，生徒輻輳。嘗上宰相書，請擇郡守、舉縣令、斥游惰、去冗僭、慎選舉、撫將帥，凡萬餘言，王曾見而偉之。及晏殊薦一人爲館職，曾謂曰：「公知范仲淹不薦，而薦此人乎？」殊從之。遂除仲淹秘閣校理。仲淹泛通六經，尤長于易，學者多從質問，爲執經講解，無所倦。每感激論天下事，奮不顧身。宋代士大夫踔厲尚風節，自仲淹倡之。

天聖七年，冬至，立仗禮官，議請太后受朝。天子帥百官獻壽于庭，仲淹極言其非，且曰：「奉親于内，自有家人禮，顧與百官同列，北面而朝，不可爲後世法。」晏殊大懼，召仲淹責之。仲淹正色抗言曰：「仲淹受公誤知，常懼不稱，爲知已羞，不意今日更以正論得罪也。」殊慚，無以應。頃之，又疏請太后還政，不報。出通判河中府，徙陳州。時方建太一宫及洪福院，市材木陝西。仲淹言：「比者昭應、壽寧被火，天戒不遠，今又侈土木，破民産，非所以順人心、合天意也。宜罷修寺觀，減市木之數，以蠲除積負。」又言：「恩倖多以内降除官，非太平之政。」事雖不行，仁宗以爲忠。

太后崩，召爲右司諫。太后遺詔，以太妃楊氏爲皇太后，參決軍國事。仲淹上疏曰：「太后，母號也，自古無因保育而代立者。今一太后崩，又立一太后，天下且疑陛下不可一日無母后之助矣。」及帝始親政，言事者多追詆太后時事。仲淹又言于帝曰：「太后受遺先帝，調護陛下者十餘年，宜掩其小故，以全大德。」帝曰：「此亦朕所不忍聞也。」遂下詔，戒飭中外，毋得輒言皇太后垂簾時事。

後歲大旱蝗，江、淮、京東尤甚。仲淹請遣使循行，未報。因請間曰：「宫掖中半日不食，當如何？」帝惻然，乃命仲淹安撫江、淮，所至開倉賑乏，禁淫祀，奏蠲廬舒折役茶、江東丁口鹽錢，且條上救弊十事。還，以太平州民所食烏昧草進帝，乞宣示六宫戚里，用抑奢侈。

郭皇后廢，仲淹與中丞孔道輔率諫官、御史伏閤争之，不能得。明日，將留百官揖宰相廷争，方至待漏院，有旨出知睦州。歲餘，徙蘇州。州苦水，仲淹爲疏五河，導太湖注之海，興作未就，詔徙明州，轉運使請留仲淹以畢其役，許之。卒爲蘇人利。還，判國子監，遷吏部員外郎、權知開封府。

吕夷簡執政，進用者多出其門。仲淹爲百官圖以獻，指其次第曰：「如此爲序遷，如此爲不次，如此則公，如此則私。凡進退近臣，超格者，不宜全委之宰相。」夷簡不悦。他日，論建都事，仲淹曰：「洛陽險固，而汴爲四戰之地，太平宜居汴，即有事必居洛陽。當漸廣儲蓄，繕宫室。」帝以問夷簡，夷簡曰：「此迂闊之論也。」仲淹乃更爲四論上之，一曰帝王好尚，二曰選賢任能，三曰近名，四曰推委，大抵譏切時弊。夷簡大怒，由是出知饒州。

明年，夷簡罷，元昊反，召爲天章閣待制，知永興軍。會夏竦經略陝西，進仲淹龍圖閣直學士，同韓琦副之。夷簡再入相，帝諭仲淹，使釋前憾。仲淹頓首謝曰：「臣向所論皆國家事，于夷簡無憾也。」

因上言關中無備，若元昊賊乘虚深入，東阻潼關，隔兩川貢賦，則朝廷不得高枕矣。爲今之計，宜嚴戒邊城，實其關内，使無虚可乘。寇至邊城，清野不得浪戰。關中稍實，不能深入。二三年間，彼自困弱，此上策也。今邊城請五路入討，臣恐承平歲久，無宿將精兵，一旦興深入之謀，國之安危未可知也。」時延州諸砦多失守，仲淹自請行。詔兼知延州。先是，詔分邊兵，總管領萬人，鈐轄領五千人，都監領三千人。寇至禦之，則官卑者先出。仲淹曰：「將不擇人，以官爲序，取敗之道也。」于是大閱州兵，得萬八千人，分六將領之，日夜訓練，量賊衆寡，使更出禦之。夏人聞之，相戒曰：「無以延州爲意，今小范老子腹中自有數萬甲兵，不比大范老子可欺。」大范，謂范雍也。仲淹又用种世衡策，城青澗以據賊衝，大興營田，且聽民互市，以通有無。又以民遠輸勞苦，請建鄜城爲康定軍，以河中、同、華中下户税租就輸之。春夏徙兵就食，所省糴十之三，他所減不與。又修承平、永平等砦，稍招還流亡，定堡障、通斥候，于是羌漢之民相踵歸業。

明年，正月，詔諸路入討，仲淹以爲塞外方寒，我師暴露，不如俟春深，賊馬瘦人飢，勢爲易制。且鄜、延密邇靈、夏，西羌必由之地。第當按兵不動，稍以恩信招來之。不然，羌情阻絶，臣恐偃兵無期也。時韓琦決意進兵，乃奏言：「兩路協力尚懼不勝，若鄜延以牽制爲名，是委涇原軍于賊手。乞督令同入。」帝以奏示仲淹。仲淹又言：「臣與琦等皆一心，非有怯弱，但戰者危事，一或差失，則平定之期轉延歲月，未見其利。」琦又遣判官尹洙至慶州，與仲淹爲約。仲淹曰：「我軍新敗，士卒氣沮，不可深入。」洙曰：「公于此，不及韓公也。韓公云：『大凡用兵，置勝敗于度外。』」仲淹曰：「大軍一動，萬命所懸，而乃置于度外，仲淹不見其可。」議卒不合。及後出兵，果敗，大將任福死之。

先是，元昊歸陷將高延德，因與仲淹約和，仲淹以書諭之。值任福敗，元昊爲答書，語極悖慢，仲淹對來使焚之。大臣以仲淹不當輒通書，又不當輒焚，降知耀州。尋復起，爲環慶路經略招討使，與韓琦、龐籍、王沿各當一路，謂之四鎮。

初，元昊陰誘屬羌爲助，而環慶酋長六百餘人，約爲鄉導。仲淹知諸酋反覆不常，至部即奏行邊，以詔書犒賞諸羌，閲其人馬，爲立條約：「若讎已和斷，輒敢私報傷人者，罰羊百、馬二，至死者斬。負債争訟，聽告官爲理，輒質縛平人者，罰羊五十、馬一。賊入界，追集不赴隨本族，每户罰羊二，質其首領。賊大入，老幼入保本砦，官爲給食；即不入砦，本家罰羊二；全族不至，質其首領。」諸羌皆受命，自是始爲中國用矣。

羌人愛之，呼爲龍圖老子。慶之西北馬鋪砦，當後橋川口，在賊腹中。仲淹欲城之，度賊必争，密遣子純祐與蕃將趙明先據其地，引兵隨之。諸將不知所向，行至柔遠，始下號令，版築皆具，旬日城成，即大順城是也。大順既成，而白豹、金湯賊皆不敢犯，環慶自此寇盜稀少。

仲淹在邊，純祐年方冠，與衆卒偕處，鈎深擿隱，得其材否，由是任人無失，所向有功。明珠、滅臧勁兵數萬，涇原欲襲討之，仲淹上言曰：「二族道險，不可攻，平時且懷反側，今討之，必與賊表裏，南入原州，西擾鎮戎，東侵環州，邊患未艾也。若北取細腰、胡蘆衆泉爲堡障，以斷賊路，則二族安，而環州、鎮戎徑道通徹矣。」其後，遂築細腰、胡蘆諸砦。

葛懷敏敗于定川。懷敏者，王沿屬將也。賊大掠至潘原，關中震恐，民多竄山谷間。琦與籍二路不敢出，仲淹率衆六千，由邠、涇援之。帝聞定川之敗，按圖謂左右曰：「若仲淹出援，吾無憂矣。」及仲淹奏至，帝大喜，曰：「吾固知仲淹可用也。」進樞密直學士、右諫議大夫。然仲淹兵至，賊已出塞，自以無功辭，不受命，詔不聽。

時已命文彦博經略涇原，而帝以涇原傷痍，欲對徙仲淹，遣王懷德喻旨。仲淹謝曰：「涇原地重，恐臣不足當此路。請與韓琦并駐涇州，琦兼秦鳳，臣兼環慶。涇原有警，合秦鳳、環慶之兵，犄角而進。若秦鳳、環慶有警，亦可率涇原之師爲援。臣當與琦練兵選將，漸復横山，以斷賊臂，不數年間，可期平定。願詔龐籍兼領環慶，以成首尾之勢。秦州委文彦博，慶州用滕宗諒總之。孫沔亦可，若辦集，渭州，一武臣足矣。」帝乃復置陝西路安撫、經略、招討使，以仲淹、韓琦、龐籍分領之。使仲淹與琦開府涇州，而徙彦博帥秦，宗諒帥慶，張亢帥渭。用仲淹之言也。

仲淹爲將，號令明白，愛撫士卒。所得賜賚，皆以上意，分賜諸將，使自爲謝。諸蕃質子，縱其出入，無一人逃者。蕃酋來見，召之卧内，與語不疑。士勇邊實，恩化大洽，邊上謡曰：「軍中有一韓，西賊聞之心骨寒。軍中有一范，西賊聞之驚破膽。」既乃與琦決策，謀復寧夏横山，元昊遂遣使稱臣。

初，西人籍爲鄉兵者數萬，既而黥以爲軍，惟仲淹所部，但刺其手，及罷兵，獨得復爲民。其于兩路，既得熟羌爲用，因使守邊，而徙屯兵就食内地，以紓西人饋輓之勞。凡所設施，既去而人德之，後人多守其法，而不敢變云。

召入，爲樞密副使，旋除參知政事。是時，帝方鋭意太平，數問當世事，仲淹語人曰：「上用我至矣，事有先後，久安之弊，非朝夕可革也。」及帝再賜手詔，又開天章閣，召二府條對，仲淹惶恐，乃退而上十事：

一曰明黜陟。二府非有大功大善不遷，内外在職須滿三年，在京百司非選舉，須滿五年，乃得磨勘，庶幾考績之法。

二曰抑僥倖。罷少卿、監以上乾元節恩澤，正郎以下若監司、邊任，須在職三年，始得蔭子。大臣不得薦子弟任館閣職，任子之法庶無冗濫。

三曰精貢舉。進士、諸科請罷糊名法，參考履行無玷者，以名聞。進士先策論，後詩賦，諸科取兼通經義者。賜第以上，皆取詔裁。餘優等免選注官，次第人守本科。庶可循名以責實。

四曰擇長官。委中書、樞密院先選轉運使、提點刑獄、大藩知州。次委兩制、三司、御史臺、開封府官、諸路監司舉知州、通判。知州、通判舉知縣、令。限其人數，以舉主多者從中書選除。刺史、縣令，庶可得人。

五曰均公田。外官廩給不均，何以責其爲善？請使有以自養，則不法者可以誅廢。

六曰厚農桑。每歲預下諸路，風吏民言農田利害，堤堰渠塘，州縣選官治之。定勸課之法以興農利，減漕運。

七曰修武備。約府兵法，募畿輔强壯爲衛士。三時務農，一時教戰，省給贍之費。畿輔有成法，則諸道皆可舉行。

八曰推恩信。赦令有所施行，主司稽遲者，重置于法。别遣使按視其所當行者，斯上恩不至廢格。

九曰重命令。法度所以示信也，請命政事之臣參議可以久行者，删去煩冗，裁爲制敕行下，斯命令不至數更。

十曰減徭役。户口耗少而供億滋多，請省縣邑户少者爲鎮，併使、州兩縣爲一，職官白直，給以州兵，其不應受役者悉歸之農，斯民無重困之憂。

天子方信用仲淹，悉采用之，宜著令者，皆以詔書畫一頒下。獨府兵法，衆以爲不可而止。

又建言：「周制，三公分兼六官之職，漢以三公分部六卿，唐以宰相分判六曹。今之中書，古天官冢宰也，樞密院，古夏官司馬也。四官散于群有司，無三公兼領之重。而二府惟進擢差除，循資級，議賞罰，檢用條例而已。上非三公論道之任，下無六卿佐王之職，非治法也。臣請倣前代，以三司、司農、審官、流内銓、三班院、國子監、太常、刑部、審刑、大理、群牧、殿前馬步軍司，各委輔臣兼判其事。凡官吏黜陟、刑法重輕、事有利害者，并從輔臣予奪。其體大者，二府合議奏裁。」章得象等皆以爲不可，久之，乃命參政賈昌朝領農田，仲淹領刑法，然卒不果行。

初，仲淹以忤吕夷簡，放逐者累年。及陝西用兵，天子以仲淹人望所屬，拔用之。既還朝，帝倚以爲治，中外想望其功業。而仲淹以天下爲己任，裁削倖濫，考覈官吏，日夜謀慮興致太平。然更張無漸，規摹闊大，論者以爲不可行。及按察使出，多所舉劾，人心不悦。自任子之恩殺，磨勘之法密，僥倖者尤不便之，于是謗毁稍行，而譖愬之語浸上聞矣。

會邊陲有警，因與富弼請行邊。于是，出爲河東、陝西宣撫使。麟州新罹大寇，仲淹爲修故砦，招還流亡三千餘户，蠲其税，罷榷酤予民。又奏免府州商税，河外遂安。是時，攻者益急，仲淹乃請罷政事，以爲陝西四路安撫使、知邠州。其在中書所施爲多罷。

而復故以疾請鄧州，尋徙荆南，鄧人遮留，許之。尋徙杭州，又徙青州，病甚，請潁州，未至而卒，年六十四，謚文正。

仲淹内剛外和，汎愛樂善，士多出其門下，雖里巷之人，皆能道其名字。爲政尚寬厚，所至有恩，邠、慶二州之民與屬羌，皆生祠事之。及其卒也，哭之如父。爲參政時，患監司不才，取班簿視之，每見不才者姓名，輒筆勾之，以次更易。富弼曰：「六丈則是一筆焉，知一家哭矣。」仲淹曰：「一家哭，何如一路哭耶？」領浙西，時，歲大飢，殍殣枕路，仲淹發粟及募民存餉，爲術甚備。吴人喜競渡，好爲佛事，仲淹乃縱民競渡，太守日出宴湖上，自春至夏，居民空巷出游。召諸寺主，諭以飢歲工賤，勸令興役，于是諸寺工作鼎興。又新廒倉、吏舍，日役千夫。監司劾仲淹不恤荒政，仲淹乃條叙所以宴游及興造，皆欲發有餘之財，以惠貧者。貿易、飲食、工技、服力之人，仰食于公私者，日無慮數萬人。荒政之施，莫此爲大。是歲，兩浙惟杭州晏然，民不流徙。

仲淹嘗與吕夷簡論人物，夷簡曰：「吾見人多矣，無有節行者。」仲淹曰：「天下固有人，但相公不知耳。以此意待天下士，宜乎節行者之不至也。」嘗曰：「吾遇夜就寢，即自計一日食飲奉養之費及所爲之事，果相稱，則鼾鼻熟寐，或不然，則終夕不能安眠，明日必求所以稱之者。」

性至孝，以母在時方貧，後雖貴，非賓客不重肉，妻子衣食僅能自充，而好施予。嘗戒諸子曰：「吾貧時，與汝母養吾親。汝母躬執爨，而吾親甘旨未嘗充也。今而得厚禄，欲以養親，親不在矣，汝母又早世。忍令若曹享富貴之樂也？」在杭州時，早有退志，子弟請治第洛陽，樹園圃，以爲逸老之地。仲淹曰：「人苟有道義之樂，形骸可外，况居室哉？吾之所患，在位高而艱退，不患退而無居也。且西都士大夫園林相望，誰獨障吾游者？豈必有諸已而後爲樂耶？」語諸子弟曰：「吾吴中宗族，甚衆于吾，固有親疏，然吾祖宗視之，則均是子孫，吾安得不恤其飢寒？若獨享富貴，而不恤宗族，異日何以見祖宗于地下，今亦何顔以入家廟乎？」既貴，于姑蘇近郭買良田數千畝爲義庄，以養群從之貧者。擇族人長而賢者一人，主其出納，人日食米一升，歲衣縑一匹，嫁娶喪葬，皆有贍給。自政府出，歸姑蘇，搜外庫有絹三千匹，録親戚及閭里知舊散之皆盡。曰：「宗族鄉黨，見我生長，幼學壯仕，爲我助喜，我何以報之哉？」以朱氏長育有恩，及貴，用南郊恩，乞贈朱氏父太常博士，槩諸子皆爲葬之，歲别爲享祭。朱氏他子弟，以仲淹蔭得補官者三人。

在睢陽時，遣子純仁到姑蘇取麥五百斛。純仁時尚少，既還，舟次丹陽，見石曼卿，問：「寄此久何如？」曼卿曰：「三喪在淺土，欲葬之而北歸，無可與謀者。」純仁以所載麥舟與之，單騎歸。仲淹問之，曰：「東吴見故舊乎？」曰：「曼卿爲三喪未舉，留滯丹陽，時無郭元振，莫可告者。」曰：「何不以麥舟與之？」純仁曰：「已付之矣。」

晏殊判南京，仲淹權掌西監，殊謂曰：「吾有女及笄，君爲我擇壻。」仲淹曰：「監中有二舉子，富皋、張爲善，皆有文行，他日至卿輔。」殊曰：「然則孰優？」仲淹曰：「富修謹，張疏俊。」殊即以富爲壻，後改名，即弼也。爲善亦改名方平云。

張載少喜談兵，年二十，以書謁仲淹，仲淹謂之曰：「儒者自有名教可樂，何事于兵？」因勸讀中庸。載讀其書，復大究六經之旨，遂成大儒。

在睢陽，有孫秀才者，上謁仲淹，贈以千錢。明年又來，又贈千錢。因問何爲僕僕道路，孫生戚然曰：「母老，無以養，若日得百錢，則甘旨足矣。」仲淹曰：「吾今補子學職，月得錢三千，足以供養，子能安于學乎？」孫生大喜，于是授以春秋。明年，仲淹去睢陽，孫亦辭歸。後十年，聞泰山下有孫明復先生，以春秋教授學者，道德高邁，朝廷召至，乃昔日索游孫秀才也。

爲西帥時，狄青隸節下，仲淹奇之曰：「此國器也。」以左氏春秋授之曰：「熟此，可以斷大事。將不知古今，匹夫之勇，不足爲也。」青于是益喜書史。其鑒識成就，人多此類。

南都朱某者，與仲淹善，疾革，語仲淹曰：「某曾遇異人，得變水銀爲白金術。吾子幼，今以方藥傳君。」仲淹不納，强之乃受，未嘗啓封。後其子長，教之，義均子弟。及其子登第，乃以所封藥併術還之。仲淹早有大節，其于富貴、貧賤、毁譽、欣戚不一動其心，常自誦曰：「士當先天下之憂而憂，後天下之樂而樂。」

論曰：仲淹與韓、富齊名，然懷堯舜君民之志業，欲舉明主于三代之隆者，規模尤爲宏闊。吕本中及朱子皆稱爲宋代人物第一，諒哉！在軍臨事，而懼斤斤尺寸，若過于畏慎者。及其居廟堂，總機務，百度齊舉，雲行飇逝，若不足爲，其故何哉？是時承平日久，兵弱將懦，守備不完，仲淹爲將，居外廟，算中制，未必如意，所欲爲，惟期謹守方略，少抑其鋭而已。然用兵數年，卒能設險疆埸，分委將帥，棋布星羅，隱然成犄角之勢，遂挫兇逆之鋒者，仲淹之謀也。及中書，所設施，皆深慮熟籌，非一朝之積，論之朝堂，付之有司，順流更化，固無難者。向使聽用其説，百年之基俄頃可定。而復以他説亂之，惜哉！仲淹所造士，張横渠大賢也，富弼元輔，孫明復名儒，种世衡、狄青以將帥顯，其餘不可勝數。本深而末茂，源遠而流長，有學術而後有事功，豈不信乎！

韓琦

韓琦，字稚圭，相州安陽人。天聖五年，仁宗初臨軒試進士，琦年二十，名在第二。方唱名，太史奏日下五色雲見，左右從官皆賀。監左藏庫。禁中需金帛，皆内臣批旨取之，琦請復舊制，置傳宣合同司，以相防察。又每綱運至，必俟内臣監涖，始得受，往往數日不至，暴露廡下。衙校以爲病，琦奏罷之。

徙開封府推官，府尹王博文大重之，曰：「要路在前，而治民如此，宰相器也。」拜右司諫。劾宰相王隨、陳堯佐，參知政事韓億、石中立，無所建明，四人同日罷。又言賞罰當從中書出，今數有内降，不可不止。琦遇事有不便，未嘗不言，每以明得失，正紀綱，親忠直，遠邪佞爲急，前後七十餘疏。王曾爲相，見琦論事切直有本末，謂曰：「比來臺諫多畏避，爲自安計，不則激發近名，如君固不負所職矣。」琦又言：「自古興儉以勸天下，必以身先之。今欲減省浮費，當自宫掖始。請令三司，取先朝及今來賜予支費之目，比附酌中，皆從減省，無名者一切罷之。」爲諫官三年，自序諫稿，謂諫主于理勝，而以至誠將之。

益、利路歲飢，爲體量安撫使。時賦調繁急，市上供綺繡諸物多不予直，琦爲緩調蠲給之。招募壯者等第刺爲廂禁軍，一人充軍，數口賴以全活。檄劍門關，民流移而東者勿禁。

初，明道中，簡州以災傷，嘗募納粟，後糶錢十六餘萬，歸于常平。至是，琦曰：「是錢乃賑濟之餘，非官緡也。」盡發以給四等以下户。逐貪殘不職吏，罷冗役七百六十人，爲饘粥，活飢人一百九十餘萬。蜀人曰：「使者之來，更生我也。」趙元昊叛，琦適自蜀歸，論西師形勢甚悉，即命爲陝西安撫使。至則選練材武，治戰守具，慰安居人，收召豪傑，與之計議。范雍守延州，朝廷以爲不能，欲以趙振代，琦奏曰：「願留雍以觀後效，無已，則范仲淹爲可。」乃命仲淹守延州。

康定元年，副夏竦爲經略安撫、招討使。琦往來塞下，勤苦忘寢食，按屯至涇原，聞元昊乞和，琦曰：「無約而講者，謀也。」命戒嚴，賊果犯山外。琦悉兵付任福，令自懷遠城趨德勝砦出賊後，約曰：「如未可戰，即據險置伏，要其歸。」及行，又移檄戒之。福違節度，没于好水川。琦自劾，及竦收散兵，得琦檄于福衣帶間，乃言罪不在琦，獨奪一官，知秦州，尋復之。

琦在秦州，增廣州城，以保固東西市，招集屬户益市，諸羌馬討殺生羌之鈔邊者，厲兵以待賊。訖琦去，秦賊不敢窺塞。未幾，復陝西四路招討使。初，京師所遣戍兵脆懦，不習勞苦，賊嘗輕之，目曰東軍。而土兵勁悍善戰，琦乃增土兵以抗賊，而稍減屯戍，内實京師。又以籠竿城據衝要，建爲德順軍，以蔽蕭關、鳴沙之道。既任事久，甲械精堅，諸城皆有備，賞罰信于軍中。將習戰鬭、識形勢，每出輒有功。又建鄜、延、渭三州，各以土兵三萬爲一軍，軍雖别屯，耳目相通爲一，互出擣之，因以招横山，規取河南，而元昊遂稱臣。召入爲樞密副使。

琦自請捍邊，章五上，不許。又與范仲淹決策上前期覆元昊，朝廷不果用。元昊介契丹爲援，邀索無厭，宰臣晏殊等厭兵，將一切從之。琦陳其不便，條所宜先行者七事：一曰清政本，二曰念邊計，三曰擢材賢，四曰備河北，五曰固河東，六曰收民心，七曰營洛邑。繼又陳救弊八事，欲選將帥，明按察，豐財利，遏僥倖，進能吏，退不才，謹入官，去冗食。帝悉嘉納。遂宣撫陝西。琦以兵數雖多，而雜以疲弱，耗用度，停放禁軍不堪戰者萬餘人。遂討平群盜，盡修鄜延城障。歸陳西北四策，請以和好爲權宜，戰守爲實務，繕甲厲兵，營修洛城，密定討伐之計。

時二府奏事，琦必盡言，雖事屬中書，亦指陳其實。同列不悦，帝獨識之，曰：「韓琦性直。」

琦與范仲淹、富弼、杜衍皆以海内人望，同時登用，中外跂想其勳業。仲淹等亦以天下爲己任，群小不便之，毁言日聞。仲淹等相繼罷，琦乃上疏曰：「陛下用杜衍爲相，方及百二十日而罷。范仲淹以夏人初附，自乞保邊，固亦有名。至于富弼之出，所損甚大。弼大節難奪，天與忠義。昨契丹壓境，弼以正辯屈之，忘身立事，古人所難。陛下兩命爲樞副，辭避不受，及其居位，不顧毁譽，動思振緝紀綱，爲陛下立萬世之業。近日臣僚多務攻擊忠良，取快私忿，非國家之福。」疏入，不報。

琦求補外，出知揚州，徙鄆州。京東素多盜，捕盜之法，以百日爲三限。限不獲者抵罪，盜未必得，而被刑者衆。琦請獲他盜者，聽比折除過，捕者有免刑之路，故盜多獲，朝廷遂著爲法。

徙鎮定州，定州久用戎將，治兵無法度，驕不可使。琦用軍制勒習，誅其尤無良者。士死攻圍，賻賞其家，恤其孤嫠，使繼衣廩，恩威既信，則倣古兵法，作方員鋭三陣，日月教習之，由是中山兵精勁冠河朔。歲大飢，爲法賑之，活飢人七百萬。鄰城旁路，取以爲法，璽書褒美。

拜武康軍節度使，知并州。始，潘美鎮河東，患寇鈔，令民内徙，而空塞下不耕，于是忻、代、寧化、大山之北多廢壤。琦以此皆良田，棄不耕適足資敵，請距北界十里爲禁地，其南募弓箭手居之，墾田至九千六百頃。

嘉祐元年，拜樞密使。三年六月，拜同平章事中書。習舊弊，每事用例，五房史操例在手，惟意所去取。琦令删取五房例，及刑房斷例，除其冗繆不可用者，爲綱目類次之，封縢謹掌，每用例必自閲。自是賞罰可否，出宰相，五房史不得高下其間。

琦自爲相，即與諸賢謀議制作銓補，天下士所汲引，多正直有名，或忠厚可鎮風俗，以公議用之，士莫知出何人門下。嘉祐四年，下袷享赦，事多便民者。命諸路舉，學行尤異，遣詣京師，館于太學試舍人院，差使授官，立柴氏後爲崇義公，擇才臣詣四方，寬恤民力，籍户絶田租，爲廣惠倉，以廣賑恤。募耕唐、鄧廢田，勸課農作，守令治最者，久其任，以率吏。課裁定令，敕以省疑讞，弛茶禁，以便東南之民。議者以爲近于三代之仁義，多琦所論議施行。

是時曾公亮爲亞相，趙槩、歐陽修爲參政。凡事該政令，則曰問集賢。該典故，則曰問東廳。該文學，則曰問西廳。至大事則自決之。人以爲得相體。

仁宗春秋高，自至和來常病，不能御殿。中外惴恐，争以立嗣爲言。依違未及行，至是，琦乘間進曰：「皇嗣者，天下安危所係。陛下春秋高，何不擇宗室賢者，以爲宗廟社稷計？」帝曰：「姑待之，後宫將有就館者。」已又生女。琦乃懷孔光傳以進，曰：「成帝無嗣，立弟之子，定陶王爲太子。彼中材之主，猶能如是，况陛下乎？太祖爲天下長慮，澤流至今，惟陛下以太祖之心爲心，則無不可者。」會司馬光、吕誨皆以爲請，琦進讀二疏，帝曰：「朕有意久矣，誰可者？」

琦皇恐，對曰：「此非臣輩所可議，當出自聖擇。」帝曰：「宫中嘗養二子，小者甚純，近不慧，大者可也。」琦請其名，帝曰：「宗實。」琦遂力贊之，議乃定。

時英宗居濮王喪，命起知宗正。英宗固辭，帝復問琦，琦曰：「陛下既知其賢而選之，今不敢遽當，蓋器識遠大，所以爲賢也。願固起之。」英宗既終喪，猶不起。琦言：「宗正之命初出，外人皆知必爲皇子。猶豫不決，招讒慝生變，故不若遂正其名。」乃下詔，立爲皇子。及仁宗崩，英宗嗣，琦預大議宫門徐開追百官班宣遺制，衛士坐甲諸司幕廡下治喪，人情肅然。日至午市，肆猶有未知者。

琦性厚重，未嘗名其功。每燕坐，從容或語及定策事，必正色曰：「此仁宗聖德神斷，爲天下計，太后母道内助之力，朝廷定議久矣，臣子何預焉？」

初，英宗爲太子時，允弼最尊，屬心不平，有他語。宋制，嗣天子即位，先親王賀，次六軍，次見百官。琦獨召允弼先入，言先帝晏駕，皇子即位，大王當賀。允弼曰：「皇子爲誰？」曰：「某人。」允弼曰：「何不立尊行？」琦曰：「先帝有詔。」允弼曰：「焉用宰相。」遂循殿陛上，琦叱下曰：「大王，人臣也，不得無禮。」左右甲士已至，遂賀。次召諸親王，次見六軍，百官中外晏然。

英宗即位數日，于喪次疾暴作，大呼，左右皆反走，大臣驚愕不知所措。琦急投杖于地，直趨至前，抱入簾曰：「誰激惱官家，且當服藥。」再三慰安以出，仍戒當時見者曰：「今日事，惟某人見、某人見，外人未有知者。」復就位哭。英宗疾久不平，面壁卧，不受藥餌。琦日率同僚，自捧藥以進，或熟視而不言，或取藥覆琦之衣。琦或跪于榻上者，移時或拜于牀下者數四。太后每勞之曰：「相公亦不易勝矣。」然他人勸之不顧也，須琦强之，而後服。時太后垂簾聽政，英宗方寢疾，琦慮宫中有不測，一日，因對深以言動太后曰：「臣等在外，不得見官家，内中保護，全在太后。」太后驚曰：「相公是何言也？我日夜更盡心。」琦曰：「太后保護，則衆人自保護。」同列皆爲縮頸流汗。既而吴奎曰：「毋乃太過否？」琦曰：「不得不如此。」英宗疾甚，時有不遜語。嘗奏事簾前，太后嗚咽流涕，具道狀。琦曰：「此病故爾，病已，必不然。子病，母不能容之乎？」歐陽修復委曲進言，太后意稍和，久之而罷。太后一日密札與琦，有爲孀婦作主之語。琦但曰「領旨」。數日，琦獨見帝，帝曰：「太后待我無恩。」琦曰：「自古聖帝明王不爲少矣，獨稱舜爲大孝，豈其餘皆不孝耶？父母慈而子孝，此常事，不足道。惟父母不慈，而子不失孝，乃爲可稱。但恐陛下事之未至耳，父母豈有不慈者哉？」帝大感悟，自此不復言太后短矣。

琦以山陵有事，乞晚臨。後上殿，既見，密奏曰：「官家不得驚，有一文字進呈，陛下今日，皆太后力，恩不可報，既非天屬之親，願加意承奉。」帝曰：「謹奉教。」琦又曰：「此文字，臣不敢留幸宫中，密焚之，若泄，則間遂開，卒難合矣。」琦潛察英宗疾良已，乃建議一出祈雨，使天下人識官家。太后曰：「帝未安，恐未能出。」琦曰：「可以出矣。」太后曰：「人主出，不可不備禮儀，今素仗未具。」琦曰：「此小事，頤指即辦。」數日，素仗成，帝遂幸相國寺，京師之疑已解，人情大安。琦心欲太后還政，乃取十餘事稟帝裁決，悉當即詣太后覆奏。太后每事稱善，琦因求去。太后曰：「相公不可去，我當歸宮耳。」琦即稱前代如馬、鄧之賢，不免貪戀權勢，今太后便能復辟，誠馬、鄧所不及。」連贊成之，後數日，批出云：「某日更不御殿。」至時，琦即命鑾儀司撤簾，簾既落，猶于屏後見太后衣也。

初，内侍任守忠欲援立昏弱，以邀大利。及英宗立，乘帝疾，語言錯謬，交構兩宮。時司馬光、吕誨交章請誅之。尚未施行，琦一日出空頭勅一道，參政歐陽修已簽書矣。趙槩難之，修曰：「第書之，韓公必自有説。」既而琦坐政事堂，召守忠立庭下，數之曰：「汝罪當死，責蘄州團練副使，蘄州安置。」取空頭勅填之，即日押行。琦意以爲少緩則中變也。其黨悉竄南方，中外快之。

琦以帝勇智不世出，可與有爲，乃考尋中書祖宗御批，得百餘番，皆經國長算大策，補綴缺略，編成十餘軸以獻。英宗見之，不覺避御座。

夏人寇大順，琦議停歲賜，絶和市，遣使問罪。樞密使文彦博難之，琦曰：「諒祚，狂童也，非有元昊智計，而吾邊備過當時遠甚。亟詰之，必服。」既而諒祚上表謝，帝顧琦曰：「一如卿所料也。」夏使至，將以十事聞，朝廷未知其何事也。時，太常少卿祝諮館伴，琦乃徐料十事以授諮，曰：「彼及某事，則以某詞對。辯某事，則以某詞折。」十得其八，夏人竦服。

英宗疾革，琦入問起居，奏曰：「陛下久不視朝，中外憂懼，宜早建太子，以安衆心。」帝頷之。琦請親筆指揮，帝乃批曰：「立大王爲皇太子。」琦曰：「大王，乃潁王也，聖躬更親書之。」帝又批云：「大王，潁王某。」琦曰：「請即以今晚宣麻。」帝又頷之。由是國本定矣。

神宗即位，中丞王陶彈琦不押常朝班爲跋扈。帝遣近臣以示琦，琦曰：「臣非跋扈者，陛下遣一小黄門至，則可縛臣矣。」帝爲之動，出陶知陳州。琦力求去位，帝不得已，以琦爲司徒兼侍中、判相州。入謝，帝泣，琦亦泣，帝曰：「卿去，誰可屬國者？」琦引元老一二人，帝曰：「王安石何如？」琦曰：「安石爲翰林學士則有餘，處輔弼之地，則不可。」帝不答。

琦居相位，臨事喜愠不形于色，再決大策，以安社稷。當朝廷多故，琦處危疑之際，知無不爲。或曰：「公所爲誠善，萬一蹉跌，豈惟身不自保，恐家無所處矣。」琦歎曰：「是何言耶？人臣，當盡力事君，死生以之，至于成敗，天也，豈可豫憂其不濟，遂輟不爲哉？」

時，青澗守將种諤取夏綏州，夏主諒祚誘殺知保安軍楊定等，邊釁復啓，朝議欲棄綏。乃命琦判永興軍，經略陝西。琦初言綏不當取，及定等被殺，復言綏不可棄。樞密以初議詰之，琦具論其故，乃卒存綏州。改判大名，充安撫使。

王安石始行新法，百姓苦之。琦上疏曰：「臣準散青苗詔書，務在惠小民，不使兼并乘急以要倍息，而公家無所利其入。今所立條約，乃自鄉户一等而下皆立借錢貫陌，三等以上，更許增借。且鄉户上等，并坊郭有物業者，乃從來兼并之家，今令多借之錢，一千令納一千三百，則是官自放錢取息，與初詔絶相違戾。又鄉村每保，須有物力人爲甲頭，雖云不得抑勒，而上户必不願請，請時甚易，納時甚艱，將來必有督索同保均賠之患。陛下勵精求治，但躬行節儉，以先天下，自然國用不乏，何必使興利之臣，紛紛四出，以致遠邇之疑。乞盡罷諸路提舉官，依常平舊法施行。」帝袖其疏以示執政曰：「琦真忠臣，雖在外，不忘王室。朕始謂可以利民，不意乃害民。如此，且坊郭安得青苗，而使者亦强與之？」安石勃然進曰：「苟從其欲，雖坊郭何害？」遂稱疾不出。帝猶欲罷青苗法，而執政中有請須安石出乃定議者。已而安石既出，持之益堅，且令曾布條析其説，刊石頒之天下。琦申辨愈切，且論安石妄引周禮以惑上聽，皆不報。熙寧六年，還判相州。

契丹來求代北地，帝手詔訪琦，琦言：「近年以來，朝廷舉事似不以大敵爲恤。彼見形生疑，必謂我有圖復燕南之意，故引先發制人之説，造爲釁端。所以致疑，其事有七：高麗本臣屬北方，今誘之使來，一也；取吐蕃之地以建熙河，二也；植榆柳于西山，以制蕃騎，三也；刱團保甲，四也；諸州築城鑿池，五也；頒弓矢式，大作戰車，六也；置河北三十七將，七也。臣嘗竊計，始爲陛下謀者，必曰：治國之本，當先聚財積穀，募兵于民，則可以鞭笞四海。故散青苗錢，使民出利；爲免役之法，次第取錢；迨置市易務，而小商細民，無所措手。新制日下，更改無常，官吏茫然，不能詳記，監司督責，以刻爲明。今農怨于畎畝，商歎于道路，長吏不安其職，陛下不盡知也。夫欲攘斥强敵，以興太平，而先使邦本困摇，衆心離怨，此則爲陛下始謀者大誤也。臣今爲陛下計，謂宜遣使報聘，具言向來興作，乃修備之常，豈有他意；疆土素定，悉如舊境，不可持此造端，以隳累世之好。如將官之類，因而罷去。益養民愛力，選賢任能，疏遠奸諛，進用忠鯁，使天下悦服，邊備日充。若其果自敗盟，則可以一振威武，恢復故疆，攄累朝之宿憤矣。」

會安石再入相，悉以所争地與契丹，東西七百里，論者惜之。八年，卒，年六十八。前一夕，大星隕于治所，櫪馬皆驚。帝哭之慟，發兩河卒爲治冢，篆其碑曰「兩朝顧命定策元勲」。贈尚書令，謚忠獻，配享英宗廟庭。常令其子孫一人官于相，以護丘墓。

琦早有盛名，識量英偉。其爲學士臨邊，年甫三十，天下已稱爲韓公。其鎮大名也，魏人爲立生祠。相人愛之如父母，有鬬訟者，傳相勸止，曰：「勿撓吾侍中也。」遼使每過魏都，移牒必書名，曰：「以韓公在此故也。」忠彦使遼，遼主問知其貌類父，命工圖之，其見重于外國如此。

琦天資樸忠，折節下士，無貴賤，禮之如一。尤以獎拔人材爲急，公論所與，雖意所不悦，亦收用之，故得人爲多。初，新法下，曰：「琦，舊臣也，義不敢默。」及不見聽，曉官屬亟奉行，曰：「琦，一郡守也，其敢不如令。」太宗、真宗嘗獵于大名之郊，有詩數十篇，舊刻于石。琦留守日，藏詩于班瑞殿之壁。客有勸摹本以進者，琦曰：「修之則已，安用進爲？」後韓絳來，遂進之。琦歎曰：「昔豈不知此耶？顧上方鋭意邊功，不當更導之耳。」琦在外，其心常係社稷，至老益篤。有時聞更祖宗一法度，壞朝廷一紀綱，則泣血，終日不食。嘗曰：「琦平生仗孤忠以進，每遇大事，即以死自處。幸而不死，皆天扶持，非琦所能也。」又嘗謂，大臣以李固、杜喬爲本，其弊猶恐爲胡廣、趙戒。若以胡、趙自處，弊可知也。又曰：「慶歷中，與希文、彦國同在兩府，上前争事，議論各别，下殿不失和氣，如未嘗争也。當時正如推車，其心主于車，可行而已。」

琦性含容，善惡白黑不大分，小人忌之亦少。如范、富、歐、尹，嘗欲分君子小人，故忌怨日至，朋黨亦起。方諸公斥逐，琦獨安，後扶持諸人復起，皆琦力也。嘗論君子小人之際，當以誠待之。但知其小人，則淺與之接。凡人于小人欺已處，必露其明以破之。琦獨不然，每受之，未嘗形于色也。又因論進退曰：處進退之難者，不可猛而有迹。

歷事四朝，元勲盛德，聞人一小善，則曰：「琦不及也。」凡薦人于上前，未嘗輒漏其語。間因上有宣諭，或同僚談説，人始知之。在魏府時，僚屬路拯者就案呈事，狀尾忘書名，琦即以袖覆之，仰首與語，稍稍潛卷以授之。

有人獻玉盞一雙，絶寶也，每召客，特設一席置之。一日，吏誤觸碎之，惶恐伏罪，琦徐曰：「汝誤也，非故也，何罪之有？」帥定州時，夜作書，一卒持燭，誤燃琦鬚，遽以袖麾之，而作書如故。少頃回視，則已易其人矣。琦恐主吏鞭之，亟呼之曰：「勿易，渠已解把燭矣。」軍中感服。吴璟素有節槩，琦嘗稱之。及幕府有闕，門下以璟爲言，琦曰：「此人氣雖壯，然包蓄不深，發必暴，且不中節，當以此敗。」不踰年，璟敗如言。錢明逸出爲秦州常，怏怏不事事，琦聞之，曰：「已雖不足，獨不思所部十萬生靈耶？」琦于時望諸公，皆未以經綸許之，謂才器須周可當四面，入粗入細乃經綸事業，今皆可當一面才也。有問公何以識安石，琦曰：「嘗讀介甫答楊忱一書，窺其心術，只爲一身，不爲天下，以此知非宰相器。」嘗曰：「始學行已當如金玉，不受微塵之污。及其成德有所受，亦有所不害者，不然無容矣。」又曰：「忠義之心，人皆有之，惟其執之不固，勉之不力，是以不及于古人。」觀書文，晝夜不倦，書愛顔魯公，遒徤端重，類其爲人。後有人問程伊川，魏公可學否，伊川曰：魏公是間氣。

論曰：宋自李迪既貶，王曾没後，在位者率多因循固寵，罔顧國家之慮。及至元昊發難，契丹敗盟，大敵在外，而草竊潛興，師徒不振，而征斂日繁。當是之時，宋事幾殆，非琦與范、富共起而安定之，雖吕夷簡之智，亦安所施哉？迨嘉祐、治平之間，遭遇仁、英二帝，獨相者七八年，興賢舉能，修政立事，教養之風，法三代之遺意。向使繼其後者，紹休遺緒，昇平可致。而神宗、安石貪功好勝，逝梁發笱，以墮厥功，豈不惜哉！躬定大策，遭時之難，志不捨命，卒能調和兩宫，安寧社稷，自古未嘗有也。始于筦庫，終于罷相，歷郡事無巨細，動爲世法，故詳録焉。

史傳三編卷三十一

名臣傳二十三

宋

富弼

富弼，字彦國，河南人。少篤學，有大度，穆修謂之曰：「進士不足以盡子之才，當以大科名世。」范仲淹見而奇之曰：「王佐才也。」以文示晏殊，殊妻以女。試禮部，不中，將歸，仲淹使人追之，曰：「有旨以大科取士。」弼遂以賢良方正登第，授將作監丞、簽書河陽判官。仲淹坐争廢后事貶，弼上言：「一舉二失，縱不能復后，宜還仲淹，以表忠言。」不聽。通判絳州。趙元昊反，弼陳八事，且言元昊遣使，求割地、邀金帛，使者部從、儀物如契丹，而詞甚倨，此必元昊腹心謀臣自請行者，宜出其不意，斬之都門。又劾樞密夏守彬庸材，不當用。召知諫院。康定元年，日食正旦，弼請罷宴徹樂，執政不可。弼曰：「萬一契丹行之，爲朝廷羞。」後使者北還，言契丹果罷宴，帝深悔之。時方禁臣僚越職言事，弼因極言應天變莫若通下情，遂除其禁。

元昊寇鄜延，延州民二十人詣闕告急。帝召問，具得諸將敗亡狀，執政惡而禁之。弼言：「此必非陛下意，宰相惡上知四方有敗，爾民有急不得訴之朝，則西走元昊，北走契丹矣。」

時元昊破金明，鈐轄盧守懃不救，内侍黄德和引兵走，大將劉平戰死，德和誣其降賊。弼請按竟其獄，德和坐要斬。夏守彬爲陝西都總管，又以宦者王守忠爲都鈐轄。弼言：「用守彬已爲天下笑，今益以守忠，殆與唐監軍無異。守懃、德和覆車之轍，可復蹈乎？」詔罷守忠。自用兵以來，吏民上書者甚衆，初不省用。弼言知制誥本中書屬官，可選一人置局，中書考其所言可用，用之。又引國初故事，請使宰相兼領樞密。會西夏首領二人來降，補借奉職，羈置荆湖。弼言：「二人之降，其家已族矣，當厚賞以勸來者。」事下中書，宰相初不知也。弼歎曰：「此豈小事，而宰相不知耶？」更極論之，乃從弼言，以宰相兼樞務。

慶曆二年，知制誥，糾察在京刑獄。時有用僞牒爲僧者，事覺，乃堂吏爲之。開封按其獄不及吏，弼請以吏付獄，執政吕夷簡指其坐曰：「公即居此，無爲近名。」弼正色曰：「必得吏乃止。」夷簡滋不悦。

會契丹屯兵境上，遣蕭英、劉六符來求石晉所與關南地。朝廷擇報聘者，皆以敵情叵測，莫敢行，夷簡因是薦弼。歐陽修引顔真卿使李希烈事，請留之，不報。弼即入對，叩頭曰：「主憂臣辱，臣不敢愛其死。」帝爲動色，先以爲接伴。英等入境，中使迎勞之，英託足疾不拜。弼曰：「昔吾使北，病卧車中，聞命輒起。今中使至而君不起，何耶？」英矍然起拜。弼開懷與語，英感悦，即以其情告，且曰：「可從，從之；不可從，更以一事塞之。」弼具以聞。

帝進弼樞密直學士，辭曰：「國家有急，義不憚勞，奈何逆以官爵賂之。」遂爲使報聘。弼見契丹主，契丹主曰：「南朝違約，塞雁門，增塘水，治城隍，籍民兵，將以何爲？群臣請舉兵而南，吾以爲不若求地，求而不獲，舉兵未晚。」弼曰：「北朝忘章聖皇帝之大德乎？澶淵之役，若從諸將言，北兵無得脱者。且北朝與中國通好，則人主專其利，而臣下無獲；若用兵，則利歸臣下，而人主任其禍。故諸臣勸用兵者，皆爲身謀，非國計也。」契丹主驚曰：「何謂也？」弼曰：「晉高祖欺天叛君，而求功于北，末帝昏亂，土宇狹小，上下離心，故契丹全師獨克，雖所獲金帛充牣諸臣之家，而壯士健馬，物故大半。今中國提封萬里，精兵百萬，法令修明，上下一心，北朝欲用兵，能保其必勝乎？就使其勝，所亡士馬，群臣當之歟？抑人主當之歟？若通好不絶，歲幣盡歸人主，臣下所得止奉使者歲一二人，群臣何利焉？」契丹主大悟，首肯者久之。弼又曰：「塞雁門者，備元昊也。增塘水，始于何承矩，事在通好前。城隍皆修舊，民兵亦補闕，非違約也。」契丹主曰：「微子言，吾不知其詳。然吾所欲者，祖宗故地耳。」弼曰：「晉高祖以盧龍一道賂契丹，周世宗復取關南，皆異代事。若各欲求地，豈北朝之利哉？」既退，六符曰：「吾主恥受金帛，堅欲十縣，何如？」弼曰：「本朝皇帝言：『朕爲祖宗守國，豈敢妄以土地與人。北朝所欲，不過租賦耳，朕不忍多殺兩朝赤子，故屈己增幣以代之。若必欲得地，是志在敗盟，假此爲詞耳，朕安得獨避用兵乎？澶淵之盟，天地鬼神實臨之。今北朝首發兵端，過不在我，天地鬼神，其可欺乎？』」明日，契丹主召弼同獵，引弼馬自近，猶言求地事。弼反覆陳其不可狀，且言：「北朝既以得地爲榮，南朝必以失地爲辱。兄弟之國，豈可使一榮一辱哉？」獵罷，六符曰：「吾主聞榮辱之言，意甚悟。今惟有結婚可議耳。」弼曰：「婚姻易生嫌隙，本朝長公主出降，齎送不過十萬緡，豈若歲幣無窮之利哉？」契丹主乃遣弼歸。弼歸復命，帝復使持和親、增幣二議及誓書往，且命受口傳之詞于政府。既行次樂壽，弼謂副使張茂實曰：「吾爲使者而不見國書，萬一書詞與口傳者異，則吾事敗矣。」啓視，果不同，乃馳還都，以晡時入見，奏曰：「執政故爲此，欲置臣于死地。臣死不足惜，奈國事何？」吕夷簡辭曰：「誤耳，當令改定。」晏殊亦曰：「夷簡決不然。」弼怒曰：「晏殊奸邪，黨夷簡，以欺陛下。」殊，弼之妻父也。弼易書遂行，既至，契丹不復求婚，專欲增幣。曰：「南朝遺我書，當曰『獻』，否則曰『納』。」弼争不可。契丹主曰：「南朝既懼我，何惜此二字？若我擁兵而南，得無悔乎？」弼曰：「本朝皇帝，兼愛南北之民，不忍使蹈鋒鏑，故屈己增幣，何名爲懼哉？若不得已，至于用兵，則當以曲直爲勝負，非使臣之所憂也。」契丹主曰：「卿勿固執，古已有之。」弼曰：「自古惟唐高祖借兵于突厥，故臣事之，當時或稱獻納，則不可知。其後頡利爲太宗所擒，豈復有此禮哉？」弼聲色俱厲，契丹主知不可奪，乃留所許增幣誓書，而使六符以其國誓書來，且求「獻」「納」字。弼歸奏曰：「臣以死拒之，彼氣折矣，可勿許也。」朝廷竟以「納」字與之，增幣二十萬，而契丹平。始受命，聞一女卒；再受命，聞一男生，皆不顧。得家書，不發而焚之。曰：「徒亂人意耳。」復除樞密直學士，遷翰林學士，皆力辭，曰：「增歲幣，非臣本志也。特以朝廷方討元昊，未暇與之角，故不敢以死争耳，敢受爵乎？」

慶歷三年三月，命爲樞密副使，辭愈力。至七月，復申前命。弼言：「契丹既和好，議者便謂無事，邊備遽弛，萬一敗盟，臣死且有罪。願陛下思其輕侮之恥，坐薪嘗膽，不忘修政。」以誥納上前而罷。踰月，帝使宰相諭旨，曰：「此朝廷特用，非以使契丹故也。」弼不得已乃受。是時，仁宗鋭意興太平，進用皆一時之選，而尤責成于范仲淹及弼，數以手詔督弼等令條具其事，又開天章閣，召弼等坐給筆札，使書其欲爲者。且命仲淹主西事，弼主北事。弼上當世之務十餘條，又上河北安邊十三策，大略以進賢退不肖、止僥倖、去宿弊爲本，欲稍易諸路監司之不才者，使澄汰所部吏，于是小人始不悦矣。

元昊以書來，稱男不稱臣。弼言：「契丹臣元昊而我不臣，則契丹爲無敵于天下，不可許。」乃却其使，卒臣之。十二月，詔册元昊爲夏國主，使將行而止，以俟北使。弼曰：「若北使未至而行，則事自我出。既至，則恩歸契丹矣。」從之。

四年，契丹發兵，會元昊伐愛勒族，于河東爲近，帝疑二邊同謀。弼曰：「兵出無名，契丹不爲也。元昊本與契丹約相左右，今契丹獨獲重幣，元昊有怨言，故城威塞以備之。愛勒屢寇威塞，契丹疑元昊使之，故爲是役，安能合而寇我哉？」或請調發爲備，弼曰：「如此，正墮其計，臣請任之。」帝乃止。契丹卒不動。夏竦中弼以飛語。弼不自安，求出宣撫河北，歸及國門不得見。除知鄆州，踰年移青州。

是時，河朔大水，民流京東就食。弼擇所部豐稔者三州，勸民出粟，得十五萬斛，益以官廪，隨所在貯之，得公私廬舍十餘萬間，散處其人，以便薪水。官吏自前資、待闕、寄居者，皆給其禄，使即民所聚，選老弱捐瘠者廪之。山林河泊之利，有可取爲生者，聽流民取之，其主不得禁。官吏皆書其勞，約爲奏請，他日得以次受賞于朝。率五日，輒遣人以酒肉糗飯勞之，出于至誠，人人爲盡力。流民死者，大塚葬之，謂之「叢塚」，自爲文祭之。明年，麥大熟，流民各以遠近受糧而歸，凡活五十餘萬人，募爲兵者萬計。帝聞之，遣使褒勞，拜禮部侍郎。弼曰：「此守臣職也。」辭不受。前此，救災者皆聚民城郭中，爲粥食之，蒸爲疾疫，及相蹈藉，或待哺數日不得粥而仆。自弼立法簡便周盡，天下傳以爲式。

王則叛，齊州禁兵欲應之。齊非弼所部，弼恐事泄變生，適中貴人張從訓銜命至青，弼度其可用，密付以事，使馳至齊，發吏卒捕之，無得脱者。即自劾顓擅之罪，帝益嘉之，復以爲禮部侍郎，又辭不受。至和二年，召拜同平章事，與文彦博并命。宣制之日，士大夫相慶于朝。帝覘知之，謂歐陽修曰：「古之求相者，或得以夢卜，今朕用二相，人情如此，豈不賢于夢卜也哉？」修頓首稱賀，初，帝問置相于王素，素對曰：「惟宦官、宫妾不知姓名者可充其選。」帝曰：「如此，則富弼爾。」故有是命。

時契丹使者適至，謂王德用曰：「天子以公爲樞密，而用富公爲相，皆得人矣。」弼爲相，守格法，行故事，而附以公議，無心于其間。故百官任職，天下無事。以所在民力困弊，歲役不均，遣使分道相視裁減，又弛茶禁，以利商賈，省刑獄，天下便之。

嘉祐六年，以母憂去位。帝五起之，弼謂此金革變禮，不可施于平世，卒不從命。英宗立，召爲樞密使。英宗以疾不視朝，太后垂簾，英宗疾已，韓琦奏，臺諫有疏，請太后歸政。琦亟令撤簾，弼怪琦不關報樞密院。又歐陽修爲參政，首議追尊濮王。弼曰：「歐公讀書知禮法，所以爲此舉者，忘仁宗，累主上，欺韓公耳。」遂面奏曰：「仁宗之立陛下，太后之功也。今太后謂臣與胡宿、吴奎等曰：『無夫，婦人無所告。』至不忍聞，臣實痛之，豈仁宗所望于陛下哉？」以笏指御床曰：「非陛下有孝德，孰可居此？」英宗俯躬曰：「不敢。」弼求去甚堅，遂出判河陽。英宗初立，時韓琦進擬數宦者策立有勞，當遷官。弼曰：「先帝以神器付陛下，此輩何功可書？」琦有愧色。後琦帥長安，爲范純仁言其事曰：「琦便畏富公也。」

神宗初，入覲，帝從容訪以治道，弼知帝果于有爲，對曰：「人主好惡，不可令人窺測。可窺測，則奸人得以傅會。當如天之鑒人，善惡皆所自取，然後誅賞隨之，則功罪皆得其實矣。」又問邊事，對曰：「陛下臨御未久，當先布德澤，二十年口不言兵，不宜重賞邊功，干戈一起，禍福不細。」帝默然。欲留之，力辭歸郡。

熙寧三年，召拜司空侍中平章事。未至，聞有言災異皆天數，非人事所致者。弼歎曰：「人君所畏者，天耳，若不畏天，何事不可爲？此必奸人欲進邪説，以摇上心，使輔弼諫諍之臣，無所施其力。是治亂之機，不可不速救。」即上書數千言，雜引春秋、洪範及古今傳記人情物理，以明其不然。及入對，又言：「君子小人之進退，係王道之消長，願深加辨察，勿以同異爲喜怒、喜怒爲用舍。今中外之務，漸有更張，此必小人獻説于陛下也。大抵小人喜動作生事，則其間有所希覬。若朝廷守静，則事有常法，小人何所望哉？願深燭其然，無使有悔。」是時久旱，群臣請上尊號及用樂，帝不許，而届同天節契丹使當上壽。弼言：「此盛德事，正當以此示之。」乞并罷上壽。帝從之，即日雨。弼又上疏，願益畏天戒，遠奸佞，近忠良。帝手詔褒答之。

王安石用事，雅不與弼合。弼度不能争，稱疾求退，章數十上。神宗乃許之，問曰：「卿即去，誰可代卿者？」弼薦文彦博，神宗默然，良久曰：「王安石何如？」弼亦默然。遂出判亳州。方行青苗錢，弼謂此法行，則財聚于上，人散于下，持不行。提舉常平趙濟劾弼以大臣格新法，改判汝州。弼言：「新法，臣所不曉，不可以復治郡。願歸洛養疾。」許之，遂請老，加拜司空，進封韓國公致仕。弼雖家居，而朝廷有大利害，知無不言。

交趾叛，詔郭逵討之，弼言：「海嶠深遠，不可責其必進，願詔逵，擇利進退，以全王師。」契丹争河南地界，帝手詔問弼，弼言熙河諸郡皆不足守，河南地界決不可許。星文有變，乞開廣言路。又請速改新法，以解倒縣之急。帝雖不用，而眷禮不衰，嘗因安石有所建明，却之曰：「富弼手疏稱『老臣無所告訴，但仰屋竊歎』者，即當至矣。」其敬之如此。故參政王堯臣子同老上言，至和三年，仁宗弗豫，其父與文彦博、劉沆及弼同決大策，乞立儲嗣。會翼日疾瘳，故緩其事，人無復知者。以堯臣所撰詔草上之，帝以問彦博，彦博言與同老合。帝嘉弼不自言，詔加司徒，一辭而拜。或問：「公治平初屢辭官，今不然，何也？」弼曰：「治平初，乃弼自辭官。今日潞公皆遷，弼豈敢堅辭，妨他人也。」蓋彦博論新法不合，七年不召，至是眷禮復厚云。弼屢疏言，天子無職事，惟辨君子小人而進退之，此天子之職也。君子與小人，處其勢必争。君子不勝，則奉身而退；小人不勝，則交結搆扇，千岐萬轍，必勝而後已。小人復勝，必肆毒于善良，無所不爲，求天下不亂不可得也。

元豐六年，卒，年八十。手封遺奏，使其子紹庭上之。大略言：「陛下即位之初，邪臣納説圖任之際，聽受失宜，上誤聰明，寖成禍患。今上自輔臣，下及多士，畏禍圖利，習成敝風，忠詞讜論，無復上達。臣老病將死，尚何顧求？特不忍上負聖明，輒傾肝膽，冀憐愚忠，曲垂採納。去年永樂之役，兵民死亡數十萬。今久戍未解，百姓困窮，願歸其侵地，休兵息民，使關、陝之間，稍遂生理。兼陝西再團保甲，又葺教場，州縣奉行，勢倖星火，人情惶駭，難以復用，不若寢罷以綏懷之。臣之所陳，急于濟事，若夫要道，則在聖心所存，與所用君子、小人之辨耳。」

帝覽奏震悼，輟朝三日，贈太尉，謚文忠。

弼天性至孝，恭儉好修，與人言必盡敬，雖微宦及布衣皆與之抗禮，氣色穆然，不見喜愠。其好善嫉惡，出于性生。晚歲清心學道，獨居還政堂，每早作，放中門鑰，入瞻禮家廟。對夫人如賓客，子孫不冠帶不見，閨門肅如也。平時謝客，文彦博爲留守，時節往來。年八十，自書坐屏，云：「守口如瓶，防意如城。」平生所薦士甚衆，尤知名者如王質與其弟素、余靖、孫復、石介、吴奎、韓維、陳襄等十餘人，皆有聞于世，世以爲知人。使契丹，功甚偉，而每不自以爲功。至知青州，活飢民五十萬，則每自言之曰：「過于作中書二十四考矣。」

論曰：韓富之異，自英宗臨御，太后垂簾時也。然韓居樞軸之地，則以安國本爲急。富列輔弼之臣，則以正君德爲先。易地皆然，未易論其優劣也。富之事君交友，正道直行，危言讜論，遇事直陳，未嘗少有回曲。及其臨機應敵，因權制變，軍旅之事，動中機會，何其明也！施之州郡，活民百萬，安居廟堂，不勞而理，可謂才德兼備之君子矣！

歐陽修

歐陽修字永叔，廬陵人。四歲而孤，母鄭，守節自誓，親誨之學，家貧，至以荻畫地學書。幼敏悟，從閭里借書抄之，未畢，已成誦。

宋興且百年，文章體裁，猶仍五季餘習。蘇舜元、舜欽、柳開、穆修輩，有意張之，而尚未大振。修游隨，得韓愈遺稿于廢書簏中，心慕焉。苦志力索，思與之并。

兩試國子監，一試禮部，皆第一。遂中甲科，補西京留守推官。始從尹洙游，爲古文，議論當世事，迭相師友，與梅堯臣游，爲歌詩倡和，遂以文章名冠天下。入爲館閣校勘。

范仲淹以言事貶，在廷多論救，司諫高若訥獨以仲淹當黜。修貽書責之，謂不復知人間有羞恥事。若訥上其書，修坐貶夷陵令，徙乾德令、武成節度判官。仲淹帥陝西，辟修掌書記。修曰："昔者之舉，豈以爲己利哉？同其退不同其進可也。"辭不就。久之，復校勘，進集賢校理。

慶曆三年，知諫院。

是秋，詔諫官日赴内朝，用仲淹爲參知政事，以修之言也。帝方更用大臣，杜衍、富弼、韓琦、范仲淹皆在位，增諫官員，用天下名士。修每進見，帝延問執政，咨所宜行。既多所張弛，小人翕翕不便。修慮善人必不勝，數爲帝分别言之。修論事切直，人視之如讎，帝獨奬其敢言，賜五品服，顧侍臣曰："如修者，何處得來？"

澧州進柿木成文，有太平字。修言：「四海騷然，未見太平之象，請不宣示于外。」淮南漕臣獻羡餘十萬貫，修請拒之，以防刻剥。同修起居注，遂知制誥。故事，必試而後命，帝知修，詔特授之。

奉使河東，自西方用兵，議者欲廢麟州以省餽餉。修曰：「麟州天險不可廢，廢之，則河内郡縣，民皆不安居矣。不若分其兵，駐并河内諸堡，緩急得以應援，而平時可省轉輸，于策爲便。」由是州得存。又言：「忻、代、岢嵐多禁地廢田，願令民得耕之，不然，將爲敵有。」朝廷下其議，久乃行，歲得粟數百萬斛。凡河東賦斂過重民所不堪者，奏罷十數事。

使還，會保州兵亂，以修爲河北轉運使。陛辭，帝諭：「無爲久留之計，有所欲言，言之。」修曰：「諫官得風聞言事，外官越職而言，罪也。」上曰：「第以聞，勿以中外爲意。」河北諸軍怙亂驕恣，小不如意，輒脅持州郡。修乞優假將帥，以鎮壓士心，軍中乃定。

初，保州亂，兵皆招以不死，既而悉誅之，脅從二千人，分隸諸州。富弼爲宣撫使，恐後生變，與修相遇于内黄，夜半，屏人謀，欲使諸州同日誅之。修曰：「禍莫大于殺已降，况脅從乎？既非朝命，州郡有一不從，爲變不細。」弼悟乃止。

修奏罷御河催綱司，以督糧餉，邊州賴之。又置磁相州都作院，以繕一路戎器。河北方小治，而二府諸人相繼罷去。修慨然上疏曰：「杜衍、韓琦、范仲淹、富弼，天下皆知其有可用之賢，而不聞其有可罷之罪。夫正士在朝，群邪所忌；謀臣不用，敵國之福也。今此四人，一旦罷去，使群邪相賀于内，敵國相賀于外，臣爲朝廷惜之。」于是群小益忌修。因其孤甥張氏獄傅致以罪，遂降知滁州。居二年，徙揚州、潁州。

時吕夷簡子公著爲通判，有賢行，時人未知，修力薦之，由是漸見擢用。復學士，留守南京，以母憂去。服除，召判流内銓，時在外十二年矣。帝見其髮白，勞問甚至。小人恐修復用，詐爲修奏，乞澄汰宦官。宦官果怒，陰以事中修，遂命出知同州，以吴充言乃止。遷翰林學士。帝一日見御閣春帖子，讀而愛之，問知爲修之詞也。乃悉取宫中諸帖閲之，歎曰：「舉筆不忘規諫，真侍從之臣也。」

嘉祐二年，權知貢舉。時進士爲文以詭異相高，號「太學體」，修患之，所取率以詞義近古爲貴，比以險怪知名者多不在列，怨議紛然。修出，聚譟于馬首。然場屋之習，從是遂變。而是科號得人，程顥、朱光庭、曾鞏、蘇軾、蘇轍諸人出焉。加龍圖閣學士，知開封府。

先是，包拯以威嚴御下，名震都邑。修簡易循理，不求赫赫之名，而京師亦治。有以拯之政厲修者，修曰：「凡人材性不一，用其所長，事無不舉；强其所短，勢必不逮。吾亦任吾所長耳。」聞者稱善。拜禮部侍郎，兼翰林侍讀學士。修在翰林八年，知無不言。

河決商湖，北京留守賈昌朝欲開横壠故道，回使東流。有李仲昌者，欲導入六塔河，議者莫知所從。修以爲：「河水重濁，理無不淤，下流既淤，上流必決。以近事驗之，決河非不能力塞，故道非不能力復，但勢不能久耳。横壠功大難成，雖成將復決。六塔狹小，以全河注之，濱、棣、德、博必被其害。不若因水所趨，增堤峻防，疏其下流，縱使入海，此數十年之利也。」宰相陳執中主昌朝，文彦博主仲昌，竟爲河北患。

修嘗因水災上疏，曰：「陛下臨御三紀，而儲宫未建。昔漢文帝初即位，用群臣之言，即立太子，而享國長久，爲漢太宗。唐明宗惡人言儲嗣事，不肯早定，致秦王之亂，宗社遂覆。陛下何疑而久不定乎？」其後建立英宗，蓋原于此。

五年，拜樞密副使。六年，參知政事。修在兵府，與曾公亮考天下兵數及三路屯戍多少、地理遠近，更爲圖籍。凡邊防久缺屯戍者，必加蒐補。其在政府，與韓琦同心輔政。凡兵民、官吏、財利之要，中書所當知者，集爲總目，遇事不煩求之有司。時東宫未定，修與韓琦等協定大議，先以英宗判宗正，而英宗堅卧不起。修奏曰：「宗室自來，不領職事，今不次擢用，外人皆知將立爲皇子，不若遂正其名。」命學士作一詔書，告報天下，事即定矣。韓琦力贊之，遂定立爲皇子。英宗既立，以疾不能親政，太后垂簾，左右交搆，幾成嫌隙。韓琦奏事，太后泣語之，故琦以帝疾爲解，太后意未釋。修進曰：「太后事仁宗數十年，仁德著于天下。昔温成之寵，太后處之裕如。今母子之間，反不能容耶？」太后意稍和。修復曰：「仁宗在位日久，德澤在人，故一旦晏駕，天下奉戴嗣君，無一人敢異同者。今太后一婦人，臣等五六措大耳，非仁宗遺意，天下孰肯聽從？」太后默然，久之而罷。

自嘉祐以後，朝廷務惜名器，進人之路稍狹。修屢建言，館閣育材之地，材既難得，而又難知，當博采而多蓄之，傑然者，出爲名臣，餘亦不失爲佳士。遂詔二府，各舉五人。修平生與人盡言無所隱，及執政，士大夫有所干請，輒面諭可否，雖臺諫官論事，亦必以是非詰之，由是怨誹日衆。以議尊濮王事爲臺諫所論，又彭思永、蔣之奇造帷薄不根之謗，上章劾修。會神宗即位，令詰問，思永等詞窮坐黜，而修亦力求退，罷爲刑部尚書，知亳州。明年，遷兵部尚書，知青州。

諸縣散青苗錢，修乞令民止納本錢，以示不爲利。罷提舉管勾官，聽民以願請，不報。改判太原府，修辭，求知蔡州，且曰：「時多喜新奇，而臣思守拙，衆方興公利，而臣欲尋常。」遂以本官知蔡州。修素以風節自持，既數被汙衊，又多與執政忤，遂連乞謝事。

熙寧四年，以太子少師致仕。五年，卒，贈太子太師，謚文忠。修天資剛勁，見義勇爲，放逐流離，至于再三，志氣自若也。學者求見，惟與談政事，少及文章。張舜民問其故，修曰：「文章止于潤身，政事可以及物。吾昔貶夷陵，無以自遣，求史漢一觀無有，乃取陳年公案，反覆觀之，見其枉直乖錯，不可勝數，以夷陵之荒遠褊小尚如此，天下可知也。當時仰天誓心曰：『自爾遇事不敢忽。』今出入中外，忝塵三事，以此自將。人之望我，必謂翰墨致身，以我自觀，諒是當時一言之報也。」又曰：「凡治人者，不問吏才能否，設施何如，但民稱便，即是良吏。」故修爲數郡，所居民便，所去民思。如揚、青、南京皆大郡，修至三五日間，事已減十五六。一兩月後，官府如僧舍。或問公政寬簡，而事不廢，何也？修曰：「以縱爲寬，以略爲簡，則弛廢而民受其弊。吾所謂寬者，不爲苛刻耳。所謂簡者，不爲繁碎耳。」

修少孤，母告之曰：「汝父爲吏，常夜燭治官書，屢廢而歎，吾問之，則曰：『此死獄也，我求其生不得爾。』吾曰：『生可求乎？』曰：『求其生而不得，則死者與我皆無恨也，况求而有得耶？夫常求其生，猶失之死，而世常求其死也。』」修聞而佩服之，終身凡死罪非殺人者，多所平反，蓋成其先志云。

修爲文天才自然，豐約中度，紆徐委備，往復百折，而條達疏暢，無所間斷。要之于至理，以服人心，故天下翕然師尊之。奬引後進，惟恐不及，賞識之下，率爲聞人。曾鞏，王安石，蘇洵，洵子軾、轍，當其布衣屏處，未爲人知，修即游其聲譽，皆顯于世。篤于朋友，生則振掖之，死則調護其家。好古嗜學，自周、秦以降，金石遺文、斷編殘簡，一切掇拾，研稽異同，的的可表證，謂之集古録。與宋祁分修唐書，修領紀、志，而祁爲列傳，及書成，奏御舊例，只列官高者一人姓名，而修官高宜書，修曰：「宋公于列傳功多，吾豈可掩其名乎？」于是紀、志書修，列傳書祁，祁聞而善之。修又自修五代史，師春秋之遺意，卷帙減舊史之半，而事迹添數倍。蘇軾序其文曰：「論大道似韓愈，論事似陸贄，記事似司馬遷，詩賦似李白。」識者以爲知言。

論曰：五季之衰，學喪文敝，而修于周、程未出之前，首以古文爲當世倡推大道之要，而發明六經聖賢之旨，使學者曉然知論説必本于仁義，有功世道，于斯爲大。而文章之復古，其末也。修爲臺諫時，摧邪扶正，論列爲多，屢歷州郡，聲跡可紀。及仁英授受之際，輔佐韓琦，功在社稷矣。琦之初薦修第以文高名重，恐世以不用，爲國家惜，蓋一時權宜之詞，不知者以爲實則謬也。

文彦博

文彦博，字寬夫，汾州介休人。其先本敬氏，以避晉高祖及宋翼祖諱改焉。登進士第，知翼城縣，通判絳州，轉殿中侍御史。

西方用兵，偏校有臨陳先退、望敵不進者，舊著令皆中覆。彦博言：「此可施之平居無事時耳。今擁兵數十萬，而將權不專，兵法不峻，將何以濟？」仁宗嘉納之。黄德和之誣劉平降寇也，以金帶賂平奴，使證之。平家二百口皆械繫。詔彦博置獄河中，既鞫治得實。德和謀翻其獄，復遣他御史來。彦博拒不納，曰：「朝廷慮獄不就，故遣君。今案具矣，宜亟還。」事或不成，彦博執其咎，德和并奴卒就誅。以直史館爲河東轉運副使。鄜州餉道回遠，銀城河外有唐時故道，廢弗治，彦博父洎爲轉運使日，將復之，未及而卒。彦博嗣成父志，益儲粟。元昊來寇，圍城十日，知有備，解去。以樞密直學士、知泰州，改益州。

時成都米價騰貴，彦博就諸城門相近院，凡十八處，減價糶賣，不限其數，米價遂減。前此或限升㪷以糶，或抑市井價直，適足以增其氣燄，而價不可減，乃知其術之善云。嘗宴軨轄廨舍，夜久不罷。從卒輒折馬厩爲薪不可遏，軍校白之，座客股栗。彦博曰：「天實寒，可折與之。」神色自若，飲宴如故。卒氣沮，無以爲變。

召拜樞密副使，參知政事。貝州王則反，明鎬討之，久不克。彦博請行，命爲宣撫使，監諸軍。時樞密使夏竦惡鎬，凡鎬所奏請，多從中沮，惟恐其成功。彦博請得便宜從事，不中覆，帝許之。至貝，與明鎬督諸將築距闉以攻城，旬餘不下。有牢城卒董秀、劉炳請穴地以攻之，貝城南臨御河，秀等夜于岸邊穿穴，棄土于水，晝匿穴中，城中不之見，久之穴成，秀等走白彦博選死士二百，銜枚自穴入，登城殺守者，垂絙以引外人。城中驚擾，遂生擒王則，檻送京師。

拜同平章事，因進對言：「嘗聞德音，以搢紳多務奔競，非裁抑之，無以厚風俗。莫若稍旌恬退之人，則躁競者自知愧恥。」乃薦王安石、韓維、張瓌，皆擢用焉。與樞密使龐籍議汰冗兵六萬，減半給者又二萬，論者紛然，恐相聚爲盜，帝亦疑焉。彦博曰：「今公私困竭，正坐冗兵，脱有難，臣請死之。」又減陝西兵屯内地，以省邊費，兵卒無事。

御史唐介劾彦博在蜀日以奇錦結宫掖，帝大怒，詔送臺劾之。彦博獨留，再拜曰：「御史言事，職也，願不加罪。」介既貶，彦博亦罷知許州，改忠武軍節度使、知永興軍。

初，起居舍人母湜乞廢陝西鐵錢，朝廷雖不從，而陝人聞之，争以鐵錢買物，賣者不肯受，長安爲之亂。彦博乃召絲絹行人，出其家縑帛數百匹，使賣之，曰：「納其直盡以鐵錢，勿以銅錢也。」于是衆知鐵錢不廢，市肆復安。

至和二年，復以吏部尚書同平章事，與富弼并命，士大夫皆以得人爲慶。三年正月，帝疾暴作。彦博召内侍史志聰等問狀，志聰對以禁中事密不敢泄。彦博叱之曰：「汝曹出入禁闥，不令宰相知天子起居，欲何爲耶？自今疾勢增損必一一見白，不爾，當行軍法。」又與同列劉沆、富弼留宿殿廬。志聰等白曰：「無故事。」彦博曰：「此豈論故事時耶？」因赦死罪，以下令輔臣禱天地宗廟社稷。知開封府王素夜叩宫門上變，彦博不聽入。比旦詰之，則禁卒有告都虞候爲亂者。劉沆欲捕治，彦博問都虞候何如人，都指揮使許懷德稱其愿可保。彦博曰：「然則卒有怨，誣之耳。當亟誅以靖衆。」乃請沆判狀尾，斬于軍門。

先是，弼用朝士李仲昌策，自澶州商湖河穿六漯渠，入横壠故道。北京留守賈昌朝素惡弼，陰約内侍武繼隆，轉令司天官二人，于殿庭抗言國家不當穿河北方，致上體不安。後數日，二人又言請皇后同聽政，史志聰以狀白執政。彦博視而懷之，不以示同列，徐召二人責之曰：「天文變異，汝言職也。何得輒預國家大事？汝罪當族！」二人懼，變色。彦博曰：「觀汝直狂愚耳，未忍加汝罪，自今無復然。」二人退，乃出狀示同列。同列皆怒曰：「何不斬之？」彦博曰：「斬之，則事彰灼，于中宫不安。」衆皆曰：「善。」既而議遣司天官定六漯方位，彦博復使二人往。繼隆請留之，彦博曰：「彼本不敢妄言，有教之者耳。」繼隆默不敢對。二人至六漯，恐治前罪，更言六漯在東北，非正北也。帝疾愈，彦博等始歸第。當是時，京師業業，賴彦博、弼持重，衆心以安。已而，沆密白帝曰：「陛下違豫時，彦博擅斬告反者。」彦博聞之，以沆判呈，帝意乃解。御史吴中復乞召還唐介。彦博言，介頃爲御史，言臣事多中臣病，其間雖有風聞之誤，然當時責之太深，請如中復奏。乃召知諫院。時稱彦博長者，久之，以使相出判河南府，封潞國公，連改判大名、太原、河南。丁母憂，英宗即位，起復成德軍節度使，三上表乞終喪，許之。

初，仁宗之不豫也，彦博與富弼等乞立儲嗣。仁宗許焉，而後宫將有就館者，故其事緩。彦博既服闋，以故官判河南，入覲，英宗曰：「朕之立，卿之力也。」彦博竦然曰：「陛下入繼大統，乃先帝聖意，太后協贊之力，臣何力之有？陛下登儲纂極，臣方在外，韓琦等承聖志，受顧命，臣無與焉。」帝曰：「備聞始議，卿于朕有恩。」彦博遜避不敢當。徙鎮淮南、判永興軍，入爲樞密使。

熙寧二年，陳升之入相，詔：「彦博朝廷宗臣，其令升之位彦博下。」彦博曰：「國朝樞密使，無位宰相上者，獨曹利用嘗在王曾、張知白之上。臣忝知禮義，不敢效利用所爲。」乃止。彦博言于帝曰：「朝廷行事，務合人心，宜兼采衆論，以静重爲先。陛下厲精求治，而人心未安者，更張太過也。祖宗法未必皆不可行，但有偏而不舉之弊耳。」王安石知彦博言爲已發，極力排之。彦博又言：「市易司之設，下至果實，亦官監賣，有傷國體。凡衣冠之家，罔利于市，清議尚所不容，豈有堂堂大國，皇皇求利，而不爲物議所非者乎？」不報，因求去。遂以司空判河陽府。

元豐三年，拜太尉，復判河南。于是王同老言至和中議儲嗣事，彦博適入朝，神宗問之，彦博以前對英宗者復于帝，帝曰：「卿深厚不伐善，陰德如丙吉，真定策社稷臣也。」彦博曰：「如周勃、霍光，是爲定策。自至和來，中外之臣，獻言甚衆，臣等雖嘗有請，弗果行。其後韓琦等訖就大事，蓋琦功也。」帝曰：「發端爲難，是時仁祖意已定，嘉祐之末，止申前詔。正如丙吉、霍光，不相掩也。」遂加彦博兩鎮節度使，辭不拜。久之，請老，以太師致仕，居洛陽。

元祐初，司馬光薦彦博宿德元老，宜起以自輔。乃命平章軍國重事，六日一朝，一月兩赴經筵，恩禮甚渥，然彦博無歲不求退。居五年，復致仕。紹聖初，卒，年九十二，後追謚忠烈。

彦博雖時在外，而帝眷有加。在大名時，轉運汪輔之奏彦博不事事，帝批其奏，以付彦博，曰：「侍中舊德，故煩卧護北門，細務不必勞心。輔之小臣無禮，將别有處置。」未幾，罷之。王中正經制邊事，所過稱密旨，募禁兵，彦博以無詔拒之，中正不敢募而去。

彦博逮事四朝，任將相五十年，名聞外國。元祐間，契丹使者來聘，見彦博于殿門外，却立改容曰：「此潞公也耶？」問其年，曰：「何壯也！」館客蘇軾曰：「使者見其容，未聞其語。其綜理庶務，雖精練少年有不如。其貫穿古今，雖專門名家有不逮。」使者拱手曰：「天下異人也！」

彦博雖富貴，而接物謙下，尊德樂善，如恐不及。其在洛也，洛人邵雍、程顥兄弟皆以道自重，賓接之如布衣交。與富弼、司馬光等十三人，用白居易九老會故事，置酒賦詩相樂，序齒不序官，爲堂，繪像其中，謂之「洛陽耆英會」。神宗導洛通汴，而主者遏絶洛水，不使入城中，洛人苦之。彦博因中使劉惟簡至洛，語其故，惟簡以聞，詔令通行如初，遂爲洛城無窮之利。

彦博幼時，與群兒擊毬，毬入柱穴中不能取。彦博以水灌之，毬浮出，與司馬光取石破甕事同。識者已知二公之仁智不凡矣。

論曰：彦博之才德，亦韓、富之流亞也。三公皆社稷重臣，兼資文武，輝映四朝，迭居將相。而彦博尤眉壽，名施蠻貊，天下想望其風采焉。自熙寧、元豐以後，一切舍其舊而新是圖，使嘉祐遺老噤不得施用，惜夫！蜀錦一事，爲唐介所論，古今莫能明也，惟聞見録云其家遺之，而彦博不知，蓋得其實矣。

趙抃

趙抃，字閲道，衢州人。進士及第，爲武安軍節度推官。知崇安、海陵、江原三縣，通判泗州。濠守給士卒廪賜不如法，聲言欲變，守懼不出。轉運使檄抃攝治之，抃至，從容如平時，州以無事。曾公亮薦爲殿中侍御史，彈劾不避權倖，聲稱凛然，京師目爲「鐵面御史」。其言常欲朝廷別白君子小人，以爲小人雖小過，當力排而絶之，後乃無患。君子不幸而有詿誤，當保全愛惜，以成就其德。論宰相劉沆、陳執中、宣徽使王拱辰、翰林學士李淑不稱職，皆罷去。

臺諫吴充、鞠真卿、刁約、馬遵、吕景初、吴中復，皆以直言，相繼被逐，以抃言得召還。歐陽修、賈黯復求郡。抃言：「近日正人端士紛紛引去，侍從之賢如修輩無幾，今皆欲去者，以正色立朝，不能諂事權要，傷之者衆耳。」修、黯由是得留，正人賴以復安。

出知睦州，睦歲爲杭市羊，抃移文却之。民籍有茶税而無茶地，抃奏蠲之。移梓州路轉運使，改益州。蜀地遠民弱，吏肆爲不法，州郡公然相餽賂。抃以身帥之，蜀風爲變。窮城小邑，民或生而不識使者，抃行部無不至，父老喜相慰，奸吏竦服。

召爲右司諫。力論内侍鄧保信引退兵董吉燒煉禁中，以文成、五利、鄭注爲比，又論陳升之奸邪，交結宦官求進，章二十餘上，升之去。抃亦罷知虔州。虔素難治，抃御之嚴而不苛，召戒諸縣令，使人自爲治。令皆喜，争盡力，獄以屢空。嶺南仕宦，旅死不能歸者，抃造舟百艘，移告諸郡，并資其道里費，相繼歸之。

召爲侍御史，改度支副使，進天章閣待制、河北都轉運使。時賈昌朝以故相守魏，抃至即按視府庫，昌朝甚不悦。前此有詔，募義勇，過期不能辦，官吏當坐者八百餘人。抃被旨督之，奏言：「河北頻歲豐熟故，應募者少，請寬其罪，以俟農隙。」從之。坐者獲免，而募亦隨足。昌朝愧服。

加龍圖閣直學士、知成都，以寬爲治。抃先在蜀日，有聚衆爲妖祀者，治以峻法。及是，復有此獄，皆謂不免。抃察其無他，止刑首惡，餘釋不問。蜀民大悦。英宗嘗稱之曰：「趙抃爲成都，中和之政也。」

神宗立，召知諫院。入謝，帝曰：「聞卿匹馬入蜀，以一琴一鶴自隨，爲政簡易，亦稱是乎？」未幾，擢參知政事。抃感激知遇，知無不言，朝政有未協者，必密啓聞，帝手詔褒答。

時王安石用事，抃屢斥其不便。韓琦上疏極論青苗法，帝語執政，令罷之。安石時屬疾求去，抃曰：「新法皆安石所建，不若俟其出自罷之。」既出，安石持之愈堅。抃大悔恨，即上言：「制置條例司建使者四十輩，騷動天下。安石强辯自用，詆天下公論以爲流俗，違衆罔民，順非文過。近者臺諫侍從，多以言不聽而去。司馬光除樞密，不肯拜。且財利于事爲輕，而民心得失爲重。青苗使者于體爲小，而禁近耳目之臣用捨爲大。今去重而取輕，失大而得小，非社稷之福也。」奏入，懇乞去位，以資政殿學士、知杭州，改青州。因其俗樸厚，臨以清靜。時山東旱蝗，青獨多麥，蝗來及境，遇風退飛，墮水而盡。

會成都憂戍卒爲變，帝以抃有遺愛于蜀，欲令復知成都。召見，勞之曰：「前此，未有自政府往者，能爲朕行乎？」抃曰：「陛下所言，即法也，顧豈有例哉？」因乞便宜從事。

既至蜀，治益尚寬。有卒長立堂下，呼諭之曰：「吾與汝年相若，吾以一身入蜀，爲天子撫一方。汝亦宜清謹畏戢以率衆，比戍還，得餘貲持歸，爲室家計可也。」人喜轉相告，莫敢爲惡，蜀郡晏然。劍州民私作僧度牒，或以爲謀逆告，抃抃不畀獄吏，以意決之，悉從輕比。謗者謂其縱逆黨，朝廷取具獄閱之，皆與法合。

改知越州，是時，吳越大飢。抃前民之未飢，爲書問屬縣，災所被者幾鄉？民能自食者有幾？當廩于官者幾人？溝防構築可僦民使治之者幾所？庫錢倉粟可發者幾何？富人可募出粟者幾家？僧道士食之羨粟書于籍者其幾具存？使各書以對，而謹其備。州縣吏録民之孤老疾弱不能自食者二萬一千九百餘人以告。故事，歲廩窮人當給粟三千石而止。抃斂富人所輸及僧道士食之羨者，得粟四萬八千餘石，佐其費。使自十月朔，人受粟日一升，幼小半之。憂其衆相蹂也，使受粟者男女異日，而人受二日之食。憂其且流亡也，于城市郊野爲給粟之所，凡五十有七，使各以便受之，而告以去其家者勿給。計官爲不足用也，取吏之不在職而寓于境者，給其食而任以事。不能自食者，有是具也。能自食者，爲之告富人無得閉糴。又爲之出官粟，得五萬二千餘石，平其價予民。爲糴粟之所凡十有八，使糴者自便如受粟。又僦民完城四千一百丈，爲工三萬八千，計其傭與錢，又與粟再倍之。民取息錢者，告富人縱予之，而待熟，官爲責其償。棄男女者，使人得收養之。

明年春，大疫。爲病坊，處疾病之無歸者。募僧二人，屬以視醫藥飲食，令無失時。凡死者，使在處隨收瘞之。法，廪窮人盡三月而止，是歲盡五月止。抃于是時竭盡心力，早夜不懈，給病者藥食多出私錢。凡事有非便文者，一以自任，不煩其屬。有上請者，或便宜多輒行。民得免于轉死。雖死，得斂埋，皆抃之力也。又兩浙旱蝗，米價踊貴，諸州皆榜衢路，禁增米價，抃獨榜衢路，令有米者任增價糶之。于是諸州米商輻輳詣越，米價更賤，民無飢者。

復徙知杭州，杭爲天下劇郡，抃從容爲之，其政本于孝悌，然不嚴而肅，民莫敢犯。元豐二年，以太子少保致仕，朝廷官其子屼提舉兩浙常平以便養。屼奉抃遍游名山，吴人以爲榮。七年，卒，年七十七。贈太子少師，謚清獻。

抃長厚清修，人不見其喜愠。平生不治産業，不畜聲伎，嫁兄弟之女十數人、他孤女二十餘人，施德惸貧，不可勝數。日所爲事，夜必焚香告天，不可告者，則不敢爲也。其爲政，善因俗施設，寬猛不同。要之，以惠利爲本。在虔與成都，尤爲世所稱道。神宗每詔二郡守，必以抃爲言。韓琦嘗稱抃真世人標表。

初，抃以母喪，廬于墓，三年不宿于家。縣榜其所居里爲孝悌，處士孫侔爲作孝子傳。及屼執父喪，而甘露降墓木。屼卒，子雲又以毁死，人稱其世孝。

論曰：抃之治郡，所居而理，固其經畫之才，有以過人歟。抑清慎誠恪，有不言而化者歟？史所載他事，僅得其槩。獨越州救災，見于曾鞏所記者甚詳，誠可爲後世法則。知名人賢士，救民恤物，其法行于當時，而不傳于後世者，蓋不可勝數也。抃之每夜告天而清修不邇聲色，則其中有以自得者，非獨其外之云爾。

蔡襄

蔡襄，字君謨，興化仙游人。舉進士，爲西京留守推官、館閣校勘。范仲淹以言事去，余靖、尹洙同貶，歐陽修移書責司諫高若訥，亦貶。襄作四賢一不肖詩，都人争相傳誦。

慶歷三年，仁宗親擢修、靖及王素爲諫官，襄又以詩賀且勉之，三人者以其詩聞于上，帝亦命襄知諫院。襄喜言路開，而慮正人難久立也。乃上疏曰：「朝廷增用諫臣，而修、靖、素一旦并命，朝野相慶。三人忠誠剛正，必能盡言。臣恐邪人不利，必造爲三説以禦之。一曰好名，夫忠臣引君當道，論事惟恐不至，若避好名之嫌，則無可言之路矣；二曰好進，夫前世諫者之難，激于忠憤，患且不避，何好進之有？苟得盡其職，雖死是官，猶無悔也；三曰彰君過，諫争之臣，蓋以司過舉耳，人主聽而行之，足以致從諫之譽，何過之能彰乎？惟陛下察之。」

時有旱蝗、日食、地震之變，襄以爲：「災害之來，皆由人事。原其所致，君臣上下皆闕失也。不專聽斷，不攬威權，使號令不信于人，恩澤不及于下，此陛下之失也。持天下之柄，司生民之命，無嘉謨異畫以矯時弊，不盡忠竭節以副任使，此大臣之失也。朝有弊政而不能正，民有疾苦而不能去，陛下寬仁少斷而不能規，大臣循默避事而不能斥，此臣等之罪也。陛下既有引過之言，達於天地神祇矣，願思其實以應之。」疏出，聞者皆悚然。

進直史館，兼修起居注。開寶浮圖災，下有舊瘗舍利，詔取以入，宫人多灼臂落髮者。議復營之，襄諫曰：「非理之福，不可徼幸。今生民困苦，四裔驕慢，陛下當修人事，奈何以佛法邀福乎？天之降災，以示儆戒，顧大興功役，是將以人力排天意也。」

吕夷簡平章國事，宰相以下就其第議事，襄奏請罷之。元昊納款，始自稱「烏珠」，既又譯爲「吾祖」。襄曰：「『吾祖』猶云『我翁』，慢侮甚矣。使朝廷賜之詔，而亦曰『吾祖』，是何等語耶？」

夏竦罷，韓琦、范仲淹在位，襄言：「陛下罷竦而用琦與仲淹，士大夫賀于朝，庶民歌于路，雖然以治疾譬之，陛下既得良醫矣，信任不疑，非徒愈病，而又壽民。醫雖良術，不得盡用，雖有和、扁，難責效矣。」

保州卒作亂，推懦兵十餘輩爲首惡，殺之以求招撫。襄曰：「天下兵百萬，苟無賞罰必行之令，必開驕慢暴亂之源。今州兵戕官吏、閉城門，不能討，從而招之，豈不爲四方笑。乞將兵入城誅之。」詔從其議。

時天子慨然思正百度以興太平，襄感帝知遇，每論事，奮發無所回避，權倖畏斂，不敢撓法干正。以母老，求知福州，改福建路轉運使，開古五塘溉民田，奏減五代時丁口税之半。復修起居注。唐介攻宰相，觸盛怒，襄趨進曰：「介誠狂愚，然出于進忠，必望全貸。」既貶春州，襄又上疏以爲此必死之謫，得改英州。

進知制誥，御史吕景初、吴中復、馬遵坐論丞相梁適罷臺職、除他官，襄封還詞頭，不草制。後每除授非當，輒封還之。帝遇襄益厚，曰：「有子如此，其母之賢可知。」命特賜冠帔以寵之，又親書「君謨」二字，遣使特詔予之。遷龍圖閣直學士、知開封府。襄精吏事，談笑剖決，破奸發引，吏不能欺。

以樞密直學士再知福州。往時閩士多好學，而專用詩賦，以應科舉。襄得郡士周希孟、陳烈、陳襄、鄭穆，皆以行義著。襄備禮招延，以經術教授，學者至數百人。襄親至學舍，執經講問，爲諸生率。俗重凶儀，親亡或秘不舉，至破産飯僧，襄下令禁止之。徙知泉州，距州二十里萬安渡，絶海而濟，往來畏其險。襄立石爲橋梁，其長三百六十丈，種蠣于礎以爲固，至今賴焉。又植松七百里以庇道路，閩人刻碑紀德。

召爲翰林學士、三司使，較天下盈虚出入，量力以制用。剗剔蠹弊，簿書紀綱纖悉皆可法。英宗立，以端明殿學士知杭州。治平三年，丁母憂。明年，卒，年五十六，贈吏部侍郎。

襄工于書，爲當時第一，仁宗尤愛稱之。御製元舅隴西王碑文，詔襄書之。其後，命學士撰温成皇后父碑，又勅，襄書辭曰：「此待詔職也。」乾道中，賜謚忠惠。

論曰：蘇軾有言：「臣嘗逮事仁宗皇帝，竊觀四十餘年間，左右前後之人，其大者，固已光明俊偉，深厚雄傑，不可窺較。其小者，猶能敦樸愷悌，靖恭持重，號稱長者。是以天人和同，上下歡心。而福禄無窮云。」若襄者，蓋深厚雄傑之一也。當其在朝，受仁宗顧遇，所言皆當世初務，而人之所不敢言。及退歷州郡，詰奸惠良，以富而教，其豐功殊蹟，施于後代者，歷久猶未忘也，豈不偉哉！

史傳三編卷三十二

名臣傳二十四

宋

司馬光

司馬光字君實，陝州夏縣人。父池，天章閣待制。光生七歲，儼然如成人，聞講左氏春秋，即了其大指。群兒戲于庭，一兒登甕，没水中，衆皆棄去，光持石破甕，水迸出，兒得活。寶元初，中進士甲科。

除奉禮郎，求便養，通判蘇州。時年尚少，每卧齋中，忽蹶起公服，執手板危坐，人問其故，答曰：「吾時忽念天下事，夫以天下安危爲念，豈可不敬耶？」丁内外艱，毁瘠如禮。服除，判武成軍，改大理評事，國子直講。龐籍薦爲館閣校勘，同知禮院。

中官麥允言死，給鹵簿。光言：「繁纓以朝，孔子且猶不可。允言近習臣，非有元勳大勞，而贈以三公，給一品鹵簿，其視繁纓，不亦大乎？」夏竦賜謚文正，光駁之，改文莊。

從龐籍辟，判并州，改直秘閣、開封府推官。交趾貢異獸，指爲麟，光言：「誠僞不可知，使其真，非自至，不爲瑞。若僞，爲遠人笑，願厚賜而還之。」修起居注，判禮部。有司奏日食不滿分，或京師不見，皆當賀。光言：「四方皆見，京師不見，不當賀。」從之。

同知諫院，蘇轍答策切直，考官胡宿將黜之，賴光言，詔至末級。初，至和三年，仁宗不豫，太子未立，天下寒心。光上疏請擇宗室賢者，使攝儲貳，不然則典宿衛、尹京邑亦足以係天下望。疏三上，一留中，二付中書。至是，復面言：「臣昔判并州，所上三章，願陛下果斷力行。」帝沉思久之，曰：「得非欲選宗室爲繼嗣者乎？此忠言，但人不敢及耳。」光退復，上疏曰：「臣向者進説，陛下欣然聽納，謂即行矣。今寂然無聞，此必有小人言陛下春秋鼎盛，何遽爲此。小人無遠慮，特欲倉卒之際，遂其私謀耳。」帝大感動，曰：「送中書。」光至中書，見韓琦等，曰：「諸公不及今定議，異日夜半禁中出寸紙，以某人爲嗣，則天下莫敢違。」琦等拱手曰：「敢不盡力。」未幾，詔英宗判宗正，辭不就，立爲皇子，又稱疾不入。光言：「皇子辭不貲之富，至于旬月，其賢于人遠矣。然父召無諾，君命召不俟駕，願以臣子大義責皇子，宜必入。」英宗遂受命。

改天章閣待制兼侍講、知諫院。時朝政尚姑息，等威寖以凌遲，如胥吏喧譁、輦官悖慢、衛士凶逆、軍卒詈三司使，光抗疏，皆請以法正之。

充媛董氏薨，贈淑妃，輟朝成服，定謚，行册禮，葬給鹵簿。光言：「董氏秩本微，病革方拜充媛。古者婦人無謚，近制惟皇后有之。鹵簿本以賞軍功，未嘗施於婦人。唐平陽公主有佐高祖定天下之功，乃得給。至韋庶人始令妃主葬日皆給鼓吹，非令典，不足法。」及有司定後宫封贈法，后與妃俱贈三代，光又言：「妃不當與后同，袁盎引却慎夫人席，正爲此耳。天聖親郊，太妃止贈二代，况妃乎？」

英宗立，遇疾，太后同聽政。光上疏言：「昔章獻明肅有保佑先帝之功，特以親用外戚小人，負謗海内。今攝政之際，大臣有忠厚如王曾，清純如張知白，剛正如魯宗道，質直如薛奎者，當信用之。猥鄙如馬季良，讒諂如羅崇勳者，當疏遠之，則天下服。」帝疾愈，太后還政，光上疏言：「治身莫先于孝，治國莫先于公，皆母子間人所難言者。」及議濮王典禮，光言：「漢宣帝爲昭帝後，終不追尊衛太子、史皇孫。光武上繼元帝，亦不追尊鉅鹿、南頓君，此萬世法也。」復詔兩制集議，學士王珪等相視莫敢先，光獨奮筆書曰：「爲人後者爲之子，不得顧私親。王宜準封贈期親尊屬故事，稱爲皇伯，高官大國，極其尊榮。」珪即命吏以其手稿爲案。

太后既還政，詔以曹佾爲使相，兩府皆還官。光言：「陛下欲以慰母心，而遷除無名，則宿衛將帥、内侍小臣，必有覬望。」已而遷都知任守忠等官，光抗疏言：「守忠大奸，陛下爲皇子，非守忠意，沮壞大策，離間百端，賴先帝不聽。及陛下嗣位，反覆交構，國之大賊，乞斬于都市，以謝天下。」詔責守忠節度副使，蘄州安置，天下快之。

韓琦建議刺陝西義勇二十萬，光抗言：「民情驚擾，實不可用。」琦曰：「兵貴先聲，使賊驟聞益兵二十萬，豈不震慴。」光曰：「此但可欺之目前耳，不過十日，彼將知其詳，尚何懼？」琦曰：「君但見慶歷間鄉兵刺爲保捷，憂今復然，已降勅榜與民約，永不充軍戍邊矣。」光曰：「前屢失信于民，雖光亦未敢保也。」琦曰：「吾在此，君無憂。」光曰：「公長在此，可也。異日他人當位，因公見兵，用之運糧戍邊，反掌間事耳。」琦默然，不聽。不十年，皆如光慮。

王廣淵除直集賢院，光論其奸邪，且曰：「昔漢景帝重衛綰，周世宗薄張美。廣淵當仁宗之世，私結于陛下，豈忠臣哉？宜黜以厲天下。」進龍圖閣直學士。

神宗即位，擢翰林學士。晉御史中丞疏，論脩心之要三：曰仁，曰明，曰武。治國之要三：曰官人，曰賞信，曰必罰。其説甚備。且曰：「昔臣爲諫官，即以此獻仁宗，其後以獻英宗，今以獻陛下云。」還爲翰林兼侍讀學士。

光常患歷代史繁，人主不能遍覽，爲通志八卷以獻。英宗悦之，命置局秘閣，續成其書，至帝尤重之，以爲賢于荀悦漢紀，名之曰資治通鑑，自爲製序。賜以潁邸舊書二千四百卷，數促成之。

西戎部將嵬名山欲以横山之衆，取諒祚以降，詔邊臣招納其衆。光極論不可，以爲：「名山之衆，未必能勝諒祚。幸而勝之，滅一諒祚，生一諒祚，何利之有？若其不勝，必引衆歸我，不知何以待之。臣恐朝廷不特失信于諒祚，又將失信于名山矣。若名山餘衆尚多，還北不可，入南不受，必將突據邊城以救其命。陛下獨不見侯景之事乎？」帝不聽，遣种諤發兵迎之，取綏州，費六十萬，西方用兵，蓋自此始。

百官上尊號，光言：「先帝親郊，不受尊號。末年有獻議者，謂契丹往來通信，彼有尊號，我獨無，于是復以非時奉册。昔匈奴冒頓自稱『天地所生日月所置匈奴大單于』，不聞漢文帝復爲大名以加之也。願追述先帝本意，不受此名。」帝大悦，手詔獎光，使爲答詔，以示中外。

執政以河朔災傷，國用不足，乞南郊勿賜金帛。詔學士議，光與王安石同見，光曰：「救災節用，宜自貴近始，可聽也。」安石曰：「常衮辭堂饌，時以爲衮自知不能，當辭位不當辭禄。且國用所以不足者，以未得善理財者耳。」光曰：「善理財者，無亦頭會箕斂爾。」安石曰：「不然，善理財者，不加賦而用足。」光曰：「天下安有此理？天地所生財貨百物，不在民，則在官，彼設法奪民，其害乃甚于加賦。此蓋桑宏羊欺武帝之言，至其末年，盜賊蜂起，幾至于亂。」争議不已，帝曰：「朕意與光同，然姑以不允答之。」及安石得政，創立制置三司條例司，建青苗、助役、水利、均輸之法，置提舉官四十餘員。光逆陳其利害，曰：「某事後當如是，某事後當如是。」行之十餘年，無一不如光言者。

一日，邇英進讀，至曹參代蕭何事，帝曰：「漢常守蕭何之法不變，可乎？」對曰：「寧獨漢也，使三代之君常守禹、湯、文、武之法，雖至今存可也。漢武取高帝法紛更之，盜賊半天下；元帝改孝宣之政，漢業遂衰。」後數日，吕惠卿進講，因言：「先王之法，有一年一變者，『正月始和，布法象魏』是也；有五年一變者，巡狩考制度是也；有三十年一變者，『刑罰世輕世重』是也。光言非是。」帝以問光，光曰：「布法何名爲變，若四孟月朔屬民讀法，爲時變月變耶？諸侯有變禮易樂者，王巡狩則誅之，王不自變也。刑新國用輕典，亂國用重典，平國用中典，是爲世輕世重，非變也。且治天下譬如居室，敝則修之，非大壞不更造也。三司使掌天下財，不才而黜可也，不可使執政侵其事。今爲制置三司條例司，何也？宰相以道佐人主，尚安用例，苟用例，則一胥吏足矣。今爲看詳中書條例司，何也？」惠卿不能對。講畢，帝屏左右曰：「朝廷每更一事，舉朝洶洶何也？」光曰：「青苗出息，平民爲之，尚能以蠶食下户，况縣官法令之威乎！」惠卿曰：「青苗法，願取則與之，不願勿强也。」光曰：「愚民知取債之利，不知還債之害。非獨縣官不强，富民亦不强也。昔太宗平河東，立和糴法，時米斗十餘錢，民樂與官爲市。後物貴而和糴不解，遂爲河東世世之患。臣恐異日之青苗，猶河東之和糴也。」帝曰：「坐倉糴米，何如？」光曰：「京師有七年之儲，而錢常乏，若坐倉，錢益乏，米益陳，奈何？」惠卿曰：「坐倉得米百萬斛，則省東南百萬之漕，以其錢供京師，何患無錢？」光曰：「東南錢荒而米狼戾，今不糴米而漕錢，棄其有餘，取其所無，農末皆病矣。」侍講吴申曰：「光言，至論也。」光曰：「此皆細事，不足煩人主，但當擇人而任之。有功則賞，有罪則罰，此陛下事也。」帝曰：「然。」

他日留對，帝曰：「今天下洶洶，孫叔敖所謂『國之有是，衆之所惡』也。」光曰：「然，陛下當論其是非。今條例司所爲，獨安石、韓絳、惠卿以爲是耳，天下皆以爲非也，陛下豈能獨與此三人共爲天下耶？」

陳升之爲相，帝謂光：「外議如何？」光曰：「升之誠有才智，但恐不能臨大節而不可奪耳。」又問安石何如，光曰：「人言安石奸邪，則毁之太過。但不曉事又執拗耳。」問吕惠卿，光曰：「惠卿憸巧非佳士，使安石負謗中外，皆惠卿所爲也。」帝曰：「惠卿明辨，亦似美才。」光曰：「惠卿文學辨慧，誠如聖旨，然用心不端，江充、李訓若無才，何以動人主？」因論及臺諫，光曰：「臺諫，天子耳目，陛下當自擇人。今言執政短長者，皆斥逐之，盡易以執政之黨，臣恐聰明將有所蔽蒙也。」帝曰：「諫官難得，卿更爲朕擇其人。」光退而舉蘇軾、王元規、趙彦若等。

韓琦上疏，論青苗之害，帝感悟欲罷其法。安石卧家不起，帝乃拜光樞密副使，光辭曰：「陛下所以用臣，蓋察其狂直，庶有補于國家。若徒以禄位榮之，而不取其言，是以天官私非其人也。臣徒以禄位自榮，而無所裨益，是盗竊名器，以私其身也。陛下誠能罷制置條例司，追還提舉官，不行青苗、助役等法，雖不用臣，臣受賜多矣。今言青苗之害者，不過謂使者騷動州縣，爲今日患耳。臣之所憂，乃在十年之外，非今日也。夫出錢貸民而斂其息，富者既不願取，而使者以多散爲巧，一切抑配。又恐其逋負，必令貧富相保，貧者無可償，則散而之四方；富者不能去，必責使代償數家之負。春算秋計，展轉日滋，貧者既盡，富者亦貧。十年之外，百姓無復存者矣。又盡散常平錢穀，專行青苗，他日富室既盡，常平已廢，加之以師旅，因之以飢饉，民之羸者委死溝壑，壯者聚而爲盜賊，此事之必至者也。」抗辭至七八，帝使謂之曰：「樞密，兵事也，官各有職，不當以他事爲辭。」對曰：「臣未受命，則猶侍從也，于事無不可言者。」安石起視事，光遂求去。

以端明殿學士知永興軍本路，宣撫令分義勇戍邊，選諸軍驍勇及市井惡少年爲奇兵。調民造乾糒，修城池樓櫓，關輔騷然。光一切不從，而上言：「公私困敝，不可舉事，京兆一路皆内郡，繕治非急。若乏軍興，臣當任其責。」于是一路獨得免。徙知許州，請判西京御史臺歸洛，自是絶口不論事。

熙寧七年，天下旱蝗，詔求直言，光讀詔泣下，乃復上陳其尤病民者凡六事，請先罷之，一青苗、二免役、三市易、四邊事、五保甲、六水利。又以言責宰相吴充曰：「天子仁聖如此，而公不言，何也？」

蔡天申爲察訪，妄作威福，河南尹、轉運使事之如上官。會朝謁應天院神御殿，府獨爲設一班，光顧臺吏曰：「引蔡寺丞歸本班。」吏即引天申立監竹木務官富贊善之下。天申窘沮，即日行。

帝嘗謂蒲宗孟曰：「如光未論別事，只辭樞密一節，朕即位以來，惟見此人。」又云：「如光者，常在左右，自可無過。」及元豐官制成，帝指御史大夫曰：「非司馬光不可。」爲蔡確所沮而止。帝感疾，既安，語宰輔曰：「來春建儲，以司馬光、吕公著爲師保。」其知之深如此。

光歸洛十五年，天下望其爲相，田夫野老皆號爲司馬相公，婦人孺子亦知其爲君實也。神宗崩，光赴闕，衛士望見，皆以手加額曰：「此司馬相公也。」所至，民遮道聚觀，馬不得行，曰：「公無歸洛，留相天子，活百姓。」時哲宗幼冲，太皇太后臨政，遣使問政所當先，光言：「近歲士大夫以言爲諱，閭閻愁苦于下，而上不之知。明主憂勤于上，而下無所訴。其罪在群臣，而愚民無知，歸怨先帝。宜下詔，旨首開言路。」從之。而大臣有不欲者，于詔中設六事，曰：「若陰有所懷，犯非其分，或扇摇機事之重，或迎合已行之令，上以觀望朝廷之意以僥倖希進，下以眩惑流俗之情以干取虚譽。若此者，罰無赦。」太皇太后封詔草以問光，光曰：「此非求諫，乃拒諫也。人臣惟不言，言則入六事矣。請改詔書。」從之。于是四方吏民言新法不便者以千數，光方草具所當行者，而太后已令散遣修京城邏卒，罷減皇城内覘者。止御前工作，出近侍之無狀者三千餘人。戒飭中外，無敢苛刻暴斂。廢導洛司物貨塲，及民間户馬寬保馬限，旨皆中出，大臣不與。光上疏謝，于是召光拜爲門下侍郎。是時民日夜引領，以觀新政。光慨然建議，罷保甲團教，廢市易法，所儲物皆鬻之，不取息，民所欠錢皆除其息，京東鑄鐵錢，河北、江西、福建、湖南鹽及福建茶法，皆復其舊。獨川陝茶以邊用未罷，遣使相視，去其甚者。户部錢穀，皆領之尚書。三司使事，有散隸五曹及寺監者，皆歸户部。使尚書周知其數，量入以爲出。請立經明行修科，以勉勵天下，敦士行，示不專取文學之意。于是詔自今凡遇科舉，令升朝官各舉經明行修之士一人，如進士高選，又以人才難兼長，若專引知識，則嫌于私，若止修資序，未必皆才，奏立德行、文學、吏事、武略等十科，侍從以上，每歲于十科舉三人，中書置籍記之，有事須材，執政按籍視其所舉科隨事試之，有勞又書之籍。内外官闕取嘗試有效者，隨科授職，所賜告命，仍具所舉官姓名。其人任官無狀，坐其舉主。

當光之將改新法也，或謂光曰：「熙豐舊臣，多憸巧小人，他日有以父子義間上，則禍作矣。」光正色曰：「天若祚宋，必無此事。」遂改之不疑。

元祐元年，拜尚書左僕射。時光已得疾，而青苗、免役、將官之法猶在，西戎之議未決。光歎曰：「四患未除，吾死不瞑目矣。」折簡與吕公著曰：「光以身付醫，以家事付愚子，惟國事未有所托，今以屬公。」乃論免役五害，乞降勑罷之。諸將兵皆隸州縣，軍政委守令通決。廢提舉常平司，以其事歸之轉運、提點刑獄。邊計以和戎爲便。謂監司多新進少年，務爲刻急，令近臣于郡王中選舉，而於通判中舉轉運判官。皆從之。詔免朝謁，許乘肩輿，三日一入省。光不敢當，曰：「不見君，不可以視事。」詔令子康扶入對，且曰：「毋拜。」遂罷青苗錢，復常平糴糶法。兩宮虛已以聽。光自見言行計從，欲以身徇社稷，躬親庶務，不舍晝夜。賓客見其體羸，舉諸葛亮食少事煩以爲戒，光曰：「死生，命也。」爲之益力。病革，不復自覺，諄諄如夢中語，然皆朝廷天下事也。是年九月，卒，年六十八。太皇太后聞之慟，與帝即臨其喪，贈太師、温國公。詔户部侍郎趙瞻、内侍馮宗道護喪，歸葬，謚文正。賜碑曰「忠清粹德」。京師人罷市往弔，鬻衣以致奠，巷哭以過車。及葬，哭者如哭其私親。嶺南封州父老，亦相率具祭，都中及四方皆畫像以祀，飲食必祝。

光孝友忠信，恭儉正直，居處有法，動作有禮。自少至老，語未嘗妄，自言：「吾無過人者，但平生所爲，未嘗有不可對人言者耳。」誠心自然，天下敬信，陝、洛間皆化其德，有不善，曰：「君實得無知之乎？」于財利紛華，淡然無所嗜，博學無不通，音樂、律歷、天文、書數皆極其妙。晚尤好禮，爲冠、婚、喪、祭法，酌古今之宜。不喜釋、老，曰：「其微言不能出吾書，其誕吾不信。」不事生産，買第洛中，僅蔽風雨。有田三頃，喪妻賣田以葬，惡衣菲食以終其身。與兄旦友愛尤篤，旦年將八十，光奉之如嚴父，保之如嬰兒。每食，少頃，則問曰：「得無飢乎？」天少冷，則撫其背曰：「衣得毋薄乎？」

初赴闕時，蘇軾自登州召還，緣道人相聚號呼曰：「寄謝司馬相公，毋去朝廷，厚自愛，以活我。」遼夏使至，必問光起居，勅其邊吏曰：「中國相司馬矣，毋輕生事，開邊隙。」及徽宗時，蔡京擅政，撰黨人碑，以光爲首，令郡國皆刻石。長安石工安民當鐫字，辭曰：「民愚人，固不知立碑之意。但如司馬相公者，海内稱其正直，今謂之奸邪，民不忍刻也。」府官怒欲加罪，泣曰：「被役不敢辭，乞免鐫安民二字于石末，恐得罪于後世。」聞者愧之。

光之修資治通鑑以劉攽、劉恕、范祖禹等爲屬官，十九年方成，合三百五十四卷，文集八十卷，他著述二十種云。

論曰：宋至元豐之末，仁、英之遺老凋謝略盡，光與吕公著、范純仁等廢居田野，年皆垂暮。而吕、蔡、章、曾之黨，上自公卿侍從，外至州郡，盤根連體，布滿于天下。黷貨殃民，怙兵專殺，當是之時，宇内既已困，人心既已去，事勢既已壞。而宣仁太后以耄期女主，熟觀三朝之變態，慨然發憤，思致太平，進用耆艾，與百姓更始。雖數年之間，功效著見，譬猶返照之光不可以久，而紹聖以後，數十年衰剥之運，其勢方興，已如北風凄厲，霰雪交下，奔騰澎湃，而不可止。彼奸逆之熾盛，雖在竄斥伏匿之中，尚能舉指摇目，恫疑虚喝，使當事之人寒心自危，變色却顧，或倡爲調停之論，或遂就中立之謀，豈不知其不可哉？其氣餒使之然也。光以舊臣起家，值兩宫之顧遇，誓心刻骨，區理衆事，如救溺追亡，惟恐不及。保甲、青苗之法更革於前，章敦、蔡確之徒，放流于後，期月之頃百度。

呂公著

呂公著，字晦叔，幼嗜學，至忘寢食。父夷簡器之曰：「他日必爲公輔。」恩補奉禮郎，登進士第。通判潁州，郡守歐陽修薦公著文學行誼，宜在左右，清静寡欲，有古君子之風。判吏部南曹，仁宗獎其恬退，賜五品服。除崇文院檢討、同判太常寺。壽皇觀會營真宗神御殿，公著言：「先帝已有三神御，而建立不已，殆非祀無豐昵之義。」改天章閣待制兼侍讀。與司馬光同侍經筵，光退語人曰：「每聞晦叔講，便覺己語爲煩。」一日講「人不知而不愠不亦君子乎？」公著言：「在下而不見知于上者，有之，然在上者亦未有見知于下者也。故古之人君，政令有所未孚人心，或有未服，則反身修德，而不以愠怒加之。如舜之『誕敷文德』，文王之皇『自敬德』是也。」帝改容頷之。

英宗治平初，奏請日御邇英，以循先帝故事。又以尚書備二帝三王之道，尤切于治術，乞候進講論語畢日進講尚書。從之，加龍圖閣直學士。方議追崇濮王，或欲稱崇伯考，公著曰：「此真宗所以稱太祖，豈可施于王。」及下詔稱親，且班諱，公著又言：「稱親則有二父之嫌，王諱但可避于上前，不應與七廟同制。」呂誨等坐議濮王禮去，公著争之，不聽。遂乞補外，將行，上言：「臣伏見程頤年三十四，有特立之操，出群之姿。嘉祐四年，已與殿試報罷，自後絶意進取，舊在太學諸生，願得以爲師。臣方領國子監，親往敦請，卒不能屈。臣嘗與之語，洞明經術，通古今治亂之要，實有經世濟物之才。使在朝廷，必爲國器，望不次補用。」神宗立召爲翰林學士，知通進銀臺司。

司馬光以論事罷中丞，還經幄。公著封還其命曰：「光以舉職賜罷，是爲有言責者不得盡其言也。」詔以告直付閤門。公著又言：「制命不由門下，則封駁之職，因臣而廢。願理臣之罪，以正紀綱。」帝曰：「所以徙光者，賴其勸學耳，非以言事故也。」公著請不已，罷知開封府。

時夏秋淫雨，京師地震。公著疏言：「君人者，去偏聽獨任之弊，而不主先入之言，則不爲邪説所亂。顔淵問爲邦，而孔子告以遠佞人。蓋佞人易親，正人易疎，惟陛下察之。」又薦周敦頤，擢爲廣東轉運判官。

禮官用唐故事，請以五月御大慶殿受朝，因上尊號。公著曰：「陛下方度越漢唐，追復三代，何必于陰長之日，爲非禮之會，受無益之名？」從之。二年，拜御史中丞。入對，帝語及西陲事，公著曰：「惟當嚴修武備，來則應之，以逸待勞。若臨遣大臣，張皇武事，或議深入，或求奇功，皆非國家至計也。」時程顥爲晉城令，公著薦爲監察御史，又薦張載爲崇文院校書。

王安石方行青苗法，公著極言之曰：「自古有爲之君，未有失人心而能圖治，亦未有脅之以威、勝之以辨而能得人心者也。昔日所謂賢者，皆以此舉爲非，而主議者一切詆爲流俗浮論，豈昔皆賢而今皆不肖耶？」安石怒其深切。帝使舉吕惠卿爲御史，公著曰：「惠卿固有才，然奸邪不可用。」帝以語安石，安石大怒，誣以惡語，出知潁州。

熙寧八年，彗星見，詔求直言。公著上疏曰：「陛下臨朝願治，爲日已久，而左右前後，莫敢正言。使陛下有欲治之心，而無致治之實，此任事之臣負陛下也。古之爲政，初不信于民者有之，若子産治鄭一年而人怨之，三年而人歌之。陛下垂拱仰成，七年于此，然輿人之誦，亦未有異于前日，陛下獨不察乎？」

起知河陽，遷端明殿學士。帝從容與論治道，遂及釋、老，公著曰：「堯、舜知此道乎？」帝曰：「堯、舜豈不知？」公著曰：「堯、舜雖知此，而惟以知人安民爲難，所以爲堯、舜也。」帝又言：「唐太宗能以權智御臣下。」對曰：「太宗之德，以能屈己從諫耳。」帝善其言。未幾，同知樞密院事。因奏：「熙寧以來，朝廷議論不同，端人良士，例爲小人所沮格，指爲沮壞法度，不可復用，此非國家之利。」帝曰：「當以次收用之。」

帝以慈聖升祔，推恩曹氏，進官被賞者二百餘人。公著因言：「自古家國之敗，不過親小人，任宦官，通女謁，寵外戚數事而已。」帝深以爲然。

元豐二年，召程顥判武學，李定、何正臣劾其學術迂闊，新法之初首爲異論，罷之。公著上言：「顥立身行己，素有本末。昔在言路，時有論列，皆辭意忠厚，不失臣子之體。所除武學，未爲仕宦要津，而小人斷斷以爲不可者，直欲深梗正路，其所措意，非特一二人而已。」不納。

夏人幽其主秉常，朝議討之。公著曰：「問罪之師，當先擇帥，苟未得人，不如勿舉。」及兵興，秦、晉民力大困，公著又數上疏言其害。

元豐五年，以疾乞罷，出爲定州安撫使。至定，謝表有曰：「進不敢希功而生事，退不敢弛備以曠官。」及永樂城陷，帝臨朝歎曰：「邊民疲弊若此，獨公著爲朕言，他人未嘗及也。」

時多獻北伐之策者，公著言：「中國與契丹通好日久，塞上屯軍，素有節制，惟宜静以鎮之。保甲法行邊皆設教塲，公著以爲遺邊人習戰法于境上，非管子寓令之意也。請一切罷去。」不聽。

哲宗即位，以侍讀還朝。太皇太后遣使迎，問所欲言，公著曰：「先帝本意，以寬省民力爲先。而建議者以變法侵民爲務，與己異者一切斥去，故日久而病愈深，法行而民愈困。誠得中正之士，講求天下利病，協力而爲之，宜不難矣。」至則上言曰：「人主即位之初，當正始以示天下，修德以安百姓。修德之要，莫先于學。謹昧死陳十事，以裨聰明。一曰畏天，二曰愛民，三曰修身，四曰講學，五曰任賢，六曰納諫，七曰薄斂，八曰去奢，九曰省刑，十曰無逸。」又乞備置諫員，以開言路。拜尚書左丞、門下侍郎。

元祐元年，拜尚書右僕射兼中書侍郎。先是，程頤在治平、元豐間累薦皆不起，至是，公著與司馬光共疏其行義于朝，曰：「伏見河南處士程頤，力學好古，安貧守節，言必忠信，動遵禮法，年逾五十，不求仕進，真儒者之高蹈，聖世之逸民。望擢以不次，使士類有所矜式。」詔授崇政殿説書。

官制三省并建，而中書獨爲取旨之地，門下、尚書奉行而已。公著曰：「三省均輔臣也，自今事干三省者，乞同進取旨，而各行之。」遂定爲令。初執政，三五日一集都堂，長官專決，同列多不與議。及公著秉政，非有故，日聚都堂，遂爲故事。與司馬光同心輔政，推本先帝之志，凡欲革而未暇與革而未定者，一一舉行之。民讙呼鼓舞，咸以爲便。光卒，獨當國，除吏皆一時之選。

初，光議凡役人皆不許雇人以代，然東南及西蜀諸路，民有高貲或子弟業儒，皆當爲弓手執賤役，既不許募代，甚苦之。公著聞其弊，即令一切聽雇募，民情大悦。

公著在仁宗朝，嘗請進士先策論。神宗初，又獻議以經術取士。及知熙寧二年貢舉，遂密啓臨軒，專用策試。未幾，王安石專政，廢去春秋，撰定諸經説，凡士子非新義不得用，學者至不誦本經，惟竊安石之書以干進，精熟者得上第，故科舉益弊。公著乃令禁主司不得以老、莊命題，經義參用古今諸儒説，毋得專取王氏。復賢良方正科。

右司諫賈易言事訐直，將峻責，公著以爲言，乃罷知懷州。公著以爲：「諫官所論，得失未足言。顧主上春秋方盛，慮異時有進諛説惑亂者，正賴左右争臣，不可豫使人主輕厭言者。」其旨如此。

帝宴近臣于資善堂，出所書唐人詩分賜。公著乃集所講書要語明白、切于治道者，百篇進之，以備游意翰墨，爲聖學之助。

三年四月，辭位，拜司空、同平章軍國事。詔建第于東府之南，啓北扉，以便執政會議。凡三省、樞密院之職，皆得總理。間日一朝，因至都堂，其出不以時，蓋異禮也。明年二月，卒，年七十二。太皇太后見輔臣，泣曰：「邦國不幸，司馬相公既亡，吕司空復逝。」痛閔久之。帝亦悲感，即詣其家臨奠，賜金帛萬計。贈太師、申國公，謚正獻，御書碑首曰「純誠厚德」。

公著自少講學，即以治心養性爲本，平居無疾言遽色，于聲利紛華，泊然無所好。暑不揮扇，寒不附火，簡重清静，天禀自然。其識慮深敏，遇事善決，苟便于國，不以私利害動其心。與人交，出于至誠，好賢樂善，見士大夫以人物爲意者，必問其所知與其所聞，參互考實，以達于上。每議政事，博取衆善以爲善，至所當守，則毅然不回奪。神宗嘗稱其于人材不欺，如權衡之稱物。尤能避遠聲跡，不以知人自處。

安石博辨騁辭，人莫敢與亢，公著以精識約言服之。安石嘗曰：「疵吝每不自勝，一詣長者，即廢然而返，所謂使人之意消者，于晦叔見之。」又曰：「晦叔作相，吾輩可以言仕矣。」其敬重之如此。

論曰：昔魏文侯問相于李克，克曰：「窮，視其所與；達，視其所舉。足以定之。」文侯以魏成子所薦卜子夏、田子方、段干木皆當世名賢，遂以魏成子爲相。公著同時如周、程、張、邵皆絶德也，公著屢上封章，再三推轂，非宏度遠識殊絶于人，烏能知當世之大賢哉？元祐三相相繼，司馬光尚矣。經事綜物，斟酌權變，范純仁之才，誠有以過人者。至當軸處中，凝然如止水，招之不來，揮之不去，則公著有焉。竭誠盡慮，以忠國家則一也。觀公著之晰理論事，語約而破的，非夫心正理明者，亦孰能與于斯。

范純仁

范純仁，字堯夫，仲淹次子也。始生之夕，母李氏夢兒墮月中，承以衣裾，得之。幼敏悟，八歲，能講所授書。以蔭爲太常寺太祝。皇祐元年，中進士第，調知武進縣，以遠親不赴。易長葛，又不往。仲淹曰：「今近矣，何辭？」純仁曰：「豈可重爵禄，而輕去父母耶？」仲淹門下多賢士，如胡瑗、孫復、石介、李覯之徒，純仁皆與之游。晝夜肄業，至夜分不寢，置燈帳中。及後已貴，夫人收其帳，如墨色，以示子孫，曰：「此汝父少時勤學，燈烟迹也。」

仲淹没，始出仕，以著作佐郎知襄城縣。兄純祐有心疾，奉之如父，藥膳居服，皆躬親之。賈昌朝守北都，請參幕府，以兄辭。宋庠薦試館職，以兄病不赴。富弼責之曰：「臺閣之任，豈易得？小官出常調亦難事，何必苦辭？」純仁曰：「富貴有命。」卒不就。襄城民不事蠶織，純仁宰縣時勸使植桑，有罪而情輕者，酌令植多寡除其罰，故後人目其桑爲「著作林」。「著作」，純仁宰縣時官也。兄死，葬洛陽。韓琦、富弼移書洛尹，使助葬。純仁曰：「吾力足辦，豈宜慁公爲哉？」

改許州觀察判官，復知襄邑。牧地舊不隸縣，衛士牧馬，踐民稼，純仁捕杖之。主者怒曰：「天子宿衛，令敢爾耶？」白其事于上，劾治甚急。純仁言：「養兵出于税畝，若暴民田而不得問，糧安所出。」詔釋之，且聽牧地隸縣。時久旱不雨，純仁度必闕食，遂籍境内賈舟諭之曰：「民將無食，爾所販五穀，貯之佛寺中，俟闕食時，吾爲汝主糶。」衆賈從命，運販不停，所蓄數十萬斛。至春，諸縣皆飢，獨境内之民不知也。

治平中，擢江東轉運判官，召爲殿中侍御史。時方議濮王典禮，宰相韓琦、參政歐陽修等議之崇之。翰林學士王珪等議，宜如先朝追贈期親尊屬故事。純仁言：「陛下受命仁宗而爲之子，與前代定策入繼之主不同，宜如王珪等議。」不聽。還所授告敕，家居待罪。既而皇太子手書尊濮王爲皇，夫人爲后。純仁復言：「陛下以長君臨御，奈何使命出房闈，異日或爲權臣矯託之地，非便也。」尋詔罷追尊，起純仁就職。純仁固請外，遂通判安州，改知蘄州。歷京西提點刑獄、京西陝西轉運副使。

召還，神宗問陝西城郭、甲兵、糧儲如何，對曰：「城郭粗完，甲兵粗修，糧儲粗備。」帝曰：「卿之才，朕所倚信，何爲皆言粗？」對曰：「粗者，未精之辭。如是足矣。願陛下且無留意邊功，恐邊臣觀望，要功生事，貽他時意外之憂。」拜兵部員外郎，兼起居舍人、同知諫院。奏言：「王安石變祖宗法度，掊克財利，民心不寧。書曰：『怨豈在明，不見是圖。』願陛下圖不見之怨。」帝曰：「何謂不見之怨？」對曰：「杜牧所謂『天下之人，不敢言而敢怒』是也。」神宗嘉納之，曰：「卿善論事，宜爲朕條古今治亂可爲監戒者。」乃作尚書解以進，曰：「皆堯、舜、禹、湯、文、武之事，治天下無以易此，願深究而力行之。」加直集賢院、同修起居注。

神宗多延見疏逖小臣，諮訪闕失。純仁言：「小人之言，聽之若可采，行之必有累。蓋知小忘大，貪近昧遠，願加深察。」又論：「呂誨不當罷御史中丞，李師中不可守邊。薛向任發運使，行均輸之法于六路，掊克生靈，斂怨基禍。安石以富國强兵之術，啓迪上心，欲求近功，忘其舊學。尚法令則稱商鞅，言財利則背孟軻，鄙老成爲因循，棄公論爲流俗，異己者爲不肖，合意者爲賢人。劉琦、錢顗一言降黜，在廷之臣，方大半趨附。陛下又從而驅之，其將何所不至。道遠者理當馴致，事大者不可速成，人材不可急求，積弊不可頓革。倘欲事功亟就，必爲憸佞所乘，宜速還言者而退安石，答中外之望。」不聽，遂求罷諫職，改判國子監，去意愈確。

其所上章疏，語多激切，神宗悉不付外，純仁盡録申中書。安石大怒，乞加重貶。神宗曰：「彼無罪，姑與一善地。」命知河中府，徙成都路轉運使。以新法不便，戒州縣未得遽行。安石怒其沮格，以事左遷知和州，徙邢州。未至，加直龍圖閣、知慶州。

過闕入對，神宗曰：「卿父在慶著威名，卿隨父既久，兵法必精，邊事不熟。」純仁恐帝喜邊功，即對曰：「臣儒家，未嘗學兵，先臣守邊時，臣尚幼，不復記憶，且今日事勢宜有不同。陛下使臣繕治城壘，愛養百姓，願竭愚忠。若開拓侵攘，乞別謀帥臣。」遂行。

環慶大饑，餓殍滿路。純仁發常平粟麥賑之。僚屬請奏而須報，純仁曰：「報至無及矣，諸公但勿預，吾獨任其責。」或謗其所全活不實，帝遣使按視。會秋大稔，民讙曰：「公實活我，忍累公乎？」晝夜争輸還之。使者至，已無所負。邠、寧間有叢冢，使者曰：「全活不實之罪，于此得矣。」發冢籍骸上之。詔本路監司窮治，乃前帥楚建中所封也。朝廷治建中罪，純仁上言：「建中守法，申請間不免有殍死者，已坐罪罷去。今緣按臣而復及建中，是一罪再刑也。」建中以贖銅免。种古誣熟羌爲盗，流南方，過慶呼冤，純仁以屬吏非盗也。古避罪，訟純仁。詔御史治于寧州。純仁就逮，民萬數遮馬涕泗，不得行，至有自投于河者。獄成，古以誣告謫。亦加純仁他過，黜知信陽軍。

移齊州。齊俗兇悍，人輕爲盗。有西司理院，繫囚常滿，皆屠販盗竊而督償者。純仁曰：「此何不保外，使輸納耶？」通判曰：「此釋之，復紊，官司往往待其以疾斃于獄中，是與民除害爾。」純仁曰：「法不至死，以情殺之，豈理也耶？」盡呼至庭下，訓使自新，即釋去。期歲，盜減大半。

丏罷，提舉西京留司御史臺。時洛中多耆舊，純仁與司馬光皆好客而家貧，相約爲真率會，脱粟一飯，酒數行，洛中以爲勝事。復知河中，諸路閲保甲妨農，論救甚力。録事參軍宋儋年暴死，純仁使子弟視喪，小斂，口鼻血出。純仁疑其非命，按得其妾與小吏奸，因置毒于酒而殺之，遂正其罪。

哲宗立，召爲天章閣待制，兼侍講，除給事中。時宣仁太后垂簾，司馬光秉政，將盡改熙寧、元豐法度。純仁謂光：「去其太甚者可也。差役一事，尤當熟講而緩行，不然，滋爲民病。願公虚心以延衆論，不必謀自己出。謀必自己出，則諂諛得乘間迎合矣。役議或難回，則請先行之一路，以觀其究竟。」光不從。又曰：「按寧按問自首之法，既已行之，有司立文太深，四方死者視舊數倍，殆非先王寧失不經之意。」純仁素與光同志，及臨事規正，類如此。光欲令進士由朝官保任，然後應舉，又更貢舉法。純仁曰：「舉人難得朝士相知，士族近京猶可，寒遠之士尤不易矣。孟子恐不可輕廢，猶六經之春秋也。」光皆從之。

元祐初，進吏部尚書，同知樞密院事。三年，拜尚書右僕射，兼中書侍郎。學士蘇軾以發策問爲言者所攻，韓維罷門下侍郎補外。純仁奏軾無罪，而惟盡心于國事，乞留之。

時朝議欲治熙寧、元豐諸亂政者章敦、蔡確、鄧綰等，太師文彦博欲竄蔡確于嶺嶠，左相呂大防奏確私黨甚盛，不可不問。純仁皆力争，以爲不宜録人之過太深，恐傷仁厚之化。而司諫吴安詩、正言劉安世交章擊純仁黨確，純仁亦力求罷。明年，以觀文殿學士知潁昌府，踰年，改太原府。其境土狹民衆，惜地不葬。純仁遣僚屬收無主燼骨，别男女異穴，葬者三千餘。又推之一路，葬以萬計。徙河南府，再徙潁昌。

召還，拜右僕射。時呂大防欲引楊畏爲諫議大夫，純仁曰：「諫官當用正人，畏不可用。」大防不聽，後畏得志，凡可以害大防者無不至，大防乃悔之。宣仁太后寢疾，召純仁曰：「卿父仲淹，可謂忠臣。在明肅太后時，惟勸明肅盡母道。明肅上賓，惟勸神宗盡子道。卿宜似之。」純仁泣曰：「敢不盡忠！」

宣仁太后崩，哲宗親政，純仁乞避位。哲宗語呂大防曰：「純仁有時望，不宜去，可爲朕留之。」即召入見，問：「先朝行青苗法如何？」對曰：「先帝愛民之意本深，但王安石立法過甚，激以賞罰，故官吏急切，以致害民。」退而上疏，言青苗之不便焉。

是時，用二三大臣，從中出，侍從、臺諫官亦多不由進擬。純仁上言：「陛下初政，四方拭目，舜舉皋陶，湯舉伊尹，不仁者遠。縱未能如古人，亦須極天下之選。」又群小力排宣仁垂簾時事，純仁奏曰：「太皇保佑聖躬，功烈誠心，幽明共鑒，議者不恤國事，一何薄哉。」遂以仁宗禁言明肅垂簾事詔書上之。曰：「望陛下稽倣而行，以戒薄俗。」

蘇轍論殿試策問，引漢昭變武帝法度事。哲宗震怒曰：「安得以漢武比先帝？」轍下殿待罪，群臣莫敢言。純仁言：「武帝雄才大略，史無貶詞。轍以比先帝，非謗也。」哲宗曰：「人謂秦皇漢武。」純仁曰：「轍所論，事與時也，非人也。」哲宗少霽，轍竟落職知汝州。

臺諫言蘇軾行吕惠卿告詞，因黜知英州，純仁上疏救之。純仁凡薦引人材，必以天下公議，其人不知自純仁所出。或曰：「爲宰相，豈可不牢籠天下士，使知出于門下？」純仁曰：「但願朝廷進用不失正人，何必使知出于我耶？」章敦爲相，純仁力請外出，知潁昌府，又徙陳州。

初，哲宗嘗言：「貶謫之人，殆似永廢。」純仁前賀曰：「陛下念及此，堯、舜用心也。」既而吕大防等竄嶺表，會明堂肆赦，章敦先期言：「此數十人，當終身勿徙。」純仁聞而憂憤，欲上疏申理之。所親勸以勿爲觸怒，萬一遠斥，非高年所宜。純仁曰：「事至于此，無一人敢言，若上心遂回，所係大矣。不然，死亦何憾？」乃上疏曰：「大防等年老疾病，不習水土，炎荒非久處之地，憂虞不測，何以自存。臣曾與大防共事，多被排斥，陛下所親見。臣之激切，止是仰報聖德。願陛下斷自宸衷，將大防等引赦原放。」疏奏，章敦詆爲同罪，貶知隨州。明年，又貶武安軍節度副使、永州安置。時純仁疾失明，聞命即時就道。切戒子弟，不得少有不平。曰：「不見是而無悶，爾曹勉之。」或謂近名，純仁曰：「七十之年，兩目俱喪，萬里之行，豈其欲哉？但區區愛君之心，不能自已。人若避好名之嫌，則無爲善之路矣。」至永州，聞韓維責均州，其子訴維執政日與司馬光不合，得免行。純仁諸子欲以純仁與光議役法不同爲請，純仁曰：「昔同朝論事，不合則可，汝輩以爲今日之言，則不可也。有愧心而生，不若無愧心而死。」遂止。

居三年，徽宗即位，欽聖顯肅后同聽政，即日遣中使賜茶藥，諭曰：「知公先朝言事忠直，今虚相位以待。」純仁頓首謝。不數月，以觀文殿大學士、中太一宫使詔。曰：「豈惟尊德尚齒，昭示寵優。庶幾僾論嘉謀，日聞忠告。」純仁捧詔泣曰：「上果用我矣，死有餘責。」又賜藥，促入覲。而純仁已有疾，乞歸，帝不得已許之。乃曰：「范純仁，得一識面足矣。」遣上醫視疾，疾小愈，詔賜醫章服。疾革，神色不亂，呼諸子口占遺表，命門生李之儀次第之，其略曰：「蓋嘗先天下而憂，期不負聖人之學，此先臣所以教子，而微臣資以事君。」又曰：「若宣仁之誣謗未明，致保祐之憂勤不顯。本權臣以快其私憤，非泰陵實謂之當然。」又曰：「未解疆埸之嚴，幾空帑藏之積。有城必守，得地難耕。」凡八事。建中靖國改元之旦，受家人賀。明日，熟寐而卒，年七十五。詔賻白金三千兩，敕許、洛官給其葬，謚忠宣，御書碑額曰「世濟忠直之碑」。

純仁坦易寬簡，不以聲色加人，誼之所在，則挺然不少屈。自爲布衣至宰相，廉儉如一，所得俸賜，皆以廣義莊。前後任子恩，多先疏族。没之日，幼子、五孫猶未官。嘗曰：「吾生平所學，惟得忠恕二字，一生用不盡。以至立朝事君，接待僚友，親睦宗族，未嘗須臾離此也。」每戒子弟曰：「人雖至愚，責人則明。雖有聰明，恕己則昏。苟能以責人之心責己，恕己之心恕人，不患不至聖賢地位也。」又戒曰：「六經，聖人之事也，知一字則行一字，要須造次顛沛必于是，則所謂有爲者亦若是。豈不在人耶？」又曰：「人材難得，欲隨事有用，則緩急無以應手。七年之病，三年之艾，非儲之以待，則如病者何？」故雅以人材爲己任，每有薦引，必先公議。親族子弟有請教者，純仁曰：「惟儉可以助廉，惟恕可以成德。」其人書于坐隅，終身佩服。有文集五十卷。純仁每議論，依于平恕，不爲己甚，務以博大開上意，忠厚革士風。世謂使其言行于熙豐之時，後必不至紛更盡申于元祐中，必無紹聖大臣復讎之禍云。

論曰：純臣忠信仁厚，而長于治理。觀其在神宗之朝，論王安石之弊，及元祐之初，與司馬光争變法，皆洞達機宜，審于權變之要。輕重得體，可施而行。其濟世之略，同時諸人未能或之先也。純仁在朝，事權歸于同列，所長未盡施用。及其行于州郡，仁足以惠下，明足以詰奸，立法經制，民賴其利。至于刑罰不用，而梗頑化服，非所謂中孚之吉，可感豚魚者耶，而純仁亦以此施之。熙寧、元豐之小人，寬貸以愧其心，恩惠以格其志，而不知彼等皆資讒諂，以致身歷艱難而彌厲，機變之實牢結于心胸，貪毒之性深入于骨髓。以神宗之明，安石之勁，終身墮其術中而不悟，純仁乃欲收其桑榆之效，終于揖盜養虎，自貽其菑，悲夫！雖然純仁之困而能亨，窮不失正，所謂造次顛沛必于是者，殆于踐其言也，亦可謂賢矣！

史傳三編卷三十三

名臣傳二十五

宋

范鎮

范鎮，字景仁，成都華陽人。舉進士，禮部奏名第一。故事，殿廷唱第過三人，則首禮部選者，越次自陳，率得置上列。吴育、歐陽脩號稱耿介，亦從衆。鎮獨不然，同列屢趣之，不爲動。調新安主簿，西京留守宋綬薦爲國子直講。召試學士院，當得館閣校理，主司抑之，補校勘，鎮處之晏如。以龐籍薦授開封府推官，擢起居舍人、知諫院。疏論：「民田困弊，請約祖宗以來官吏兵數，酌取其中爲定制，即今賦入之數以十之七爲經費，而儲其三以備水旱非常。」又言：「古者冢宰制國用，唐以宰相判鹽鐵、度支。今中書主民，樞密主兵，三司主財，各不相知。故財已匱而樞密益兵無窮，民已困而三司取財不已。請使中書樞密通知兵民財利大計，與三司同制國用。」

舊制，商人輸粟河北，取償京師，而榷貨不即予鈔，久而鬻之，十才得其六。或議出内帑錢，稍增價與市，歲可得羨五十萬。鎮謂：「外府内帑，均爲有司。今外府滯商人，而内帑乘急以牟利，殊傷國體。」帝遽止之。

及葬温成后，太常議禮，前謂之園，後謂之陵，宰相劉沆前爲監護使，後爲園陵使。鎮曰：「嘗聞法吏舞法矣，未聞禮官舞禮也。請詰前後異同狀。」又請罷焚瘞錦繡珠玉，以紓國用。從之。石全贇護葬，轉觀察使，他吏悉優遷兩官。鎮言：「章獻、章懿、章惠三后之葬，推恩皆無此比。乞追還全贇等告勅。」時有勅，凡内降非準律令者，并許執奏。曾未一月，大臣輒廢不行。鎮乞正中書、樞密之罪，以示天下。

帝天性寬仁，言事者競爲激訐，至汙人以帷箔不可明之事。鎮獨務引大體，非關朝廷安危，生民利疢，則闊略不言。陳執中相，鎮論其無學術，非宰相器。及嬖妾笞殺婢，御史劾奏，欲逐去之。鎮言：「今陰陽不和，財匱民困，盜賊滋熾，獄犴充斥，執中當任其咎。御史捨大責細，暴揚燕私，若用此爲進退，是因一婢逐宰相，非所以明等級，辨堂陛也。」識者韙之。

時方禁，百官不得謁宰相于居第。及文彦博、富弼入相，詔令百官郊迎。鎮乃言：「隆之以虚禮，不若開之以至誠。乞罷郊迎而除謁禁，以通天下之情。」

仁宗在位三十五年，未有繼嗣。嘉祐初，得疾，中外危恐，鎮獨奮曰：「天下事尚有大于此者乎？」即上疏曰：「太祖舍其子而立太宗，此天下之大公也。周王既薨，真宗取宗室子，養之禁中，此天下之大慮也。願陛下以太祖之心，行真宗故事，擇宗室賢者，異其禮物而試之政事，以係天下心。」章累上不報，因闔門待罪。會有星變，其占爲急兵。鎮言：「國本未立，若變起倉卒，禍不可以前料。兵孰急于此者乎？陛下得臣疏，不以留中而付中書，是欲使大臣奉行也。臣兩至中書，大臣設辭以拒臣，是陛下欲爲宗廟社稷計，而大臣不欲也。臣竊原其意，特恐行之而陛下中變耳。夫中變之禍，死而無愧，急兵之憂，死且有罪。願以此示大臣，使自擇而審處焉。」聞者爲之股慄。

除兼侍御史知雜事，鎮以言不從，固辭不受。凡見帝面陳者三，鎮泣，帝亦泣，曰：「朕知卿忠，卿言是也，當更俟二三年。」章凡十九上，待罪百餘日，鬚髮爲白。朝廷不能奪，乃罷知諫院，改集賢殿脩撰，判流内銓，脩起居注。鎮雖罷言職，無歲不申前議。見帝春秋益高，每因事及之，冀以感動帝意。及除知制誥，因入謝，首言：「陛下許臣，今復三年矣，願早定大計。」其後韓琦因之定策立英宗。頃之，拜鎮翰林學士。

英宗即位，議追尊濮王。鎮時判太常寺，率禮官上言：「漢宣帝于昭帝爲孫，光武于平帝爲祖，則其父容可以稱皇考，然議者猶非之，謂以小宗而合大宗之統也。今陛下既考仁宗，又考濮王，則其失非特宣、光之比矣。凡稱帝若考，立寢廟，皆非是。」于是具列儀禮及漢儒論議上之。

明年，出知陳州。視事三日，擅發錢粟以貸飢民。監司繩之急，即自劾，詔原之。是歲陳州大熟。神宗即位，復爲翰林學士兼侍讀，知通進銀臺司。

王安石改常平爲青苗，鎮言：「常平之法，始于漢之盛時，視穀貴賤發斂，以便農末，最爲近古，不可改。而青苗行于唐之衰世，不足法。且陛下疾富民之多取而少取之，此正百步與五十步之間耳。今有兩人坐市貿易，一人下其直以相傾奪，則人皆知惡之，其可以朝廷而行市易之所惡乎？」疏三上，不報。時韓琦極論新法之害，送條例司疏駁，李常乞罷青苗錢，詔令分析。司馬光辭樞密副使，詔許之。鎮又舉蘇軾爲諫官，而御史謝景温奏罷之。舉孔文仲制科，文仲對策，論新法不便，罷歸故官。凡數事，鎮皆力争之，不報。

遂上疏，乞致仕。疏中復言：「青苗有見效者，不過歲得什百萬緡錢，緡錢什百萬，非出于天，非出于地，非出于建議者之家，蓋一出于民耳。民猶魚也，財猶水也，養民而盡其財，猶養魚而竭其水也。」疏五上，最後指言安石以喜怒爲賞罰，且曰：「陛下有納諫之資，大臣進拒諫之計；陛下有愛民之性，大臣用殘民之術。」安石大怒，持其疏至手顫，自草制極詆之。以户部侍郎致仕。鎮表謝，有曰：「臣雖乞身而去，敢忘憂國之心？望陛下集群議爲耳目，以除壅蔽之奸；任老成爲腹心，以養和平之福。」天下聞而壯之。

哲宗立，韓維上言：「鎮在仁宗朝，首開建儲之議，而鎮未嘗以語人，人亦莫敢爲言者。雖顔子不伐善，介之推不言禄，不能過也。」悉以鎮十九疏上之，拜端明殿學士，將以爲門下侍郎。鎮辭曰：「六十三而求去，蓋以引年；七十九而復來，豈云中禮？」再三强之，卒不起，以銀青光禄大夫再致仕，累封蜀郡公。年八十一，卒，謚忠文。

鎮清慎坦夷，遇人必以誠，口不言人過，篤于行義。兄鎡卒，僅有遺腹子在外，鎮徒步求之兩蜀間，二年乃得之。曰：「吾兄體有四乳，是兒亦必然。」已而果然。既仕，臨大節，决大議，色和而語壯，無所回撓。每遇奏補，必先族人而後子孫。鄉人有不克婚葬者，輒爲主之。少時學于龐直温，其後直温子昉卒，鎮爲養其妻子終身。其學本六經，口不道佛、老。契丹高麗皆傳誦其文，尤注意于樂，自謂得古法。既致仕，請大府銅造器，逾年乃成。帝及太后御延和殿試之，賜詔褒獎。以樂下太常，樂奏三日而鎮卒。然鎮所主實房庶以律生尺之法，司馬光以爲不然，與之論難，凡數千言云。

論曰：以司馬光之賢，當時鎮與之齊名，則其所守，固有以服天下矣。鎮之忠直勁正，始終一節，其見義必爲，而不以利害禍福動其心，蓋劉安世之流。使其得政居位，而行所欲爲，又未知其孰先後也。乃平居温厚坦夷，以考經論樂爲事，又超然遠矣。

吕誨

吕誨，字獻可，開封人，端之孫也。性純厚，家居力學，不妄與人交。登進士第，由屯田員外郎爲殿中侍御史。首言：「臺諫許以風聞言事者，蓋欲廣采納補闕政。苟非職分，是爲侵官。今乃詆斥平生，暴揚曖昧，刻薄之態浸以成風，請下詔懲革。」樞密副使程勘結權倖，致位政地，誨論罷之。

嘉祐中，上疏請早建皇嗣，曰：「竊聞中外臣僚，以聖嗣未立，屢有密疏請擇宗人。惟陛下思忠言，奮獨斷，以遏未然之亂。誠恐有奸臣附會其間，陽爲忠實，以緩上心，此爲患最大，不可不察也。」仁宗以誨章付中書韓琦，由此定議。

召爲侍御史，改同知諫院。英宗不豫，誨請皇太后日命大臣一員，與淮陽王視進藥餌。都知任守忠用事久，英宗之立非守忠意，數間東朝，播爲惡言，内外洶懼。誨上兩宫書，開陳大義，詞旨深切，多人所難言。帝疾小愈，誨屢乞親萬幾。及太后歸政，誨言于帝曰：「太后輔佐先帝歷年，閲天下事多矣。事之大者，宜關白咨訪然後行，示弗敢專。」遂論守忠罪惡，并其黨史昭錫竄之南方。内臣王昭明等爲陝西四路鈐轄，專主蕃部。誨言：「自唐以來，舉兵不利，未有不自監軍者。今走馬承受官品至卑，一路已不勝其害，况鈐轄乎？」卒罷之。

治平二年，遷兵部員外郎，兼侍御史知雜事。上言：「臺諫者，人主之耳目。舊三院御史，常有二十員，而後益衰減。今臺閾中丞，御史五員，惟三人在職，封章十上，報聞者八九。諫官二人，一他遷，一出使，言路壅塞，竊爲陛下惜之。」帝覽奏，即命邵必知諫院。

坐論濮王事，下遷工部員外郎，出知蘄州。神宗立，擢天章閣待制，復知諫院，拜御史中丞。中旨下京東買金數萬，又令廣東市珠。誨亟請罷之。

未幾，王安石執政，時多謂得人。獨誨言其不通時事，大用之，非所宜。遂上疏劾安石曰：「大奸似忠，大佞似信，安石外示樸野，中藏狡詐，陛下悦其才辨而委任之。初石初無遠略，惟務改作立異，罔上欺下，文言飾非，誤天下蒼生，必此人也。」疏上，出知鄧州。

初，安石始參政，帝意向之。誨時召對崇政殿，與司馬光相遇于路，誨舉手示光曰：「袖中彈文，乃新參也。」光止之，誨曰：「安石雖有時名，然好執偏見，輕信姦回，喜人佞己。聽其言則美，施于用則疏。若在侍從，猶或可容。置諸宰輔，天下必受其禍矣。且上新嗣位，所與朝夕圖議者，二三執政而已，苟非其人，將敗國事。此乃心腹之疾，救之惟恐不逮，顧可緩耶？」誨既斥，安石益横。光由是服誨之先見，自以爲不及也。

明年，改知河南，命未下而誨以疾表求致仕，曰：「臣無宿疾，偶值醫者用術乖方，殊不知脈候有虚實，陰陽有順逆，診察有標本，治療有先後，妄投湯劑，率意任情，差之指下，禍延四肢。非祇憚跋盭之苦，又將虞腹心之變。」蓋以一身之疾喻朝政也。

光及邵雍日就卧内問疾，誨所言皆國家事，憂憤不能忘，未嘗一語及私。一日，手書托光以墓誌，光亟省之，已瞑目矣。光呼曰：「更有以見屬乎？」誨復張目，曰：「天下事，尚可爲，君實勉之。」遂卒，年五十八，海内聞者痛惜之。

元祐初，吕大防、范純仁、劉贄表其忠，詔贈通議大夫，以子由庚爲太常寺太祝。

論曰：安石初有盛名，不悦者有韓琦、張方平、孫固、李師中，然著論以辨者，惟蘇洵；特疏糾參者，惟吕誨。而陸九淵以爲洵之知安石，非必特識，蓋其氣味不相入耳。誨平生清苦勁厲，比于安石。傳所稱：「譬諸草木，吾臭味也。」獨能逆料其將然，如燭照龜卜，司馬光推服之，爲不虚矣。誨臨没勉光以「天下事，尚可爲」，後二十年，光再致元祐之盛，誨不及見矣。及光卒，而誨之子由庚挽之云：「地下若逢中執法。爲言今日再昇平。」蓋推其先人之意，當時之人共悲惜之，有以也夫！

鄭俠

鄭俠，字介夫，福建福清人。治平中，隨父官江寧，閉户苦學。王安石知其名，邀與相見，稱獎之。進士高第，調光州司法參軍。安石居政府。凡所施行，民間不以爲便。光有疑獄，俠讞議傳奏，安石悉如其請。俠感爲知己，思欲盡忠。

秩滿入都，時初行試法之令，選人中式者超京官，安石欲使以是進，俠以未嘗習法辭。三往見之，問以所聞。對曰：「青苗、免役、保甲、市易數事，與邊鄙用兵，在俠心不能無區區也。」安石不答。俠退不復見，但數以書言法之爲民害者。久之，監安上門。安石雖不悅，猶使其子雱來，語以試法。方置脩經局，又欲辟爲檢討，更命其客黎東美諭意。俠曰：「讀書無幾，不足以辱檢討。所以來，求執經相君門下耳。而相君發言持論，無非以官爵爲先，所以待士者亦淺矣。果欲援俠而成就之，取其所獻利民便物之士，行其一二，使進而無愧，不亦善乎？」

是時，自熙寧六年七月不雨，至于七年之三月，人無生意。東北流民，每風沙霾曀，扶攜塞道，羸疾愁苦，身無完衣。或茹木實草根，至身被鎖械，而負瓦揭木，賣以償官，累累不絕。俠知安石不可諫，悉繪所見爲圖，奏疏詣閤門，不納。乃假稱密急，發馬遞上之銀臺司。其略云：「去年大蝗，秋冬亢旱，麥苗焦枯，五種不入，群情懼死。方春斬伐，竭澤而漁，草木魚鼈，亦莫生遂。災患之來，莫之或禦。願陛下開倉廩，賑貧乏，取有司掊克不道之政，一切罷去。冀下召和氣，上應天心，延萬姓垂死之命。今臺諫充位，左右輔弼，又皆貪猥近利，使無抱道懷識之士，皆不欲與之言。陛下以爵禄名器，駕馭天下忠賢，而使人如此，甚非宗廟社稷之福也。竊聞南征北伐者，皆以其勝捷之勢、山川之形，爲圖來獻，料無一人以天下之民質妻鬻子、斬桑壞舍、流離逃散、遑遑不給之狀上聞者。臣謹以逐日所見繪一圖，但經眼目，已可涕泣。而況有甚于此者乎！如陛下行臣之言，十日不雨，即乞斬臣宣德門外，以正欺君之罪。」疏奏，神宗反覆觀圖，長吁數四，袖以入。是夕，寢不能寐。翌日，命開封體放免行錢，三司察市易，司農發常平倉，三衛具熙河所用兵，諸路上民物流散之故。青苗、免役權息追呼，方田、保甲并罷，凡十有八事。民間讙叫相賀。又下責躬詔求言。越三日，大雨，遠近沾洽。輔臣入賀，帝示以俠所進圖狀且責之，皆再拜謝。

安石上章求去，外間始知所行之由，群姦切齒，遂以俠付御史，治其擅發馬遞罪。吕惠卿、鄧綰言于帝曰：「陛下數年以來，忘寐與食，成此美政，天下方被其賜。一旦用狂夫之言，罷廢殆盡，豈不惜哉？」相與環泣于帝前，于是新法一切如故。

安石去，惠卿執政，俠又上疏論之。仍取唐魏徵、姚崇、宋璟、李林甫、盧杞傳爲兩軸，題曰正直君子邪曲小人事業圖跡。在位之臣暗合林甫輩而反于崇、璟者，各以其類，復爲書獻之。又薦馮京可相，并言禁中有披甲、登殿等事。惠卿奏爲謗仙，編管汀州。御史臺吏謁忠信謁之曰：「御史緘嘿不言，而君上書不已，是言責在監門而臺中無人也。」取懷中名臣諫疏二帙授俠，曰：「以此爲正人助。」惠卿暴其事，嗾御史張琥并劾馮京爲黨與。時俠已行，惠卿令奉禮郎舒亶往捕，遇于陳州，搜其篋，得所録名臣諫疏有言新法事及親朋書尺，悉按姓名治之，獄成，惠卿議致之死。帝曰：「俠所言非爲身也，忠誠亦可嘉，豈宜深罪。」但徙英州。既至，得僧屋將壓者居之，英人無貧富貴賤皆加敬，争遣子弟從學，爲築室以遷。哲宗立，始得歸。蘇軾、孫覺表言之，以爲泉州教授。元符七年，再竄于英。徽宗立，赦之，仍還故官，又爲蔡京所奪，自是不復出。布衣糲食，屏處田野，然一言一話，未嘗忘君。宣和元年，卒，年七十九。里人揭其閭爲鄭公坊，州縣皆祀之于學。紹熙初，詔贈朝奉郎，官其孫嘉正爲山陰尉。

論曰：俠素受知安石，安石雅敬愛之，使其貶損依附曾布、韓絳之位，可以立致，終不以彼易此者，義利明而忠悃勝也。當新法初行，以韓琦之勳德，司馬光之正直，莫之或移。俠監門末吏，繪圖入告，痛切呼籲，諸法頓罷，甘霖遂沛，雖神宗旋霽復噎，而俠之丹心浩氣，耿日星而凌霄漢矣！一斥之後，遂不復起。元祐間，衆正彙征，俠終蹇滯遐方，不能與君子同其進，千載下，令人有餘憾焉！

范祖禹

范祖禹，字淳甫，成都華陽人。其生也，母夢一偉丈夫入寢室，曰：「吾故漢將軍鄧禹也。」既寤，猶見之，遂以爲名。初字夢得，司馬光以傳稱鄧仲華篤行純備，爲改淳甫。

幼孤，叔祖鎮撫育如己子。祖禹自以既孤，每歲時親賓慶集，慘怛若無所容，閉門讀書，未嘗預人事。至京師，所與游皆一時正人。鎮器之曰：「此兒天下士也。」登進士甲科，從光編修資治通鑑，在洛十五年，不事進取。書成，光薦爲秘書省正字。時王安石當國，尤愛重之。安石弟安國與祖禹友善，嘗諭安石意，竟不往謁。富弼致仕居洛，素嚴毅，杜門罕與人接，惟待祖禹獨厚。疾篤，授以密疏，大抵論安石誤國及新法之害，言極憤切。弼卒，人皆以爲不可奏，祖禹卒上之。

哲宗立，除著作佐郎，修神宗實録，時程頤爲崇政殿說書。頤謂光曰：「經筵若得范淳甫，尤善。」光曰：「朝廷已自擢用矣。」頤曰：「不謂如此，但經筵須用之。」光問其故，頤曰：「頤自度少温潤之氣，淳甫色温而氣和，尤可以開陳是非，導人主之意。」乃除侍講。

神宗既祥，祖禹上疏宣仁太后曰：「今即吉方始，服御一新，奢儉之端，皆由此起。凡可以蕩心悦目者，不宜有加于舊。皇帝幼冲，聖性未定，覩儉則儉，覩奢則奢，所以訓導成德者，動宜有法。今聞奉宸庫取珠，户部用金，其數至多，恐增加無已，願止于未然。崇儉敦樸，輔養聖性，使目不視靡曼之色，耳不聽淫哇之聲，非禮勿言、非禮勿動，則學問日益，聖德日隆，此社稷無疆之福。」故事，服除當開樂置宴，祖禹以爲因除服而置宴設樂，非君子不得已而除之意，不可。冬大寒，禁中出錢一萬貫以賜貧民，祖禹因言：「嘉祐以前，諸路皆有廣惠倉，以救恤貧苦。京師有東西福田院，以收養大小廢疾。至嘉祐八年，增置南比福田院，共爲四院，此古之遺法也。臣以爲宜于四福院增蓋官屋，以處貧民，不限人數。委左右厢提舉使臣預設方略救濟，計其存活死損，以爲殿最。其天下廣惠倉，宜更舉行，令官吏用心賑恤，使實惠及民。」帝納之。因賜御書唐人詩，祖禹表謝，曰：「臣願陛下篤志學問，亦如好書；益進道德，皆如游藝。」退而節尚書、論語、孝經切要之語、訓戒之言，得一百十九事，名曰三經要語進之。

夏暑暫罷講，祖禹上言：「陛下今日之學不學，係他日治亂。如好學，則天下君子以直道事陛下，輔佐德業，而致太平。不學，則小人皆動其心，務爲邪諂，以竊富貴。凡人進學，莫不于少時，今聖質日長，數年之後，恐不得如今日之專，竊爲陛下惜也。」拜右諫議大夫。首論人主正心修身之要，乞太皇太后日以天下之勤勞、萬民之疾苦、群臣之邪正、政事之得失開導上心，曉然存之于中，使異日衆説不能惑，小人不能進。

蔡京鎮蜀，祖禹言：「京小有才，非端良之士，不宜崇長。」遷給事中。吴中大水，詔出米百萬斛，緡錢二十萬賑救。有司疑訴災爲妄，乞加驗考。祖禹封還其章，云：「國家根本，仰給東南。今一方赤子，呼天赴愬，開口仰哺，以脱朝夕之急。若稍施懲譴，恐後無復敢言者矣。」

拜禮部侍郎。論擇監司守令曰：「祖宗分天下爲十八路，置轉運使、提點刑獄，收鄉長、鎮將之權悉歸于縣，收縣之權歸于州，州之權歸于監司，監司之權歸于朝廷，上下相維，輕重相制，建置之道，最爲合宜。監司付以一路，守臣付以一州，令宰付以一縣，皆與天子分土而治，其可不擇乎?祖宗嘗有考課之法,專察諸路監司,置簿于中書,以稽其要。今宜委吏部尚書,取當爲州者,條别功狀以上三省,三省召而察之,苟其人可任,則以次表用之。至官,則令監司考其課績,終歲之後,可以校優劣而施黜陟焉。如此則得人必多,監司、郡守得人,縣令不材,非所患矣。」

嘗聞禁中覓乳媪,祖禹以帝年十四,非近女色之時,即疏勸進德愛身,又乞宣仁后保護聖躬,言甚切至。既而宣仁諭以外議皆屬虛傳,祖禹復疏言:「臣前言事,雖無其實,亦足爲先事之戒。臣侍經左右,有聞于道路,實懷私憂,是以不敢避妄言之罪。凡事言于未然,則誠爲過;及其已然,則又無所及。陛下寧受未然之言,勿使臣等有無及之悔。」嘗采集帝王學問及祖宗講讀故事爲帝學八卷,上之。拜翰林學士。

元祐七年,邇英閣對,祖禹奏言:「臣伏觀仁宗在位四十二年,豐功盛德,固不得而名言。所可見者,其事有五:畏天、爱民、奉宗廟、好學、納諫。仁宗行五者于天下,所以爲仁也。仁宗每因事示好惡,皇祐中,楊安國講『直哉史魚』一章,仁宗曰:『伯玉信君子矣,然不若史魚之直。』仁宗欲臣下切直,故言伯玉不如史魚,以開臣下切直之路。此聖人大德也,願陛下以爲法。」帝然之。

宣仁太后崩,祖禹慮小人乘間害政,上疏曰:「陛下初攬庶政,延見群臣,此國家隆替之本,社稷安危之機，生民休戚之端，君子小人進退消長之際，天命人心去就離合之時，不可不慎也。先后有大功于宗社，有大德于生靈，九年之間，始終如一。然群小怨恨，亦爲不少，必將以改先帝之政、逐先帝之臣爲言，以事離間，先后因天下人心，變而更化。既改其法，則作法之人有罪當退，亦順衆言而遂之。是皆上負先帝，下負萬民，天下之所讐疾而欲去之者也，豈有憎惡于其間哉？惟辨析是非，深拒邪説，有以奸言惑聽者，付之典刑，痛懲一人，以警群慝，則帖然無事矣。此等既誤先帝，又欲誤陛下，天下之事，豈堪小人再壞耶？」初，蘇軾約俱上章論列，諫草已具，見祖禹疏，遂附名同奏，曰：「公之文，經世之文也。」竟不復出其稿。

祖禹又言：「先后以大公至正爲心，罷安石、惠卿所造新法，而行祖宗舊政。故社稷危而復安，人心離而復合，乃至遼主亦戒其臣勿生事曰：『南朝專行仁宗之政矣。』外國之情若此，中國之人心可知。先后日夜苦心勞力，爲陛下立太平之基。已有成效，願守之以静，恭己以臨之，虚心以處之，則群臣邪正，萬事是非，了然于聖心矣。」章纍上，不報。

忽有旨，召内臣十餘人，祖禹言：「陛下親政以來，四海傾耳，未聞訪一賢臣，而所召者乃先内侍，必謂陛下私于近習，望即賜追改。」因請對，曰：「熙寧之初，王安石、吕惠卿造立新法，悉變祖宗之政，多引小人以誤國，勳舊之臣屏棄不用，忠正之士相繼遠引。又用兵開邊，結怨外國，天下愁苦，百姓流徙。賴先帝覺悟，罷逐兩人，而所引群小，已布滿中外，不可復去。蔡確連起大獄，王韶創取熙和，章敦開五溪，沈起擾交管，沈括、徐禧、俞克、种諤興造西事，兵民死傷皆不下二十萬。先帝臨朝悼悔，以爲朝廷不得不任其咎。以至吴居厚行鐵冶之法于京東，王子京行茶法于福建，蹇周輔行鹽法于江西，李稷、陸師閔行茶法、市易于西川，劉定教保甲于河北，民皆愁痛嗟怨，比屋思亂。賴陛下與先后起而救之，天下之民，如解倒懸。惟是向來所斥逐之人，窺伺事變，妄意陛下不以修改法度爲是，如得至左右，必進奸言。萬一過聽而復用之，臣恐國家自此淩遲，不復振矣。」又論：「漢唐之亡，皆由宦官。自熙寧、元豐間，李憲、王中正、宋用臣輩用事總兵，權勢震灼。中正兼幹四路，口勑募兵，州郡不敢違，師徒凍餒，死亡最多。憲陳再舉之策，致永樂摧陷。用臣興土木之工，無時休息，罔市井之微利，爲國斂怨。此三人者，雖加誅戮，未足以謝百姓。憲雖已亡，而中正、用臣尚在，今召内臣十人，而憲、中正之子皆在其中。二人既入，則中正、用臣必將復用，願陛下念之。」時紹述之論已興，有相章敦意。祖禹力言敦不可用，不見從。遂請外，乃以龍圖閣學士知陝州。

言者論祖禹修實録詆誣，又摭其諫禁中雇乳媪事，連貶武安軍節度副使、昭州别駕，安置永州、賀州，又徙賓、化而卒，年五十八。

祖禹平居恂恂，口不言人過。至遇事，則别白是非，不少借隱。在邇英守經據正，獻納尤多。嘗講尚書至「内作色荒，外作禽荒」六語，拱手再誦，却立，云：「願陛下留聽。」帝首肯再三，乃退。每當講前夕，必正衣冠，儼如在上側。命子弟侍，先按講其説，開列古義，參之時事，言簡而當，無一長語，義理明白，粲然成文。蘇軾稱爲講官第一。

祖禹又嘗進唐鑑十二卷，仁宗政典六卷。而唐鑑深明唐三百年治亂，學者尊之，目爲「唐鑑公」云。

論曰：語云稱人者，必本其父兄師友至矣哉。祖禹爲鎮之從孫，忠孝世植。學于程氏，得伊洛之淵源，而又與司馬光編輯古今，商榷得失，蓋其所自得深矣。祖禹之著述，傳于世者爲多。乃若其進講之語，與奏疏之文，固精金美玉，世之所共寶也。

蘇軾（弟轍）

蘇軾，字子瞻，眉山人。生十年，父洵游學四方，母程氏親授以書，聞古今成敗，輒能語其要。比冠，博通經史，屬文日數千言。好賈誼、陸贄書。

嘉祐二年，試禮部第二，殿試中乙科。調福昌縣主簿。歐陽修以才識兼茂，薦之秘閣。試六論，復對制策，入三等。除大理評事、判鳳翔府。關中自元昊叛，民貧役重。岐下歲輸南山木栰，自渭入河，經砥柱之險，衙吏踵破家。軾訪其利害，使自擇水工，以時進止，自是害減半。

治平二年，入判登聞鼓。英宗久聞其名，欲授知制誥。宰相韓琦曰：「軾之才，遠大之器也，他日自當爲天下用，要在朝廷培養之。」乃授直史館。軾聞之，曰：「韓公可謂愛人以德矣。」

父洵將終，以兄太白早亡，子孫未立，妹嫁杜氏，卒未葬，屬軾。軾既除喪，即葬姑。後官得蔭，推與太白曾孫彭。

熙寧二年，還朝。王安石執政，惡其議論異己，以判官告院。四年，安石欲變科舉、興學校，詔兩制、三館議，軾以爲：「得人之道在于知人，知人之法在于責實，不在變法也。」議上，神宗曰：「吾固疑此，得軾議，意釋然矣。」即日召見，問：「當今政令得失安在？雖朕過失，指陳可也。」對曰：「陛下生知之性，天縱文武，不患不明，不患不斷，但患求治太急，進人太鋭，聽言太廣。願以安静，待物之來，然後應之。」神宗悚然曰：「卿三言，朕當熟思之。」安石聞之不悦，命權開封府推官，欲困之以事。軾決斷精敏，聲聞益遠。會上元勅府市浙燈，且令損價，軾疏言：「陛下豈以燈爲悦？不過以奉二宫之歡耳。然百姓不可户曉，皆謂以耳目不急之玩，奪其口體必用之資。此事至小，體則甚大，願追還前命。」即詔罷之。

時安石創行新法。軾上書論其不便。曰：

「臣之所欲言者三，願陛下結人心、厚風俗、存紀綱而已。人主所恃者，人心也。自古及今，未有和易同衆而不安，剛果自用而不危者。祖宗以來，治財用者不過三司，今又創制置三司條例司，六七少年，日夜講求于内，使者四十餘輩，分行營幹于外。造端宏大，民實驚疑。創法新奇，吏皆惶惑。自古役人必用鄉户，今者徒聞江、淛之間，數郡雇役，而欲措之天下。女户、單丁，蓋天民之窮者也，而陛下首欲役之。自楊炎爲兩税，租調與庸既兼之矣，今兩税如故，奈何復欲取庸？萬一後世不幸，有聚斂之臣，庸錢不除，差役仍舊，推所從來，則必有任其咎者矣。青苗放錢，自昔有禁。今陛下始立成法，每歲常行。雖云不許抑配，而數世之後，陛下能保之歟？計願請之户，必皆孤貧不濟之人，鞭撻已急，則繼之逃亡，逃亡不還，則均及鄰保，勢有必至，理有固然。異日天下恨之，國史記之，曰『青苗錢自陛下始』，豈不惜哉？且常平之法，可謂至矣。今欲變爲青苗，壞彼成此，所喪逾多。昔漢武帝用賈人桑宏羊之説，買賤賣貴，謂之均輸。于時商賈不行，盗賊滋熾，幾至于亂。孝昭既立，霍光順民所欲從而與之，天下歸心，遂以無事。不意今日此論復興。立法之初，其費已厚，縱使薄有所獲，而征商之額，所損必多。譬之有人爲其主畜牧，以一牛易五羊。一牛之失，則隱而不言，五羊之獲，則指爲勞績。今壞常平而言青苗之功，虧商税而取均輸之利，何以異此？議者必謂『民可與樂成，難與慮始』，此乃戰國貪功之人，行險僥倖之説。未及樂成，而怨已起矣。臣所願陛下結人心者，此也。

「國家所以存亡者，在道德之淺深，不在乎强與弱。歷數之所以長短者，在風俗之厚薄，不在乎富與貧。臣願陛下務崇道德而厚風俗，不願陛下急于有功而貪富强。仁祖持法至寬，用人有叙，專務掩覆過失，未嘗輕改舊章。考其成功，則曰未至。以言乎用兵，則十出而九敗。以言乎府庫，則僅足而無餘。徒以德澤在人，風俗知義，故升遐之日，天下歸仁焉。議者乃欲矯之以苛察，齊之以智能，招來新進勇鋭之人，以圖一切速成之效。未享其利，澆風已成。近歲樸拙之人愈少，巧進之士益多，惟陛下哀之、救之。臣所願陛下厚風俗者，此也。

「祖宗委任臺諫，未嘗罪一言者。縱有薄責，旋即超升，許以風聞，而無官長。言及乘輿，則天子改容。事關廊廟，則宰相待罪。臺諫固未必皆言，所言亦未必皆是，然須養其鋭氣，而借之重權者。將以折奸臣之萌，而救偏重之弊也。臣聞長老之談，皆謂昔日臺諫所言，常隨天下公論。今者物議沸騰，怨讟交至，公論所在，亦可知矣。而相顧不發，中外失望，臣恐自兹以往，習慣成風，盡爲執政私人，以致人主孤立，紀綱一壞，何事不生？臣所願陛下存紀綱者，此也。」

軾見安石贊帝以獨斷專任，因試進士發策，以「晉武平吴獨斷而克，苻堅伐晉獨斷而亡，齊桓專任管仲而霸，燕噲專任子之而敗，事同而功異」爲問。安石大怒，使御史謝景温論奏其過，窮治無所得，軾遂請外，通判杭州。高麗入貢，發幣于官吏，書稱甲子。軾却之曰：「高麗于本朝稱臣，而不稟正朔，吾安敢受。」使者易書稱熙寧，然後受之。

時新政日下，軾于其間，每因法以便民，民賴以安。徙知密州。司農行手實法，不時施行者以違制論。軾謂提舉官曰：「違制之坐，若自朝廷，誰敢不從？今出于司農，是擅造律也。」提舉官驚曰：「公姑徐之。」未幾，朝廷知法害民，罷之。

有盜竊發，安撫司遣三班使臣領悍卒來捕，卒凶暴殺人，因畏罪驚潰，且爲亂。民奔訴軾，軾投其書不視，曰：「必不至此。」散卒聞之少安，徐使人招出戮之。

徙知徐州，河決曹村，滙于城下。城將敗，富民争出避水。軾曰：「富民出，民皆動摇，吾誰與守？吾在是，水決不能敗城。」驅使復入。軾詣武衛營，呼卒長曰：「河將害城，事急矣，雖禁軍且爲我盡力。」卒長曰：「太守猶不避塗潦，吾儕小人，當效命。」率其徒持畚鍤以出，築東南長堤，首起戲馬臺，尾屬于城。雨日夜不止，城不沈者三版。軾廬于其上，使官吏分堵以守，卒全其城。復請調來歲夫增築故城，爲水岸，以虞水之再至。朝廷從之。

徙知湖州。御史李定、舒亶、何正臣摭其謝表語，併所作詩以爲謗訕，逮赴獄，欲置之死。帝憐之，詔黄州安置。三年，移汝州。軾上書，自言饑寒，有田在常，願得居之。朝奏入，夕報可。

哲宗立，復朝奉郎、知登州，召爲禮部郎中，遷起居舍人。元祐元年，遷中書舍人。初，祖宗時，差役行久生弊，編户充役者不習其役，虐使之，多致破産，狹鄉民至有終歲不得息者。王安石改爲免役，使户差高下出錢雇役，行法者過取，以爲民病。司馬光爲相，如免役之害，不知其利，欲復差役，差官置局，軾與其選。軾曰：「差役、免役，各有利害。免役之害，掊斂民財，十室九空，斂聚于上而下有錢荒之患。差役之害，民常在官，不得專力于農，而貪吏猾胥得緣爲奸。

此二害輕重，蓋略等矣。」光曰：「于君何如？」軾曰：「法相因則易成，事有漸則不驚。今欲驟罷免役而行差役，蓋未易也。」光不聽。軾又陳之于政事堂，光不悦。軾曰：「昔韓公刺陝西義勇，公爲諫官，争之甚力，韓公不樂，公亦不顧。豈今日作相，不許軾盡言耶？」光改容謝之。尋除翰林學士。

二年，兼侍讀。每進讀至治亂興衰、邪正得失之際，未嘗不反覆開導，覬有所啓悟。哲宗雖恭默不言，輒首肯之。嘗鎖宿禁中，召見便殿，太皇太后問曰：「卿今何官？」對曰：「翰林學士。」曰：「何以遽至此？」對曰：「遭遇太皇太后、皇帝陛下。」曰：「非也。」曰：「豈大臣論薦乎？」曰：「亦非也。」軾驚曰：「臣雖無狀，不敢自他途以進。」曰：「此先帝意也。先帝每誦卿文章，必歎曰：『奇才！奇才！』但未及進用卿耳。」軾不覺哭失聲，太皇太后與帝亦泣，左右皆感泣。已而命坐賜茶，撤御前金蓮燭送歸院。

嘗讀祖宗寶訓，因及時事，軾歷言：「今賞罰不明，善惡無所勸沮。又黄河勢方北流，而强之使東。夏人入鎮戎，殺掠數萬人，帥臣不以聞。每事如此，恐寖成衰亂之漸。」三年，權知禮部貢舉，巡鋪内侍每摧辱舉子，軾盡奏逐之。四年，乞外，拜龍圖閣學士，知杭州。杭州大旱，飢疫并作，軾請免本路上供米三之一，復得賜度僧牒，易米以救飢者。明年春，又減價糶常平米，多作饘粥藥劑，遣使挾醫分方治病，活者甚衆。軾曰：「杭，水陸之會，疫死者常多。」乃裒羡緡得二千，復發橐中黄金五十兩，以作病坊，稍畜錢糧待之。杭本近海，地泉鹹苦，居民稀少。唐刺史李泌始引西湖水作六井，民足于水。白居易又浚西湖水入漕河，自河入田，所溉至千頃，民以殷富。湖水多葑，自唐及錢氏，歲輒浚治，宋興，廢之，葑積爲田，漕河失湖水之利，取給于江潮。潮濁多淤，河行闤闠中，三年一淘，爲市井大患，而六井亦幾廢。軾見茅山一河專受江潮，鹽橋一河專受湖水，遂浚二河以通漕。復造堰閘，以爲湖水蓄洩之限，江潮不復入市。以餘力復完六井，又取葑田積湖中，南北徑三十里，爲長堤以通行者。吴人種菱，春輒芟除，不遺寸草。軾募人種菱湖中，葑不復生。收其利以備修湖，取救荒餘錢萬緡、糧萬石，及請得百僧度牒以募役者。堤成，植芙蓉、楊柳其上，望之如畫圖，杭人名爲「蘇公堤」云。

高麗貢使至，舊例，吴越七州費二萬四千餘緡，軾令諸州量事裁損，民獲交易之利，無侵撓之害。

浙江潮自海門東來，勢如雷霆，而浮山峙于江中，與漁浦諸山犬牙相錯，洄洑激射，歲敗公私船不可勝計。軾議自浙江上流地名石門，并山而東，鑿爲漕河，引浙江及谿谷諸水二十餘里以達于江。又并山爲岸，不能十里以達龍山大慈浦，自浦北折抵小嶺，鑿嶺六十五丈以達嶺東古河，浚古河數里達于龍山漕河，以避浮山之險，人以爲便。奏上，有惡軾者，力沮之，功以故不成。

軾復言：「三吴之水，瀦爲太湖，太湖之水，溢爲松江以入海。海日兩潮，潮濁而江清，潮水常淤塞江路，而江水清駛，隨輒滌去，海口常通，則吴中少水患。昔蘇州以東，公私船皆以篙行，無陸挽者。自慶歷以來，松江大築挽路，建長橋以扼塞江路，故今三吴多水，欲鑿挽路，爲十橋，以迅江勢。」亦不果用，人皆以爲恨。軾二十年間再涖杭，有德于民，家有畫像，飲食必祝，又作生祠以報。

六年，入爲翰林，承旨數月，復請外，乃以龍圖閣學士出知潁州。先是，開封諸縣多水患，吏不究本末，決其陂澤，注之惠民河，河不能勝，致陳亦多水。又將鑿鄧艾溝與潁河并，且鑿黄堆欲注之于淮。軾始至潁，以水平準之，淮之漲水高于新溝幾一丈，若鑿黄堆，淮水顧流潁地爲患。軾言于朝，乃止。

郡有宿賊尹遇等，數劫殺人，捕不獲。軾召汝陰尉李直方曰：「君能擒此，當言于朝，行優賞。不獲，則奏免君矣。」直方緝盜，獲之，朝廷以小不應格，推賞不及。軾請以己之年勞，爲直方賞，不從。其後吏部遷軾一階，軾言已許直方，又不報。

七年，徙揚州。舊制發運司主東南漕法，聽操舟者私載貨物，征商不得留難。故操舟者輒富厚，以官舟爲家，補其漏，且周船夫之乏，故所載速達無虞。其後禁而不許，舟弊人困，多盜所載以濟飢寒，公私皆病。軾請復舊，從之。召爲兵部尚書兼侍讀。

是歲，哲宗親郊，軾爲鹵簿，使導駕入太廟。值皇后及大長公主争道，不避儀仗。時李之純爲儀仗使，軾曰：「中丞職當肅政，不可不以聞之。」純不敢言，軾于車中奏之。哲宗遣使馳白太后，明日，詔整肅儀衛，自皇后以下皆毋得迎謁。尋遷禮部兼端明殿、翰林侍讀兩學士，爲禮部尚書。

八年，宣仁后崩，哲宗親政。軾乞補外，知定州。時國事將變，軾不得入辭。既行，上書言：「天下治亂，出于下情之通塞。陛下聽政之初，當以通下情、除壅蔽爲急務。臣日侍帷幄，方當戍邊，顧不得一見而行，况疏遠小臣欲求自通，難矣！然臣願效愚忠者，陛下聖智絶人，春秋鼎盛，臣願虚心循理，默觀庶事之利害，與群臣之邪正。以三年爲期，俟得其實，然後應物而作。使既作之後，天下無恨，陛下亦無悔。臣恐急進好利之臣，輒勸陛下輕有改變，故進此説，敢望陛下留神，天下幸甚！」不報。

定州軍政壞弛，將貪卒惰，軾取貪汙者配隸遠惡，繕修營房，禁止飲博，軍中衣食稍足，乃部勒戰法，衆皆畏伏。有卒吏以贓訴其長，軾曰：「此事吾自治則可，聽汝告，軍中亂矣。」立決配之，衆乃定。會春大閲，將吏戎服執事。訖事，無敢慢者。定人言：「自韓琦去後，不復見此禮矣。」

紹聖初，御史奏軾譏訕，遂以本官知英州。未至，貶寧遠軍節度副使，惠州安置。居三年，泊然無所蔕芥，人無賢愚，皆得其歡心。又貶瓊州别駕，居昌化。昌化，故儋耳地，非人所居。初僦官屋，有司不可，遂買地築室，儋人運甓畚土以助之。獨與幼子過處，著書以爲樂，時從其父老游。

徽宗立，移廉州，改舒州，徙永州。更三大赦，還提舉玉局觀，復朝奉郎。建中靖國元年，卒于常州，年六十六。

軾少師父洵爲文，而多所自得。嘗言：「作文如行雲流水，初無定質，但常行于所當行，止于所不可不止。」雖嬉笑怒駡之詞，皆可書而誦之。洵初作易傳未成，命軾述其志，卒成之。復作論語説，後居海南，作書傳，又有東坡集四十卷、後集二十卷、奏議十五卷、内制十卷、外制三卷、和陶詩四卷。一時文人如黄庭堅、晁補之、秦觀、張耒、陳師道，舉世未之識，軾待之如朋儔。自爲舉子，至出入侍從，必以愛君爲本，忠規讜論，挺挺大節，群臣無出其右。但爲小人擠排，不使安于朝廷之上。

高宗即位，贈資政殿學士，以其孫符爲禮部尚書。常以其文置左右，讀之終日忘倦，復贈太師，謚文忠。軾三子，邁、迨、過，俱善爲文。弟，轍。

轍，字子由，年十九，與兄軾同登進士科，又同策制舉。極言得失，於禁廷事尤爲切至。考官不敢取，仁宗曰：「以直言召人，而以直言棄之，天下其謂我何？」宰相置之下等，除商州軍事推官，改大名推官。丁父憂，服除，熙寧二年，上書言事，即日召對。

時王安石以執政領三司條例司，轍爲之屬。一日，安石出一卷曰：「此青苗法也，諸君熟議之。有不便，以告勿疑。」轍曰：「以錢貸民，使出息二分，本以救民，非爲利也。然出納之際，吏緣爲奸，法不能禁，錢入民手，雖良民不免妄用。及其納錢，雖富民不免逾限。如此，則鞭箠必用，州縣事不勝煩矣。唐劉晏掌國計，未嘗有所假貸，而四方豐凶，貴賤知之，未嘗逾時。有賤必糴，有貴必糶，以此四方無甚貴甚賤之病，此常平舊法。公誠舉而行之，晏之功可立竢也。」

及青苗既行，轍力陳其不可。安石怒，出爲河南推官，歷著作佐郎。坐兄軾事，謫監筠州鹽酒税，移知績溪縣。元祐元年，入爲右司諫。時宣仁后用司馬光、吕公著等，欲革弊事，而故相蔡確、韓縝，樞密使章敦猶在位，窺伺得失，轍皆論去之。又論吕惠卿之奸，惠卿坐安置建州，除中書舍人。

初，元豐中，河決大吴，故道不可復還，因導之北流。至是，執政力主回河之計，轍言：「諸公不因其舊，而修其未全，乃欲取而回之，其爲力也難，其爲責也重。」不聽。已而河朔財力因之大困。擢御史中丞。

時元豐舊黨，多起邪説，以撼在位。吕大防、劉摯患之，欲稍引用，以平夙怨，謂之「調停」。轍面斥其非，復上疏曰：「君子小人，勢同水炭，同處則必争。一争之後，小人必勝，君子必敗。

何者？小人貪利忍恥，擊之則難去，君子潔身重義，沮之則引退。此輩若返，豈肯但已哉？必將戕害正人，漸復舊事，以快私忿。人臣被禍，蓋不足言，所惜者，祖宗朝廷也。」疏入，「調停」之説遂已。

紹聖初，哲宗起李清臣爲中書舍人，鄧潤甫爲尚書左丞。二人稍復言熙、豐事以激怒哲宗。會廷試進士，清臣即于策題，寓紹述之旨，轍諫曰：「伏見御試策題，歷詆近歲行事，有紹復熙寧、元豐之意。臣謂先帝以天縱之才，行大有爲之志，其所設施，度越前古，蓋有百世不可改者。元祐以來，上下奉行，未嘗失墜也。至于他事有失當，何世無之？父作于前，子救于後，此聖人之孝也。漢武帝外事征伐，内権財貨，民不堪命，幾至于亂。昭帝委任霍光，罷去煩苛，漢室乃定。臣願陛下反覆臣言，慎勿輕事改易。若輕變九年已行之事，擢用累歲不用之人，人懷私忿，而以先帝爲辭，則大事去矣。」哲宗不悦，落職知汝州。累貶化州別駕，雷州安置，移循州。

徽宗朝，復大中大夫致仕。築室許州而居焉，號潁濱遺老，自作傳萬餘言，不復與人相見。終日默坐，如是者幾十年。政和二年，卒，年七十四。淳熙中，謚文定。

轍性沈静簡潔，爲文汪洋澹泊，而秀傑之氣自不可掩。所著詩傳 春秋傳 古史 老子解 欒城文集并行于世。

論曰：軾之才氣，雖古今以來，魁壘豪傑，不世出之士，尚兼數子，而況其下者乎？論新法者多矣，未有如軾之深切著明也。其大節巍然，不久安于朝廷。及行之郡邑，因事成功，法施于千載。若使得究其用，其烏可涯也？

轍自熙寧以前，滯于小官。及元祐之朝，耆舊居職，未及有所施用。至紹聖，而世變不勝言矣。其斥「調停」、論紹述之非，有味乎其言之也。平居澹然無營，至引當否、商是非，直言抗論，無所回撓，斯可尚也已。

史傳三編卷三十四

名臣傳二十六

宋

陳瓘

陳瓘，字瑩中，南劍州沙縣人。少好讀書，不喜爲進取學。父母强之，乃應舉，一出即中甲科。調湖州掌書記，簽書越州判官。太守蔡卞察其賢，禮之有加，而瓘常遠之，屢引疾求歸。卞不聽，檄攝通判明州。卞素敬道人張懷素，時且來越，留瓘小須之，瓘不肯，曰：「子不語怪力亂神，斯近怪矣。守既信重，民將從風而靡。不識之，未爲不幸也。」後二十年而懷素誅。

章敦入相，聞其名，邀與同載，詢當世之務。瓘曰：「請以所乘舟爲喻：偏重其可行乎？移左置右，其偏一也。天子待公爲政，敢問將何先？」敦曰：「司馬光姦邪，所當先辨。」瓘曰：「公誤矣，果爾，將失天下望。爲今之計，惟消朋黨，持中道，庶可以救弊。」敦意雖忤，亦驚異之。

至都，用爲太學博士。會卞與敦合志，卞黨薛昂、林自官學省，議欲毁資治通鑑板，瓘聞之，因策士題特引神宗序文，自驚曰：「此豈神考親製耶？」瓘曰：「誰言其非也？」自曰：「亦神考少年之文耳？」瓘曰：「聖人之學，得之天性，豈有少長之異？」自以告卞，卞乃令學中置板高閣，不敢復議毁。嘗爲别試所主文，自謂蔡卞曰：「聞陳瓘欲盡取史學而黜通經之士，意在動摇荆公之學也。」卞怒，謀因此害瓘。瓘已預料其然，乃於前五名悉取用王氏學者，卞無以發，然自五名而下，皆博洽稽古之士。瓘嘗曰：「當時若無矯揉，則勢必激壞，故隨時所以救時，不必取快目前也。」遷秘書省校書郎。

時紹述之説盛，瓘奏言：「堯、舜、禹皆以『若稽古』爲訓。『若』者，順而行之；『稽』者，考其當否，必使合於民情。所以成帝王之治。天子之孝，與士大夫之孝不同。」哲宗感悦，執政聞而惡之，出判滄州，知衛州。

徽宗即位，以韓忠彦薦召爲右正言，與臺諫龔夬等劾蔡卞，免之；又論邢恕矯誣定策之罪，恕坐安置均州；又與龔夬、豐稷等共劾章敦，敦罷知越州。瓘以爲責輕，復論敦在紹聖中置看詳元祐訴理局，凡於先朝言語不順者，加以釘足、剥皮、斬頸、拔舌之刑，看詳之官，如安敦、蹇序辰等，受大臣諷諭，傅致語言，指爲謗訕，考之公論，宜正典刑。於是二人并除名而再貶。

敦居潭州，豐稷又疏蔡京姦狀，瓘與江公望繼言之。京奪職居杭州。初，瓘因朝會見蔡京視日久而不瞬，嘗語人曰：「京精神如此，他日必貴。然矜其禀賦，敢敵太陽，吾恐此人得志必擅私逞欲，無君自肆矣。」居諫省即攻其惡。京因所親以情懇，且以甘言啖瓘，瓘曰：「京爲惡首，吾不得已也。」攻之愈力。時皇太后已歸政，瓘言外戚向宗良兄弟與侍從希寵之士交通，使物議籍籍，謂太后今猶預政。由是罷監揚州糧料院。瓘出都門，繳四章奏之，并明宣仁誣謗事。帝密遣使賜以黄金百兩，后亦命勿遽去，畀十僧牒以爲行裝，改知無爲軍。

明年，入爲右司員外郎兼權給事中。宰相曾布使客告以将即真，瓘語其子正彙曰：「吾與丞相議事多不合，今若此，是欲以官爵相餌也。吾有一書論其過，将投之以決去就。」明旦入省，布邀與相見，甫就席，遽出書，布大怒。争辨移時，至箕踞誶語，瓘色不動，徐曰：「適所論者國事，是非有公議，公未可失待士禮。」布矍然改容。瓘退，即録所上布書及所嘗著日録辨國用須知以狀申三省，曰：「瓘不達大體，觸忤大臣，伏乞敷奏，早行竄黜。」出知泰州，連貶通州安置。

初，瓘以紹聖史官專據王安石日録以修神宗實録，變亂是非，不可傳信。故居諫省首論其事，進日録辨，乞改實録，又因竄責合浦，著尊堯集，深闢誣妄，以正君臣之義。張商英爲相，取其書，既上，而商英罷，瓘徙台州。宰相徧令所過州出兵護送。至台，又命凶人石愖知州事，執至庭，大陳獄具，将脅以死。瓘揣知其意，大呼曰：「今日之事，豈被詔旨耶？」愖失措，始曰：「朝廷令取尊堯集耳。」瓘曰：「然則何用如此？君知『尊堯』所以立名乎？蓋以神考爲堯，主上爲舜，助舜尊堯，何得爲罪？時相學術淺短，爲人所愚。君所得幾何，乃亦不畏公議，干犯名分乎？」慽慚，揖瓘退。雖窘辱百端，而不敢加害。

在台五年，復承事郎，聽自便。帝令再叙一官，與差遣，執政持不行。卜居江州，旋令居南康，甫至，又移楚。瓘平生論京、卞，皆披擿其處心，發露其情慝，最所忌恨，故得禍最酷，不使一日少安。

宣和六年，卒，年六十五。靖康初，贈諫議大夫，召官其子正彙。紹興二十六年，高宗謂輔臣曰：「陳瓘爲諫官，甚有讜議。所著尊堯集，明君臣大分，合於易春秋之義，宜賜謚以表之。」謚曰「忠肅」。

瓘謙和不與物競，閒居矜莊自持，語不苟發。元豐己丑，瓘爲禮部貢院點檢官，與范祖禹同舍。祖禹言顔子不遷怒、不貳過，惟伯淳能之。瓘問曰：「伯淳誰也？」祖禹默然，久之曰：「不知有程伯淳也？」瓘因以寡陋自愧，每得明道之文，必冠帶然後誦之。

蔡京爲翰林學士，承旨以詞命爲職，潛姦伏慝，未形於事。瓘於是時即力言京不可用，用之必爲腹心患，聞者或甚其言。已而京怙寵妄作，人始服瓘爲蓍龜。范純仁年高望重，尤留心人才，或問以今誰可用者。答曰：「陳瓘。」又問其次，曰：「陳瓘自好也。」宣和末，世事日非。或問游酢以當今濟世之才，酢曰：「陳了翁其人也。」瓘病，劉安世使人勉以醫藥自輔，曰：「天下方将有賴於公。」其爲賢士所欽屬如此。瓘智慮明遠，通易數，如靖康變故，隆祐垂簾，高宗中興之事，往往預言之，士大夫間有親聞者。

論曰：嘉祐、治平以前，一時賢者皆獲柄用，而天下蒙其福。後雖既衰，元祐數年之間，司馬光、吕公著之徒，猶得有所救正。瓘晚出而位下，屬當章敦、蔡京、曾布相繼柄政，屢攖其鋒，幾至不免。雖然，瓘之學博而才大，觀其平生，守經達權，迭用柔剛，與夫硜硜抱咫尺之義者，相去遠矣。北宋自開國以來，公輔之器，代不乏人，當以瓘爲殿後云。

韓忠彦

韓忠彦字師朴，琦長子也，蔭将作監簿，復舉進士。召試舘職，累官户部判官。丁父喪，服除，直龍圖閣擢，天章閣待制、知瀛州。

朝廷以夏人囚廢其主秉常，用兵西方，既下米脂等城砦數十，夏人求救於遼，遼人移書繼至。會遣使賀遼主生辰，忠彦遂以給事奉使。遼遣趙資睦迓之，語及西事，忠彦曰：「此小役也，何問爲？」及燕於舘，遼主又使王言敷問：「夏國何罪，而中國兵不解？無失兩朝之懽，則善矣。」忠彦曰：「問罪西夏，於二國之好何預乎？」

使還。會官制初行，值章敦爲相，奏：「給事中封駁，宜先稟而後上。」忠彦言：「朝廷之事，執政所行也。事當封駁，則固與執政異矣，尚何稟議？」詔從之。左僕射王珪爲南郊大禮使，事有當下者，多自晝旨。忠彦以官制駁之，乃詔事無鉅細，必經三省而後行。拜禮部尚書，以樞密直學士知定州。

元祐中，召爲户部尚書，擢左丞，改樞密同知遷知院事。哲宗親政，群小多言宣仁后垂簾時事。忠彦言：「仁宗親政，當時亦多議斥章獻時事，仁宗惡其持情近薄，下詔戒飭，陛下能法仁祖用心，則善矣！」以觀文殿學士知真定府，移定州。忠彦在西府，以用兵西方非是，願以所取之地棄還之，以息民力。至是，言者劾之，降資政殿學士，改知大名府。

徽宗即位，召拜吏部尚書兼門下侍郎。忠彦入對，陳四事：一曰廣仁恩；二曰開言路；三曰去疑似；四曰戒用兵。踰月，拜尚書右僕射兼中書侍郎，旋進左僕射。帝用忠彦言，數下詔蠲天下逋負，收用忠直敢言及知名之士。於是以龔夬爲殿中侍御史，陳瓘、鄒浩爲左右正言，而常安民、任伯雨、江公望、張舜民等布列臺諫，召還流人而甄叙之。復以程頤判西京國子監，復范純仁等官，徙蘇軾等於内郡，又追復元祐宰執文彦博、司馬光、吕公著、吕大防、劉摯等三十三人官。而章敦、蔡卞等相繼劾去。一時翕然望治。而右相曾布與忠彦不協，引其黨排忠彦。崇寧元年，以觀文殿大學士罷知大名府。忠彦既去，於是忠直之士前後斥逐，而蔡京進用，併逐曾布，權歸於京，而政事日非矣。言者又以皇太后欲復廢后，爲忠彦罪，再降太中大夫，安置懷州。又論忠彦在相位，不應棄湟州，謫崇信軍節度副使，濟州居住。逮復湟、鄯，又謫磁州團練副使。稍復太中大夫，遂以宣奉大夫致仕。卒年七十二。

理宗寶慶二年，圖功臣像於昭勳崇德閣。自趙普至趙汝愚二十四人，忠彦與焉。

論曰：元祐之朝，尚有老成人焉，故能和衷協濟，以成數年之功。及徽宗之初，范純仁聞命而卒，程伊川就位一月而去，其餘略無存者，獨一韓忠彦耳。所薦引之人，如陳瓘、鄒浩、常安民、任伯雨之徒，雖皆天下才，然起疏逖之中，德澤未加於人，恩意未孚於上，孤忠憤懣，適足爲小人排擊之資而已。紹聖諸姦，方據高位重禄，以圖其後，雖有英哲之主，欲使一日之間舍其舊而新是圖，亦已難矣！孟子曰：一齊人傅之，衆楚人咻之。其忠彦之謂乎？

李綱

李綱，字伯紀，邵武人也。父夔，終龍圖閣待制。綱登政和二年進士，積官監察御史，以言事忤權貴，改比部員外郎，遷起居郎。

宣和元年，京師大水。綱言：「陰氣太盛，當以盜賊外患爲憂。」謫監南劍州沙縣税務。

七年，爲太常少卿。時金人渝盟，朝議避敵，綱上禦敵五策，且語給事中吴敏曰：「朝廷命太子爲開封牧，豈非欲委以留守之任乎？巨敵猖獗，非傳以位號，不足招徠天下豪傑。公以獻納爲職，盍爲上極言之？」敏曰：「監國可乎？」綱曰：「唐肅宗靈武之事，不出於明皇，後世惜之。主上聰明仁恕，公言萬一得行，則天下受其賜。」翼日，敏請對，具道所以，且言李綱論與臣同。有旨召綱入，綱刺臂血上書，略云：「皇太子監國，典禮之常也。今大敵入寇，存亡呼吸，猶守常禮可乎？若假以位號，使爲陛下守宗社，收将士心，以死捍敵，天下可保。」疏上，内禪之議乃決。

欽宗即位，綱上封事，請：「上應天心，下順人欲。攘除外患，使中國之勢尊。誅鋤内姦，使君子之道長，以副太上付託之意。」李鄴使金議割地，綱奏：「祖宗疆土，當以死守，不可尺寸與人。」帝嘉納之，除兵部侍郎。

靖康元年，金兵渡河，徽宗東幸，宰執又議請帝避敵。綱曰：「太上挈宗社以授陛下，委而去之，可乎？」帝默然。太宰白時中曰：「都城不可守。」綱曰：「天下城池，孰有如都城者？且宗廟社稷、百官萬民所在，捨此欲何之？」帝顧宰執曰：「策将安出？」綱進曰：「今日之事，當整軍馬，固結民心，相與堅守，以待勤王之師。」帝問：「誰可将者？」綱曰：「朝廷以高位厚禄崇養大臣，盖将用之有事之日。白時中、李邦彦雖未必知兵，然藉其位號，撫将士以抗敵鋒，乃其職也。」時中忿曰：「李綱莫能将兵出戰否？」綱曰：「陛下不以臣庸懦，倘使治兵，願以死報。」乃以綱爲尚書右丞。

宰執猶守避敵之議。有旨以綱爲東京留守，綱復爲上力陳所以不可去之意，且言：「唐明皇潼關失守，即時幸蜀，宗廟朝廷毁於賊手。今四方之兵，不日雲集，奈何蹈明皇之覆轍乎？」帝意頗悟。會内侍奏中宫已行，帝色變，倉卒降御榻曰：「朕不能留矣！」綱泣拜，以死邀之。帝顧綱曰：「朕今爲卿留。治兵禦敵，專委之卿。」綱惶恐受命。

未幾，復決意南狩。綱趨朝，則禁衛擐甲，乘輿已駕矣。綱急呼禁衛曰：「爾等願守宗社乎？願從幸乎？」皆曰：「願死守！」綱入見曰：「今六軍父母妻子皆在都城，願以死守，萬一中道散歸，陛下孰與爲衛？敵兵已迫，知乘輿未遠，以健馬疾追，何以禦之？」帝感悟，遂命輟行。禁衛皆拜伏，呼萬歲。於是命綱爲親征行營使，以便宜從事。綱治守戰之具，不數日而畢。敵兵攻城，綱身督戰，募壯士縋城而下，斬其裨将十餘，及其士卒數千。金人知有備，又聞帝已内禪，乃退。求遣大臣至軍中議和，綱請行。帝遣李梲，綱曰：「安危在此一舉，臣恐李梲怯懦誤國事。」帝不聽，竟使梲往。金人需金幣以千萬計，求割太原、中山、河間地，以親王、宰相爲質。梲不敢措一詞，還報。綱言：「金人所需金幣，竭天下且不足，况都城乎？三鎮，國之屏蔽，割之何以立國？至於遣質，即宰相當往，親王不當往。若遣辯士姑與之議，宿留數日，大兵四集，彼孤軍深入，雖不得所欲。亦将速歸。此時而與之盟，則不敢輕中國，而和可久。」宰執議不合。綱退，則誓書已行，所求皆與之，以皇弟康王、少保張邦昌爲質。

時朝廷日輸金幣，而金人需求不已，日肆屠掠。四方勤王之師漸有至者，种師道、姚平仲以涇原、秦鳳兵至。綱言：「金人貪婪無厭，勢非用兵不可。且敵兵十萬，而吾勤王之師集城下者已二十餘萬。彼以孤軍入重地，當以計取之，不必與角一旦之力。若扼河津，絶糧道，分兵復畿北諸邑，而以重兵臨敵營，堅壁勿戰。俟其食盡力疲，然後以一檄取誓書，復三鎮，縱其北歸，半渡而擊之，此必勝之計也。」帝深以爲然，約日舉事。

姚平仲急於要功，先期以步騎萬人，夜斫敵營，不克。綱承旨率諸將出封丘門援之，則平仲已亡去矣。綱乃與金人戰於幕天坡，以神臂弓射，却之。已而，金使來，李邦彦語之曰：「用兵乃李綱、姚平仲，非朝廷意。」遂罷綱，以蔡懋代之。太學生陳東等詣闕上書，明綱無罪。軍民不期而集者數十萬，呼聲動地，猝不得奏，至殺傷内侍。帝亟召綱，綱入見，泣拜請死。帝亦泣，命綱復爲尚書右丞，充京城四壁守禦使。

蔡懋之代綱也，禁不得輒施矢石，將士積憤，至是，綱下令能殺敵者厚賞，衆皆奮躍，金人懼，稍稍引却，且已得三鎮及親王爲質，乃退師。除綱知樞密院事。綱請如澶淵故事，遣兵護送，且戒諸將，可擊則擊之。乃以兵十萬分道并進，將士受命，踴躍以行。已而執政咎綱盡遣城下兵，恐倉卒無措，急徵諸將還。諸將已追及金人於邢、趙間，遽得還師之命，無不扼腕。迨綱力争，復遣，而將士解體矣。

初，徽宗南幸，童貫、高俅等以兵扈從。及陳東乞誅蔡京、蔡攸、朱勔及貫俅等。朝議遣聶山爲發運使往圖之，綱曰：「使山所圖果成，震驚太上，憂在陛下。萬一不果，是數人者，挾太上於東南，求劍南一道，陛下將何以處之？不若罷山之行，請於太上去此數人，可不勞而定。」帝從其言。

金人既退，徽宗還次南都，以書問改革政事之故，且召吴敏、李綱。或慮太上意有不測，綱曰：「此無他，不過欲知朝廷事爾。」乃自請行。既至，具道皇帝聖孝思慕，欲以天下養之意，請太上早還京師。徽宗泣數行下，又詢都城攻圍守禦次第，語漸浹洽。綱因言：「皇帝仁孝，惟恐有一不當太上意者，每得詰問之詔，輒憂懼不食。皇帝傳位之初，太上巡幸，適當大敵入攻，爲宗社計，庶事不得不小有更革。太上回鑾，臣謂宜有以大慰皇帝之心，勿問細故可也。」徽宗感悟，出玉帶、金魚、象簡賜綱，且曰：「卿輔助皇帝，扞守宗社有大功，若能調和父子間，當遂書青史，垂名萬世。」綱感泣再拜。

綱還，具道太上意。及太上還，綱迎拜於國門。是時，北兵已去，太上還宫，上下恬然，置邊事不問。綱獨以爲憂，乃上備邊禦敵八事，又奏：「邊事方棘，調度不給，宜稍抑冒濫，以足國用。如節度使至遥郡刺史，本以待勳臣，今皆以戚里恩澤得之。堂吏轉官止於正郎，崇、觀間始轉至中奉大夫，今宜皆復舊制。」

初，奉迎太上，時綱與耿南仲争論儀注，南仲大怒，誣綱結士民伏闕，綱待罪，帝慰解之。至是，南仲等譖頗行，帝遂疑綱專權。會金兵圍太原，种師中戰没，師道病歸，南仲乃曰：「援太原，非綱不可。」遂以綱爲河東、北宣撫使。綱辭曰：「臣書生，實不知兵。在圍城中，不得已爲陛下料理兵事，今爲大帥，恐誤國。」不許。退而乞致仕，章十餘上，又不許。許翰書「杜郵」二字遺綱，綱皇恐受命。帝手書裴度傳以賜綱，綱言：「臣何足以望裴度，但掃除小人，使君子道長，則扞禦外患不難也。」因書裴度論魏洪簡等章疏要語以進。

時宣撫司兵僅萬二千人，庶事未集，而詔屢趣綱行。綱行次懷州，即詔罷減所起兵，而趣解太原之圍。諸將又别受御畫，事皆專達，宣撫司徒有節制之名。俄又以議和止綱進兵，每一次詔下，綱皆上疏極論之，不報。

初，綱陛辭時，言唐恪聶山之姦。至是，徐處仁、吴敏罷相而相唐恪，許翰罷同知樞密院而進聶山、陳過庭、李回等。綱歎曰：「事不可爲矣！」即上疏丐罷。乃命种師道代綱，而召綱赴闕。尋以觀文殿學士、知揚州。未幾，以綱主戰，喪師費財，落職建昌軍安置，再謫江寧。

及金兵再至，帝始悟和議之非，除綱資政殿大學士，領開封府事。綱行次長沙，被命，即率湖南勤王之師入援，未至而都城失守。先是，康王至北軍，爲金人所不喜，求遣肅王代之。至是，康王開大元帥府，承制復綱故官，及即位，拜綱尚書右僕射，兼中書侍郎。趣赴闕，綱至，見於内殿，涕泗交集，帝爲動容。因辭曰：「陛下總師於外，爲天下臣民所推戴，内修外治，還二聖而撫萬邦，責在陛下與宰相。臣自視闕然，不足以副委任。」帝曰：「朕知卿忠義智略久矣，欲使敵國畏服，四方安寧，非卿不可。」綱頓首曰：「昔唐明皇欲相姚崇，崇以十事要説，皆中一時之病。今臣亦以十事仰干天聽，陛下度其可行者，賜之施行，臣乃敢受命。一曰議國是，謂中國之禦四裔，能守而後可戰，能戰而後可和，而靖康之末皆失之。今欲戰則不足，欲和則不可，莫若先自治，專以守爲策，俟吾政事修、士氣振，然後可議大舉；二曰議巡幸，謂車駕不可不一到京師，見宗廟，以慰都人之心，度未可居，則爲巡幸之計。以天下形勢而觀，長安爲上，襄陽次之，建康又次之，皆當詔有司預爲之備；三曰議赦令，謂祖宗登極赦令，皆有成式。前日赦書，乃以張拜昌僞赦爲法，如赦惡逆及罪廢官盡復官職，皆汎濫不可行，宜悉改正；四曰議僭逆，謂張邦昌爲國大臣，不能臨難死節，而挾金人之勢易姓改號，宜正典刑，垂戒萬世；五曰議僞命，謂國家更大變，鮮仗節死義之士，而受僞官屈膝於其庭者，不可勝數。昔唐肅宗平賊，汙僞命者以六等定罪，宜倣之以勵士風；六曰議戰，謂軍政久廢，士氣怯惰，宜一新紀律，信賞必罰，以作其氣；七曰議守，謂敵情狡獪，勢必復來，宜於沿河、江、淮措置控禦，以扼其衝；八曰議本政，謂政出多門，紀綱紊亂，宜一歸之中書，則朝廷尊；九曰議久任，謂靖康間進退大臣太速，功效蔑著，宜慎擇而久任之，以責成功；十曰議修德，謂上始膺天命，宜益修孝悌恭儉，以副四海之望。

翼日，頒綱議於朝，惟僭逆、僞命二事留中不出。綱言：「二事乃政刑之大者。方金人爲易姓之謀，邦昌儼然正位號，處宮禁，擅降僞詔，以止四方勤王之師。及知天下之不與，乃請元祐太后垂簾聽政，而議奉迎。邦昌僭逆始末如此。陛下欲建中興之業，而專崇僭逆之臣，以示四方，其誰不解體？又僞命臣僚，一切置而不問，何以勵天下士大夫之節？」帝召執政議之，綱復曰：「邦昌僭逆，豈可使在朝廷，俾道路指目曰『此亦一天子』哉？」因泣拜曰：「臣不可與邦昌同列，當以笏擊之。陛下必欲用邦昌，第罷臣。」帝頗感動，汪伯彦乃曰：「李綱氣直，臣等所不及。」乃謫邦昌於潭州，吴幵、莫儔以下皆遷謫有差。綱又言：「近世士大夫寡廉鮮耻，不知君臣之義。靖康之禍，能仗節死義者，在内惟李若水，在外惟霍安國，願加贈恤。」帝從其請，仍詔有死節者，諸路詢訪以聞。帝謂綱曰：「卿昨争張邦昌事，内侍輩皆泣涕，卿今可以受命矣。」綱拜謝。

有旨兼充御營使，入對，奏曰：「當今之務，先定規模而知先後緩急之序，乃能成功。所謂規模者，外禦强敵，内銷盜賊，修軍政，變士風，裕邦財，寬民力，改弊法，省冗官，誠號令以感人心，信賞罰以作士氣，擇帥臣以任方面，選監司、郡守以奉行新政，俟吾所以自治者政事已修，然後可以問罪金人，迎還二聖，此規模也。至所當急而先者，則在于料理河北、河東。蓋河北、河東者，國之屏蔽也。今河東所失者，恒、代、太原、澤、潞、汾、晉，餘郡猶存也。河北所失者，不過真定、懷、衛、濬四州而已，其餘三十餘郡，皆爲朝廷守。兩路士民兵將，所以戴宋者，甚堅，皆推豪傑以爲首領，多者數萬，少者亦不下萬人。朝廷不因此時置司、遣使以大慰撫之，分兵以援其危急，臣恐糧盡兵疲，危急無告，金人因而用之，皆精兵也。莫若於河北置招撫司，河東置經制司，擇有才略者爲之使，宣諭天子恩德，不忍棄兩河於敵國之意。有能全一州、復一郡者，以爲節度、防禦、團練使，令自爲守。非惟絶其從敵之心，又可責其禦敵之力，使朝廷無北顧之憂，此今日之先務也。」帝善其言，問誰可任者，綱薦張所、傅亮。所嘗爲監察御史，在圍城中，以蠟書募河北兵，士民得書，喜曰：「朝廷棄我，猶有一張察院拔而用之。」應募者凡十七萬人，故綱以爲招撫河北，非所不可。傅亮者，先以邊功得官，嘗治河朔。都城受圍時，亮率勤王之兵三萬人，屢立戰功。綱察其智略可用，帝乃以所爲河北招撫使，亮爲河東經制副使。

有頃，皇子生，故事當肆赦。綱奏：「陛下登極，赦書獨遺河北、河東，願因今赦廣示德意。」帝從之。於是兩路人情翕然，有以破敵捷書至者。金人圍守諸郡之兵，往往引去。而山砦之兵，應招撫、經制二司募者甚衆。

開封守闕，綱薦宗澤，帝從之。綱立軍法，五人爲伍，伍長以牌書同伍四人姓名；二十五人爲甲，甲正以牌書伍長五人姓名；百人爲隊，隊將以牌書甲正四人姓名；五百人爲部，部將以牌書隊將正副十人姓名；二千五百人爲軍，統制官以牌書部將正副十人姓名。命招置新軍及御營司兵，并依新法團結，有所呼召、使令，按牌以遣。三省、樞密院置賞功司，受賂乞取者行軍法，遇敵逃潰者斬，因而爲盜賊者，誅及家屬。凡軍政申明改更者數十條。

又以步不足勝騎，騎不足勝車，請以車制頒京東、西，製造而教閱之。又造戰艦，募水軍，及詢訪諸路武臣材略之可任者以備用。時議遣使於金，綱奏曰：「堯、舜之道，孝悌而已，今所遣使，但當奉表通問兩宫，致思慕之意可也。」帝乃命綱草表，以周望、傅雱爲二聖通問使，奉表以往。綱乞降哀痛之詔，以感動天下，使同心協力，以致中興。又乞省冗員，節浮費。帝皆從其言。時四方潰兵爲盜者十餘萬人，攻劫山東、淮南、襄漢之間，綱命將悉討平之。

又言：「陛下縱未能行上策，幸關中，猶當且適襄、鄧，示不忘故都，以係天下之心。不然，中原非復我有。」帝爲詔諭兩京以還都之意，讀者皆感泣。

未幾，有詔欲幸東南，綱極論其不可，且言：「南陽光武所興，地利足恃，可暫駐蹕，乃還汴都，計無出於此者。」帝許之。而黄潛善、汪伯彦陰主南行之計，或謂綱曰：「外論洶洶，咸謂東幸已決。」綱曰：「國之存亡，於是焉分，吾當以去就争之。」先是，綱每有所論諫，言雖切直，無不容納。至是，所言常留中不報。已而，遷綱門下侍郎，而潛善爲中書侍郎。潛善、伯彦力排河東、北二司之議，使張所置司北京，勿渡河北，而召傅亮還京，綱力争之不得，乃再疏求去。

初，諫議大夫宋齊愈當金人議立異姓。時齊愈書「張邦昌」姓名入議，至是，綱進三疏：一曰募兵，二曰買馬，三曰募民。出財以助兵費。齊愈以爲不可行，疏論其非，不報。章将再上，其鄉人嗛齊愈者，竊其草示綱。時方論僭逆附僞之罪，於是逮齊愈，戮之東市。張浚時爲御史，劾綱以私意殺侍從。詔罷綱爲觀文殿大學士、提舉洞霄宮。許翰言綱忠義，捨之無以致中興。會帝召見陳東，東言：「潛善、伯彥不可任，綱不可去。」東坐死。翰曰：「吾與東皆争李綱者，東戮都市，吾在廟堂可乎？」遂求去。後有旨，綱落職居鄂州。

自綱罷，張所以罪去，傅亮以母病辭歸，招撫、經制二司并廢。車駕遂東幸，兩河郡縣相繼淪陷，凡綱所規畫軍民之政，一切廢罷。金人攻京東、西，殘毀關輔，而中原盗賊蠭起矣。

紹興二年，除觀文殿學士、湖廣宣撫使，知潭州。是時，江湖、江湘之間，流民潰卒群聚爲盗賊，多者至數萬人，綱悉平之。上言：「荆湖、國之上流，如鼎、澧、岳、鄂若荆南一帶，皆當屯宿重兵，倚爲形勢，使四川之號令可通，襄、漢之聲援可接，乃有恢復中原之漸。」議未及行，而諫官徐俯、劉斐劾綱，罷之。

四年，金人及僞齊來攻，綱上防禦三策，詔付樞密院及三省施行。

五年，詔問攻戰、守備、措置、綏懷之方，綱奏言：守備之宜，當先料理淮南、荆襄，以爲東南屏蔽。近年以來，大将擁重兵於江南，官吏守空城於江北，故敵人得以侵擾。今當於淮之東南及荆襄置三大帥，屯重兵以臨之，分遣偏帥，進守支郡，加以戰艦水軍，上運下接，自爲防守。敵馬雖多，不敢輕犯，有守備矣，然後分責諸將，因利乘便，收復京畿。要以必爲之志而勿失機會，攻戰之利，莫大於是。

若夫萬乘所居，必擇形勝，莫善於建康權宜駐蹕。願詔守臣治城池，修宫闕，立官府，置營壁，使粗成規模，以待巡幸。盖有城池然後人心不恐，有官府然後政事可修，有營壘然後士卒可用，此措置所當先也。

至於西北之民，未嘗一日忘宋。有願爲内應者，宜給之土田，予以爵賞，優加撫循，使莫不感悦，益堅戴宋之心。此綏懷所當先也。又條上六事：一曰信任輔弼，二曰公選人材，三曰變革士風，四曰愛惜日力，五曰務盡人事，六曰寅畏天威。疏上，除江西安撫制置大使兼知洪州。

時張浚、趙鼎相繼柄國，知綱賢可任，然不引當樞軸，又不使建閫淮北，以當恢復之任，僅使安撫江西，而兵少糧希，事權不重。綱屢疏請兵籌度措置，江西賴以晏然。及張浚以吕祉敗，引咎去相位，言者引漢誅王恢爲比。綱言：「浚措置失當，誠爲有罪。然其區區徇國之心，有可矜者。願少寛假，以責來效。」

時車駕将幸平江，綱以爲平江去建康不遠，徒有退避之名，不宜輕動。

八年，王倫使金還，與金使偕來，以「詔諭江南」爲名。綱憤懣上疏，言：「金人邀求無厭，願陛下且勿輕許，深詔群臣，講明可以久長之策，擇其善者從之。

九年，除知潭州、荆湖南路安撫大使，綱力辭。次年，卒，年五十八。贈少師，官其親族十人。

綱負天下之望，以一身用捨爲社稷生民安危。雖身或不用，用又不久，而其忠誠義氣，凛然動乎遠邇。每宋使至金，金人必問李綱、趙鼎安否，其爲遠人所畏服如此。綱所著有易傳内篇十卷、外篇十二卷，論語詳説十卷，文章、歌詩、奏議百餘卷，又有靖康傳信録奉迎録建炎時政記建炎進退志建炎制詔表劄集宣撫荆廣記制置江右録。

論曰：綱在靖康，承京、貫之後，文武幹略之士，無一存者。及高宗之起，惟一宗澤，如韓、岳之流，尚隱於卒伍。時方艱難，莫與共理，然綱在圍城之中，徒手奮臂，以成却敵之勳。處新造之朝，頤指心運，遂建中興之業。計其前後，皆不過數十日。自古遭時之難，成功之速，未有如綱者也。綱去後，猶有十年，竟置之若有若無之間。兩建大勳，成效章章，如此國勢搶攘，又非承平無事之時，猶遭擯抑，噤不得施用，惜哉！

史傳三編卷三十五

名臣傳二十七

宋

宗澤

宗澤，字汝霖，義烏人。登元祐六年進士，廷對極陳時弊，考官惡其切直，置末甲。調館陶尉。中使督開御河，方隆冬，役夫僵仆相望。澤上書其帥，請待來春，從之。調龍游令。民未知學，澤爲建庠序，設師儒，講論經術，風俗一變。調晉州趙城令。下車，請升縣爲軍，不從。澤曰：「承平時固無慮，他日有警，當思吾言矣。」改知掖縣。部使者承旨市牛黄，澤報曰：「方時疫癘，牛飲其毒則結爲黄。今和氣滂流，牛安得黄？」使者怒，欲劾邑官。澤曰：「此澤意也。」通判登州。境内官田數百頃，皆不毛之土，歲輸萬餘緡，率横取於民，澤奏免之。及朝廷遣使由登州結女真，盟海上，謀夾攻契丹，澤曰：「天下自此多事矣。」退居東陽，結廬山谷間。

靖康元年，中丞陳過庭等列薦，假宗正少卿，充和議使。澤曰：「是行不生還矣。」或問之，澤曰：「敵能悔過退師固善，否則安能屈節北庭以辱君命乎？」議者謂澤剛方不屈，恐害和議，止不遣，命知磁州。

時太原失守，官兩河者率託故不行。澤曰：「食禄而避難，不可也。」即日單騎就道，從羸卒十餘人。磁經敵騎蹂躪，人民逃徙，帑廩枵然。澤至，繕城浚池，治器械，募義勇，爲固守計。上言：「邢、洺、磁、趙、相五州各蓄精兵二萬人，敵攻一郡則四郡皆應，是一郡之兵常有十萬人。」帝嘉之，除河北義兵都總管。金人破真定，引兵南取慶源，自李固渡過河，恐澤兵躡其後，遣數千騎直扣磁州城。澤擐甲登城，令壯士以神臂弓射走之，開門縱擊，斬首數百級。所獲羊馬金帛，悉以賞軍士。

康王再使金，行至磁，澤迎謁曰：「肅王一去不返，今敵又詭詞以致大王，願勿行。」王遂還相州。有詔以澤爲副元帥，從王起兵入援。澤言宜急會兵李固渡，斷敵歸路，不從，乃自将兵趨渡，道遇金兵，遣秦光弼、張德夾攻，大破之。金人既敗，乃留兵分屯。澤遣壯士夜擣其軍，破三十餘砦。

時康王開大元帥府，檄兵會大名。澤履冰渡河見王，曰：「京城受圍日久，入援不可緩。」會簽樞密院事曹輔齎蠟封手詔，至自京師，言和議可成。澤曰：「金人狡譎，是欲款我師耳。君父之望援，何啻饑渴，宜急引軍直趨澶淵，次第進壘，以解京師之圍。萬一敵有異謀，則吾兵已在城下。」汪伯彦等難之，勸王遣澤先行，自是澤不得預府中謀議矣。

二年正月，澤至開德，十三戰皆捷，以書勸王檄諸道兵會京城。又移書北道總管趙野、河東北路宣撫范訥、知興仁府曾楙合兵入援，三人皆不答。澤以孤軍進，都統陳淬言敵方熾，未可輕舉。澤怒，欲斬之，諸將乞貸淬，使效死。澤命淬進兵，遇金人，敗之。金人攻開德，澤遣孔彦威與戰，又敗之。澤度金人必犯濮，先遣三千騎往援，金人果至，敗之。金人復向開德，權邦彦、孔彦威合兵夾擊，又大敗之。

澤兵進至衛南，度將孤兵寡，不深入不能成功。乃揮衆直前與戰，敗之。轉戰而東，敵益生兵至，王孝忠戰死，前後皆敵壘。澤下令曰：「今日進退等死，不可不從死中求生。」士卒知必死，無不一當百，斬首數千級。金人大敗，退走數十里。澤計敵衆十倍於我，今一戰而却，勢必復來，使悉其鐵騎夜襲吾軍，則危矣。乃暮徙其軍。金人夜至，得空營，大驚，自是憚澤，不敢復出兵。澤出其不意，遣兵過大河襲擊，敗之。王承制以澤爲徽猷閣待制。

時汴京失守，金人迫二帝北行，澤聞，即提軍趨滑，走黎陽，至大名，欲徑渡河，據金人歸路邀還二帝，而勤王之兵卒無一至者。又聞張邦昌僭位，欲先行誅討。會得大元帥府書，約移師近都，按甲觀變。澤上書于王曰：「人臣豈有服赭袍、張紅盖、御正殿者乎？自古姦臣皆外爲恭順而中藏禍心，未有竊據寶位、改元肆赦、惡狀昭著若邦昌者。今二聖、諸王悉渡河而北，惟大王在濟，天意可知，宜亟行天討，興復社稷。」又勸王近剛正而遠柔邪，納諫諍而拒諛佞，尚恭儉而抑驕侈，體憂勤而忘逸樂，進忠實而退私僞，以係天下之心。因累表勸進。

王即帝位於南京，澤入見，涕泗交頤，陳興復大計。時與李綱同入對，相見論國事，慷慨流涕，綱奇之。帝欲留澤，黄潛善等沮之。除龍圖閣學士、知襄陽府。

時金人有割地之議，澤言：「天下者，太祖、太宗之天下，陛下當兢兢業業，思傳之萬世，奈何以割地爲議乎？自金人再至，朝廷未嘗命一將、出一師，但聞姦邪之臣，朝進一言以告和，暮入一説以乞盟，終致二聖北遷，宗社蒙耻。今即位四十日矣，未聞有大號令，是褫天下忠義之氣，而自絶其民也。臣雖駑怯，當躬冒矢石爲諸將先，捐軀報國恩足矣。」帝覽其言壯之。改知青州，時年六十九矣。

開封尹闕，李綱言綏復舊都，非澤不可。徙知開封府。時敵騎留屯河上，金鼓之聲，日夕相聞，而京城樓櫓盡廢，兵民雜居，盜賊縱横。澤至，首捕誅舍賊者數人。下令曰：「爲盜者，贓無輕重，并從軍法。」由是盜賊屏息，人賴以安。

王善者，河東巨寇也。擁衆七十萬，欲據京城。澤單騎入善營，泣謂之曰：「朝廷當危難時，使有如公一二輩，豈復有敵患乎？今日乃汝立功之秋，不可失也。」善感泣，遂解甲降。又有楊進者，兵三十萬，王再興、李貴、王大郎等各擁衆數萬，往來侵掠，澤悉招降之。因上疏請帝還京。俄有詔，荆、襄、江、淮悉備巡幸。澤復言：「比來開封物價市肆，漸同平時。將士、農民、商旅、士大夫之懷忠義者，莫不願陛下亟歸京師，以慰人心。」除延康殿學士、京城留守、兼開封尹。

金嘗遣人以使僞楚爲名，至開封府，澤曰：「此名爲使，實覘我也。」拘其人，乞斬之。有詔延置别舘，澤切諫，帝乃親札諭澤，竟縱遣之。言者附黄潛善意，欲因是搆澤。尚書左丞許景衡抗疏力辨，乞厚加任使，以成禦敵治民之功。且言：「得宗澤，方可保東京，有東京，行在始安枕。」帝悟，封其章付澤，澤乃安。

時真定、懷、衛間，敵兵甚盛，澤以爲憂。乃渡河約諸將共議事宜，以圖收復，於京城四壁，各置使以領招集之兵。造決勝戰車千餘乘，車用五十有五人，運車者十有一，執器械輔車者四十有四，周旋曲折，可以應用。又據形勢，立堅壁三十四所於城外，駐兵數萬，澤往來按視之。沿河鱗次爲聯珠砦，結連兩河山水砦及陝西義士，開五丈河以通西北商旅。京畿瀕河七十二里，命十六縣分守之，縣皆開濠，深廣丈餘，於其南植鹿角。又團結班直諸軍及民兵之可用者，於是陝西，京東西諸路人馬咸願聽澤節制。

澤視師河北還，疏言：「陛下尚留南都，舍宗廟朝廷，使社稷無依，生靈失所仰戴。宜亟回汴京，以慰元元之心。」不報。及遣官迎奉六宫往金陵，澤復上疏曰：「京師，天下腹心也。兩河雖未敉寧，特一手臂之不伸耳。今遽欲去之，非惟一臂之弗瘳，且并與心腹而棄之矣。昔景德間，契丹寇澶淵，王欽若勸幸金陵，陳堯叟勸幸成都，惟寇準請親征，卒用成功。臣何敢望寇準，然不敢不以章聖望陛下。」又條上五事，其一言黄潛善、汪伯彦贊南幸之非。澤前後建議，經從三省、樞密院，輒爲潛善等所抑。

金将烏珠渡河，謀攻汴京。諸将請先斷河梁，嚴兵自固，澤笑曰：「去冬，金騎直來，正坐斷河梁耳。」乃命部将劉衍趨滑、劉達趨鄭，以分敵勢，戒諸将極力保護河梁，以俟大兵之集。金人聞之，夜斷河梁遁去。

二年，金人自鄭抵白沙，都人震恐。僚屬入問計，澤方對客圍棋，笑曰：「何事張皇，劉衍等在外必能禦敵。」乃選精鋭數千，使繞出敵後，伏其歸路。金人方與衍戰，伏兵起，前後夾擊之，金人果敗。

金将尼瑪哈據西京，澤遣部将李景良、閻中立、郭俊民領兵趨鄭，遇敵大戰，中立死之，俊民降，景良遁去。澤捕得景良，斬之。既而俊民與金将及燕人何仲祖來招澤，澤數俊民曰：「汝爲金人持書相誘，何面目見我乎？」斬之，謂金将曰：「汝爲人将，不能以死敵我，乃欲以兒女子語誘我乎？」亦斬之。謂仲祖脅從而免之。諸将皆服。

金師入滑，部将張僞請往救澤，以五千人付之，戒毋輕戰以待援。撝至迎戰，敵騎十倍，諸将請避其鋒，撝曰：「避而偷生，何面目見宗公。」力戰死之。澤聞撝急，遣王宣領騎五千救之。撝死二日，宣始至，與金人大戰，破之，殺傷甚衆。澤迎撝喪歸，恤其家，以宣權知滑州，金人自是不敢復犯東京。

山東盗起，執政謂其多以義師爲名，請下令止勤王。澤上疏曰：「自敵圍京城，忠義之士憤懣争奮，廣之東西、湖之南北、福建、江、淮，越數千里，争先勤王。當時大臣無遠識大略，不能撫而用之，使之饑餓困窮，弱者填溝壑，强者爲盗賊。此非勤王者之罪，乃一時措置乖謬所致耳。今河東、西不降敵而保山砦者，不知其幾。諸處節義之夫，自黥其面争先救駕者，復不知其幾。此詔一出，臣恐草澤之士一旦解體，倉卒有急，誰復有効忠義者哉？」

王策者，本遼臣，爲金将，往來河上。澤擒之，解其縛坐堂上，爲言：「契丹本宋兄弟之國，今女真滅汝國，又辱吾主，義當協謀雪耻。」策感泣，願效死。澤因問金人虚實，盡得其詳，遂決大舉之計，召諸将謂曰：「汝等有忠義心，當協謀勦敵，期還二聖成大功。」言訖泣下，諸将皆泣聽命。

澤上疏，請帝還京，曰：「臣爲陛下保護京城，自去年秋冬至於今春，又三月矣。陛下不早回京，則天下之民何所依戴。」又遣子潁詣行在上疏曰：「天下之事，見幾而動。今收復伊、洛而金將渡河，捍蔽滑臺而敵國屢敗，河東、河北山砦義民，引領舉踵，日望官軍之至。以時而言，中興之兆可見，在陛下見機乘時而已。」又言：「楚人城郢，史氏鄙之。今乃於儀真教習水戰，傳聞四方，必謂中原不守，爲江寧控扼之計，非所宜也。」

先是，澤去磁，以州事付兵馬鈐轄李侃，統制趙世隆殺之。至是，世隆及弟世興以兵二萬來歸，衆懼生變，澤曰：「世隆本吾一校耳，何能爲。」世隆至，澤責而斬之。時世興佩刀侍側，衆兵露刃庭下，澤徐謂世興曰：「汝兄犯法當誅，汝能奮志立功，足以雪耻。」世興感泣。會金人攻滑州，澤遣世興往救，世興至，掩其不備，敗之。

澤威聲日著，北方聞其名，常尊憚之，對南人言，必曰「宗爺爺」。契丹人有歸中國者，澤引置坐側，推誠與語，諭以忠義，給資糧遣之，且賜以公憑，候官軍渡河，以爲信驗，人持數百本而去。又爲榜文，散示陷没州縣，以爲公據，遂連結諸路義兵，燕、趙豪傑，嘗謂人曰：「事可舉矣。」復上疏言：「丁進數十萬衆願守護京城，李成願扈從還闕，即渡河勦敵，楊進等兵百萬，亦願渡河，同致死力。臣聞『多助之至，天下順之』。陛下及此時還京，則衆心翕然，何敵之足憂乎？」又言：「聖人愛其親以及人之親，所以教人孝。敬其兄以及人之兄，所以教人弟。陛下當與忠臣義士合謀肆討，迎復二聖。今太上所御龍德宮儼然如舊，惟淵聖未有宮室。望改修寶籙宫以爲迎奉之所。帝乃下詔，擇日還京，而竟不果。

是年六月，王彦聚兵太行山，欲大舉趨太原。澤恐彦孤軍不可獨進，召彦計事。彦悉召諸砦，指授方略，以俟會合，乃以萬餘人趨汴，金人以重兵躡其後，而不敢擊。既至汴，澤令宿兵近甸，以衛根本，彦遂屯滑州之沙店。澤上疏曰：「臣欲乘此暑月，遣彦等自滑州渡河，取懷、衛、濬、相等州，王再興等自鄭州直護西京陵寢，馬擴等自大名取洺、相、真定，楊進、王善、丁進等各以所領兵，分路并進。既渡河，則山寨忠義之民相應者不啻百萬，契丹漢兒亦必同心協力。事方就緒，乞朝廷遣使聲言，立遼天祚之後，講吾舊好，以攜敵情，遣知機辯博之士西使夏，東使高麗，諭以禍福，必出助兵，同加掃蕩。願陛下早還京師，臣當躬冒矢石，爲諸將先，中興之業必可立致。」疏入，潛善等忌澤成功，從中沮之。

澤前後請帝還京二十餘奏，每爲潛善、伯彦所抑，憂憤成疾，疽發于背。諸將入問疾，澤矍然曰：「吾以二帝蒙塵，憤憤至此。汝等能殲敵，則我死無恨。」衆皆流涕，曰：「敢不盡力！」諸將出，澤歎曰：「出師未捷身先死，長使英雄淚滿襟。」無一語及家事，但連呼「過河」者三而卒。年七十，都人號慟，遺表猶贊帝還京。贈觀文殿學士，謚忠簡。

澤質直好義，親故貧者多依以爲活，而自奉甚薄。常曰：「君父側身嘗膽，臣子乃安居美食耶？」始，澤招集群盜，聚兵儲糧，結諸路義兵，連燕、趙豪傑，自謂渡河剋復指日可冀。有志弗就，識者恨之。

子穎，居戎幕，素得士心。澤卒數日，将士去者十五，都人請以穎繼父任。會已命杜充留守，乃以穎爲判官。充酷而無謀，屢失人心，穎争之不能得，乃請持服歸。自是豪傑不爲用，群聚城下者復去爲盜，而中原不守矣。充卒降于金，穎官終兵部郎中。

論曰：澤初在汴京，金師屢至。及數月之後，渡河北去，不復侵擾矣，故得以選練材武、收召豪傑，糾合四路之兵，以成長驅之勢。澤之功雖不成，然捍蔽北門，奮揚威武，使行在君臣，得整兵輯将，終成南渡之基者，非澤之力耶？澤之守舊都，以李綱之舉，及澤連疏數十上，爲汪、黄等所抑，綱之去位久矣。語曰，「安危在出令，存亡在所任」，豈此謂耶？

趙鼎

趙鼎，字元鎮，解州聞喜人。少孤，母樊氏教之，漸能通經史百家。崇寧五年，登進士第，對策直斥章敦誤國。累官洛陽令，宰相吴敏知其能，擢爲開封士曹。

金人破太原，朝廷議割三鎮地，鼎曰：「祖宗之地，不可以與人，何用議？」及京師失守，二帝北行。金人立張邦昌，鼎與胡寅、張浚逃太學中，不書議狀。

高宗即位，張浚薦爲司勳郎官。帝幸建康，詔條具防秋事宜，鼎言：「宜以六宫所止爲行宫，車駕所止爲行在，擇精兵以備儀衛，其餘兵将分在江、淮，使敵莫測巡幸之定所。」帝納之。

久雨，詔求闕政。鼎言：「今日之患，始於王安石，成於蔡京。今安石猶配享廟庭，而京之黨未除，時政之闕無大於是。」帝爲罷安石配享。擢右司諫，将遷爲殿中侍御史。故事，無自司諫遷殿中者，范宗尹以爲言，帝曰：「鼎在言路，所言四十事，已施行三十六，可謂舉職矣。」遂用之。

時劉光世部将王德擅殺韓世忠之将，世忠亦率部曲奪建康守府廨。鼎請治德專殺無忌之罪，而下詔切責世忠，指取其将吏付有司治之，諸将肅然。帝曰：「唐肅宗得李勉，朝廷始尊。今朕得卿，無愧昔人矣。」

及金兵至江，帝幸會稽，召臺諫議去留，鼎陳戰、守、避三策，拜御史中丞。鼎言：「經營中原，當自關中始；經營關中，當自蜀始；欲幸蜀，當自荆、襄始。吴、越介在一隅，不足以進取中原。荆、襄左顧川、陜，右控湖湘，下瞰京、洛，三國所必争。宜以公安爲行闕，而屯重兵于襄陽，運江、浙之粟，以資川、陜之兵，經營大業，計無出此。」除端明殿學士、簽書樞密院事。以言事忤旨，出知平江府，改知建康，又移洪州。

京西招撫使李横欲復東京，鼎言：「横，烏合之衆，不能當敵，恐遂失襄陽。」已而横戰敗，襄陽竟陷。召拜參知政事。宰相朱勝非方規復襄陽，帝問：「岳飛可使否？」鼎曰：「知上流利害無如飛者。」飛出師，竟復六郡。頃之，執政忌鼎，出爲川陝宣撫使。将行，會邊報沓至，帝謂鼎曰：「卿豈可去，當遂相卿。」拜尚書右僕射、同平章事兼知樞密院事。制下，中外相慶。

時劉豫子麟與金人合兵大入，舉朝震恐。鼎獨贊進禦之計，帝亦曰：「朕當親總六師，臨江決戰。」鼎喜曰：「累年退怯，敵志益驕，今聖斷親征，成功可必。」於是詔韓世忠屯揚州，命劉光世移軍建康，而起張浚知樞密院。及帝将發臨安，鼎恐帝意變，復乘間言曰：「陛下養兵十年，用之正在今日。若少加退阻，則人心渙散，長江之險不可復恃。」帝遂幸平江，下詔暴逆豫之罪。而世忠大儀之捷奏至，帝遂欲自将渡江決戰。鼎曰：「敵遠來，利在速戰，遽與争鋒，非策也。且豫猶遣其子，豈可煩至尊耶？」帝乃止。未幾，張浚至見，鼎執其手，曰：「此行舉措皆合人心。」即日，命浚視師江上。将士見浚，勇氣十倍，金人聞之，遂謀北歸。帝謂鼎曰：「近将士致勇争先，諸路守臣亦翕然自効，乃朕用卿之力也。」鼎謝曰：「皆出聖斷，臣何力之有？」或問鼎曰：「金人傾國來攻，衆皆恟懼，公獨言不足畏，何耶？」鼎曰：「敵衆雖盛，然以豫邀而來，非其本心，戰必不力，以是知其不足畏也。」帝語張浚曰：「鼎真宰相，天使佐朕中興，宗社之幸也！」金人既退，鼎首請博采群言，爲善後計。

帝還臨安，以鼎守左僕射，浚守右僕射，俱兼樞密院，督諸路軍馬。鼎於政事先後及人才所當召用者，條而置之座右，次第奏行之。故列要津者，多一時之望，人號爲「小元祐」。

及劉豫遣子麟、猊分路入寇，時張俊屯盱眙，楊沂中屯泗，韓世忠屯楚，岳飛駐鄂，劉光世駐廬，沿江上下無兵，鼎以爲憂。移書於浚，欲令俊與沂中同保合肥。浚以爲然。時邊報日急，俊欲棄盱眙，光世欲棄廬州，皆張大賊勢以聞，鼎曰：「豫，逆賊也，若與豫戰而不能勝，或更退守，何以立國？今賊已渡河，當亟遣俊合光世軍，盡掃淮南之寇。」帝然之。詔二将進兵。俊軍至藕塘與猊戰，大破之。鼎命沂中趨合肥以會光世，光世已棄廬回江北。浚以書告鼎，鼎白上詔浚：「有不用命者，聽以軍法從事。」光世大駭，復進至肥河與麟戰，破之。麟、猊拔栅遁去。

鼎因抑呂祉，與張浚不平，遂丐去。罷知紹興府。七年，祉軍敗没於僞齊，浚引咎去位，乃復拜鼎尚書左僕射、同平章事兼樞密使。臺諫交論淮西無備，鼎曰：「行朝擁兵十萬，敵騎直來，自足抗之，設有不虞，鼎身任其責。」淮西迄無驚。

時浚已落職，帝猶欲加以遠竄。鼎言：「浚母老，且有勤王功。」帝曰：「功過自不相掩。」已而内批，謫浚嶺南，鼎留不下。詰旦，鼎入，帝怒未解，鼎力懇曰：「浚罪不過失策耳，凡人計慮，豈不欲萬全，儻因一失，便置之死地，後有奇謀秘計，誰復敢言者？此事自關朝廷，非私浚也。」帝意乃解，以散官居浚永州。

鼎既再相，或議其無所施爲，鼎曰：「今日之事，如人患羸，當静以養之。若復加攻砭，必傷元氣矣。」金廢劉豫，鼎遣間招河南守将，壽、亳、陳、蔡之間，往往舉城或率部曲來歸，得精兵萬餘，馬數千。知廬州劉錡亦言：「淮北歸正者不絕，度可得四五萬。」帝喜曰：「朕嘗慮江池守備空虛，今得此軍，可無患矣。」

金人遣使議和，朝論以爲不可信，帝怒。鼎曰：「陛下於金人有不共戴天之讐，今屈己請和，不憚爲之者，以梓宮及母后耳。群臣憤懣之詞，出於愛君，不可以爲罪。陛下宜諭之曰：『講和非吾意，以親故，不得已爲之。但得梓宮及母后還，敵雖渝盟，吾無憾焉。』」帝從其言，群議遂息。

初，鼎與浚共薦秦檜。及檜得志，密以事間鼎。至是，遂罷鼎爲忠武節度使，知紹興府。檜往餞鼎，鼎不爲禮，檜益憾之。鼎既去，王庶入對，帝謂曰：「鼎兩爲相，於國有大功，再贊親征皆能決勝，他人所不及也。」先是，王倫使金，從鼎受指。鼎曰：「問禮數，則答以君臣之分已定。問地界，則答以大河爲界。二者使之大旨，不從則已。」倫受命而行。至是，倫與金使俱來，以撫諭江南爲名，帝歎息謂庶曰：「五日前得此報，趙鼎豈可去耶？」

鼎嘗薦胡寅、魏矼、晏敦復、潘良貴、吕本中、張致遠等數十人，及再相，奏曰：「今才德可用，如劉大本、胡寅、吕本中、常同、林季仲之流，陛下能用之乎？妬賢長惡，如趙霈、胡世將、周秘、陳公輔之徒，陛下能去之乎？」帝爲徙世將，而補公輔等於外。初，禁衛諸軍遇赦轉員，其法甚備。自中原俶擾，軍營紛亂，諸将所總，歲歲奏功，而天子親兵，久無陞遷之望。鼎請據三衙見管人數，彷佛舊例，立爲轉員之法。常曰：「三省常爲敵不來而爲陛下拔人才、修政事，樞密常爲敵見侵而爲陛下申軍律、治兵甲，則兩得之矣。」

鼎至越丏祠，檜惡其迫己，徙知泉州。又誣以受張邦昌僞命，遂奪節。鼎自泉州復上書言時政，檜恐其復用，使中丞王次翁誣其乾没官錢，謫居興化，移漳州，潮州安置。

在潮五年，杜門謝客。中丞詹大方誣其受賄，移吉陽軍。鼎謝表曰：「白首何歸，悵餘生之無幾。丹心未泯，誓九死以不移。」檜見之曰：「此老倔强猶昔。」

在吉陽三年，潛居深處，門人故吏皆不敢通問。檜命本軍月具存亡申省，鼎遣人語其子汾曰：「檜必欲殺我，我死，汝曹無患。」先得疾，自書墓中石，記鄉里及除拜歲月。至是，書銘旌云：「身騎箕尾歸天上，氣作山河壯本朝。」遺言屬其子乞歸葬，遂不食而死。時紹興十七年也，天下聞而悲之。明年，得旨歸葬。孝宗即位，謚忠簡，追封豐國公。擢用其孫十二人。

鼎爲文渾然天成，凡高宗處分軍國機事，多鼎視草，有擬奏表疏、雜詩文二百餘篇，號得全集行于世。

論曰：談者謂高宗之初，人心思奮，苟圖興復，指期可致。及鼎得政，而南北之勢成矣。故鼎專固根本，不急用兵。然使當鼎之時，宗澤尚在，李綱再用，其所設施，亦未可預料也。觀於岳飛，可以見矣。雖然鼎善觀時施計，因事奏功，任賢使能，興利救敗，治國之良材也。微鼎，則宋之南渡不復能立國矣。

張浚

張浚，字德遠，漢州綿竹人，唐宰相九齡弟九皋之後。父咸，舉進士、賢良兩科。浚四歲而孤，行直視端，無誑言，識者知爲大器。入太學，中進士第。靖康初，爲太常簿。張邦昌僭立，逃入太學中。聞高宗即位，馳赴南京，除樞密院編修官，擢殿中侍御史。時帝在揚州，浚請葺東京、關陝、襄鄧以備巡幸。擢禮部侍郎。浚度金人必來攻，而廟堂宴然，殊不爲備，力言之。

建炎三年，金人南侵，帝幸錢塘，留朱勝非與浚于吴門，同節制軍馬，已而勝非召，浚獨留。招潰兵數萬，安集甫定，而苗傅、劉正彦之亂作，改元赦書至平江，浚秘不宣。及傅等以檄來，浚慟哭，謀起兵討賊。

傅等以張俊爲秦鳳路總管，俊將卸兵而西。浚知帝遇俊厚，急邀俊，握手語之故，相持而泣。時吕頤浩節制建業，劉光世領兵鎮江，浚乃以蠟書，約頤浩、光世來會，而命俊分兵扼吴江。疏請復辟。

會韓世忠舟師抵常熟，俊曰：「世忠來，事濟矣。」白浚招之。世忠至，對浚慟哭，請以身任之。浚因大犒俊、世忠將士，呼諸將校至前，抗聲誓曰：「賊以重賞購吾首，倘浚此舉違天悖人者，若曹可取吾頭去。不然，有一退縮，悉以軍法從事。」衆皆感憤。於是，令世忠先進，急趨秀州，據糧道以俟大軍。世忠至秀，即大治戰具。

傅等以書招浚，浚報云：「自古言涉不順，謂之指斥乘輿。事涉不順，謂之震驚宫闕。廢立之事，謂之大逆不道，大逆不道者族。今建炎皇帝不聞失德，一旦遜位，豈所宜聞。」傅等得書大恐，乃遣重兵扼臨平，責浚柳州安置。及頤浩、光世兵踵至，浚乃聲傅、正彦罪，傳檄中外，率諸軍繼進。

浚前遣客馮轓以計説傅等，及大軍且至，傅等憂恐不知所出。轓知其可動，即以大義白宰相朱勝非，使率百官請復辟。高宗御筆除浚知樞密院事。浚進次臨平，賊兵拒不得前，世忠等搏戰，大破之，傅、正彦遁去。世忠追擒斬之，語在世忠傳。浚入見，伏地涕泣待罪，高宗勞問再三，曰：「向在睿聖，兩宫隔絶。一日啜羹，小黄門忽傳太母之命，不得已貶卿柳州。朕不覺羹覆于手，念卿被謫，此事誰任。」因引入内殿，解所服玉帶以賜。

浚謂中興當自關陝始，慷慨請行。詔以浚爲川、陝宣撫處置使，便宜黜陟。將行，平寇將軍范瓊，擁衆自豫章至。先是，靖康中，金人盡取君、后、太子、宗室北行，多瓊之謀。瓊又乘勢剽掠，左右張邦昌，爲之翼衛。至是入朝，悖傲無禮，乞貸傅、正彦等死罪。浚奏瓊大逆不道，召至都堂，數其罪，誅之。分其軍隸神武軍，然後行。

時金人已取鄜延，渡渭，攻永興，諸将莫肯相援。浚至，即出行關陜，訪問風俗，罷斥姦贓，以搜攬豪傑爲先務，諸将惕息聽命。聞金烏珠猶在淮西，恐其復擾東南，謀牽制之，乃合五路之師，以復永興。烏珠馳至，戰于富平。官軍大敗，浚退保興州。命吴玠聚兵於和尚原、大散關，以斷敵來路，關師古等聚兵於岷州大潭，孫渥、賈世方等聚兵于階、成、鳳三州，以固蜀口。

紹興元年，吴玠連破金将烏嚕、烏珠之師，金兵遂引而北去。因拜浚檢校少保。浚在陜蜀三年，訓新集之兵，當方張之敵，以劉子羽爲上賓，任趙開爲都轉運使，擢吴玠爲大将。子羽慷慨有才略，開善理財，而玠每戰輒勝。西北遺民，歸附日衆。故關陜雖失，而全蜀安堵。且以形勢牽制東南，江、淮亦賴以安。

初，富平之敗，浚以環慶帥趙哲違節度斬之，至是又殺将軍曲端，言者以爲非朝廷疑之。三年，遣王似副浚。浚聞似來，求解兵柄，且奏似不可任。宰相吕頤浩、朱勝非毁短浚，而御史中丞辛炳以宿憾劾浚，遂以本官提舉洞霄宫，居福州。浚既去，慮金人釋川、陜之兵，併力窺東南，上疏極言其狀。未幾，劉麟果引金人南侵，帝思浚前言，幸平江，召浚入見，除知樞密院事。

浚既受命，即日赴江上視師。時烏珠擁兵十萬於揚州，約日渡江決戰。浚至，召韓世忠、張俊、劉光世議事。将士見浚，勇氣十倍。浚部分諸將，身留鎮江節度之。世忠遣麾下王愈詣烏珠約戰，言張樞密已在鎮江。烏珠曰：「張樞密貶嶺南，何得在此？」愈出浚所下文書示之，烏珠色變，一夕引去。

五年，除尚書右僕射、同平章事兼知樞密院事，都督諸路軍馬。浚與趙鼎并相同心輔治，務在塞倖門，抑近習。時巨寇楊么據洞庭，諸将討之不克，浚自請行。至醴陵，釋邑囚數百，皆么諜者，給以文書，俾招諭諸砦。及岳飛破么，賊衆二十餘萬相繼來降，湖寇盡平。浚遂奏遣飛屯荆、襄以圖中原，乃自鄂、岳轉淮東，會諸將，議防秋之宜。詔促歸朝，進中興備覽四十一篇，帝嘉歎，置之坐隅。

六年，會諸將議事江上，榜豫僭逆之罪。命韓世忠據承、楚以圖淮陽劉；光世屯合肥以招北軍；張俊練兵建康，進屯盱眙；楊沂中領精兵爲後翼以佐俊；岳飛進屯襄陽以窺中原。浚渡江，偏撫淮上諸戍。因入覲，請幸建康。

未幾，劉豫復遣麟、猊入寇，浚勅諸將曰：「賊豫以逆犯順，不勦除何以爲國？今日之事，有進無退。」及劉麟迫合肥，俊請益兵，光世欲退師，朝議欲召飛東下。令俊、光世還保江。浚言：「俊等渡江，則無淮南，而長江之險與敵共矣。且岳飛一動，襄、漢有警，復何所恃？」詔從之。楊沂中兵抵濠州，光世已舍廬州而南，淮西洶動。浚聞，疾馳至采石，令曰：「有渡江者，斬！」光世復駐軍，與沂中接。沂中與劉猊戰，大破之。猊、麟皆拔栅遁。

於是，趙鼎等議回蹕臨安，浚獨言：「天下之事，不倡則不起，三歲之間，陛下一再臨江，士氣百倍。今六飛一還，人心解體。」帝幡然從浚計。

及徽宗皇帝、寧德皇后崩，問至，帝號慟擗踊，哀不自勝。浚言：「天子之孝，不與士庶同，今梓宮未返，天下塗炭，願陛下揮涕而起，斂髮而趨，一怒而安天下之民。」帝乃命浚草詔告諭中外，詞甚哀切。浚又請命諸大将率三軍發哀成服，中外感動。浚退上疏曰：「陛下思慕兩宮，憂勞百姓。臣之至愚，獲遭任用，臣每感慨自期，誓殲敵讎。昊天不弔，禍變忽生，使陛下抱無窮之痛，罪将誰執。念昔陝、蜀之行，陛下命臣曰：『我有大隙於北，刷此至耻，惟爾是屬。』而臣終隳成功，使敵無憚，今日之禍，端自臣致，乞賜罷黜。」再疏待罪，帝令起視事。乃請乘輿發平江，至建康。

浚總中外之政，幾事叢委，以一身任之。每奏對，必言讎耻之大，反覆再三，帝未嘗不改容流涕。時天子方厲精克己，戒飭宫庭内侍，無敢越度，事無巨細，必以咨浚，賜諸將詔，往往命浚草之。

光世在淮西，軍無紀律，浚奏罷光世，使吕祉節制其軍，而以王德爲都統制，酈瓊副之。未幾，瓊舉軍叛降，劉豫、吕祉死之，浚坐此，引咎求去。帝問可代者，且曰：「秦檜何如？」浚曰：「近與共事，方知其闇。」帝曰：「然則用趙鼎。」檜由是憾浚。

浚既去，落職，居永州。九年，除資政殿大學士、福建安撫大使。大治海舟，爲直指山東之計。

十六年，彗星出西方，浚將極論時事，恐貽毋憂。母訝其瘠，問故，浚以實對。母誦其父對策語曰：「臣寧言而死於斧鉞，不能忍不言以負陛下。」浚意乃決。上疏言：「當今事勢，譬如養成大疽於頭目心腹之間，不決不止。惟陛下謀之於心，謹察情僞，使在我有不可犯之勢，庶幾社稷安全，不然，後將噬臍。」秦檜大怒，黜浚，以特進提舉太平興國宫，居連州。二十年，徙永州。

浚去國幾二十年，天下士無賢不肖，莫不傾心慕之。金人憚浚，每使至，必問浚安在，惟恐其復用。

當是時，秦檜怙寵專權，每令臺臣彈劾，必欲殺浚。至檜死乃已。

二十五年，復觀文殿大學士、判洪州。浚時以母喪歸葬，念天下事爲檜所壞，邊備蕩弛，又聞金亮簒立，必將舉兵，自以大臣，義同休戚，不敢以居喪爲嫌，具奏論之。會星變求言，浚復上疏極論。沈該、湯思退等笑浚爲狂。詔復居永州。

三十一年，有旨自便。浚至潭，聞欽宗崩，號慟不食，上疏請早定戰守之計。未幾，亮兵大入，中外震恐，乃復浚觀文殿大學士、判潭州。

時金騎充斥，王權兵潰，劉錡退歸鎮江，遂改命浚判建康府兼行宫留守。浚至岳陽，買舟冒風雪而行。敵兵方焚采石，煙焰漲天，長江無敢行北岸者。獨浚一舟徑進，或止之，浚曰：「吾赴君父之急，知直前求乘輿所在而已。」過池陽，聞亮死，李顯忠兵在沙上，浚往犒之，一軍見浚，以爲從天而下。至建康，即牒辨行宫儀物，亟請乘輿臨幸。

三十二年，帝幸建康，浚迎拜道左，衛士見浚，無不以手加額。浚起廢復用，風采隱然，人倚爲重。及帝将還臨安，勞浚曰：「卿在此，朕無北顧憂矣。」浚招集忠義，及募淮楚壯勇，以陳敏爲統制。且謂敵長于騎，我長於步，衛步無如弩，衛弩無如車，乃命敏專制弩治車。

孝宗即位，召浚入見，浚從容言：「人主之學，以心爲本，一心合天，何事不濟？所謂天者，天下之公理而已。必兢業自持，使清明在躬，則賞罰舉措，無有不當，人心自歸，敵國自服。」帝悚然曰：「當不忘公言。」進封浚魏國公。史浩議欲城瓜洲、采石。浚謂不守淮而守江，是示敵以削弱，怠戰守之氣，不若先城泗州。及浩參政，浚所規畫，浩必沮之。金人以十萬衆屯河南，聲言規淮移文索海、泗、唐、鄧、商州及歲幣。浚以大兵屯盱眙、濠、廬備之，卒無事。

隆興元年，除樞密使，都督軍馬如故。時金人将南侵，浚欲及其未發攻之。會殿前司李顯忠、建康都統邵宏淵亦獻進攻之策，浚以聞。帝報可，乃遣顯忠出濠州，趨靈壁。宏淵出泗州，趨虹縣。顯忠至靈壁，敗蕭琦軍。宏淵圍虹縣，降富察圖們、周仁，進克宿州，中原震動。

會金帥赫舍哩志寧率兵與顯忠戰，顯忠小不利，而諜報敵兵大至，顯忠夜潰引歸。浚上疏待罪，主和議者因毁短浚，帝不聽。浚乃以魏勝守海州，陳敏守泗州，戚方守濠州，郭振守六合。治高郵、巢縣兩城爲大勢，修滁州關山以扼敵衝，聚水軍淮陰、馬軍壽春，大飭兩淮守備。時湯思退爲右相，秦檜黨也，素主和議。金人索四郡及歲幣，遣盧仲賢報金。浚言仲賢小人多妄，不可委信。已而仲賢果辱命。方再遣使，浚力陳其失。帝不聽，更遣胡昉等往，而拜浚尚書右僕射、同平章事兼樞密使，都督如故。

胡昉等至宿，金人脅之，昉等不屈，更禮而歸之。帝諭浚曰：「和議不成，天也，自此事當歸一矣。」

三年，議幸建康。詔浚行視江、淮。時浚所招徠山東、淮北忠義之士，以實建康、鎮江兩軍，凡萬二千餘人，萬弩營所招淮南壯士及江西群盗又萬餘人，陳敏統之，以守泗州。凡要害之地，皆築城堡。其可因水爲險者，皆積水爲匱。增置江、淮戰艦，諸軍弓矢器械悉備。金人屯重兵于河南，將刻日決戰。及聞浚來，亟撤歸。淮北之來歸者日不絶，山東豪傑，悉願受節度。思退多方搆之，浚八章乞致仕，乃以少保充醴泉觀使。朝廷遂決割地求和之議。

浚既去，猶疏論尹穡姦邪，必誤國事，且勸上務學親賢。或勉浚勿復以時事爲言者，浚曰：「君臣之義，無所逃於天地之間。吾荷兩朝厚恩，久尸重任，安忍不言。上如欲用浚，當即日就道，不敢以老病爲辭也。」行次餘干，得疾，手書付二子曰：「吾嘗相國，不能恢復中原，雪祖宗之耻，即死，不當葬我先人墓左，葬我衡山下足矣。」訃聞，孝宗震悼，贈太師，謚忠獻。

浚幼有大志，及爲熙河幕官，偏行邊壘，覽觀山川形勢，與舊戍守將握手飲酒，問祖宗以來守邊舊法，及軍陣方略。故一旦起自疏遠，當樞筦之任，能通知邊事本末。在京城中，親見二帝北行，皇族係縶，生民塗炭，誓不與敵俱存，故終身不主和議。每論定都大計，以爲東南形勢，莫如建康，人主居之，可以北望中原，常懷憤惕。至如錢塘，僻在一隅，易於安肆，不足以號召北方。所薦虞允文、汪應辰、王十朋、劉珙等爲名臣；拔吴玠、吴璘於行間；謂韓世忠忠勇，可倚以大事；一見劉錡奇之，付以事任。卒皆爲名將，有成功，一時稱浚爲知人。浚學邃于易有易解及雜説十卷，書詩禮春秋中庸亦各有解，文集十卷，奏議二十卷。

論曰：建炎諸將相，志於恢復者，惟李綱、宗澤、岳飛、韓世忠及浚五人而已。浚之任事，詳審精密，若不逮於趙鼎者，然登朝則國勢振舉，在軍則將士用命，緩急進退，旋轉曲折，如臂之使指，莫敢違也。觀其誅范瓊、廢劉光世，指顧之間，不動聲色，非其氣有大過人者乎。惟勇於赴敵，輕舉浪戰，有違於臨事而懼之義，然包舉群謀，驅策衆力，其所成功，亦已多矣。所舉士皆爲名臣賢將，數十年之間，効命戰場，保安疆圉，揆厥所由，咸浚之建立，固不可以富平、符離之敗黜之也。

史傳三編卷三十六

名臣傳二十八

宋

岳飛

岳飛字鵬舉，相州湯陰人。世力農，父和，能節食以濟饑人。飛少負氣節，沈厚寡言，家貧力學，尤好左氏春秋、孫吴兵法。生有神力，未冠，挽弓三百觔，弩八石。學射於周同，盡其術，能左右射。同死，朔望設祭于其家。父異之，曰：「汝他日爲時用，其徇國死義乎？」

宣和四年，應真定宣撫劉韐募。相有劇賊陶俊、賈進和，飛請百騎滅之。遣卒僞爲商入賊境，賊掠以充伍。飛乃伏百人山下，以數十騎逼賊，賊出戰，飛陽北，賊追之，伏起，先所遣卒擒俊進和以歸。

康王至相，命飛招賊吉倩，倩降。補承信郎。從劉浩解東京圍，領百騎習兵河上。敵猝至，飛麾其徒曰：「敵雖衆，未知吾虛實，當及其未定擊之。」乃馳迎敵。有梟將舞刀而前，飛斬之，敵大敗。遷承義郎，隸留守宗澤。犯法將刑，澤見奇之，曰：「此將材也。」免之。會金人攻汜水，澤以五百騎授飛，遂大敗金人而還。澤謂曰：「爾勇智才藝，古良將不能過。然好野戰，非萬全計。」因授與陳圖，飛曰：「陳而後戰，兵法之常，運用之妙，存乎一心。」澤是其言。

高宗即位，飛上書數千言，大略謂：「陛下已登大寶，社稷有主，勤王之師日集，宜乘其怠擊之。黃潛善、汪伯彥輩不能承聖意，奉車駕日益南，恐不足係中原之望。願陛下親率六軍北渡，則將士作氣，中原可復。」書聞，以越職奪官。

詣河北招討使張所，所問曰：「汝能敵幾何？」飛曰：「勇不足恃，用兵在先定謀，欒枝曳柴，莫敖采樵，皆謀定也。」所矍然曰：「君殆非行伍中人。」待以國士。飛因說所曰：「國家都汴，恃河北以爲固。苟馮據要衝，峙列重鎮，一城受圍，諸城或撓或救，金人不能窺河南，則京師根本之地固矣。招討誠能提兵壓境，飛惟命是從。」所大喜，借補武經郎。使從王彥渡河，至新鄉，金兵盛，彥不敢進。飛獨引所部鏖戰，奪其纛而舞，諸軍爭奮，遂拔新鄉。飛軍食盡，從彥乞糧，彥不與。飛乃引兵益北，戰於太行山，擒金將托卜雅爾烏。居數日，復遇敵，飛單騎持丈八鐵槍，刺殺哈芬大王，敵衆敗走。飛知彥不悦己，復歸宗澤，爲留守司統制。澤卒，杜充代之，飛居職。

二年，每戰皆捷。嘗駐兵竹蘆渡，與敵相持，乃選精鋭三百伏前山下，令各以薪芻交縛兩束，夜半，爇四端而舉之。金人疑援兵至，驚潰。賊黄善、曹成、孔彦舟等合兵五十萬，薄南熏門。飛部僅八百，衆懼不敵，飛曰：「吾爲諸君破之。」左挾弓，右運矛，横衝其陳，賊亂，大敗之。又擒賊杜叔五、孫海于東明。敗黄善於清河，授英州刺史。

及杜充将走建康，飛諫曰：「中原地，尺寸不可棄，今一舉足，此地非我有，他日欲取之，非數十萬衆不可。」充不聽，飛不得已從而南。於道連破張用、李成諸賊。

及充降，金烏珠趨杭州，飛要擊至廣德，六戰皆捷，擒其將王權，俘簽軍首領四十餘。察可用者，結以恩遣還，令夜斫營縱火，敵衆亂，飛擊敗之。駐軍鐘村，軍無見糧，将士忍饑，不擾民。金所籍兵相謂曰：「此岳爺爺軍也。」争來降附。

四年，烏珠攻常州，宜興令迎飛移屯。盗郭吉聞飛來，遁入湖，飛使王貴、傅慶追破之，因遣辯士盡降其衆。金人再攻常州，飛四戰皆捷。尾襲於鎮江東，又捷。戰於清水亭，又大捷，横屍十五里。烏珠趨建康，飛設伏牛頭山待之。夜，令百人黑衣混金營中擾之，金兵驚，自相攻擊。烏珠次龍灣，飛以騎三百、兵二千馳至新城，大破之。烏珠奔淮西，遂復建康。因上言：「建康，要害之地，宜選兵固守，仍益兵戍淮，拱護腹心。」帝嘉納焉。烏珠歸，飛邀擊於静安，敗之。

詔討戚方，降其軍。紹興元年，張俊討李成，請飛爲副。時成黨馬進犯洪州，連營西山，飛曰：「賊貪而不慮後，若以騎兵自上流絶生米渡，出其不意，破之必矣。」請自爲先鋒，俊大喜。飛重鎧躍馬，潛出賊右，突其陳，所部從之。進大敗，走筠州。飛抵城東，賊出城，布陳十五里，飛設伏，以紅羅爲幟，上刺「岳」字，選騎二百，隨幟而前。賊易其少，薄之，伏發，賊敗，飛使人呼曰：「不從賊者坐，吾不汝殺。」坐而降者八萬餘人。進以餘卒奔成於南康。飛夜引兵至朱家山，又斬其將趙萬。成聞進敗，自引兵十餘萬來。飛與遇於樓子莊，大破之。成走，降僞齊。

賊張用者，亦相人，寇江西。飛以書諭之曰：「吾與汝同里，南薰門、鐵路步之戰，皆汝所悉。今吾在此，欲戰則出，不戰則降。」用得書曰：「果吾父也。」遂降。江、淮悉平，飛功第一。

二年，賊曹成擁衆十餘萬，據道、賀二州。命飛招之，成聞飛將至，驚曰：「岳家軍來矣。」即分道遁。飛至茶陵，招成，成不從。飛上言：「比年多命招安，故盜强則肆暴，屈則就招，苟不略加勦除，蠭起之衆未可遽殄。」許之。

飛入賀州境，得諜，縛之帳下。飛出帳調兵食，吏曰：「糧盡矣，奈何？」飛曰：「姑反茶陵。」已而顧諜者若失意状，頓足而入，陰令逸之。諜者既去，飛即蓐食，潛趨遶嶺，未明，已至太平場，麾兵掩擊，賊大潰。成走據北藏嶺、上梧關，遣其黨迎戰，飛不陳而鼓，奪其二隘。成又以衆十餘萬守蓬頭嶺。飛部纔八千，一鼓登嶺，破其衆，成奔連州。飛謂張憲等曰：「成黨散去，追而殺之，則脅從可憫，縱之，則復聚爲盜。今遣若等誅其魁而撫其衆，慎勿妄殺，累主上保民之仁。」於是憲等分道招降二萬人，與飛會連州。進兵追成，成走宣撫司降。時以盛夏行師瘴地，撫循有方，士無一人病者，嶺表平。移屯江州。甫入境，承檄捕劇賊數部，皆平之。

三年，虔、吉盜合衆寇掠閩、廣，帝命飛討之。飛至虔，賊彭友迎戰，躍馬馳突，飛麾兵即馬上擒之，餘黨退保固石洞。洞高峻環水，止一徑可入。飛列騎山下，皆持滿，黎明，遣死士疾馳登山，賊衆亂，棄山而下，騎兵圍之。賊呼丐命，飛令勿殺，受其降。復授徐慶等方略，悉破降諸郡餘賊。

初，帝以隆祐震驚之故，密令屠虔。飛請誅首惡赦脅從，不許。請至三四，帝爲曲赦虔人。虔人感其德，祠之。

秋，入覲，帝手書「精忠岳飛」字，製旗賜之。授鎮南軍承宣使、江南西路沿江制置使。李山、吴全、吴錫、李横、牛皋皆隸焉。

及僞齊遣李成挾金人入侵，破襄陽、唐、鄧、隨、郢諸州及信陽軍，湖寇楊么又與僞齊通，欲順流而下，李成亦欲自江西，趨兩浙與么會。

四年，遂除飛兼荆南、鄂岳州制置使，使爲之備。飛奏：「襄陽六郡爲恢復中原基本，今當先取六郡，除心膂之病，然後加兵湖湘，以殄群盗。」帝以問趙鼎，鼎曰：「知上流利害，無如飛者。」遂授黄復州、漢陽軍、德安府制置使。飛渡江中流，顧幕屬曰：「飛不擒賊，不涉此江矣。」

兵抵郢州，僞將京超號「萬人敵」，乘城拒飛。飛鼓衆而登，超投崖死，復郢州，俄復隨州，進趣襄陽。李成迎戰，飛見成陳笑曰：「步兵利險阻，騎兵利平曠。成左列騎江岸，右列步平地，雖衆百萬，何能爲？」舉鞭指王貴曰：「爾以長槍步卒擊其騎兵。」指牛皋曰：「爾以騎兵擊其步卒。」合戰，馬應槍斃，後騎皆擁入江，步卒死者無數，成夜遁，遂復襄陽。又進復鄧州、唐州及信陽軍，襄、漢悉平，帝聞喜曰：「朕素聞飛行軍有紀律，未知能破敵如此。」乃以隨、郢、唐、鄧、信陽并爲襄陽府路以隸飛，授飛清遠軍節度使、湖北路、荆、襄、潭州制置使，封武昌縣開國子。

移屯鄂，飛上言：「金人所愛，惟子女金帛，志已驕惰。劉豫僭僞，人心終不忘宋。如以精兵二十萬，直擣中原，恢復故疆，誠易爲力。襄陽、隨、郢，地皆膏腴，苟行營田，其利必厚。臣候糧足，即過江北勦戮敵兵。」又言：「六郡人户，闕牛、糧，乞量給官錢，免官私逋負，州縣官以招集流亡爲殿最。」時方重深入之舉，而營田之議自此始。

烏珠、劉豫合兵圍廬州，帝命飛解圍，飛至廬，張「岳」字旗與「精忠」旗，一戰而金兵潰。

五年，入覲，封武昌郡開國侯。命招捕楊么。飛所部皆西北人，不習水戰，飛曰：「兵何常，顧用之何如耳。」乃先遣使招之。賊黨黄佐曰：「岳節使號令如山，若與之敵，萬無生理，不如降。」飛表佐武義大夫，單騎按其部，拊佐背曰：「子知逆順者。果能立功，封侯豈足道？欲復遣子至湖中，視可乘者擒之，可勸者招之，如何？」佐感泣，誓以死報。佐襲周倫砦，殺倫，擒其統制陳貴等。飛上其功，遷武功大夫。

時張浚以都督軍事至潭將還防秋，飛袖小圖示浚曰：「已有定畫。都督能少留，八日可破賊。」浚曰：「何言之易？」飛曰：「王四厢以王師攻水寇則難，飛以水寇攻水寇則易。水戰我短彼長，以所短攻所長，所以難。若因敵将用敵兵，奪其手足之助，離其腹心之託，而後以王師乘之，八日之内，當俘諸酋。」浚許之。飛遂如鼎州。黄佐招楊欽來降，飛喜曰：「楊欽驍悍，既降，賊腹心潰矣。」表欽武義大夫，禮遇甚厚，復遣歸湖中。兩日，欽説余端、劉詵等來降，飛詭罵欽曰：「賊不盡降，何來也？」杖之，復令入湖。是夜，掩賊營，降其衆數萬。么負固不服，方浮舟湖中，以輪激水，其行如飛，旁置撞竿，官舟迎之輒碎。飛伐君山木爲巨筏，塞諸港汊，又以腐木亂草浮上流而下，擇水淺處，遣善罵者挑之，且行且罵。賊怒來追，則草木壅積，舟輪礙不行。飛亟擊之，賊奔港中，爲筏所拒。官軍乘筏，張牛革以蔽矢石，舉巨木撞其舟，盡壞。么投水，牛臯擒斬之。飛入賊壘，餘酋驚曰：「何神也！」俱降。飛親撫慰之，縱老弱歸田，籍少壯爲軍，果八日而賊平。浚歎曰：「岳侯神算也。」初，么恃其險曰：「欲犯我者，除是飛來。」至是，人以其言爲讖。所獲賊舟千餘，鄂渚水軍遂爲沿江之冠。加檢校少保，進封公。還軍鄂州。

太行山忠義社梁興等百餘人，慕飛義，率衆來歸。六年，入覲，請置襄陽監司，以按察州縣。帝從之，且命自知州、通判以下賢否，許飛黜陟。

張浚至江上會諸大帥，獨稱飛與韓世忠可倚大事，令飛屯襄陽，以窺中原，曰：「此君素志也。」尋除宣撫副使，置司襄陽。丁母憂，扶櫬還廬山，降制起復，連表乞終喪，不許，累詔趣起，乃就軍。又命宣撫河東，節制河北路。飛乃遣王貴等攻虢州，下之，獲糧十五萬石，降衆數萬。張浚曰：「飛措畫甚大，今已至伊、洛，則太行一帶山砦，必有應者矣。」飛又遣楊再興進兵長水縣，再戰皆捷，復遣人焚蔡州糧，中原響應。

會劉豫遣子麟、猊入寇，帝慮張俊、劉光世不足任，命飛東下。飛馳至，賊已敗去，乃還。時僞齊屯兵窺唐州，飛遣王貴、董先等攻破之，焚其營。因請圖蔡，以取中原，不許。

七年，入覲，拜太尉，除宣撫使兼營田大使。從幸建康，以王德、酈瓊兵隸飛，飛數見帝，論恢復之略，又手疏言：「金人所以立劉豫於河南，蓋欲以中國攻中國，彼得休兵觀釁耳。願陛下假臣日月，便則提兵趨京、洛，據河陽、陜府、潼關，以號召五路叛將。叛將既還，王師前進，彼必棄汴而走河北，京畿、陜右可以盡復。然後分兵濬、滑，經略兩河，如此則劉豫成擒，金人遠遁，社稷長久之計，實在此舉。」帝答曰：「有臣如此，顧復何憂，進止之機，朕不中制。」又召至寢閣命之曰：「中興之事，一以委卿。」

會秦檜主和，不欲以德、瓊兵隸飛。張浚遂以德爲淮西統制，瓊爲副，而吕祉以督府參謀領之。飛言其不可，與浚忤，乃乞解兵柄，終喪，步歸，廬母墓側。浚怒，以張宗元爲宣撫判官，監其軍。

帝累詔趣飛就職，飛趨朝待罪，帝慰遣之。未幾，酈瓊叛，降僞齊，殺吕祉，浚始悔之。飛上言：「比者寢閣之命，竊謂聖斷已堅，何至今尚未決？臣願提兵進討，順天道，因人心，以曲直爲老壯，以逆順爲强弱，萬全之功可必。」又言：「錢塘僻在海隅，非用武地。願建都上游，用光武故事，親率六師，往來督戰。庶將士知聖意所向，人人用命。」

飛知劉豫結尼瑪哈，而烏珠惡劉豫，可間而動。會得烏珠諜者，飛陽責之曰：「汝非吾軍人張斌耶？吾向遣汝至齊，約誘至四太子，汝往不復來。吾繼遣人問，齊已許我，今冬以會合寇江爲名，致四太子於清河。汝所持書竟不至，何背我耶？」諜冀緩死，即詭服。因謂曰：「吾今貸汝。」復遣至齊，問舉兵期，乃作蠟書，刲其股納之，戒勿泄。諜歸，以書示烏珠，烏珠大驚，馳白金主，遂廢豫。飛復請乘其廢豫，長驅以取中原。不報。

八年秋，金人遣使許歸河南地，時飛適以召赴行在，因言：「金人不可信，和好不可恃，相臣謀國不臧，恐貽後世譏。」檜銜之。

及明年，以金歸河南地，大赦，飛謝表有云：「願定謀於全勝，期收地於兩河，唾手燕雲，終欲復讐而報國，誓心天地，尚令稽首以稱藩。」疏入，檜愈恨。會遣使謁諸陵，飛請以輕騎從洒掃，且言：「金人無事請和，此必有肘腋之虞，名以地歸我，實寄之也。」檜沮其行。

明年，金兵果南下攻拱、亳，劉錡告急，帝命飛馳援，且賜札曰：「設施之方，一以委卿，朕不遥度。」飛乃遣王貴、牛皋、董先、楊再興、孟邦傑、李寶等分布經略西京、汝、鄭、潁昌、陳、曹、光、蔡諸郡。遣梁興渡河，糾合忠義，以圖河東、北。又復東援劉錡，西援郭浩，自以其軍長驅以闞中原。將發，密奏曰：「今欲恢復，必先正國本，以安人心，然後不常厥居，以示無忘復讐之意。」帝得奏，大褒其忠。飛將李寶、牛皋相繼敗金人於京西，飛自攻金人於蔡州，破之，復其城。於是遣張憲敗金韓常於潁昌，復潁昌府。憲又戰陳州界，敗之，復陳州。王成戰鄭州，敗之，復鄭州。統制孟邦傑復永安軍。張應、韓清復西京。楊遇戰南城軍，敗之，復南城軍。喬握堅復趙州。張憲又復淮寧府。他將所至皆捷，金人大震。河南兵馬鈐轄李興聚衆收復伊陽等八縣及汝州，以應飛。金李成棄城走，飛又使張應會興，復永安軍。時諸將分道出戰，飛留大軍於潁昌，而自以輕騎駐郾城，兵勢甚鋭。金將大懼，與龍虎大王議，以爲諸將易與，獨飛不可當，欲致其師，併力一戰。飛聞之，曰：「金人技窮矣。」乃出挑戰，且罵之。烏珠怒，合龍虎大王、盖天大王與韓常之兵，迫郾城。飛遣子雲領騎兵直貫其陳，戒之曰：「不勝，先斬汝。」鏖戰數十合，敵屍布野。

初，烏珠有勁軍，皆重鎧，貫以韋索，三人爲聯，號「拐子馬」，官軍不能當。是役也，以萬五千騎來戰，飛戒步卒以麻札刀入陳，勿仰視，第砍馬足。拐子馬相連，一馬仆，二馬不能行，飛軍奮擊，遂大破之。金人大慟，曰：「自海上起兵，皆以此勝，今已矣！」因益兵而前。飛時出視戰地，望見黄塵蔽天，自以四十騎突戰，敗之。烏珠憤甚，合師十二萬，次於臨潁，楊再興以三百騎遇於小商橋，驟與之戰，殺二千人，再興死焉，獲屍焚之，得箭簇二升。飛痛惜之。

張憲繼至，復戰，金兵夜去，追奔十五里。飛謂雲曰：「賊屢敗，必還攻潁昌，汝宜速援王貴。」既而烏珠果至，貴將游奕、雲將背嵬戰於城西。雲以騎兵八百挺前決戰，步軍張兩翼繼之，殺烏珠壻夏金吾、副統軍尼雅滿索貝勒，烏珠引去。

是時，梁興亦會太行忠義、兩河豪傑，敗金人于垣曲，又敗之於沁水，遂復懷衛州。太行道絶，金人益恐。飛進軍朱仙鎮，距汴京四十五里，與烏珠對壘而陳，遣驍將以背嵬騎五百奮擊，大破之，烏珠遂還汴京。飛檄陵臺令行葺諸陵。

先是，飛遣梁興等布德意，招結兩河豪傑，山砦韋銓、孫謀等斂兵固堡，以待王師。至是，李通、胡清、李寶、李興、張恩、孫琪等舉衆來歸。金人動息，山川險要，一時盡得其實。盡磁、相、開德、澤、潞、晉、絳、汾、隰之境，皆期日興兵，與官軍會。所揭旗以「岳」爲號，父老百姓，争挽車牽牛，載糗糧以餽義軍，頂盆焚香迎候者，充滿道路。自燕以南，金人號令不行，烏珠欲簽軍以抗飛，河北無一人應者。乃歎曰：「自我起北方以來，未有如今日之挫衄。」金將烏凌阿思謀素號驍勇，亦不能制其下，但諭之曰：「毋輕動，俟岳家軍來即降。」金将王鎮、崔慶、李覬、崔虎、華旺等皆率所部降飛，以至禁衛龍虎大王之將奇徹千户高勇等，皆密受飛旗牓，自其國來降。大将韓常欲以五萬衆内附，飛大喜。方指日渡河，而秦檜欲畫淮以北與金爲和，諷臺臣請班師。飛言：「金人鋭氣沮喪，盡棄輜重，疾走渡河，豪傑向風，士卒用命，時不再來，機難輕失。」檜知飛志鋭不可回，乃令張俊、楊沂中等先歸，而後言飛孤軍不可久留，一日奉十二金字牌，飛憤惋泣下，東向再拜曰：「十年之力，廢於一旦！」飛班師，民遮馬慟哭，訴曰：「我等戴香盆、運糧草以迎官軍，金人悉知之。相公去，我輩無噍類矣。」飛亦悲泣，取詔示之曰：「吾不得擅留。」哭聲震野。飛留五日以待其徙，徙而南者如市，亟請以漢上閒田處之。

方烏珠将棄汴去，有書生叩馬曰：「太子毋走，岳少保且退矣。」烏珠曰：「岳少保以五百騎破吾十萬，京城日夜望其來，何謂可守？」生曰：「自古未有權臣在内，而大将能立功於外者，岳少保且不免，况欲成功乎？」烏珠悟，遂不去。飛既歸，所得州縣，旋復入於金。飛力請解兵柄，不許，及入覲，帝問之，飛拜謝而已。

十一年，金人分道渡淮，帝趣飛應援。時飛方苦寒嗽，力疾而行。飛至廬州，金兵望風而去。烏珠破濠州，張俊駐兵不敢進。楊沂中遇伏而敗，及飛至，金人乃去。

初，飛在諸将中年最少，累立顯功，張俊不能平，飛屈己下之。及俊出兵無功，而飛屢捷，俊愈怒。俊又與檜捕韓世忠軍吏景著，誣以他事，欲以撼世忠。飛馳書告世忠，世忠見帝自明。

於是俊與檜大憾飛。

檜之逐趙鼎也，飛每對客歎息，又以恢復爲己任，不肯附和議。烏珠遺檜書曰：「汝朝夕以和請，而飛方爲河北圖，必殺飛，始可和故。」檜力謀殺之。諫議大夫万俟卨、中丞何鑄、御史羅汝楫承檜旨，交章劾飛，飛遂解兵柄，奉朝請。檜又使張俊劫王貴，誘王俊誣告張憲謀還飛兵，因捕飛父子，證張憲事，使者至，飛笑曰：「皇天后土，可表此心。」初命何鑄鞫之，飛裂裳以背示鑄，有「盡忠報國」四大字，深入膚理。既閲實無左驗，鑄明其無辜。檜乃改命万俟卨，傅會其獄。歲暮，獄不成，檜手書小紙付獄，即報飛死，時年三十九。雲與憲皆棄市，家徙嶺南。幕屬于鵬等從坐者六人。

初，飛在獄，大理寺丞李若樸、何彦猷，大理卿薛仁輔，宗正卿士㒟，布衣劉允升皆以上書救飛，或斥或死。獄之将上也，韓世忠不平，詣檜詰實。檜曰：「飛子雲與張憲書雖不明，其事莫須有。」世忠曰：「『莫須有』三字，何以服天下也？」時洪皓在金，蠟書馳奏，言金人所歎服者惟飛耳，及聞其死，酌酒相賀。

飛事母至孝，藥餌必親。母卒，水漿不入口者三日。家無姬侍。吴玠素服飛，遺以名姝。飛曰：「主上宵旰，豈大将安樂時耶？」却不受。少豪飲，帝戒之曰：「卿異時到河朔，乃可飲。」遂絶不飲。帝爲飛營第，飛辭曰：「敵未滅，何以家爲？」或問：「天下何時太平？」飛曰：「文臣不愛錢，武臣不惜死，天下太平矣。」

師每休舍，課将士注坡跳壕，皆重鎧習之。卒有取民麻一縷以束芻者，斬以徇。卒夜宿，民開門願納，無敢入者。軍號「凍死不拆屋，餓死不擄掠」。卒有疾，躬爲調藥。諸将遠戍，遣妻勞問其家。死事者哭之而育其孤，或以子婚其女。凡有頒犒，均給軍吏，秋毫不私。

善以少擊衆。欲有所舉，盡召諸統制與謀，謀定而後戰，故有勝無敗。猝遇敵不動，故敵爲之語曰：「撼山易，撼岳家軍難。」張浚嘗問用兵，曰：「仁、智、信、勇、嚴，闕一不可。」調軍食，必蹙額曰：「東南民力耗矣。」荆湖平，募民營田，又爲屯田，歲省漕運之半。

張所死，飛感舊恩，鞠其子宗本，奏以官。好賢禮士，覽經史，雅歌投壺，恂恂如書生。每辭官，必曰：「将士効力，飛何功之有？」然忠憤激烈，議論持正，不挫於人，卒以此得禍。

紹興末，太學生程宏圖上書訟飛冤。中丞汪澈宣撫荆、襄，故部曲合詞訟之，哭聲雷震。孝宗時詔復飛官，以禮改葬，賜錢百萬，求其後悉官之。建廟於鄂，淳熙六年，謚武穆。嘉泰四年，追封鄂王。寶慶元年，改謚忠武。

五子：雲、雷、霖、震、霆。雲，飛養子。從飛功最多，每戰，手握兩鐵椎，重八十觔，先諸軍登城。陷陣潁昌，大戰十數，出入行陣，體被百餘創，甲裳爲赤。初，飛下獄，檜令其黨王會搜其家，得御札數篋，束之左藏南庫，霖請于孝宗，還之。霖子珂，以淮西十五御札辨驗彙次，凡出師應援之先後皆可考。嘉定間，爲籲天辨誣集五卷，天定録二卷上之。

論曰：飛以韓、白之才，而忠孝出於天性，謙恭不伐，憂國勤民，可謂大臣也已。恢復之志雖不遂，然平生大功，亦莫之與敵。宋初南渡，潰裂分散，不可爲國，飛始復建康以扃北户，取襄陽以遏上流，平群盗以清根本，又設間廢劉豫，以除心腹之害。微飛，則諸將帥不能獨當，雖欲限江淮而守之，恐未能也。至於襄陽，飛所自營置，終宋之世，以爲强藩。寧理之後，視襄陽爲存亡。宋之有是人也，而使之至此，可悲也夫！

韓世忠

韓世忠，字良臣，延安人。風骨偉岸，目瞬如雷。早年鷙勇絶人，能騎生馬駒。年十八，以勇敢應募鄉州，隸赤籍，挽强馳射，勇冠三軍。

崇寧四年，西夏騷動，郡調兵捍禦，世忠在遣中。至銀州，夏人嬰城自固，世忠斬關殺敵將，擲首陴外，諸軍乘之，夏人大敗。俄夏人復出間道，世忠獨部勇敢士殊死鬬，遇夏監軍駙馬烏伊，躍馬斬之，夏人大潰。累功轉進勇副尉。

宣和二年，方臘反，世忠以偏將從王淵討之。次杭州，賊奄至，淵惶怖無策。世忠以兵二千伏北關堰，賊過，伏發，衆蹂亂，世忠追擊，大敗之。淵歎曰：「真萬人敵也。」世忠窮追至睦州清溪峒，問野婦得徑，挺身仗戈，渡險數里，擣其穴，格殺數十人，擒臘以出。轉承節郎。

及金人内侵，世忠與蘇格以五十騎抵滹沱河。逢金兵二千餘，格失措，世忠從容令列高岡，戒勿動。值燕山潰卒舟集，命艤岸鼓譟助聲勢，親躍馬薄之，迴旋如飛。敵分二隊據高阜，世忠出其不意，突二執旗者，因奮擊，格等夾攻之，舟卒鼓譟，敵大亂，追斬甚衆。時山東、河北盗賊蠭起，世忠從王淵、梁方平討捕殆盡，轉武節郎。

欽宗即位，梁方平與金人戰而敗。世忠陷重圍中，揮刀力戰，突圍出，焚橋而還。欽宗召問，轉武節大夫。宣撫副使李彌、大軍校李復作亂，淄、青附者數萬人，彌大檄世忠將所部追擊，至臨淄河，兵不滿千，分爲四隊，布鐵蒺藜自塞歸路，令曰：「進則勝，退則死，走者令後隊剿殺。」於是莫敢返顧，皆死戰，大破之，斬復，餘黨奔潰。乘勝逐北，追至宿遷，賊尚萬人，方擁子女椎牛縱酒。世忠單騎夜造其營，呼曰：「大軍至矣，亟束戈卷甲，吾能保全汝，共功名。」賊駭慄請命，跪進牛酒。世忠下馬解鞍，飲啖之盡，於是衆悉降。

授單州團練使，屯滹沱河。時真定失守，世忠知王淵守趙，亟援之。金人至，聞世忠在，攻甚急，糧盡救絶。人勸潰圍去，弗聽。會大雪，夜半，以死士三百擣敵營。敵驚亂，自相擊刺，及旦盡遁。有自金國來者，言其大帥是夜被創死，故衆不能支。

康王如濟州，世忠率所部勸進。高宗即位，授光州觀察使，與諸將討平群盗，入備宿衛。嘗請移都長安，下兵收兩河，時論不從。

建炎二年，擢定國軍承宣使。帝如揚州，世忠以所部從。張遇自金山來降，抵城下，不解甲，人心危懼，世忠獨入其壘，曉以逆順，衆悉聽命。授鄜延路副總管，屯淮陽。

三年，帝召諸將議移蹕，張俊、辛企宗請往湖南，世忠曰：「淮、浙富饒，今根本地，詎可舍而之他？人心懷疑，一退避，則不逞者思亂，重湖、閩嶺之遥，安保道路無變乎？」世忠在陽城，收合散亡得數千人，聞帝如錢塘，方赴行在。而苗傅、劉正彦之亂作，張浚等在平江議討之，世忠適至，浚喜，以書招之。世忠見書大慟，舉酒酹神曰：「誓不與此賊共戴天。」入見浚曰：「今日大事，世忠願與張俊任之，公無憂。」

三月戊戌，以所部發平江。至秀州，稱病不行，造雲梯，治器械，苗劉始懼。時世忠妻梁氏及子亮爲傅所質，朱勝非紿傅曰：「今遣慰世忠，則平江諸人益安矣。」於是召梁氏入，封安國夫人，俾迓世忠，梁氏疾驅出城，一日夜會世忠於秀州。未幾，明受詔至，世忠曰：「吾知有建炎，不知有明受。」斬其使，取詔焚之，進兵益急，傅等大懼。進次臨平，賊將苗翊、馬柔吉負山阻河爲陳，中流植鹿角，梗行舟。世忠舍舟力戰，張俊繼之，劉光世又繼之。軍少却，世忠復舍馬操戈而前，令曰：「今日當以死報國，面不被數矢者皆斬。」於是士皆用命。賊列神臂弩持滿以待，世忠瞋目大呼，挺刃突前，賊辟易，矢不及發，遂大敗。傅、正彦擁精兵二千，開湧金門以遁。

世忠馳入，帝步至宮門，握世忠手慟哭曰：「中軍吴湛佐逆爲最，尚留朕肘腋，能先誅乎？」世忠即謁湛，握手與語，折其中指，戮於市，又執賊謀主王世修以屬吏。世忠請於帝曰：「賊擁精兵，距甌、閩甚邇，倘成巢窟，卒未可滅，臣請討之。」於是以爲江、浙制置使，自衢、信追擊，至漁梁驛，與賊遇。世忠步走挺戈而前，賊望見，咋曰：「此韓將軍也！」皆驚潰。擒正彦及傅弟翊送行在，傅亡建陽，追擒之，皆伏誅。世忠初陛辭，奏曰：「臣誓生獲賊，爲社稷刷耻，乞殿前二虎賁護俘來獻。」至是，卒如其言。帝手書「忠勇」二字，揭旗以賜。

命守鎮江，及烏珠分道渡江，諸屯皆敗，世忠亦退保江陰。烏珠自廣德破臨安，帝如浙東。世忠以前軍駐青龍鎮，中軍駐江灣，後軍駐海口，俟敵歸邀擊之。

會上元節，在秀州張燈高會，忽引兵趨鎮江。金兵至，則世忠軍已先屯焦山寺。烏珠遣使通問，約日大戰，許之。戰將十合，梁夫人親執桴鼓，金兵終不得渡。盡歸所掠假道，不聽。請以名馬獻，又不聽。達喇在濰州，遣貝勒太一趨淮東，以援烏珠軍江北，烏珠軍江南，世忠以海艦進泊金山下，預以鐵綆貫大鈎授驍健者。敵舟譟而前，則分海舟爲兩道出其背，每縋一綆，則曳一舟沈之。烏珠窮蹙，求會語，祈請甚哀。世忠曰：「還我兩宫，復我疆土，則可以相全。」烏珠語塞。又數日，求再會，言不遜，世忠引弓欲射之，亟馳去，謂諸將曰：「南人使船如使馬，奈何？」募人獻破海舟策。閩人王某者，教以舟中載土，平版鋪之，穴船版以擢槳，風息則出江，有風則勿出。海舟無風，不可動也。又有獻謀者曰：「鑿大渠接江口，則在世忠上流。」烏珠一夕潛鑿渠三十里，次日風止，官軍帆弱不能運，金人以小舟縱火，矢下如雨。孫世詢、嚴允皆戰死，烏珠得絶江遁去。

初，世忠料敵至必登金山廟，覘我虚實。乃遣兵百人伏廟中，百人伏岸滸，約聞鼓聲，岸兵先入，廟兵合擊之。金人果五騎闖入，廟兵喜，先鼓而出，僅得二人，逸其三。中有絳袍玉帶、墜而復馳者，乃烏珠也。是役也，烏珠兵號十萬，世忠僅八千餘人。相持於黄天蕩者四十八日，帝六賜札褒之。拜檢校少保。

范汝爲反，於建安勢甚熾，命世忠討之。世忠曰：「建居閩嶺上流，賊沿流而下，七郡皆血肉矣。」亟領步卒三萬，水陸并進。次劍潭，賊焚橋，世忠策馬先渡，師遂濟。賊盡塞要路，世忠令諸軍偃旗仆鼓，徑抵鳳凰山，俯瞰城邑，設雲梯火樓，連日夜併攻，賊震怖。五日城破，汝爲竄身自焚，斬其弟岳、吉，擒其謀主裨将等五百餘人。

世忠欲盡誅建民，李綱自福州馳見世忠曰：「建民多無辜。」世忠即令軍士馳城上勿下，聽民自相别，農給牛穀，商賈弛征禁，脅從者汰遣，獨取附賊者誅之。民感更生，世忠謂之曰：「活汝者，李相公也。」

曹成擁餘衆在郴。邵。世忠既平閩寇，旋師永嘉，若将休息者。忽由處、信徑至豫章，連營江濱數十里，賊不虞其至，大驚。世忠招之，成以衆降，得戰士八萬，遣詣行在。遂移師長沙。

時劉忠有衆數萬，據白面山，營栅相望。世忠與賊對壘，奕棋張飲，堅壁不動，衆莫測。一夕，與蘇格聯騎穿賊營，候者呵問，世忠先得賊軍號，隨聲應之，周覽以出，喜曰：「此天錫也。」夜伏精兵二千於白面山，與諸将拔營而進，賊兵方迎戰，所遣兵已馳入中軍，奪望樓，植旗盖，傳呼如雷。賊回顧驚潰，麾将士夾擊，大破之，斬忠首，湖南遂平。授太尉，師還建康，置背嵬軍，皆勇鷙絶倫者。

四年，以江東宣撫使駐鎮江。金人與劉豫合兵，分道入侵。帝手札命世忠，詞旨懇切。世忠受詔，泣曰：「主憂如此，臣子何以生爲？」遂自鎮江濟師，俾統制解元守高郵，候金步卒，親提騎兵，當敵騎，伐木爲栅，自斷歸路。

會魏良臣使金，世忠撤炊爨，紿良臣曰：「有詔移屯守江。」良臣疾馳去。世忠度良臣已出境，即上馬令軍中曰：「視吾鞭所向。」於是引兵次大儀，勒五陳，設伏二十餘所，約聞鼓聲即起擊。良臣至金軍中，金人問王師動息，具以所見對。聶爾貝勒聞世忠退，喜甚，引兵至江口，距大儀五里，别将托卜嘉擁鐵騎過五陳東。世忠傳小麾鳴鼓，伏兵四起，旗色與金人旗雜出，金軍亂，官軍迭進。背嵬軍各持長斧，上揕人胸，下斫馬足。敵被甲陷泥淖，世忠麾勁騎四面蹂躪，人馬俱斃，遂擒托卜嘉等二百餘人。

所遣董旼亦敗金人於天長縣之鵶口，擒四十餘人。解元至高郵，遇敵，設水軍夾河陣，日合戰十三，相拒未決。世忠遣成閔将騎士往援，復大戰，敗之。世忠親追至淮，金人驚潰，相蹈藉，溺死甚衆。

捷聞，群臣入賀，帝曰：「世忠忠勇，朕知其必能成功。」沈與求曰：「自建炎以來，将士未嘗與金人一戰，今世忠連捷以挫其鋒，厥功不細。」於是部将皆峻擢有差，論者以是役爲中興武功第一。

時達喇屯泗州，烏珠屯竹塾鎮，爲世忠所扼。金饋道不通，野無所掠，殺馬而食，烏珠夜引軍還，劉麟、劉猊棄輜重遁。

五年，進少保。

六年，授京淮路宣撫使，置司楚州。世忠披草萊，立軍府，與士同力役。夫人梁氏親織簿爲屋。将士有怯戰者，遺之巾幗，以耻之，人人奮厲。撫集流散，通商惠工，山陽遂爲重鎮。張浚以右相視師，命世忠圖淮陽。兵至城下，爲敵所圍。世忠奮戈一躍，潰圍而出，不遺一鏃。呼延通與金将雅哈貝勒搏戰，扼其吭而擒之，乘鋭掩擊，金人敗去。世忠遂圍淮陽，烏珠與劉猊救之。世忠勒陣向敵，使人傳語曰：「錦衣驄馬立陣前者，韓相公也。」或危之，世忠曰：

「不如是，不足以致敵。」敵至，殺其導戰二人，遂引去。尋詔班師，歸楚州，淮陽民從而歸者以萬計。

七年，築高郵城，民益安之。

初，世忠移屯山陽，遣間結山東豪傑，約以緩急爲應，宿州馬秦及太行群盜，多願奉約束者。金人廢劉豫，中原震動，世忠謂機不可失，乞全師北討，招納歸附，爲恢復計，不聽。秦檜主和議，命世忠移屯鎮江。世忠言：「金人詭詐，恐以計緩我師，乞留此軍蔽遮江、淮。」又力陳和議之非，章數十上。金使者來，以詔諭爲名，世忠聞之，四上疏諫，且曰：「願舉兵決戰，兵勢最重處，臣請當之。」又言：「金人欲以劉豫相待，恐人心離散，士氣凋沮。」既而伏兵洪澤鎮，將殺金使，不克。

十年，世忠圍淮陽，金人來救，世忠迎擊於洳口鎮，敗之。又遣解元擊金人於潭城，劉寶擊于千秋湖，皆捷。親隨将成閔從統制許世安奪淮陽門而入，大戰門内。世安中四矢，閔被三十餘創，復奪門以出。世忠上其功，閔由是知名。世忠在楚州十餘年，兵僅三萬，而金人不敢犯。

及秦檜收三大将權，拜樞密使，世忠遂以所積軍儲錢百萬貫，米九十萬石，酒庫十五歸於國。復抗疏言秦檜誤國。檜諷言者論之，帝寢其奏不下。世忠連疏乞骸骨。十月，罷奉朝請，封福國公。自此杜門謝客，口不言兵，時跨驢攜酒，從一二奚童，縱游西湖以自樂，平時将佐罕得見其面。

十三年，封咸安郡王。

二十一年八月，卒，贈太師。

世忠初得疾，將吏入問，世忠曰：「吾以布衣百戰，致位王公，賴天之靈，保首領没於家，諸君尚哀其死耶？」嘗戒家人曰：「吾名世忠，汝曹毋諱『忠』字，諱而不言，是忘忠也。」性忠義勇敢，事關廟社，必流涕極言。岳飛冤獄，舉朝無敢出一語，世忠獨詣檜，詰之。又抵排和議，觸檜尤多，或勸止之，世忠曰：「今畏禍苟同，他日瞑目，豈可受鐵杖於太祖殿下？」與檜同在政地，一揖外未嘗與談。

嗜義輕財，錫賚悉分將士。持軍嚴重，與士卒同甘苦，器仗規畫，精絶過人，凡克敵弓、連鎖甲、狻猊鍪及跳澗以習騎，洞貫以習射，皆其遺法也。嘗中毒矢入骨，以强弩括取之，十指僅全四，不能動，刀痕箭瘢如刻畫。然知人善奨用，成閔、解元、王勝、王權、劉寶、岳超起行伍，秉將旄，皆其部曲云。解兵罷政，卧家凡十年，澹然自若，如未嘗有權位者。

子彦直、彦質、彦古，皆以才見用。孝宗朝，追封蘄王，謚忠武，配享高宗廟庭。

論曰：中興諸將，首推岳、韓，非獨用兵之能，乃其忠誠義勇，遠過於人。世忠章數十上，與秦檜争和議之非，不以禍福介意。其在行間，挺身決鬬，百戰不怠，老而益奮，非夫忠義激於其心者，其孰能之？飛多方面之功，而世忠扃鑰北户，與金人進退，如邀烏珠於金山，擒卜嘉於大儀，皆呼吸存亡在於俄頃，世忠身獨任之。張俊、劉光世輩未有肯與爲首尾者也。至誅苗劉，平群盜，功尤多，固將帥中社稷臣也。

劉錡

劉錡，字信叔，德順軍人，節度使仲武第九子也。美儀狀，善射，聲如洪鐘。常從仲武征討，牙門水斛滿，以箭射之，拔箭水注，隨以一矢窒之，人服其精。宣和間，授閤門祗候。高宗即位，録仲武後，召見奇之，授閤門宣贊舍人，知岷州，爲隴右都護。與夏人戰屢勝，夏人兒啼，輒怖之曰：「劉都護來。」張浚宣撫陝西，奇其才，以爲涇原經略使兼知渭州。紹興六年，權提舉宿衛親軍。帝駐平江，解潛、王彦兩軍交鬬，俱罷，命錡兼將之。扈從赴金陵。

十年，金人歸三京，以錡充東京副留守。所部八字軍三萬七千人，將發，益以殿司三千人，皆攜老幼而行。錡自臨安泝江絶淮，凡二千二百里。至渦口，方食，暴風拔坐帳，錡曰：「此賊兆也，主暴兵。」即下令兼程而進，未至，順昌三百里，果聞金人敗盟南下。錡舍舟陸行，先趨順昌。庚寅，諜報金人入東京。知府事陳規見錡問計，錡曰：「城中有糧，則能與君共守。」規曰：

「有米數萬斛。」錡曰：「可矣。」及旦，金騎已入陳。

錡與規斂兵入城，爲守禦計。召諸將計事，皆曰：「金兵不可敵也，請以精鋭爲殿，步騎遮老少順流還江南。」錡曰：「吾本赴官留司，今東京雖失，幸全軍至此，有城可守，奈何棄之？吾意已決，敢言去者，斬！」部將許清議與錡合，錡大喜，鑿舟沈之，示無去意。置家寺中，積薪於門，戒守者曰：「脱有不利，即焚吾家，毋辱敵手也。」分命諸將守諸門，明斥堠，募土人爲間探。於是軍士皆奮，男子備戰守，婦人礪刀劍，争呼躍曰：「平時人欺我八字軍，今日當爲國家破敵立功。」

時守備一無可恃，錡躬自督勵，取僞齊所造癡車，以輪轅埋城上。又撤民户扉，周匝蔽之。凡六日粗畢，而金游騎已涉潁河至城下合圍，錡豫設伏，擒其千户阿哈等二人，詰知韓将軍營白沙渦，距城僅三十里。即遣千餘人夜往擊之，連戰，殺敵頗衆。既而三路都統葛王褎以兵三萬，與龍虎大王合兵薄城。錡令開諸門，金人疑不敢近。

初，錡傳城築羊馬垣，穴垣爲門。至是，蔽垣爲陳，金人縱矢，皆自垣端軼著於城，或止中垣上。錡用破敵弓翼以神臂、强弩，自城上或垣門射敵，無不中。金兵稍却，復以步兵邀擊，溺河死者不可勝計，破其鐵騎數千。

順昌受圍四日，金兵益盛，乃移砦於東村，距城二十里。錡遣驍将閻充募壯士五百人，夜斫其營。是夕，天欲雨，電光四起，見異服者輒殲之。金兵退十五里。錡復募百人以往，或請銜枚，錡笑曰：「無以枚爲也。」命折竹爲嘂，人持一以爲號，直犯金營。電所燭則皆奮擊，電止則匿不動，敵衆大亂。百人者聞吹聲則聚，金人益不能測，終夜自戰，積屍盈野，退軍老婆灣。

烏珠在汴聞之，即索靴上馬，不七日至順昌。錡聞烏珠至，會諸將問計，或請乘屢捷之勢，具舟全軍而歸。錡曰：「朝廷養兵十五年，正爲緩急之用，況已挫賊鋒，軍聲稍振，且敵營甚近，而烏珠又來，吾軍一動，彼躡其後，則前功俱廢。使敵侵軼兩淮，震驚兩浙，則平生報國之志，反成誤國之罪矣。」衆皆感動，奮曰：「惟太尉命。」

錡募得曹成等二人，諭之曰：「遣汝作間，第如我言，敵必不汝殺。今置汝綽路騎中，汝遇敵則佯墜馬，爲敵所得。敵問我何如人，則曰：『太平邊帥子，喜聲伎，朝廷以兩國講好，使守東京圖逸樂耳。』」二人如言，烏珠大喜，曰：「此城易破耳。」即置鵞車砲具不用。翼日，錡登城，望見二人械而來，縋而上之，械上繫文書一卷，錡恐惑衆，立焚之。

烏珠責諸將喪師，衆皆曰：「南朝用兵，非昔比，元帥臨城自見。」錡遣耿訓約戰，烏珠怒曰：「劉錡何敢與我戰？以吾力破爾城，直用靴尖趯倒耳。」訓曰：「太尉非但請與太子戰，且謂太子必不敢渡河，願獻浮橋五所，濟而大戰。」烏珠曰：「諾。」乃下令明日府治會食。遲明，錡果爲五浮橋於潁河上，敵既濟，錡陰遣人毒潁上流及草中，戒軍士：「雖渴死，毋得飲於河。」敵用長勝軍嚴陣以待，諸帥各居一部。衆請先擊韓将軍，錡曰：「擊韓雖退，烏珠精兵尚不可當，法當先擊烏珠。烏珠一動，則餘無能爲矣。」

時天大暑，敵遠來疲敝，人馬飢渴，食水草者輒病，往往困乏。而錡士氣閒暇，皆番休更食羊馬垣下。方晨清涼，錡按兵不動，逮未、申間，忽遣數百人出西門接戰。俄以數千人出南門，戒勿喊，但以鋭斧犯之。統制官趙撙、韓直身中數矢，戰不肯已，士殊死鬭，入其陣，刀斧亂下，敵大敗。

方大戰時，烏珠被白袍，乘甲馬，以牙兵三千督戰，兵皆重鎧甲，號「鐵浮圖」。戴鐵兜牟，周匝綴長簷。三人爲伍，貫以韋索，每進一步，即用拒馬擁之，退不可却。錡軍以槍標去其兜牟，大斧斷其臂，碎其首。敵又有長勝軍以鐵騎分左右翼，號「拐子馬」，專以攻堅，戰酣然後用之。自用兵以來，所向無前。至是，亦爲錡兵所殺。敵既敗，錡遽以拒馬木自障，少休。城上鼓聲不絶，出飯羹，坐餉戰士如平時，敵披靡不敢近。食已，撤拒馬木，深入斫敵，又大破之。棄尸斃馬，血肉枕藉，車旗器甲，積如山阜。是夕大雨，平地水深尺餘。乙卯，烏珠拔營北去，錡追之，死者又萬數。是役也，金兵數十萬，而錡兵不過數萬，出戰僅五千人。錡能以逸待勞，以故輒勝。捷聞，帝甚喜，授錡武泰軍節度使，知順昌府、沿淮制置使。

時洪皓在燕，密奏：「順昌之捷，金人震恐，諸凡燕之重寶珍器，悉徙而北，欲捐燕以南棄之。」故議者謂是時諸將協力進兵，則烏珠可擒，汴京可復。未幾，秦檜以和議召還諸將，錡亦還太平州。

十一年，烏珠復南下。錡引兵會諸將據東關，出清溪，兩戰皆捷。復與諸將敗烏珠於柘皋，又追敗之於東山。金人望見曰：「此順昌旗幟也。」即退走。

初，錡名位最在諸將後，以順昌之捷驟貴。張俊、楊沂中等深嫉之。二人還朝，誣錡戰不力，秦檜陰主之，遂罷錡知荊南府。岳飛請留錡掌兵，不聽。

錡在荊南六年，軍民安之。及魏良臣言錡名將，不當久閒。乃復加太尉，帥荊南府。

三十一年，金主亮調兵六十萬，自將而南，中外大震。時諸名將多已物故，而錡病劇，不能將兵。金人且渡江，會都督府參贊軍事虞允文督舟師大破金人於采石，已而謁錡問疾，錡執允文手曰：「疾何必問？朝廷養兵三十年，一技不施，大功乃出一儒生，我輩愧死矣。」

三十二年閏二月，錡憤懣，嘔血數升而卒。謚武穆。

錡慷慨深毅，有儒將風。金主亮之南也，下令有敢言錡姓名者，罪不赦。枚舉南朝諸將，問其下孰敢當者，其答如響，至錡，莫有應者。亮曰：「吾自當之。」世傳錡通陰陽家，行師知所避就。錡在揚州，用石灰畫白城壁，書曰：「完顏亮死於此。」亮多忌，見而惡之，遂居龜山，人衆不可容，卒以致變云。

論曰：順昌之捷，戰功甚偉。考其審機觀變，自始至終，皆有成算，非僥倖而勝者也。兵法：攻瑕則堅者瑕。此謂兵力略相當，可以摇撼。而動若烏珠之於錡，人衆相十，氣勢相百，縱能擊敗其偏師，適自耗其力耳。而烏珠之中軍虎旅百萬，豈能損其秋毫哉？故錡不用諸将之策，直以勞逸之勢攻之，有以也哉！

史傳三編卷三十七

名臣傳二十九

宋

劉子羽

劉子羽，字彦脩，其先京兆人，十三世祖翺，後唐清泰中官建州，因家崇安。父韐，第進士，嘗攝鄜延帥，出奇兵擣夏人，解震武圍。未幾，夏人納款，知越州，擊敗方臘，守真定，招降賊首柴宏，却金人之兵。京師陷，遣詣金營。尼雅滿素知其名，命僕射韓正館之，正曰：「軍中方議立異姓，欲以君代正爲僕射，北向取富貴，在此行矣。」韐仰天大呼，退而自書曰：「貞女不更二夫，忠臣不事二君，况主憂臣辱，主辱臣死，予今必死，所以報國。」即沐浴更衣，酌巵酒而縊。

子羽，宣和初爲韐主管浙東幕府機宜文字，以破睦賊功，再遷衛尉丞。從父守真定，誓以必死，金人不能拔而去。

建炎中，大將范瓊擁强兵在江西，召之弗來，來又不肯釋甲。張浚與子羽密謀誅之。一日，浚命張俊以千兵甲來，若備他盗者。因設酒食召俊、瓊及劉光世赴都堂議事，食已，相顧未發。子羽就廡下，取黄紙趨前，麾瓊下曰：「有敕召，將軍詣大理置對。」瓊愕視不知所爲，子羽顧左右擁置輿中，衛以俊兵，送獄。光世出撫其衆，曰：「所誅止瓊爾，等固天子自將之兵也。」皆應曰：「諾。」有旨分隸御營五軍，頃刻而定。浚大奇其材。

除徽猷閣待制，參議川、陝宣撫軍事，開幕府秦州，節制五路，規以五年而後出師。金人窺江、淮急，浚念禁衛寡弱，計所以分撓其勢，欲合五路之兵以進。子羽以非本計，争之，不得。未幾富平失利，人情洶洶，有建策徙治夔州者，子羽叱曰：「孺子可斬也！四川全盛，敵久欲入寇，直以川口有鐵山、棧道之險，未敢遽窺。今不堅守，而僻處夔、峽，與關陝聲援不聞，進退失計，悔將何及。宣司但當留駐興州，外繫關中之望，内安全蜀之心。急遣官屬出關，呼召諸將，收集散亡，分布險隘，堅壁固壘，觀釁而動。」浚然其言。子羽即自請奉命北出，至秦州，召諸亡將。諸將聞命大喜，悉衆來會。分兵守險塞，敵知有備，引去。

明年，復來攻，浚移治閬州，子羽請獨留河池，調護諸將，以通内外聲援。會秦鳳、金房二鎮皆飢，鎮帥吴玠、王彦皆願得子羽守漢中，浚承制拜爲利州路經略使兼知興元。既至，通商輸粟，二鎮獲安。除寶文閣直學士。

金人復攻金州，彥失守，退保石泉。子羽急移兵守饒風關，馳告玠。玠自鎮晝夜馳至，列營拒守，金兵悉力仰攻，死傷山積，更募死士，由間道繞出關後，全蜀大震。玠邀子羽去，子羽固持不可，留玠同守定軍山，玠亦難之。

子羽焚興元，退守三泉縣，從兵不滿三百，取草芽、木甲而食，遺玠書訣別。玠時在仙人關，其愛將楊政大呼軍門曰：「節使不可負劉待制，不然，政輩亦舍節使去矣。」玠乃間道與子羽會，子羽留玠共守三泉。玠曰：「關外，蜀之門户，不可輕棄。」復往守仙人關。子羽就山築壁壘，金人至，子羽據匡床，坐壘口。諸將泣告曰：「此非待制坐處。」子羽慷慨語曰：「子羽今日死于此。」諸將皆奮，會敵乏食，引去。子羽與玠合擊，敗之于金牛鎮，始還興元。

金人入梁、洋，浚欲移潼川，子羽遺浚書，言已在此，金人必不敢南，浚乃止。薩拉噶遣人持書旗來招，子羽斬之，縱其一還，寄語云：「欲來即來，吾有死爾，何可招也？」先是，金人再窺蜀，爲必取計。子羽預徙梁、洋公私之積，敵無所掠，餽餉不繼，腹背受攻，疫癘且作，故亟引去。浚雖衂師，卒能全蜀，子羽之功居多。

尋坐與浚俱罷，責授單州團練副使，泉州安置。

吴玠始爲裨將，未知名。子羽獨奇之，薦于浚。至是，玠上疏訟子羽功，請納節贖罪。得復元官。

浚還朝，請子羽知鄂州。再視師荆襄、川、陜，遣往撫諭川、陜，還言：「金人未可圖，宜益兵屯田，以俟機會。」及浚劾罷，劉光世欲以兵屬子羽，子羽固辭，改知泉州。會酈瓊叛，浚罷相。子羽安置漳州。金人復入，浚薦復元官，知鎮江充沿江安撫使。建議清野，徙淮東人于鎮江，撫以恩信，兵民雜居，無敢相侵者。

未幾，議和，秦檜風諫官論罷之，卒，謚忠定。翺之裔孫名頜者，收峒寇有功，謚忠簡。名純者，死邵武寇，立廟，封忠烈。韐，謚忠顯。子羽子珙，字共父，謚忠肅。世號「五忠劉氏」云。

論曰：子羽佐父韐守真定時，年未弱冠，孤城疲卒，當大敵壓攻，神志不懾，守禦有方。迨韐死忠義，子羽佐張浚宣撫川陜，挾吴玠共圖厥功，危急存亡之秋，勁節遠略，可謂具文武長才矣。一門五忠，弟子輩以學有淵源，爲考亭師，偉哉！

吴玠　璘

吴玠字晉卿，德順軍隴干人。父葬永洛城，因徙焉。少沉毅有志節，知兵善騎射，讀書能通大義。未冠，以良家子隸涇原軍，累功權涇原第十將。靖康初，夏人攻懷德軍，玠以百餘騎追擊，斬首百四十級，擢第二副將。

建炎二年，金人略秦雍。都統制曲端以玠爲前鋒，逆擊大破之，追奔三十里。權涇原路兵馬都監兼知懷德軍。攻華州，拔之。

三年冬，劇賊史斌欲犯長安，玠擊斬之，遷忠州刺史。張浚巡關陝，劉子羽稱玠及其弟璘材勇，浚與玠語，大悦，即授統制，尋舉爲秦鳳副總管，知鳳翔府。時兵火之餘，玠勞來安集，民賴以生。

九月，浚合五路兵，與金人戰而敗，巴蜀大震。玠收散卒保和尚原，積粟繕兵，列柵爲死守計。或勸玠退守漢中，以扼蜀口，玠曰：「我保此，敵懼吾躡其後，不能越我而進，是所以保蜀也。」玠在原上，鳳翔民感其惠，夜輸芻粟助之。玠賞以銀帛，民益喜，輸者益多。金人雖邀殺之，民冒禁如故。

紹興元年，金將摩哩與烏嚕舍赫約日攻和尚原，烏嚕舍赫先期至，陣北山索戰，玠令諸將堅陣待之，更戰迭休。山谷路狹多石，馬不能行，金人舍馬步戰，大敗，移砦黄牛，會大風雨雹，遂引去。摩哩方攻箭筈關，玠復遣將擊退之，兩軍終不得合。

始，金人之入也，玠與璘以散卒數千駐原上，朝問隔絶，人無固志。有謀劫玠兄弟北去者，玠知之，召諸將歃血盟，勉以忠義。將士皆感泣。張浚上其功，承制拜明州觀察使。居母憂，起復，兼陝西諸路都統制。

金人自起海角，狃常勝，及與玠戰輒北，憤甚，謀必取玠。十月，烏珠會諸道兵十餘萬，攻和尚原。玠令諸將選勁弓强弩，分番迭射，號「駐隊矢」，連發不絶，繁如雨注。敵稍却，則以奇兵旁擊，絶其糧道。度其困且走，設伏于神坌以待。金兵至，伏發，大亂。縱兵夜擊，大敗之。烏珠中流矢，僅以身免。張浚承制以玠爲鎮西節度使，璘爲涇原路馬步軍副總管。

二年，命玠兼宣撫處置使，節制興、文、龍三州。金久窺蜀，以和尚原扼其衝，不得逞，將出奇取之。時玠在河池，金人用叛將李彦琪駐秦州，睨仙人關以綴玠。復令游騎出熙河以綴關師古，而薩拉噶自商於直擣上洋。

三年正月，取金州。二月，長驅趨洋、漢，興元守臣劉子羽急令田晟守饒風關，驛書召玠入援。玠自河池日夜馳三百里，以黄柑遺敵曰：「大軍遠來，聊用止渴。」薩拉噶大驚，以杖擊地曰：「爾來何速耶？」遂大戰饒風嶺。金人被重鎧，登山仰攻。一人先登則二人擁後，先者既死，後者代攻。玠軍弓弩亂發，大石摧壓，如是者六晝夜，死者山積而敵不退。會玠有小校得罪奔金者，導以祖溪間路，出關背，乘高以闞饒風。諸軍不支，遂潰，玠退保西縣。敵入興元，子羽退保三泉，築潭毒山以自固，玠走三泉會之。未幾，金人北歸，玠急遣兵邀于武休關，掩擊其後軍，墮澗死者以千計，盡棄輜重去。金人始謀，本謂玠在西邊，故道險東來，不虞玠馳至。雖入三郡，而得不償失。

四年二月，敵復大入，攻仙人關。先是，璘在和尚原，餉饋不繼。玠又以其地去蜀遠，命璘棄之，經營仙人關右殺狐平，剏築一壘，移原兵守之。至是，烏珠、薩拉噶及劉夔率十萬騎入侵，自鐵山鑿崖開道，循嶺東下。玠以萬人當其衝。璘率輕兵自七方關倍道而至，與金兵轉戰七晝夜，始與玠合。

敵首攻玠營，玠擊走之。又以雲梯攻壘壁，楊政以撞竿碎其梯，以長矛刺之。璘拔刀畫地，謂諸將曰：「死則死此，退者斬！」金分軍爲二，烏珠陣于東，韓常陣于西。璘率鋭卒介其間，左縈右繞，隨機而發。戰久，璘軍少憊，急屯第二隘。金生兵踵至，人被重鎧，鐵鉤相連，魚貫而上。璘以駐隊矢迭射，矢下如雨，死者層積，敵踐而登。薩拉噶駐馬四視曰：「吾得之矣。」翼日，命攻西北樓，姚仲登樓酣戰，樓傾，以帛爲繩，挽之復正。金人用火攻樓，以酒缶撲滅之。玠急遣統領田晟以長刀大斧左右擊，明炬四山，震鼓動地。明日，大出兵。統領王喜、王武率鋭士，分紫、白旗入金營，金陣亂。奮擊，射韓常，中左目，金人宵退。玠遣統制官張彦劫橫山砦，王浚伏河池扼歸路，又敗之。自是金人還據鳳翔，不復妄動矣。拜檢校少師。

玠與敵對壘且十年，常苦遠餉勞民，屢汰冗員，節浮費，益治屯田，歲收至十萬斛。又調戍兵，命梁、洋守將治褒城廢堰，民知灌溉可恃，願歸業者數萬家。

九年，玠卒于仙人關，年四十七，贈少師。

玠善讀史，凡往事可師者，録置座右，積久，牆牖皆格言也。用兵本孫、吳，務遠略，不求小利，故能保必勝。御下嚴而有恩，虚心詢受，雖身爲大將，卒伍至下者得以達情，故士樂爲之死。選用將佐，視勞能爲高下，不以親故、權勢撓之。

玠死，胡世將問玠所以制勝者，璘曰：「璘從先兄有事西夏，每戰，不過一進却之頃，勝負輒分。至金人，則更進迭退，忍耐堅久，令酷而下必死，每戰非累日不決，勝不遽追，敗不至亂。與之角逐滋久，乃得其情。蓋金人弓矢，不若中國之勁利。中國士卒，不若金人之堅耐。吾常以長技洞重甲于數百步外，則其衝突固不能相及。于是選據形便，出鋭卒更迭撓之，與之爲無窮，使不得休暇，以沮其堅忍之勢。至決機于兩陣之間，則璘有不能言者。」方富平之敗，秦鳳皆陷，金人一意睨蜀，東南之勢亦棘，微玠身當其衝，無蜀久矣。故西人至今思之。淳熙中，追封涪王。

璘，字唐卿，玠弟也。從玠多戰功。

紹興三年，累官至榮州防禦使、知秦州。是歲，棄和尚原，别營仙人關，以防金兵深入。四年，烏珠、薩拉噶果以十萬衆至關下，璘自武、階路入援。先以書抵玠，謂殺狐平地闊遠，前陣散漫，須後陣阻隘，然後可以必勝。玠從之，急修第二隘。璘冒圍轉戰，與玠會。敵果極力攻第二隘，諸將有請别擇形勝以守者，璘曰：「兵方交而退，是不戰而走也，吾度敵去不久矣，諸君第忍之。」震鼓易幟，血戰連日。金兵大敗，自是不敢窺蜀者數年。遷定國軍承宣使、知熙州。

九年，升護軍都統制、知秦州。及玠卒，而胡世將制置四川至河池，璘見之曰：「金大兵屯河中府，止隔大慶一橋耳，騎兵疾馳，不五日至川口。吾軍遠在陝西，緩急不可追集，關隘不葺，糧運斷絶，此存亡之秋也。」時朝廷恃和議，欲廢仙人關。世將乃抗奏謂：「當外固歡好，内修守禦。今日分兵，當使陝、蜀相接，聞金人之謀，欲佯棄陝西不顧，使南兵來主之，然後一發取蜀。敵情如是，當爲伐謀之備，仙人關未宜遽廢，魚關倉亦宜積糧。」于是璘僅以牙校三隊赴秦州，留大軍守階、成山砦，戒諸將毋撤備。而世將以宣撫使置司河池。

十年，金薩拉噶渡河入長安，趨鳳翔，陝右諸軍隔在敵後，遠近震恐。世將急召諸將議，參謀孫渥謂河池不可守，請退保仙人原，璘厲聲折之曰：「懦語沮軍，可斬也！璘請以百口保破敵。」世將壯之，指所居帳曰：「世將誓死于此！」乃命田晟以三千人迎敵。璘又遣姚仲拒于石壁砦，敗之。

金呼紐郎君以三千騎衝璘軍，璘使李師顔以驍騎擊走之。呼紐入扶風，復攻拔之，獲三將及士卒百十有七人。薩拉噶怒甚，自戰百通坊，列陣二十里。璘遣姚仲力戰破之。

十一年，與金統軍和珍戰剡家灣，敗之，復秦州及陝右諸郡。

初，和珍與蘇卜實合軍五萬屯劉家圈，璘請討之。世將問策安出，璘曰：「有新立疊陣法，每戰以長槍居前，坐不得起。次最强弓，次强弩，跪膝以俟。次神臂弓。約賊相搏，至百步内，則神臂先發。七十步，强弓併發。次陣如之。凡陣，以拒馬爲限，鐵鈎相連，俟其傷則更代之。遇更代則以鼓爲節。騎，兩翼以蔽于前，陣成而騎退，謂之『疊』。」陣諸將竊議曰：「吾軍其殲于此乎？」璘曰：「此古束伍法也，軍法有之，諸君不識耳。得車戰餘意，無出于此，士心定則能持滿，敵雖鋭，不能當也。」及戰，遂用之。金二帥老于兵，據險自固，前臨峻嶺，後控臘家城，謂官軍必不敢輕犯。先一日，璘會諸將問所以攻，姚仲曰：「戰于山上則勝，山下則敗。」璘以爲然，乃夜半遣仲及王彦銜枚截坡，約上嶺而後發火。二將至嶺，寂無人聲，軍已畢列，萬炬齊發。敵駭愕曰：「吾事敗矣。」蘇卜實善謀，和珍善戰，二帥異議。璘先以兵挑之，和珍果出鏖戰。璘以疊陣法更休迭戰，輕裘駐馬亟麾之，士殊死鬬，金人大敗。降者萬人，和珍走保臘家城，璘圍而攻之。城垂破，會詔班師，世將浩歎而已。明年，竟割和尚原以與敵。撤戍割地，皆秦檜主之也。

十四年，以璘爲西路安撫使，治興州，階、成、和、鳳、文、龍、興七州隸焉。時和議方堅，而璘治軍經武，常如敵至。

三十二年，璘遣姚仲攻德順，四十日不克，以李師顔代之，遣子挺節制軍馬。挺與敵戰于瓦亭，敗之。璘自將至城下，守陴者聞呼「相公來」，觀望咨嗟，矢不忍發。璘按行諸屯，預治黄河戰地，斬不用命者，先以數百騎嘗敵。敵一鳴鼓，鋭士空壁躍出突璘軍。璘軍得先治地，無不一當十。至暮，璘忽傳呼「某將戰不力」，人益奮搏敵，敵大敗，遁入壁。會天大風雷，金人拔營去，凡八日而克。璘入城，市不改肆，父老擁馬迎拜不絶。

孝宗乾道元年詣闕，且朝德壽宫，高宗見璘，歎曰：「朕與卿，老君臣也。」兩朝存勞相踵。拜太傅，封新安郡王。仍領宣撫使，改判興元府。

璘至漢中，修復褒城古堰，溉田數千頃，民甚便之。

三年，卒，年六十六，贈太師，追封信王。

初，璘病篤，命具遺表，曰：「願陛下毋棄四川，毋輕出兵。」不及家事，人稱其忠。

璘剛勇，喜大節，略苛細，讀史曉大義。代兄爲將，守蜀餘二十年，隱然爲方面之重。高宗嘗問勝敵之術，璘曰：「弱者出戰，强者繼之。」高宗曰：「此孫臏三駟之法，一敗而二勝也。」

嘗著兵法二篇，大要謂：「金人有四長，我有四短，當反我之短，制彼之長。四長曰騎兵，曰堅忍，曰重甲，曰弓矢。吾集蕃漢所長，兼收而并用之。以分隊制其騎兵；以番休迭戰制其堅忍；制其重甲，則勁弓强弩；制其弓矢，則以遠尅近，以强制弱。布陣之法，則以步軍爲陣心，左右翼以馬軍爲左右肋，拒馬布兩肋之間。至帖撥增損之不同，則係乎臨機。」知兵者取焉。

璘舉諸將，率以功，有薦才者，璘曰：「兵官非嘗試，難知其才。以小善進之，則僥倖者獲志，而邊人宿將之心怠矣。」

論曰：宋之南渡，巴、蜀最爲上游，所以藩蔽荆襄，控禦關隴者也。二吴兄弟，實經營之始，保和尚原，繼守仙人關，設形勢，據險阻，使金人不得軼越，而下流安矣。及和議既成，將遂分兵撤備，而璘與胡世將力陳其不可，終以保蜀，兄弟相繼數十年，綏輯人民，輔寧國家，可謂悉心以勤其事者，賢于張俊、楊沂中輩遠矣。

高登

高登，字彦先，號東溪，漳浦人。少孤，力學，日誦數千言，刻志勵行。

宣和間，爲太學生。金人攻京師，徽宗出走，登與陳東等上書乞斬蔡京、童貫、王黼、梁師成、李邦彦、朱勔六賊以謝天下。廷臣復建和議，割三鎮，奪种師道、李綱兵柄，登與東再抱書詣闕，軍民不期而會者數萬。王時雍縱兵欲盡殲之，登與十人屹立不動。乃止。

欽宗即位，擢吴敏、張邦昌爲相，敏白李邦彦無辜，乞復用。登上言：「陛下以東宫踐祚，人人翹足以觀新政，奈何相吴敏、張邦昌？復再納邦彦，大失民望。」不報。明日又上言：「陛下有太甲之不明，而朝無阿衡；靡明皇之有初，而遽相林甫。」乞罷敏、邦昌，逐王時雍等，召徐處仁爲相。書五上，俱不報。因謀南歸，聞有旨，張邦昌、李邦彦各與遠郡，趙野、李棁、王孝迪相繼罷斥，徐處仁正台司，登喜曰：「是可以盡言矣。」復上書，言：「諫官所論，陛下批答有云『朕所素定』，有云『朕所不好』，是護所短，而不使人言也。言路塞，則下情壅危，亡可立待矣。」書入，皆不報。

初，金人至，六館諸生將遁去。登曰：「君在可乎？」與林邁等請隨駕，帝不果出。金師退，吴敏諷學官起羅織，登等屏斥還鄉。

紹興二年，高宗駐驛臨安，登以十事投時相，不行，遂于廷對盡言之，以直見忌，授下州文學，尋調富川主簿。憲使董弅聞其名，檄讞六郡獄，仍兼賀州學事。學故有田，罷歸買馬司，登請復其舊。守曰：「買馬與養士，孰急？」登曰：「買馬固急，然學校，禮義由出，一日廢，衣冠之士與堂下卒何異？」守曰：「抗長吏耶？」登曰：「天下所恃以治者，禮義與法度耳，既兩棄之，登亦何言？」守改容從之。尋攝獄事，有囚殺人，守欲薄其罪，曰：「陰德可爲。」登曰：「陰德豈可有心爲之？殺人者死，而可倖免，則被死之冤何由而消？」滿秩，士民丐留不獲，相率餽錢五十萬，不告姓名。登辭之，未知所歸，乃盡爲購書，置于學。歸至新寧，會大飢，州帥連南夫曰：「撫凋瘵者，莫如高主簿。」遂檄以往，至則發廩賑濟，願貸者聽，復爲糜于野以食之，全活萬計。嗣歲大稔，償亦及數。帥、漕列奏，遂改正任。

紹興八年，赴政事堂審察，上疏萬言及時議六篇，其序云：「方今賢才未用，有蔽主者焉。

二府容具位之臣，盈廷多罔上之議，作蔽主上下二篇。財計未足，有蠹國者焉。太倉給冗食之兵，良田膳游手之民，作蠹國上下二篇。兆庶未寧，有害民者焉。冗官起貪殘之念，募役長戕賊之姦，作害民上下二篇。」帝覽而善之，秦檜惡其議己，授静江府古縣令。

至静江，廣西帥沈晦問登何以治縣，登條十餘事，晦曰：「此古人之政，今人詐，恐不可行。」登曰：「忠信可行蠻貊，謂不能行，誠不至耳。但登不差人下鄉，願公不差人下邑。」晦曰：「謹奉教。」

登以「廉謹公仁」四字自警，有所追呼，必寬期限，訟者悉從面決，吏無所容其欺。又新黌宫以來學徒，遠方之士皆贏糧而至，胥徒有辭役而就學者。縣有豪民秦琥爲民害，持吏短長，號「秦大蟲」，登呼至，面數叱下，必寘之法，琥忿而死，一郡稱快。

郡帥胡舜陟謂登曰：「古縣，秦太師父舊治，太師生焉，盍祠之？」登曰：「檜爲相無狀，祠不可立。」又令市熊掌與牛乳，登曰：「踐雪而搏猛獸，非驅民于死乎？將春而奪之牛，是勸農之職乎？」舜陟大怒，摭秦琥事罷之。登適母病，中乞尋醫，不待報去。舜陟遂創檜父祠，且誣以專殺之罪，詔送静江府獄。檜實主之。舜陟逕遣卒至漳浦捕登，登時母死，詣闕上書，求納官贖罪，以終喪。帝覽而憐之，故人有爲右司者，謂登曰：「丞相嘗識君于太學，能一見，終身事且無憂，上書徒爾爲也。」登曰：「登但知有君父，不知有權臣。」既而中書奏故事無納官贖罪，仍下静江府獄。登號泣而歸，葬母畢，詣静江勘所。舜陟先以事下獄死矣，事卒白。辟攝歸善令，差考試潮州。登憤權臣專恣，使諸生論，直言不聞之可畏，策閩、浙水災之所自。時丞相趙鼎在潮，謂曰：「天下主文多矣，未有如公忠誠愛君者。」留語終日。檜聞，取旨編管容州。登時方出潮陽試院歸舊隱與學者講論，州遣使臣謝大作持省符示登，登讀畢，即拜謝上馬，大作謂：「少入告家人，無害也。」登曰：「君命不敢稽。」比夜巡檢領百卒至，兵刃森列，登從容謂曰：「朝廷若賜死，亦當拜勑而後就法。」大作感登忠義，叱巡檢曰：「省符在我手，無他也，吾當以死捍之。」

登至容，種蔬植竹爲終焉之計，家事一不介意。惟聞朝廷所行事小失，則顰蹙不安，大失則慟哭隨之。容本窮陬，聞登至，執經從者數百人，爲講大學中庸之旨。教方行而疾作，以紹興戊辰年卒，有巨星自寢飛出。

登初得疾，召所游訣别，其子扶請更醫，登曰：「原始要終，故知死生之説，吾不起矣。」復請灼艾，登曰：「身體髮膚，受之父母，不敢毁傷。命止此，無益也。」通守黄勲至，曰：「彦先怕痛乎？」登曰：「登嘗獻瞽言，刀鋸鼎鑊且不顧，此何足畏？但無益耳。」因命扶榜于廳事，云：「奉先人遺訓，不受僧道紙篦之類。」語出處行藏及天下大計，累數百言，不及其私。翼日，勲再至，曰：「無所屬乎？」登以手撫床，曰：「天下蒼生，望霖雨。」勲起謝：「勲何足以當此？」揖勲出，焚香端坐而逝。

登少失父，事母至孝。嘗舟行阻風，念無以奉晨羞，忽有白魚躍于舟。母病思鹿肉，夜有虎啣鹿置其門。其學以慎獨爲本，所著有家論及東溪集。後丞相梁克家以其事聞，追復迪功郎。胡銓爲作忠辨。朱子守漳，爲作祠堂記奏，加褒贈。

論曰：登事親孝，事君忠，與陳東等上書請斬六賊，留李綱、种師道，其有功于宋室大矣。至登所自上書，或用或不用，要其關於國是者不小也。爲秦檜阻抑，始終不得大用，而禍且隨之。然其宦游所至，興學息訟，賑飢斷獄，聲績懋著，其所挾持居何等也？程子云：天德王道，其要只在謹獨。登之學以謹獨爲本，故其志存忠義，心懷濟物，歷患難而不以動其心，隨所施而無不得其宜。又能了然於死生之際，可謂存順没寧者矣。

洪皓　朱弁

洪皓，字光弼，番易人。少負奇節，慷慨有經略四方志。

政和五年，登進士第。王黼、朱勔皆欲婚之，力辭。

宣和中，爲秀州司録。大水，民多失業，皓以拯荒自任。白郡守，發廩損直以糶。民坌集，皓恐其紛競，乃别以青白幟，涅其手以識之，令嚴而恩徧。浙東綱米過城下，皓白守邀留之，守不可，皓曰：「願以一身易十萬人命。」人感之切骨，號「洪佛子」。其後秀軍叛，縱掠郡民，無一得脱，惟過皓門曰：「此洪佛子家也。」不敢犯。

時議遣人使金，張浚薦皓，入對，帝語以國步艱難、兩宫遠播，皓言：「天道好還，金人安能久陵中國？此正春秋邲、郢之役，天其或者警晉訓楚也。」帝悦，以皓爲通問使，龔璹副之。行至順昌，與盜遇，譬曉之曰：「自古無白頭賊。」盜悔悟，因使持書招其魁。二魁聽命，領兵入宿衛。

至太原，留幾一年。及至雲中，尼瑪哈迫使仕劉豫，皓曰：「萬里銜命，不得奉兩宫南歸，恨力不能磔逆豫，忍事之耶？留亦死，不即豫亦死，不願偷生鼠狗間，願就鼎鑊無悔。」尼瑪哈怒，將殺之。旁一將唶曰：「此真忠臣也。」目止劍，士爲之跪請，得流遞冷山。

雲中至冷山行六十日，距金主所都僅百里，地苦寒，穴居百家，陳王烏克紳聚落也。烏克紳使皓教其八子，或二年不給食，盛夏衣粗布，嘗大雪薪盡，以馬矢然火煨麪食之。或獻取蜀策，烏克紳以問皓，皓力折之，且曰：「兵猶火也，弗戢必自焚，自古無四十年用兵不止者。」又數言所以來者爲兩國事，乃令深入教小兒，非待使之禮也。烏克紳或答或默，忽發怒，欲殺之。皓曰：「自分當死，但大國無受殺行人之名，願投之水，以墜淵爲辭可也。」烏克紳義之而止。

和議將成，烏克紳問所議十事，皓條析甚至。大略謂封册乃虚名，年號則本朝自有之，金三千兩景德時所無，東南不宜蠶，絹不可增也。至於取淮北人，景德載書猶可覆視。烏克紳悟曰：「吾與汝如燕，遣汝歸議。」遂行。以議不合中止。未幾，烏珠殺烏克紳，株連數千人，獨皓得免，皓遂留燕。

初二帝遷居五國城，皓在雲中密遣人奏書，以桃、梨、粟、麪獻，二帝始知帝即位。皓聞祐陵訃，北向泣血，旦夕臨，爲文以祭，其詞激烈，讀者皆揮涕。

紹興十年，因諜者趙德，書機事數萬言，藏故絮中，歸達于帝。言：「順昌之役，金人震懼，遂將燕山珍寶盡徙以北，意欲捐燕以南棄之。王師亟還，自失機會，今再舉尚可。」

十一年，又求得太后書，遣李微持歸，帝大喜曰：「朕不知太后寧否幾二十年，雖遣使百輩，不如此一書。」是冬，又密奏書曰：「金已厭兵，勢不能久，異時以婦女隨車，今不敢也。若乘勢進擊，再造之功在反掌耳。」又言：「胡銓封事此或有之，金人知中國有人，益懼。張丞相名動異域，惜置之散地。」又問李綱、趙鼎安否，獻六朝御容、徽宗御書。其後梓宫及太后歸音，皓皆先報。

初，皓至燕，宇文虛中已受金官，因薦皓。金主聞其名，欲以爲翰林直學士，皓力辭。皓有逃歸意，請於參政韓昉，乞於真定或大名以自養。昉怒，始易皓爲中京官，皓不就職。又令皓校雲中進士試，皓復以疾辭。未幾，金主以生子大赦，許使人還鄉，皓與張邵、朱弁三人在遣中。

已而，金人懼爲患，遣人追之，七騎及淮，而皓已登舟。

十二年七月，見於内殿，力求郡養母。帝曰：「卿忠貫日月，志不忘君，雖蘇武不能過，豈可捨朕去耶？」請見慈寧宮，帝人設簾，太后曰：「吾故識尚書。」命撤之。皓自建炎己酉出使，至是得還，凡留北中十五年。同時使者十三人，惟皓、弁、邵生還，忠義之聲聞于天下，以皓爲最。皓既對，退見秦檜，語連日，皓曰：「張和公金人所憚，乃不得用。錢塘暫居，而景靈宮、太廟皆極土木之華，豈非示無中原意乎？」檜不悦。八月，除徽猷閣直學士。

金人來取趙彬等三十人家屬，皆吴人仕於金者，詔歸之。皓曰：「昔韓起求環于鄭，鄭，小國也，能引義不與。今遽從之，謂秦無人，益輕我矣。」既而復上疏曰：「恐以不與之故，或致渝盟，宜告之曰：『俟淵聖及皇族歸，乃遣。』」又言：「王倫、郭元邁以身徇國，棄之不取，緩急何以使人？」檜大怒，又言錫納寄聲，錫納者，檜留金密好也。檜益怒，使言者劾皓，出知饒州。又罷爲提舉江州太平觀。

居母喪，終制，除饒州，又責濠州團練副使，安置英州。中官白鍔從太后北歸，素聞皓名，曾言：「洪尚書名聞天下，胡不用？」檜遂係鍔大理獄，流嶺表，九年始復皓朝奉郎，徙袁州，至南雄，卒，年六十八。死後一日，檜亦死。帝聞皓卒，嗟惜之，復徽猷閣學士，謚忠宣。

皓雖久在北庭，不堪其苦，然爲金人所敬，所著詩文，争鈔誦鋟梓。既歸，後使者至，必問皓何官，居何地。性急義，當艱危中不少變。懿節后之戚趙伯璘隸烏克紳戲下，貧甚，皓每賙之。范鎮之孫祖平爲傭奴，皓言于金人而釋之。劉光世庶女爲人豢豕，贖而嫁之。他貴族流落賤微者，皆力拔以出。

皓博學强記，有文集五十卷，及帝王通要、姓氏指南、松漠記聞、金國文具録等書。

朱弁，字少章，徽州婺源人。少穎悟，讀書日數千言。既冠，入太學，晁説之奇之，與歸新鄭，妻以兄女。新鄭多故家遺俗，弁游其中，聞見日廣。靖康之亂，家碎于賊，弁南歸。

建炎初，議遣使問安兩宫，弁奮身自効，詔補修武郎，借吉州團練使，爲通問副使。至雲中，見尼瑪哈，邀説甚切。尼瑪哈不聽，使就館，守之以兵。弁復與書，言用兵講和利害甚悉。

紹興二年，金人忽遣宇文虚中來，言和議可成，當遣一人詣元帥府受書還。虚中欲弁與正使王倫探策決去留，弁曰：「吾來，固自分必死，豈應今日覬幸先歸。願正使受書歸報天子，成兩國之好，早申四海之養于兩宫，則吾雖暴骨外國，猶生之年也。」倫將歸，弁請曰：「古之使者有節以爲信，今無節有印，印亦信也。願留印，使弁得抱以死，死不腐矣。」倫解以授弁，弁受而懷之，卧起與俱。

金人迫弁仕劉豫，且誘之曰：「此南歸之漸。」弁曰：「豫，國賊也，吾嘗恨不食其肉，忍北面臣之乎？吾有死耳。」金人怒，絶其餼遺以困之。弁固拒驛門，忍飢待盡，誓不爲屈。金人亦感動，致禮如初。久之，復欲易其官，弁曰：「自古兵交，使在其間，言可從從之，不可從則囚之、殺之，何必易其官？吾官受之本朝，誓不易以辱吾君也。」移書耶律紹文等曰：「上國之威命朝以至，則使人夕以死，夕以至，則朝以死。」又以書訣後使洪皓曰：「殺行人非細事，吾曹遭之，命也，要當舍生以全義耳。」乃具酒食，召被掠士夫飲，半酣，語之曰：「吾已得近郊某寺地，一旦畢命報國，諸公幸瘞我其處，題其上曰『有宋通問副使朱公之墓』，于我幸矣。」衆皆泣下，莫能仰。視弁談笑自若，曰：「此臣子之常，諸君何悲也？」金人知其終不可屈，遂不復强。

王倫還朝，言弁守節不屈，帝爲官其子林，賜其家銀帛。會尼瑪哈等相繼死滅，弁密疏其事及金國虚實，曰：「此不可失之時也。」遣李發等間行歸報。其後，倫復歸，又以弁奉送徽宗大行之文爲獻，其詞有曰：「歎馬角之未生，魂消雪窖；攀龍髯而莫逮，淚灑冰天。」帝讀之感泣，官其親屬五人，賜吴興田五頃。

八年，金使來，稱弁忠節，詔附黄金三十兩以賜。

十三年，和議成，弁得歸。入見便殿，有所陳奏，帝嘉納之，賜金帛甚厚。又以金國所得六朝御容及宣和御書畫爲獻。秦檜惡其言敵情，再轉僅得奉議郎。

十四年，卒。

弁爲文慕陸宣公，援據精博，曲盡事理。金國名王貴人多遣子弟就學，弁因文字往來説以和好之利。及歸，述北方所見聞忠臣義士朱昭、史玩、張忠輔、高景平、孫益、孫谷、傅偉文、李丹、五臺僧寶真、婦人丁氏、晏氏、小校閻進、朱勣等死節事狀，請加褒録，以勸來者。有騁游集四十二卷、書解十卷、曲洧舊聞三卷、新鄭詩南歸詩文各一卷。

論曰：以洪皓、朱弁之忠，處十死一生之地，十數年間關得歸，中外之人，莫不歎息。而皆沮于秦檜，功不見録，又皆先檜以卒，使坎壈以終其身，何其厄哉！皓之在北，能知金人情形，又能因間使以達于宋，其才智有過人者。使其用于朝廷，或秉節鉞以鎮方隅，其勲業將不可量，而僅使之羈縶困苦于敵人之邦，以節著而不得以功顯，其可爲婉惜也夫，其所成就亦已多也夫。

胡銓

胡銓，字邦衡，廬陵人。建炎二年，高宗策士淮海，銓對策萬餘言，高宗見而異之，將以冠多士，有忌其直者，移置第五。授撫州軍事判官，未上，會隆祐太后避兵贛州，金人躡之，銓以漕檄攝本州幕，募鄉丁助官軍捍禦，第賞轉承直郎。丁父憂，從鄉先生蕭楚學春秋。

紹興五年，張浚開督府，辟湖北倉屬，不赴。有詔赴都堂審察，兵部尚書吕祉以賢良方正薦，賜對，除樞密院編修官。

八年，宰臣秦檜決策主和，金使以「詔諭江南」爲名，中外洶洶。銓抗疏言曰：「臣謹案，王倫本一狎邪小人，市井無賴，頃緣宰相無識，舉以專使。驟得美官，天下之人切齒唾駡。今者無故誘致金使，以『詔諭江南』爲名，是欲臣妾我也，是欲劉豫我也。夫天下者，祖宗之天下也。陛下所居之位，祖宗之位也。奈何以祖宗之天下爲敵國之天下，以祖宗之位爲藩臣之位？陛下一屈膝，朝廷宰執盡爲陪臣，異時無厭之求，安知不加我以無禮如劉豫也哉？今倫之議乃曰：『我一屈膝，則梓宫可還，太后可復，淵聖可歸，中原可得。』嗚呼！自變故以來，主和議者誰不以此啗陛下哉？然而卒無一驗，陛下尚不覺悟，竭民膏血，含恥忍垢，舉天下而臣之甘心焉。就令敵決可和，盡如倫議，天下後世謂陛下何如主？況敵情變詐百出，而倫又以奸邪濟之，梓宫決不可還，太后決不可復，淵聖決不可歸，中原決不可得，而此膝一屈不可復伸，國勢陵夷不可復振，可爲痛哭流涕長太息矣！今内而百官，外而萬民，萬口一談，皆欲食倫之肉，謗議洶洶，陛下不聞，正恐一旦變作，禍且不測。臣竊謂不斬王倫，國之存亡未可知也。雖然倫不足道也，秦檜以腹心大臣而亦爲之。陛下有堯、舜之資，檜不能致君如唐、虞，而欲導陛下爲石晉，近者禮部侍郎曾開等引古誼以折之，檜乃厲聲曰：『侍郎知故事，我獨不知！』則檜之遂非愎諫，已自可見，而乃建白令臺諫、侍臣僉議可否，是蓋畏天下議已，而令臺諫、侍臣共分謗耳。有識之士皆以爲朝廷無人，吁！可惜哉！孫近傅會秦檜，遂得參知政事，天下望治有如飢渴，而近伴食中書，漫不敢可否事。檜曰敵可和，近亦曰可和。檜曰天子當拜，近亦曰當拜。臣嘗至政事堂，三發問而近不答，但曰：『已令臺諫、侍從議矣。』嗚呼！參贊大政，徒取充位如此，尚能折衝禦侮耶？臣竊謂秦檜、孫近亦可斬也。臣備員樞屬，義不與檜等共戴天，區區之心，願斷三人頭，懸竿稿街，然後羈留金使，責以無禮，徐興問罪之師，則三軍之士不戰而氣自倍。不然，臣有赴東海而死耳，寧能處小朝廷求活耶？」

書既上，檜以銓狂妄凶悖，詔除名，編管昭州，給、舍、臺諫及朝臣多救之者，檜迫於公論，乃以銓監廣州鹽倉。明年，改簽書威武軍判官。

十二年，除名，編管新州。

十八年，移謫吉陽軍。

二十六年，檜死，量移衡州。銓之初上書也，宜興進士吴師古鋟木傳之，金人募其書千金。其謫廣州也，朝士陳剛中以啓事爲賀。其謫新州也，同郡王廷珪以詩贈行。皆爲人所訐，師古流袁州，廷珪流辰州，剛中謫知虔州安遠縣，遂死焉。

三十一年，銓得自便。

孝宗即位，復奉議郎，召對，言修德、結民、練兵、觀釁，上曰：「久聞卿直諒。」除吏部郎官。隆興元年，遷秘書少監，擢起居郎。又進言，乞都建康，謂：「漢高入關中，光武守信都，大抵與人鬭，不搤其吭，拊其背，不能全勝。今日大勢，自淮以北，天下之吭與背也，建康則搤之拊之之地也。若進據建康，下臨中原，此高、光興王之計也。」詔議行幸，遂以張浚視師江淮，侍御史王十朋贊之。克復宿州，大將李顯忠私其金帛，且與邵宏淵忿爭，軍大潰。十朋自劾，帝怒甚，銓上疏願毋以小衄自沮。

時旱蝗、星變，詔問政事闕失，銓應詔上書數千言，始終以春秋書災異之法，言政事之闕有十，而上下之情不合亦有十，且言：「堯、舜明四目，達四聰，雖有共、鯀，不能塞也。陛下自即位以來，號召逐客，與臣同召者張燾、辛次膺、王大寶、王十朋，今燾去矣，次膺去矣，十朋去矣，大寶又將去，惟臣在耳。以言爲諱，而欲塞災異之源，臣知其必不能也。」

時以邊事全倚張浚，而王之望、尹穡專主和排浚，銓廷責之。兼權中書舍人。

十一月，詔以和金遣使，大詢于庭，侍從、臺諫預議者凡十有四人。主和者半，可否者半，言不可和者銓一人而已，乃獨上一議曰：「京師失守自耿南仲主和，二聖播遷自何㮚主和，維揚失守自汪伯彦、黄潛善主和，完顔亮之變自秦檜主和。議者乃曰：『外雖和而内不忘戰。』此向來權臣誤國之言也。一溺于和，不能自振，尚能戰乎？」除宗正少卿，乞補外，不許。

先是，金將富察圖們、大周仁以泗州降，蕭琦以軍百人降，詔并爲節度使。銓言：「受降古所難，六朝七得河南之地，不旋踵而皆失。梁武時侯景以河南來奔，未幾而陷臺城。宣、政間，郭藥師自燕雲來降，未幾爲中國患。今金之三大將内附，高其爵禄，優其部曲，以繫中原之心，善矣。然處之近地，萬一包藏禍心，或爲内應，後將噬臍，願勿任以兵柄，遷其衆于湖、廣，以絶後患。」

二年，兼國子祭酒，尋權兵部侍郎。

八月，上以災異避殿減膳，詔廷臣言闕政急務。銓以振災爲急務，議和爲闕政，其議和之書謂：「自靖康迄今，凡四十年，三遭大變，皆在和議。肉食鄙夫，萬口一談，牢不可破。非不知和議之害，而争言和者，是有三説焉：曰偷懦，曰苟安，曰附會。偷懦則不知立國，苟安則不戒酖毒，附會則覬得美官，小人之情狀具于此矣。今日之議若成，則有可弔者十。若不成，則有可賀者亦十。如以臣言爲不然，乞賜竄殛，爲臣子出位犯分之戒。」

是時朝議急于求和，已棄唐、鄧、海、泗四州矣。而金又欲得商、秦地，拘留使者，分兵攻淮。乃命銓以本職措置浙西、淮東海道。時金兵號八十萬，劉寶棄楚州，王彦棄昭關，濠、滁皆陷。惟高郵守臣陳敏拒敵射陽湖，而大將李寶預求密詔爲自安計，擁兵不救。銓劾奏曰：「臣受詔令范榮備淮，李寶備江，緩急相援。今寶視敏弗救，若射陽失守，大事去矣。」寶懼，始出師。時大雪，河冰皆合，銓先持鐵鎚鎚冰，士皆用命，金人遂退。久之，提舉太平興國宫。

乾道初，以集英殿修撰知漳州，改泉州。趣奏事，留爲工部侍郎。入對，言：「少康以一旅復禹績，今陛下富有四海，非特一旅，而即位九年，復禹之効尚未赫然。」又言：「四方多水旱，左右不以告，謀國者之過也，宜令有司速爲先備。」旋乞致仕。

七年，以敷文閣直學士與外祠陛辭，猶以歸陵寢、復故疆爲言。上曰：「朕志也。」且問今何歸，銓曰：「歸廬陵，臣向在嶺海嘗訓傳諸經，欲成此書。」特賜通天犀帶以寵之。

銓歸，上所著易春秋周禮禮記解，詔藏秘書省。尋復原官，累進端明殿學士，召歸經筵。銓引疾力辭，以資政殿學士致仕。卒，謚忠簡。有澹菴集一百卷。

論曰：銓之論議，横厲振發，若決江河而下，若引星辰而上，近古以來，不多見也。固其忠義之所奮發，亦其涵千古之心，蓋一世之氣，有以大過人者歟。銓非徒慷慨尚氣者，觀其早募鄉勇以助軍，晚鎚河冰而退敵，臨事堅決，動即有功，使用其言，安知不廟勝而算乎？才與時違，動即摧挫，然志則與日月争光矣！

史傳三編卷三十八

名臣傳三十

宋

虞允文　陳康伯

虞允文，字彬甫，隆州仁壽人。六歲誦九經，七歲能屬文。以父任入官。丁母憂，哀毁骨立。既葬，朝夕哭墓側，墓有枯桑，兩烏來巢。念父鰥且疾，跬步不忍離左右。父没，始登紹興二十三年進士，通判彭州，權知黎州、渠州。

秦檜當國，蜀士多屏棄。檜死，以中書舍人趙逵薦，召對，謂人君必畏天，必安民，必法祖宗。又論士風之弊，以文章進必抑其輕浮，以言語進必黜其巧僞，以政事進必去其苛刻，庶可任重致遠。且極言四川財賦科納之弊。帝嘉納之。

除秘書丞，累遷禮部郎官。金主亮修汴，已有南侵意。而朝廷置邊備不問，及金使施宜生頗泄敵情，允文乃疏言：「金必敗盟，兵出有五道，願豫備禦。」未幾，借工部尚書充賀正使，還言金人方運糧造舟，而亮又有「看花洛陽」之語，請修淮、海之備。除中書舍人、直學士院。時三衙管軍以宦寺充承受，允文言：「自古人主大權，不移于奸臣，則落於近倖。秦檜盜權十有八年，檜死，權歸陛下。邇來三衙交結中官，宣和、明受厥鑒未遠。」帝大悟，立罷之。

金使來賀生辰，口傳亮悖慢語，欲得淮南地，索將相大臣議事。于是聞金人當窺襄、漢，朝議遣成閔爲京、湖制置使，將禁衛五萬以禦上流。允文曰：「兵來不除道，敵爲虚聲以分我兵，成其出淮奸謀耳。」不聽。

三十一年七月，金主亮徙汴，允文復語宰臣陳康伯：「閔軍約程在江、池，宜令到池者駐池，到江者駐江。若敵出上流，則荆湖之軍捍於前，江池之軍援于後。若出淮西，則池之軍出巢縣，江州軍出無爲可，爲淮西援，是一軍而兩用之。」康伯然其説，然閔軍竟屯武昌。

九月，金命李通爲大都督，造浮梁于淮水上。金主自將，兵號百萬，氈帳相望，鉦鼓之聲不絶。

十月，自渦口渡淮。先是，劉錡措置淮東，王權措置淮西。至是，權首棄廬州，錡亦回揚州，中外震恐。帝欲航海，惟康伯力贊親征。已而權又自和州遁歸，錡回鎮江，遂盡失兩淮。

十一月壬申，金主率大軍臨采石，别以兵争瓜洲。時樞臣葉義問督江淮軍，以允文參軍事。適朝命成閔代錡，李顯忠代權。義問乃使允文往蕪湖趣顯忠交權軍，且犒權軍于采石。丙子，允文至采石，權已去，顯忠未來，敵騎充斥。官軍三五星散，解鞍束甲坐道旁，皆權敗兵也。允文立招諸將，勉以忠義，曰：「金帛、告命皆在此，待有功。」衆皆曰：「願死。」或曰：「公受命犒師，不受命督戰，他人壞之，公任其咎乎？」允文叱之曰：「坐待顯忠，必誤國事，危及社稷，吾將安避？」至江濱，見江北已築高臺，中建黄屋，偵知金人以明日濟江。時敵人實四十萬，馬倍之，宋軍纔一萬八千。允文乃命諸將列大陣不動，分戈船爲五，其二并東西岸而行，其一駐中流，藏精兵代戰。其二藏小港，備不測。部分甫畢，敵已大呼，亮操小紅旗麾數百艘絶江而來，瞬息，抵南岸者七十艘，直薄宋軍。軍少却，允文入陣中，撫時俊背曰：「汝膽略聞四方，立陣後則兒女子耳？」俊即揮雙刀出，士殊死戰。中流官軍亦以海鰌船衝敵舟，皆平沉，敵半死半戰，日暮未退。會有潰軍自光州至，允文授以旗鼓，從山後轉出，敵疑援兵至，始遁。又命勁弓尾擊，大敗之。允文乃犒將士，謂曰：「敵今敗，明日必復來。」夜半，部分諸將，分海舟縋上流，别遣兵截楊林口。丁丑，敵果至，因夾擊之，復大戰，焚其舟三百。既而敵遣詔來諭王權，似有宿約者。允文曰：「此反間也。」即復書言：「權已置典憲，新將李世輔也，願一戰以决雌雄。」亮得書大怒，遂焚龍鳳車，而趨瓜洲。

李顯忠至自蕪湖，允文語之曰：「敵入揚州，必與瓜洲兵合，京口無備，我當往，公能分兵相助乎？」顯忠分萬六千與之。

甲申，允文至京口。楊存中、成閔、邵宏淵諸軍皆會，不下二十萬，惟海鰌船不滿百，戈船半之。允文乃聚財冶鐵，改馬船爲戰艦，且借之平江，遣張深守滁河口，扼大江之衝，以苗定駐下蜀爲援。

庚寅，亮至瓜洲，允文與存中臨江按試，戰士踏車船中流上下，三周金山，回轉如飛，敵持滿以待，相顧駭愕。

乙未，亮爲其下所殺。

帝聞允文之績，嘉歎，謂陳俊卿曰：「允文公忠出天性，朕之裴度也。」詔往兩淮措置。允文奏收兩淮三策，不報。

明年正月，以允文充川陝宣諭使。陛辭，言：「金亮既死，彼國方亂，天相我恢復也。和則海内氣沮，戰則海内氣伸。」帝以爲然。允文至蜀，與大將吴璘經略中原，遂進取鳳翔，復鞏州。孝宗受禪，用史浩議，欲盡棄陝西，退守蜀口。允文言：「恢復莫先于陝西，陝西五路新復州縣又係于德順之存亡，一旦棄之，則窺蜀之路愈多，西和、階、成，利害至重。」前後凡十五疏，争之不能得。

隆興元年，史浩相，遂爲詔書棄地。及允文入對，帝問及棄地，允文以笏畫地，陳其利害。

且言：「今日有八可戰。」帝曰：「此史浩誤朕也。」尋除兵部尚書、湖北京西宣撫使。

時方遣使議和，湯思退又欲棄唐、鄧、海、泗，允文五疏力争，不從。遂乞致仕。罷知平江府，卒棄唐、鄧二州。

二年，金兵復南下，帝乃貶思退，悔不用允文言。

乾道元年，陳俊卿薦允文可大用，拜參知政事兼知樞密院事。是秋，金遣完顔仲議事，偃蹇不敬，允文請斬之。

三年，吴璘卒，擇代，帝諭允文曰：「無以易卿。」即拜資政殿大學士、四川宣撫使。允文過郢，奏築黄鷹山城。過襄陽，奏修府城。至蜀，尤以軍政爲急。閲諸軍，第其壯怯爲三，上備戰，中下備輜重，老者少者不預。握兵凡萬人，减緡錢四百萬。汰去之兵先有勞績者，置員闕處之。興、洋義士者，民兵也。紹興初以七萬計，大散之戰，將不授甲，驅使先官軍，死亡略盡。允文命利帥晁公武覈實，得二萬三千九百餘人。又得陜西弓箭手法，參紹興制爲一書，俾將吏守之。以馬政付張松，奏依舊制分茶馬爲川、秦司。

金、洋、興元歸正人二萬，各分給官田，俾得振業。邛、蜀十四郡告飢，所施荒政凡六十五事。

五年八月，拜右僕射、同中書門下平章事兼樞密使。允文好薦知名士，及爲相，籍人才爲三等，有所見聞即記之，號才館録。凡所舉，帝皆收用，如洪适、汪應辰、胡銓、周必大、王十朋、趙汝愚、晁公武、李燾，皆允文所薦也。帝以兵冗財匱爲憂，允文與俊卿議革三衙雜役，汰冗籍，三軍無怨言。

六年，俊卿以奏留龔茂良，帝震怒，允文請對，極論，帝意稍解，乃命俊卿判福州。後聞金人欲以三十萬騎奉遷陵寢來歸，中外洶洶，允文謂：「金方懲亮，決不輕動，不過以虛聲撼我耳。」敵卒無他。

自莊文太子薨，儲位未定。允文累疏懇陳。七年正月，始下詔立恭王敦爲皇太子。胡銓以臺評去，允文奏留之經筵。銓薦朱子，帝以問允文，允文謂熹不在程頤下，遂召朱子，朱子不至。檢校院以六條抑上書人，允文力言不可，從之。

金使入見，驕倨甚，固請帝降榻問金主起居，帝不許，使跪不起，侍臣錯愕失措。允文請大駕還禁中，因諭之曰：「大駕既興，難再御殿，使人來且隨班上壽。」金使慚而退。

八年四月，御史蕭之敏劾允文，允文上章待罪。上過德壽宮，太上曰：「采石之功，之敏在何許？毋聽其去。」帝爲出之敏，允文言之敏端方，乞召歸以闢言路。帝歎其忠厚。會命選諫官，允文以李彦穎、林光朝、王質對，三人皆鯁亮，又以文學推重于時，帝久不報。而曾覿薦一人，即賜第，擢諫議大夫。允文争之，不從。力求去，授少保、武安軍節度使、四川宣撫使，進封雍國公。

先是，蜀軍月給米一石五斗，不足贍其家，允文捐宣司錢三十萬易米，計口增給。在蜀一歲，淳熙元年卒。後四年，帝幸白石大閱，見軍皆少壯，謂輔臣曰：「允文沙汰之効也。」詔贈太傅，謚忠肅。

允文姿雄偉，長六尺四寸，慷慨有大志，而言動有則度，望而知爲任重之器。早以文學致身臺閣，晚際時難，出入將相垂二十年，孜孜忠勤無二。嘗注唐書五代史，藏于家。有詩文十卷，經筵春秋講義三卷，奏議二十二卷，内外志十五卷行于世。

陳康伯，字長卿，弋陽人。宣和三年，中上舍丙科，累遷太學正。丁内艱，貴溪盜將及其鄉，康伯起義丁逆擊，俘其渠魁，邑得全。通判衢州，攝郡事。盜發白馬原，督州兵濟王師進討，克之。提舉江東常平茶鹽。高宗幸建康，康伯以職事過闕，因請擇將，帝嘉納之。知泉州，海盜間作，康伯以上意招懷，盜多出降，籍爲兵。久之，不逞者陰倡亂，論殺之，州以無事。秩滿，三奉祠，垂十年。

秦檜死，起知漢州，召對，除吏部侍郎。首請節用寬民，凡州縣取民無藝，許監司互察，臺諫彈劾。尋兼禮、户二部。乞約歲用，會所入，儲十之一二，備水旱。復兼刑部。前坐爲檜所陷，未及洗滌者，康伯平讞直冤，士大夫存没多賴之。累擢吏部尚書，參知政事，尋拜尚書右僕射同平章事。

先是，葉義問、賀允中使還，言金必敗盟，康伯請早爲之備，建四策：一增劉錡荆南軍，以重上流；二分畫兩淮地，命諸將結民社，各保其境；三劉寶獨當淮東，將驕卒少，不可倚；四沿江諸郡修城積糧，以固内地。及金主亮南下議舉兵，康伯傳上旨曰：「今日更不問和與守，直問戰當如何。」時帝意雅欲視師，内侍張去爲陰沮之，且陳退避計，中外妄傳幸閩、蜀，人情洶洶。右相朱倬無一語，同知樞密院事周麟之受命聘金，憚不欲行，康伯獨以爲己任，奏曰：「金敵敗盟，天人共憤，今日之事有進無退，聖意堅决，則將士之氣自倍。願分三衙禁旅助襄、漢，待其發應之。」復勉周麟之曰：「使某不爲宰相，當自行，大臣與國存亡，雖死安避。」陳俊卿請用張浚，斬張去爲以作士氣。康伯以俊卿振職，奏權兵部侍郎。

九月，金人抵廬州，王權敗歸，中外震駭，朝臣有遣家豫避者。康伯獨具舟迎家入浙，且令臨安諸城門扃鐍率遲常時，人恃以安。敵迫江上，命楊存中就康伯議之。康伯延之入，解衣置酒，帝聞之稍安。翌日，入奏曰：「聞有勸陛下幸越趨閩者，審爾，大事去矣，盍静以待之。」一日，忽降手詔：「如敵未退，散百官。」康伯焚之而後奏曰：「百官散，主勢孤矣。」帝意既堅，遂下詔親征，以葉義問督江、淮軍，虞允文參謀軍事。允文遂破金兵于采石，金主亮爲其下所殺，金師還。

明年，金世宗遣高忠建來告登位，議授書禮，康伯以誼折之，于是報書始用敵國禮。高宗倦勤，有與子意，康伯密贊大議，草立太子詔以進。及行内禪禮，以康伯奉册。孝宗即位，以病求去，不允。明年，請益堅，遂以太保、觀文殿大學士、福國公判信州。慰勞甚勤。

隆興二年，金兵再入淮甸，人情驚駭，皆望康伯復相。帝出手札，遣使即家起之。未出里門，拜尚書左僕射、同平章事兼樞密使。親故謂康伯實病，宜辭，康伯曰：「不然，吾大臣也，今國事危急，當輿病就道，幸上哀而歸之耳。」道聞邊遽，兼程而進，至闕，詔子、壻扶入見，減拜賜坐。敵師退，尋以目疾免朝謁。

乾道元年正月，丐歸，章屢上，不許。卒年六十九，贈太師，謚文恭。慶元初，配享孝宗廟廷，改謚文正。

論曰：方金主亮之南下也，宋承秦檜秉政之餘，奸回在位，忠良黜遠，武備廢弛，人心離散。是以敵兵甫臨，江淮糜潰，微康伯定議於内，允文決策破敵于外，宋之爲宋，未可知也。當是時，守江之兵既退，上流之師未來，羸卒數千，不足自保，而金人强旅百萬，即日渡江，其危如一髮引千鈞，詎足爲喻。允文不避死亡之責，臨機制變，遂破敵兵、安社稷，雖謝石之振淝水未有若斯之烈也。使用其言，于敵兵未起之前，增修守備，則兩淮不至失守。使用其言，於敵兵方來之時，專固北户，不分兵襄、漢，則江上不至無兵。既失之于前，復能改之於後，此所以爲難乎？允文同時二三賢相，而恢復之功不就者，非其才之不能也，遭金世宗在位，百度修舉，無隙可乘，宋雖得賢明之佐，曷由扼其吭而奪之乎？康伯處置大事，安重不移，徇國忘身，老而益篤，其亦賢矣！

陳俊卿

陳俊卿，字應求，閩之興化人。幼莊重，不妄言笑。父亡，執喪如成人。紹興八年，登進士第，授泉州觀察推官。服勤職業，同僚宴集，恒謝不往。一日，郡中火大，守汪藻走視之，諸掾屬方飲某所，俊卿輿卒亦假之行，皆以後至被詰，俊卿唯唯謝。已而知其實，問故，俊卿曰：「某不能止同僚之行，又資其僕，安得謂無過。時公方盛怒，忍自解以重人罪乎？」藻歎服，以爲不可及。

秩滿，秦檜察其不附己，予散秩。檜死，乃以校書郎召。時孝宗爲普安郡王，高宗命擇端厚静重者輔導之，除著作佐郎兼王府教授。講經輒寓規戒，正色特立。

累遷殿中侍御史，劾韓仲通本以獄事附檜，冤陷無辜；劉寶總戎京口，恣掊克；二人皆抵罪。湯思退專政，時冬日無雲而雷，俊卿言：「宰相上不當天心，下不厭人望。」詔罷思退。

及金人侵軼之勢已形，俊卿乃言：「張浚忠藎，白首不渝。」復請對，力言之，帝悟，即以浚守建康。又言：「内侍張去爲陰沮用兵，陳避敵計，摇成算，請按軍法。」帝曰：「卿可謂仁者之勇。」命權兵部侍郎。

金主亮渡淮，俊卿受詔整浙西水軍，李寶因之遂有膠西之捷。亮死，詔俊卿治淮東堡砦屯田，所過安輯流亡。金世宗新立，申舊好，廷臣多附和議。俊卿奏：「和議本非得已，不若先正名，名正則國威强，歲幣可損。」因陳選將練兵、屯田减租之策，擇文臣有膽略者爲參佐，俾察軍政、習戎務以儲將材。

孝宗受禪，獻言：「爲國之要有三，用人、賞功、罰罪，所以行之者，至公而已。願留聖意。」遷中書舍人。時孝宗鋭意興復，以俊卿充江、淮宣撫判官兼權建康府事。奏曰：「吴璘孤軍深入，敵悉衆拒戰，久而不決，危道也。兩淮事勢已急，乞分遣舟師直擣山東，彼必還師自救，而璘得乘勝定關中。及其未至，潰其腹心，此不世之功也。」會和議方堅，詔璘班師，俊卿亦召還。復陳十事，請定規模、振紀綱、勵風俗、明賞罰、重名器、遵祖宗之法、蠲無名之賦。

隆興初，建都督府，以俊卿參贊軍事。張浚謀大舉，俊卿以爲未可。已而邵宏淵軍潰還，言者附湯思退劾浚，俊卿奏：「浚果不可用，則别選賢將。若欲責其後効，降官示罰，古法也。議者但知惡浚，不復爲宗社計。」疏再上，帝悟，命浚都督，且召爲相。浚卒爲湯思退、尹穡所擠，出視師江、淮。俊卿亦罷奉祠。

思退既竄，太學諸生伏闕下乞召俊卿。乾道元年，入對，除吏部侍郎。因言人才當以氣節爲主，氣節者，小有過當容之。邪佞者，甚有才當察之。尋授吏部尚書。

初，帝在邸時，好鞠戲。俊卿嘗誦韓愈諫張建封書以諷。至是，將獵白石，復引漢桓靈、唐敬穆及司馬相如之言以爲戒。帝喜曰：「備見忠讜，朕決意用卿矣。」

受詔館金使，遂拜同知樞密院事。時曾覿、龍大淵怙舊恩，竊威福，士大夫頗出其門。及俊卿館伴，大淵副之，公見外，不交一語。洪邁白俊卿：「人言鄭聞除右史，某當除某官，信乎？」詰所從，邁以淵、覿告。俊卿具以邁語質于帝，帝曰：「朕曷嘗謀及此輩，必竊聽得之。」遂出淵、覿于外，中外稱快焉。

鎮江軍帥戚方刻削軍士，俊卿奏：「內臣中有主方者，當併懲之。」即詔罷方，以內侍陳瑶、李宗回付大理獄。拜俊卿參知政事，四明獻銀鑛，將召工即禁中鍛之。俊卿奏：「不務帝王之大，而屑屑有司之細，恐爲有識者所窺。」從官梁克家、莫濟俱求補外，俊卿奏：「二人皆賢，其去可惜。」因劾洪邁奸險讒佞，不宜在左右，罷之。減福建鈔鹽，罷江西和糴、廣西折米鹽錢，蠲諸道宿逋金穀錢帛以巨萬計，于是政事稍歸中書矣。

龍大淵死，帝憐曾覿，欲召之。俊卿曰：「自出此兩人，中外莫不稱頌。今復召，必大失天下望。臣請先罷。」遂止，不召。殿前指揮使王琪按視兩淮城壁還，妄有所薦，又傳旨增築城垣，俊卿請于帝知其詐，即請誅琪。琪坐削秩罷官。

先是，禁中密旨直下諸軍，宰相多不預聞，内官張方事覺，俊卿奏：「自今百司承御筆處分事，須奏審方行。」從之。既而以内諸司不樂，收前命。俊卿言：「張方、王琪事聖斷已明，忽諭臣曰：『禁中取一飲一食，必待申審，豈不留滯。』臣所慮者，命令之大，如三衙發兵、户部取財，豈爲宫禁細微事哉？臣等備數，出内陛下命令。凡奏審者欲取決陛下，非臣欲專之也，且非新條，申舊制耳。已行復收，中外惶惑，恐小人以疑似激聖怒。」帝曰：「朕豈以小人之言疑卿等耶？」

同知樞密院事劉珙進對，争辨激切，忤旨，既退，手詔除珙端明殿學士，奉外祠。俊卿即藏去，密言：「前日奏劄，臣實草定，以爲有罪，臣當先罷。珙之除命，未敢奉詔。陛下即位以來，納諫諍，體大臣，皆盛德事。今珙以小事獲罪，臣恐自此大臣皆阿順持禄，非國家福。」帝色悔久之。

四年十月，授尚書右僕射、同平章事兼樞密使。俊卿以用人爲己任，所除吏皆一時之選，獎廉退，抑奔競。或才可用，資歷淺，密薦于上，未嘗語人。每接朝士及牧守自遠至，必問以時政得失，人才賢否。

虞允文時宣撫四川，俊卿薦其才堪相。五年正月，帝召允文爲樞密使，至則以爲右相，俊卿爲左相。是歲，措置兩淮屯田，俊卿奏以「兩淮備禦未設，民無固志，萬一寇至，倉卒渡兵，恐不及事。請于揚州、和州各屯三萬人，預爲守計。仍籍民家三丁者取其一，以爲義兵，授之弓弩，教以戰陳。農隙之日，給以兩月之食，聚而教之。沿江諸郡亦用其法。諸將渡江，則使之守城，以備緩急。且以陰制州兵，頡頏之患，要使大兵屯要害必争之地，待敵至而決戰，使民兵各守其城，相爲犄角，以壯聲勢。」帝以爲然，即詔行之。然竟爲衆論所持，俊卿尋亦去位，不能及其成也。

允文建議遣使金以陵寢爲請，俊卿面陳，復手疏，以爲未可。帝御弧矢，弧激至目眚，俊卿奏：「陛下志圖恢復，任智謀，明賞罰，恢信義，則英聲義烈，不越尊俎，豈在區區騎射于百步間哉？願以爲戒。」

曾覿官滿當代，俊卿預請處以浙東總管。帝曰：「覿意不欲爲此官。」俊卿曰：「前陛下去此二人，公論甚愜。願捐私恩，伸公議。」覿怏怏而去。樞密承旨張説爲親戚求官，憚俊卿，不敢言，會在告，請于允文，得之。俊卿聞敕已出，語吏留之。説惶恐謝，允文亦慚，猶爲之請，俊卿竟不與，説深憾之。吏部尚書汪應辰與允文議事不合，求去，俊卿數奏應辰剛毅正直，可爲執政。帝初然之，後竟出應辰守平江。俊卿自是數求去。

明年，允文復申陵寢之議，俊卿奏：「陛下痛念祖宗，思復故疆，然大事欲計其萬全，俟一二年間，吾之事力稍充乃可，不敢迎合意指誤國事。」請去益堅，遂以觀文殿學士帥福州。陛辭，猶勸帝遠佞親賢，以修政事，泛使未可輕遣。既去，允文遣使，卒無成功。曾覿亦召還，建節鉞，躋保傅，而士大夫莫敢言。

俊卿至福州，政尚寬厚，嚴于治盜，海道晏清。明年，請祠，歸第，敝屋數楹，怡然不介意。淳熙二年，再知福州。累章告歸，除特進，起判建康府兼江東安撫。召對垂拱殿，從容言曰：「將帥當由公選，臣聞諸將多以賄得。曾覿、王抃招權納賄，進人皆以中批行之。臧吏已經結勘，而内批改正，將何所勸懲？」帝曰：「卿言甚當。」陛辭，復曰：「去國十年，見都城穀賤人安，惟士大夫風俗大變。」帝曰：「何也？」俊卿曰：「向士大夫奔覿、抃之門，十纔一二，尚畏人知。今則公然趨附已七八，不復顧忌矣。人材進退由私門，大非朝廷美事。」帝曰：「抃則不敢。覿時或有請，朕多抑之，自今不復從矣。」俊卿曰：「此曹身勢既長，侍從、臺諫多出其門，無敢爲陛下言者。臣恐壞朝廷紀綱，廢有司法度，敗天下風俗，累陛下聖德。」尋除少保，八上章告老，以少師、魏國公致仕。

十三年十一月卒，年七十四。手書示諸子：「遺表止謝聖恩，勿祈恩澤，勿請謚樹碑。」帝聞嗟悼，贈太保，謚正獻。

俊卿孝友忠敬，得于天資，清嚴好禮，終日無惰容。平居恂恂若不能言，而在朝廷正色微論，分別邪正，斥權勢無顧避。凡所奏請，關治亂安危之大者。雅善汪應辰、李燾，尤敬朱子，屢嘗論薦。其卒也，朱子不遠千里往哭之，又狀其行。有集二十卷。

子五人，宓有志於學。朱子爲銘其墓云。

王十朋

王十朋，字龜齡，温州樂清人。資穎悟，日誦數千言。及長，有文行，聚徒梅溪，受業者以百數。入太學，主司異其文。

秦檜死，高宗親政，策士，命對策切直者并置上列。十朋策幾萬餘言，帝嘉其經學淹通，議論醇正，親擢第一。學者争傳誦，以擬鼂、董。

策中有言：「鋪翠已禁，而中外首飾自若，豈法令不可禁乎？抑漸濯之化，衣不曳地之風未行於外乎？」帝用其言，嚴銷金鋪翠之令，取交阯所貢翠物焚之。授紹興府簽判。裁決如神，吏奸不行。時以四科求士，帥王師心謂十朋身兼四者，遂以應詔。召爲秘書郎兼建王府小學教授。先是，教授入講堂居賓位，十朋不可，皇孫特加禮位之中坐。

金人渝盟，十朋言：「禦敵莫急于用人，今有天資忠義、材兼文武可爲將相者，有長于用兵、士卒樂爲之用可爲大帥者，或投閒置散，或老于藩郡，願起而用之，以寢敵謀，以圖恢復。」蓋指張浚、劉錡也。又言：「楊存中以管軍位三公，利源皆入其門，陰結諸將，相爲黨援。樞密本兵之地，立班甘居其後。臺諫論列，委曲庇護，風憲獨不行于管軍之門，何以爲國？至若清資加于儈伍，高爵濫于醫門。諸軍承受，威福自恣，甚于唐之監軍；皇城邏卒，旁午察事，甚于周之監謗；將帥剥下賂上，結怨三軍；道路捕人爲卒，結怨百姓。皆非治世事。」帝嘉納之，戢邏卒，罷諸軍承受，更定樞密、管軍班次，解楊存中兵權，其言大略施行。秦檜久塞言路，至是，十朋與馮方、胡憲、查籥、李浩相繼論事，太學生爲五賢詩述其事。除著作郎，遷大宗正丞，請祠歸。

孝宗受禪，起知嚴州。召對，首言：「太上非倦勤時，而以大器付陛下，陛下當思所以副太上者。今社稷之安危，生民之休戚，人才之進退，朝廷之刑賞，宜若舜之協堯，斷然行之，以盡繼述之道。」累遷侍御史。帝問胡銓曰：「比除臺官，外議如何？」銓曰：「皆謂得人。」十朋見帝英鋭，每見必陳恢復之計。及將北伐，上疏曰：「天子之孝，莫大于光祖宗、安社稷。靖康之禍，亘古未有，陛下英武，志在興復，奈何大臣不能仰副聖心。願戒在位者，去附和之私心，贊國家之大計，則中興日月可冀矣。」因論史浩八罪，曰：懷奸、誤國、植黨、盜權、忌言、蔽賢、欺君、訕上，帝爲出浩知紹興府。十朋再疏，謂：「陛下雖能如舜之去邪，未能如舜之正名定罪。紹興密邇行都，浩嘗爲屬吏，奸贓彰聞，亦何顔復見其吏民？」遂改與祠。

史正志與浩族異，拜浩而父事之，十朋論正志傾險奸邪，觀時求進，宜黜正志以正典刑。林安宅出入史浩、龍大淵門，盜弄威福，至是詐病求致仕，十朋并疏其罪，皆罷去。

張浚出師，復靈壁、虹縣，歸附者萬計，又復宿州。十朋奏：「王師以弔民爲主，先之以招納，不得已而戰伐隨之，乞以此指戒浚。金將既降，宜速加爵賞，以勸來者。」帝皆嘉納。

會李顯忠、邵宏淵不協，王師失律，張浚上表自劾，主和者乘此倡異議。十朋疏言：「陛下立志恢復，固不以一衄爲群議所摇，然異議紛紛，浚既待罪，臣豈可尚居風憲之職？乞賜竄殛。」改除吏部侍郎，力辭，出知饒州。饒并湖，盜出没其間，聞十朋至，一夕遁去。丞相洪适請故學基益其圃，十朋曰：「先聖所居，十朋何敢予人？」移夔州，饒民走諸司乞留不得，至斷其橋，乃以車從間道去，衆葺其橋，以「王公」名之。

又移湖州，召對，劉珙請留之。帝曰：「朕豈不知王十朋？顧湖州被水，非十朋莫能鎮撫。」至郡，户部責虛逋三十四萬，命吏持券往辨，不聽，即請祠去。起知泉州，十朋前在湖割奉錢剏貢闈，至是，又爲泉建之。

凡歷四郡，布上恩，恤民隱，士之賢者詣門，以禮致之。朔望會諸生學宫，講經詢政。僚屬間有不善，反覆告戒，俾之自新。民輸租俾自槩量，聞者相告，宿逋亦争償。訟至庭，温詞曉以理義，多退聽者。所至人繪而祠之，去之日，老稚攀留涕泣，越境以送，思之如父母。饒久旱，入境雨即至。湖久雨，入境即晴霽。凡所禱，必有應，其至誠所感如此。遇疾，累章告老，以龍圖閣學士致仕，命下而卒，年六十。謚忠文。十朋事親孝，終喪不處内。友愛二弟，郊恩先奏其名，没而二子猶布衣。書室扁曰「不欺」，每以諸葛亮、顔真卿、寇準、范仲淹、韓琦、唐介自比，朱子、張栻雅敬之。

論曰：觀十朋之言行，昭昭乎若揭日月而行也。語云：世之所少者，非才也，氣也。有是氣者，浩然塞乎天地之間。其于物也，不約而信，不令而從。成功立事，非可以意擬言談而數計也。十朋若用于時，其幾于是矣。

趙汝愚

趙汝愚，字子直，漢王元佐七世孫，居饒之餘干縣。父善應，以純孝篤行著稱。汝愚早有大志，每曰：「丈夫得汗青一幅紙，始不負此生。」擢進士第一，召試館職，除秘書省正字。孝宗方鋭意恢復，始見，即陳自治之策，孝宗稱善。遷著作郎、知信州，徙台州，入爲吏部郎，遷秘書少監兼權給事中。

内侍陳源有寵于德壽宫，差浙西副總管。汝愚言：「童貫典兵，卒開邊釁，源不宜用。」帝喜，詔自今内侍不得兼兵職。舊制，密院文書皆經門下省，至張説始廢。汝愚謂：「東西二府，朝廷治亂所關，中書庶政，無一不由東省，密院何獨不然？」帝命如舊制。

權吏部侍郎兼太子右庶子，論知閤王抃，出之。以集英殿修撰帥福建，陛辭，言：「國事之大者四，其一謂吴氏四世專蜀兵，非國家利，請漸抑之。」進直學士、制置四川兼知成都府。諸羌爲邊患，汝愚以計分其勢。帝謂其有文武威風，召還。

光宗受禪，授敷文閣學士，知福州。

紹熙二年，召爲吏部尚書。先是，高宗以宫人黄氏侍帝于東宫，及即位爲貴妃，后李氏不能平。是年冬十一月郊，有司已戒而風雨暴至，帝震懼，改齊翙青城，貴妃暴薨，駕還，聞之恚，是夕疾作。壽皇倉卒至南内，問致疾之由，有所戒責。及帝疾稍平，不朝重華宫。至會慶節上壽，及冬至朝賀，皆不出。汝愚往復規諫，帝乃與后俱詣北内，從容竟日。兩宫之情復通。

遷知樞密院事，帝之疾生于疑畏，聞汝愚諫輒悟，入輒復疑。汝愚患之。五年春，壽皇不豫。夏五月，疾日臻。丞相率兩府，請帝詣重華宫侍疾。帝輒疑，遽起入内。越二日，宰相又請，帝令知閤門事韓侂胄傳旨云：「宰執并出。」于是俱至浙江亭俟命。壽皇聞之憂甚，使秀王伯珪傳意，令復入。侂胄言：「昨傳旨令出殿門，非都門也。」因自往宣押，宰執乃還。

六月丁酉，夜五鼓，壽皇崩，中書將以聞，汝愚慮帝疑不出，持不上。及朝，乃以狀進，帝許過北内，至日昃又不出，宰相率百官詣重華宫發喪。壬寅，將成服，留正與汝愚議，因少傅吴琚請憲聖太后垂簾暫主喪事，太后不許。正等奏曰：「臣等連日造南内請對，不獲。累上疏，不報。恐人情騷動，爲社稷憂，乞太皇太后降旨，以皇帝有疾，暫就宫中成服。然喪不可無主，祝文稱『孝子嗣皇帝』，宰臣不敢代行。太皇太后，壽皇之母也，請攝行祭禮。」是時，正與汝愚以國本係乎嘉王，欲因簾前陳宗社大計，使命出簾幃之間，事行廟堂之上，則體正言順，可無後艱。而吴琚素畏慎，且以后戚不欲與聞大計，議竟格。

丁未，宰臣以下，待對和寧門，不報，乃入奏云：「皇子嘉王仁孝夙成，宜早正儲位以安人心。」又不報。越六日再請，御批云：「甚好。」明日，擬旨以進，乞帝親批付學士院降詔。是夕，批云：「歷事歲久，念欲退閒。」留正見之懼，佯仆於庭，爲去計。汝愚自度不得辭其責，念故事須坐甲以戒不虞，而殿帥郭杲莫可使輸腹心者。

會尚書趙彦逾至汝愚第，語及國事，汝愚泣，彦逾亦泣，汝愚因及内禪意，彦逾喜。汝愚知其與杲善，謬曰：「郭杲倘不同，奈何？」彦逾曰：「某當任之。」約明日復命。汝愚曰：「此大事已出諸口，豈容有所俟？願亟往。」汝愚不敢入室，退坐屏後以待。有頃，彦逾至，議遂定。明日，正以五更肩輿出城去，人心益揺，汝愚與徐誼、葉適謀可以白意于慈福宫者，乃遣韓侂胄，侂胄屢奏不獲命，逡巡將退，重華宫提舉關禮見而問之，侂胄具述汝愚意。禮令少俟，入見太后而泣。太后問故，禮曰：「聖人讀書萬卷，亦嘗見有如此時而保無亂者乎？」太后曰：「此非汝所知。」禮曰：「此事人人知之，今丞相已去，所賴者趙知院，旦夕亦去矣。」言與淚俱。太后驚曰：「知院同姓，事體與他人異，乃亦去乎？」禮曰：「知院未去，非但以同姓故，以太皇太后爲可恃耳。今定大計而不獲命，勢不得不去，將如天下何？」太后問侂胄安在，禮曰：「臣已留其俟命。」太后曰：「事順則可，令好爲之。」禮報侂胄，令復命。汝愚始以其事語陳騤、余端禮，使郭杲及步帥閻仲夜以兵衛南北内，禮使宣贊舍人傅昌朝密製黄袍。

翌日，嘉王入臨，汝愚率百官詣大行前，憲聖垂簾，汝愚等奏：「皇帝疾，未能執喪，臣等乞立嘉王爲太子，以繫人心。皇帝批有『甚好』二字，繼有『念欲退閒』之語，取太皇太后處分。」憲聖曰：「既有御筆，相公當奉行。」汝愚曰：「兹事重大，播之天下，書之史册，須議一指揮。」太后允諾。汝愚袖出所擬太皇太后指揮以進，云：「皇帝以疾，至今未能執喪，曾有御筆，欲自退閒。皇子嘉王擴可即皇帝位，尊皇帝爲太上皇帝，皇后爲太上皇后。」憲聖覽畢，曰：「甚善。」汝愚言：「自今臣等有合奏事，當取嗣君處分。然恐兩宫父子間有難處者，須賴太皇太后主張。」又言：「上皇疾未平，驟聞此事，不無驚疑，乞令都知楊舜卿提舉本宫，任其責。」遂召舜卿至簾前，面諭之。憲聖乃命皇子即位，皇子固辭曰：「恐負不孝名。」汝愚奏曰：「天子當以安社稷、定國家爲孝，今中外人人憂亂，萬一變生，置太上皇何地？」乃扶入素幄，披黄袍，方却立未坐，汝愚即率同列再拜。寧宗詣几筵殿，哭盡哀。須臾，立仗訖，催百官班。帝衰服出就重華殿東廡素幄立，内侍扶掖乃坐。汝愚即喪次，召還留正長百僚，命朱子待制經筵，悉收召士君子之在外者。除汝愚特進、右丞相。汝愚辭不拜，曰：「同姓之卿，不幸處君臣之變，敢言功乎？」乃命爲樞密使。

汝愚裁抑僥倖，進引賢士，中外引領望治。而韓侂胄依託肺腑，出入宫掖，傳導詔旨，浸見親幸用事。侂胄欲推定策功，汝愚曰：「吾宗臣，汝外戚也，何可言功？」但加汝州防禦使。侂胄大失望。

壽皇將攢，汝愚議攢宫非永制，欲改卜山陵，與留正議不合。侂胄因而間之，出正判建康府，命汝愚爲右丞相。汝愚力辭，不許。汝愚方倚正共事，怒侂胄不以告，及來謁，故不見。侂胄慙忿。樞密羅點曰：「公誤矣。」汝愚亦悟，復見之。侂胄終不懌。

朱子白汝愚，以厚賞酬侂胄，勿使預政。而汝愚謂其易制不爲慮，朱子因講畢，上疏諫諍，遽出内批，除宫觀。汝愚袖批還上，且諫且拜，侂胄必欲出之，汝愚退求去，不許。吏部侍郎彭龜年力陳侂胄竊弄威福，内批與郡，侂胄勢益張，日夜謀引其黨，布滿言路，汝愚益孤。

于是，陳傅良、劉光祖、吴獵等先後斥去，群憸和附，而衣冠之禍始矣。侂胄欲逐汝愚而難其名，擢其黨李沐爲正言。沐嘗求節度使于汝愚，不得，至是承侂胄意，奏汝愚以同姓居相位，將不利于社稷，乞罷其政。遂以觀文殿學士、知福州，旋以大學士提舉洞霄宫。

國子祭酒李祥言：「去歲國遭大戚，兩宮隔絶，國喪無主，人情洶洶。汝愚不避殞滅之禍，勳勞著于社稷，精忠貫于天地，乃卒受黯黜而去，天下後世其謂何？」博士楊簡亦以爲言。李沐并劾祥、簡，罷之。大府丞吕祖儉、太學生楊宏中等皆訟汝愚冤，侂胄既陷祖儉、宏中等，益忌汝愚，誣以不軌，責寧遠軍節度副使，永州安置。

汝愚怡然就道，至衡州，病作，爲守臣錢鍪所窘，暴卒，天下聞而冤之。

汝愚學務有用，常以司馬光、富弼、韓琦、范仲淹自期。凡平昔所聞于師友，如朱子、張栻、吕祖謙等之言，皆欲次第行之，未及而去。所著詩文十五卷，太祖實録舉要若干卷，宋臣奏議三百卷。

汝愚聚族而居，門内三千指，所得廪給悉分與之，菜羹疏食，恩意均洽，人無間言。自奉甚薄，爲夕郎時，大冬衣布裘，至爲相猶然。

侂胄既誅，復元官，賜謚忠定，贈太師，追封沂國公。理宗廟詔配享寧宗廟庭，追封福王。

論曰：宋之輔臣，最厚于朱子者二人。陳俊卿之相，朱子與書，所以望之者甚至，及其卒也，數千里往哭之。晚遇汝愚，與俱興廢，二人操行若不同，至于辨義利之機，審誠僞之介。皎然明白，不以利害動其心者，則二人之所同也。汝愚爲相，欲以所聞於師友者次第行之，若使得遂其志，其亦非小補也歟！

史傳三編卷三十九

名臣傳三十一

宋

孟珙

孟珙字璞玉，隨州棗陽人。嘉定十年，金人至襄陽，父宗政時爲趙方將，以兵禦之。珙料其必窺樊城，獻策由羅家渡濟河，宗政然之。越翼日，諸軍臨渡布陣，金人果至，半渡伏發，殲其半。宗政被檄援棗陽，臨陣嘗父子相失，珙望敵騎中有素袍白馬者，曰：「吾父也。」急麾騎軍突陣，遂脱宗政。以功補進勇副尉。

十二年，完顔額克步騎二十萬攻棗陽，珙登城射却之。宗政命珙取它道劫金人，破砦十有八，斬首千餘級，大俘軍器以歸，金人退。理宗朝，累官至京西第五副將。

初，宗政招唐、鄧、蔡壯士二萬餘人，號「忠順軍」，命江海總之，衆不安，制置司以珙代海，珙分其軍爲三，衆乃帖然。
紹定元年，珙白制置司刱平堰于棗陽，自城至軍西十八里，由八疊河經漸水側，水跨九阜，建通天槽八十有三丈，溉田十萬頃，立十莊三轄，使軍民分屯，是歲收十五萬石。又命忠順軍家自畜馬，官給芻粟，馬益蕃息。
四年，升京西兵馬鈐轄。
六年，元將納延布展追金主守緒，逼蔡。朝命檄珙戍鄂，伐金唐、鄧行省武仙。仙時與武天錫等相掎角，欲迎金主入蜀，鋒甚鋭。天錫者，鄧之農夫，乘亂聚衆二十萬爲邊患。珙逼其壘，一鼓拔之，壯士張子良斬天錫首以獻。俘其將士，得户十二萬有奇，授江陵府副都統制。
金人旋抵呂堰砦，珙趨軍擊破之。金人棄輜重走，獲甲士、馬牛槖駝不可勝計，歸其民三萬二千有奇。鄧守伊喇瑗奉書請降，得縣五，鎮二十二，馬步軍萬五千人，户三萬五千三百。珙入城，撫歸附之人，因其鄉土而使之耕，因其人民而立之長，少壯籍爲軍，俾自耕自守，才能者分以土地，任以職使，各招其徒以殺其勢。
七月，仙愛將劉儀降珙，問仙虚實，得破砦良策。遣將分攻各砦，來歸者萬二千餘人。與金人遇，三戰三捷，招降金將及金軍五千人。料武仙必登岵山窺伺，令樊文彬詰旦奪岵山，駐軍其下，前設伏，後遮其歸路。已而仙衆果登山，及半，文彬揮旗，伏兵四起，殺其將，擒七百餘人，棄鎧甲如山。

珙進軍至小水河，劉儀還，言仙謀往商州，然老稚不願北去，珙曰：「進兵不可緩。」夜漏十刻，召文彬等受方略。蓐食啓行，晨至石穴。積雨未霽，文彬患之，珙曰：「此雪夜擒吴元濟之時也。」分兵進攻，九砦俱破，武仙易服而遁，降其衆七萬人，獲甲兵無算。還軍襄陽。

元兵遣人約共攻蔡，制置使謀于珙，珙請以二萬人行，盡護諸將。鼓行而前，金人敗却，追斬千餘級。布展遣三將來迎，珙約爲兄弟。金兵萬人自東門出戰，珙遮其歸路，掩入汝河，擒其偏裨八十七人。得蔡降人，言城中饑，珙曰：「已窘矣，當死守，以防突圍。」決堰水，布虎落，進逼石橋，奪柴潭樓。蔡人恃潭爲固，外即汝河，珙激勵將士，決之，實以薪葦，遂濟師攻城。

端平元年正月，降者言城中已絶糧三月。珙下令諸軍銜枚，列雲梯，令諸將聞鼓則進。萬衆競登，大戰城中，降其丞相等官。門西開，招布展入，金主已自經而殂。制置司奏留珙襄陽兼鎮北軍都統制。

二年，授主管侍衛馬軍行司公事，黄州駐劄，朝辭，帝曰：「卿名將之子，忠勤體國，破蔡滅金，功績昭著。」珙對曰：「此宗社威靈，陛下聖德，與三軍將士之勞，臣何力之有？」帝問恢復，對曰：「願陛下寬民力，蓄人材，以俟機會。」問和議，對曰：「臣介胄之士，當言戰，不當言和。」兼知光州、黄州。

至黄，增埤浚隍，蒐訪軍實，邊民來歸者日以千數，爲屋三萬間以居之，厚加賑貸。又慮兵民雜處，因高阜爲齊安、鎮淮二砦，以居諸軍。

元兵攻蘄州，珙遣兵解其圍。又攻襄陽，隋守、荆門守、郢守皆棄城走，復州施子仁死之，江陵危急。詔沿江、淮西遣援衆謂無踰珙者，乃先遣張順渡江，珙以全師繼之。元兵分兩路渡江，珙變易旌旗服色，循環往來，夜則列炬照江，數十里相接。又遣外弟趙武等共戰，躬往節度，破砦二十有四，還民二萬。

嘉熙元年，封隋縣男，知江陵府。未幾，授鄂州諸軍都統制。元分兵入漢陽、淮甸，蘄、舒守臣皆棄郡走，光守董堯臣以州降。合三郡人馬糧械攻黄州，江帥萬文勝戰不利。珙入城，軍民喜曰：「吾父來矣。」駐帳城樓，指畫戰守，卒全其城，斬逗留者四十九人以徇。

二年，升京西湖北路制置使兼知岳州，乃檄江陵節制司擣襄、郢，于是張俊復郢州，賀順復荆門軍。劉全戰于家頭、戰于樊城、戰于郎神山，皆以捷聞。

三年春正月，曹文鏞復信陽軍，劉全復樊城，遂復襄陽。譚深復光化軍，息、蔡降，珙命以兵逆之，得壯士萬餘，籍爲忠衛軍。

初，詔珙復京、襄，珙謂必得郢然後可以通餽餉，得荆門然後可以出奇兵，由是指授方略，發兵深入，所至皆捷。珙奏言：「襄、樊爲朝廷根本，今百戰而得之，當加經理，如護元氣，非甲兵十萬，不足分守。與其抽兵于敵來之後，孰若保此全勝？乃置先鋒軍，以襄、郢歸順人隸焉。時元兵欲大舉臨江，而大將達海等帥師入蜀，號八十萬，珙增置營砦，分布戰艦，遣諸將據險守隘。劉義戰捷于巴東縣之清平村，元兵乃退。

四年，進卦子。珙條上流備禦宜爲藩籬三層。峽州、松滋須各屯萬人，舟師隸焉，歸州屯三千人，鼎、澧、辰、沅、靖各五千人，郴、桂各千人，如是則江西可保。

會諜知元兵于襄樊間集衆布種，積船材于順陽，乃遣張漢英出隨，任義出信陽，焦進出襄，分路撓其勢。遣王堅潛兵燒所積船材，又度元兵必因糧于蔡，遣張德、劉整分兵入蔡，火其積聚。拜四川宣撫使兼知夔州。

鳌蜀政之弊，爲條班諸郡縣，曰差除計屬，曰功賞不明，曰減尅軍糧，曰官吏貪黷，曰上下欺罔。又曰：「不擇險要立砦柵，則難責兵以衛民；不集流離安耕種，則難責民以養兵。」乃立賞罰以課殿最，俾諸司奉行之。兼夔路制置大使屯田大使。軍無宿儲，珙大興屯田，調夫築堰，募農給種，首秭歸，尾漢口，爲屯二十，爲莊百七十，爲頃十八萬八千二百八十，上屯田始末與所減券食之數。

淳祐二年，珙以京、襄死節死事之臣請于朝，建祠岳陽，歲時致祭，有旨賜名閔忠廟。元兵分道入侵，珙遣李得帥精兵四千往援淮東，而令諸將各守其處，不許失寸土。諸將稟令惟謹。

拜檢校少保，封漢東郡公。珙言：「沅之險不如辰，靖之險不如沅，三州皆當措置而靖尤急。今三州粒米寸兵無所從出，隆冬水涸，節節當防，此京湖之憂也。陸抗有言：『荆州國之藩表，如其有虞，當傾國争之。』今日事勢大略相似，利害至重。」余玠宣撫四川，道過珙，珙以重慶積粟少，餉屯田米十萬石，遣晉德帥師六千援蜀。

四年，兼知江陵府。詔京湖調兵五千戍安豐，援壽春。珙遣劉全將以往。又有命分兵三千備齊安，珙言：「黄州與壽昌三江口隔一水耳，須兵即渡，何必預遣？先一日則有一日之費，無益有損，萬一上游有警，我軍已疲，非計之得也。」不從。珙至江陵，登城歎曰：「江陵所恃三海，不知沮洳有變爲桑田者，敵一鳴鞭，即至城外。」乃修復内隘十有一，别作十隘于外，有距城數十里者。沮、漳之水，舊自城西入江，因障而東之，俾遶城北入于漢，而三海遂通爲一。隨其高下，爲匱蓄泄，三百里間，渺然巨浸。土木之工百七十萬，民不知役。樞密調兵五千，赴廣西，珙移書執政曰：「大理至邕，數千里，部落隔絶，今當擇人分布數郡，使之分治生蠻，險要形勢，隨宜措置。而聞風調遣，空費錢糧，無益于事。」不聽。珙奏：「襄、蜀蕩析，士無所歸，蜀士聚于公安，襄士聚于郢渚。臣作公安、南陽兩書院，以没入田廬隸之，使有所教養。」請帝題其榜賜焉。

初，珙招鎮北軍駐襄陽，李虎、王旻軍亂，鎮北亦潰，乃厚招之，降者不絶。元行省范用吉密通降款，以所受告爲質，珙白于朝，不從。珙歎曰：「三十年收拾中原人，今志不克伸矣。」病遂革，終于江陵府治。累贈太師，封吉國公，謚忠襄。

珙忠君體國之念，可貫金石。在軍中與參佐部曲論事，言人人異，珙徐以片語折衷，衆志皆愜。謁士游客，老校退卒，一以恩意撫接。名位雖重，惟建鼓旗、臨將吏而色凛然，無敢涕唾者。退則焚香掃地，隱几危坐，若蕭然事外。遠貨色，絶滋味。其學邃于易，六十四卦各係四句，名警心易贊。

論曰：珙當宋事擾攘之秋，每得一城、復一郡，則增兵置衛，據關設險，十數年襄漢之間，所欲規畫者甚備。值時無賢宰，凡事沮滯，百不及一。及珙没後，元兵南侵，以一吕文焕力守襄陽，阻遏其衝。十年之中，兵未及國，乃知珙之經紀上流，其功實大也。珙百戰百勝，而兼長于治國。昔伊川論蹇之六二，以爲事雖不可爲，苟可以扶此之衰，難彼之進，苟得爲之，聖賢之所屑爲也。王允、謝安之于漢、晉是也，珙在宋末殆庶幾乎！

汪立信

汪立信，六安人也。淳祐元年，獻策招安慶劇賊胡興、劉文亮等，借補承信郎。六年，登進士，理宗奇其狀貌雄偉，顧侍臣曰：「此閫帥才也。」授烏江主簿，荆湖制置。趙葵辟充參議官，葵去，馬光祖代之，希賈似道意求葵過失。乃以元夕張燈宴設三萬緡爲葵放散官物聞于朝。立信争之，曰：「方艱難時，趙公涖事勤勞，而公乃以非理擿拾之，公一旦去此，後來者復劾公所爲，可乎？」光祖怒曰：「吾不能爲度外事，君他日處此，勉爲之。」立信曰：「使某不爲則已，果爲之，必不效公也。」遂投劾去。擢京西提舉常平，再遷浙西提點刑獄。

明年冬，即嘉興治所講行荒政。累官湖南安撫使、知潭州。至官，供帳之物悉置官庫，所積錢代納潭民夏税，貧無告者予錢粟，病者加藥餌，雨雪旱潦軍民皆有給。興學校，士習爲變。以潭爲湖湘重鎮，剏威敵軍，所募精鋭數千人，後來者賴其用。權兵部尚書、荆湖安撫制置、知江陵府。

時襄陽圍急，立信上疏「請益安陸府屯兵，凡邊戍皆不宜抽減。」又移書似道，言：「今天下之勢，十去八九，而君臣宴安不以爲虞。夫天之不假易也，從古以然，此誠上下交修以迓續天命之幾，重惜分陰以趨事赴功之日也。而乃酣歌深宫，嘯傲湖山，玩歲愒日，緩急倒施，卿士師師非度，百姓鬱怨，欲以求當天心，俯遂民物，拱揖指揮而折衝萬里，不亦難乎？爲今之計，其策有三夫。内郡何事乎多兵，宜盡出之江干，以實外禦。今總計見兵可七十餘萬人，老弱柔脆，十分汰二，爲選兵五十餘萬人。沿江之守，不過七千里，若距百里而屯，屯有守將，十屯爲府，府有總督，其尤要害處，則三倍其兵。無事則泛舟長淮，往來游徼，有事則東西齊奮，戰守并用。刁斗相聞，餽餉不絶，互相應援，以爲聯絡之固。選宗室親王、忠良有幹用大臣，立爲統制，分東西二府，以涖任得其人，成率然之勢，此上策也。久拘聘使，無益于我，請禮而歸之，許輸歲幣以緩師期，不二三年，邊遽稍休，藩垣稍固，生兵日增，可戰可守，此中策也。二策果不得行，則天敗我也，銜璧輿櫬之禮，請備以俟。」似道得書大怒，抵之地，尋中以危法廢斥之。

咸淳十年，元兵大舉伐宋，似道督諸軍出次江上，以立信爲沿江制置使、江淮招討使，俾就建康募兵以援江上諸郡。立信受詔不辭，即日上道，以妻子託愛將金明，曰：「我不負國家，汝亦必不負我。」遂行。與似道遇蕪湖，似道拊立信背哭曰：「不用公言，以至于此。」立信既至，則建康守兵已潰，四面皆元兵。立信知事不可爲，歎曰：「吾生爲宋臣，死爲宋鬼，終爲國一死，但徒死無益耳，以此負國。」率所部數千人至高郵，欲控引淮漢以爲後圖。

俄而聞似道師潰，江漢守臣皆望風降遁。立信歎曰：「吾今日猶得死于宋土也。」乃置酒召賓佐與訣，手爲表起居三宫。夜分起步庭中，慷慨悲歌，握拳撫案者三，以是失聲，三日扼吭而卒。遺表聞，贈太傅。

元巴延入建康，金明以其家人免，或以立信二策告巴延，巴延歎息久之，曰：「宋有是人，有是言哉，使果用，我安得至此。」求其家，厚恤之，曰：「忠臣之家也。」金明以立信之喪歸葬丹陽。

立信子麟，在建康不肯從衆降，崎嶇走閩以死。

初，立信之未仕也，吴淵守鎮江，其客黄應炎一見立信，言于淵，淵大奇之，禮以上客，共張服御視應炎有加。淵曰：「此君，吾地位人也，但遭時不同耳。」是年，試江東轉運司，明年登第，後踐歷略如淵，而卒死于難，世以淵爲知人。

論曰：觀立信所論著，豈非保邦之善策哉？非獨此時耳，用于數十年之前不爲早矣。天之生才也！雖掩抑困躓，猶或偶用于一時，或試之小，以知其大，猶不爲全無焉。如立信者，遭遇賈似道，非獨不得施行其大以經邦固國，欲偏制一軍以當敵人之衝亦不可得，可慨也已。

文天祥

文天祥，字宋瑞，又字履善，吉水人也。體貌豐偉，美晳如玉，秀眉而長目。自爲童子時，謁四忠一節祠，慨然慕之曰：「没不俎豆其間，非夫也。」年二十舉進士，對策集英殿。時理宗在位久寖怠，天祥以法天不息爲説，凡萬餘言，一揮而成。帝親拔爲第一，考官王應麟曰：「是卷古誼若龜鑑，忠肝如鐵石，臣敢爲得人賀。」丁父憂，歸。服闋，除寧海軍節度判官。

元兵南侵，宦官董宋臣説帝遷都避之，天祥上書：「乞斬宋臣，以一人心。」不報，即自免歸。後稍遷至刑部郎官。又上書，極言宋臣罪，又不報。出守瑞州，改江西提刑，遷刑部左司郎官、權直學士院。賈似道稱病以要君，有詔不允。天祥當制，語譏似道。似道怒，使臺臣張志立劾罷之。天祥既數斥，遂致仕，時年三十七。

咸淳九年，起爲湖南提刑，見故相江萬里，語及國事，萬里愀然曰：「吾老矣，觀天時人事當有變，世道之責，其在君乎？」

明年，改知贛州。

德祐初，江上報急，詔天下勤王。天祥捧詔涕泣，使陳繼周發郡中豪傑，并結溪峒蠻，使方興召吉州兵，諸豪傑皆應，有衆萬人。事聞，以江西提刑安撫使召入衛，其友止之，曰：「今敵兵三道鼓行，破郊畿，薄内地，君以烏合萬餘赴之，何異驅群羊而搏猛虎？」天祥曰：「吾亦知其然也。第國家養育臣庶三百餘年，一旦有急，徵天下兵，無一人一騎入援者。吾故不自量力，欲以身徇之，庶天下忠臣義士聞風而起，則社稷猶可保也。」

天祥性豪華，平生自奉甚厚，至是痛自貶損，盡以家貲爲軍費。每與賓佐語及時事，輒流涕，撫几言曰：「樂人之樂者，憂人之憂；食人之食者，死人之事。」聞者莫不感動。

八月，提兵至臨安，除知平江府。天祥陛辭，疏言：「朝廷姑息牽制之意多，奮發剛斷之義少，吕師孟借敵人之勢偃蹇自恣，乞斬以釁鼓，以作將士之氣。」又言：「宋懲五季之亂，削藩鎮，建郡邑，雖足以矯尾大之弊，然國亦以寖弱。故敵至一州則破一州，至一縣則破一縣，中原陸沈，痛悔何及。今宜分天下爲四鎮，各建都督統御。以廣西益湖南而建閫于長沙，以廣東益江西而建閫于隆興，以福建益江東而建閫于番陽，以淮西益淮東而建閫于揚州。責長沙取鄂，隆興取蘄、黃，番陽取江東，揚州取兩淮，使其地大力衆，足以抗敵。約日齊奮，有進無退，日夜以圖之，彼備多力分，而吾民之豪傑者又伺間出于其中，如此則敵不難却也。」時議以爲迂闊，不報。

十月，天祥至平江，元兵已入常州矣。天祥遣其將朱華、尹玉、麻士龍與張全援常州，至虞橋，士龍戰死，朱華以廣軍戰五牧，敗績，玉軍亦敗，以殘兵五百人夜戰，比旦皆没。全不發一矢，走歸。元兵破常州，入獨松關。陳宜中、留夢炎召天祥，棄平江，守餘杭。

明年正月，除知臨安府。未幾，都城降。元天祥以右丞相使軍中請和，與巴延抗論皋亭山。巴延怒拘之，比至鎮江。天祥與其客杜滸十二人，夜亡入真州。苗再成出迎，喜且泣曰：「兩淮兵足以興復，特二閫小隙，不能合從耳。」天祥與定計，即以書遺二制置，遣使四出約結。

天祥未至時，揚有歸兵言：「敵人密遣一丞相入真州説降。」李庭芝信之，使再成亟殺天祥。再成見其忠義，不忍殺，以二十人導往揚州。四鼓抵城下，聞制置司捕文丞相甚急，乃東入海道，遇元兵，伏環堵中得免。行入板橋，元兵又至，伏叢篠中，元兵入索之，執杜滸、金應。滸、應解所懷金與之，獲免，募二樵者以蕢荷天祥至高郵。

嵇家莊嵇聳迎天祥至家，遣子德潤衛至泰州，遂由通州汎海如温州，以求二王。聞益王未立，上表勸進。至福州，拜右丞相。尋與陳宜中議不合，乃以同都督出江西，遂行，收兵入汀州。

十月，遣參謀趙時賞、諮議趙孟濚取寧都，參贊吴浚取雩都，劉洙、蕭明哲、陳子敬皆自江西起兵來會。鄒渢以招諭副使聚兵寧都，元兵攻之，渢兵敗，同起事者劉欽、鞠華叔、顔斯立、顔起巖皆死。武岡教授羅開禮，起兵復永豐縣，已而兵敗被執，死于獄。天祥聞開禮死，製服哭之哀。

二年正月，元兵入汀州，天祥遂移漳州，乞入衛。時賞、孟濚亦提兵歸，獨吴浚兵不至。未幾，浚降元，來説天祥。天祥縊殺之。

四月，復梅州，都督王福、錢漢英跋扈，斬以徇。

五月，自梅州出江西，復會昌縣。

六月，復興國縣。

七月，遣參謀張汴、監軍趙時賞、趙孟濚等盛兵薄贛城，鄒渢以贛諸縣兵擣永豐，其副黎貴達以吉諸縣兵攻泰和。吉八縣復其半，惟贛不下。臨洪諸郡，皆送款。潭趙璠、張虎、張唐、熊桂、劉斗元、吴希奭、陳子全、王夢應起兵邵、永間，復數縣，撫州何時等皆起兵應天祥。分寧、武寧、建昌三縣豪傑，皆遣人如軍中受約束。

八月，元李恒遣兵援贛州，而自將兵攻天祥於興國。天祥不意恒兵猝至，乃引兵走，就鄒㵯於永豐。㵯兵先潰，恒窮追天祥至方石嶺。及之，鞏信拒戰，箭被體，死之。至空坑，軍士皆潰，天祥妻妾子女皆見執。時賞坐肩輿，後兵問爲誰，時賞曰：「我姓文。」衆以爲天祥，擒之而歸，天祥以此得逸去。

孫㮚、彭震龍、張汴死於兵，繆朝宗自縊死。吴文炳、林棟、劉洙皆被執歸隆興。時賞奮罵不屈，有係累至者，輒麾去，云：「小小簽廳官耳，執此何爲？」由是得脱者甚衆。臨刑，洙頗自辯，時賞叱曰：「何必然？」於是棟、文炳、蕭敬夫、蕭燾夫皆死焉。

天祥收殘兵奔循州，駐南嶺。黎貴達謀叛，執而殺之。

三年三月，進屯麗江浦。

六月，入船澳。益王殂，衛王繼立。天祥上表自劾，乞入朝，不許。

八月，加天祥少保、信國公。軍中疫起，兵士死者數百人。天祥惟一子，與其母皆死。

十一月，進屯潮陽縣。潮州盜陳懿、劉興數叛附，爲潮人害。天祥攻走懿，執興誅之。

十二月，趨南嶺，鄒㵯、劉子俊又自江西起兵來，再攻懿黨，懿乃遁去。元張弘範兵濟潮陽，天祥方飯五坡嶺，弘範兵突至，衆不及戰，天祥倉皇出走，千户王惟義執之。天祥吞「腦子」，不死。鄒㵯自剄死。官屬陳龍復、蕭明哲、蕭資、杜滸、張唐、熊桂、吴希奭、陳子全俱死焉。唐，張栻後也。劉子俊被執，自詭爲天祥，冀可脱天祥。及天祥至，各争真僞。元人遂烹子俊，而執天祥至潮陽。見弘範，左右强之拜，天祥不屈。弘範釋其縛，以客禮見之。天祥固請死，弘範不許，與俱入厓山，使爲書招張世傑。天祥曰：「吾不能扞父母，乃教人叛父母，可乎？」强之，天祥遂書所過零丁洋詩與之。其末云：「人生自古誰無死？留取丹心照汗青。」弘範笑而置之。厓山破，元軍置酒大會，弘範曰：「國亡，丞相忠孝盡矣，能以事宋者事元，將不失爲宰相也。」天祥涕泣曰：「國亡不能救，死有餘罪，肯逃其死而二其心乎？」弘範義之，遣使歸之京師。

道經吉州，不食八日，猶生，乃復食。

十月，至京師，館人供帳甚盛，天祥不寢處，坐達旦。丞相博囉見之於樞密，院天祥不屈仰首，言曰：「天下事有興有廢，自古帝王將相，滅亡誅戮，何代無之？天祥今日忠於宋氏，以至於此，願早求死。」博囉曰：「自古以來，人臣有以宗社土地與人而復逃者乎？」天祥曰：「非也，予前使於巴延軍中，被留，不得歸。已而賊臣獻國，國亡矣，吾職當死。所不死者，以度宗二子在浙東，老母在廣故也。」博囉曰：「德祐非爾君耶？棄嗣君而立二王，忠乎？」天祥曰：「德祐，吾君也，不幸失國，當此之時，社稷爲重，君爲輕，吾别立君，爲宗廟社稷計也。從懷愍而北者，非忠，從元帝爲忠；從徽、欽而北者，非忠，從高宗爲忠。」博囉語塞，徐曰：「汝立二王，何濟於事？」天祥曰：「國家不幸喪亡，吾立君以存社稷，存一日，則盡臣子一日之責。人臣事君，如子事父母。父母有疾，雖甚不可爲，豈有不下藥之理？盡吾心焉，不可爲，則天命也。今日天祥有死而已，何必多言？」博囉怒囚之，天祥於獄中作正氣歌以見志。

未幾，元世祖召之於獄，欲用之。天祥固辭，欲殺之，天祥益不屈，乃赦之。

天祥留燕三年，坐卧一小樓，足不履地。時世祖求南人之才者，王績翁言：「無如天祥。」世祖即遣績翁諭旨，天祥曰：「國亡，吾分一死耳。儻緣寬假，得以黄冠歸故鄉，他日以方外備顧問，可也。若遽官之，非直亡國之大夫不可與圖存，舉其生平而盡棄之，將安用我？」績翁欲約宋官謝昌元等十人請釋天祥爲道士，留夢炎不可，曰：「天祥出，復號召江南，置吾十人於何地？」事遂已。

世祖知天祥終不屈也，與宰相議釋之。有以天祥起兵江西事爲言者，不果釋。

至元十九年，有閩僧言土星犯帝座，疑有變。未幾，中山有狂人自稱「宋主」，有兵千人，欲取文丞相。世祖召天祥，謂之曰：「汝何願？」天祥曰：「天祥受宋恩，爲宰相，安事二姓？願賜一死足矣。」世祖猶未忍，遽麾之退。言者力贊從天祥之請，從之。俄有詔止之，天祥死矣。天祥臨刑殊從容，謂吏卒曰：「吾事畢矣。」南向拜而死。年四十七。其衣帶中有贊曰：「孔曰成仁，孟曰取義，惟其義盡，所以仁至。讀聖賢書，所學何事，而今而後，庶幾無愧。」數日，其妻歐陽氏收其屍，面如生，南北人聞者皆爲流涕。

有張毅甫者，負天祥骸骨，歸葬吉州。會林某亦自惠州舁天祥母之柩同日而至，人以爲忠孝所感。天祥子俱亡，遺命以弟璧之子叔子爲後。天祥博學善談論，飲酒能多而不亂，所居對文筆峰，自號文山。平生作文未嘗屬草，下筆滔滔不竭，尤長於詩，有古賦比興之旨。流離中，感歎悲悼，一發於詩。在京口有指南集，在燕獄有集杜詩百首，又有吟嘯集行於世。

論曰：天祥建議分境内爲四鎮，各樹重兵，以相掎角，與汪立信列衛江濱之策，皆爲保邦之至計，使用之於未失襄陽之前，宋社可保也。即天祥建言時，苟用其策，亦可以遷延歲月，亡豈若是速乎？天祥早爲賈似道所抑，終爲陳宜中所擯。羈孤外郡，無尺兵斗糧之藉，虛假名號，招致豪傑，遂能以數千罷散之卒，克復州縣，震動中原，雖無成功之望，而事亦奇矣。所用之人，如趙時賞、劉子俊、鄒渢、杜滸輩，間關擁衛，九死而不悔，士卒遭空坑五坡之厄，前後喪失，雖死不叛。蓋其忠義足以感人心制，御足以一衆志向。若用之於早，國雖搶攘，勢未傾危，稍出其十二三，運用舒卷，以遏敵人之衝，則宋事未可料也。至於國破身囚，臨死生之變，從容無動於中，猶鳳翔千仞，俯視世間，非古所謂大丈夫者，孰能當此哉？

陸秀夫　張世傑　謝枋得

陸秀夫，字君實，楚州鹽城人。父徙鎮江。自少才思清麗，一時文人鮮能及之。

景定元年，成進士。李庭芝鎮淮南，辟之幕中。時天下稱得士者，以淮南爲第一。秀夫性沈静，每僚吏至閤，賓主交歡，獨斂焉無一語。或時宴集，坐尊俎間，矜莊終日。至察其事，皆治，庭芝益器之，雖改官，恒留之幕中，三遷至主管機宜文字。

咸淳十年，庭芝制置淮東，擢參議官。

德祐元年，邊事急，僚屬多亡者，惟秀夫數人不去。庭芝上其名，累擢宗正少卿權起居舍人。

二年二月，以禮部侍郎使軍前請和，不就而還。二王走温州，秀夫與蘇劉義追從之，使人召陳宜中、張世傑等皆至，遂相與立益王於福州。進端明殿學士、簽書樞密院事。宜中以秀夫久在兵間，知軍務，每事咨訪始行，秀夫亦悉心贊之，無不自盡。旋與宜中議不合，宜中使言者劾罷之。世傑讓宜中曰：「此如何時，動以臺諫論人？」宜中惶恐，即召秀夫還。

時君臣播越海濱，庶事疏略，楊太妃垂簾，與群臣語猶自稱奴。每時節朝會，秀夫儼然正笏立，如治朝，或時在行中，淒然泣下，以朝衣拭淚，衣盡浥，左右無不悲動者。屬井澳風，端宗以驚疾崩，群臣皆欲散去。秀夫曰：「度宗皇帝一子尚在，將焉置之？古人有以一成一旅成中興者，今百官有司皆具，士卒數萬，天若未欲絶宋，此豈不可爲國耶？」乃與衆共立衛王。時陳宜中往占城，屢召不至。乃以秀夫爲左丞相，與世傑共秉政。世傑駐兵厓山，秀夫外籌軍旅，内調工役，凡有述作，又盡出其手。雖匆遽流離中，猶日書大學章句以勸講。及厓山破，秀夫走少帝舟，是時諸軍皆潰，元兵四合，秀夫度不得脱，乃先驅其妻子入海，自負少帝赴海死，年四十四。後宫諸臣從死者甚衆。

方秀夫在海上時，記二帝事爲一書甚悉，以授禮部侍郎鄧光薦曰：「君後死，幸傳之。」其後厓山破，光薦還廬陵。其書存亡無從知，故海上事，世莫得其詳云。

張世傑，范陽人。隸淮兵中，阮思聰見而奇之，言於吕文德，召爲小校，累功至黄州武定諸軍都統制。攻安東州，戰甚力，與高達援鄂州有功，轉十官。從賈似道入黄州，戰薡草坪，奪還所俘，加環衛官。

咸淳四年，元兵築鹿門堡，吕文德請益兵於朝，調世傑與夏桂赴之。及吕文焕以襄陽降，元命世傑將五千人守鄂州。世傑以鐵絙鎖兩城，夾以砲弩，其要津皆施杙，設攻具。元兵破新城，長驅而下，世傑力戰，不得前。元遣人招之，不聽。元巴延陽攻嚴山隘，潛舟自唐港入漢，東攻鄂，鄂降。

世傑提所部兵入衛，道復饒州，遂入朝。時方危急，徵諸將勤王多不至，獨世傑來，累加保康軍承宣使，總都督府兵。遣將四出，取浙西諸郡，復平江、安吉、廣德、溧陽諸城，兵勢頗振。

是月，與劉師勇諸將大出師焦山，令以十舟爲方，碇江中，非有號令毋發碇，示以必死。元將阿珠載彀士以火矢攻之，世傑兵亂，不及發碇，遂大敗，死者萬餘人。世傑奔圌山，疏請濟師，不報。元兵至獨松關，召文天祥入衛，世傑尋亦入衛，加檢校少保。

元兵迫臨安，世傑請移三宫入海，而與天祥合兵背城一戰。陳宜中方遣人請和，不可。未幾，元兵至臯亭山，世傑乃提兵入定海。石國英遣都統卞彪説之使降，世傑以彪來從已俱南也，椎牛享之，酒半，彪從容爲言，世傑大怒，斷其舌，磔之巾子山。

四月，從二王入福州。五月，與宜中奉益王即位。王世强導元兵攻之，世傑乃奉端宗入海，而自將陳弔眼、許夫人諸翼兵攻蒲壽庚，不下。

十月，元將索多將兵援之，遂解去。既而索多遣經歷孫安甫説世傑，世傑拘安甫不遣。元將劉深攻淺灣，世傑兵敗，移蹕居井澳，深復來攻，世傑擊却之，因徙碙州。

其明年四月，端宗崩，衛王昺立，拜世傑少傅、樞密副使。世傑以碙州不可居，徙新會之厓山。

八月，封越國公。發瓊州粟以給軍。

明年，元將張弘範等兵至厓山，或謂世傑曰：「北兵以舟師塞海口，則我不能進退，盍先據海口。幸而勝，國之福也；不勝，猶可西走。」世傑恐久在海上有離心，動則必散，乃曰：「頻年航海，何時已？須與決勝負。」悉焚行朝草市，結大舶千餘作水砦，爲死守計，人皆危之。已而弘範兵至，據海口，樵汲道絶，兵茹乾糧十餘日，渴甚，下掬海水飲之，海鹹，飲即嘔泄，兵大困。世傑率蘇劉義、方興等日夕大戰。弘範得世傑甥韓，命以官，使三至招之，世傑不從，曰：「吾知降，生且富貴，但爲主死不移耳。」會元將李恒自廣州以師會弘範，守厓山北。二月癸未，恒乘早汐攻宋兵之北，弘範攻其南，世傑南北受敵，兵士皆疲，不能復戰，遂大敗。陸秀夫負少帝赴海，世傑乃與蘇劉義斷維，以十六舟奪港而去。行收兵遇楊太妃，欲奉以求趙氏後。太妃始聞少帝亡，撫膺大慟，遂赴海死，世傑葬之海濱。世傑將趨占城，土豪强之還廣東，乃回舟艤南恩之海陵山。散潰稍集，謀入廣，颶風大作，將士勸世傑登岸，世傑曰：「無以爲也。」登柁樓，露香祝曰：「我爲趙氏，亦已至矣。一君亡，復立一君，今又亡。我未死者，冀敵兵退，别立趙氏以存祀耳。今若此，豈天意耶！」舟遂覆，世傑溺死焉。諸將函其骨，葬潮居里。

謝枋得，字君直，信州弋陽人也。

寶祐中，舉進士，對策極攻丞相董槐與宦官董宋臣，中乙科。除撫州司户參軍，即棄去。

明年，中兼經科，除教授建寧府。吴潛宣撫江東、西，辟差幹辦公事。團結民兵，以扞饒、信、撫，又説鄧、傅二社諸大家，得民兵萬餘人，守信州。

五年，枋得考試建康，摘似道政事爲問，且言：「兵必至，國必亡。」似道聞之，追兩官，謫居興國軍。

咸淳三年，赦歸。

德祐元年，吕文焕導元兵東下鄂、黄、蘄、安慶、九江，凡其親友部曲皆誘下之，遂屯建康。枋得與吕師夔有舊，乃應詔上書，乞通信師夔，使之行成，且願身至江州見文焕與議。從之，以沿江察訪使行，會文焕北歸，不及而回。

以江東提刑、江西招諭使知信州。

明年正月，師夔南下，枋得以兵逆之，使前鋒呼曰：「謝提刑來。」吕軍馳至，射之，矢及馬前。枋得走入安仁，調淮士張孝忠逆戰團湖坪，矢盡，孝忠揮雙刀擊殺百餘人。前軍稍却，後軍繞出孝忠後，衆驚潰，孝忠中流矢死。馬奔歸，枋得坐敵樓見之，曰：「馬歸，孝忠敗矣。」遂奔信州。師夔下安仁，進攻信州，不守。枋得乃變姓名，入建寧唐石山，轉茶坂，寓逆旅中，日麻衣躡屨，東向而哭，人不識之，以爲被病也。已而去，賣卜建陽市中，有求卜者，惟取米屨而已，委以錢，率謝不取。其後人稍稍識之，多延至其家，使爲弟子論學。

元既得天下，遂隱閩中。

至元二十三年，集賢學士程文海薦宋臣二十二人，以枋得爲首。枋得方居母喪，遺文海書曰：「某所以不死者，以九十三歲之母在耳。先妣今以考終，某無意人間事矣。亡國之大夫，不可與圖存，某之至愚，不可以辱召命。」

又明年，元行省丞相蒙固岱將旨召之，執手相勉勞。枋得曰：「上有堯、舜，下有巢、由，枋得名姓不祥，不敢赴詔。」蒙固岱義之，不强也。既而宋故臣留夢炎力薦之，枋得復遺夢炎書言：「江南無人才，未有如今日之可恥，欲求一人如瑕吕飴甥、程嬰、杵臼之厮養卒，亦不可得。殷之亡也，以八百國之精兵，而不敢抗二子之正論，武王、太公凛凛無所容，急以興滅繼絶謝天下。殷之後遂與周并立。今吾年六十餘矣，所欠一死耳，豈復有他志哉？」終不行。

福建行省參政魏天祐見時方以求材爲急，欲薦枋得爲功，枋得聞之，罵曰：「天祐仕閩，無毫髮推廣德意，反起銀冶病民，顧以我輩飾好耶？」及見天祐，又傲岸不爲禮，與之言，坐而不對。天祐怒，挾之而北。

二十六年四月，至京師，問謝太后攢所及恭宗所在，再拜，慟哭。已而病，遷憫忠寺，見壁間曹娥碑，泣曰：「小女子猶爾，吾豈不汝若哉？」留夢炎使醫持藥雜米進之，枋得怒曰：「吾欲死，汝乃欲生我耶？」棄之於地，終不食而死。子定之負骸骨歸，葬信州。

枋得風岸孤峭，不能與世軒輊，以植世教立民彝爲己任。平生無書不讀，爲文章高邁奇絶，汪洋演迤，自成一家，學者師尊之。所著詩傳註疏行於世。其北行也，衣結履穿，人嘗德之者，賙以金帛，不受。又爲詩别其門人故友，詞甚慷慨，人傳誦之。

論曰：自古亡國，忠臣死義，未有如南宋之烈也。其表表在耳目間者，尚以百十數，至於偏裨下吏、弱子寡婦、役夫走卒、方外技藝之人，蓋不可勝數也。豈其流風善教使之然歟？抑諸君子者首爲之倡，有以激發其心歟？秀夫、世傑披草萊，立幼君，秉志金石，與君國爲存亡，故特著之。枋得徇義，於元既有天下十數年之後，從容不撓，與文天祥相類，古之所謂難者歟？平生好學執義，善爲文章，其遭遇可悲也。餘不勝載數人者，略見其概云。

史傳三編卷四十

名臣傳三十二

金

梁襄

梁襄，字公贊，絳州人。登大定三年進士，調耀州同官主簿。三遷邠州淳化令，有善政。察廉升慶陽府推官，召爲薛王府掾。

世宗將幸金蓮川，襄上疏極諫曰：

「臣聞上古帝王，高城、浚池、深居、邃禁，以爲藩籬；壯士、健馬、堅甲、利兵，以爲爪牙。今所幸金蓮川，在重山之北，地積陰冷，中夏降霜，五穀不殖，郡縣難建，蓋自古極邊荒棄之壤也。行宫之制，非有深廣殿宇，城池之固，環衛周垣，惟用氈布。頓舍之處，軍騎闐塞，主客不分，攘奪蹂躪，未易禁止。公卿百官，富者車帳僅容，窮者穴居露處，輿臺皂隸，不免困踣，飢不得食，寒不得衣，一夫致疾，染及衆人。

「及乎秋杪將歸，人疲馬弱，糧空衣敝，猶且遠幸松林，以從畋獵，往来不測，動踰旬月，轉輸移徙之勞，飛輓逋逃之苦，又更倍于前矣。以陛下神武善騎射，固不憂銜橛之變，設若烈風暴至，宿霧四塞，翠華有崤陵之避，百官狼狽于道途，衛士參錯于隊伍，當此宸衷，寧無戒悔。矧乎行幸所過，林谷晻靄，上有懸崖，下多深壑，垂堂之戒，不可不思。

「臣聞漢武帝幸甘泉，遂中江充之姦；唐太宗居九成，幾致結社之變；太康畋于洛汭，后羿拒河而失邦；魏主拜陵近郊，司馬竊權而篡國；隋煬、海陵離棄宫闕，遠事游巡，其禍遂速。故君人者不可恃人無異謀，要在處已于無憂患之域也。

「燕都地處雄要，北倚山嶮，南壓區夏，亡遼得此，控制南北，坐享有年。况今有宫闕井邑之繁，倉府武庫之實，居庸、古北、松亭、榆林等關，東西千里。皇天本以限中外，開大金萬世之基也。奈何無事之日越居草莱，輕不貲之聖躬，愛沙磧之微凉，臣實惜之。

「昔唐宗將幸關南，畏魏徵而遂停；漢文欲馳霸陵，因袁盎而遽止。陛下能行唐、虞之難行，而未能罷中主之易罷，此臣所未喻也。陛下曩牧濟南，日遇炎蒸，不離府署。今九重之上，臺榭高明，宴安穆清，何暑可到。如必謂往年遼國之君，春水、秋山、冬夏巴納，左右喜談，以爲快樂，無乃非聖君所急乎？

「且遼之基業根本在山北之臨潢，壤地褊小，儀物殊簡，輜重不多。方今幅員萬里，惟奉一君，輜重浩穰，隨駕殆逾百萬，何故歲歲而行，使遠近困役傷財，不得其所，陛下其忍之歟？

「議者謂陛下遠監人主，多生深宫，畏見風日，彎弧、上馬，皆所不能，筋力柔弱，故臨戰畏懼，束手就亡。是以不憚勤身遠幸，實欲服勞講武。臣以爲事貴適中，不可過當。今過防驕惰之患，先蹈危險之途，何異無病而服藥也？但欲習武，不必度關。

「伏乞陛下發如綸之旨，回北轅之車，安處中都，不復北幸，則宗社無彊之休。」

疏上，世宗納之，遂爲罷行。仍諭輔臣曰：「梁襄諫朕無幸金蓮川，朕以其言可取，故罷其行。然襄謂隋煬帝以巡游敗國，不亦過乎？煬帝失道虐民，民心既叛，雖不巡幸，國將安保？爲人上者，但盡君道而已，豈必深居九重，然後無虞哉？」襄由是以直聲聞天下。擢禮部主事、太子司經。除監察御史。未幾，遷通遠軍節度副使，以喪去。服闋，累遷至保大軍節度使以卒。

襄生平練習典故，學問該博，長于左氏春秋，至地理、氏族無不該貫。自早達至晚貴，服食常淡薄云。

論曰：史稱金始立國，即設科取士，漸摩培養，至大定間人材輩出。加以世宗之聽納，論議書疏多可傳者。觀襄疏，亦足見當時君明臣直，不以言爲忌。金之致治，于斯爲盛。若襄之賢，亦翹然而傑出哉。

圖克坦鎰

圖克坦鎰，本名愛新，上京人，北京副留守烏納子也。金世宗大定中，詔學士，圖克坦温以女直字譯貞觀政要、白氏策林、史、漢等書，頒行四方。選諸路學生三十餘人，教以古書，習作詩、策，鎰在選中。最精詣，兼通契丹大小字及漢字，該習經史。久之，設女直進士科，取鎰等二十七人及第。除中都教授，遷國子助教。丁母憂。服闋，改國史院編修。

世宗問完顔守道曰：「圖克坦鎰何如人也？」對曰：「鎰容止温雅，其心平易，兼有材力，可任政事。」世宗曰：「然，當以劇任處之。」累遷翰林待制，兼右司員外郎。獻漢光武中興賦，世宗大悦，曰：「不設此科，安得此人。」

章宗即位，遷諫議大夫，兼吏部侍郎，尋拜參知政事，修國史。鎰知章宗鋭意于治平，乃上書言：「臣觀唐、虞之時，其臣進言于君，必曰『戒哉』『懋哉』，曰『吁』，曰『都』。既陳其戒，復導其美。君之爲治，必曰『稽于衆，舍己從人』，既能聽之，又能行之，又從而興起之。君臣上下之間，相與如此。陛下繼興隆之運，撫太平之基，誠宜稽古崇德，留意于此，無因物以好惡無，以好惡爲喜怒，輕忽小善，不恤人言。夫上下之情有通塞，天地之運有否泰，唐陸贄嘗陳隔塞九弊，謂上有其六，下有其三。陛下能慎其六，爲臣子者敢不慎其三哉？上下之情既通，則大綱舉而細目張矣。」進尚書右丞。

三年，罷爲横海軍節度使，改定武軍節度，知平陽府事。尋改西京留守。承安三年，轉上京留守。

五年，拜平章政事，封濟國公。時淑妃李氏内寵過盛，兄弟横恣。詔以烈風昏曀連日，問變異之由。鎰上疏言：「仁、義、禮、智、信，謂之五常，父義、母慈、兄友、弟敬、子孝，謂之五德。今五常不立，五德不興，搢紳學古之士棄禮義、忘廉恥，細民遺道畔義，迷不知返，背毁天常，骨肉相殘，動傷和氣。此非一朝一夕之故也。今宜正薄俗，順人心，父父、子子、夫夫、婦婦，各得其道，然後和氣普洽，福禄薦臻矣。」因論「爲政之術，其急有二。一曰：正臣下之心。竊見群下不明禮義，趨利者衆，何以責小民之從化哉？其用人也，德器爲上，才美爲下，兼之者待以不次，才下行美者次之，雖有才能行義無取者，抑而下之，則臣下之趨向正矣。其二曰：導學者之志。教化之行，興于學校。今學者失其本真，經史雅奥，委而不習，藻飾虚詞，釣取禄利，乞令取士兼問經史故實，使學者皆守經學，不惑于近習之靡，則善矣。」又曰：「凡天下之事，叢来者非一端，形似者非一體，法制不能盡，隱于近似，乃生異論。孔子曰：『義者，天下之斷也。』記曰：『義爲斷之節。』伏望陛下臨制萬幾，事有異議，少凝聖慮，尋繹其端，則裁斷有定，而疑可辨矣。」鎰言皆切中時弊，金主雖納其説，而不能行。

嘗問漢高帝、光武孰優。張萬公曰：「高祖優甚。」鎰曰：「光武再造漢業，在位三十年，無沈湎冒色之事。高祖惑戚姬，卒至于亂。由是言之，光武似優。」章宗默然，盖知其諷諫也。

泰和四年，罷知咸平府。

六年，徙河中，兼陝西安撫使。尋改知京兆府事，充宣撫使，陝西元帥府并受節制。詔曰：「卿之智略，朕所深悉，且股肱舊臣，今南征將帥，久歷行陣，而宋人狡獪，資卿勝算。宜以長策御敵，厲兵撫民，稱朕意焉。」鎰言：「初置急遞舖本爲轉送文牒，今一切乘驛，非便。」金主深然之。始置提控急遞舖官。自此郵達無復滯焉。

七年，吴曦死，宋安丙分兵出秦、隴間。乃命鎰出兵金、房以分掣宋人梁、益、漢、沔兵勢。鎰遣頁嚕鴻和爾等引兵出商州，與宋軍戰，連勝。宋王枏議和，乃退守鶻嶺關。

八年，改知真定府事。

大安初，封濮國公。改東京留守，過闕入見。衛紹王謂鎰曰：「卿兩朝舊德，欲用爲相。因太尉匡，乃卿門人，不可屈下進階。」開府儀同三司，充遼東安撫副使。

三年，改上京留守，平章事，徵拜尚書右丞相，監修國史。上言：「自用兵以来，彼聚而行，我散而守，以聚攻散，其敗必然。不若入保大城，併力備禦。昌、桓、撫三州，素號富庶，人皆勇健，可以内徙，益我兵勢，人畜貨財，不至亡失。」平章伊喇、參政梁鏜曰：「如此是自蹙境土也。」衛紹王以責鎰。鎰復奏曰：「遼東，國家根本，距中都數千里，萬一受兵，州府顧望，必須報可，誤事多矣。可遣大臣行省以鎮之。」衛紹王不從，其後失昌、桓、撫三州，王乃大悔曰：「從丞相之言，當不至此。」

頃之，東京不守。鎰墜馬傷足，聞呼沙呼難作，將命駕入省，不得進。俄而呼沙呼猶豫，不能自定，乃詣鎰問疾，從人望也。鎰從容謂之曰：「翼王，章宗之兄，顯宗長子，衆望所屬，元帥決策立之，萬世之功也。」乃迎立宣宗即位。進左丞相，封廣平郡王。詔以足疾未愈，侍朝無拜。

明年，建議和親。言事者請罷按察司。鎰曰：「今郡縣多殘毁，正須賴以撫集，不可罷。」乃止。宣宗將如南京，鎰曰：「鑾輅一動，北路皆不守矣。今已講和，聚兵積粟，固守京師，策之上也。南京四面受兵，遼東根本之地，依山負海，其險足恃，備禦一面，以爲後圖，策之次也。」不從。

是歲，卒。賻贈優厚。

鎰爲人明敏方正，學問該貫，一時名士皆出其門，多至卿相。嘗歎文士委頓，雖巧拙不同，要以仁義道德爲本，乃著學之急道之要二篇。太學諸生刻之于石，有弘道集六卷。

論曰：鎰有學識，知治道，能獻替，可謂忠矣。所論君臣上下之間，五常、五德，爲政之術，儒者之言也。指畫兵勢，逆料三州、東京必至失守，若燭照焉。至其從容數語，遂定宣宗，則又功在社稷，不動聲色而措泰山之安者乎？奈何兩策不從，南都播越，使元人得以爲詞，而根本之地盡棄，豈不惜哉？

完顔承暉

完顔承暉，字維明，本名福興。好學，淹貫經史。襲父世職。金世宗大定間，選充符寶祇候，遷筆硯直長，調中都右警巡使。

章宗即位，遷近侍局使。嘗夜詔，開宫門召皇后妹夫烏頁爾。承暉不奉詔，明日奏曰：「烏頁爾得罪先帝，不可召。」章宗善之。未幾，遷兵部侍郎兼右補闕。選除東京延平等路提刑副使，改上京留守同知。御史臺奏：「承暉前爲提刑，豪猾屏息。」遷臨海軍節度使。歷利涉、遼海軍，累遷至北京留守，副留守李東陽素驕貴，承暉自非公事，不與交一言。尋召爲刑部尚書，兼知審官院。惠民司都監伊勒哈圖遷織染署直長，承暉駁奏曰：「伊勒哈圖以廕得官，别無才能，擢惠民司都監，已爲太優。況乃平章鎰之甥，不能不涉物議。」章宗從之。

改知大興府事。宦者李新喜有寵用事，借大興府妓樂。承暉拒不與，章宗聞而嘉焉。豪民與人争種稻水利不直，賂元妃兄宣徽使李仁惠。仁惠使人屬承暉右之。承暉杖遣豪民，謂其人曰：「此可以報宣徽也。」復改知大名府。雨潦害稼，承暉決引潦水，納之濠隍。

遷山東路統軍使。山東盜賊起，承暉奏明，安穆昆以下皆得權行的決。俟事定，依例奏聞。俄而盜賊渠魁稍就招降，餘黨猶潛匿泰山巖穴間。按察使請發數萬人刊除林木，深入勦捕。承暉奏曰：「泰山，五岳之宗，不可赭也。矧齊人易動，驅之入山，此誨盜非止盜。天下之山豈可盡赭哉？」議遂寢。

是時，行限錢法。承暉上疏，言：「貨聚于上，怨結于下。」不報。改知興中府。衛紹王即位，召爲御史大夫，拜參知政事。駙馬圖克坦摩哩與其父南平干政事，大爲姦利，承暉面質其非。進宣德行省，尚書右丞。參知政事承裕敗績于會河堡，承暉亦坐除名。

至寧元年，起爲横海軍節度使。

貞祐初，召拜尚書右丞。承暉即日入朝，妻子留滄州。滄州破，妻子皆死。呼沙呼伏誅。拜平章政事，兼都元帥，封鄒國公。

中都被圍，出議和事。

宣宗遷汴，進右丞相，都元帥，徙封定國公，留守中都。以左丞穆延盡忠久在軍旅，知兵事，遂以赤心相托，兵事悉付之，已乃總持大綱，期于保完都城。頃之，副元帥富察齊勤以其軍出降，中都危急。承暉以死固守，遣人以礬寫奏曰：「齊勤既降，城中無有固志，臣雖以死守之，豈能持久。伏念一失中都，遼東、河朔皆非我有，諸軍倍道来援，猶期有濟。」詔乃趣諸路兵糧，俱往赴救。高琪忌其成功，雖遣將分道往，終無一兵至者。乃與穆延盡忠會議于尚書省，約同死社稷。而盡忠謀南奔，承暉召帥府經歷完顔實古，謂曰：「始我謂平章知兵，故推赤心相托，嘗許與我俱死，今忽異議，行期且在何日，汝必知之。」實古曰：「今日向暮且行。」曰：「汝行李辦未？」曰：「辦矣。」承暉變色曰：「社稷若何？」實古不能對。叱下斬之。

承暉起，辭家廟，召郎中趙思文與之飲酒，謂之曰：「事勢至此，惟有一死以報國家。」作遺表付令史師安石，引咎自歸，論國家大計，辨君子小人治亂之本，歷指當時邪正者數人。論高琪賦性陰險，報復私憾，竊弄威柄，包藏禍心，終害國家。復謂妻子死于滄州，爲書以從兄子永懷爲後。從容若平日，盡出財物，召家人隨年勞多寡而分之，舉家號泣，不能仰視。承暉神色泰然，方與安石舉白引滿，謂之曰：「承暉于五經皆經師授，謹守而力行之，不爲虛文。」既被酒，取筆與安石訣，最後倒寫二字，投筆歎曰：「遽爾謬誤，得非神志亂邪？」謂安石曰：「子行矣。」徐仰藥死。貞祐三年五月二日也。安石以遺表至行在，宣宗設奠于相國寺，哭之哀。贈太尉、尚書令、廣平郡王，謚忠肅。官其嗣子及長孫。

承暉生而貴富，居家類寒素，常奉司馬光、蘇軾像于書室，曰：「吾師司馬而友蘇公。」平章完顔守貞素敬之，與爲忘年交。

論曰：完顔承暉，骨鯁大臣也。居恒則方正著聲，臨難則從容盡節。非學養素優，忠貞貫乎金石者，能有是耶？觀其自言五經皆經師授，身體而力行之，不爲虚文。嗚呼亶哉！嘗考金末忠節諸臣，或自殺，或戰死，或被執不屈，難以悉數。有完顏陳華善者，嘗以四百騎破蒙古兵于大昌原，時稱二十年来戰功第一。及三峰之敗，詣蒙古營，自言曰：「我忠孝軍總領陳和尚也，大昌原之勝者，我也。衛州之勝，亦我也。倒回谷之勝，亦我也。我死亂軍中，人將謂我負國家，今日明白死，天下必有知我者。」蒙古將欲其降，不可，斫足脛折之，不爲屈。割口吻至耳，噀血大呼，至死不絶。又宋元兵入蔡州，完顏呼沙呼聞金主自縊，謂將士曰：「吾不能死于亂兵之手，吾赴汝水，從吾君矣。諸君其善爲計。」言訖赴水死。將士皆曰：「相公能死，我輩獨不能耶！」于是參政以下及軍士五百餘人皆從死，此皆非常忠烈之士，而承暉爲最先，又行能最著，故表而出之。

史傳三編卷四十一

名臣傳三十三

元

耶律楚材

耶律楚材，字晉卿，遼東丹王托雲八世孫。父履，以學行事金世宗，見親任，終尚書右丞。楚材生三歲而孤，母楊氏教之學。及長，博極群書，旁通天文、地理、律曆、術數及釋老、醫卜之説。仕金，至員外郎。太祖定燕，聞其名，召見之。楚材身長八尺，美髯宏聲，帝偉之，曰：「遼、金世讎，朕爲汝雪之。」對曰：「臣父祖嘗委質事之，既爲之臣，敢讎君耶？」太祖重其言，置之左右，呼曰烏爾圖薩哈勒而不名，烏爾圖薩哈勒，蓋國語長髯人也。

己卯夏六月，太祖西伐回回。禡旗之日，雨雪三尺，疑之。楚材曰：「克敵之徵也。」庚辰冬，大雷，復問之，對曰：「回回國主當死于野。」後皆驗。

壬午八月，長星見西方，楚材曰：「金將易主矣。」明年，金宣宗殂。夏人常巴津善造弓，每曰：「國家方用武，耶律儒者何用？」楚材曰：「治弓用弓匠，爲天下豈可不用治天下匠耶？」太祖聞之喜，日見親用。每征伐，必用楚材卜，亦自灼羊脾，以相符應。謂太宗曰：「此人天賜我也。後軍國庶政，當悉委之。」

甲申，太祖至東印度，駐鐵門關，有一角獸，形如鹿而馬尾，其色綠，作人言，謂侍衛者曰：「汝主宜早還。」太祖以問楚材，對曰：「此瑞獸也，名角端，能言四方語，好生惡殺，此天降符以告陛下天之元子，天下之人皆陛下之子，願承天心，以全民命。」帝即日班師。

丙戌冬，從下靈武，諸將争取子女金帛，楚材獨收遺書及大黄。既而士卒病疫，得大黄輒愈，用活萬人。是時經營西土，未暇定制，州郡長吏，生殺任情。燕薊留後實默斡喇布尤貪暴，殺人盈市。楚材聞之泣下，即請禁州郡，非奉璽書，不得擅徵發，囚當大辟者必待報，違者罪死。于是貪暴之風稍戢。燕多劇賊，未夕，輒曳牛車指富家取財物，不與則殺之。時睿宗以皇子監國，遣楚材窮治之。楚材詢察得其姓名，皆留後親屬及勢家子，盡捕下獄。戮十六人于市，燕民始安。

先是，西域歷人言五月望月當蝕，楚材曰否，卒不蝕。明年十月，楚材言月當蝕，西域人曰否，果食八分。至是，楚材以金天明歷不應天度，乃製庚午元歷上之。

己丑秋，太宗將即位，宗親咸會，議猶未決。楚材言于睿宗曰：「此宗社大計，宜早定。」睿宗者，太宗親弟也。遂定策，立儀制，乃告親王察罕岱曰：「王雖兄，位則臣也，禮當拜。王拜，則莫敢不拜。」及即位，王率皇族及臣僚拜帳下。既退，王撫楚材曰：「真社稷臣也。」元朝尊屬有拜禮自此始。

中原初定，民多誤觸禁網，而國法無赦令。楚材從容爲太宗言，詔自庚寅正月朔日前事勿治。且條便宜十有八事頒天下，其略言：「郡宜置長吏牧民，設萬户總軍，使勢均力敵，以遏驕横。中原之地，財用所出，宜存恤其民，州縣非奉上命，敢肆行科差者罪之。貿易借貸官物者罪之。蒙古、回鶻、河西諸人，種地不納税者死。監主自盗官物者死。應犯死罪者，具由中奏待報，然後行刑。貢獻禮物，爲害非輕，宜禁斷。」太宗悉從之，惟貢獻一事不允。楚材曰：「蠹害之端，必由于此矣。」楚材又奏曰：「陛下將南伐，軍需宜有所資，誠均中原地税、商税、鹽、酒、鐵冶、山澤之利，歲可得銀五十萬兩、帛八萬匹、粟四十餘萬石。」太宗曰：「卿試行之。」乃立燕京等十路徵收課税使，凡長貳悉用士人，參佐皆用省部舊人。辛卯秋，太宗至雲中，十路進廪籍及金帛，笑謂楚材曰：「汝不去朕左右，而能使國用充足，南國之臣，復有如卿者乎？」對曰：「在彼者皆賢于臣，臣不才，故留燕，爲陛下用。」帝嘉其謙，賜之酒。即日拜中書令。

楚材奏：「凡州郡宜令長吏理民事，所掌課税，權貴不得侵之。」舉鎮海、鈕祜禄，均與之同事，權貴不能平。斡喇布以舊怨，尤疾之，譖于宗王。宗王請殺之，太宗不聽。屬有訟斡喇布者，命楚材鞫之，楚材曰：「此人倨傲，易招謗。今將有事南方，他日治之未晚也。」太宗私謂侍臣曰：「楚材不較私讎，真長者也。汝曹當效之。」中貴可思巴哈奏徙西京宣德萬餘户，以充採金銀役夫及種田西域與栽蒲萄户，楚材曰：「先帝遺詔，山後民質朴，無異國人，緩急可用，不宜輕動。今將征河南，請無殘民以給此役。」太宗可其奏。

壬辰春，太宗南征，將涉河，詔降者免死。或曰：「此輩急則降，緩則走，徒以資敵，不可宥。」楚材請製旗數百，以給降民，使歸田里，全活甚衆。舊制，凡攻城邑，以矢石相加者，即爲拒命，既克，必殺之。汴梁拒戰久，將下，大將蘇布特請屠之。楚材馳入奏曰：「將士暴露數十年，所欲者土地人民耳。得地無民，將焉用之？」太宗意未決，楚材曰：「奇巧之工，厚藏之家，皆萃于此，若盡殺之，將無所獲。」乃詔止戮完顔氏，餘皆勿問。時避兵居汴者凡百四十七萬人，楚材又請求孔子後，收太常禮樂生，及聘召名儒，乃以孔子五十一代孫元措襲封衍聖公，付以林廟。召名儒梁涉、王萬慶、趙著等，使釋九經，進講東宫。又率大臣子孫，執經解義，俾知聖人之道。置編修所于燕京、經籍所于平陽，由是文治興焉。

時河南初破，俘獲甚衆，軍還，逃者十七八。有旨：居停逃民及資給者，滅其家。鄉社連坐。楚材曰：「河南既平，民皆陛下赤子，走復何之？奈何因一俘囚，連死數十百人乎？」太宗悟，除其禁。金之亡也，惟秦、鞏二十餘州久未下，楚材曰：「往年吾民逃罪，或萃于此，故以死拒戰，若許以不殺，將不攻自下矣。」詔下，諸城皆降。呼沙呼等籍中原民，議以丁爲户。楚材曰：「不可，丁逃，則賦無所出，當以户定之。」朝議將以回回人征江南，漢人征西域，楚材又曰：「不可。中原、西域相去遼遠，未至敵境，人馬疲乏，水土異宜，疾疫將生，宜各從其便。」

有于元者，奏行交鈔，楚材又曰：「不可，金章宗時初行交鈔，與錢通行，有司以出鈔爲利，收鈔爲諱，謂之老鈔，至以萬貫易一餅。民力困竭，國用匱乏，當爲鑒戒。今即造交鈔，宜不過萬錠。」太宗皆從之。

時議裂州縣賜親王功臣，楚材曰：「裂土分民，易生嫌隙，不如多以金帛與之。」太宗曰：「已許，奈何？」楚材曰：「若朝廷置吏，收其貢賦，歲終頒之，使毋擅科徵，可也。」太宗然其計，遂定天下賦税，每二户出絲一觔，以給國用。五户出絲一觔，以給諸王功臣湯沐之資。地税，中田畝二升又半，上田三升，下田二升，水田畝五升。商税，三十分而一。鹽價，銀一兩四十觔。既定常賦，朝議以爲太輕，楚材曰：「作法于涼，其弊猶貪，後將有以利進者，則今已重矣。」

時工匠制造，糜費官物，十私八九，楚材又請覈之，以爲定制。太宗嘗執觴賜楚材曰：「朕所以推誠任卿者，先帝之命也。非卿，則中原無今日。朕得安枕者，卿之力也。」楚材復奏曰：「制器者，必用良工；守成者，必用儒臣。儒臣之事業，非積數十年未易成也。」太宗曰：「果，爾可官其人。」楚材曰：「請校試之。」乃命宣德州宣課使劉中隨郡考試，以經義、詞賦、論分爲三科，儒人被俘爲奴者，亦令就試，主匿弗遣者死。得士凡四千三十人，免爲奴者四之一。

先是，州郡長吏多借賈人銀以償官，息累數倍，至奴其妻子，猶不足償。楚材奏令本利相侔而止，永爲定制，民間所負者，官爲代償之。至一衡量，給符印，立鈔法，定均輸，布遞傳，明驛券，庶政略備，民稍蘇息焉。

有道士結中貴楊惟忠，虐殺其讐之黨二人。楚材收按惟忠，太宗怒，繫楚材。既而自悔，命釋之。楚材不肯，曰：「陛下初令繫臣，以有罪也。今釋臣，是無罪也。臣備位公輔，豈宜輕易反覆，如戲小兒？國有大事，何以行焉？」衆皆失色，帝乃温言慰之。楚材因陳時務十策，曰：信賞罰，正名分，給俸禄，官功臣，考殿最，均科差，選工匠，務農桑，定土貢，制漕運。皆切于時務，悉施行之。

太原路轉運使吕振、副使劉子振，以贜抵罪。太宗責楚材曰：「卿言孔子之教可行，何故乃有此輩？」對曰：「君父教臣子，亦不欲令陷不義。三綱五常，聖人之名教，有國家者莫不由之，如天之有日月也。豈得緣一夫之失，使萬世常行之道獨見廢于我朝乎？」太宗意乃解。

太宗好酒，楚材屢諫不聽，乃持酒槽鐵口進曰：「麴蘖能腐物，鐵尚如此，況五臟乎？」太宗悟，語近臣曰：「汝曹愛我，有如烏爾圖薩哈勒者耶？」勅日進酒三鍾而止。

自庚寅定課税格，歲有增羨，至戊戌，增至一百一十萬。其後富人劉呼圖等請以一百四十萬撲買天下課税，楚材曰：「此貪利之徒，罔上虐下，爲害甚大。」奏罷之。至是，温都爾哈瑪爾又請撲買課税，增至二百二十萬。楚材極力辯諫，聲色俱厲，言與涕俱。太宗曰：「爾欲搏鬬耶？」又曰：「爾欲爲百姓哭耶？姑試行之。」楚材力不能止，乃歎息曰：「民之困窮，自此始矣。」嘗曰：「興一利，不如除一害；生一事，不如少一事。後之負譴者方知吾言不妄也。」

楚材當國日久，得禄分其親族，未嘗私以官。或從容諷之，楚材曰：「睦親之義，但當資以金帛。若使從政而違法，吾不能徇私也。」

辛丑二月，帝疾篤，醫言脈已絶。皇后不知所爲，召楚材。楚材曰：「今任使非人，賣法鬻獄，囚繫非辜者多。古人一言而善，熒惑退舍，請赦天下囚徒。」后即欲行之，楚材曰：「非君命不可。」俄頃，帝少蘇，因請肆赦，太宗首肯之。是夜，醫者候脈復生，翼日而瘳。

冬十一月，太宗將出獵，楚材以數推之，亟言其不可，不聽。獵五日，崩于行在所。皇后奈曼珍氏稱制。

癸卯五月，熒惑犯房，楚材曰：「當有驚擾。」居無何，朝廷用兵，事起倉卒，后令授甲，欲西遷以避之。楚材曰：「朝廷，天下根本，根本一摇，天下將亂。臣觀天道，必無患也。」後數日果定。

時温都爾哈瑪爾以貨得政柄，廷中皆畏附，獨楚材面折廷争，言人所難言。后以御寶空紙付温都爾哈瑪爾，使自填行之。楚材曰：「朝廷自有憲章，今欲紊之，臣不敢奉詔。」事遂止。又有旨：「凡温都爾哈瑪爾所建白，令史不爲書者，斷其手。」楚材曰：「國之典故，先帝悉委老臣，令史何與焉？事若合理，自當奉行，如不可行，死且不避，況截手乎？」后不悦。楚材因曰：「老臣事太祖、太宗三十餘年，無負于國，皇后亦豈能無罪殺臣也？」后雖憾之，亦以先朝舊勳，深敬憚焉。

甲辰夏五月，卒，年五十五，賻贈甚厚。後有譖楚材在相位久，天下貢賦，半入其家者。后命近臣覈視之，惟琴玩十餘，及古今書畫、金石、遺文數千卷而已。

至順元年，贈太師、上柱國，追封廣寧王，謚文正。

論曰：天生斯民，則并其所以生養之具，而并有之金、木、水、火、土、穀、桑、麻之類，民所賴以生者，與人而俱生。而其于人也，農、圃、醫、卜及百工，一切養人之具。其始爲之者，無所師授，心通其理，制爲定法，以垂于後。蓋天人之際，道之自然，自古及今，常如此者，非偶然也。

耶律楚材，遼之種姓，生長于金，而元之太祖、太宗拔起而大用之，數十年之間，上自文武經略、立國規模、錢穀兵刑之制，外及律吕星象、工械技藝，靡不畢具。大要以仁心爲質，而正直忠厚、才智淵深，古名臣中少有倫比也。故能使軍國有章，上下有體，無分争鬬暴之患，民安國富，再傳之後，奄有九有，豈虚乎哉？

劉秉忠

劉秉忠，字仲晦，其先瑞州人也，世仕遼，爲官族。曾太父仕金，爲邢州節度副使，因家焉。元兵取邢，以其父潤署州録事，歷兩縣，有惠愛。

秉忠風骨秀異，英爽不羈。年十七，爲邢臺令史。居常鬱鬱不樂，一日投筆歎曰：「吾家累世衣冠，乃汩没爲刀筆吏乎？丈夫不遇於世，當隱居以求志耳。」即棄去，隱武安山中。久之，入天寧寺爲僧。

世祖在潛邸召見。秉忠于書無不讀，尤邃于易及邵氏經世書，至天文、地理、律歷、三式六壬遁甲之屬，無不精通。論天下事如指諸掌。世祖大悦之，遂留藩邸。後數歲，奔父喪。服除，復被召。上書數千百言，其略謂：

「天下户過百萬，自呼圖克諾延斷事之後，差徭甚大，民致逃竄。宜比舊減半，就見在之民以定賦税。官無定次，清潔者無以遷，汙濫者無以降。可比附古例，定百官爵禄儀仗，使家足身貴。威福者君之權，奉命者臣之職。今百官自行威福，進退生殺，惟意之從，宜從禁治。

「天下之人，宜施以教令，使之知法，則犯者自少。罪不至死者，皆提察，然後決。犯死刑者，覆奏，然後聽斷。官民債負，自宜遵依皇帝聖旨。一本一利，官司歸還。凡賠償無名，虚契所負，及還過元本者，并行赦免。

「納糧就遠倉，有一廢十者，宜從近倉以輸爲便。當驛路州城，飲食祇待，宜計所費以準開發。關市津梁，宜從舊制，禁横取，減税法，以利百姓。倉庫加耗甚重，宜令權量度均爲定法，使錙銖圭撮尺寸皆平，以存信去詐。珍貝金銀，難得之貨，一旦以纏絲縷、飾皮革、塗木石、粧器仗，甚可惜也，宜從禁治。今地廣民微，賦斂繁重，民不聊生，何力耕耘？宜差勸農官二員，率百姓，務農桑，營産業。

「古者庠序學校未嘗廢，今郡縣雖有學，并非官置。宜從舊制，修建三學，設教授，開選擇才，以經義爲上，詞賦策論次之。

「天下莫大于朝省，親民莫近于縣宰。雖朝省有法，縣宰宜擇，縣宰正，民自安矣。關西、河南，地廣土沃，宜設官招撫，民歸土闢，以資軍馬之用。鄂囉哈喇于諸税舊額加倍榷之，民無所措手足。宜罷繁碎、止科徵，勿從獻利之徒削民害國。鰥寡孤獨廢疾者，宜設孤老院，給衣糧以爲養。使臣到州郡，宜設館，不得于官衙民家安下。

「孔子爲百王師，立萬世法，今廟堂雖廢，存者尚多，宜令州郡祭祀，釋奠如舊儀。近代禮樂器具靡散，宜令徵太常舊人教引後學，使器備人存，漸以修之。國家廣大如天，萬中取一，以養天下名士宿儒之無産業者，使不致困窮，實國家養材勵世之大也。

「今言利者衆，非圖利國害民，實欲殘民自利。宜將國中人民必用場冶，付各路課税所，以定權辦，餘并罷去。古者明王不寶遠物，所寶惟賢，如使賢者在位，能者在職，此皆一人之睿知，賢王之輔成也。立朝省以統百官，分有司以御衆事，以至京府州郡親民之職無不備。紀綱正于上，法度行于下，故天下不勞而治。今新君即位之後，可立朝省，以爲政本。」世祖嘉納焉。

又言：「邢州舊萬餘户，兵興以来，不滿數百，凋壞日甚，得良牧守如真定張耕、洺水劉肅者治之，猶可完復。」乃以耕爲邢州安撫使，肅爲副使。由是流民復業，升邢爲順德府。

癸丑，從世祖征大理。

明年，征雲南。每贊以天地好生，王者神武不殺，故克城之日，不妄戮一人。

己未，從伐宋，所至全活不可勝計。

中統元年，世祖即位，問以治天下之大經、養民之良法，秉忠采祖宗之舊典，參以古制之宜于今者，條列以聞。于是下詔建元紀歲，立中書省、宣撫司。朝廷舊臣、山林遺逸之士，咸見録用，文物粲然一新。秉忠雖居左右，而猶不改舊服。

至元二年，翰林學士承旨王鶚言：「秉忠定社稷之大計，忠勤勞績，宜正其衣冠，崇以顯秩。」帝覽奏，即日拜光禄大夫，位太保，參預中書省事。秉忠既受命，以天下爲己任，事無巨細，凡有關于國家大體者，知無不言，言無不聽，帝寵任愈隆。燕閒顧問，輒推薦人物可備器使者，凡所甄拔，後悉爲名臣。

初，帝命秉忠相地于桓州東灤水北，建城郭于龍岡。三年而畢，名曰開平。繼升爲上都，而以燕爲中都。

四年，又命秉忠築中都城，始建宗廟宫室。

八年，奏建國號爲大元，而以中都爲大都。他如頒章服、舉朝儀、給俸禄、定官制，皆自秉忠發之，爲一代成憲。

十一年，扈從至上都，其地有南屏山，築精舍居之。秋八月，無疾端坐而卒，年五十九。帝聞驚悼，謂群臣曰：「秉忠事朕三十餘年，小心慎密，不避艱險，言無隱情，其陰陽術數之精，占事知来，若合符契，惟朕知之，他人莫得聞也。」出内府錢，遣官護喪葬。

十二年，贈太傅，封趙國公，謚文貞。後贈太師，封常山王。

秉忠自幼好學，至老不衰。雖位極人臣，而齋居蔬食，終日澹然，不異平昔。爲詩蕭散閒淡，如其爲人。有文集十卷。

論曰：秉忠當出處之際，蹤蹟甚奇，方其棲心方外，放浪山澤間，寧自知遭時遇主，出素藴以綱維一世，垂之無窮哉？昔范蠡泛舟，觀兵强吴；李泌衡山之逸客，再定兩京，光復唐室。秉忠豈其流亞耶！

廉希憲

廉希憲，字善甫，布魯哈雅子也。幼魁偉，舉止不凡。篤好經史，手不釋卷。世祖爲皇弟，希憲年十九，入侍。一日，方讀孟子，聞召，急懷以進。世祖問其説，遂以性善義利仁暴之旨對，世祖嘉之，由是知名。

世祖以京兆分地命希憲爲宣撫使。京兆控制隴蜀，諸王貴籓，分布左右，民雜羌戎，號難治。希憲講求民病，抑强扶弱。暇日從名儒許衡、姚樞輩諮訪治道，首請用衡提舉京兆學校，教育人材，爲根本計。國制，爲士者無隸奴籍，京兆多豪强，廢令不行。希憲至，悉令著籍爲儒。

初，世祖受命憲宗，經理河南關右。至是，憲宗惑于讒，命阿拉克岱爾、劉太平檢覈所部，大開告訐。希憲曰：「宣撫司事由己出，有罪當獨任，僚屬何預？」及事竟，卒無獲罪者。世祖渡江取鄂州，命希憲入籍府庫。希憲引儒生百餘，拜伏軍門，因言：「王師渡江，俘獲士人，宜遣還。」世祖納之，還者五百餘人。

憲宗崩，希憲啓世祖曰：「殿下太祖嫡孫，先皇母弟，前征雲南，尅期撫定，及今南伐，率先渡江，天道可知。且殿下收召才傑，悉從人望，子惠黎庶，率土歸心。今先皇奄棄萬國，神器無主，願速還京，正大位以安天下。」世祖從之。

庚申，至開平，宗室諸王勸進，希憲復以天時人事，贊世祖早定大計。明日，世祖遂即位。

先是，漢地分爲十道，世祖乃併京兆、四川爲一道，以希憲爲宣撫使。是時劉太平、和囉海在關右，琿塔哈在六盤，各懷異志。劉太平、和囉海潛入京兆，謀爲變。而琿塔哈遂舉兵反，殺所遣使者，遣人約其黨密拉和卓于成都，奇塔特巴哈于青居，使各以兵来會。又約劉太平、和囉海同日俱發。希憲得報，即遣使掩捕劉太平、和囉海等，獲之，盡得其謀，置于獄。乃使劉哈瑪爾誅密拉和卓，汪惟正誅奇塔特巴哈，具以驛聞。復命汪惟良將秦、鞏諸軍討六盤，惟良以未得旨辭，希憲即解所佩虎符銀印授之，曰：「君但辦吾事，制符已飛奏矣。」惟良遂行。又發蜀卒更戍，及餘丁，使蒙古官巴沁將之，謂曰：「君所將，未經訓練，六盤兵精，勿與争鋒，但張聲勢，使不得東，則大事濟矣。」會有詔赦至，希憲命絞劉太平等于獄，方出迎詔。乃自劾停赦行刑、徵調諸軍、擅以惟良爲帥等罪，帝深善之，曰：「經所謂行權，此其是也。」賜金虎符，使節制諸軍，且曰：「事當從宜，勿拘常制。」

西川將納琳鄂囉官，將舉兵應琿塔哈，巴沁獲之，繫其黨五十餘人，送二人至京兆，并請殺之。希憲謂僚佐曰：「琿塔哈不能乘勢東来，保無他慮。今衆心未一，猶懷反側，彼軍見其將校執囚，或别生心，爲害不細。今因其懼死，并加寬釋，使感恩効力，就發此軍餘丁，往隸巴沁，上策也。」于是將校兵士，人人感悦，果得精騎數千，巴沁將之而西。

琿塔哈聞京兆有備，遂西渡河，趨甘州，阿拉克岱爾復自和林提兵與之合，分結隴、蜀諸將。人心危疑，朝議欲棄兩川，退守興元，希憲力言不可。會親王哈坦及汪惟良、巴沁等合兵與戰于西涼，大敗之，俘斬略盡，得二叛首，梟之京兆市。事聞，帝大嘉之，曰：「希憲真男子也。」進拜平章政事。時希憲年三十矣。

希憲奏：四川降民，皆散處山谷，宜勅軍吏，止俘掠，違者，千户以下與犯人同罪。禁無販易生口，由是四川遂安，降者益衆。又罷解鹽户所摘軍，及京兆諸處無籍户之戍靈州屯田者，以寬民力。鎮戎州有謀爲叛者，連引四百餘人，希憲詳推之，惟誅首惡五人。宋將劉整以瀘州降，盡縶前歸宋者數百人待報，希憲奏釋之。宋將家屬在北者，希憲歲給其糧。仕于宋者，子弟得越界省其親，人皆感之。

召還，拜中書平章政事。振舉綱維，綜核名實，汰逐冗濫，裁抑僥倖，興利除害，事無不舉，典章文物，粲然可考，當時翕然稱治。又建言：「國家開創以来，凡納土及始命之臣，咸令世守，子孫奴視部下，都邑長吏，皆其皂隸僮使，前古所無，宜更張之，使考課黜陟。」始議行遷轉法。

帝謂希憲曰：「吏廢法而貪，民失業而逃，工不給用，財不贍費，先朝患此久矣。自卿等爲相，朕無此憂。」對曰：「陛下聖猶堯、舜，臣等未能以皋陶、稷、契之道，贊輔治化，懷愧多矣。今日少治，未足多也。」因論及魏徵，對曰：「忠良之臣何代無之？顧人主用不用爾。」有内侍傳旨朝堂，言某事當爾，希憲曰：「此閹官預政之漸，不可啓也。」遂入奏，杖之。

或訟丞相史天澤，威權日盛，漸不可制。詔罷天澤政事，待鞫問。希憲進曰：「天澤事陛下久，始自潛藩，多經任使，將兵牧民，悉有治効。陛下知其可付大事，用爲輔相，小人一旦有言，陛下奈何不熟察其心跡，而遽疑之。臣等備員政府，陛下之疑信若此，何敢自保？天澤既罷，亦當罷臣事。」遂解。

又有訟四川帥奇徹者，帝勅遣使誅之。希憲覆奏，帝怒。希憲曰：「奇徹大帥，以一小人言被誅，民心必駭，收繫至此，與訟者廷對，然後明其罪于天下爲宜。」詔遣使按問，事竟無實。

希憲每奏事帝前，議論激切，無少回惜。帝曰：「卿昔事朕王府，多所容受，今爲天子臣，乃爾木强耶？」對曰：「王府事輕，天下事重，一或面從，天下將受其害，臣非不自愛也。」

方士請煉大丹，勅中書給所需，希憲具以秦、漢故事奏，且曰：「堯舜得壽，不因大丹也。」帝曰：「然。」遂却之。時方尊禮國師，帝命希憲受戒，對曰：「臣受孔子戒。」帝曰：「孔子亦有戒耶？」對曰：「爲臣當忠，爲子當孝，孔子之戒，如是而已。」

五年，始建御史臺，繼設各道提刑按察司。時阿哈瑪特專總財利，乃曰：「庶務責成諸路，錢穀付之轉運，今繩治之如此，事何由辦？」希憲曰：「立臺察，古制也，内則彈劾奸邪，外則察視非常，訪求民瘼，裨益國政，無大于此。若去之，使上下專恣貪暴，事豈可集耶？」阿哈瑪特不能對。

七年秋，坐事罷相。一日，帝問希憲居家何爲？阿哈瑪特因譏之曰：「日與妻子宴樂耳。」帝變色曰：「希憲清貧，何從宴設？」嘗有疾，須沙糖作飲，阿哈瑪特餉之二斤，希憲却之曰：「使此物果能活人，吾終不以奸人所餉求活也。」帝聞乃賜之。

嗣國王特納格行省鎮遼陽，擾民不便。十一年，詔起希憲爲北京行省平章政事。遼東多親王，使者傳令旨，官吏立聽，希憲至，始革正之。

俄詔國王歸國，希憲獨行省事。長公主及國壻入朝，縱獵擾民，希憲欲奏之。國壻大懼，入語公主，公主出，飲希憲酒曰：「從者擾民，吾不知也。以鈔萬五千貫還民。」自是貴人過者，皆莫敢縱。

十二年，右丞相阿爾哈雅下江陵，請命重臣鎮之。帝急召希憲還，使行省荆南，承制授三品以下官。希憲冒暑疾驅，至鎮，阿爾哈雅率其屬郊迎，望拜塵中，荆人大駭。即日，禁剽奪、通商販，興利除害，兵民安堵。首録宋故宣撫、制置二司幕僚能任事者，以備采訪。左右難之，希憲曰：「今皆國家臣子也，何用致疑？」乃擇二十餘人隨才授職。令凡俘獲之人，敢殺者，以故殺平民論。爲軍士所獲，病而棄之者，許人收養。病愈，故主不得復有。

先時，江陵城外蓄水扞禦，希憲命決之，得良田數萬畝，以業貧民。發沙市倉粟之不入官籍者二十萬斛，以賑公安之飢。大綱既舉，乃曰：「教不可緩也。」遂大興學，選教官，置經籍，旦日親臨講舍，以厲諸生。

西南溪洞，及思、播田、楊二氏，重慶制置趙定應，俱越境請降。事聞，帝曰：「先朝非用兵不可得地，今希憲能令數千里外越境納土，其治化可見也。」

希憲疾久不愈，十四年春，召還京師，江陵民號泣遮道，留之不得，相與畫像建祠。希憲還，囊橐蕭然，琴書自隨而已。帝知其貧，賜白金五千兩、鈔萬貫。

五月，至上都，太常卿田忠良来問疾，希憲謂之曰：「上都，聖上龍飛之地，天下視爲根本。近聞龍岡遺火，延燒民居，此常事耳，慎勿令妄談地理者惑動上意。」未幾，果有以徙置都邑事奏者，樞密副使張易、中書左丞張文謙力言不可，帝不悦。明日，召田忠良質其事，忠良以希憲語對，帝曰：「希憲病甚，猶慮及此耶。」議遂止。

十六年春，詔復入中書，希憲稱疾篤。皇太子遣侍臣問疾，因問治道，希憲曰：「君天下在用人，用君子則治，用小人則亂。臣病雖劇，委之于天。所甚憂者，大奸專政，群小阿附，誤國害民，病之大者。殿下宜開聖意，急爲屏除，不然，日就沉痾，不可藥矣。」戒其子曰：「丈夫見義勇爲，禍福無預于已，謂皋、夔、稷、契、伊、傅、周、召爲不可及，是自棄也。天下事苟無牽制，三代可復也。」又曰：「汝讀狄梁公傳乎？梁公有大節，爲不肖子所墜，汝輩宜慎之。」

十七年十一月十九夜，有大星隕于正寢之旁，流光照地。是夕，希憲卒，年五十。

大德八年，贈忠清粹德功臣、太傅、追封魏國公，謚文正。

論曰：希憲負青雲之願，至以皋、夔、稷、契自勵，欲追跡于三代，此其志豈小哉？受世祖恩遇，知無不爲。是時邦家初建，萬事草創，希憲居樞軸之位，則能挈綱維明，條貫成一代之規。受專閫之寄，則能詰奸禦暴，安民養士，使疆土日闢，折衝萬里之外。及當成敗呼吸，審察幾宜，代謀制勝，用力少而成功多，可謂拔萃之奇才也。值阿哈瑪特奸回貪冒，動相牽制，與之終始，不然以希憲之才，當此位望，其功謀亦曷可勝道哉！

史傳三編卷四十二

名臣傳三十四

元

史天澤

史天澤，字潤甫，大興人。身長八尺，音如洪鐘，善騎射，勇力絶人，從其兄天倪帥真定。天倪使護母北歸，甫行而天倪爲武仙所害，天澤在道聞變，即傾貲裝，易甲仗，南還，行次滿城。部曲散走者多來歸，得士馬甚衆。天澤攝行軍事，轉戰皆捷，遂下中山，略無極，拔趙州。會天澤兄天安引兵來赴，擊武仙，敗之，仙奔雙門，遂復真定。

大帥賓訥台，忿民從賊，將盡殺之，天澤曰：「彼皆吾民，爲賊所脅耳。」力争得釋。天澤勇而善謀，戰勝攻取，功最多。又以招集流散，存恤困窮爲務。時政繁賦重，貸錢於西北賈人以代輸，累倍其息，謂之羊羔利，民不能給。天澤奏請官爲償一本息而止。繼以歲飢，假貸充貢賦，積銀至一萬三千錠，天澤傾家貲，率族屬官吏代償之。又請以中户爲軍，上下户爲民，著爲定籍，境内以寧。

世祖時在藩邸，以河南不治，請以天澤爲經略使。至則興利除害，政無不舉，誅郡邑長貳之尤貪横者二人，境内大治。阿拉克岱爾鈎較諸路財賦，鍛鍊羅織，無所不至。天澤以勳舊獨見優容，天澤曰：「我爲經略使，今不我責，而罪餘人，我何安乎？」由是得釋者甚衆。

中統元年，世祖即位，首召天澤，問以治國安民之道，即具疏以對，大略謂：「朝廷當先立省部以正紀綱，設監司以督諸路，霈恩澤以安反側，退貪殘以任賢能，頒奉秩以養廉，禁賄賂以防奸，庶上下丕應，内外休息。」帝嘉納之。

二年五月，拜中書右丞相。天澤既秉政，凡前所言治國安民之術，無不次第舉行。又定省規十條，以正庶務。憲宗初年，括户餘百萬，至是，諸色占役者大半，天澤悉奏罷之。

三年春，李壇以益都叛，遂據濟南，詔親王噶必齊討之。繼命天澤往，天澤聞壇入濟南，笑曰：「豕突入苙，無能爲也。」至則進説於噶必齊曰：「壇多譎而兵精，不宜力角，當以歲月斃之。」乃深溝高壘，绝其奔軼，凡四月，城中食盡，軍潰出降，生擒壇，斬之，誅同惡者數十人，餘悉縱歸。明日，引軍東行，未至益都，城中人已開門迎降。

初，天澤將行，帝臨軒授詔，責以專征，俾諸將皆聽節度。天澤未嘗以詔示人，及還，帝慰

之計。

六年，議攻襄陽，詔天澤與呼喇珠往經畫之。至則相要害，立城堡，以絶其聲援，爲必取之，悉歸功於諸將，其慎密謙退如此。

至元元年，加光禄大夫。

十年春，與阿珠等進攻樊城，拔之，襄陽降。

十一年，與巴延總大軍，自襄陽水陸并進。天澤得疾，還至真定，帝遣其子與尚醫馳視。天澤附奏曰：「臣大限有終，死不足惜，但願天兵渡江，慎勿殺掠。」語不及他。

以十二年二月七日卒，年七十四，贈太尉，謚忠武。後累贈太師，進封鎮陽王。

天澤平居，未嘗自矜其能，及臨大節、論大事，毅然以天下之重自任。年四十，始折節讀書，立論多出人意表。拜相之日，門庭悄然。或勸以權自張，天澤曰：「唐人不云乎？『願相公無權，爵禄刑賞，天子之柄，人臣何權之有？』」言者慚服。當金末，名士流寓失所，悉爲治其生理而賓禮之，後多致顯達。委任僚吏，知之明而用之專。是以出入將相五十年，上不疑，而下無怨人，以爲有郭子儀、曹彬之風云。

論曰：天澤材兼文武，爲開國元臣。身出入行間，不下百戰，然其志與衆異。觀其臨没之奏，則平生之所存可知矣。當時曹、郭之譽，有由然也。元取天下，諸將惟天澤知大體，如阿珠、李恒、張弘範等，皆不過戰將。巴延深厚有謀，處衆不伐，其識度比諸人爲優。然其出兵之日，世祖命之曰：「當如曹彬不戮一人。」及巴延南下，兵之所過，殺戮無數，豈可與古人同日語耶！」

安圖

安圖，穆呼哩四世孫，世祖追録勳舊，召入長宿衛，年方十三，位百寮上。母鴻吉哩氏，昭睿皇后之姊。帝一日見之，問及安圖，對曰：「安圖雖幼，公輔器也。」帝曰：「何以知之？」對曰：「每退朝，必與老成人語，未嘗狎一年少，是以知之。」

四年，執頟哷布格黨凡千餘人。帝語安圖曰：「朕欲置此屬於死，何如？」對曰：「人各爲其主，陛下甫定大難，遽以私憾殺人，將何以懷服未附。」帝驚曰：「卿年少，何從得老成語。」由是深重之。

至元二年八月，拜中書右丞相。辭曰：「今三方雖定，江南未附，臣以年少，謬膺重任，恐四方有輕朝廷心。」帝動容有間曰：「朕思之熟矣，無以踰卿。」

冬十月，召許衡至，令衡入省議事，衡以疾辭，安圖即親候其館，與語良久，既還，念之不釋者累日。後帝謂衡曰：「安圖尚幼，未經事，善輔導之。汝有嘉謨，當先告之以達朕，朕將擇焉。」衡對曰：「安圖聰敏，且有執守，告以古人所言，悉能領解，臣不敢不盡心。」安圖嘗請内外官俱用老成人，及令儒臣姚樞等入省議事。皆從之。

及阿哈瑪特用事，安圖奏曰：「臣近言：『尚書省、樞密院各令奏事，并如常制，其大政令，從臣等議定，然後上聞。』既得旨矣，今尚書一切徑奏，似違前旨。」帝曰：「豈阿哈瑪特專權耶？」勑如前旨。

十一年，安童遂劾奏阿哈瑪特蠹國害民數事。

其明年，詔從太子北平王出鎮極邊，十年乃歸，復拜中書右丞相。值盧世榮敗，安圖與諸儒條其所用人及所爲事，悉罷之。嘗奏帝曰：「比聞聖意欲倚近侍爲耳目，臣猥承任使，若所行非法，從其舉奏，罪之輕重，惟陛下裁處。今近臣乃伺隙援引非類，曰某居某官、某居某職，以所署奏目付中書施行。臣謂銓選之法，自有定制，其尤無事例者，臣常廢格不行，慮其黨有短臣者，幸陛下詳察。」帝曰：「卿言是也。」

二十四年，宗王納延叛，帝親討平之。宗室詿誤者，命安圖按問，多所平反。是歲，復立尚書省，安圖切諫，不聽。則曰：「臣力不能回天，乞不用僧格，别相賢者，猶或不至虐民誤國。」又不聽。其後大權盡歸尚書，安圖屢求退，不許。

至二十八年，乃罷相，仍領宿衛事。

三十年春正月，卒，年四十九。

大德七年，贈太師、東平王，謚忠憲。

論曰：安圖在位，無赫赫之功，然每觀當時之正人賢士，其推轂扶翼及國家利民稽古之事，未嘗不在其中也。其他邪人則與岐趨，弊事則與異議，主持之力，於是爲多。故元初稱賢相，必舉安圖，豈虛語哉！安圖之孫拜珠，輔相英宗，釐奸除弊，二年之間，幾致太平，爲逆黨所疾，君臣不密，至以俱殞。其治效雖不克終，亦一時之盛也。後之論拜珠者，欲因以爲過，則有傷於宋孔父之忠，欲均之垂訓，則無以表衛甯俞之義，故姑闕其名，而附論之如此。

徹爾

徹爾，揚珠濟達氏。曾祖塔齊，以功封徐、邳二州，因家於徐。徹爾幼孤，母富察氏教以讀書。

至元十八年，世祖召見，應對詳雅，悦之，俾常侍左右，民間事時有所咨訪。從征東北邊還，因言大軍所過，民不勝煩擾，寒餓且死，宜加賑給。帝乃賜邊民穀帛牛馬有差，賴以存活者衆。擢利用監。

二十三年，奉使江南，省風俗，訪遺逸。時行省理財方急，賣所在學田以價輸官。徹爾曰：「學田所以供祭禮、育人才也，安可鬻。」遽止之。還朝以聞，帝嘉納焉。

二十四年，分中書爲尚書省。僧格爲相，引用黨與，鈎考天下錢糧，凡前權臣阿哈瑪特積年負逋，舉以中書失徵，奏誅二參政。行省承風，督責尤峻。主無所償，則責及親戚，或逮繫鄰黨，械禁榜掠，民不勝其苦，自殺及死於獄者以百數，中外騷動。廷臣顧忌，無敢言。徹爾乃於帝前，具陳僧格奸貪誤國害民狀，詞語激烈。帝怒，命批其頰。徹爾辯愈力，且曰：「臣與僧格無讎，所以力數其罪而不顧身者，正爲國家計耳。若畏聖怒而不敢言，則奸臣何由而除？民害何由而息？且使陛下有拒諫之名，臣竊懼焉。」於是帝大悟，即命帥羽林三百人往籍僧格家，得珍寶如内藏之半。僧格既誅，諸枉繫者始得釋。復命往江南，籍僧格姻黨。於是江浙省臣烏瑪喇、密拉、實都、王濟，湖廣省臣約蘇穆爾等，皆坐棄市，天下大快之。徹爾往來，凡四道徐，皆過門不入。

進拜御史中丞，俄陞福建行省平章政事。汀、漳劇盗歐狗久不平，徹爾征之，號令嚴肅，所過秋毫無犯。有降者，則勞以酒食，而慰遣之，曰：「吾意汝豈反者耶，良由官吏汙暴所致。今既來歸，即爲平民，吾安忍罪汝。其返汝耕桑，安汝田里，毋恐。」他栅聞之，悉款附。未幾，歐狗爲其黨縛致於軍，梟首以狥，脅從者不戮一人。汀、漳平。

大德元年，拜江南諸道行臺御史大夫。一日，召都事賈鈞謂曰：「國家置御史臺，所以肅清庶官、美風俗、興教化也。乃者，御史不存大體，按廵以苛爲明，徵贓以多爲功，至有迫子證父、弟證兄、奴訐主者。傷風敗教，莫茲爲甚。君爲我語諸御史，毋庸效尤爲也。」帝聞而善之，改江浙行省平章政事。江浙稅糧甲天下，平江、嘉興、湖州三郡，當江浙十六七，而其地極下，水鍾爲震澤。震澤之注，由吴松江入海。歲久，江淤塞，豪民利之，封土爲田，水道不通，由是泛溢，敗諸郡禾稼。朝廷命行省疏導之，發卒數萬人，徹爾董其役，凡四閲月畢工。

九年，召入爲中書平章政事。十月，以疾卒，年四十七。家貲不滿二百緡，人服其廉。贈太傅，追封徐國公，謚忠肅。

論曰：元諸奸臣，僧格爲甚，所附麗惡黨尤多。徹爾不避湯鑊之誅，一言悟主，活億萬生靈於俄頃，非烈丈夫孰能致此哉？考其平生言行，一出於正，故曰：名不虚立，功不倖成。彼云一節之士而已者，謬矣夫！

博果密

博果密，一名時用，字用臣。其先高車國人，資禀英特，進止詳雅。世祖命給事東宫，受學於許衡，日記數千言。衡每稱之，以爲有公輔器。

至元十三年，與同舍生數人上疏，乞立學校、興教化、養人才。帝覽之喜，授利用少監，出爲燕南河北道提刑按察副使，遷提刑按察使。

二十一年，召參議中書省事。時盧世榮阿附僧格，言能用已，國賦可十倍於舊。帝以問博果密，對曰：「自昔言利之臣，如桑弘羊、宇文融之徒，操利術以惑時君，始者莫不謂之忠，及其罪稔惡著，國與民俱困，雖悔何及？臣願陛下無納其説。」帝不聽，以世榮爲右丞。博果密遂辭參議不拜。

二十二年，世榮以罪誅，帝曰：「朕殊愧卿。」擢吏部尚書。時方籍阿哈瑪特家，其奴張薩勒扎等罪當死，謬言阿哈瑪特家貲隱寄者多，遂勾考捕繫，連及無辜，京師騷動。帝頗疑之，命丞相安圖，集六部長貳官詢問其事。博果密曰：「是奴爲阿哈瑪特心腹，死有餘罪。爲此言者，蓋欲苟延歲月，儌幸不死耳。豈可復受其誑，嫁禍善良耶？急誅此徒，則怨謗自息。」丞相以其言入奏，帝悟，命博果密鞫之，具得其實，薩勒扎等伏誅，其捕繫者盡釋之。

二十三年，改工部尚書。俄遷刑部。河東按察使先是阿哈瑪特，貸錢於官以媚權貴，約償羊馬，至勒取部民所産以輸。事覺，遣使按治，皆不伏，及博果密往，盡得其不法百餘事。會大同民飢，布呼密以便宜發倉廩賑之。阿哈瑪特所善幸臣遂劾其擅發軍儲，又鍜鍊阿哈瑪特使自誣服。帝曰：「使行發粟以活吾民，乃其職也，何罪之有？」命移其獄至京師，阿哈瑪特竟伏誅。圖圖爾哈求欽察之爲人奴者增益其軍，而多取編民。中書僉省王遇驗其籍改正之。圖圖爾哈遂誣遇有不臣語，帝怒欲斬之，欽察密諫曰：「始令以博果之人奴爲兵，未聞以編民也。萬一他衛倣此，户口耗矣。若誅遇，後人豈肯爲陛下盡職乎？」帝意解，遇得不死。

二十四年，僧格奏立尚書省，誣殺參政楊居寬、郭佑。博果密争之不得，僧格深忌之。嘗曰：「他日籍我家者，此人也。」因其退食，將誣以罪，博果密遂以疾免。

二十七年，起爲翰林學士承旨、知制誥。

二十八年春，帝獵柳林，徹爾劾僧格罪狀，帝召問博果密，具以實對。帝大驚，乃決意誅之。罷尚書省，復以六部歸中書。帝欲相博果密，讓於諤勒哲，乃拜諤勒哲右相，博果密平章政事。上都留守茂巴爾斯言改按察司置廉訪司不便，因求憲臣贓罪以動上聽。帝以責中丞崔彧，彧謝不知。博果密斥彧不直言，因歷陳不可罷之説，帝意乃釋。

王師征交趾失利，復謀大舉，博果密曰：「天威所臨，寧不震懼，獸窮則噬，勢使之然。今其子日燇襲位，若遣一介之使，諭以禍福，彼能悔過自新，則不煩兵而下矣。如或不悛，加兵未晚。」帝從之。於是交趾感懼，遣使謝，盡獻歷歲所當上貢物。帝喜曰：「卿一言之力也。」以其半賜之。辭曰：「此陛下神武不殺所致，臣何功焉。」

敏珠爾丹請復立尚書省，博果密廷責：「敏珠爾丹、阿哈瑪特相繼誤國，身誅家没，前鑒未遠，奈何又效之乎？」事遂寢。或言蒙古人宜與漢人間處，以制不虞。博果密曰：「新民乍遷，猶未寧居，若復紛更，必致失業。此蓋奸人欲擅貨易之利，交結近幸，借爲納忠之説耳。」乃止。

有譖謂勒哲徇私者，帝以問博果密，對曰：「謂勒哲與臣俱待罪中書，設如所言，豈得專行。臣等雖愚陋，備位宰輔，人或發其陰短，宜使面質，明示責降，若内懷猜疑，非人主至公之道也。」言者果屈。

帝亟稱色辰肯之能，博果密從容問其故，帝曰：「彼事憲宗，常陰資朕財用。」博果密曰：「是所謂爲人臣，懷二心者。今有以内府財物私結親王，陛下以爲若何？」帝急揮以手曰：「卿止，朕失言。」

三十年，有星孛於帝座。帝召博果密，問所以銷變之道，對曰：「易震之象曰：『君子以恐懼修省。』詩曰：『敬天之怒。』三代聖王，克謹天戒，鮮不有終。漢文之世，同日山崩者，二十有九，日食地震，頻歲有之，卒之上天悔禍，海内乂安，此前代之龜鑑也。」因誦文帝日食求言詔。帝悚然曰：「正合朕意，可復誦之。」遂詳論款陳，至四鼓乃退。

成宗即位，躬攬庶政，廷議大事，多采博果密之言。河東守臣獻嘉禾，大臣欲奏之，博果密問曰：「汝部内盡然，抑止此耶？」曰：「止此耳。」博果密曰：「止此，何益於民？」遂罷遣之。

大德四年，卒，年四十六。

博果密素貧窮，自爨汲，妻織紝以養母。後因使還，母已卒，號慟嘔血，幾不起。平居服儒素，不尚華飾。禄賜有餘，即散施親舊。明於知人，多所薦拔，丞相哈喇哈遜達爾罕皆所薦也。

其學，先躬行而後文藝。居則簡默，及帝前論事，吐詞洪暢，引義正大，以天下之重自任，知無不言。每侍燕閒，必陳説古今治要，世祖每拊髀歎曰：「恨卿生晚，不得早聞此言，然亦吾子孫之福。」

武宗時，贈太傅，魯國公，謚文貞。

論曰：博果密行已有本末，論思獻納，裨益尤多。僧格之事，自趙孟頫發之，徹爾行之，得博果密之言，帝意乃決。早事許衡，親師力學，其淵源所漸，有由然矣。同時右相，諤勒哲能革僧格弊政，罷安南之師，屢蠲賜百姓，與民休息，當時亦稱賢相，然較之博果密，風節稍不逮矣。

董文用

董文用，字彦材，真定稿城人，功臣董俊子也。十歲而孤，兄文炳教之學，弱冠試詞賦中選。世祖潛藩，命主文書，講説帳中，常見許重。從征雲南，督糧械，贊軍務。又令授皇子經，累官兵部郎中。

至元元年，擢爲西夏中興等路行省郎中。中興自琿塔哈之亂，民相恐動，竄匿山谷。文用至，鎮之以静。始開唐來、漢延、秦家等渠，墾中興、西涼、甘、肅、瓜、沙等州之土爲水田若干，於是民之歸者户四五萬，悉授田種，頒農具。更造舟黄河中，受諸部落及潰叛之來降者。

時諸王哲伯特穆爾鎮西方，其下縱横，需索無算，省臣不能抗，文用坐幕府，輒面折以法。因謂王傅曰：「王以重戚鎮遠方，而其下毒虐百姓，凌暴官府，傷王威名，於事體不便，因歷指其不法數十事。」傅驚白王，王召文用，謝之曰：「非郎中，我殆不知。」自是省府事頗立。

二年，入奏經略事宜，還以上旨行之，中興遂定。

八年，授山東東西道巡行勸農使。山東自更叛亂，野多曠土，文用巡行獎勵，無問幽僻。於是列郡咸勸，地理畢興，政績爲天下最。

十二年，丞相安圖薦爲工部侍郎。

明年，出爲衛輝路總管，佩金虎符。郡當衝要，民爲兵者十之九，餘皆單弱貧病，不堪力役。初得江南，圖籍、金玉、財帛之運，不绝於道，警衛輸輓，日役夫數千。文用憂之曰：「民敝矣，而又重妨耕作，殆不可。」乃從轉運主者言：「州縣吏卒，足以警衛，不必重煩吾民。」主者曰：「固也，然萬一不虞，罪將誰歸。」文用即保任之。民稍稍得耕，而運事亦不廢。諸郡例運江淮粟於京師，衛當運十五萬石，文用曰：「民籍可役者無幾，且江淮風水，舟不能以時至，而先爲期會，是未運而民已困矣。」乃與旁郡通議，立驛置法，民力以舒。

十四年，汴漕司議通沁水北東合流於御河以便漕，適文用以事詣汴，言曰：「衛爲郡，地最下，大雨時行，沁水輒溢。雨更甚，即浸淫入衛，今又引之使來，豈惟無衛，將無大名、長蘆矣。」

會朝廷遣使相度，沁不可通，如文用議。

十六年，受代歸田里，茅茨數椽，讀書自樂。

十九年，朝廷選用舊臣，召爲兵部尚書。自是朝廷有大議，未嘗不與聞。江淮省臣忌廉察官，欲使行臺隸行省，上集朝臣議之。文用曰：「不可。御史臺，譬之卧虎，雖未噬人，人猶畏其爲虎也。今虚名僅存，紀綱猶不振，一旦摧抑之，則風采薾然，無可復望者矣。」詔從文用議。轉禮部尚書，遷翰林、集賢二院學士，知秘書。時中書右丞盧世榮，以貨利得幸權要，爲貴官，陰結貪刻之黨，以錙銖掊克爲功，乃建議曰：「我立法治財，視常歲當倍增，而民不擾。」詔下會議，人無敢言者。文用問曰：「此錢取之右丞之家耶？將取之民耶？取之右丞之家，則不敢知。若取諸民，則有説矣。牧羊者，歲常兩剪其毛，今牧人日剪其毛而獻之，則主者喜其得毛多，然羊無以避寒熱，即死且盡，毛又可得耶？民財有限，取之以時，猶懼其傷殘也，今刻剥無遺，猶有百姓乎？」世榮不能對。議者出，皆謝文用曰：「君以一言折邪臣，而厚邦本，真仁人之言也。」世榮竟以是得罪。

二十二年，拜江淮行中書省參知政事。行省長官素貴，同列跪起禀白，如小吏。文用至，則坐堂上，侃侃與論是非，無所避，雖數忤之，不顧也。有以帝命建佛塔於宋故宫者，有司奉行甚急，天大雨雪，役者死數百人。文用謂其人曰：「非時役民，民不堪矣，少徐之如何？」其人曰：

「參政奈何格上命耶？」文用曰：「非敢格上命，今日之困民力而失民心者，豈上意耶？」其人意沮，爲稍寬其期。

二十三年，朝廷將用兵海東，徵斂益急，有司大爲奸利。文用謂：「疲國家可寳之民力，取僻陋無用之小邦，不可。」因請入奏事，列其條目甚悉，事遂罷。

二十五年，拜御史中丞。文用曰：「中丞不親細務，吾當先舉賢才。」乃舉胡祇遹、王惲、雷膺、荆幼紀、許楫、孔從道等十餘人爲按察使，徐琰、魏初爲行臺中丞，當時以爲極選。是時，僧格當國，權勢方盛，自近戚貴人，皆屏息遜避。文用以舊德任中丞，獨不附之，數與争辯，不爲屈。且具奏僧格奸狀。僧格日誣譖文用，帝不聽。遷大司農。時欲奪民田爲屯田，文用固執不可。遷爲翰林學士承旨。

世祖崩，成宗即位。巡狩徹巴喇之地，文用奏曰：「先帝新棄天下，陛下巡狩，不以時還，無以慰安元元，宜趣還京師。且臣聞人君猶辰極，居其所而衆星拱之，不在勤遠略也。」帝悟，即日可其奏。是行也，帝每召至帳中，問先朝故事，文用盛言先帝虚心納賢、開國經世之務，談説或至夜半。詔修先帝實録，兼修國史。文用於祖宗世系功德、近戚將相家世勳績，皆記憶貫穿，史館有所考究質問，文用應之無遺失。

大德元年，請老，六月，以疾卒。年七十有四，贈銀青光禄大夫、少保，壽國公，謚忠穆。

論曰：文用學足從政，斐然可觀，巡行州郡，惠可庇民。及處中朝，侃然持大體，執正不阿。其折盧世榮牧羊剪毛之説，尤可念也。此與司馬光斥吕惠卿善理財之説，同意而罕譬而喻，可發昏蒙，其謂名言矣。

郭守敬

郭守敬，字若思，順德邢臺人。大父榮，通五經，精於算數、水利。時劉秉忠與張文謙、張易、王恂，同學於紫金山，榮使守敬從秉忠學。

中統三年，文謙薦守敬習水利，巧思絶人。世祖召見，面陳水利六事：每奏一事，帝輒嘉歎之，授提舉諸路河渠。

四年，加授銀符、副河渠使。

至元元年，從文謙行省西夏。先是，古渠在中興者，一名唐來，長四百里；一名漢延，長二百五十里。他州正渠十，皆長二百里；支渠大小六十八，灌田九萬餘頃。兵亂以來，廢壞淤淺。守敬更立牐堰，皆復其舊。

二年，授都水少監。守敬言：「金時，自燕京之西麻峪村，引蘆溝一支東流，穿西山而出，是謂金口。其水灌田若干頃，利不可勝計。兵興以來，典守者塞之。今若開復故蹟，上可以致西山之利，下可廣京畿之漕。」帝善之。

初，秉忠以大明歷遼、金承用二百餘年，浸以後天，未及修正而卒。及江左既平，帝思秉忠言，遂命守敬與王恂，率南北司官，分掌測驗推步，而命文謙與樞密張易爲之主領，左丞許衡參其事。守敬謂：「歷之本在於測驗，測驗之器莫先儀表。今司天渾儀，乃宋皇祐中汴京所造，不與此處天度相符，比量南北二極，約差四度。」於是盡考其失移置之。既又以木爲重棚，創簡儀、高表，用相比覆。又以天樞附極而動，作候極儀。極辰既位，天體斯正，作渾天象。象雖形似，莫適所用，作玲瓏儀。以表之矩方，測天之正圜，莫若以圜求圜，作仰儀。古有經緯，結而不動，守敬易之，作立運儀。日有中道，月有九行，守敬一之，作證理儀。表高景虛，罔象非真，作景符。月雖有明，察景則難，作闚几。歷法之驗，在於交會，作日月食儀。天有赤道，輪以當之，兩極低昂，標以指之，作星晷定時儀。又作正方案、九表、懸正儀、座正儀，爲四方行測者所用。作仰規覆矩圖、異方渾蓋圖、日出入永短圖，與諸儀互相參考。

十六年，改局爲太史院，以恂爲太史令，守敬同知太史院事，給印章，立官府。及奏進儀表式，守敬當帝前指陳理致，至於日晏，帝不爲倦。守敬因奏：「唐開元間一行令天下測景，書中見者凡十三處。今疆宇比唐尤大，凡日月交食分數時刻不同，晝夜長短不同，日月星辰去天高下不同，若非分方測驗，無以得其算。」帝可之，遂設監候官一十四員，分道而出，東至高麗，西極滇池，南踰朱崖，北盡鐵勒，四海測驗，凡二十七所。

十七年，新歷成，守敬與諸臣同上奏曰：「臣聞帝王之事，莫重於歷。自西漢造三統歷，百二十年而後是非始定。東漢造四分歷，七十餘年儀式方備。又百二十一年，劉洪造乾象歷，始悟月行有遲速。又百八十年，姜岌造三紀甲子歷，始悟以月食衝檢日宿度所在。又五十七年，何承天造元嘉歷，始悟以朔望及弦皆定大小餘。又六十五年，祖冲之造大明歷，始悟太陽有歲差之數，極星去不動處一度餘。又五十二年，張子信始悟日月交道有表裏，五星有遲疾留逆。又三十三年，劉焯造皇極歷，始悟日行有盈縮。又三十五年，傅仁均造戊寅元歷，頗采舊儀，始用定制。又四十六年，李淳風造麟德歷，以古歷章蔀元首分度不齊，始爲總法，用進朔以避晦晨月見。又六十三年，一行造大衍歷，始以朔有四大三小，定九服交食之異。又九十四年，徐昂造宣明歷，始悟日食有氣刻時三差。又百三十六年，姚舜輔造紀元歷，始悟食甚泛餘差數。自是，又百七十四年，聖朝改治新歷，臣等創簡儀、高表，憑其實測，考正凡七事：

「一曰冬至，自丙子年立冬後，每日測景，逐日取對，以冬至前後日差同者爲準，得丁丑年冬至在戊戌日夜半後八，刻半夏至在庚子日夜半後七十刻。減大明歷十八刻，遠近相符前，後應準。

「二曰歲餘，自大明歷以來，凡測景、驗氣，得冬至時刻真數者有六，用以相距，各得其時合用歲餘。今考驗四年，相符不差。

「三曰日躔，用至元丁丑四月癸酉望月食既，推求日躔，得冬至日躔赤道箕十度，黄道箕九度有奇。仍立術推算，起自丁丑正月至己卯十二月，凡三年，共得一百三十四事，皆躔於箕，與日食相符。

「四曰月離，自丁丑以來，每日測得太陰行度，前後凡十三轉，計五十一事。又因考驗交食，加大明歷三十刻，與黄道合。

「五曰入交，自丁丑五月以來，憑每日測得太陽去極度數，比擬黄道去極度，得月道交於黄道，共得八事。仍依日食法度推求，皆有食分，得入交時刻，與大明歷所差不多。

「六曰二十八宿距度，自太初歷以來，距度不同，大明歷則於度下餘分，附以太半少，皆私意牽就。今新儀細刻周天度分，每度爲三十六分，以距線代管窺，宿度餘分并依實測。

「七曰日出入晝夜刻。大明歷日出入晝夜刻皆據汴京爲準，與大都不同。今更以本方北極出地高下，黄道出入内外度，立術推求，求爲定式。

「所創法凡五事：

「一曰太陽盈縮，用四正定氣立爲升降限；二曰月行遲疾，古歷皆用二十八限，今以萬分日之八百二十分爲一限，凡析爲三百三十六限；三曰黄赤道差，舊法以一百一度相減相乘，今依算術勾股弧矢方圜斜直所容，求到度率積差，差率與天道脗合；四曰黃赤道内外度，據累年實測，内外極度二十三度九十分，以圜容方直矢接勾股爲法，求每日去極，與所測相符；五曰白道交周，舊法黃道變推白道以斜求斜，今用立渾比量，得月與赤道正交，距春秋二正黃赤道正交一十四度六十六分，擬以爲法。推逐月每交二十八宿度分，於理爲盡。」

十九年，恂卒。時曆雖頒，然凡推步之式，立成之數，皆未有定稿。守敬於是比次篇類，整齊分杪，裁爲推步七卷，立成二卷，曆議擬稿三卷，轉神選擇二卷，上中下三曆注式十二卷。

二十三年，守敬繼爲太史令，遂上表奏進。又有時候箋注二卷，修改源流一卷。其測驗書，有儀象法式二卷，二至晷景考二十卷，五星細行考五十卷，古今交食考一卷，新測二十八舍雜坐諸星入宿去極一卷，新測無名諸星一卷，月離考一卷，并藏之官。

二十八年，命守敬相視灤河、瀘溝諸水，守敬因陳水利十有一事，帝稱善，於是復置都水監，俾守敬領之。帝命丞相以下皆親畚牐倡工，待守敬指授而後行事。

先是，通州至大都，陸運官糧，方秋霖雨，驢畜死者不可勝計，至是皆罷之。

三十年，帝還自上都，過積水潭，見舳艫蔽水，大悅，名曰「通惠河」，命守敬以舊職兼提調通惠河漕運事。

三十一年，拜昭文館大學士、知太史院事。

大德二年，召守敬至上都，議開鐵幡竿渠，守敬言：「山水頻年暴下，非大爲渠堰，廣五七十步不可。」執政吝於工費，縮其廣三之一。明年大雨，渠不能容，漂没人畜廬帳，幾犯行殿。成宗謂宰臣曰：「郭太史，神人也。」

延祐三年，卒，年八十六。

論曰：守敬開物成務，功施於千載。所陳水利，言未盡從，然功烈赫赫若此。歷象之説，自有專書，可毋録也，守敬撮古今之要，言約而義該，故併載焉。

史傳三編卷四十三

名臣傳三十五

元

陳天祥

陳天祥，字吉甫，本寧晉人。兄祐，仕河南，遂徙洛陽。少隸軍籍，善騎射。中統三年，李壇叛據濟南，結宋爲外援，宣慰司承制以天祥爲千户，屯三汊口，防遏南兵。事平罷歸，居偃師南山，有田百餘畝，躬耕讀書，從游者甚衆。居近緱氏山，因號曰「緱山先生」。

初，天祥未知學，祐未之奇也，别數歲，獻所爲詩，祐與語，善譚，乃大稱異。至元十一年，起家從仕郎、郢復州等處招討經歷。

十三年，興國軍以籍兵器致亂，行省命權知本軍事。天祥領軍纔十人，入其境，去城近百里，止二日乃至城中，父老來謁，天祥諭之曰：「捍衛鄉井，誠不可無兵，任事者籍之過當，故致亂耳。今令汝等，權置兵仗以自衛，何如？」民皆稱便。乃條陳其事於行省曰：「内無守禦之資，則外生窺覦之釁。推此軍變亂，正由處置失宜。凡在軍中者，寸鐵尺杖，不得在手，遂使奸人得以竊發，公私同被其害。莫若推赤心於人，與均禍福。」行省許之。

天祥凡所設施，皆合衆望，由是流移復業，鄰郡之民，來歸者相繼。天祥命以十家爲甲，十甲有長，弛兵禁以從民便。人心既安，軍勢稍振，乃用土兵收李必聰山寨，不戮一人。他寨聞之，各散去，境内悉平。

時州縣官吏未有俸禄，天祥從便規措月給之，以止其貪，民用弗擾。居歲餘，詔以本軍爲路，被代去。天祥去未久而興國復變，鄰境多應之。天祥言於宣慰使賈居貞曰：「烏合之衆，輕進易退，若官軍乘高據險，不二三日，遁逃必多，然後出精兵以擊之，蔑不勝矣。」居貞從之，果大敗其衆。

初，行省聞變，盡執鄂州城中南人將殺之，以防内應。天祥曰：「是州之人，與彼本不相接，欲殺之者，利其財耳。」力止之。復遣天祥權知壽昌府事，授兵二百餘人。爲亂者聞官軍至，皆依險自保。天祥以衆寡不敵，非可力服，乃遣諭其徒，使各歸田里，惟擒其長毛遇順、固監斬於鄂州市，又擒其黨十三人，放令還家，約三日來歸獄，皆如期而至，爲白宣慰司，縱之。由是無復叛者。

二十一年，拜監察御史。時盧世榮以聚斂驟陞執政，權傾一時。臣僚震懾，無敢言者。天祥獨上疏，極言世榮奸惡，略曰：「世榮素無文藝，亦無武功，惟以商販所獲，趨附權要，由白身擢江西榷茶轉運使，專務貪饕，所犯贓私，動以萬計。今竟不悔前非，狂悖愈甚，以苛刻爲自安之策，以誅求爲干進之門，既懷無饜之心，廣蓄攘掊之計，而又身當要路，手握重權，雖位在丞相之下，朝省大政，實得專之。是猶以盜蹠而掌阿衡之任，不止流殃於當代，亦恐取笑於將來。夫財者，土地所生，民力所集，天地之間，歲有常數。惟其取之有節，是以用之不乏。今世榮欲以一歲之期，致十年之積，危萬民之命，易一已之榮，廣邀增羡之功，不恤顛連之患。視民如讎，爲國斂怨，將見民間由此凋敝，天下由此空虛。若不早有更張，須其自敗，正猶蠹雖除去，木病亦深，事至於此，救將何及？臣亦知阿附權要，則榮寵可期，違忤重臣，則禍患難測。正以事在國家，關繫不淺，憂深慮切，不得無言。」疏奏，世祖召天祥與世榮至上都，面質之，世榮遂伏誅。

未幾，以功進秩五品，擢吏部郎中，遷治書侍御史，命理算湖北、湖南行省錢糧。天祥至鄂，即劾平章約蘇穆爾兇暴不法。時僧格竊國柄，與約蘇穆爾姻黨，相爲羽翼，乃誣天祥以罪，欲致之死，遇赦，得釋。

二十八年，擢行臺侍御史。未幾，以疾歸。

三十年，起爲燕南河北廉訪使。

元貞元年，改山東廉訪使。時盗賊群起，山東尤多。天祥上弭盗方略，於是嚴督有司，捕獲甚衆，其亡入他境者，揣知所向，選捕兵授方略，示以賞罰，使追捕之。南至漢、江，二千餘里，悉皆就擒。由是東方群盗屏息。任滿辭去。

大德三年，遷河北河南廉訪使，以疾不起。

六年，陞江南行臺御史中丞。時行省右丞劉深建議征八百媳婦，内外騷動。天祥上章論之，以爲：「荒裔小邦，取之不足爲利。劉深欺上罔下，帥兵伐之，經過八番，虐害居民，中途變生，所在皆叛。深倉皇退走，以致大敗，喪兵十八九，棄地千餘里。朝廷發四省兵以圖收復，又大起丁夫，運送軍糧，計二十餘萬。正當農時，興此大役，驅愁苦之人，往迴數千里，軍勞民擾，未見休期。宜上承天意，下順人心，早正深罪，續下明詔，招彼一方，自有歸順之日。」疏奏不報，遂謝病去。

七年，召拜集賢大學士，商議中書省事。

八月，地震，河東尤甚，詔問弭災之道。天祥上章，極言陰陽不和，天地不位，皆人事失宜所致。執政惡其切直，抑不聞。天祥被召，一年未嘗得見帝。明年，遂移疾去，追之不還。

仁宗即位，召之，又不起。

延祐三年四月，卒於家，年八十，追封趙國公，謚文忠。

論曰：天祥居言路，掉三寸之舌，剪除大奸，言聽功立，豈不偉哉？黨與相傾，幾陷不測，雖然當其抗疏殿陛之上，指事陳詞，深切憤激，惟知國事爲重，豈自意其能褰旒綴、披雲霧、折虎狼之脊，以蘇黎元之困哉？事變之流，非其所慮也。至於威制頑梗，澤洽孤鰥，軍旅之事，動中機宜，古所謂有文武威風，知大體，可畏信者，殆其人耶！

哈喇哈遜

哈喇哈遜，烏拉鼐爾氏，自曾祖，三世有大功。哈遜爲人威重，不妄言笑，善騎射，工國書，雅重儒術。

至元九年，世祖録功臣後，命掌宿衛。

二十二年，拜大宗正，用法平允。審録寃滯，所活以百計。

二十八年，拜湖廣行省平章政事，時江湖間盜賊出没，剽掠商旅，哈遜至，發卒悉擒誅之，水陸無梗。初，樞密置行院於各省，分兵民爲二，奸人植黨自蔽。後哈遜入覲極陳其不便，帝因問曰：「風憲之職，人多言其撓吏治，信乎？」對曰：「朝廷設此，以糾奸慝，貪吏疾之，妄爲謗耳。」帝然其言。

三十年，從平章劉國傑征交趾，戒將吏無擾民。會有奪民魚菜者，杖其千户，軍中肅然。俄有旨發湖湘富民萬家，屯田廣西，以圖交趾。哈遜密奏曰：「往年遠征無功，瘡痍未復，今又徙民瘴鄉，必將怨叛。」吏莫知其奏，抱卷請署，弗答。再請則曰：「姑緩之。」未幾，報罷，民皆感悦。及廣西元帥府請募南丹五千户屯田，事上行省，哈遜曰：「此土著之民，誠爲至便，内以實空地，外以制交趾，可不煩士卒，而饋餉有餘。」即命度地立爲五屯，統以屯長，給牛種農具。湖南宣慰張國紀建言，欲按唐、宋末徵民間夏税。哈遜曰：「亡國弊政，失寬大之意，聖朝其可行耶？」奏止之。

大德二年，拜中書左丞相，斥言利之徒，以節用愛民爲務。有大政事，必引儒臣雜議。京師久闕孔子廟，國學寓他署，乃奏建廟學，選名儒爲學官，采近臣子弟入學。又集群議建南郊，爲一代定制。

五年，雲南行省左丞劉深請征八百媳婦，朝議將從之。哈遜曰：「山嶠小國，遼絶萬里，可諭之使來，不足以煩中國。」不聽，使深將以往。道出湖廣，民疲於餽餉。蛇節因民不堪，舉兵圍深於窮谷。事聞，遣平章劉國傑往援，乃擒蛇節，斬之。及至八百媳婦，訖無成功，士卒存者纔十一二。帝深以爲悔。會赦，有司欲貸深罪，哈遜曰：「徼名首釁，喪師辱國，非常罪比，不誅，無以謝天下。」深遂伏誅。

七年，進中書右丞相。嘗言治道必先守令，於是精加遴選，定官吏贓罪十二章及丁憂、婚聘、盗賊等制，禁獻户及山澤之利。每歲車駕幸上都，哈遜必留守。後帝弗豫，制出中宫，群邪黨附，哈遜以身匡之，天下晏然。

十年冬，帝疾甚，入侍醫藥，出總宿衛。藩王欲入者不聽，日理機務如故。

十一年春，成宗崩。時武宗撫軍北邊，仁宗在懷慶，諸奸謀斷北道，請成后垂簾聽政，立安西王阿南達。哈遜密遣使北迎武宗，南迎仁宗，悉收京城百司符印，封府庫，稱疾卧闕下，内旨日數至，并不聽，文書皆不署，衆欲害之，未敢發。及仁宗至京師，有言安西王謀以三月三日僞賀仁宗千秋節，因以舉事者。阿實克布哈言之哈遜曰：「先人者勝，後人者敗。后一垂簾聽政，我等皆受制於人矣，不若先事而起。」哈遜乃二日白仁宗，詐稱武宗遣使召安西王計事，至則執送上都，誅丞相阿固岱及諸同謀者。仁宗以太子監國遣阿實克布哈北迎武宗，武宗大悦。夏五月，武宗即皇帝位，拜哈遜太傅，録軍國重事，仍總百揆。

初，仁宗之入也，阿固岱有勇力，人莫敢近，諸王圖喇實手縛之，以功封越王。哈遜力争之，曰：「祖宗之制，非親王不得加一字封。圖喇疏屬豈得以一日之功廢萬世之制哉？」不聽。至是，圖喇因譖於帝曰：「方安西王謀干大統，哈遜亦嘗署文書。」由是罷相，出鎮北邊。至鎮，斬爲盗者一人。分遣使者賑降户。出鈔帛易牛羊以給之，近水者教取魚鱉爲食。會大雪，命諸部置傳車，相去各三百里，凡十傳，轉米數萬石以餉飢民，不足則益以牛羊。又度地置倉廩，積粟以待來者。求古渠浚之，溉田數千頃。治濱海屯田，教部落雜耕其間，歲得米二十餘萬。北邊大治。

至大元年，卒，年五十二。帝聞之，驚悼曰：「喪我賢相。」贈太師、順德王，謚忠獻。

論曰：哈喇哈遜深謀鎮静，以定内難，古所稱社稷臣也。與阿實克布哈相時而動，不失機會，卒就大功。逮武宗、仁宗相繼在位，十數年之間，疆宇清寧，百度不擾，定策之功也。爲相，數獻讜言，斥言利之臣，勸帝行寬大之政，重儒臣之選，一以恤民爲務，可謂知大體矣。

李孟

李孟，字道復，潞州上黨人。父唐，歷仕秦、蜀，因徙漢中。

孟敏悟，倜儻有大志，博學强記，善論古今治亂，開門授徒，遠近争從之。至元中，隨父入蜀，行省屢辟不就。後以事至京師，中書右丞楊吉丁薦於裕宗，得召見東宫。

成宗立，命訪先朝聖政，以備史官紀述，陝西省使孟討論編次，乘驛以進。時武宗、仁宗皆未出閣，徽仁裕聖皇后求名儒輔導，或薦孟有宰相才，因使爲師傅。

大德元年，武宗撫軍北方，仁宗獨留，孟日陳善言正道，多所進益。仁宗侍昭獻元皇后降居懷州，又如官山，孟常單騎以從，在懷四年，誠節如一，左右化之，皆有儒雅風，由是益親。每進言曰：「堯、舜之道，孝、悌而已矣。今大兄在朔方，大母有居外之憂，殿下當迎奉意旨以娛樂之，則孝悌之道皆得矣。」仁宗深納其言，日問安侍膳，婉容愉色，天下稱孝焉。有暇，則就孟講論古先帝王得失成敗，及君君臣臣父父子子之道。孟特善論事，忠愛懇惻，深切明白。厥後仁宗入清内難，敬事武皇，篤孝母后，端拱以成太平之功，文物典章，號爲極盛。嘗握拳以示群臣曰：「所重乎儒者，爲其握持綱常，如此其固也。」其講學之功如此，實孟啓之也。

當成宗崩，安西王阿南達謀繼大統，成后爲之主，丞相、樞密同聲附和。中書左丞相哈喇哈遜密使來告，仁宗疑而未行，孟曰：「支子不嗣，世祖典訓也。今宫車晏駕，大太子遠在萬里，宗廟社稷危疑之秋，殿下當奉大母，急還宫庭，以折奸謀、固人心。不然，國家安危，未可保也。」仁宗猶未決，孟復進曰：「若邪謀得成，以一紙書召還，則殿下母子且不自保矣。」仁宗悦，曰：「先生之言，宗廟社稷之福也。」乃奉太后還都。

時哈喇哈遜稱病堅卧，仁宗遣孟往問之，適成后使人問疾，絡繹不绝。孟入，長揖而坐，已而前診其脈，衆以爲醫，乃不疑之。既知安西王即位有日，還告曰：「事急矣，先發制人，後發者制於人，不可不早圖之。」左右皆曰：「皇后深居九重，八璽在手，四衛之士，一呼而應者累萬。

安西王府中從者如林，殿下侍衛寡弱，兵仗不備，奮赤手而往，事未必濟。不如静守，以俟阿海至，然後圖之未晚也。」阿海者，國語言兄也。孟曰：「群邪違棄祖訓，黨附中宫，欲立庶子，天命人心，必皆弗與。殿下入造内庭，以大義責之，則知君臣之義者，無不捨彼爲殿下用。克清宫禁，以迎大兄，不亦可乎？且安西王既正位號，縱大太子至，彼安肯退就藩國？必將鬭於國中，生民塗炭，宗社危矣。夫危身以及其親，非孝也；遺禍難於大兄，非悌也；得時弗爲，非智也；臨機不斷，無勇也。」

仁宗曰：「當以卜決之。」命召卜人。卜者至，孟迎謂之曰：「大事待汝而決，但當言其吉耳。」及筮，遇乾三五皆九，立而獻卦曰：「是謂乾之睽。乾，剛也；睽，外也。以剛處外，乃定内也。君子乾乾，行事也。飛龍在天，上治也。輿曳牛掣，其人𠜂且劓，内兑廢也。厥宗噬膚，往必濟也。大君外至，明相麗也。乾而不乾，事乃睽也。剛運善斷，無惑疑也。」孟曰：「筮不違人，是謂大同，時不可以失。」仁宗喜，振袖而起，乃上馬，孟及諸臣皆步從，入自延春門。哈喇哈遜自東掖來就之，至殿廊，收首謀及同惡者，悉送都獄；奉御璽，北迎武宗，中外遂定。

仁宗監國，使孟參知政事。孟久在民間，備知閭閻幽隱，損益庶務，悉中利病，遠近無不悦服，然以抑绝僥倖，群小多不樂，孟不爲變。事定，乃言於仁宗曰：「執政大臣，當自天子親用，今鑾輿在道，孟未見顔色，誠不敢冒當重任。」固辭，弗許，遂逃去，不知所之。

夏五月，武宗即位，有言於帝曰：「內難之初定也，孟嘗勸皇弟自取。」武宗雖察其誣，弗聽，然仁宗亦自是不敢復言孟。

至大德二年，仁宗爲皇太子，侍內宴，飲半，仁宗深思，戚然改容。帝曰：「弟不樂，何所思耶？」仁宗從容起謝曰：「賴天地祖宗神靈，神器有歸，然成今日母子兄弟之歡者，李道復之功爲多。適有所思，不自知其變於色也。」帝感其言，即命搜訪，得之許昌陘山。

三年春正月，入見武宗於玉德殿。帝謂大臣曰：「此皇祖妣命爲朕賓師者，宜速任之。」命入中書。仁宗嗣位，始真拜平章政事。諭之曰：「卿，朕之舊學，其盡心以輔朕之不及。」孟感知遇，以國事爲己任，節賜與、重名爵，覈太官之濫費，汰宿衛之冗員。貴戚近臣，惡其不便於己，而心服其公，無間言焉。

司空、司徒、太尉，古之三公，自大德以來，封拜繁多。釋、老二教，設官統治，權抗有司，撓亂政事。孟言：「人君之柄，在賞與刑，賞一善而天下勸，罰一惡而天下懲，柄乃不失。所施失當，不足勸懲，何以爲治？」乃奏雪冤死者，復其官蔭；濫冒名爵者，悉奪之；罷僧道官。天下稱快。

仁宗居懷時，深見吏弊，至是欲痛剗除之。孟言曰：「吏亦有賢者，在乎變化激厲之而已。」帝曰：「卿儒者，宜與此曹氣類不合，而曲相護祐，真長者之言也。」孟在政府，雖多所補益，而自視常若不及，嘗因間請曰：「臣學聖人道，遭遇陛下，陛下堯、舜之主也，臣不能使天下爲堯、舜之民，上負陛下，下負所學，乞罷政權，避賢路。」帝曰：「朕與卿相與終始，自今其勿復言。」賜爵秦國公，入見，必賜坐，語移時，稱其字而不名，甚見尊禮。令將作爲治第，孟辭曰：「臣布衣際遇，所望於陛下者，非富貴之謂也。」悉辭不受。

皇慶元年，請歸葬其父母，帝餞之曰：「事訖，速還，毋久留，孤朕所望。」及入朝，帝大悦，慰勞甚至。每與孟論用人之方，孟曰：「人才所出，固非一途，然漢、唐、宋、金，科舉得人爲盛。今欲興賢能，如以科舉取之，猶勝於多門而進。惟先德行經術，而後文詞，斯可得真材也。」帝決意行之。

延祐二年春，遂命孟知貢舉，及廷策進士，又命爲監試官。

七月，封韓國公。已而以衰病，乞解政柄歸田里，帝不得已，改爲翰林學士承旨，入侍宴閒，禮遇尤厚。

仁宗崩，英宗初立，太師特們德爾以孟不附己，盡收前後封拜制命，降授集賢侍講學士，度其必辭，因中害之。孟欣然拜命，即日供職。帝聞之愕然，曰：「李道復乃俯就集賢耶？」顧謂特們德爾之子巴爾濟蘇曰：「爾輩謂彼不肯爲是官，今定何如？」由是讒不得行。

至治九年，卒，贈太保，進封魏國公，謚文忠。

孟器宇閎廓，材略過人，三入中書，民間利害，知無不言，引古證今，務歸至當。士無貴賤，苟知其賢，不進不已。游其門者，後皆知名。爲文有奇氣，論必主於理，所獻納多毁其稿。皇慶、延祐之世，每一政之謬，人必以爲特們德爾所爲。一令之善，必歸之於孟焉。

論曰：元朝稱治，惟世祖與仁宗。而世祖有廉希憲，仁宗有李孟，二人之出處亦同，皆決策定謀於未即位之前，而相與圖，治於既有天下之後。孟之在位，屢讓而不居，豈其有所畏避歟？抑其自期者大，而所規畫，不以自慊於心歟。雖然元百年之中，語治效者，當以孟爲首。

余闕

余闕，字廷心，一字天心，唐古氏，世家河西武威。父實喇藏布，官廬州，遂爲廬州人。少喪父，授徒以養母，與吴澄弟子張恒游，文學日進。

元統元年，賜進士及第，授同知泗州事，爲政嚴明，宿吏皆憚之。修宋、遼、金三史，召入翰林，爲修撰。拜監察御史，改中書吏部員外郎，出爲湖廣行省左右司郎中。會莫猺蠻反，右丞舒巴勒當帥師，堅不往，闕讓之曰：「右丞受天子命，爲方岳重臣，不思執弓矢討賊，乃欲自逸耶？」舒巴勒曰：「如芻餉不足何？」闕曰：「右丞第往，此不難致也。」闕下令趣之，三日皆集，舒巴勒行。遷翰林待制，僉浙東廉訪司事。盗起河南，陷郡縣。

至正十三年，授闞副使、僉都元帥府事，分兵守安慶。於是南北音問隔絶，兵食俱乏，抵官十日而寇至，拒却之。乃集有司與諸將，議屯田戰守計。環境築堡砦，選精甲外扞，而耕稼於中。屬縣灊山八社，土壤沃饒，悉以爲屯。明年，春夏大飢，人相食，乃捐俸爲粥以食之，所活甚衆。民失業者數萬，咸安集之。請於中書，得鈔三萬錠以賑民。陞同知、副元帥。又明年秋，大旱，爲文祭灊山神，三日雨，歲以不飢。盜方據石蕩湖，出兵平之，令民取湖魚而收魚租。

十五年，夏，大雨，江漲，屯田禾半没，城下水湧，有物吼聲如雷，闞祠以少牢，水輒縮。秋稼登，得糧三萬斛。闞度軍有餘力，乃浚隍增埤，隍外環以大防，深塹三重，南引江水注之，環植木爲栅，城上四面起飛樓，表裏完固。

俄陞都元帥。時群盜環布四面，闞居其中，左提右挈，屹爲江淮保障。論功，拜江淮行省參知政事，仍守安慶，通道於江右，商旅四集。池州趙普勝帥衆攻城，連戰三日敗去，未幾又至，相拒二旬始退。

十七年，趙普勝同青軍兩道來攻，拒戰一月餘，竟敗而走。

秋，拜淮南行省右丞。安慶倚小孤山爲藩蔽，命義兵元帥胡巴延統水軍戍焉。

十月，沔陽陳友諒乘上游直擣小孤山，巴延與戰四日夜不勝，急趣安慶。賊追至山口鎮，明日癸亥，遂薄城下。闞遣兵扼於觀音橋。俄饒州祝寇攻西門，闞擊却之。乙巳，賊乘東門紅旗登城，闞簡死士力擊，賊復敗去。戊申，賊并軍攻東西二門，又却之。賊恚甚，乃樹柵起飛樓。庚戌，復來攻，金鼓震地，闞分諸將各以兵扞賊，晝夜不得息。癸卯，賊益生兵攻東門。丙午，普勝軍東門，友諒軍西門，祝寇軍南門，群盜四面蟻集，外無一甲之援。西門勢尤急，闞身當之，徒步提戈，爲士卒先。士皆號哭止之，揮戈愈力，仍分麾下將督三門之兵，自以孤軍血戰，斬首無算，闞亦被十餘創。日中城陷，城中火起，闞知不可爲，引刀自剄，墮清水塘中。闞妻耶布氏及子德生、女福童皆赴井死。同時死者，守臣韓建一家。城中官民相率登城樓，自捐其梯曰：「寧俱死此，誓不從賊。」焚死者以千計。時至正十八年正月丙午也。

闞號令嚴信，與下同甘苦。嘗疾不視事，將士皆籲天求以身代。當出戰，矢石下如雨，士以盾蔽闞，闞却之曰：「汝輩亦有命，何蔽我爲。」故人争用命。暇時，帥諸生謁郡學會講，立軍士門外以聽，使知尊君親上之義，有古良將風烈。

卒時，年五十六。事聞，贈榮禄大夫、柱國，追封豳國公，謚忠宣。

闞留意經術，五經皆有傳注。爲文有氣魄，能達所欲言。亦工於詩，篆、隸皆可傳。初，闞既死，賊義之，求屍塘中，具棺斂葬於西門外。

論曰：以闞之忠勇，上之不得戰勝却敵、收地擴土，立不世之功。次之不得阻扼江淮、障蔽一面，使賊不能咋其尺寸，以固守疆宇。歷時經年，外救不至，至於身没塘水，滿城塗炭，其時使之然也。雖然闕之養民治兵，皆有法度，撫集流散，因弱爲强，向非友諒之兇鋒餘盜且折箠而笞之矣。

察罕特穆爾

察罕特穆爾，字廷瑞，系出北庭。元初，曾祖庫克岱隨大軍收河南。至祖奈曼岱、父阿哩衮，因家河南，遂爲潁川沈丘人。察罕幼篤學，嘗應進士舉，有時名。身長七尺，脩眉覆目，左頰有三毫，怒則毫皆直指。居常慨然有當世之志。

至正十一年，盗發汝、潁，不數月，江淮諸郡皆陷。朝廷致討，卒無成功。十二年，察罕乃奮義起兵，沈丘之子弟從者數百人。與信陽人李思齊同設奇計，襲破羅山。事聞，授察罕中順大夫。於是所在義士俱以兵來會，得萬人，自成一軍，屯沈丘，數與賊戰，輒克捷。

十五年，賊勢滋蔓，由汴以南陷鄧、許、嵩、洛。察罕兵日益盛，轉戰而北，遂戍虎牢，以遏賊鋒。賊乃北渡盟津，焚掠至覃懷，河北震動。察罕進戰，大敗之，餘黨栅河洲，殲之無遺，河北遂定。朝廷奇其功，除中書刑部侍郎。苗軍以滎陽叛，察罕夜襲之，獲其衆幾盡，乃結營屯中牟。

已而淮右賊衆三十萬，掠汴以西，來擣中牟營。察罕結陳待之，士卒賈勇決死戰，無不一當百。會大風揚沙，自率猛士，鼓譟從中起，奮擊賊中堅，賊遂披靡不能支，棄旗鼓遁走，軍聲大振。

十六年，陞中書兵部尚書。未幾，賊西陷陝州，斷殽、函，將趨秦、晉。知樞密院達實巴圖爾方節制河南軍，調察罕攻之。察罕即鼓行而西，夜拔殽陵，立柵爲城，阻山帶河，險且固，而賊轉南山粟給食以堅守，攻之猝不可拔。察罕乃焚馬矢營中，如炊烟狀，以疑賊，而夜提兵拔靈寶城。守既備，賊始覺，不敢動，即渡河陷平陸，掠安邑，蹂晉南鄙。察罕追襲之，蹴之以鐵騎。賊回扼下陽津，赴水死者甚衆。相持數月，賊勢窮，皆潰。以功加中奉大夫、僉河北行樞密院事。

十七年，賊出襄樊，陷商州，攻武關，遂直趨長安，至灞上，分掠同、華諸州，三輔震恐。陝西省臺來告急。察罕即領大衆入潼關，長驅而前，與賊遇，戰輒勝，殺獲以萬計。賊餘黨皆散潰，走南山，入興元。朝廷嘉其復關隴有大功，授陝西行省左丞。未幾，賊出自巴蜀，陷秦、隴，據鞏昌，以窺鳳翔。察罕先分兵入守鳳翔城，乃遣諜者誘賊圍鳳翔。賊果來圍之，數十重。察罕自將鐵騎馳赴，晝夜行二百里，去城里所，分軍張左右翼掩擊之。城中軍亦開門鼓譟而出，内外合擊，呼聲動天地。賊大潰，自相蹂踐，斬首數萬級，伏屍百餘里，餘寇皆遁，關中悉定。

十八年，山東賊分道犯京畿。朝廷徵四方兵入衛，詔察罕以兵屯涿州。察罕即留兵戍清湫、義谷，屯潼關，塞南山口，以備他盜。而自將鋭卒赴召。時曹、濮賊方踰太行，焚上黨，掠晉、冀，陷雲中、雁門、代郡，烽火數千里，復大掠且南還。察罕先遣兵伏南山阻隘，而自勒重兵屯聞喜、絳陽。賊果走南山，縱伏兵横擊之，賊皆棄輜重走山谷，其得南還者無幾。乃分兵屯澤州，塞碗子城，屯上黨，塞吾兒谷，屯并州，塞井陘口，以杜太行諸道。賊屢至，守將數血戰擊却之，河東悉定。於是帝乃詔察罕守禦關陝、晋、冀，撫鎮漢、沔、荆、襄，便宜行事。察罕益務練兵訓農，以平定四方爲己責。

是年，安豐賊劉福通等陷汴梁，造宫闕，易正朔，號召群盗。巴蜀、荆楚、江淮、齊魯、遼海、甘肅，所在兵起，勢相聯結。察罕乃北塞太行，南守鞏、洛，而自將中軍軍沔池。會叛將周全棄覃懷，入汴城，合兵攻洛陽。察罕下令嚴守備，别以奇兵出宜陽，而自將精騎發新安來援。賊至城下，見堅壁不可犯，引去，因追至虎牢，塞成皋之險而還。拜陝西行省平章政事，仍兼同知樞密院事。

十九年，察罕圖復汴梁。五月，以大軍次虎牢。先發游騎，南出汴南，略歸、亳、陳、蔡，北出汴東，戰船浮於河，水陸并下，略曹南，據黄陵渡。乃大發秦兵，出函關，過虎牢。晋兵出太行，踰黄河，俱會汴城下，首奪其外城。察罕自將鐵騎，屯杏花營。諸將環城而壘，賊出戰輒敗，遂嬰城以守。乃夜伏兵城南，旦日，遣苗軍略城而東。賊傾城出追，伏兵鼓譟起，邀擊敗之。又令弱卒立栅外城以餌賊，賊出争之，弱卒佯走，薄城西，因突騎縱擊，悉擒其衆。賊自是益不敢出。八月，賊計窮，食且盡，乃與諸將分門而攻。至夜，將士鼓勇登城，斬關而入，遂拔之。劉福通奉其僞主遁去，獲僞后及賊妻子數萬、僞官五千、符璽印章寶貨無算。全居民二十萬。軍不敢私，市不易肆，不旬日河南悉定。獻捷京師，歡聲動中外，以功拜河南行省平章政事，兼知河南行樞密院事、陝西行臺御史中丞。

先是，中原亂，江南海漕不復通，京師苦飢。至是，河南既定，檄書達江浙，海漕復至。察罕於是以兵分鎮關陝、荆襄、河洛、江淮，而重兵屯太行，營壘旌旗相望數千里。乃日修車船，繕兵甲，務農積穀，訓練士卒，謀大舉以復山東。

二十一年，諜知山東群賊自相攻殺，而濟南田豐降於賊。六月，察罕遂輿疾自陝抵洛，大會諸將，與議師期。發并州軍出井陘，遼、沁軍出邯鄲，澤、潞軍出磁州，懷、衛軍出白馬，及汴、洛軍，水陸俱下，分道并進。而自率鐵騎，建大將旗鼓，渡孟津，踰覃懷，鼓行而東，復冠州、東昌。

八月，師至鹽河。遣其子庫庫特穆爾及諸將等，以精卒五萬擣東平。與賊兵遇，兩戰皆敗之，直抵其城下。察罕以田豐據山東久，軍民服之，乃遺書諭以逆順。豐及王士誠皆降。遂復東平、濟寧。時大軍猶未渡，群賊皆聚於濟南，出兵齊河、禹城以相抗。察罕分遣奇兵，取間道出賊後，南略泰安，迫益都，北徇濟陽、章丘，中循瀕海郡邑。乃自將大軍渡河，與賊戰於分齊，大敗之，進逼濟南，而齊河、禹城俱降，南道諸將亦報捷。再敗益都兵於好石橋，東至海濱，郡邑聞風皆送款。攻圍濟南三月，城乃下。詔拜中書平章政事、知河南山東行樞密院事，陝西行臺中丞如故。察罕遂移兵圍益都，環城列營凡數十，大治攻具，百道并進。賊悉力拒守。復掘重塹，築長圍，遏南洋河以灌城中。仍分守要害，收輯流亡，郡縣户口再歸職方，號令焕然。

二十二年六月，田豐、王士誠陰結賊，復圖叛。田豐之降也，察罕推誠待之不疑，數獨入帳中。及謀變，乃請察罕行觀營壘。衆止之，察罕曰：「吾推心待人，安得人人而防之。」請以力士從，又不許，乃從輕騎行王信營，及至豐營，遂爲士誠所刺。訃聞，帝震悼，朝廷公卿及四方之人，不問男女老幼，無不慟哭者。

先是，有白氣如索，長五百餘丈，起危宿，掃太微垣。太史奏山東當大水，帝曰：「不然，山東必失一良將。」即馳詔戒察罕勿輕舉，未至，已及於難。詔贈左丞相，封潁川王，謚忠襄。食邑沈丘縣，所在立祠，歲時致祭。封其父阿哩衮梁王。於是復起庫庫特穆爾，拜太尉、中書平章政事、知樞密院事，襲總其父兵。

庫庫既領兵柄，啣哀以討賊，攻城益急，乃穴地通道以入。十一月，拔其城，執其渠魁陳猱頭等二百餘人，獻闕下，而取豐士誠之心以祭其父，餘黨皆就誅。即遣關保以取莒州，於是山東悉平。庫庫本察罕之甥，自幼養以爲子。當是時，東至淄、沂，西踰關陝，晏然無事，察罕之力也。

論曰：是時元之疆宇，西自川蜀，南至交廣，東盡江淮，群雄爭據，無尺土矣。獨察罕特穆爾起於徒步，提羸散之卒，驅逐群寇，數年之間，剪除殆盡，舉中原萬里之地，還之國家，功豈有比哉？夫非常蓋世之材，患不得用；用矣，患不得盡其才；盡其才矣，患不得久安，以成其大功。惟察罕異，於是禍起於不疑，身殲於竪子，豈非天乎？故曰：「枝葉未有害，本實先撥。」當順帝時，元之本實撥矣。察罕之所治者，末也，如其本何哉？

董摶霄

董摶霄，字孟起，磁州人。由國子生辟陝西行臺掾。會大旱，從侍御史郭貞讞華陰獄，有李謀兒者，累殺商賈，至百餘事。獄已具，有司以賄故，五年不決。摶霄言於貞，即以尸諸市，天乃大雨。授四川肅政廉訪司知事，累官浙東宣慰副使。所至，理冤獄、革弊政，才譽楙著。

至正十一年，除濟寧路總管，從江浙平章嘉瑾征安豐，至合肥，遇賊，大破之。時朱皋、固始之賊復猖獗，軍少不足以分討。有大山民砦及芍陂屯田軍，摶霄皆獎勞而約束之，遂得障蔽朱皋。官軍屯朱家寺，賊至，追殺之。乃遣諭賊中，侶徠者千二百家，因悉知其虛實。夜縛浮橋於淝水，既渡，賊始覺。賊衆數萬，據硼南，官軍渡者，輒爲所敗。摶霄麾騎士，別渡淺灘襲賊後。賊回東南向，迎敵，摶霄忽躍馬渡硼，揚言曰：「賊已敗矣！」諸軍皆渡，一鼓而擊之。賊大敗，遂復安豐。

十二年，命搏霄援江南。遂渡江，至德清縣，徽、饒賊已陷杭州。諸將問計，搏霄曰：「賊見杭州子女玉帛，必縱恣，不暇爲備，宜急攻之。若退保湖州，賊乘鋭直趨京口，則江南不可爲矣。」諸將難之，搏霄正色曰：「江浙既陷於賊，今可取而不可取，誰任其咎？」因按劍曰：「諸君荷國厚恩，敢有慢令者，斬！」遂進兵。賊迎敵，至鹽橋，搏霄麾壯士突前。諸軍相繼夾擊之，凡七戰，追至清河坊。賊奔接待寺，塞其門而焚之，遂復杭州。餘杭諸縣次第皆平。

徽、饒賊復自昱嶺關寇於潛，行省乃假搏霄參知政事，俾討之。搏霄曰：「必欲除殘去暴，所不敢辭。若假以重爵，則不敢受。」即日引兵至臨安新溪，是爲入杭要路，既分兵守之始進，至叫口及虎檻，遇賊，皆大破之，追至於潛，復其縣治。又復昌化縣及昱嶺關，遂進兵復千秋關，乘勝復安吉，七戰克之，賊徒降者數百人。既數日，賊帥梅元亦降，復有別帥十一人者欲降，搏霄使偏將余思忠諭之。賊入暗室潛議，思忠以火投室内，拔劍叱曰：「元帥命我來活汝，汝復何議？」已而火起，焚其砦，叱賊黨散去，而引賊帥來降。明日，進兵廣德，克之。蘄賊與饒、池諸賊，復犯徽州。賊中有道士，能作十二里霧。搏霄以兵擊之，已而妖霧開豁，伏兵起，襲賊後，賊大亂，斬首數萬，擒千餘人。獲道士，焚其妖書而斬之。遂平徽州。

十四年，除水軍都萬户。俄陞樞密院判官，從丞相托克托征高郵，分戍鹽城，平興化。賊巢十有二處，即其地築芙蓉砦，賊入，輒迷故道，爲官軍所殺。自是不敢復犯。賊恃習水，渡淮北據安東州。摶霄招善水者五百人，與賊戰於太湖，大敗之，遂復安東。

十六年，勦平北沙、廟灣、沙浦等砦。朝廷嘉其功，陞同僉淮南行樞密院事。摶霄建議於朝曰：「淮安爲南北襟喉、江淮要衝，其地一失，兩淮皆未易復。則救援淮安，誠爲今日急務。莫若於黄河上下，并瀕淮海之地，南自沭陽，北抵沂、莒、贛榆諸州縣，布連珠營，每三十里設一總砦，就三十里中又設一小砦，使斥堠烽燧相望，而巡邏往來，遇賊則并力野戰，無事則屯種而食。然後進有援，退有守，此善戰者所以常爲不可勝，以待敵之可勝也。

「又海寧一境，不通舟楫，軍糧惟可陸運，凡瀕淮海之地，人民屢經盜賊，宜加存撫，權令軍人搬運。其陸運之方，每人行十步，三十六人可行一里，三百六十人可行十里，三千六百人可行百里。每人負米四斗，以夾布囊盛之，用印封識，人不息肩，米不著地，排列成行，日行五百回，計路二十八里，輕行一十四里，重行一十四里，日可運米二百石。每運給米一升，可供二萬人。此百里一日運糧之術也。

「又江淮流移之民，并安東、海寧、沭陽、贛榆等州縣俱廢，其民壯者既爲軍，老弱無所依歸者，宜設置軍民防禦司，擇軍官材堪牧守者，使居其職，而籍其民，以屯故地。於是練兵積穀，且耕且戰，内全山東完固之邦，外禦淮海出没之寇，而後恢復可圖也。」

十七年，毛貴陷益都、般陽等路，命搏霄從知樞密院事布朗吉達討之。而濟南又告急，搏霄乃提兵援濟南。賊衆自南山攻濟南，望之兩山皆赤。搏霄按兵城中，先以數十騎挑之，賊衆悉來鬬，騎兵少却，至磵上，伏兵起，遂合戰，城中兵又大出，大破之。而般陽賊復約泰安之黨，踰南山來襲濟南。搏霄列兵城上，弗爲動。賊夜攻南門，獨以矢石禦之。黎明，乃默開東門，放兵出賊後。既旦，城上兵皆下，大開南門，合擊之，賊敗走。復追殺之，賊幾無遺。於是濟南始寧。詔就陞淮南行樞密院副使，兼山東宣慰使都元帥。有疾其功者，譖於總兵太尉努都爾噶，令搏霄依前詔，從布朗吉達征益都。搏霄即出濟南，請以弟昂霄代領其衆，朝廷從之。授昂霄淮南行樞密院判官。未幾，命搏霄守河間之長蘆。

十八年，搏霄以兵北行，乃曰：「我去，濟南必不可保。」既而濟南果陷。搏霄方駐兵魏家莊，有詔拜搏霄河南行省右丞，甫拜命，毛貴兵至，而營壘猶未完。諸將曰：「賊至當如何？」搏霄曰：「我受命至此，當以死報國耳。」因拔劍督兵以戰，賊衆突至搏霄前，刺殺之，無血，惟見白氣衝天。是日，昂霄亦死。事聞，贈榮禄大夫、河南行省平章政事，追封魏國公，謚忠定。昂霄贈嘉議大夫、禮部尚書，追封隴西郡侯，謚忠毅。

搏霄早以儒生起家，輒爲能吏，會天下大亂，乃復以武功自奮，其才略有大過人者，當時用之不盡其才，君子惜之。

論曰：搏霄文足以修政養民，武足以詰兵禦寇。而在朝者措置乖方，使之進退失據，不獲有所施爲，此與宋孟珙之末年何異？是時，元之臣子能保邦固圉者，在北惟察罕特穆爾，在南惟搏霄，而皆變起倉卒，没於非命，可謂「人之云亡，邦國殄瘁」者矣。是以古之有國家者，養材於無事之時，而調護劑酌以用之有事之日，不使有不虞之患，以誤大事，其爲此也夫。

史傳三編卷四十四

名臣續傳一

漢

鍾離意

鍾離意，字子阿，會稽山陰人也。少爲部督郵，時部縣亭長有受人酒禮者，府下記案考之，意封還記入，言于太守曰：「政化由近及遠，宜先清府内，且闊略遠縣細微之愆。」太守甚賢之，遂任以縣事。建武十四年，會稽大疫，死者萬數。意獨身自隱，親經給毉藥，所部多蒙全濟。舉孝廉，再遷，辟大司徒侯霸府。詔部送徒詣河内，時冬寒，徒病不能行路，過弘農，意輒移屬縣，使作徒衣，縣不得已與之，而上書言狀，意亦具以聞。光武得奏，以見霸曰：「君所使掾何乃仁于用心？誠良吏也。」意遂于道解徒桎梏，恣所欲過，與尅期俱至，無或違者。還，以病免，後除瑕丘令。吏有檀建者，盜竊縣内，意屏人問狀，建叩頭服罪，不忍加刑，遣令長休。建父聞之，爲建設酒，謂曰：「吾聞無道之君，則以刃殘人。有道之君，以義行誅。子罪，命也。」遂令建進藥而死。二十五年，遷堂邑令，輕刑慎罰，拊循百姓如赤子。初到縣，市無屋，意出俸錢帥人作屋。人齎茅竹，或持材木，争起趨作，決日而成。工作既畢，爲解土祝，曰：「興工役者，令百姓無事。如有禍祟，令自當之。」人皆悦服。時縣人防廣爲父報仇繫獄，其母病死，廣哭泣不食。意憐傷之，乃聽廣歸家，使得殯殮。丞掾皆争，意曰：「罪自我歸，義不累下。」廣斂母訖，果還入獄，意密以狀聞，廣竟得以減死論。顯宗即位，徵爲尚書。時交趾太守張恢坐贓千金，徵還伏法，以資物簿入大司農，詔班賜群臣。意得珠璣，悉以委地而不拜賜。帝怪問，對曰：「臣聞孔子忍渴于盜泉，曾參廻車于勝母，惡其名也。此贓穢之寶，誠不敢拜。」帝嗟歎曰：「清乎，尚書之言！」乃更賜庫錢三十萬，轉尚書僕射。車駕數幸廣成苑，意以爲從禽廢政，常當車陳諫，天子即時還宫。永平三年夏，旱，而大起北宫。意詣闕，免冠上疏曰：「昔成湯遭旱，以六事自責。竊見北宫大作，人失農時，此所謂宫室崇也。自古非苦宫室小狹，但患民不安寧。宜且罷止，以應天心。」帝策詔報曰：「湯引六事，咎在一人。其冠履勿謝。」又敕大匠，止作諸宫，減省不急。詔因謝公卿百僚，遂應時澍雨焉。時青州刺史琅邪王望行部，見飢者裸行草食，因以便宜出所在布粟賑之。事畢，上言，帝以望不先表請爲罪。公卿皆言望專命，法有常條。意獨曰：「望懷義忘罪，當仁不讓，若繩之以法，忽其本情，將乖聖朝愛育之意。」帝嘉意議，望得不罪。望與楚國劉曠、東萊王扶，皆意前所薦諸朝者也。時有詔賜降人縑，尚書案事，誤以十爲百。帝見司農上簿，大怒，召郎，將笞之。意因入，叩頭曰：「過誤，人所時有，若以懈慢爲愆，則臣位大罪重，當先坐。」乃解衣就格，帝使復冠而貰郎。會連有變異，意復上疏曰：「陛下畏敬鬼神，憂恤黎元，而天氣不和，咎在群臣，不能宣化理職。而以苛刻爲俗吏，百官無相親之心，吏人無雍雍之志，至于骨肉相殘，感逆和氣，以致天災。百姓可以德勝，難以力服。鹿鳴之詩，必言燕樂者，以人神之心洽，然後天氣和也。願垂聖德，緩刑罰，順時氣，以調陰陽。」帝雖不能用，然知其至誠。亦以此故不得久留，出爲魯相。後德陽殿成，百官大會，帝思意言，謂公卿曰：「鍾離尚書若在，此殿不立。」意視事五年，以愛利爲化，人多殷富。以久病，卒官。遺言上書，陳升平之世，難以急化，宜少寬假。帝感傷其意，下詔嗟歎，賜錢三十萬。帝性褊察，好以耳目隱發爲明，公卿數被詆毁，尚書以下至見提拽。常以事怒郎藥崧，自以杖撞之，朝廷莫不悚慄，争爲嚴切，以避誅責。唯意獨敢諫争，數封還詔書，臣下過失，輒救解。稟性峭直，居心寬厚，故爲東京名臣云。

論曰：語有之：「水至清則無魚，人至察則無徒。」昔周公教成王明作有功，而即繼之以敦大成裕。明作而不敦大，朝野上下如束濕薪，曾無尺寸有餘之地以託命，所謂和平之福者安在乎？鍾離之于顯宗，敷陳正直，隨事補救，可謂深切而著明者矣。時有寒朗者，亦能觸威犯顔，辨明無辜，感悟帝意，此皆所謂仁人之言其利溥者。後漢書以朗與意合傳，有以哉！

左雄　周舉　黄瓊

左雄，字伯豪，南郡涅陽人也。安帝時舉孝廉，稍遷冀州刺史。州部多豪族，好請託，雄常閉門不與交通。奏案貪猾，二千石無所回忌。永建初，徵拜議郎。時順帝新立，大臣懈怠，朝多缺政。雄數上封事，其詞深切。尚書僕射虞詡以雄有公忠節，上疏薦之，曰：「臣見方今公卿以下，類皆拱默，以樹恩爲賢，盡節爲愚，至相戒曰：『白璧不可爲容，容多後福。』伏見議郎左雄，數上封事，至引陛下身遭難厄以爲警戒，實有王臣蹇蹇之節，宜擢在喉舌之官。」由是拜尚書，再遷尚書令。上疏陳事曰：「臣聞寧人之務，莫重用賢；用賢之道，必存考黜。大漢受命，克慎庶官，至于文景，天下康乂。宣帝知時所病，刺史、守相輒親引見，歎曰：『民所以安而無怨者，政平吏良也，與我共此者，其惟良二千石乎？』以爲吏數變易則下不安業，久于其事則民服教化。其有政理者，輒以璽書勉勵，增秩賜金，或爵至關内侯。公卿缺則以次用之，是以吏稱其職，人安其業。漢時良吏于兹爲盛。今典百里，轉動無常，各懷一切，莫慮長久。謂聚斂整辦爲賢能，以治己安民爲劣弱。監司項背相望，與同疾疢，觀政于亭傳，責成于期月。虚誕者獲譽，拘檢者離毁。或因罪戾，引高求名，州宰不覆，競共辟召。又或因捕案亡命，會赦行賂，復見洗滌，使奸猾枉濫，輕忽去就。鄉官部吏，職賤禄薄，拜除如流，送迎煩費，損政傷民。和氣未協，災眚不消，咎皆在此。臣愚以爲守相長吏有顯效者，可就增秩，勿移徙，非父母喪，不得去官。若被劾奏，亡不就法者，徙家邊郡。其鄉部親民之吏，皆用儒生，清白任從政者，寬其負筭，增其秩禄，吏職滿歲乃得辟舉。如此，虚僞之端絶，迎送之役損，率土之民各寧其所。」帝以雄言皆明達政體，詔悉施行，而宦豎擅權，終不能用。三年，京師、漢陽地震裂，水泉湧出。四年，司、冀復有大水。雄推較災異，以爲下人有逆上之徵，疏言宜密備不虞。尋而青、冀揚州賊發，海内擾亂。後經赦，賊雖稍解，官猶無備，流叛之餘，數月復起。雄以爲宜及其尚微，開令改悔，若告黨與者除罪，能誅斬者明加其賞。書奏，不省。雄又上言：「自今孝廉，年不滿四十不得察舉，皆先詣公府。諸生試家法文，吏課牋奏，副之端門，練其虚實。有不承科令者正其罪，若有茂材異等，自可不拘年齒。」詔從其奏。雄亦公直精明，能審覆真僞，決志行之。自是牧守畏栗，莫敢輕舉。迄于永熹，察選清平，多得其人。又奏稱海内名儒爲博士，使公卿子弟爲諸生，有志操者加其俸禄。汝南謝廉、河南趙建，年十二能通經，雄并奏拜童子郎。于是負書来學，雲集京師。初，帝之復立，乳母宋娥與孫程等與其謀，詔封娥山陽君，又封大將軍梁商子冀爲襄邑侯。雄上言：「高皇帝約非有功不侯，不宜追録小恩，虧失大典。」帝不聽。雄復諫曰：「案尚書故事，無乳母爵邑之制。唯先帝時，阿母王聖爲野王君，聖造生讒賊廢立之禍，生爲天下所咀嚼，死爲海内所歡快。今阿母躬蹈儉約，以身率下，而與王聖同爵號，懼違本操。梁冀之封，事非機急，宜過災阨之運，然後平議可否。」于是商讓還冀封。會復有地震之異，雄復上疏曰：「先帝封野王君，漢陽地震。今封山陽君，而京城復震。專政在陰，其災尤大。今冀已高讓，山陽君亦宜崇其本節。」雄言切至，娥亦畏懼辭讓，而帝卒封之。後阿母遂以交遘失爵。是時大司農劉據以職事被譴，召詣尚書，傳呼促步，又加以捶撲。雄上言：「九卿大臣行有佩玉之節，動有庠序之儀，孝明皇帝始有撲罰，皆非古典。」帝從而改之。自雄掌納言，多所匡肅。遷司隸校尉。初，雄薦周舉爲尚書，及在司隸，又舉故冀州刺史馮直任將帥。而直嘗坐贓受罪，舉以此劾奏雄。雄言：「詔書使選武猛，不使選清高。」舉曰：「詔書使君選武猛，不使君選貪汙也。」雄悦而謝曰：「吾嘗事馮直之父，而又與直善。今宣光以此奏吾，乃是韓厥之舉也。」由是天下服焉。永和三年，卒。

周舉，字宣光。汝南汝陽人。祖父揚，少孤微，常修逆旅以供過客，而不受其報。父防，以明經舉孝廉，撰尚書雜記，補博士，終陳留太守。舉姿貌短陋而博洽，爲儒者宗，京師爲之語曰：「五經縱横周宣光。」初，辟司徒李郃府。宦者孫程等既立順帝，誅滅諸閻，議者以爲閻太后與帝無母子恩，宜徙別館，絶朝見。舉謂郃曰：「太后幽在離宫，若悲愁生疾，一旦不虞，主上將何以令于天下？公宜密表，請率群臣朝太后，以答人望。」郃即上疏，帝從之，太后意乃安。後舉茂才，爲平丘令，上書言得失，詞甚切正。尚書郭虔、應賀等見之太息，共稱舉忠直，欲帝置章御坐，以爲規誡。稍遷并州刺史。太原舊俗，以介子推焚骸，至其亡月，神不樂舉火，由是每冬輒一月寒食，老小不堪，歲多死者。舉到州，乃作書置子推廟，言盛冬去火，殘損民命，非賢者之意，以宣示愚民，使還温食，俗乃漸革。轉冀州刺史。陽嘉三年，以左雄薦，拜尚書，與僕射黄瓊同心輔政，名重朝廷，左右憚之。是歲河南、三輔大旱，天子親露坐德陽殿東廂請雨，詔問舉以消變之術，舉對曰：「臣聞陰陽閉隔，則二氣否塞，風雨不時，水旱成災。陛下廢文帝、光武之法，而循亡秦奢侈之欲，内積怨女，外有曠夫。自枯旱以來，彌歷年歲，未聞陛下改過之效，徒勞至尊露坐風塵，誠無益也。宜出後宫不御之女，除太官重膳之費。五品不訓，責在司徒；有非其位，急宜黜斥。惟留神裁察。」因召見舉，及僕射黄瓊等。舉等并對，以爲宜慎官人，去斥貪汙，離遠佞邪，循文帝之儉，遵孝明之教，則時雨必應。帝曰：「百官貪佞者，爲誰乎？」舉獨對曰：「臣從下州超備機密，不足以别群臣。然公卿大臣數有直言者忠貞也，阿諛苟容者佞邪也。司徒視事六年，未聞有忠言異謀，愚心在此。」帝乃以事免司徒劉崎，遷舉司隸校尉。永和元年，災異數見，詔召公卿中二千石尚書詣顯親殿，引金縢反風事，謂北鄉侯親爲天子，葬以王禮，故數有災異，宜加尊謚，列于昭穆。群臣議者多謂宜如詔旨，舉獨對曰：「昔周公有請命之應，隆太平之功，故皇天動威，以章聖德。北鄉侯本非正統，姦臣所立，立不踰歲，年號未改，皇天不祐，大命夭昏。春秋王子猛不稱崩，魯子野不書葬。今北鄉侯無他功德，以王禮葬之，于事已崇，不宜稱謚。災眚之來，弗由此也。」于是司徒黄尚等七十人同舉議，帝從之。出爲蜀郡太守，以事免。大將軍梁商表爲從事中郎，甚敬重焉。六年三月上巳，商讌賓客于洛水，酒闌，繼以䪥露之歌，坐中皆爲掩涕。舉初稱疾不往，後聞之，歎曰：「此所謂哀樂失時，非其所也，殃將及乎！」商至秋果卒。病篤時，帝問以遺言，對曰：「臣從事中郎周舉清高忠正，可重任也。」由是拜舉諫議大夫。時屢有災異，帝召舉于顯親殿，問以災眚，舉對曰：「陛下初立，遵修舊典，興化致政，遠近肅然。頃年以来，稍違于前，朝多寵倖，禄不序德。觀天察人，誠可危懼。書曰：『僭，恒暘。』若夫僭差無度，則言不從而下不正，陽無以制，則上擾下竭。宜密嚴飭州郡，察强宗大姦，以時禽討。」其後江淮猾賊并如舉所陳。時詔遣八使，巡行風俗，皆選素有威望者。乃拜舉爲侍中，與杜喬、張綱等分行郡國天下，號曰八俊。舉于是劾奏貪猾，表薦公清，朝廷稱之。遷河内太守，徵爲大鴻臚。及梁太后臨朝，以殤帝幼崩，廟次宜在順帝下，諫議大夫吕勃以爲宜先殤帝，詔下公卿。舉議曰：「春秋魯閔公無子，庶兄僖公代立，其子文公遂躋僖于閔上，孔子譏之，書曰：『有事于太廟，躋僖公。』傳曰：『逆祀也。』及定公正其序，經曰：『從祀先公。』爲萬世法也。殤帝在先，于秩爲父，順帝在後，于親爲子。序不可亂。」詔從之。遷光禄大夫。建和三年，卒。朝廷方欲以爲宰相，深痛惜之。詔汝南太守，其令將大夫以下到喪，發日會弔，加賜錢十萬。子勰以舉任爲郎，自免歸。時梁冀貴盛，被其徵命者莫敢不應，唯勰前後三辟，竟不能屈。

黄瓊，字世英。江夏安陸人。父香，年九歲以至孝稱，尤博學能文，京師號曰「江夏黄童，天下無雙」。爲尚書郎，數陳得失，常獨止宿臺上，晝夜不離省闥。累遷魏郡太守。郡舊有園田，歲收穀數千斛，香曰：「食禄者不與民争利。」乃悉以賦人。年饑，分禄賜頒贍貧者，由是富家争出穀助廩，荒民獲全。瓊初以父任爲太子舍人，辭病不就，遭父憂，服闋。五府俱辟，連年不應。永建中，公卿交薦，公車徵至綸氏，稱疾不進，有司劾不敬，詔下縣以禮慰遣，遂不得已。先是徵聘處士，多不稱望，李固素慕瓊，乃遺書曰：「聞已度伊洛，將順王命。自生民以来，善政少而亂俗多，必待堯舜之君，此爲志士終無時矣。語曰：『嶢嶢者易缺，皦皦者易汙。』盛名之下，其實難副。近魯陽樊君被徵，初至，朝廷設壇席，猶待神明，雖無大異，而言行所守亦無所缺。而毁謗布流，應時折減者，豈非觀聽望深，聲名太盛乎？是故俗論皆言處士純盜虚聲。願先生宏此遠謨，一雪斯言耳。」瓊至，即拜議郎，稍遷尚書僕射。初，瓊隨父在臺閣，習見故事，及後居職達練，官曹争議，朝堂莫能抗奪。時連有災異，瓊疏請順帝數見公卿，察問得失，使近臣儒者參考政事，諸無功德者宜皆斥黜。又薦處士黄錯、任棠等，宜更引致，助崇大化，于是有詔公車徵錯等。三年，大旱，瓊復疏言：「宜顧省闕政，息除煩費，勑近臣使遵法度。又囚徒尚積，多致死亡，亦足以感傷和氣。」書奏，引見德陽殿，使中常侍以屬主者施行。瓊又請行畊籍禮，帝從之。遷尚書令。瓊以前左雄所上孝廉之選，專用儒學文吏，于取士之義猶有所遺，乃奏增孝弟及能從政者爲四科，事竟施行。又雄前議舉吏先試之于公府，又覆之于端門，後尚書奏除此科。瓊復上言覆試之作，將以覆實虚濫，不宜改革，帝乃止。出爲魏郡太守，稍遷太常。和平中，以選入侍講禁中。元嘉元年，拜司空。桓帝欲褒崇大將軍梁冀，使朝臣議其禮。胡廣等咸稱冀勛德、賞賚宜比周公，瓊獨建議不可，冀意以爲恨，會以地動策免。永興元年，拜司徒，遷太尉。梁冀前後所託辟召，一無所用。延熹元年，以日食免冀，誅胡廣等，坐阿附免廢。復拜瓊爲太尉，以師傅恩而不阿梁氏，封爲邟鄉侯。瓊辭讓至六七上，言旨懇惻，乃許之。自梁冀誅後，天下想望異政，瓊首居公位，辟汝南范滂爲掾，舉奏州郡貪汙至死徙者十餘人，海内由是翕然。尋以五侯擅權，自度力不能匡，遂稱疾不起。及疾篤，上疏諫曰：「臣聞天者務剛其氣，君者務强其政。陛下即位以来，未有勝政，諸梁秉權，宦豎充朝，卿校牧守皆出其門，羽革珠金殷滿其室，塞陛下耳目之明，更爲聾瞽之主。李固、杜喬念國忘身，遂見殘滅；李雲、杜衆以忠獲罪，天下尤痛。朝野之人以忠爲諱。尚書周永素事梁冀，又黄門群輩自冀興盛，共搆奸軌。臨冀當誅，復記其惡，以要爵賞。陛下不審别真僞，復與忠臣并時顯封，四方聞之，莫不憤歎。臣身輕位重，勤不補過，敢以垂絶之日，陳不諱之言，庶有萬分，無恨三泉。」其年卒，時年七十九，謚曰忠。孫琬少而辯慧，瓊在魏郡，上日食狀，詔問所食多少，瓊未知所對，琬在傍曰：「何不言日食之餘，如月之初？」瓊大奇之，即如言應詔。琬初爲五官中郎將，與陳蕃同心顯用志士，權富子弟因中傷之，廢居二十載，後出牧豫州，政績爲天下冠。獻帝朝拜太尉，與王允同謀誅董卓。卓將李傕、郭汜破長安，收琬，下獄死。

論曰：左雄請立孝廉限年課試之法，既乖初意，其詰徐淑曰：「顏回聞一知十，孝廉聞一知幾？」尤無理取辨。及後黄瓊以雄專用文學儒吏，復增孝悌從政爲四科，而孝廉之選終不及西京。自古有治人，無治法，苟奉法非人，則立法而弊旋生，不清其源，徒塞其流，可乎？舉以順帝遠徙孫、程等，説朱倀急表留之，或譏其謬，然程等雖宦豎，猶能糾張防之惡，而白虞詡之忠，且上殿訶叱左右，未爲大過。以事體揆之，但使册封十九人時，力言其非制，勸帝酬以金帛，庶幾上不虧國體，下不負臣功。惜當時公卿未有能持此議者耳。要之，舉與雄其立朝謇諤，固不愧古之遺直也。瓊素負盛名，在左、周上。及位台輔，梁冀凶暴，不聞請誅；李雲、杜衆諫死，不見申救。至五侯擅權，又苦力不能匡而稱疾。仲長統所譏漢至中世，其三公皆取清慤謹慎、循常習故者，正謂此。此果可以雪處士虚聲之謗乎？然冀盛而請託不行，冀誅而封爵不拜，臨終一疏，尤指斥無隱，其所挾持固遠出胡廣、趙戒上也。琬就董卓徵，及議遷都不合，與楊彪惶恐謝罪，不如乃祖已甚。周勰守志不屈，有光于父矣。

种暠

种暠，字景伯，河南洛陽人，仲山甫之後也。父爲定陶令，有財三千萬。父卒，暠悉以賑恤宗族及邑里之貧者，其有進趣名利，皆不與交通。始爲縣門下史，時河南尹田歆外甥王諶名知人，歆謂之曰：「今當舉孝廉，多得貴戚書命。欲自用一名士報國家，汝助我求之。」明日，諶送客于大陽郭，遥見暠，異之，還，白歆曰：「爲尹得孝廉矣！近洛陽門下吏也。」歆笑曰：「當得山澤隱滯。近洛陽吏耶？」諶曰：「山澤不必有異士，異士不必在山澤。」歆即召暠于庭，辯詰職事，暠詞對有序，歆甚知之，召署主簿，遂舉孝廉，辟太尉府，舉高第。順帝末，爲侍御史。時所遣八使，光禄大夫杜喬、周舉等多所糾奏，而大將軍梁冀及諸宦官互爲請赦，事皆被寢遏。暠自以職主刺舉，志案奸違，乃復劾諸爲八使所舉；蜀郡太守劉宣等罪惡章露，宜伏歐刀。又奏請敕四府條舉近臣父兄及知親爲刺史二千石尤殘穢不勝任者，免遣案罪。帝乃從之。擢暠監太子于承光宫中。常侍高梵從中單駕出迎太子。時太傅杜喬等疑，不欲從而未决，暠乃手劍當車曰：「太子，國之儲副，人命所係。今常侍来無詔信，何以知非奸耶？今日有死而已。」梵辭屈不敢對，馳還奏之，詔報，太子乃得去。喬退而歎息。愧，暠臨事不惑，帝亦嘉其持重，稱善者良久。出爲益州刺史。暠素慷慨，好立功名，在職三年，宣恩遠夷，開曉殊俗，岷山雜落，皆懷服漢德。其白狼、槃木諸國，自前刺史朱輔卒後遂絶，暠至，乃復舉踵向化。性剛介，不媚權倖。時蜀郡太守因計吏賂遺中常侍曹騰，暠于斜谷關搜得其書，上奏太守，并劾騰。又永昌太守冶鑄黄金爲文蛇，以獻梁冀。暠糾發逮捕，即馳傳上言。其後騰初不爲纖介，常稱暠能吏，而冀由是銜怒于暠。會巴郡人服直聚黨，自稱天王，暠與太守應承討捕不克，吏人多被殺傷，冀因此陷之，傳逮暠、承。太尉李固疏救，梁太后省奏，赦其罪，免官而已。後梁州羌動，以暠爲梁州刺史，甚得百姓歡心。被徵，當還，吏人詣闕請留之。太后歎曰：「未聞刺史得人心若是。」乃許之。暠復留一年，遷漢陽太守。戎夷男女送至漢陽界，暠與相揖謝，千里不得乘車。及到郡，化行諸羌，禁止侵掠。遷使匈奴中郎將。時遼東烏桓反畔，復轉遼東太守，烏桓望風率服，迎拜于界上。坐事免歸，徵拜議郎，遷南郡太守，入爲尚書。會匈奴寇并、凉二州，桓帝擢暠爲度遼將軍。暠到營所，先宣恩信，不服然後加討。諸羌先時有獲質于郡縣者，悉遣還之，誠心懷撫，信賞分明，由是諸羌、龜兹、莎車、烏孫等皆來順服。暠乃去烽燧，除候望，邊方晏然無警。入爲大司農。延熹四年，遷司徒，與太尉劉矩、司空黄瓊同心輔政。推達名臣橋玄、皇甫規等爲稱職。在位三年，年六十一卒。并、凉邊人咸爲發哀，匈奴聞暠卒，舉國傷惜，單于每入朝賀，望見墳墓輒哭泣祭祀。子拂，初平元年爲司空，李、郭亂長安，百官多避兵衝，拂揮劍而出曰：「爲國大臣，不能止戈除暴，致賊兵向宫，去欲何之？」遂戰死。拂子劭，時拜益、凉二州刺史，聞難竟不之職，服闋，徵辟皆不就，曰：「吾父以身殉國，吾爲臣子，不能除殘復怨，何面目朝覲明主哉！」

遂與左中郎劉範諫議、大夫馬宇等共攻漼、汜，以報其仇，兵敗見害。

論曰：求忠臣必于孝子之門。曷父爲令，至擁貲三十萬，其所從来殆未可知。曷積而能散，周而不繼，可謂能弛其父之過矣。筮仕後，在言路則糾劾不避權貴，在宫府則持重得大體，在州郡邊塞則恩使人懷，義使人服。及登台輔，推賢進達，以利國家，爲人臣子若此固宜。子復死忠，孫復死孝，世濟其無窮之休乎！曷威信尤著諸羌，前接馬援、鄧訓，後啓張奂、皇甫規。使漢盡得曷等以拊循異域，豈至末年戎馬蹂躪若彼哉！夫國不患無可用之才，患有才而沉淪于無用。當曷爲門下吏，時逐隊進退，其交臂失之者不知凡幾。王諶遥見，遂定爲異士，士伸于知己，此鹽車之驥所爲向伯樂而涔涔淚下也。

張嶷

張嶷，字伯岐，巴西郡南充國人。弱冠，有通壯之節，爲縣功曹。先主定蜀，時山寇攻縣，縣長捐家逃亡，嶷冒白刃攜負縣長之家以免，由是顯名州。召爲從事。建興五年，丞相亮北駐漢中。山賊張慕等鈔盜軍資，劫略吏民，嶷以都尉討之。嶷度賊鳥散，難以戰禽，乃詐與和，克期置酒，酒酣，嶷因斬慕等五十餘級，渠帥悉殄，旬日清泰。後得疾數年，既愈，拜牙門將，屬馬忠北討汶山叛羌、南平四郡蠻夷，輒有籌畫戰克之功。初，越巂郡自丞相亮討高定之後，叟夷數反，殺太守龔禄、焦璜。是後太守不敢之郡，僑駐安定，去郡八百餘里，郡徒有名而已。時論欲復舊郡，除嶷爲越嶲太守。嶷之郡，誘以恩信，蠻夷稍稍降附。北徼捉馬最驍勁，不承節度，嶷乃往討，生縛其帥魏狼。又縱使招懷餘類種落三千餘户，皆安土供職。嶷表狼爲邑侯，諸種聞之，多漸降服。嶷以功賜爵關内侯。蘇祁邑君冬逢及弟隗渠等已降，復反，嶷誅逢，逢妻旄牛王女，嶷以計原之，而渠逃入西徼。渠剛猛捷悍，爲諸種深所畏憚，遣所親二人詐降，嶷覺之，許以重賞，使爲反間，二人遂合謀殺渠。渠死，諸種皆安。嶷始至時，郡郛頹壞，更築小塢。及在官三年，徙還故郡，繕治城郭，夷種男女莫不致力。定莋、臺登、卑水三縣，去郡三百餘里，出鹽鐵及漆，久爲夷徼占據，嶷又取之，署置長吏。定莋帥豪狼岑，忿嶷見侵，不來詣嶷，使壯士數十直往收致，撻而殺之，持尸還種，喻以狼岑之惡，且曰：「無妄動，動即殄矣！」種類咸面縛謝過。嶷殺牛饗宴，重申恩信，遂獲鹽鐵器用，周贍旄牛種類四千餘户，其帥狼路欲爲姑婿冬逢報怨，遣叔父離將逢衆，相度形勢，嶷遣親近賫牛酒迎賜，又令逢妻逆之。逢妻，離之姊也。離既受賜，并見其姊，姊弟歡悦，悉率所領詣嶷，嶷厚加賞待，遣還旄牛，由是輒不爲患。郡有舊道，經旄牛中至成都既平且近，自旄牛絶道已百餘年，更由安上，既險且遠。嶷遣左右賫貨幣賜路重，令路姑喻意路，乃率兄弟妻子悉詣嶷，嶷與盟誓，開通舊道，千里肅清，復古亭驛，奏封路爲旄牛㽛毗王。遣使將路朝貢，後主于是加嶷撫戎將軍，領郡如故。嶷初見費禕爲大將軍，恣性汎愛，待信新附太過，書戒之，引岑彭、來歙以爲鑒。後禕果爲魏降人郭修所害。吴太傅諸葛恪既破魏軍，遂大興兵衆，以圖攻取。侍中諸葛瞻，丞相亮之子恪從弟也，嶷與書曰：「以周公之才，猶有管、蔡流言之變；霍光受任，亦有燕、蓋、上官逆亂之謀。今太傅離少主，履敵庭，恐非良計。自非郎君進忠言于太傅，誰復有盡言者？旋軍廣農，務行德惠，數年之後，東西并舉，實爲不晚。」恪竟以此夷族，其識見多此類。在郡十五年，乞還，徵詣成都，夷民戀慕，扶轂涕泣。過旄牛，襁負来迎，或追至蜀郡界，其督帥隨嶷朝貢者百餘人。嶷慷慨壯烈，士人多貴之。既至，拜盪寇將軍。嶷故有風濕，疾至是寢篤，杖然後能起。會魏狄道長李簡密請降，衛將軍姜維將出隴西，嶷力疾請行，臨發，辭後主曰：「臣受恩過量，加以疾病在身，常恐一朝殞歿，辜負榮遇。天不違願，得預戎事，若涼州克定，臣爲藩表。如有未捷，殺身以報。」後帝慨然爲之流涕。既到狄道，與魏將徐質交鋒，臨陣隕身，然所殺傷亦過倍。越嶲民夷聞嶷死，無不悲泣，爲立廟，四時水旱輒祀之。

論曰：自諸葛武侯納馬謖攻心之言，克定南中，官其俊傑，出所有畊牛戰馬、金銀犀革充繼軍資，國以富强，北伐遂無内顧。固亮之詒謀使然，然當時則李恢克奮戰力，吕凱、王佐率屬忠誠。及亮身後，馬忠、張嶷復相繼懋著威信，故能使諸蠻懷德畏刑，歷數十年朝貢如一日。嶷服勤最久，在季興名將中其識斷明果尤爲傑出者也。夫羌蠻諸種落風尚固殊，而好善惡惡、趨利避害之心則一，惟在因勢而利導之，固不容執古御今，亦非可推此例彼。西漢趙充國當先零、罕、开之叛，或攻或否，于攻之中又或戰或屯。迄于靈帝，羌戎内訌，皇甫規、張奂多用恩信招納，段熲一以兵力禽討，然并有成功，何者？因利乘便，期于適吾事而已。若乃當日南中事勢，不可同年而語。前此但羈縻使不爲寇，今則欲署置郡縣，因其所出爲軍國儲。且幅幀一統，雖沿邊騷動，未有肘腋腹心之虞。今逼近内服，一或生事，國受其敝而外寇乘之。是故網宜疏不宜密，又不得託言大度，使遠近之情隔而莫通；力宜緩不宜急，又不得示弱，使驕悍之族狡而覬覺；機宜静不宜動，又不得蹈故偷安，使功名之會一失而不復挽。恩而濟之以威信，而通之以變，求服其情，不苛其禮，亦享其贄，不貪其財。又時取彼中豪率之黠者，示之賞罰，使帖然服從，則種落不令而應。昔馬援洞悉隴羌、駱越之情形，所至難消覺解。今張嶷規畫越嶲十餘年，致爲近之，史稱嶷慷慨壯烈，殆亦聞援風而興起者。觀其臨發狄道一表，即據鞍顧眄曾不是過，可謂烈士暮年，壯心不已矣。援誡王磐、吕冲，嶷料費禕、諸葛恪，識鑒尤相類。彼胸負智略若此，即柄國政不難，而僅僅出其餘力以綏靖蠻荒，固宜樹勛于生前，遺愛于死後也。由四相而下，若嶷之于蜀，顧可多得乎哉！

史傳三編卷四十五

名臣續傳二

附魏

范粲

范粲，字承明，陳留外黄人。爲人高亮貞正，博涉强記，學皆可師，遠近請益者甚衆。性不矜莊，而見之皆肅如。州府交辟，不就，久之乃應命，爲治中，轉别駕，辟太尉掾、尚書郎，出爲征西司馬，所歷皆有聲稱。遷武威太守，到郡選良吏，立學校，勸農桑，郡壤富實，珍玩充積。粲檢制之，息其華侈。是時疆埸多警，粲明設防備，敵不敢犯。西域流通，以母老去官。郡既重鎮，而粲輒委去。朝廷尤之，左遷樂涫令，頃之轉太宰從事中郎。遭母憂，以至孝稱。服闋，復爲太宰中郎。齊王芳被廢，遷于金墉城，粲素服拜送，哀動左右。時司馬師輔政，召群臣會議，粲又不至，師以其時望容之。粲遂稱疾，闔門不出。于是特詔爲侍中，持節使於雍州。粲因陽狂不言，寢所乘車，足不履地，子孫恒侍左右。有婚宦大事，輒密諮請，合則色無變，不合則眠寢不安，妻子以此知其旨。至晉泰始中，粲同郡孫和表粲操行高潔，請輿致京師，賜醫藥，若遂療除，必有益于政。乃詔郡縣給醫藥，以二千石禄養病，加賜帛百匹。子喬以父疾篤，辭不受詔，不許。太康六年卒，年八十四，不言三十六載，終于所寢之車。

論曰：魏無名臣，夫名臣以節爲先。當曹丕之際，皆漢臣而忠于曹者也。及髦、奂之際，則魏臣而心乎司馬氏者也。是故賢傑若荀彧而不免有附曹之譏，孝友若王祥，才智若衛瓘，而不免有仕晉之失。中間如陳泰輩，頗號持平，亦不免爲司馬氏所用。其協規同力，以平諸葛誕等，猶韋孝寬之平尉遲迥，不免成隋文之篡。獨范粲位不至大僚，其吏道足稱，其臣節甚著，至寢于所乘之車三十六載，可謂嚴且苦矣。粲本惡司馬，未嘗仕晉，史氏乃編爲晉臣，大違其素志，故特表之，以愧魏初、魏末之忠於曹氏司馬氏者。

附吴

周瑜

周瑜，字公瑾，廬江舒人也。從祖父景，素著忠正，爲豫州刺史，好士，常恐不及辟。陳蕃爲别駕，李膺、杜密爲從事，皆天下英俊。延熹六年，拜司空，與楊秉舉奏諸奸猾，遂連及中常侍侯覽、貝瑗皆坐黜，朝廷莫不稱之，進太尉。父异，洛陽令。瑜長壯有姿貌，初孫堅徙家于舒，堅子策與瑜同年，獨相友善。瑜推道南大宅以舍策，升堂拜母，有無通共。瑜從父尚爲丹陽太守，瑜往省之。會策將東渡，馳書報瑜，瑜將兵迎策，策大喜曰：「吾得卿，諧也！」遂從策。策既定曲阿，走劉繇，因謂瑜曰：「吾以此衆取吴會已足，卿還鎮丹陽。」瑜還。頃之袁術遣其從弟代尚，而瑜從尚還壽春。術欲以瑜爲將，瑜觀術終無所成，求爲居巢長，遂自居巢東歸，是歲建安三年也。策親自迎瑜，授建威中郎將，即盛給兵騎鼓吹，爲治館舍，贈賜無比，令曰：「周公瑾英儁異才，與孤有總角之好，骨肉之分。如前在丹陽，發衆舩糧，以濟大事，論德酬功，此未足以報也。」瑜時年二十四，吴中皆呼爲周郎。以瑜恩信著于廬江，出備牛渚。頃之，策欲取荆州，以瑜爲都護軍，領江夏太守，從攻皖，拔之。得喬公兩女，皆國色也，策自納大喬，瑜納小喬。五年，策卒，權統事，瑜將兵赴喪，遂留吴，與長史張昭共掌衆事。時曹操新破袁紹，兵威日盛，下書責權任子。權召群臣會議，皆猶豫莫決，乃獨將瑜詣母前定議，瑜曰：「昔楚國初封，荆山之側不滿百里之地，繼嗣賢能廣土開境，立基于郢，遂據荆陽，至於南海，傳業延祚九百餘年。今將軍承父兄餘資，兼六郡之衆，兵精糧多，將士用命，鑄山煮海，境内富饒，汎舟舉帆，朝發夕到，士風勁勇，所向無敵，有何逼迫而欲送質？質一入，不得不與曹氏相首尾，則命召不得不往，便見制于人也。極不過一侯印，僕從十餘人，車數乘馬數匹，豈與南面稱孤同哉！不如勿遣，徐觀其變。若曹氏能率義以正天下，將軍事之未晚。若圖爲暴亂，兵猶火也，不戢將自焚。將軍韜勇抗威，以待天命，何送質之有！」權母曰：「公瑾議是也。」遂不送質。十一年，督兵討麻、保二屯，梟其渠率，俘得萬餘口。還備官亭，追討黄祖將鄧龍于柴桑，生禽龍，還吴。十三年，權討江夏，瑜爲前部大督。九月，曹操入荆州，劉琮舉衆降操，得其水軍船步兵數十萬。將士聞之皆恐。權延見群臣問計，張昭等曰：「曹公，豺虎也，然託名漢相，挾天子以征四方。今拒之，事更不順。且將軍大勢可以拒操者長江也，今操得荆州水軍，蒙衝鬭艦千數，浮以沿江，水陸俱下，此爲長江之險已與我共之矣。而勢力衆寡，又不可論。愚謂大計不如迎之。」瑜曰：「不然！操雖託名漢相，實漢賊也。將軍以神武雄才，兼父兄之烈，割據江東，地方數千里，兵精足用。英雄樂業，尚當橫行天下，爲漢家除殘去穢。况操自送死，而可迎之耶？請爲將軍籌之：今北土未平，馬超、韓遂尚在關西，爲操後患；且捨鞍馬，仗舟楫，與吴越争衡，本非中國所長；又今盛寒，馬無稿草；驅中國士衆遠涉江湖之間，不習水土，必生疾病。此數者，用兵之患也，而操皆冒行之。將軍禽操，宜在今日。瑜請得精兵三萬人，進住夏口，保爲將軍破之。」權曰：「老賊欲廢漢自立久矣，徒忌二袁、吕布、劉表與孤耳。今數雄已滅，惟孤尚存。孤與老賊勢不兩立！」因拔劍砍前奏案，曰：「諸將吏有復敢言當迎操者，與此案同！」乃罷會。是夜，瑜復請見，曰：「諸人徒見操書言水步八十萬，而各恐懾，甚無謂也。今以實校之，彼所將中國人不過十五六萬，且已久疲，所得表衆亦極七八萬耳，尚懷狐疑。夫以疲病之卒，御狐疑之衆，衆數雖多，甚不足畏。瑜得精兵五萬，自足制之。願將軍勿慮。」權拊背曰：「公瑾，卿言至此，甚合孤心。諸人各顧妻子，深失所望，獨卿與子敬與孤同耳。此天以卿二人贊孤也。」時昭烈爲操所追，走屯夏口，遣諸葛亮詣權，權遂遣瑜及程普等將兵與昭烈，併力逆操。昭烈迎，問瑜戰卒有幾，瑜曰：「三萬人。」昭烈曰：「恨少！」瑜曰：「此自足用。豫州但觀瑜破之。」昭烈深用愧喜。進，與操遇于赤壁，操軍先有疾疫，初一交戰便敗退，引次江北，瑜等在南岸。瑜部將黄蓋曰：「今寇衆我寡，難與持久。操軍方連舩艦，首尾相掎，可燒而走也。」乃取輕利舟艦數十艘，載燥荻枯柴，灌膏油其中，裹以帷幕，上建牙旗，又預備走舸，繫于其尾。先書報操，紿以欲降，操軍士皆出營延頸觀望。時東南風急，蓋取十艦最著前，中江舉帆，餘舩以次俱進。去北軍二里餘，同時發火，火烈風猛，舩往如箭，燒盡北舩，延及岸上營落，烟焰張天，人馬燒溺無算。瑜等率輕鋭繼其後，擂鼓大震。操引軍走，遇泥濘，道不通，悉使羸兵負草填之。昭烈與瑜水陸并進，追至南郡。操軍自相蹈藉而死者大半，乃留曹仁等守江陵，徑自北歸。時瑜與仁相對隔江，即遣甘寧前據夷陵，仁分兵圍之，寧告急于瑜。瑜用吕蒙計，留凌統以守其後，自與蒙救寧。寧圍既解，乃渡屯北岸，與仁尅期大戰。瑜親跨馬突陣，會流矢中右脅，瘡甚，便還。仁聞瑜卧未起，勒兵就陣，瑜乃自興，案行軍營，激揚吏士，殺傷甚衆，仁委城走。權拜瑜偏將軍，領南郡太守，據江陵。始操聞瑜年少有美才，密遣辯士、九江蔣幹私行説之，布衣葛巾，自託私行詣瑜。瑜出迎幹，謂曰：「子翼良苦，遠涉江湖，爲曹氏作説客耶？」幹曰：「吾與足下州里，中間隔別，遥聞芳烈，故來叙闊，并觀雅規。而云説客，無乃逆詐乎？」瑜曰：「吾雖不及夔曠，聞弦賞音，足知雅曲也。」因延入設食，遣就館，後復請幹，與周觀營中，行視倉庫軍資器仗，訖，還，飲宴，示之侍者服飾珍玩等物。因謂幹曰：「大丈夫處世，遇知己之主，外託君臣之義，内懷骨肉之恩，言行計從，禍福共之。假使蘇、張復生，能移其意乎？」幹但笑，終無所言，還，白操，稱瑜雅量高致，非言詞所能間也。時權以妹妻昭烈，表爲荆州牧，治公安，而劉表故吏士多来歸者。昭烈以地小，不足容衆，乃自詣權，求都督荆州。瑜上疏曰：「劉備以梟雄之姿，而有關、張熊虎之將，必非久屈爲人用者。謂宜徙備置吴，盛爲築宫室，多其美女玩好，以娱其耳目。而分關、張各置一方，使如瑜者，挾以攻戰，大事可定也。今猥割土地以資業之，聚此三人，俱在疆埸，恐蛟龍得雲雨，終非池中物也。」權以曹操在北，當廣攬英雄，又恐昭烈難卒制，故不從瑜言。昭烈還，聞之，歎曰：「天下智謀之士，所見略同。前時孔明諫孤莫行，其意亦慮此也。」是時劉璋爲益州牧，外有張魯寇侵。瑜乃詣京見權，曰：「今曹操新敗，憂在腹心，未能與將軍連兵相争也。乞與奮威俱進取蜀，而并張魯。因留奮威以守其地，與馬超結援。瑜還，與將軍據襄陽以蹙操，北方可圖也。」奮威者，權從弟瑜也。權許之。瑜還江陵治裝，道病困，與權牋曰：「瑜以凡材，昔受討逆，殊特之遇，委以腹心。遂荷榮任，統馭兵馬，志執鞭弭，自効戎行，規定巴蜀，次取襄陽，憑藉威靈，謂若在握。至以不謹，道遇暴疾。人生有死，脩短命矣，誠不足惜。但恨微志未展，不復受教命耳！方今曹操在北，疆埸未静，劉備寄寓，有似養虎，此朝士旰食之秋，至尊垂慮之日也。魯肅忠烈，臨事不苟，可以代瑜。倘言可採，瑜死不朽矣。」遂卒于巴丘，時年三十六。權素服舉哀，感動左右，曰：「公瑾有王佐之姿，今忽短命，孤何賴哉！」自迎其喪于蕪湖，爲子登娶其女，而以女妻其子循。初，瑜見友于孫策，太夫人又使權以兄事之。時權位爲將軍，諸將賓客，爲禮尚簡，而瑜獨先盡敬，便執臣節。程普頗以年長，數陵侮瑜，瑜折節容下，終不與校。普後自敬服，而親重之，乃告人曰：「與周公瑾交，若飲醇醪，不覺自醉。」其謙讓服人如此。昭烈之自京還也，權與張昭等乘船追送之，宴會叙别。昭等先出，權獨留語，昭烈言次歎瑜曰：「公瑾文武籌略，萬人之英，顧其器量廣大，恐不久爲人臣耳。」曹操亦嘗與權書，曰：「赤壁之役，值有疾病，孤燒船自退，横使周瑜虚獲此名。」瑜威聲遠著，故曹、劉咸欲疑譖之。後權僭尊號，謂公卿曰：「孤非周公瑾，不帝矣！」瑜少精音樂，雖三爵之後，其有闕誤，瑜必知之，爲回顧焉，故時人語曰：「曲有誤，周郎顧。」

論曰：士之建功名于干戈搶攘之間者，必先明于去就之分。馬伏波所謂非獨君擇臣，臣亦擇君，其言最爲有識。建安末，華歆、王朗稱名士，皆臣附賊操，俛仰苟活。即賢如荀彧，始則參贊密謀，及議九錫不合，乃飲藥死，其志非不可哀，然識則鄙矣。瑜初遇孫策，孤身流離，即推誠投分，雖强大如袁術，曾不與易。後稱昭烈，比于龍虎，向使早得從事，魚水之歡獨讓孔明有哉！方操引兵東下，衆志洶洶，獨瑜首倡大義，目操漢賊，正名聲罪，凛凛如出師二表。而襲荆取益，又與隆中所對意見略同。雖神明太儁，未若亮之道器淵然，然與人能讓，慮事惟謹。亮臨終舉蔣琬，瑜亦薦魯肅，臨事不苟，可以代任，則猶然小心謹慎之規也。瑜、亮并稱，名固不虚哉！

魯肅

魯肅，字子敬，臨淮東城人。生而失父，與祖母居。肅體貌魁奇，自少有壯節。家富于財，以天下已亂，遂大散財貨，賑窮結士，甚得鄉邑歡心。周瑜爲居巢長，將數百人，故過候肅，并求貲糧。肅有兩囷米，各三千斛，乃指一囷與瑜，瑜益知其奇也，遂相親結，定僑札之分。袁術聞其名，就署東城長。肅見術無綱紀，不足與立事，乃攜老弱、將輕俠百餘人就瑜居巢。瑜東渡，因與同行。會肅祖母亡，還葬東城。劉子楊與肅友善，遺書招肅，共依鄭寶，而瑜已徙肅母到吴。瑜謂肅曰：「昔馬援答光武云：『當今之世，非但君擇臣，臣亦擇君。』今主人親賢貴士，納奇録異。且吾聞先哲秘論，承運代劉氏者，必興于東南。推步事勢，當其歷數，終搆帝基，以協天符。是烈士攀龍附鳳，馳騖之秋。吾方達此，足下不須以子楊之言介意也。」肅從其言，瑜因薦肅才宜佐時，當廣求其比，以成功業，不可令去也。權即見肅，與語，甚悦之。衆賓罷退，獨引肅還，合榻對飲。因密議曰：「漢室傾危，四方雲擾。孤承父兄餘業，思有桓、文之功。君何以佐之？」肅曰：「昔高帝欲區區尊事義帝而不獲者，以項羽爲害也。今之曹操，猶昔項羽將軍，何由得爲桓、文乎？肅竊料漢室不可復興，曹操不可卒除，爲將軍計，惟有鼎足江東，以觀天下之釁。規模如此，亦自無嫌，何者？北方誠多務也。因其多務，勦除黄祖，進伐劉表，竟長江所極，據而有之，然後建號帝王，以圖天下，此高帝之業也。」時張昭頗訾肅年少粗疏未可用，權不聽，益貴重之，賜肅母衣服幃帳、居處雜物，富擬其舊。及劉表卒，肅進説曰：「荆楚與國隣接，外帶江漢，内阻山陵，有金城之固，沃野千里，士民殷富。若據而有之，此帝王之資也。今表新亡，二子素不輯睦，軍中諸將各有彼此。加劉備天下梟雄，與操有隙，寄寓于表，表惡其能而不之用也。若備與彼協心，上下齊同，則宜撫安，以結盟好；如有離違，宜别圖之，以濟大事。肅請得奉命，弔表二子，并慰勞其軍中用事者。及説備，使撫表衆，同心一意，共拒曹操。備必喜而從命，如其克諧，天下可定也。今不速往，恐爲操所先。」權即遣肅行，到夏口，聞操兵向荆州，表子琮已降操，昭烈惶遽南走，肅徑迎會于當陽長坂，宣騰權意，及陳江東强固，勸昭烈與權并力。時諸葛亮亦説昭烈求救於權，而肅適至，昭烈甚歡悦。肅見亮曰：「我，子瑜友也，即共定交。」昭烈遂遣亮使權，肅亦反命。會權得操欲東之問，與諸將議，皆勸迎之，而肅獨不言。權起更衣，肅追于宇下，權知肅意，執其手曰：「卿欲何言？」肅曰：「向察衆人之議，專欲誤將軍，不足與圖大事。今肅可迎操耳，如將軍不可也，何以言之？今肅迎操，操當以肅還付鄉里，品其名位，猶不失下曹從事，乘犢牛，從吏卒，交游士林，累官故不失州郡也。將軍迎操，欲安所歸？願早定大計！」權歎曰：「諸人甚失孤望。今卿廓開大計，正與孤同，此天以卿賜孤也。」時周瑜受使鄱陽，肅勸追召瑜還，遂任瑜以行事，肅爲贊軍校尉，助畫方略。操軍破走，肅即先還，權與諸將迎肅，肅入閣，將拜，權起禮之。因謂曰：「孤持鞍下馬相迎，可以顯卿未？」肅趨進，曰：「未也。」衆聞愕然，及就坐，徐舉鞭言曰：「願至尊威德，加乎四海，總括九州，克成帝業，更以安車軟輪徵肅，始當顯耳。」權拊掌歡笑。昭烈自詣京見權，求都督荆州，肅勸權借之。時吕範議，欲留昭烈勿遣。肅曰：「不可！將軍雖神武命世，然曹操威力實重，初臨荆州，恩信未洽，宜以借備，使撫安之，多操之敵，而自爲樹黨，計之上也。」權即從之。操聞權以土地業昭烈，方作書，落筆于地。權用周瑜臨終之言，拜肅奮武校尉，代領瑜衆。肅初住江陵，後下屯陸口，威恩大行，增衆萬餘人，拜漢昌太守、偏將軍。十九年，從權破皖城，轉横江將軍。及昭烈既定益州，權求長沙、零、桂，昭烈不與，權率衆進取。昭烈聞，自還公安，遣關公争三郡。肅屯益陽，與公相拒，因邀公相見，數責之曰：「始豫州在長坂，衆不當一校，計窮慮極，圖欲遠竄。主上矜愍豫州身無處所，不愛土地人民之力，以濟其患。而豫州私獨飾情，愆德隳好，今已藉手西州，又欲翦并荊土。斯蓋凡夫所不忍行，而况整頓人物之主乎？吾子屬當重任，曾不能以義輔時，而負恃弱衆，以圖力争，師曲爲老，將何獲濟？」關公不答。後昭烈與權和，割湘水爲界，于是罷兵。肅年四十六，建安二十二年卒。權爲舉哀，又臨其葬，諸葛亮亦爲發哀。肅爲人方嚴，寡于玩飾，内外節儉，不務俗好，治軍整頓，禁令必行，雖在戰陣，手不釋書卷。又善談，能屬文詞，思度宏遠。周瑜之後，肅爲之冠。及權僭尊號，臨壇顧謂公卿曰：「昔魯子敬常道此，可謂明于事勢矣！」

論曰：曹操挾天子以令諸侯，于時群士皆内震于其威，外詘于其義。獨肅與周瑜正名爲賊，力主討之，可謂智略絶人。肅敬仰昭烈，終始無二。其勸權借以荊州，非獨明義理，且識時勢。夫陳勝之敗，以不立楚後。當是時，荊土人士歸昭烈者，如流赴壑，即不見借，將招輯舊附以與權争，權安得晏然已乎？且非昭烈威名，即何以息操耽耽逐逐之欲，而權乃追論，以爲一短。權固詐力之主，故樂得智數之士。若肅之持大體，存遠慮者，反笑爲迂闊也。

顧雍

顧雍，字元歎，吴郡吴人。蔡邕從朔方還，嘗避怨于吴，雍從之學，專一清静，敏而易教。邕貴異之，謂曰：「今以吾名與卿。」其字元歎，亦言爲蔡邕所歎也。弱冠，歷仕縣長，所在有治迹。其後孫權以雍行會稽太守事，討除山寇，郡界寧靜，吏民歸服。入爲左司馬。權爲吴王，累遷領尚書令，封陽遂鄉侯。拜侯還寺，家人不知，後聞乃驚。雍爲人不飲酒，寡言語，舉動時當。權常歎曰：「顧君不言，言必有中。」至飲食宴樂之際，左右恐有酒失，而雍必見之，是以不敢肆情。權亦嚴憚之，每曰：「顧公在坐，使人不樂。」其見憚如此。吴黄武四年，拜丞相，平尚書事，進封醴陵侯。其所選用文武將吏，各隨能所任，心無適莫。時訪逮民間，及政職所宜，輒密以聞。若見納用，則歸之于上，不用，終不宣泄，權以此益重之。然于公朝，有所陳及，詞色雖順，而所執者正。權嘗咨問得失，張昭因陳法令太稠，刑罰微重，宜有所蠲損。權默然，顧問雍曰：「君以爲何如？」雍曰：「臣之所聞，亦如昭所陳。」于是權乃議獄輕刑。權嘗令中書郎詣雍，有所咨訪，若合雍意，事可施行，即與相反，覆究而論之。爲設酒食，如不合意，雍即正色改容，嘿然不言，無所施設。郎退告權，權曰：「顧公歡悦，是事合宜也。其不言者，是事未平也。孤當重思之。」其見敬信如此。時江邊諸將，各欲立功自効，多陳便宜，有所掩襲。權以訪雍，雍曰：「臣聞兵法，戒于小利。此等所陳，欲徼功名而爲其身，非爲國也。陛下宜禁制。苟不足以曜威損敵，所不宜聽也。」權從之。軍國得失，行事可否，自非面見，口未嘗言之。中書典校吕壹擅作威福，造作榷酤障管之利，舉罪糾姦，纖介必聞，文以深案，毀短大臣，排陷無辜。雍等皆見舉白，用被譴讓。後壹奸罪發露，繫廷尉，雍往斷獄，和顔色，問其詞狀，臨出，又謂壹曰：「君意得毋欲有所道？」壹叩頭無言。時尚書郎懷叙面詈辱壹，雍責叙曰：「官有正法，何至于此？」權嫁從女，女顧氏甥，故請雍父子及孫譚宴。譚時爲選曹尚書，見任貴重。是日權極歡，譚醉，三起舞不止。雍内怒之，翌日召譚，訶責曰：「君王以含垢爲德，臣下以恭敬爲節。昔蕭何、吴漢，并有大功，何每見高帝，似不能言；漢奉光武，亦信恪勤。汝之于國，寧有汗馬之勞，可書之事耶？但僭門户之資，遂見寵任耳，何有舞不知止！雖爲酒後，亦由恃恩忘敬，謙虚不足，損吾家者必汝也！」因背向壁卧，譚立，過一時乃見遣。雍爲相十九年，年七十六卒，權素服臨弔，謚曰肅。長子邵，字孝則，爲豫章太守，有治行。邵子譚，有直諫名。顧榮顯于東晉，亦雍之孫也。

論曰：陳壽之評曰：「張昭受遺輔佐，忠謇方直，動不爲己，而以嚴見憚，以高見外。既不處宰相，又不登師保，從容閭巷，養老而已。」以此明權之不及策也。「顧雍依仗素業，而將之智局，故能究極榮位。」斯言非篤論也。考昭首議迎操，幾覆江東大事，雖忠正有餘，頗負氣陵上。雍正色弼亮，而德器深遠，兼有誾誾侃侃之遺，非徒一切恭謹取容，如萬石君家法也。夫感人以言，其本已淺，故積誠以感，正己以風，古大人格君，固有在未言之先者。雍雖不逮此，然猶不失爲良顯之臣，豈昭所能望乎？昭子奮威將軍承壯，毅忠讜能，甄識人物，堪與雍子邵并驅争先矣。

陸凱

陸凱，字敬風，吴郡吴人。丞相遜族子也。吴黄武初，爲永興、諸暨長，有治迹，拜建武都尉領兵。雖統軍衆，手不釋書。好太玄，論演其意，以筮輒驗。赤烏中，除儋耳太守，討朱崖有功，遷建武校尉。五鳳二年，討山賊陳毖于零陵，斬之。拜巴丘督，偏將軍，封都鄉侯，累遷盪魏綏遠將軍。孫休即位，拜征北將軍，假節，領豫州牧。孫皓立，遷鎮西大將軍，領荆州牧，進封嘉興侯。時皓與晉平，而使者丁忠自北還，説皓弋陽可襲，凱曰：「敵形勢方强，而欲徼幸求勝，未見其利也。」乃止。皓惡人視己，群下皆莫敢舉目，凱説皓曰：「夫君臣無不相識之道，若猝有不虞，不知所赴。」乃聽凱自視。時徙都武昌，揚州之民，泝流供給，以爲患苦，又奢侈無度，公私窮匱。凱上疏曰：「臣聞有道之君以樂樂民，無道之君以樂樂身。樂民者其樂彌長，樂身者不久而亡。自頃年以来，君威傷于桀紂，君惠閉于群孽，辜無罪，賞無功。君有謬誤之愆，天爲作妖。而諸公卿媚上以求愛，困民以求饒，導君於不義，敗政于淫俗，臣竊爲痛心。今鄰國交好，四邊無事，當息役養士，實其廩庫，以待天時。而更傾動天心，騷擾萬姓，此非保國養民之術也。臣聞吉凶在天，猶影之在行，響之在聲。昔秦所以亡天下者，賞輕而罰重，刑政錯亂，民力盡于奢侈，賢哲隱藏。漢所以强者，躬行誠信，聽諫納賢，惠及負薪，躬請巖穴，此往事之明驗也。近者漢之衰末，三家鼎立，曹失紀綱，晉有其政。益州危險，閉門固守，可保萬世，而劉氏與奪乖錯，君恣意于奢侈，民力竭于不急，是以君臣見擄，此目前之明驗也。臣闇于大理，智慧淺劣，無復冀望，竊爲陛下惜天下耳！願陛下息大功，損百役，務寬盪，忽苛政。又武昌地實危險，而堉埆非王都，且童謡言：『寧飲建業水，不食武昌魚；寧還建業死，不止武昌居。』翼星爲變，熒惑作妖，是明天意知民所苦也。臣聞國無三年之儲謂之非國，而今無一年之蓄，此臣下之責也。而諸公卿位處人上，禄延子孫，曾無致命之節，匡救之術，苟進小利于君以求容媚，荼毒百姓，不爲君計也。自從孫弘造義兵以來，耕種既廢，一家父子異役，廩食日張，蓄積日耗，民有離散之怨，國有露根之漸，而莫之恤也。民力困窮，鬻賣兒子，調賦相仍，日以疲極，所在長吏不加隱括，加有監官務行威勢，所在騷擾，更爲煩苛。民苦二端，財力再耗。願陛下一息此役，矜哀孤弱，以鎮撫百姓之心。如此，民可得保，先王之國存焉。臣聞五音令人耳不聽，五色令人目不明。先帝後宫數不滿百，先帝崩後，在位奢侈，乃有千數，坐食官廪。願陛下料出賦嫁，給與無妻者，上應天心，天下幸甚。臣聞聖主取士以賢，不拘卑賤，故功德洋溢，非求顔色而取好服捷口容悦者也。臣伏見當今内寵之臣，位非其人，任非其量，群黨相扶，害忠隱賢。願陛下簡文武之臣，各勤其官，州牧公卿，務修仁化，上助陛下，下拯黎民，各盡其忠，則康哉之歌作，刑措之理清。願陛下留神，思臣愚言。」皓雖不悦，以其宿望，特優容之。初，何定嘗爲孫權給使，自表舊人，求爲内侍，皓以爲都尉，典知酤糴，遂專威福。凱面責之曰：「卿見前後事主不忠，傾亂國政，寧有得以壽終者耶？宜自改厲，不然，方見卿有不測之禍！」定大恨凱，思中傷之，凱終不以爲意。皓時大起宮室，凱上表諫，不聽。凱重表曰：「臣聞宮功當起，夙夜反側。上事留中，不見省報。昨被詔曰：『君所諫誠是。然宮殿不利，宜避之。父之不安，子亦何倚？』臣伏讀一周，不覺氣結于胸，而涕泣雨集也。臣年已六十九，榮位已重，復何所冀？所以勤勤數進苦言者，伏念大皇帝創基立業，勞苦勤至，白髮生于鬢膚，黄耇被于甲胄，天下始静。今强敵當途，西州傾覆，宜畜養廣力，以備有虞。且始徙都，屬有軍征，戰士流離，州郡騷擾。而大功復起，徵召四方，斯非保國致治之漸也。臣聞爲人主者，禳災以德，除咎以義。故湯遭大旱，身禱桑林；熒惑守心，宋景退殿。是以旱魃消亡，妖星移舍。今宮室之不利，陛下不務修德，而務築宮。雖殷辛之瑶臺，秦皇之阿房，何止而不喪身覆國、宗廟作墟乎？夫興土功，高臺榭，既致水旱，民又多疾，爲父長安，使子無倚，此乃子離于父、臣離于陛下之象也。是以大皇帝居于南宮，大臣以爲宮室宜厚，備衛非常，當此之時，寇鈔懾威，南州無事，猶冲讓未遑，况陛下危側之世，又乏大皇帝之德，可不慮哉！」皓所行彌暴。凱知其將亡，上表曰：「臣聞惡不可積，過不可長，積惡長過，喪亂之源也。是以古人懼不聞非，故設進善之旌，立敢諫之鼓。臣察陛下無思警戒之義，而有積惡之漸，禍兆見矣，故寫盡愚懷。陛下宜克己復禮，不可捐棄臣言，而放奢意。意奢情至，吏日欺民，民離則上不信下，下當疑上。臣常忿亡國之人夏桀殷紂，亦不可使後人復忿陛下也。臣受國恩，奉朝三世，復以餘年，值遇陛下，不能徇俗，與衆浮沉，若比干、伍員，以忠見戮，以正見疑，無所餘恨，灰身泉壤，無負先帝。願陛下九思，社稷存焉。」不聽。凱竭力公家，忠懇内發，表疏皆指事不飾。皓嘗詔報凱云：「孤動必遵先帝，有何不平？君所諫非也。」凱遂疏陳皓違先帝舊章二十事。及疾病，皓遣中書董朝問所欲言，凱因以付之，并陳何定不可用，奚熙小吏，建起浦里田，亦不可聽，姚信、樓玄、賀邵、張悌、郭逴、薛瑩、滕脩及族弟喜抗，或清白忠勤，或姿才卓茂，皆社稷之良輔，願訪以時務，使各盡其忠。尋卒，時年七十二。子禕爲太子中庶，子華覈表薦其才似魯肅，宜鎮夏口。皓嘗銜凱數犯顔迕旨，加何定譖搆非一，既以重臣，難繩以法，又陸抗時爲大將在疆埸，故以計容忍。抗卒後，竟徙凱家于建安。

論曰：江東多智謀勇略之士，伯符、仲謀以英雄迭起，求賢若渴，納善如流。于時傾心慕義者，無不雲集響應。自周、魯、顧、陸而外，如太史慈、張紘、吕範、朱桓、賀齊、全琮、吕岱、朱然、甘寧、凌統、周泰、蔣欽、陳表、徐盛、丁奉、步騭、嚴畯、是儀、薛綜輩，武烈揚于疆埸，文教修于廊廟，争先濟美，指不勝屈。而忠藎如凱，則尤邦之司直也。方皓時，主昏臣嬖，所剥喪賊虐者非一。凱與抗僅以累世勛舊，爲獨力之支，一旦繼隕，皓益罔所忌憚。坐是王蕃、李勗、樓玄、賀邵、韋昭、熊陸、張悌諸人，或忠諫捐軀，或戰陣殉國。長沙兄弟數十年艱難培植，以求保我子孫黎民者，曾不憖遺一老，而金陵王氣黯然盡矣。悲夫！

陸抗

陸抗，字幼節，吴郡吴人。長沙桓王策外孫，丞相江陵昭侯遜之次子也。遜少負智略，戰勝攻取，尤忠誠憂國。初建議于孫權，討平諸山寇，料得精卒數萬，所至肅清。吴黄武元年，大破昭烈于猇亭。權東巡建業，留遜輔子登董軍國事，正色率屬，貴戚斂避。南陽謝景善劉廙先刑後禮之論，遜呵景曰：「禮之長于刑久矣。廙以細辨而詭先聖之教，君今侍東宫，宜遵仁義，以彰德音。若彼之談，不須講也！」遜雖身在外，乃心乎國，每疏陳時事，屢有諫諍。吕壹擅威福，遜與潘濬同心憂之，言至流涕。及權末年，適庶不明，將以讒搆廢子和。遜陳書再四，求詣都口論得失。權既不聽許，又以甥顧譚等親附于和，累遣中使責讓遜。遜憤恚，卒。抗時年二十，拜建武校尉，代領父衆。送葬東還，詣都謝。權以楊竺所白遜二十事詰抗，抗事事條答，權意漸解。赤烏九年，遷立節中郎將，與諸葛恪换屯柴桑。抗臨去，皆更繕完城圍，葺其墻屋，居廬桑果，一無所敗。恪入屯，儼然若新，而恪柴桑故屯，頗有毁壞，深以爲慙。太元元年，就都治病，病差當還，權泣與别曰：「吾前聽用讒言，與汝父大義不篤，以此負汝。前後所問，一焚滅之，莫令人見也。」太平二年，魏將諸葛誕舉壽春降，拜抗爲柴桑督，破魏兵于壽春。遷鎮北將軍。孫皓即位，加鎮軍大將軍，領益州牧。旋都督西陵諸軍事，治樂鄉。抗聞都下政令多闕，憂深慮遠，乃上疏曰：「臣聞德均則衆者勝寡，力侔則安者勝危。臣遠惟戰國存亡之符，近覽劉氏傾覆之釁，考之典籍，驗之行事，中夜撫枕，臨餐忘食。昔匈奴未滅，去病辭館；漢道未純，賈生哀泣。況臣王室之出，世荷光寵，與國同慼。夫事君之義，犯而勿欺；人臣之節，匪躬是殉。謹陳時事十七條如左。」時何定弄權，閹宦預政，抗上疏曰：「臣聞開國承家，小人勿用；靖譖庸回，唐書所戒。小人不明理道，所見既淺，雖使竭情盡節，猶不足任，況其姦心素篤，而憎愛移易哉！苟患失之，無所不至。今委以聰明之任，假以專制之威，而冀雍清之化，不可得也。方今見吏殊才雖少，然或冠冕之胄，少漸道教，或清苦自立，資能足用，自可隨才授職，抑黜群小，然後俗化可清，庶政無穢也。」鳳皇元年，西陵督步闡叛，降晉，抗聞之日，即部分諸軍，徑赴西陵，勅軍營更立嚴圍，自赤溪至故市，内以圍闡，外以禦寇，晝夜催切，如敵已至，衆甚苦之。諸將諫曰：「今宜乘鋭攻闡，比晉救至，闡必可拔，何事于圍，而以敝士民之力？」抗曰：「此城處勢既固，糧穀又足，且備禦之具皆抗所夙規。今反攻之，不可卒拔，而北救必至，至而無備，表裏受難，何以禦之？」諸將請不已。抗欲服衆心，聽令一攻，果無利。圍備始合，而晉車騎將軍羊祜兵至，江陵諸將咸以抗不宜上，抗曰：「江陵城固兵足，無可憂者，假令敵得之，必不能守，所損者小。若據西陵，則群夷擾動，其患不可量也。吾寧棄江陵，而赴西陵，況江陵牢固乎？」初，抗于江陵北作大堰，遏水以絶寇叛。時祜欲因水運糧，乃揚聲將破堰，以通步軍。抗聞，使亟破之，諸將皆惑，屢諫不聽。祜至當陽，聞堰敗，乃改從車運，大費功力。十一月，晉荆州刺史楊肇至西陵，抗自將憑圍對之營。都督俞贊亡詣肇，抗曰：「贊軍中舊吏，知吾虚實。吾常慮夷兵，素不簡練，若敵攻圍，必先此處。」即夜易夷兵，皆以舊將充之。明日，肇果攻故夷兵處，衆敗夜遁，抗欲追之，而慮闡伺間，兵不足分，于是但鳴鼓戒衆，若將追者。肇軍恟懼，悉解甲挺走。抗使輕兵躡之，肇大破敗，祜等皆引還。抗遂拔西陵，誅闡及其同謀將吏數十人，自餘所請赦者數萬口。東還樂鄉，貌無矜色，謙冲如常，故得將士歡心。加拜抗都護。羊祜既歸，增修德信，以懷吴人。抗每告其邊戍曰：「彼專爲德，我專爲暴，是不戰而自服也。各保分界，而無求細益。」于是吴晉之間，餘糧栖畝而不犯，牛馬逸而入境，可宣告而取也。抗嘗遺祜酒，祜飲之不疑。抗有疾，祜饋之藥，抗亦推心服之。人以諫抗，抗曰：「豈有酖人羊叔子哉！」孫皓聞之，以詰抗，抗曰：「一邑一鄉不可無信義之人，况大國乎？臣不如是，正足以彰其德耳，于祜無傷也。」時徵左部督薛瑩下獄，抗上疏曰：「夫俊乂者，國家之良寶，庶政所以倫叙，四門所以穆清也。故大司農樓玄、散騎中常侍王蕃、少府李勗，皆一時顯器，既蒙初寵，從容列位，而并受誅殛投棄。蓋周禮有赦賢之辟，春秋有宥善之義，書曰：『與其殺不辜，寧失不經。』而蕃等罪名未定，大辟以加，心經忠義，身被極刑，豈不痛哉！蕃、勗永已，悔亦靡及，誠望陛下赦召玄出。而頃聞薛瑩見逮，瑩父綜納言先帝，傅弼文皇，及瑩承基，内厲名行。今之所坐，罪在可原。臣懼有司未詳其事，乞垂天恩，原赦瑩罪，哀矜庶獄，天下幸甚！」皓用諸將謀，數侵晉邊，抗上疏曰：「臣聞易貴隨時，傳美觀釁。今不務富國强兵，力農畜穀，使文武之才效展其用，百揆之署無曠厥職，明黜陟，慎刑賞，訓諸司以德，撫百姓以仁。而聽諸將徇名，窮兵黷武，動費萬計，士卒凋敝，寇不爲衰，而我已大病。夫争帝王之資，而昧十百之利，此人臣之奸便，非國家之良策也。誠宜暫息取進小規，以畜士民之力，觀釁伺隙，庶無悔吝。」二年，就拜大司馬，荆州牧。三年夏，疾篤，上疏曰：「西陵、建平，國之藩表，既處下流，受敵二境。若敵泛舟順流，星奔電邁，非可恃援，他部以救倒懸，此乃社稷安危之機也。臣父遜昔在西陲，陳言西陵國之西門，若有不守，非但失一郡，荆州非吴有也。如其有虞，當傾國争之。臣前乞精兵三萬，而主者循常，未肯差赴。今臣所統，千里受敵，見兵才有數萬，羸敝日久，難以待變。臣以爲諸王幼冲，未統國事，可且立傅相，輔導賢姿，無用兵馬，以妨要務。又黄門宦官，開立占募，兵民怨役，逋逃入占。乞一切料出，以補疆埸，受敵常處。使臣所部，足滿八萬，省息衆務，信其賞罰，雖韓、白復生，無所展巧。若兵不增，此制不改，而欲克諧大事，此臣之所深慼也。臣死之日，乞以西方爲屬。」及卒，皓使其子晏、景、玄、機、雲五人分將其兵。後晉軍伐吴，王濬順流東下，所至輒克，果如抗慮。抗子機、雲，善屬文，名重于世，仕晉至成都王潁官屬，爲孟玖、牽秀等所譖，死非其罪，竟以滅族，天下惜之。

論曰：陸遜負智勇之姿，秉公忠之概，嘗考其生平，已事淳于式，白遜擾民，而稱式佳吏，祁奚之舉仇也；秭歸之役，諸將違節度，忍不即啓，藺相如之善下也；毁孫慮鬪鴨欄，髡孫松職吏，張釋之之執法也；暨艷諸葛恪、楊竺，當極盛時，而料其必敗，馬援之先見也。其運籌决勝，又其餘伎。然挾智任數，首與吕蒙謀襲江陵，敗劉孫之盟，長賊操之志，漢鼎不延，職此之由，吴人多詐。而遜復喜爲縱横，如託獵潛兵，襲魏邊郡，使無辜自相戕殺。及僞作答書，以間魏將，逯式得罪代去，皆無益軍國，虧損洪仁，正其子所謂窮兵黷武，以徇名者耳。抗之拔西陵，視猇亭之捷，功不相下。而周旋三主，罔有間言，其仁心雅量，自魯肅、顧雍而後一人而已。陳壽以爲抗有父風，具體而微，非篤論也。

史傳三編卷四十六

名臣續傳三

晉

羊祜

羊祜，字叔子，泰山南城人。九世皆二千石，并以清德聞。祖續，漢南陽太守。父衜，上黨太守。祜，蔡邕外孫，景獻皇后同産弟。年十二，喪父，孝思過禮，事叔父耽甚謹。及長，博學能屬文。身長七尺二寸，美須眉，善譚論。郡將夏侯威異之，妻以兄霸之子。州府交辟，皆不就。太原郭奕見而心醉，曰：「此今日之顔子也。」與王沈俱被曹爽辟，沈勸就徵，祜曰：「委質事人，復何容易！」及爽敗，沈以故吏免，因謂祜曰：「常識卿前語。」祜曰：「此非始慮所及。」其先識不伐如此。尋遭母憂，長兄發又卒，毁慕寢頓十餘年，以道素自居，恂恂若儒者。仕魏至給事中、黄門郎，封鉅平子。武帝稱帝，進號中軍將軍，加散騎常侍，改封郡公，固讓不受，乃進本爵爲侯。泰始初，詔曰：「祜執德清劭，忠亮純茂，經緯文武，謇謇正直。其以祜爲尚書右僕射，衛將軍，給本營兵。」祜每讓，不處舊臣之右。帝将有滅吴之志，乃以祜都督荆州諸軍事。祜出鎮南夏，開設庠序，綏懷遠近，甚得江漢之心。與吴人開布大信，降者欲去，皆聽之。時吴石城守去襄陽七百餘里，每爲邊害，祜患之，竟以計令吴罷守。于是戍邏減半，分以墾田八百餘頃，大獲其利。始至時軍無百日糧，季年乃有十年之積。詔罷江北都督，置南中郎将，以所統諸軍在漢東、江夏者皆以益祜。在軍常輕裘緩帶，身不被甲，鈴閣之下，侍衛纔數十人。而性頗好漁獵，常欲夜出，軍司徐胤執棨當營門，曰：「将軍都督萬里，将軍之安危，亦國家之安危也。胤今日若死，此門乃開耳。」祜改容謝之，後遂稀出。詔加車騎将軍，開府如三司儀。上表固讓，曰：「伏聞恩詔，拔臣使同台司。臣受任内外，每極顯榮之重，夙夜戰悚，以榮爲憂。臣聞古人之言，德未爲人所服，而受高爵，則使才臣不進；功未爲人所歸，而荷厚禄，則使勞臣不勸。今臣身託外戚，事連運會，戒在過寵，猥加非次之榮，臣有何功可以堪之！今天下自服化以來，方漸八年，雖側席求賢，不遺幽賤。然臣不能推有德，達有功，使聖聽，知勝臣者多，未達者不少。假令有遺德于版築之下，有隱才于屠釣之間，而朝議用臣，不以爲非，臣處之不以爲愧，所失豈不大哉！臣雖所見者狹，據今光禄大夫李憙，執節高亮，在公正色；光禄大夫魯芝，潔身寡欲，和而不同；光禄大夫李胤，清亮簡素，立身在朝，以禮終始，雖歷内外之寵，不異寒賤之家。未蒙此選，臣更越之，何以塞天下之望？」不聽。及還鎮，會吴步闡以西陵畔降，吴将陸抗攻之甚急。詔祜迎闡，祜率兵五萬出江陵，遣荆州刺史楊肇攻抗，不克，闡竟爲抗所禽。祜坐貶平南将軍，而免楊肇爲庶人。祜還鎮，乃進據險要，開建五城，收膏腴之地，奪吴人之資，石城以西，盡爲晉有。自是以後，降者不絶。益修德信，以懷柔初附，慨然有并吞之心。每與吴人交兵，剋日方戰，不爲掩襲計，将帥有欲進譎詐之策者，輒飲以醇酒，使不得言。有略吴二兒爲俘者，遣送還其家。後吴将夏詳、邵顗等來降，二兒之父亦率其屬與俱。吴将陳尚、潘景等來侵，祜追斬之，美其死節，而厚加殯斂。景、尚子弟來迎喪者，以禮遣還。又吴将鄧香掠夏口，祜募生縛香，既至，宥之，香感恩，率部曲降。祜出軍，行吴境，刈穀爲糧，皆計所侵，送絹償之。每游獵，常止晉地，所得禽獸，或先爲吴人所傷者，皆封還之。于是吴人悦服，稱爲羊公，不之名也。祜與陸抗對境，使命交通，時謂華元、子反復見，事詳抗傳。祜貞慤無私，不附結權貴，荀勗、馮紞之徒甚忌之。從甥王衍詣祜陳事，詞甚俊辯，祜不然之，謂人曰：「王夷甫方以盛名處大位，然敗俗傷化必此人也。」步闡之役，祜以軍法将斬王戎，故戎、衍并憾之，每言論多毁祜，語曰：「二王當國，羊公無德。」初祜以伐吴，必藉上流之勢。又童謡曰：「阿童復阿童，銜刀浮渡江，不畏岸上虎，但畏水中龍。」會益州刺史王濬徵爲大司農，祜知其可任，濬又小字阿童，因表留濬監益州諸軍事，加龍驤将軍，密令修舟楫，爲順流計。祜繕甲訓卒，廣爲戎備，至是疏言：「江淮之險，不過劍閣。孫皓之暴，侈于劉禪，吴人之困，甚于巴蜀。而大晉兵糧器械，盛于往時。今若引梁、益之兵，水陸俱下，荆楚之衆，進臨江陵，平南、豫州，直指夏口，徐、揚、青、兖，并向秣陵。鼓旆以疑之，多方以誤之。以一隅之吴，當天下之衆，所備皆急，無有寧息。皓與下多忌，名臣重将不復自信，平常猶懷去就，兵臨之際，必有應者。兼其俗急速，不得持久，弓弩戟楯不如中國，惟水戰是其所便，一入其境，則長江非其所固。還保城池，則去長入短，軍不踰時，剋可必矣。」帝深納之。會秦涼屢敗，祜復表曰：「吴平則餘自定，但當速濟大功耳。」而議者多不同，祜歎曰：「天下不如意，恒十居七八。天與不取，豈非更事者恨于後時哉！」其後詔封祜南城侯，統五縣，置相，與郡公同。祜讓曰：「昔張良請受留萬户，漢祖不奪其志。臣受鉅平于先帝，敢辱重爵，以速官謗？」固執不拜。祜每登進，常守沖退，而明德遠播。朝野僉議，當居台輔。帝方仗以東南之任，故寢之。然政事損益，皆諮訪焉。祜于勢利，一無所關，與性慎密，謀議皆焚其草。凡所進達，人莫知其由。或謂祜慎密太過者，祜曰：「是何言歟！夫入則造膝，出則詭詞，君臣不密之誡，吾惟懼其不及。不能舉賢取異，豈得不愧知人之難哉！且拜爵公朝，謝恩私門，吾所不取。」其女夫嘗勸祜有所營置，祜不答，退告諸子曰：「人臣樹私則背公，此大惑也。汝宜識吾此意。」嘗與從弟琇書曰：「既定邊事，當角巾歸故里，爲容棺之墟。以白士而居重位，能無憂盛滿乎？疏、廣，吾師也。」祜樂山水，每風景必造，峴山置酒，言詠終日不倦。嘗慨然太息，顧謂從事中郎鄒湛等曰：「自有宇宙，便有此山，由來賢達勝士，登此遠望如我與卿者多矣，皆湮滅無聞，使人悲傷。如百歲後有知，魂魄猶應登此也。」會吴人攻江夏，略户口千餘家，詔遣侍臣移書詰祜不追討之意，并欲徙鎮荆州。祜曰：「江夏去襄陽八百里，比知賊問，去已經日，步軍方往，安能救之哉！勞師以免責，恐非事宜也。疆埸之間，一彼一此，慎守而已。若輒徙州，賊出無常，亦未知州之所宜據也。」使者不能詰。祜寢疾，求入朝，詔扶疾引見，乘輦入殿，無下拜。及侍坐，面陳伐吴之計。帝以其病，不宜數入，遣中書令張華問策，祜曰：「吴人虐政已甚，可不戰而克。若孫皓不幸而没，吴人更立令主，雖百萬之衆，長江未可窺也。」帝欲使祜卧護諸將，祜曰：「取吴不必臣行，但既平之後，當勞聖慮耳。功名之際，臣所不敢居，若事了當，有所付授，願審擇其人。」疾漸篤，乃舉杜預自代。尋卒，時年五十八。帝素服哭之，是日大寒，涕淚沾鬚鬢，皆爲冰焉。及葬，賜賻有加，禮贈太傅，謚曰成。南州人聞祜喪，皆罷市巷哭，吴守邊將士亦爲垂泣。其後襄陽百姓于祜平生所游峴山，建碑立廟，歲時饗祀，望其碑者莫不淚下，因名爲墮淚碑。荆州人爲祜諱名，屋室皆以門爲稱，改户曹爲詞曹焉。其仁德所感如此。祜立身清儉，被服率素，俸禄所資，皆以贍給九族，賞賜軍士，家無餘財。遺令不得以南城侯入柩。從弟琇等述祜素志，求葬于先人墓次，帝于大司馬門南臨送焉。初，文帝之喪，祜謂傅玄曰：「三年之喪，雖貴遂服，自天子達。而漢文除之，毁禮傷義，常以太息。今主上天性至孝，有曾、閔之性，雖奪其服，實行喪禮。喪禮實行，除服何爲耶？若因此革漢魏之薄，而興先王之法，以敦風俗，垂美百代，不亦善乎？」玄曰：「漢文以末世淺薄，不能行國君之喪，故因而除之。除之數百年，一旦復古，難行也。」祜曰：「不能使天下如禮，且使主上遂服，不猶善乎？」玄曰：「主不除，而天下除此，爲但有父子而無君臣矣。」祜乃止。然祜此論甚善，恨此時不因此而并定天下臣民執喪之禮也。祜所著文章，及爲老子傳并行于世。卒後二歲，吴平。群臣上壽，帝執爵流涕曰：「羊太傅功也。」因以剋定之功，策告祜廟，依蕭何故事，封其夫人。初，祜少時，有善相墓者，言祜祖墓所有帝王氣，若鑿之則無後，祜遂鑿之，相者見曰：「猶出折臂三公。」而祜竟墮馬折臂，位至公而無子，以兄子篇爲嗣。王濬者，弘農湖人，恢廓有大志，祜深知之。祜兄子暨曰：「濬奢侈不節，不可專任。」祜曰：「濬有奇略，當恣其所欲，乃可用耳。」既表留濬益州，濬乃依祜教，作大船連舫，方百二十步，受二千餘人，以木爲城，起樓櫓，開四出門，其上皆得馳馬來往。又畫怪獸于舩首，以懼江神。及奉命伐吴，吴人于江磧要害處并以鐵鎖横截之，又作鐵錐長丈餘，暗置江中，逆拒舟艦。先是祜獲吴間諜，具知情狀。濬乃預作大筏數十，方百餘步，縛草爲人，被甲持仗，令善水者以筏先行，遇鐵錐，錐輒著筏而去。又作火炬，長十餘丈，大數十圍，灌以麻油，在船前，遇鎖燃炬燒之，須臾融液斷絶，船無所礙，遂克西陵、荆門、夷道，自武昌順流而下。初，詔使濬受王渾節度。濬舟過三山，渾遣信要與論事，濬舉帆直指建業，報曰：「風利不得泊也。」遂以是日入石頭，孫皓面縛輿櫬，詣軍門降。濬解縛焚櫬，收其圖籍，封其府庫，軍無所私。平吴之役，濬功爲鉅焉。

論曰：孟子言可欲之謂善，張子稱善人者志于仁而無惡。羊祜天姿醇厚，使人疑于顔子，其善人者乎？是以德所感，不獨信于本朝，且孚于敵國。亦不獨洽于當年，且流于身後。于以見秉彛好德，人性皆然。而謂至誠不能動物者，皆未嘗實修其德于己者也。夫德非姑息之謂，祜恂恂長者，而抗議平吴，毅然不少回惑。蓋取殘救民，正古王者以德行仁之事。祜雖不逮此，要異夫煦煦爲仁者已。其表留王濬，專委以造舟伐吴之略，可謂知人善任。及對晉武，則曰：「吴平之後，當勞聖慮。」又與山濤「外寧必有内憂」之論，同一深識遠見。嗚呼！彼豈仁而不足于智者哉！

杜預

杜預，字元凱，京兆杜陵人。祖畿，魏尚書僕射。父恕，幽州刺史。預博學多通，常言德不可以企及，立功、立言可庶幾也。尚司馬師妹高陸公主，起家拜尚書郎，襲祖爵豐樂亭侯，轉參相府軍事。鍾會伐蜀，以預爲長史。及會反，寮佐并遇害，惟預以智獲免。與賈充等定律令，既成，預爲之注解，乃奏曰：「法者，繩墨之斷例也，故文約而例直，聽省而禁簡。例直易見，則人知所避；禁簡難犯，則幾于刑措。今所注皆綱羅法意，格之以名分，使用之者執名例以審取舍也。」詔頒行天下。泰始中，守河南尹。預以京師王化之始，凡所施論，務崇大體。受詔爲黜陟之課，大略謂：「上古之世，虚己委誠，而信順之道應。逮淳樸漸散，彰美顯惡，設官分職，皆疇咨博訪，敷納以言。及至末世，不能紀遠，而專求密微，疑心而信耳目，疑耳目而信簡書，簡書愈繁，官方愈僞。昔漢之刺史，歲終奏事，不制算課，而清濁粗舉。魏氏考課，即京房之遺意，其文至密，豈若申唐堯之舊？去密就簡，委任達官，各考所統。在官一年以後，每歲言優劣一人，因計偕以名聞。如此六載，主者總集採，案其六歲之優劣，分別以定升降。有枉徇者，則監司彈之。若令上下公相容過，此爲清議大頹。雖有考課之法，亦無益已。」事不行。會匈奴寇隴右，除預秦州刺史，領東羌校尉。石鑒時爲安西將軍，素憾預，使預出兵擊之，預以敵兵强馬肥，而官軍懸乏，須春進討，爲陳五不可、四不須。鑒大怒，奏預擅飾城門官舍，稽乏軍興。徵詣廷尉，得以贖論。其後隴右之事，卒如預策。是時朝廷皆以預明于籌略，會匈奴劉猛舉兵反，詔預以散侯定計省闥。尋拜度支尚書，乃奏：立籍田，建安邊，論處軍國之要；又興常平倉，定穀價，較鹽運，制課調，内以利國，外以救邊者五十餘條，帝皆納焉。時元皇后梓宫將遷于峻陽陵，舊制，既葬，帝及群臣即吉，尚書奏皇太子亦宜釋服。預議皇太子宜復古典，以諒闇終制，從之。預以時曆差舛，不應晷度，奏上二元乾度曆行于世。孟津渡險，數患覆溺，預請建河橋于富平津，衆咸謂殷周所都，歷聖賢而不作者，必不可立故也。預曰：「造舟爲梁，非河橋之謂乎？」及橋成，帝從百僚臨會，舉觴屬預，曰：「非君，此橋不立也。」對曰：「非陛下之明，臣亦不得施其巧。」周廟欹器，至東漢猶在御坐，漢末喪亂不存，形制遂絶。預刱意造成，帝甚嘉歎焉。咸寧四年秋，大冰螟，預上疏以爲：「宜敕兗、豫等州，留漢氏舊陂以蓄水，餘皆決瀝，令飢者得魚菜螺蚌之饒，此目下日給之益也。水去之後，填淤之田，畝取數鍾，此又明年之益也。典牧種牛有四萬五千餘頭，可給民使耕種，責其租税，此又數年以後之益也。」帝皆從之，民賴其利。預在尚書七年，損益庶政不可勝數，朝野號爲杜武庫，言其無所不有也。時帝密有滅吴之計，而朝議多違，唯預及羊祜、張華與帝意合。祜病，舉預自代，乃拜鎮南大将軍，都督荊州諸軍事。預至鎮，簡精鋭，襲吴西陵督張政，大破之。政，吴之名将也，耻敗，不以實告孫皓。預欲間之，乃表還其所獲之衆于皓，皓果召政還，遣劉憲代之，大軍臨至，使其将帥移易，以成傾蕩之勢。預處分既定，乃啓請伐吴之期，帝報待明年。預表陳至計，旬月不報。預復上表曰：「羊祜與朝臣不同，不密與陛下共施此計，益令多異。凡事當以利害相較，今此舉有利無害，朝臣直以計不己出，功不在身，耻其前言，故守之也。自頃朝廷，事無大小，異意蜂起，雖人心不同，亦由恃恩，不慮後難故也。自秋以來，討賊之形頗露，若今中止，孫皓怖而生計，徙都武昌，更完修江南諸城，遠其居人，城不可攻，野無所掠，則明年之計或無所及。」帝方與張華圍棊，預表適至，華推枰斂手曰：

「陛下聖明神武，朝野清安，號令如一。吴主荒淫驕虐，誅殺賢能，當今討之，可不勞而定。」帝乃許之。預以太康元年陳兵于江陵，遣將樊顯、尹等率衆循江西上，授以節度，旬日間累克城邑。又遣牙門周旨等率奇兵八百，夜渡江，襲樂鄉，多張旗幟，起火巴山，出于要害之地，以奪賊心。吴都督孫歆震恐，與江陵督伍延書曰：「北來諸軍，乃飛渡江也。」吴之男女降者萬餘口。旨等伏兵樂鄉城外，值歆軍爲王濬敗歸，因隨入，歆不之覺，遂直至帳下，擄歆而還。軍中謡曰：「以計代戰，以一當萬。」于是進逼江陵，克之。上流既平，自湘南至交、廣，州郡皆望風歸命，所斬獲吴都督監軍十四人，牙門郡守百二十人。又因兵威，徙將士屯戍之家，以實江北，南郡故地，各樹長吏，荆土肅然，吴人赴者如歸。初，詔王濬至建平，當受預節度。預以濬既得建平，則順流長驅，威名已著，不宜使受制于己，遂與書曰：「足下既摧其西藩，便當徑取建業，討累世之逋寇，釋吴人于塗炭，振旅還都，亦曠世一事也。」時衆軍會議，以百年之寇，未可盡克，水潦方降，疾疫或生，宜更俟來冬大舉。預曰：「昔樂毅藉濟西一戰，以并强齊。今兵威已振，譬如破竹，數節之後，皆迎刃而解，無復著手處也。」遂徑進秣陵，所過城邑皆降。孫皓既平，振旅凱入，進爵當陽侯，還鎮襄陽。預以天下雖安，不可忘戰，乃勤于講武，錯置屯營，分據要地。又激用滍、淯諸水，以浸原田萬餘頃，分疆定界，公私同利，衆庶賴之，號曰杜父。舊水道唯沔、漢達江陵，千數百里，北無通路。又巴丘湖、沅湘之會，表裏山川，實爲險阻，荆蠻之所恃也。預乃開楊口，起夏水，達巴陵，千餘里内瀉長江之險，外通零桂之漕，南土歌之曰：「後世無叛由杜翁，孰識智名與勇功？」常自言高岸爲谷，深谷爲陵，乃刻二石碑紀其勛績，一沈萬山之下，一立峴山之上，曰：「安知此後不爲陵谷乎？」預身不跨馬，射不穿札，而用兵制勝，輒出諸將右。公家之事，知無不爲。所興造必考度始終，鮮有敗事。接物以禮，問無所隱。既立功後，乃躭思經籍，爲春秋左氏經傳集解，又參考衆家譜第，謂之釋例。又作盟會圖、春秋長曆，備成一家之學，比老乃成。秘書監摯虞稱之，曰：「左丘明本爲春秋作傳，而左傳遂自孤行。釋例本爲傳設，而所發明，何但左傳！故亦孤行。」時王濟解相馬，又甚愛之，而和嶠頗聚斂，預常言濟有馬癖，嶠有錢癖。武帝聞之，謂預曰：「卿有何癖？」對曰：「臣有左傳癖。」預在鎮，數餉遺洛中貴要，或問其故，曰：「但恐爲害，不求益也。」其後徵爲司隸校尉，加特進，行次鄧縣而卒，時年六十三，帝甚歎悼，謚曰成。預先爲遺令，處置葬事，以儉自完，子錫嗣。

論曰：自諸葛武侯以綸巾羽扇之風，運籌決勝，嗣後如羊祜之緩帶輕裘，杜預之身不跨馬，射不穿札，并能御大衆有成功。蓋發縱指示，智固在追殺者上。韓、盧雖鷙，豈能争先于人哉？叔子寛和恬讓，恂恂似儒者，而元凱自謂庶幾立功、立言。平吴之舉，釋例之作，不負平生期許矣。雖然，祜、預皆魏臣，以功名顯于晉，預又襲封祖爵者，以是歎太上立德，洵非功業文章之士所得企及也。預可謂自知而不自欺者歟？

附燕

慕容恪

慕容恪，字玄恭。東胡鮮卑人。燕王廆之孫，皝之第四子，儁庶弟也。幼沈深有大度，皝以其母高氏無寵，未之奇也。年十五，身長八尺七寸，雄毅嚴重，每言皆經綸世務，皝始異焉。乃授之以兵，從征伐，臨機數出奇策。石虎以戎卒十萬攻皝，諸部叛應者三十六城，左右勸皝降，皝不聽，而遣恪率騎二千擊之。虎軍驚遁，恪乘勝追斬三萬餘級。段遼遣使詐降于虎，虎遣將麻秋率衆迎遼，恪伏精騎于密雲山，大敗之，獲其司馬楊裕等，擁遼及其部衆以歸。出爲度遼將軍，鎮平郭。恪撫舊懷新，屢破高麗兵，高麗憚之，不敢入寇。常與儁俱，伐夫餘，儁居中指授而已，恪身當矢石，所向輒潰。皝將終，謂儁曰：「今将建大事，恪智勇俱濟，汝宜深委仗之。」儁嗣位，彌加親任。遣討冉閔，閔趣常山，恪追及于魏昌之廉臺，十戰皆不勝。閔素號驍勇，又所将精鋭，燕将咸震憚之。恪曰：「閔師老卒疲，加以勇而無謀，一夫敵耳。可分軍爲三部，閔性輕鋭，知吾軍勢不敵，必致死于我。我厚集中軍之陳以待之，俟其合戰，然後諸軍犄角攻之，蔑不剋也。」乃擇善射者五千人，以鐵鎖連其馬爲方陣而前。閔果直衝中軍，燕兩軍從旁夾擊，大破之，禽閔，斬于龍城。已而閔部将王午復自號安國王，午死，吕護因襲其號，保于魯口。恪進討，走之，降其衆。初，段蘭之子龕因亂擁衆東屯廣固，自號齊王，與儁書，抗中表之儀，且數其稱帝之罪。儁怒，遣恪討之。恪引兵濟河，龕率衆拒戰，恪擊破之。龕友辟閭蔚被創，恪聞其賢，遣使求之，則已死矣。恪大惋惜，遂進圍廣固。諸將請急攻之，恪曰：「兵法有緩有急，若彼我勢均，且有强援，慮腹背受患者，須急攻之。如我强彼弱，外無救應者，當羈縻守之，以待其斃。龕雖憑阻堅城，上下戮力，若盡鋭攻之，則數旬可拔，然殺吾士衆必多矣。自有事中原，兵不暫息，吾每念之，夜分忘寐，何忍輕用其死乎！」軍士聞之，人人感悦。遂築室反畊，嚴固圍壘，樵採路絶，龕乃出降，因悉定齊地，留兵鎮撫而歸。以累功拜大司馬，録尚書事，封太原王。及儁寢疾，慮子暐不堪承嗣，欲行宋宣之事，以社稷付恪。恪固辭，儁怒，曰：「兄弟間豈容虚飾！」恪曰：「陛下若以臣能荷天下之任者，詎不能輔少主乎？」儁喜曰：「爾能爲周公，吾復何憂！」儁卒，暐即位，以恪爲太宰，專録朝政。恪弟評爲太傅，慕輿根爲太師副之。時根自恃勛舊，心内不服，欲爲亂，乃言于恪曰：「主上幼冲，母后干政，俟畢山陵，殿下宜自取之。」恪曰：「公醉耶？何言之悖也！吾與公受遺，云何而遽有此議！」根愧謝而退。恪以告吴王垂，垂勸恪誅之，恪曰：「今新遭大喪，二鄰觀釁，而宰輔自相誅夷，恐乖遠近之望，且可忍之。」根遂潛謀誅恪及評，因以篡位，恪知之，乃密奏根罪狀，誅根并其黨。時内外洶懼，恪舉止如常，人不見其憂色。每出入，一人步從。或説以宜自嚴備，恪曰：「人情擾擾，正當安重以鎮之，奈何反自驚怖？」先是，吕護復據野王，潛通于晉，聞儁喪，謀引師襲鄴，恪率衆討之，護嬰城自守。將軍傅顔請急攻之，恪曰：「老賊經變多矣，觀其守備，未易猝攻。然内鮮宿糧，外無强救，我深溝高壘，坐而守之，休兵養士，以離間其黨，不過十旬，取之必矣，何爲多殺士卒，以徼旦夕之功乎？」乃築長圍守之，自三月至八月，而野王潰，護奔晉，尋而來歸。恪雖綜大任，而在朝兢兢循禮，進止有常。每事必與評議之，歸第則盡心色養，手不釋卷。虚襟待物，諏納善言，量才授任，人不踰位。朝臣或有過失，不顯其狀，隨宜他叙，人以爲大愧，莫敢犯者，至相責曰：「爾復欲望宰公遷官耶？」初，晉君臣聞儁卒，皆以爲中原可圖，桓温曰：「慕容恪尚在，憂方大耳。」恪將取晉洛陽，先遣人招納士民，遠近諸塢皆歸之。分遣其將攻陷河南諸壘，遂進克洛城，執晉將沈勁，勁不屈而死。恪因略地至崤澠，關中大震，苻堅自將，屯陝城以備之。及還鄴，謂僚屬曰：「吾前平廣固不能濟辟閭蔚。今定洛陽，使沈勁爲戮。雖皆非本情實，有愧于四海。」恪爲將不尚威嚴，專以恩信御物，軍士有犯法者，密縱舍之，捕斬其首者以徇。營壘不求整齊，而防禦甚嚴，終無喪敗。及有疾，慮暐闇弱，而評性復猜忌，乃召暐兄樂安王臧，謂之曰：「吾受先帝顧託之重，不能掃平秦、吴，嗣成遺志，殁有餘恨。大司馬總統六軍，不可任非其人。吴王智略超世，吾死後當以此授之。汝等雖才識明敏，然未堪多難，不可冒利忘害，以致大悔也。」又以告評。月餘，疾篤，暐親臨問，以後事對，曰：「吴王垂文武兼才，管蕭之亞，若任以政，國家可安。不然，恐秦、晉必有窺窬之計。」言訖而卒。其後王猛入鄴城，令嚴無犯，燕民安堵，更相謂曰：「不圖今日復見太原。」王猛聞之，歎曰：「慕容玄恭可謂古之遺愛矣。」爲設太牢以祀之。

論曰：自來偏安竊霸之主，雖因亂乘釁，亦必有非常命世之才。借之羽翼，如慕容恪于燕王，猛于秦，皆智深勇沉，曉暢時務，觀其運籌決勝，不啻指諸掌，亦一時之瑜、亮也。恪生長深宮，而器識遠到，才猷練達，固遠過其父兄。當儁寢疾，時恪威命已行于境，恩信復結于民，託先君之命，抗弟及之禮，宜不難取而有之。然卒守臣節，百折不變。彼曹孟德、司馬仲達欺人孤兒寡婦以有天下者，直當愧死入地矣！

附秦

王猛

王猛，字景略。北海劇人也，家于魏郡。少貧賤，以鬻畚爲業。瓌姿博學，倜儻有大志。不屑細務，人皆輕之，猛悠然自得。隱居華陰，聞桓温入關，被褐詣之，捫蝨而談當世之務，旁若無人。温大異之，問曰：「吾奉天子命，爲民除殘，而三秦豪傑，罕有至者，何也？」猛曰：「公不遠數千里，深入敵境。今長安咫尺，而不渡灞水，百姓未知公心，所以不至。」温默然，徐曰：「江東無卿比也。」乃署猛軍諮祭酒，欲與俱還。猛還山，見其師，師曰：「君與桓温豈并世哉？」因辭不就。時苻堅将圖大事，聞猛名，遣吕婆樓招之，一見如舊，語及時事，堅大悦，自謂如昭烈之遇孔明也。及堅僭位，以爲中書侍郎。時始平多新附之衆，劫盜充斥，乃轉猛始平令。甫下車，即澄察善惡，約束强豪，以鞭殺吏。人爲有司劾奏，徵下獄，堅親詰之曰：「政以德化爲先，卿何酷刑乃爾！」猛曰：「臣聞宰平國以禮，治亂國以法。臣不才，忝任劇邑，謹爲陛下除凶慝，以安善良。始殺一奸，餘尚萬數。若以臣爲不能肅清軌法者，敢不甘心鼎鑊酷刑之罰？臣實不敢冒受。」堅謂群臣曰：「王景略固是夷吾、子産一流也。」左僕射李威亦勸堅以國事委猛，乃赦之，遷尚書左丞。猛遂舉異才，修廢職，課農桑，恤困窮，立學校，旌節義。秦民大悦，由是日親幸用事，勳舊多疾之。樊世本氐豪，初隨堅伯父健克定關中有功，謂猛曰：「吾輩畊之，君食之耶？」猛曰：「非徒使君畊之，又将使君炊之。」世大怒，曰：「要當懸汝頭于長安城門！」猛以白堅，堅曰：「必殺此老氐！」會世入言事，與猛争論于堅前，欲起擊猛，堅怒殺之，進猛侍中、中書令，領京兆尹。時彊太后弟德酗酒豪横，猛收德，奏未及報，已陳尸于市，堅使馳赦之不及。猛與御史中丞鄧羌同志，嫉惡糾案，無所顧忌，數旬之間，權貴以罪誅者二十餘人，豪右屏息，路不拾遺。堅歎曰：「吾今始知天下之有法也。」更以猛兼司隸校尉，居中宿衛。猛薦陽平公融、光禄任群、處士朱彤自代，堅不許，而皆擢用其所薦者。猛時年三十六，歲中五遷，權傾内外，宗戚舊臣皆害其寵。尚書仇騰、丞相長史席寶數譖毁之，堅大怒，黜二人，自後上下咸服，群臣莫敢復言。晉太和元年，堅使猛率衆寇晉荆州，掠萬餘户而還。是歲苻雙、苻柳叛于堅，苻庾、苻武并應之。堅遣使諭降，不受，猛與鄧羌、張蚝等奉命討平之。四年，晉桓温伐燕，燕遣使乞師于堅，請割武牢以西之地。朝臣皆不許，猛曰："燕雖强大，慕容評非温敵也。若温舉山東，進屯洛邑，收雍、冀之兵，引并、豫之粟，觀兵崤黽，則陛下大事去矣。不如與燕合兵退温，温退，燕亦病矣。然後我乘其敝而取之，不亦善乎？"堅從之。遣苟池、鄧羌等率兵救燕，敗温于譙而還。時燕慕容垂避害來奔，堅郊迎之，以爲冠軍将軍，并其子令及楷皆厚禮之。猛謂堅曰："垂父子譬如龍，非可馴之物，若借以風雲，将不可復制，不如早除之。"堅不納。桓温既退，燕悔前割地之詞，堅大怒，遣猛及鄧羌等帥師取洛陽。猛初發長安，請慕容令參其軍事，以爲鄉導。将行，坐垂飲酒，從容謂曰："今當遠别，何以贈我？"垂脱佩刀贈之。既至洛，猛洛垂所親，使詐爲垂使者，謂令曰："王猛疾人如仇，秦王心亦難知。聞東朝比來悔寤，吾今還東，汝可速發。"令躊躇終日，又不可審覆，乃奔燕軍。猛遂表令叛狀，垂懼而出走，爲追騎所獲，堅勞之，禮待如舊。猛拔洛陽城，留兵鎮之乃歸。以功封平陽郡侯，加司徒，録尚書事。猛固辭曰："今戎車方駕，始得一城，即受三事之賞。若克殄二寇，将何以加之？"堅不得已，乃寢司徒、尚書之命。五年六月，遣猛督鄧羌等十将，率步騎六萬伐燕。堅親送之灞上，謂曰："今委卿以關東之任，吾當繼卿星發，相見于鄴。已敕漕運相繼，但憂賊，不煩後慮也。」猛對曰：「臣仗威靈，奉神算，盪平殘燕，如風掃葉，不煩鑾輿親犯塵霧。但速敕所司部置鮮卑之所。」堅大悦。猛于是進克壺關，所過郡縣皆望風降附，燕人大震。兵入晉陽，進與慕容評相持于潞川。遣鄧羌郡將徐成覘燕軍，過期乃返，猛將案軍法斬之。羌爲固請，願以戰贖罪，猛弗許。羌怒還營，勒兵將攻猛，猛乃赦之。羌詣猛謝，猛執其手，曰：「吾試將軍耳！將軍于郡將尚爾，況國家乎！」猛聞評貪鄙，士皆怨憤，莫有鬭志，歎曰：「慕容評奴才也，雖衆，何所用之！」乃陰遣騎五千，夜從間道出評營後，燒其輜重，火見鄴中。燕主暐遣使讓評，且趣進兵。評懼，請戰，猛陳于渭源而誓衆曰：「王景略受國厚恩，任兼内外。今與諸君深入賊地，當竭力致死，有進無退，共立大功，以報國家。受爵明君之朝，稱觴父母之室，不亦美乎！」衆皆踴躍，破釜棄糧，大呼競進。猛望燕兵之衆也，惡之，謂鄧羌曰：「今日非將軍不能破此勍敵，將軍勉之！」羌曰：「若能以司隸見與者，公勿以爲憂。」猛曰：「此非吾所及也，必以安定太守、萬户侯相處。」羌不悦而退。俄而兵至，猛召羌，羌寢弗應，猛馳就許之。羌乃大飲帳中，與張蚝、徐成等跨馬運矛，馳赴燕陣，出入數四，旁若無人，所殺傷數百。及日中，燕兵大敗，俘斬五萬餘人，乘勝追擊，又降斬十萬。于是進師圍鄴。堅聞捷，乃自率精鋭十萬赴之。猛潛出迎于安陽，臣主相見甚懽，遂入鄴定燕，令嚴政簡，秋毫無犯，遠近帖然安之。軍還，進封清河郡侯，賜以妾妓車馬甚盛，固辭不受。留鎮冀州，聽以便宜從事，簡召英儁，以補關東守宰。居數月，上疏曰：「臣前所以朝聞夕拜、不避艱虞者，正以方難未夷，軍機權速，庶竭命戎行，敷宣皇威。今弘化已熙，六合清泰，敢披肓丹誠，請避賢路，設官分職，各有司存，豈應孤任愚臣以速傾敗？願徙授親賢，濟臣顛墜。若以臣有微勞，乞待罪一州，効盡力命。」堅不許，使尚書梁讜詣鄴諭旨，視事如前。俄入爲丞相，中書監尚書，加都督中外諸軍事。猛表讓久之，堅曰：「卿昔螭蟠布衣，朕龍潛弱冠，屬世事紛紜，朕擬卿爲卧龍，卿亦異朕于一言，精契神交，千載之會。自卿輔政，幾將二紀，内釐百揆，外蕩群凶，天下向定，彝倫始叙。朕且欲從容于上，望卿勞心于下。」遂不許。後數年，復授司徒，猛復上疏曰：「臣聞乾象盈虚，惟后則之；位稱以才，官非則曠。鄭武翼周，仍世再詠；王叔昧寵，政替身亡。臣何庸狷，而應斯舉？昔東野窮馭，顔子知其將敝，願廻日月之鑒，矜臣後悔。」堅竟不從，委任益篤，常敕其諸子宏、丕等曰：「汝事王公，當如事我也。」時廣平麻思流寓關右，請歸葬其母，猛謂思曰：「便可速裝。」是暮已，符卿發遣。」及始出關，郡縣已被符，管攝其下，令如流水，皆此類也。猛宰政公平，黜尸素，拔幽滯，官必當才，刑必當罪，外修兵革，内務畊作，崇儒興學，教以廉耻，由是國富兵强，戰無不克，秦國大治。性剛明，于善惡尤分。微時一飡之惠，睚眦之忿，靡不報焉。其年寢疾，堅親祈南北郊、宗廟社稷，分遣諸臣禱河嶽諸祀殆遍，疾少瘳，爲赦境内殊死以下。及篤，猛疏謝，并言時政，多所弘益，堅覽之，悲動左右，親臨其第，問以後事。猛曰：「晉雖僻處江南，然正朔相承，上下安和。臣没後，願勿以晉爲圖。鮮卑、西羌，我之仇敵，終爲人患，宜漸除之，以便社稷。」言終而卒，時年五十一。比斂，堅三臨哭，謂太子宏曰：「天不欲使吾平一六合耶？何奪吾景略之速也！」葬之如霍光故事，謚曰武，朝野巷哭三日。

論曰：王猛、桓温并一時人豪，而覿面遇之，交臂失之。棄雄才以資强敵，固温之不能爲國薦賢，亦天不欲使海内混一也。猛才氣出温右，而識又勝之，固自知不爲温容。即温能下猛，而典午諸君，皆碌碌守文，非可與大有爲者。觀其在秦二十餘年，君臣魚水，終始勿間，乃得展其夙抱，揆文奮武，拓境安民，雖諸葛治蜀，無以遠過。猛固可大用，而堅實能盡其用也。猛剛明有餘，寬厚不足，其激殺樊氏，詐叛慕容，皆非君子長者之道。蓋管商雜霸餘習，視武侯之忠誠宏雅氣象，固殊焉。然臨終猶繫心江南，不忘正朔，則知其用秦固有大不得已者。而温跋扈朝廷，睥睨天位。一則流芳百世，一則遺臭萬年，固宜相遇之差池矣。

南朝宋

沈慶之

沈慶之，字弘先，吴興武康人也。少有志力。晉孫恩之亂，使其衆寇武康，慶之隨鄉族屢擊却之，遂以勇聞。後以邑里流散，躬耕作苦。年四十，省兄于襄陽，竟陵太守趙伯符署爲寧遠中兵參軍，爲設規略，擊破蠻寇，伯符由此有將帥名。永初二年，除殿中員外將軍，又隨伯符隸到彦之北伐。伯符病歸，又隸檀道濟，道濟以慶之忠謹曉兵，稱于文帝，使領隊防東掖門，稍得出入禁省。領軍劉湛欲相引接，謂曰：「卿在省歲久，比當相論。」慶之正色曰：「下官在省十年，自當有轉，不敢以此仰累。」尋轉正員將軍。及湛被收之夕，上開門召慶之，慶之戎服履韎縛袴而見，上驚曰：「卿何意，乃爾急裝？」對曰：「夜半喚隊長，詎容緩服？」遣收吴郡太守劉斌，殺之。元嘉十九年，雍州群蠻緣沔爲寇，以慶之爲建威將軍進討，大破之。後爲孝武帝撫軍參軍，隨征蠻寇，屢有功，前後降獲五萬餘口。還京師，復爲廣陵王誕參軍，加建威將軍，南濟陰太守，率參軍柳元景、隨郡太守宗慤等伐沔北諸蠻，八道并進。先是諸將討蠻者，皆營于山下，蠻得據矢石，官軍以是失利。慶之乃謂諸軍曰：「今若緣山列旆，仍中蠻故智。又去歲蠻田大稔，積穀重岩，不可與之曠日持久也。若出其不意，登山據險，以衝其腹心，蠻必震恐，破之決矣。」於是皆鼓噪而登，蠻大駭潰。自冬至春，因糧蠻穀。頃之蠻復叛，攻郡城，遣柳元景救之，未至而郡破，元景追之，爲衆所圍。宗慤率衆先登，衆軍齊奮，大破之，威震群蠻。慶之素患頭風，好著狐皮帽，群蠻號曰蒼頭公。每見慶之軍，輒奔散曰：「蒼頭公復來矣！」又討犬羊諸山蠻，蠻憑險築城，守禦尤固。慶之乃令諸軍連營于山中，開門相通，朝夕不外汲。蠻潛兵夜來燒營，諸軍輒以池水沃火，多出弓弩夾射之，蠻驚遁。又置六戍以圍之，久之蠻食盡，稍稍請降，凡獲七萬餘口，悉遷建康，以爲營户。二十七年，遷步兵校尉。時又議北伐，慶之諫曰：「馬步不敵，爲日已久矣。檀道濟再行無功，到彦之失利而還。今料王玄謨未踰兩将，六軍之盛，不過往時，恐重辱王師，難以得志。」上曰：「道濟養寇自資，彦之中途疾動。敵所恃惟馬，今河水疏通，泛舟北指，則碻磝必走，滑臺易拔，虎牢、洛陽自然不固。」慶之又極陳不可。上使徐湛之、江湛于坐中難之，慶之曰：「畊當問奴，織當訪婢。今伐國而與白面書生輩謀之，事何由濟！」上大笑。及軍行，以慶之副王玄謨，并受蕭斌都督。斌與慶之留守碻磝，令玄謨攻滑臺，積旬不拔，斌遣慶之将五千人助之。慶之曰：「少軍輕往，無益也。」會玄謨遁還，斌欲斬之，慶之固諫，乃止。斌遂欲死固碻磝，慶之以爲不可。會詔使至，不聽退師。斌復召與議，慶之曰：「将軍得專閫外，詔從遠來，不知事勢。節下有一范增而不能用，空議何施？」斌及坐者并笑，曰：「沈公乃更學問。」慶之厲聲曰：「衆人雖見古今，不如下官耳，學也！」斌乃以玄謨戍碻磝，而自還歷城。慶之馳驛歸，上問曰：「斌欲斬玄謨，卿何以諫止？」對曰：「諸軍奔退，莫不懼罪。若自歸者皆死，終至逃散，故止之。」二十九年，復更北伐，以慶之立議不同，不使北出。時亡命司馬黑石等讙動群蠻，自淮至沔皆罹其患，遣慶之督軍討之。三十年，又以孝武帝總統群帥，屯于五洲。慶之自巴水來，諮受方略。會得元凶弑逆之問，慶之密謂腹心曰：「蕭斌婦人不足數，東宮同惡不過三十人，此外屈逼，必不爲用。今輔順討逆，蔑不濟也。」時劭密與慶之書，令殺孝武帝。慶之入求見，帝辭以疾，慶之突前，以書呈，帝泣，求入與母訣，慶之曰：「下官受先帝厚恩，今日之事，唯力是視，殿下何疑之深？」帝起，再拜曰：「國家安危，皆在將軍！」慶之即命內外勒兵。主簿顏竣馳見帝曰：「今四方未舉義師，而劭據有天府，若首尾不相應，此危道也。宜待諸鎮協謀乃行。」慶之怒曰：「今舉大事，而黄頭小兒皆來參預，何得不敗！宜斬以徇。」帝令竣拜謝，慶之乃曰：「君但當知筆札事耳。」于是處分旬日，内外整辦，時皆謂神兵。軍至尋陽，劭遣慶之門生錢無忌齎書，説以解兵，慶之執無忌白之。劭既伏誅，孝武即位，拜領軍將軍，南兖州刺史，封南昌郡公。魯爽反，帝遣討之，臨陣斬爽，進鎮北大將軍，開府儀同三司，改封始興郡公。自以年方七十，固請辭事，表數十上，至稽顙自陳，言輒流涕，乃詔聽以公就第。已而復使何尚之往起之，慶之笑曰：「沈公不效，何公往而復反也。」大明三年，廣陵王誕反，復起慶之往討。誕遣人齎書，餉以玉環刀，慶之遣還，數其罪惡。比至城下，誕登樓謂曰：「沈公白首之年，何爲來此？」慶之曰：「朝廷以君狂愚，不足勞少壯，故使僕來耳。」乃塞塹造攻道，立行樓土山，及諸攻具。誕復餉慶之食，提挈者百餘人，慶之不開，悉焚之。誕于城上投表，令送帝，慶之曰：「我奉詔討賊，不得爲爾送表。汝必欲歸死朝廷，自應開門遣死，吾爲汝護送。」每攻城，慶之輒身先士卒，上誡之曰：「卿但處分有方，何乃親受矢石？」自四月至七月，乃屠城斬誕。進司空，固辭，歸第。慶之家素富，産業累萬金，一夕盡徙親戚中表，同居于婁湖。以宅輸官，非朝賀不出門，車馬率素，從者三五人，遇之者不知其爲三公也。每從游幸，及校獵，據鞍凌厲，不異盛年。當讌飲群臣，帝强令賦詩，慶之曰：「臣不知書，請口授師伯書之。」乃吟曰：「微生遇多幸，得逢時運昌。朽老筋力盡，徒步還南岡。辭榮此聖世，何愧張子房！」帝大悦，衆坐并稱其詞意之美。帝崩，與柳元景等同受顧命。及廢帝子業立，加几杖，賜三望車。慶之謂人曰：「我每游田園，有人時與馬成三，無人則與馬成二。今乘此車，安所之乎？」并固讓不受。柳元景、顔師伯嘗詣之，嗚騶滿路，會慶之獨與一僕在田，乃悄然改容，曰：「吾儕素貧賤，際會及此，當共惟挹損之美。老子八十之年，目見成敗多矣，安用炫此車服爲！」遂植杖而芸不顧。元景等撤侍從從之，乃歡對竟日。慶之既通貴，里老素輕之者皆膝行而前。慶之歎曰：「故是昔時沈公。」諸沈中爲劫首者數十，慶之詭爲置酒，大會并殺之，合境肅清。帝既狂悖，衆勸之廢立，蔡興宗尤反覆開諭，其弟子文秀亦再三言之，至泣下，終執不可。及柳元景等謀立義恭，以告慶之，慶之遽發其事，皆伏誅。進侍中、太尉。而帝凶暴日甚，慶之猶强諫，帝寖不悦。及誅何邁，慮慶之不同，知其必諫，乃閉清溪諸橋以絶之。慶之果往，不得渡而還。帝乃遣其從子攸之齎藥賜死，詐言病卒，時年八十，謚曰忠武。明帝即位，追贈侍中、司空，謚曰襄。

論曰：沈慶之目不知書，而審幾決策往往闇與古合。忠事三朝，至老逾篤，而功成身退，不以寵利居之，視霍光之盛滿不戒者，識量固殊焉。然當子業時以縱欲敗禮之君，值衆畔親離之會，而違公議，不定大計，自謂竭股肱之力，繼以忠貞，不知古人所謂計安社稷以康先帝之靈者，殆有權焉。使三祖之子孫臣庶幾無遺育，卒亦下不保其身，上不濟其君，宋事自是不可爲矣。彼蓋目見夫徐羡之、傅亮輩廢義符，立文帝，卒以誅戮，故徘徊隱忍，甘以身殉，悲夫！

南朝梁

韋叡

韋叡，字懷文，京兆杜陵人。漢丞相賢之後。父祖歸，宋寧遠長史。叡少好學，事繼母以孝聞。其從父祖征累爲郡守，每攜叡之官，視如己子。時叡内兄王憕、姨弟杜惲并負鄉里盛名，祖征謂叡曰：「汝視憕、惲文章或小減，學識當過之。至于幹國家，成功業，皆莫汝逮也。」外兄杜幼文爲梁州刺史，要與俱行。梁土富饒，往者多以賄敗，叡雖幼，獨以廉聞。永元初，爲雍州刺史袁顗主簿。顗與鄧琬起兵，叡因求出爲義成郡，遂免顗禍。及齊末多故，思還鄉里，乃求爲上庸太守。時陳顯達、崔慧景頻逼建鄴，衆惶駭，莫知所從，叡曰：「臣非命世才，崔亦懦而不武，天下真人殆興于吾州矣。」乃遣二子自結于梁武，及兵起檄至，叡率郡人倍道赴之，帝撫几喜曰：「吾事就矣！」義師克郢魯，平茄湖，叡多建策，皆見用。大軍發郢，即日以爲江夏太守，行郢州府事。初，郢城之拒守也，男女垂十萬，閉壘經年，疫死者十七八，皆積尸牀下，而生者寢處其上，每屋盈滿。叡料簡隱恤，咸爲營理，百姓賴之。帝即位，累遷豫州刺史，領歷陽太守，率州兵擊走魏寇。天監四年，詔叡督軍北伐，叡遣馮道根等攻魏小峴城，未拔。叡巡行圍栅，魏城中忽出數百人，陳于門外。叡欲擊之，諸將請還，授甲而後進戰。叡曰：「彼城中二千餘人，足以固守。今無故出人于外，必其驍勇者也。若能挫之，其城自拔。」衆猶遲疑，叡指其節曰：「朝廷授此，非以爲飾韋叡，法不可犯也！」乃皆殊死戰，魏兵敗，因急攻之，中宿而拔，遂進討合肥。先是，右軍司馬胡景略等攻合肥，久未能下。叡夜堰肥水，舟艦大通，先攻其東西二小城。會魏援軍五萬奄至，衆懼，請奏益兵，叡笑曰：「賊至城下，雖請何及？且吾益兵，彼亦能益兵。兵貴用奇，豈在衆也！」遂擊破之。時叡遣軍主王懷静築城以守堰，魏人攻拔之，遂乘勝至堤下，兵勢洶湧，諸將欲還。叡怒，命取繖扇麾幢，于堤下樹之，示無動志。魏人來鑿堤，叡親與争之，兵少却，因築壘于堤以自固。叡起鬬艦，高比合肥城，四面臨之，魏城中皆哭。守將杜元倫中弩死，城遂潰，俘斬萬餘級。叡體素羸，未嘗跨鞍馬，每戰常乘板輿，督厲將士，勇氣無敵。晝接賓旅，夜算軍書，張燈達曙，撫其衆常如不及，故投募之士争歸之。所至頓舍館宇藩牆，皆應準繩。進次東陵，有詔班師，諸将以去魏甓城甚近，恐其追躡。叡悉遣輜重居前，身乘小輿殿後，魏人懾其威名，望之不敢逼，全軍而還。于是遷豫州，治于合肥。五年，魏中山王元英與将軍楊大眼等攻北徐州，圍刺史昌義之于鍾離，軍于邵陽洲，義之拒守六旬，城幾潰者數四。帝命叡救之，受曹景宗節度。叡自合肥由陰陵大澤行，值澗谷，輒飛橋以濟師。時魏軍甚盛，多勸緩行，叡曰：「鍾離今鑿穴而處，負户而汲，車馳卒奔，猶恐其後，而况緩乎？敵已墮吾腹中，卿曹勿憂也。」旬日而至邵陽。初，帝敕景宗曰：「韋叡卿鄉望，宜善敬之。」景宗見叡甚謹，帝聞，曰：「二将和，師必濟矣。」叡于景宗營前二十里夜掘長塹，樹鹿角，截洲爲城，比曉而營立。元英驚曰：「是何神也！」城中知有外援，士氣百倍。時楊大眼勇冠三軍，将萬騎來戰，所向皆靡。叡結車爲陣，大眼聚騎圍之，叡以强弩二千一時俱發，殺傷甚衆，矢貫大眼右臂，大眼退走。明旦，英自率衆戰。叡乘素木輿，執白角如意以麾軍，一日數合，英憚而退。至夜，復攻城，飛矢雨集。叡子黯請下城避箭，軍中皆驚，叡于城上厲聲訶之乃定。魏人先夾洲兩岸爲橋樹柵數百步，跨淮通道。叡裝大艦，與橋等。會三月淮水暴漲，即遣鬭艦進臨賊壘，别以小船載草灌膏，焚其橋，風怒火熾，募死士拔柵斫橋，倏忽俱盡。諸将皆身自搏戰，軍人奮勇，呼聲動天地。魏軍大潰，英單騎遁走，大眼亦焚營去，諸壘土崩渰死者十餘萬，斬首亦如之，緣淮百餘里，尸相枕籍。生禽五萬人，收其資糧器械山積。以功進爵永昌侯，尋拜南郡太守。會司州刺史馬仙琕自北還軍，爲魏兵所躡，三關擾動，詔叡督軍援焉。叡至安陸，增築城二丈餘，更開大塹，起高樓。衆頗譏其怯，叡曰：「爲将當有怯時，不可專勇。」時元英急追仙琕，将復邵陽之耻，聞叡至，乃退。十四年，拜雍州刺史。初，叡起兵鄉中，客陰儁光泣止叡，及爲州，儁光道候，叡笑曰：「若從公言，乞食于路矣。」餉耕牛十頭。叡于故舊無所遺，鄉里皆懷其德。明年，表致仕，不許，尋徵爲散騎常侍、護軍将軍，入直殿省。居朝廷恂恂，未嘗忤視，帝甚禮敬之。性慈愛，撫兄孤過于己子。所得禄賜皆散之親族，暇日猶課諸兒以學。第三子稜尤明經洽聞，叡每坐使説書，其所發摘，稜猶弗之逮也。時帝方鋭意釋氏，士民從風而靡。叡獨不與衆俯仰，所行略如平日。普通元年，遷侍中、車騎将軍。未拜卒，年七十九，帝臨哭甚慟，謚曰嚴。叡有雅度，涖人以愛惠爲本，所居皆有政績，雖在軍中，被服必于儒者。初，邵陽之捷，昌義之甚德叡，與景宗設錢二十萬，官睹之，景宗擲得雉，叡徐擲得盧，遽取一子反之，曰：「異事。」遂作塞。時群帥争先告捷，叡獨居後，世尤以此賢之。

論曰：太史公疑子房以爲魁梧奇偉，至考其狀貌，乃如婦人女子。韋叡以羸瘠之軀，指麾板輿之上，出奇制勝，威震敵國，綸巾緩帶之風流，豈復遠哉！夫上有好，下必有甚，習俗移人，賢者不免。方梁武佞佛，舉國若狂。明經如徐勉而言孔釋之同，行身如江革而受菩薩之戒。獨叡毅然不少回惑，可謂篤信好學矣。其遇敵不懼，有功不伐，皆定力使然，非能强而致也。

斛律光

斛律光，字明月。朔州敕勒部人也。祖那瓌，魏光禄大夫。父金齊，咸陽郡王，太師，左丞相。光少而雄傑，寡言笑，尤工騎射。年十七，從金西征宇文泰。長史莫孝暉在行間，光馳射中之，因擒于陣。擢都督。嘗從高澄獵洹橋，見雲表一大鳥，引弓正中其頸，形如車輪，旋轉而下，乃鵰也，時號落鵰都督。齊受禪，進爵鉅鹿郡公，以累戰克捷，官尚書令，司空，司徒。河清二年，詔光督步騎二萬城軹關，仍築長城二百里，置十二戍。三年，周遣齊公憲及尉遲迥、王雄等來攻洛陽，光率騎拒戰。雄馳馬衝陣，光僞退，雄追之，按矟不及光者丈餘，欲生擒光，光惟餘一矢，射雄中額，殺之，周師大敗，迥、憲僅而獲免。遂築京觀于洛，遷太尉。初，周人嘗懼齊兵西渡，每至冬月，守河椎冰。及是齊嬖倖用事，軍政漸弛，反椎冰以備周兵之逼。光每憂之曰：「國家常有呑關隴之志，今日至此，而惟翫聲色乎！」武平元年春，大敗周師于宜陽，進右丞相。其冬，又率騎兵于玉壁，築華谷、龍門二城，與周師相持，周人憚，不敢進。二年，率衆築平隴等鎮戍十三所。周将韋孝寬等來逼，光與戰于汾水，大破之。又與周将紇干廣略大戰于宜陽城下，取建安等四戍，捕虜千餘人而還。未至鄴，後主敕令散兵，光以軍士有功，未得慰勞，乃密表請使宣慰，而朝廷遲留不發。軍還，將至紫陌，光駐營待使，帝聞，心甚惡之，急追光入見，然後宣勞散兵。進光左丞相。初，後主弟琅邪王儼爲中丞，性明毅，惡和士開、陸令萱、穆提婆等專權，間搆使馮子琮奏士開罪狀，執而斬之于臺。儼親信因逼儼帥兵士三千人屯千秋門，欲并誅提婆母子。後主急召光入，光聞儼殺士開，拊掌大笑曰：「龍子所爲，固自不似凡人。」因入内，見後主方帥宿衛授甲出戰，光曰：「小兒輩弄兵與？交手即亂。鄙諺云：『奴見大家心死。』至尊宜自至千秋門，琅邪必不敢動。」後主從之。光步道使人走出，曰：「大家來！」儼徒駭散，齊主遥呼之，儼猶立不進。光就謂曰：「天子弟殺一夫，何所苦？」執其手，强引以前，請于後主曰：「琅邪王年少，輕爲舉措。稍長，自不然。」後主拔刀環築其辮頭，良久乃釋。後主又欲盡殺儼府吏，光曰：「此皆勳貴子弟，誅之恐人心不安。」于是罪之有差。時祖珽媚于令萱，勢傾中外。光謂諸將曰：「邊境消息，兵馬處分，盲人全不與吾輩語，恐誤國事。」珽覺之，私賂光從奴，問焉，奴曰：「自公用事，相王每夜抱膝歎曰：『盲人入國，必破矣。』」穆提婆又嘗求娶光庶女，不許。後主賜提婆晉陽田，光言于朝曰：「此田神武以來嘗種禾飼馬，以備寇難。今賜提婆，毋乃闕軍務乎！」由是祖穆并怨之。其女爲皇后，又無寵于後主，珽因間之。會周將韋孝寬讋光威名，詐爲謡言，使諜宣之于鄴曰：「百升飛上天，明月照長安。」又曰：「高山不摧自崩，槲樹不扶自舉。」珽因續之曰：「盲老公背受大斧，饒舌老母不得語。」使其妻兄鄭道蓋奏之，珽與令萱因解之曰：「百升者斛也，盲老公謂珽，饒舌老母似謂陸氏也。且斛律累世大将，光聲震關西，光弟羡威行突厥。女爲皇后，男尚公主。謡言甚可畏也。」後主以問韓長鸞，長鸞不可，事遂寢。既而丞相府佐封士讓密啓云：「光前西討還，逼帝城，将行不軌。家藏弩甲，奴僮千數。若不早圖，恐事不可測。」後主召珽問之，珽請遣人賜以駿馬，光必入謝，因而執之。後主如其言，光入至凉風堂，劉桃枝自後撲之，不仆，光顧曰：「桃枝常作如此事，我不負國家。」遂與三力士共拉殺之，血流于地，剗之，迹終不滅。于是下詔稱其反，并殺光二子。珽使郎官邢祖信簿録光家，僅得弓十五，宴射箭百，刀七，賜矟二。珽問更得何物，祖信曰：「得棗杖二十束，擬奴僕與人鬪者，不問曲直即予杖一百。」珽大慙。及出，人尤其亢直，祖信慨然曰：「賢宰相尚死，我何惜餘生！」光居家嚴肅，性節儉，簡聲色，門無賓客，杜絶饋餉。每朝廷會議，常獨後言，言輒合理。行兵效其父金之法，望塵知馬步多少，嗅地知軍度遠近。營舍未定，不先入幕。或竟日不坐，身不解甲，常爲士卒先。有罪者惟大杖撾背，終不妄殺，士衆皆争爲之死。宜陽之役，謂周人曰：「歸我七年。不然，取爾十倍！」周人即歸之。在西境築諸城戍，馬上以鞭指畫而成。拓地五百里，不伐其功。結髮從軍，未嘗敗北，深爲敵人所憚。周武聞其死，爲赦境内。後入鄴，追贈上柱國，崇國公。指詔書曰：「此人若在，朕豈得至此？」以其小子鍾襲封焉。

論曰：北齊之先，本以詐力逆取人國，其子孫復不順守。當時諸將相非跋扈則傾邪，其號稱佼佼者，僅楊愔、斛律光二人而已。愔聰明才力，綜機務，典選舉，均不忝厥職。然身爲人臣而妻母后，位極宰相而執厠籌，敗閑蕩檢，莫斯爲甚。及當主少國疑，進無禦亂之勇，退無保身之智，其召禍蓋亦宜然。明月之與遵彦，雖皆不得其死，然彼死于彊臣，則呼吸猶有可轉之機；此死于闇主，則天壤更無可逃之義，事固有不容例論者。先儒胡氏以爲光既不能明告于君，正諸奸誤國之罪，又不能委權而退，以免于滿溢，夫不仁不可與言。親如儼，尊如叡，業有明徵，光以累世勲舊，又無可去之道，討惟一死報國耳。光小心儉約，憂國忘家，邦以其存亡爲安危，敵以其死生爲慶弔，可謂世臣其人。乃其殁也，尚得邀異代之褒于仇讎。其生也，曾不得回一朝之聽于君父，萬里長城頓自壞之，豈獨天之降罔哉！

隋

牛弘

牛弘，字里仁，安定鶉觚人也。其先嘗避難，改姓遼氏。祖熾，本郡中正。父允，魏侍中，工部尚書，臨涇公，始復姓焉。弘偉容貌，好學博聞，在周襲父爵。隋開皇初，授散騎常侍，秘書監。以典籍散佚，表請開獻書之路，于是詔獻書一卷，賚縑一匹，未三年篇帙大備。進爵奇章公。三年，拜禮部尚書，奉敕撰五禮百卷。弘請依古制修立明堂，上述黄帝、堯、舜、殷、周遺制，又廣引鄭康成、馬宫、劉向、馬融、服虔、蔡邕、盧植、王肅諸大儒註解，辨駁别白，請以禮經爲本，形制依于周法，度數取于月令，遺闕之處參以餘書，庶使該詳，沿革之理，上饗帝配祖，下弘風布教。時帝以草創，未遑制作，竟寢不行。六年，除太常卿。尋詔定雅樂，又作樂府歌詞，撰定圜丘，五帝凱樂，并議樂事。弘博采揚雄、劉歆、蔡邕諸書進議，且言律本十二，今直爲黄鍾一均，惟用七律，此外五律竟復何施？須依禮作旋相，爲宫之法。又論六十律不可行，引京房書反覆辨証，上甚善其議。又以華夏正聲，多在江左，今得梁、陳舊樂器，請加修葺，以備雅樂，其後魏、後周雜有邊裔之器，當悉停之。乃詔弘與許善心、姚察等參定。帝終信何妥之言，不聽用旋宫法。及新樂成，淫厲而哀，識者歎其不久焉。時楊素恃才貴倨，惟見弘未嘗不改容。素將擊突厥，詣弘别，弘送至中門而止，素曰：「吾以遠征来别，何相送之近？」弘竟揖而退，素笑曰：「奇章公可謂其知可及，其愚不可及也。」獻皇后崩，王公以下莫能定其儀注，素以屬弘。弘了不辭讓，斯須具備，皆有故實，素歎曰：「衣冠禮樂盡在此矣。」進吏部尚書。每選舉，必先德行，而後文才，務在審慎，雖致停緩，而所進用多稱職。侍郎高孝基鑒賞機悟，清慎絶倫，然爽俊有餘，迹似輕薄，時宰多以此疑之。弘獨推心任委，得人爲多，時服其識度。大業初，進上大將軍，右光禄大夫，從拜恒岳，凡壇墠牲幣皆弘所定。又詔弘與旅騎尉劉炫等，造新律十八篇。時征役繁興，有司臨時迫脅，以求濟事，不復用律令。弘嘗從容謂炫曰：「周禮士多而府史少。今令史百倍于前，減則不濟，其故何也？」炫曰：「古人委任責成，歲終考其殿最，案不重校，文不繁悉，府史之任，掌要目而已。今之文簿，恒慮覆治，若鍛鍊不密，則百年之久，萬里之遥，皆須追証前案，事繁政弊，職此之由。故曰省官不如省事也。」弘咨歎稱善。六年，從幸江都，卒，賵葬甚厚，贈開府儀同三司，文安侯，謚曰憲。弘榮寵當世，而行己儉恭，言常吶吶不能出。性寛厚，雖職務繁雜，書不釋手。弟弼醉酒，射殺弘駕車牛。弘還，其妻迎謂曰：「叔射殺牛。」弘聞無所怪，問，直答云：「作脯。」坐定，其妻又言，弘曰：「已知之矣。」顏色自若，讀書不輟，其孝友弘緩皆此類也。

論曰：史言隋室舊臣，始終信任，悔吝不及者，惟弘一人。以隋文之猜，隋煬之暴，而周旋數十年，不罹其難，倘所謂默足以容者乎？開皇以來，土宇既一，海内富强，正禮樂可興之日。夫明堂者，禮之大也；鍾律者，樂之微也。弘該洽典文，言論皆則古稱先，非苟而已。使得聖明之主探其本而敬用之，禮行則不争，既衆著于父子君臣之義；樂達則無怨，又陰消其放僻邪侈之心，内和外順，揖讓而治天下者，莫善于此，豈復有弑奪于上，而寇攘于下者乎？孔子曰：「人而不仁，如禮何？人而不仁，如樂何？」觀隋氏父子益信。

史傳三編卷四十七

名臣續傳四

唐

李大亮

李大亮，京兆涇陽人。有文武才略。高祖入關，大亮自歸，授土門令。方歲飢，境多盜賊，大亮招亡散，撫貪瘠，賣所乘馬，稍稍資業之。勸墾田，歲大熟。間出擊盜，所至輒平。秦王行北境，下書獎勞，賜馬五乘，帛五十段。頃之，賊大至，大亮度不能拒，乃單馬詣營，説豪帥，爲分別禍福，賊衆感服，遂相率降，大亮殺所乘馬，與之食，至步而返。帝聞之悦，擢金州總管府司馬。王弘烈據襄陽，詔大亮安撫樊、鄧，因圖之，進擊，下十餘城。遷安州刺史。復使徇廣州，至九江，會輔公祏反，以計禽其將張善安。公祏方圍猷州，刺史左難當固守，大亮率兵擊走之。遷越州都督。貞觀初，徙交州，封武陽縣男，召授太府卿，復出涼州都督。嘗有臺使見名鷹，諷大亮獻之，大亮密表曰：「陛下絶畋獵久矣，而使者求鷹，信陛下意邪？乃乖昔旨。如其擅求，是使非其才。」太宗報書曰：「有臣如此，朕何憂！」賜荀悦漢紀，曰：「悦議論深博，極爲政之體，公宜繹味之。」時突厥亡，帝遂欲懷四裔諸部，降者人賜袍一領，帛五匹，首領拜將軍中郎將，列五品者贏百員。又置降裔于河南，詔大亮爲西北道安撫大使。大亮上言：「臣聞綏遠必自近。諸稱藩請附者，宜羈縻受之，使居塞外，畏威懷德，永爲藩臣。臣愚，願停招慰，省勞役，使邊人得就農畮，此中國利也。」帝納其計。八年，爲劍南道巡省大使。會討吐谷渾，爲河東道行軍總管，與李靖俱出北道，涉青海，觀河源，與賊遇蜀渾山，大戰，破之，俘其名王，獲雜畜數萬。進爵爲公，拜右衛大將軍。晉王爲皇太子，詔大亮兼右衛率，又兼工部尚書，身三職，宿衛兩宫。每番直，常假寐，帝勞曰：「公在，我得酣卧。」十八年，幸洛陽，詔副房玄齡居守。玄齡稱有王陵、周勃節，可倚大事。俄寢疾，帝親和藥驛賜之，臨終表請罷遼東役。又言京師宗廟所在，願以關中爲意，就稿，歎曰：「吾聞男子不死婦人手。」命屏左右，言終卒，年五十九。將斂，家無珠玉爲含，惟貯米五斛，布三十端。帝哭爲慟。贈兵部尚書，秦州都督，謚曰懿，陪葬昭陵。大亮性忠謹，外若不能言，而内剛烈不可干，非其義，對天子争是非，無回撓。至妻子未始見惰容，事兄嫂以禮。聞位通顯，居陋狹甚。在越州，寫書數百卷，及去，留都督署。初，破公祐，以功賜奴婢百口，謂曰：「而曹皆衣冠子女，不幸破亡，吾何忍録而爲隸乎！」縱遣之。高祖聞，咨美，更賜俚婢二十。後破吐谷渾，復賜奴婢百五十口，悉以遺親戚。葬宗族無後者三十餘，柩貲襚加焉。嘗以微時，張弼脱其死，及貴，念有以報之。時弼爲將作丞，匿不見，大亮求之不能得。一日識諸涂，持弼泣，悉推家財與之，弼拒不受。乃言于帝曰：「臣及事陛下，弼力也，願悉臣官爵授之。」帝爲遷弼中郎將，代州都督，世皆賢大亮能報，而多弼不自伐也。殁後，所育孤姓爲大亮行服如所親者十餘人。

論曰：大亮位封疆，居職守，征伐平定之功，不及英、衛；謨猷弼亮，不及房、杜、王、魏、馬、褚諸公。然觀其隨事指陳，及臨没遼東一疏，抑亦可以知其概矣。蓋太宗用之，有不盡其才也。大亮讀書，識義理，嫺韜略，修門内行，厚于天性，徽烈尤堪仰企云。

張玄素

張玄素，蒲州人。隋末以小吏任景城縣户曹，建德亂，被執，將殺，邑人千餘號泣，請代曰：「此清白吏，殺之，是無天也。大王即定天下，無使善人解體。」因得釋。秦王世民平建德，以爲景州録事參軍。即位，召問治道，對曰：「隋主自專庶務，不任群臣，以一人之智決天下之務，借使得失參半，乖謬已多，下諛上蔽，不亡何待！陛下誠能擇群臣，而分任以事，高拱穆清，而考其成敗，何憂不治？」帝稱善。拜侍御史，遷給事中。貞觀四年，詔修洛陽宫，以備東幸。上疏陳五不可，大略言：「東都未有巡幸之期而預修宫室，疲人失望。陛下初平洛陽，凡隋氏宫室宏侈者皆令毁之，曾未數年，復加營繕，何前日惡之而今日效之也？且以今日財力，何如隋世？陛下役瘡痍之人，襲亡隋之弊，恐又甚于煬帝矣。」帝曰：「卿謂我不如煬帝，何如桀紂？」對曰：「若此役不息，亦同歸于亂耳。」帝顧房玄齡曰：「吾思之不熟，乃至於是。」後若必往，雖露坐亦無傷也。」即詔罷役，賜綵二百匹。魏徵聞之，歎曰：「張公論事，有回天之力，可謂仁人之言哉！」令傅太子承乾，尋遷右庶子。太子好游畋，不悦學，屢上書諫，以苟違天道，人神棄之，古昔三驅，非以教殺，以除民害，不宜反玩爲娱，有損盛德。孔穎達奉詔勸講，宜數逮問，惡小必去，善小必爲，禍福之來，皆根于初，護終若始，猶懼其替，始之不護，終將安歸？太子不納。復上書言：「心爲萬事主，動而無節則亂。須學古師訓，以表飾之，雕蟲小技，止可間召，以代博弈，豈宜屢親騎射，褻戲酣歌，悦耳目，移性靈，以爲常哉？」帝聞，擢銀青光禄大夫。太子久不見賓友，玄素曰：「宫中所見止婦人，不知如樊姬等可益聖德者幾何。若無之，即便詖艷嬖，何足顧哉？」太子憚其過嚴，夜遣人狙擊，幾死。又聞宫中擊鼓聲，玄素叩閤正言，面出其鼓破之，然卒不悛。最後不得已，復上書曰：「周武帝平山東，卑宫陋食，以安海内。而太子贇有穢行，烏丸軌以聞，帝慈仁不忍廢，狂暴日熾，宗祀以亡，故隋文帝代之。至楊勇爲太子，驕肆敗度，自謂有泰山之安，詎知一旦致慈父之隙，遂使煬帝失國。今上以殿下父子至親，故所資用不爲限節。然詔未六旬，用踰七萬，龍樓望苑，悉爲工匠之肆；深宫禁門，無異闤闠之區。言孝敬則闕視膳問安之禮，語恭順則違君父慈訓之方，求風聲復無悦道好學之資，觀舉措又有因緣戮辱之罪。外所瞻仰如此，内之隱密可知。右庶子趙弘智，經明行修，數宜召進，以廣徽美。今反猜嫌、飾非、拒諫，禍可既乎？」太子怒，遣刺客伺之，及廢例，坐除名。頃之，授潮州刺史，徙鄧州。高宗時，以老致仕。

論曰：魏徵稱「張公論事，有回天之力」，玄素諫諍，至爲徵所許，則其賢可知已。太宗英主，可以理奪，承乾不令，末如之何。今觀其孤忠懇懇，正言諤諤，濱于死而不悔，雖承乾之天，終不可回，而玄素之心，固已共諒于天下後世哉！

蘇頲

蘇頲，字廷碩，武功人也。少敏悟，一覽千言，輒覆誦。第進士，調烏程尉，舉賢良異等。吏部侍郎馬載曰：「古稱一日千里，蘇生是已。」再遷監察御史。長安中，詔覆來俊臣等冤獄，頲驗發其誣，多所洗宥。神龍間，拜中書舍人。時頲父瓌同中書門下，三品父子，同在禁苑，朝廷榮之。明皇平内難，獨頲在太極後閤，口所占授，功狀百緒，輕重無所差。書吏白曰：「丐公徐之。不然，手腕脱矣！」中書令李嶠曰：「舍人思若泉湧，吾所不及。」遭父喪，起爲工部侍郎，辭不拜，終制乃就職。詔以爲中書侍郎，加知制誥，給政事食，給食自此遂爲例，由頲始也。時李乂對掌書命，帝曰：「前世李嶠、蘇味道文擅當時，號蘇李。今朕得頲及乂，又何愧前人哉！」俄襲封許國公。吐蕃盜邊，帝怒，欲自將討之。頲懇切極諫，不納，因言願稍遷延，以須西音。會薛訥大破吐蕃，俘獲來獻，帝乃止。詔立靖陵碑，命頲爲之詞。頲辭以前世帝后無之，審當可者，祖宗諸陵皆須營立。開元四年，進同平章事，修國史，與宋璟同當國。璟剛正，多所裁决，頲能推其長。在帝前敷奏，璟或未及，或少屈，頲輒助成之。有不會意，頲更申璟所執，故帝未嘗不從，二人相得甚歡。璟嘗曰：「吾與蘇氏父子同爲宰相，僕射長厚，自是國器。若獻可替否，事至即斷，盡公不顧私，則今丞相爲過之。」八年，罷爲禮部尚書，俄檢校益州大都督長史，按察節度劍南諸州。時蜀方彫敝，詔頲收劍南山澤鹽鐵自贍。頲尚簡静重，興力役，即募戍人輸雇，直開井置鑪，量入計出，分所贏市穀，以廣見糧。時使蜀者檄取庫錢，市錦半臂、琵琶捍撥、玲瓏鞭。頲不予，奏罷之。或病其忤上意，頲曰：「不然。明主不以私愛奪至公，我豈以遠近廢忠節耶？」巂州蠻苴院與吐蕃共謀入寇，獲其間諜，將吏請討之，頲不聽，移書，還其諜，曰：「毋得爾苴院愧悔。」謀遂寢。從封泰山，詔撰朝覲碑文。還，分主十銓事。卒，年五十八，謚文憲。頲性廉儉，俸廪悉散親族，儲無長貲。與張説文章稱望略等，故時號燕許大手筆。帝愛其文詔，令别録副本，署臣某撰，留中，遂爲故事。其後李德裕著論，曰「近世詔誥，惟頲叙事外自爲文章」云。

論曰：頲與父瓌相繼稱賢相，可謂盛矣。頲任職公忠，實有過乃父者，故能與宋璟同心輔政，翼成開元之治，則其賢非淺尠也。在蜀能扶彫瘵，寢蠻謀，秉道敷奏，不以遠近廢忠節。文詞敏贍，與張説齊名。然説多權譎，而頲終守正；説與姚崇不免有猜，頲與宋璟相得甚歡，故削説而録頲云。

王忠嗣

王忠嗣，華州鄭人也。父海濱，與吐番戰没。忠嗣時方九歲，始名訓，入見明皇，伏地號泣，帝撫之曰：「此去病孤也，須壯而將之。」更賜今名，養禁中。天寶元年，爲河東節度使。忠嗣本負勇敢，及爲將，乃能持重不生事，嘗曰：「太平之將，但當撫循訓練士卒，不可疲中國之力，以幸功名。」有漆弓百五十觔，每弢之，示無所用。軍中士氣盛，日夜思戰，忠嗣縱諜，間伺敵隙，時出奇兵襲克之。軍每出，召屬長付以兵，使授士卒，雖一弓一矢亦誌姓名其上。軍還，遺弦亡鏃，皆按名第罪，以是部下人人自勸，器甲充牣。自朔方至雲中，邊陲數千里要害之地，悉置城堡，斥地甚遠。俄爲河西隴右節度使，權朔方河東節度，佩四將印，勁兵重地，控制萬里。後數出戰青海積石，輒大破之。又討吐谷渾于墨離，平其國。帝方圖石堡地，詔問攻取計，忠嗣上言：「石堡險固，吐蕃舉國守之，非殺數萬人不能克。臣恐所得不如所亡，不如厲兵秣馬，待釁取之。」帝意不決，而李林甫忌其功，日鉤摭過咎。會董延光建言下石堡，詔忠嗣分兵助之。忠嗣不得已，付兵而士無賞格。兵馬使李光弼曰：「大夫愛惜士卒，有拒延光心，然已付萬衆而不立重賞，何以皷士勇？彼無功，必歸罪于大夫，大夫何愛數萬段帛，不以杜讒口乎？」忠嗣曰：「吾固審得一城不足制敵，不得，亦無害于國，故忠嗣不欲爲之。忠嗣受責，天子不過以羽林將軍歸宿衛，不者黔中上佐耳。忠嗣豈忍以數萬人之命，易一官哉！」光弼曰：「大夫乃行古人事，光弼復何言！」延光過期不克，果訴忠嗣沮兵，帝怒，又安禄山城雄武，請忠嗣助役，欲留其兵。忠嗣先期至，不見禄山而還，數上言禄山必反。林甫益惡之，陰使人誣告忠嗣嘗養禁中，云：「吾欲奉太子。」帝怒，召入，付三司訊驗，罪應死，哥舒翰力陳其冤，請以官爵贖忠嗣罪，帝意乃解。貶漢陽太守，久之徙漢東郡。卒，年四十五。後翰引兵攻石堡，拔之，死亡略盡，卒如忠嗣言。初，忠嗣在朔方，每互市，輒高償馬值，故諸蕃争來市，而蕃馬漸少。及鎮河隴，又請徙朔方、河東九千騎以實軍，故邊兵益壯，馬以滋息。

論曰：忠嗣負勇敢，善用兵，而能持重不生事，斯其所以爲賢乎？不以所得易所亡，不以數萬人之命易一官，此仁人君子之言，不意於將帥中見之。從來爲將皆利立功，爲相乃思全民。忠嗣以名將之才，兼有相臣之度，雖不幸爲林甫排擠，弗得盡展所長。然有唐大將控邊鎮重不擾，威愛并行者，必以忠嗣爲稱首。

白居易

白居易，字樂天。其先太原人，後徙韓城，又徙下邽。父季庚，爲彭城令，李正己之叛，説刺史李洧自歸，累擢襄州别駕。居易敏悟絶人，工文章，未冠，謁顧况，况甚重之。貞元中，擢進士，拔萃皆中，補校書郎。元和元年，對制策一等，調盩厔尉，爲集賢校理。月中，召入翰林爲學士，遷左拾遺。四年，天子以旱甚下詔，有所蠲貸，振除災沴。居易見詔節未詳，建言乞盡免江淮兩賦，以救流瘠，且多出宫人，憲宗頗采納。于頔入朝，悉以歌舞入納禁中，或言普寧公主取以獻，居易以爲不如歸之，無令頔得歸曲天子。李師道上私錢六百萬，爲魏徵孫贖故第，居易言：「徵任宰相，太宗用殿材成其正寢，後嗣不能守，陛下宜以賢者子孫贖而賜之。師道人臣，不宜掠美。」帝從之。河東王鍔獻羡餘，將加平章事，居易言鍔求進奉，不恤彫瘵，若假以名器，恐諸道聞之，争裒割生人以求所欲，殃民壞法，不可復追。李絳亦諫曰：「鍔在河東，雖頗著績效，今因獻家財而命之，若後世何？」乃止。山南東道節度使裴均進銀器千五百兩，居易又與李絳上言：「均欲以此嘗陛下，願却之。」帝遽命出付度支。是時孫璹以禁衛勞，擢鳳翔節度使；張奉國定徐州、平李錡有功，遷金吾將軍。居易請罷璹、進奉國，以竦天下忠臣心。度支有囚繫閿鄉獄，更三赦不得原，又奏言：「父死縶其子，夫久繫妻嫁，債無償期，請一切免之。」奏凡十餘上，益知名。會王承宗叛，詔吐突承璀率師出討，居易諫：「唐家制度，每征伐專委將帥，責成功。比年始以中人爲都監，韓全義討淮西，賈良國監之；高崇文討蜀，劉貞亮監之。且興天下兵，未有以中人專統領者。神策既不置行營節度，承璀爲制將，又充諸軍招討處置使，是實都統，恐四方聞之，必輕朝廷。後世且傳中人爲制，將自陛下始，陛下忍受此名哉！又諸將耻受承璀節制，心有不樂，無以立功。且陛下念承璀勤勞，富之可也，至于軍國權柄，動關理亂，陛下寧忍徇彼之欲，而自墜法制，以損聖明乎？」帝不聽。既而師老不決，居易又言：「亟宜罷兵，毋貽後患。」會承宗請罪，兵遂罷。元微之以使外召還，宿敷水驛，有内侍後至，破驛門入，擊微之傷面。帝引前事貶江陵士曹，居易言：「中使陵辱朝士，中使不問，而使臣先貶，恐自今中使益横，人無敢言者。且其爲御史，舉奏不避權貴，切齒者衆，恐自今無復爲陛下言者矣。」不聽。後對殿中，論執彊鯁，帝未諭，輒進曰：「陛下誤矣！」帝變色，罷，謂李絳曰：「是子我自拔擢，乃敢爾，必斥之！」絳曰：「陛下啓言者路，故群臣敢論得失。若黜之，是箝其口，使自爲謀，非所以發揚盛德也。」帝悟，待之如初。歲滿當遷，帝以資淺，且家素貧，聽自擇官。居易請如姜公輔，以學士兼京兆户曹參軍，以便養，詔可。明年，以母喪解，還，拜左贊善大夫。盜殺武元衡，京都震擾，居易首上疏，請亟捕賊，刷朝廷耻，以必得爲期。宰相嫌其出位，不悦，俄爲流言所中，出爲蘇州刺史。中書舍人王涯上言不宜治郡，追貶江州司馬。既失志，能順適所遇，若忘形骸者。久之，徙忠州刺史，入爲司門員外郎，以主客郎中知制誥。穆宗好畋游，獻續虞人箴以諷。

俄轉中書舍人。田布拜魏博節度使，命持節宣諭，布遺五百縑，詔使受之，辭曰：「布，父讎，國耻未雪，人當以物助之，取其財誼，不忍方論問旁午，若悉有所贈，則賊未殄，布貲竭矣。」詔聽辭餉。是時河朔復亂，合諸道兵出討，遷延無功，賊取弓高，絶糧道，深州圍益急。居易上言：「兵多則難用，將衆則不一。宜詔魏博、澤潞、定、滄四節度，令各守境，以省度支貲餉。每道各出鋭兵三千，使李光顔將，光顔故有鳳翔、徐、滑、河陽、陳、許軍，無慮四萬，可徑薄賊，開弓高糧路，合下博，解深州之圍，與牛元翼合。還裴度招討使，使悉太原兵西壓境，見利乘隙，夾攻之，間令招諭以動其心。未及誅，夷必自生變。且光顔久將，有威名；度爲人忠勇，可當一面，無若二人者。」不聽。居易乃丐外，遷爲杭州刺史，始築堤捍錢塘湖，鍾洩其水，溉田千頃。復浚李泌六井，民賴其汲。久之，以太子左庶子分司東都，復拜蘇州刺史。文宗立，遷刑部侍郎，封晉陽縣男。太和初，二李黨事興，險利乘之，更相奪移，進退毀譽，若旦暮然。楊虞卿與居易姻家，而善李宗閔，居易惡，緣黨人斥，乃移病還東都，除太子賓客分司。開成初，起爲同州刺史，不拜，以太子少傅進馮翊縣侯。會昌初，李德裕當國，素惡居易，以刑部尚書致仕。六年卒，年七十五，贈尚書右僕射，宣宗以詩弔之。遺命薄葬，毋請謚。居易被遇憲宗時，知無不言，多見聽可，爲當路者所忌，遂擯斥，不獲施，乃放意文酒，與弟行簡、從祖弟敏中友愛。東都所居，疏沼種樹，構石樓香山，鑿八節灘，自號醉吟先生，爲之傳。嘗與胡杲、吉旼、鄭據、劉真、盧真、張渾、狄兼謨、盧貞燕集，皆高年不仕者，人慕之，繪爲九老圖。居易最工詩，頗以規諷得失，尤能諧俗好，至數千篇，士人争傳。雞林行賈售其國，相率篇易一金，其僞者相輒能辨之。初，與元微之詶詠，故號元白。微之卒，又與劉禹錫齊名，號劉白。及敏中爲相，請謚曰文，東都江州人皆爲立祠。

新唐書贊曰：居易與元微之以詩齊名，然居易用直道奮，在天子前争安危，以立功，雖被斥，而志不衰。當宗閔權勢震赫，終不附離爲進取計，完節自高。而微之中道徼險得宰相，名望漼然。嗚呼，居易其賢哉！

論曰：憲宗未平蔡以前，孳孳爲治，朝多直臣。時裴垍爲相，居易及李絳爲翰林學士，屢進讜言，天子改容聽納。及絳爲相，直臣之氣益張，居易其可謂乘時而奮者矣。宋蘇軾每作詩，輒以居易自比，蓋平生遭遇有相似者。由今觀之，二人之忠節直氣不相上下，而雄邁之才，軾固不可及。至于冲遠和粹，居易又自有以過人者。雄峙二代，振耀今古，未知其孰先後也。然皆弗獲展布其能，豈所謂以文章掩其政事者歟！

柳公綽　公權

柳公綽，字寬。京兆華原人。幼孝友，性質嚴重，起居皆有禮法。屬文典正，不讀非聖書。

舉賢良方正，直言極諫，補校書郎，累遷開州刺史。邊寇常迫城，吏白兵力不能制，願以右職署渠帥，公綽曰：「若同惡耶？何可撓法！」立誅之，寇亦引去。遷侍御史，吏部員外郎。時武元衡節度劍南，與裴度俱爲判官，尤相引重，召爲吏部郎中。憲宗喜武功，數出游畋，公綽奏太醫箴以諷，天子高其才，且謂「公綽愛朕深」，置之坐隅，踰月拜御史中丞。李吉甫復當國，坐與裴垍厚，出爲湖南觀察使。乞便養，求分司東都，不聽，俄徙鄂岳。時方討元濟，詔發鄂岳卒，隸安州刺史李聽，公綽曰：「朝廷謂吾儒生不知兵耶？」即自請行引兵渡江，抵安州。聽以軍禮迎謁，悉以兵務屬之，戒諸校曰：「行營事一決都將，聽感勵盡力！」當時服其知權。軍出，公綽數省問其家，疾病生死厚給之，軍中感服曰：「中丞爲我知家事，敢不死戰！」故鄂軍每戰輒克。元和十一年，除給事中。李師道平，遣宣諭鄆州，復命，拜京兆尹，以母喪去官。長慶元年，復爲京兆尹。時幽鎮用兵，補置諸將，使驛旁午，公綽奏館遞匱乏，驛置多缺。敕使衣緋紫者所乘至三四十騎，黄綠者不下十數，吏不得視券，隨口輒供驛馬，盡乃掠奪民馬，怨嗟驚擾，行李殆絶。請著定限以息其弊，詔中書條檢定數，由是吏得紓罪，宦官共惡疾之。改吏部侍郎，又改禮部尚書，爲山南東道節度使。行部至鄧縣，吏有納賄、舞文二人，同繫獄，縣令以公綽素持法，必殺貪者。公綽判曰：「贓吏犯法，法在；奸吏壞法，法亡。」誅舞文者。牛僧孺罷政事，持節武昌，公綽具軍容伏謁，左右諫止之，答曰：「奇章始去台，宰方鎮。重宰相，所以尊朝廷也。」入爲刑部尚書，俄拜邠寧節度使。先是，神策諸鎮列屯部中，不聽本道節制，故寇得窺間。公綽論所宜，因詔屯營，緩急悉受節度。復爲刑部尚書。太和四年，爲河東節度。遭歲惡，撙節用度，輟宴飲，衣食與士卒鈞。北使李暢以馬萬匹來市，所過皆厚勞。至太原，公綽獨使牙將單騎勞問，待以至意。闢牙門，令譯官引謁，宴不加常。暢德之，出涕，徐驅道中，不妄馳獵。陘北有沙陁部，爲九姓六州所畏，公綽撫之以恩，沙陁悉力保障。以病乞代，授兵部尚書。一日，召故吏韋長至，謂曰：「爲我白宰相，徐州專殺李聽親吏，非用高瑀不能安。」因瞑目不復語，後二日卒，年六十八，謚元。公綽所取士多知名。性仁厚，嘗曰：「吾涖官，未嘗以私。喜怒加于人，子孫其昌乎？」在公卿間，最有家法。居喪毁慕，三年不澡沐。事後母薛謹甚，雖姻屬不知非薛所生。中門東有小齋，自非朝謁之日，每平旦輒出，至小齋，諸子皆束帶省于中門之北。公綽決私事，接賓客，與群弟再會食。自旦至暮，不離小齋，燭至，則命子弟執經史躬讀一過，訖乃講議居官治家之法，或論文，或聽琴。至人定然後歸寢，諸子復昏定于中門之北。凡二十餘年，未嘗一日變易。遇飢歲，每飯不過一器，曰：「四方病飢，獨能飽乎？」令諸子皆蔬食，曰：「昔吾兄弟侍先君爲丹州刺史，以學業未成，不聽食肉，吾不敢忘也。」姑姊妹姪有孤嫠者，雖疏遠必爲擇壻嫁之，皆用刻木粧奩，纈文絹爲資裝，常言必待資裝豐備，何如嫁不失時？居外藩，其子每入境郡邑，未嘗知。既至，每出入，必于戟門外下馬，呼幕賓爲丈，皆許納拜。妻韓氏，相國休曾孫臯之女也，家法嚴肅儉約，爲縉紳家模範。歸柳氏三年，無少長未嘗見其啓齒。常衣絹素，不用綾羅錦繡。每歸覲，不乘金碧輿，祇乘竹兜子，二青衣步屣以隨。常命粉苦參、黄連、熊膽和爲丸，賜諸子。每永夜習學，含之以資勤苦。及公綽卒，子仲郢一遵其法，事公權如事公綽，非甚病，見公權未嘗不束帶。爲京兆尹鹽鐵使，出遇公權于通衢，必下馬端笏立，候公權過，乃上馬。公權暮歸，必束帶迎候于馬首，公權屢止之，終不小改。律身以禮，居家無事，亦端坐拱手。出内齋，未嘗不束帶。三爲大鎮，厩無良馬，衣不薰香。公退必讀書，手不釋卷。家法：在官不奏祥瑞，不度僧道，不貸贓吏法。凡理藩府，急于濟貧恤孤，有水旱必先期假貸，廪軍實必精豐，逋租必貰免，館傳必增飾，犒軍必華盛。交代之際，食儲帑藏必盈溢于始。至境内，有孤貧衣纓家女及笄者，皆爲選壻，出俸金爲資裝嫁之。官至天平節度使，以廉直稱。仲郢子玭，亦賢，爲御史大夫。

公權，字誠懸，公綽弟也。年十二，工詞賦。元和初，擢進士第。李聽鎮夏州，表爲掌書記，因入奏，穆宗曰：「朕嘗見卿筆蹟，思之久矣。」即拜右拾遺，侍書學士，再遷司封員外郎。帝問公權用筆法，對曰：「用筆在心，心正則筆正。」帝改容，悟其以筆諫也。改右司郎，中弘文館學士。文宗朝，遷中書舍人，充翰林書詔學士。常與同僚六人對便殿，帝稱漢文帝恭儉，因舉袂曰：「此三澣矣！」學士皆賀，獨公權無言，帝問之，對曰：「人主當進賢，退不肖，納諫諍，明賞罰。服澣濯之衣，此小節耳。」異日與周墀同對，論事不阿，墀爲惴恐，公權益不奪，帝徐曰：「卿有諍臣風，可屈居諫議大夫？」乃自舍人下遷，仍爲學士，知制誥。開成三年，轉工部侍郎。召問得失，因言：「郭旼領邠寧，議者頗有臧否。」帝曰：「旼，尚父從子，太皇太后季父，居官無玷，自大金吾位方鎮，何所更議？」對曰：「旼誠勳舊，然人謂獻二女，乃有是除，信乎？」帝曰：「女自參承太后，豈獻哉？」公權曰：「疑嫌間不可户曉。」因引王珪諫廬江王妃事。是日帝命中官送女還鶡家。其忠益多類此。武宗時，累封河東郡公。咸通初，以太子太保致仕，卒，年八十八。公權博貫經術，通音律，而不喜奏樂，曰：「聞之令人驕怠。」其書法勁媚，自成一家。文宗嘗與聯句，帝曰：「人皆苦炎熱，我愛夏日長。」公權屬曰：「薰風自南來，殿閣生微凉。」帝愛其情詞皆足，命題于殿壁，曰：「鍾、王無以尚也！」

論曰：公綽侃侃，以忠智自將，負文武之才。公權諍而不阿，亦其次也。遭牛、李相傾覆，以好惡爲盛衰，公權中廢，其亦有不盡其才者乎？自漢以來，家法最著者，東漢楊氏、唐柳氏、宋吕氏爲首稱。楊氏世篤忠貞，自震至秉及賜皆爲名臣。吕氏蒙正、公著、希哲、祖謙，俱以事功學術顯。柳氏雖不及楊、吕，然風節自持，律身無過，而孝友傳家，嚴整有法，尤士大夫所宜矜式者。以此立朝必能不負吾君，以此傳世庶其克昌乃後，君子所以重門内之修也。

李藩

李藩，字叔翰。趙州人也。少沉静有檢局，姿儀閑美，敏于學問。家本饒，父卒，務施與，不數年所積略盡。年四十餘，困廣陵間，不自振，妻子追咎，晏如也。杜亞守東都，署爲從事。張建封辟爲徐州從事，建封卒，濠州刺史杜兼陰圖代之，疾驅至，藩曰：「喪難之秋，君宜謹守土，來欲何爲？須疾歸，否則以法劾君矣。」兼錯愕而去，恨之，因誣奏藩摇動軍情，有非望。德宗怒，密詔杜佑殺之，佑素重藩，得詔不忍發，召藩示之，藩神色不變。佑曰：「吾已以百口保君矣！」帝未信，亟追藩，入見，望其儀度，曰：「此豈作亂人耶！」釋之，授秘書郎。朝臣慕其名，争欲見之。時尚書王紹得幸，邀藩一造，當即用，終不往。王仲舒、韋成季、吕洞强致之，藩惡其朋黨烜赫，日會聚飲酒，好爲俳語，相狎昵，一見即謝絶，後仲舒等果敗。累遷吏部郎中。元和初，左授著作郎，再遷給事中。制敕有不可者，即于黄紙後批之，吏驚，請更連素紙，藩曰：「如此乃文狀也，何名批敕？」裴垍薦藩有宰相器，會鄭絪罷，因拜藩門下侍郎，同平章事。藩忠謹，知無不言，帝以爲無隱，甚重之。問以前世帝王理天下，或家給人足，或國貧下困，其故何也？藩對曰：「古人云：『儉以足用。』人君不貴珠玉，惟務耕桑，則人無淫巧，風俗敦本，自然帑藏充羡，稼穡豐登。若務竭民力，好致異物，上行下效，風俗日奢，去本務末，衣食益乏，自然國家貧困，盜賊乘隙而作。」帝悦，曰：「當與公等上下相勗，以保此言。」又問祈禱之説，藩對曰：「自古聖達，不爲妄禱。昔楚昭王有疾，卜者謂河爲祟，昭王以河不在楚，非所獲罪。漢文帝每祭祀，敕有司敬而不祈。是皆達識遠覽，超然盛德。禍福之來，感應行事。苟爲非道，何福可求？若使神明無知，安能降福？如其有知，則私己求媚之事，君子尚不取，况神明乎？」後復問神仙長年事，藩對曰：「秦始皇、漢武帝學仙之效，具載前史。太宗服天竺僧長年藥致疾，此古今之明戒也。陛下春秋鼎盛，勵志太平，宜拒絶方士之説。苟道盛德充，人安國理，何憂無堯舜之壽乎！」河東節度使王鍔賂權近，求兼宰相，有詔下中書門下，藩遽取筆滅「宰相」字，署其左曰：「不可。」還奏之，權德輿失色，曰：「不可應別作奏，可以筆塗詔耶？」藩曰：「日暮勢迫，出今日便不可止，何暇作別奏耶？」事竟得寢。李吉甫復相，藩頗沮之。後數日，吉甫中藩以事，罷爲太子詹事。明年爲華州刺史，兼御史大夫。未行，卒，年五十八，贈户部尚書，謚貞簡。

論曰：藩當時推爲鯁挺，觀其挫杜兼，絶朝貴請謁，氣概固已凛然矣。給事批敕，宜爲宰相所忌，而裴垍以此薦之。取筆塗詔，亦太躁率，憲宗聽而不罪。然則藩之鯁挺，固亦其君與相共成之者乎？祈禳之説，神仙之對，非聞道守正之君子，其孰能與于斯！

崔群

崔群，字敦詩。貝州武城人。未冠，舉進士，梁肅薦其有公輔才，擢甲科，舉賢良方正，授校書郎，遷右補闕。元和初，歷翰林學士，中書舍人。常持讜言正論，憲宗嘉納。因詔：「自今學士奏議，待群署乃得上。」群以禁密之言，人當自陳，一爲故事，後或有惡直醜正，則他學士不得上書矣，堅不奉詔，帝聽之。惠昭太子薨，是時穆宗居嫡，而澧王長，多内助，將建東宫。帝命群爲澧王作讓表，群不奉詔，曰：「凡已當得則讓，不當得之，烏用讓？今遂王嫡，宜爲太子。」帝從其議。魏博田季安以五千縑助營開業佛寺，群以爲無名之獻，不當受詔，却之。進户部侍郎。十二年，拜中書侍郎，同平章事。李師道既誅，師古妻子没入掖廷，帝疑以問群，群請釋之，并還其奴婢貲産。帝又語群以鹽鐵院官權長孺坐罪當死，其母耄，丐子以養，群曰：「陛下幸憐其老，宜即遣使諭旨。若待出敕，無及矣。」于是免死。其啓奏平恕，多此類。帝嘗語以聽受之難，比詔學士集前代事爲辨謗，略以自警鑒。群對無情曲直辨之至易，有情欺僞審之至難，故孔子有衆好衆惡、浸潤膚受之説，其要在于擇賢而任，待之以誠，繩之以法，則人自歸正，而不敢有欺。帝韙其言。處州刺史苗積進羨餘錢七百萬，群以爲受之失信天下，請還賜其州，以紓下户之賦。時皇甫鎛以言利得幸，陰結左右求宰相。群奏：「用人得失，所係非小。明皇用姚崇、宋璟、蘇頲、盧懷慎、韓休、張九齡則理，用宇文融、李林甫、楊國忠則亂。故人皆以天寶十四年安禄山反爲亂之始，臣獨以爲開元二十四年罷張九齡、專任李林甫，理亂自此分矣。願陛下以開元初爲法，以天寶末爲戒，乃社稷無疆之福。」左右皆爲感動，鎛深恨之。會群臣請上尊號，與鎛議不合，鏄奏之，帝不樂。鏄給邊軍不時，又物多敝惡，軍士怨怒，流言欲爲變。李光顔憂懼，至引佩刀欲自決，中外皆恐，群具以聞。鏄密言：「邊賜皆如舊制，而人情忽如此者，由群鼓扇，將以賣直，歸怨于上也。」于是罷群爲湖南觀察使。穆宗立，徵拜吏部侍郎，勞曰：「朕升儲副，卿力也。」群曰：「先帝之意，久屬聖明，臣何力之有焉！且陛下爲淮西節度使，臣草制云：『能辨南陽之牘，允符東海之賢。』若非知旨，敢輕言哉！」俄拜御史中丞，浹旬授兵部尚書，武寧節度使副使。王智興得士心，討幽鎮還，藉兵脅群去，詔以智興爲節度使。左遷群秘書監，分司東都，歷兵部尚書，荆南節度使，改檢校吏部尚書，左右僕射。卒，年六十一，贈司空。

論曰：崔群言用人得失，所係匪輕，非特爲皇甫鏄言之也。范氏謂聖人復起，必不能易。於戲！信夫群公忠平恕，議論知大體，羽翼穆宗，歸功先帝，其賢更可嘉也。武寧之逐，不足爲賢者累，故綱目諱之。

史傳三編卷四十八

名臣續傳五

宋

曹彬

曹彬，字國華。真定靈壽人。周太祖貴妃張氏，彬之從母也。從世宗鎮澶淵，蒲帥王仁鎬以彬帝戚，加禮遇，彬執禮益恭，公府燕集，端簡終日，未嘗旁視。仁鎬謂從事曰：「老夫自謂夙夜匪懈，及見監軍矜嚴，始覺己之散率也。」顯德三年，遷西上閤門使。五年，使吳越，致命即還，私覿之禮一無所受。吳越人以輕舟追遺之，彬猶不受，既而曰：「吾終拒之，是近名也。」及歸，悉上送官，世宗强還之，彬始拜賜，悉以分遺親舊。初，太祖事世宗在澶州，以彬掌茶酒，嘗從求酒，彬曰：「官酒不敢相飲。」乃別沽以飲太祖。及太祖典禁旅，彬中立不倚，非公事未嘗造門，太祖器重焉。建隆二年，彬自平陽歸，太祖謂曰：「我昔欲親汝，汝何疏我？」彬頓首曰：「臣爲周室近親，復忝内職，靖恭守位，猶恐獲過，安敢妄有交結？」太祖然之，嘗語群臣曰：「世宗舊吏不欺其主者，獨彬耳。」乾德二年冬，大舉伐蜀，以彬爲都監，諸將皆多所屠殺，惟彬中禁戢之令，明勸賞之法，由是所至悦服，不血刃而峽中郡縣悉下。蜀降大將王全斌等縱酒，不恤軍士列校，求取無厭，蜀人苦之。彬屢勸全斌振旅速旋，全斌不從。俄而全師雄等作亂，郡縣相應，盜賊蠭起，彬復與崔彦進悉力翦平之。洎歸闕，太祖盡得全斌等不法狀，面詰王仁贍，仁贍歷言諸將奢縱事，惟曰：「清慎廉恪，獨曹彬一人耳。」即日授彬宣徽南院使，充義成節度使，彬辭曰：「收蜀將校皆得罪，臣無功獨蒙厚賞，恐無以勸天下。」太祖笑曰：「卿有茂功，加以不伐，設有微累，仁贍肯惜言哉！」初，克成都，時有獲婦女者，彬悉閉一第，竅以度食，洎事罷，咸訪其親還之，無則備禮嫁之。師還，輜重甚多，或言悉奇貨也。太祖密令伺之，圖書也，無銖金寸錦之附焉。七年，征江南，累戰輒克，遂圍之，彬每緩師，冀其歸服。後又使人諭之曰：「事勢如此，所惜者一城生聚。若能歸命，策之上也。」城垂克，彬忽稱疾不視事，諸將皆來問疾，彬曰：「余之疾，非藥石所能愈。惟諸公誠心自誓，克城之日不妄殺一人，則自愈矣。」諸將許諾，共焚香爲誓。明日城陷，江南主李煜與其臣百餘人詣軍門降，彬禮之，且諭以歸朝俸賜有限，當厚自齎裝，既歸有司之籍，則無及矣。請煜入宫治裝，彬以數騎待宫門外，左右曰：「煜入，或不測，奈何？」彬笑曰：「煜素懦無斷，既降，必不能自引決。」煜果無他。江南官吏親屬有爲軍士所掠者，彬即時遣還。因大搜軍中，無得匿人妻女，振乏絶，恤鰥寡，吴人大悦。及歸，舟中無他物，惟圖籍衣被而已。詣閤門入見，牓子稱「奉勑江南幹當公事回」，其謙恭不伐如此。以功拜樞密使。在宥密常公服危坐，如對君父。歸私第閉閤燕居，不妄通賓客。五鼓纔動，已待漏禁門，雖霜雪不易其操，如此者八年。彬性仁敬和厚，伐二國，秋毫無所取。位兼將相，不以等威自異。遇士夫于塗，必引車避之。不名下吏，每白事，必冠而後見。居官，奉入給宗族無餘積。知徐州日，有吏犯罪，既具案，逾年而後杖之，人問其故，彬曰：「吾聞此人新娶婦，若杖之，其舅姑必以婦爲不利，朝夕笞詈之，使不能自存，吾故緩其事然，法亦未嘗屈也。」嘗曰：「自吾爲將，未嘗以私怒戮一人。」所居堂室敝壞，子弟請收葺，彬曰：「時方大冬，墻壁瓦石之間，百虫所蟄，不可傷其生。」其仁心愛物多此類。咸平二年，被疾，真宗親臨問，手爲和藥，賜白金萬兩，問以後事，對曰：「臣二子材器皆堪爲將。」問其優劣，對曰：「璨不如瑋。」卒年六十九，帝哭之慟，對輔臣語及，必流涕。贈中書令，追封濟陽郡王，謚武惠，配享太祖廟庭。彬前後征討，凡降四國主，江南、西川、廣南、湖南也。七子瑋、琮、璨，繼領旄鉞。其後少子玘追封王爵，實生慈聖光獻太后，輔佐仁宗。

論曰：古稱元首股肱，明一體相待而成，非獨輔弼之臣也，征伐爪牙之將亦有之。藝祖初興，武惠著節，擾攘軍旅之間，躬擐甲胄，日不暇給，乃能以仁恕恭讓爲本，廉儉律身，以禮進退，可謂鞠躬君子也。

錢若水

錢若水，字淡成，一字長卿。河南新安人。父文敏，爲官有風節。若水幼聰悟，十歲能屬文。雍熙中，舉進士，授同州觀察推官。以辨小女奴獄平反得情，知州欲奏論其功，若水固辭，曰：「若水但求人不冤耳，論功非本心也。」淳化初，寇準掌選，薦五人文學高第，召試翰林，若水最優，擢秘書丞，累官翰林學士。嘗草賜趙保忠詔云：「不斬繼遷，存狡兔之三窟；潛疑光嗣，持首鼠之兩端。」太宗覽之，甚悦。至道初，以右諫議大夫同知樞密院事。李繼隆與轉運使盧之翰有隙，欲陷之，乃期八月出塞，令辦芻粟，調發方集，復言八月不利出師，更待十月，運司散芻粟，復檄進軍，即日取辦芻粟，而倉卒不可復集。繼隆遂奏之，太宗大怒，立命中使驛取盧之翰、竇玭等首。兩府皆不敢言，惟若水争之。帝拂衣起，入禁中，若水留廷中不去，久之帝出，詰曰：「朕所以擢用，以爾爲賢，乃不才如是耶？」對曰：「陛下不知臣無狀，使待罪二府，臣嘗竭愚慮，不避死亡，補益陛下，以報厚恩。李繼隆外戚，貴重莫比，陛下據其一幅奏書，誅三轉運使，雖有罪，天下何由知之？鞫驗明白，加誅亦何晚焉？獻可替否，死以守之，臣之常分。臣未獲死，固不敢退。」帝意解。吕端等因請如若水議，先令責狀，許之。既而事皆虚誕，繼隆坐貶。初，吕蒙正罷相，帝謂左右曰：「蒙正布衣，朕擢至宰相，今罷退，想目穿望復位矣。」及劉昌言罷，帝問趙鎔等曰：「頻見昌言否？」鎔等曰：「見之。」帝曰：「涕泣否？」曰：「與臣等談，多至流涕。」若水曰：「昌言實未嘗涕泣，鎔等迎合上意耳！」若水因念上待輔臣如此，蓋未有秉節高邁，不貪名勢，能全進退之道，以感動人主者，遂將以滿歲移疾。會太宗晏駕，不果上。真宗即位，數月即以母老上章求解機務，詔不許。若水請益堅，遂以本官充集賢院學士，判院事。詔修太宗實録，成八十卷，判吏部流内銓。從幸大名，若水陳禦敵、安邊之策，其禦敵策曰：「傅潛領雄師數萬，閉門不出，坐視邊寇俘掠生民，上孤委注之恩，下挫鋭師之氣，蓋朝廷未能用法使然也。今若加法于潛，然後擢如楊延朗、楊嗣者五七人，增其爵秩，分授兵柄，使將萬人，間以强弩，分路討除，孰敢不用命哉？」其安邊策曰：「太祖朝制置最得其宜，其時郭進在邢州，李漢超在關南，何繼筠在鎮定，賀惟忠在易州，李謙溥在隰州，姚内斌在慶州，董遵誨在通遠軍，王彦昇在原州，但授緣邊巡檢之名，不加行營部署之號，率皆十餘年不易其任，立邊功者，厚加賞賚，位皆不至觀察使。蓋位不高則朝廷易制，任不易則邊事盡知。然後授以聖謀，來則掩殺，去則勿追，所以十七年中，北邊西蕃不敢犯塞，以至屢使乞和，此皆陛下之所知也。苟能遵太祖故事，慎擇名臣，分理邊郡，罷部署之號，使不相統轄；置巡檢之名，俾遞相救應。如此則出必擊寇，入則守城，不數年間邊烽罷警矣。」知開封府，陳備邊五策，一曰擇郡守，二曰募鄉兵，三曰積芻粟，四曰革將帥，五曰明賞罰。改知天雄軍，時言事者請城綏州，以備党項，邊城互言利害，不能決。詔若水馳往視之，若水上言：「綏州頃爲内地，民賦登集，尚須旁郡轉餉。自賜地趙保忠以來，人户凋殘，若復城之，即須增戍，芻糧之給全仰河東。其地隔越黄河、鐵、碣二山，無定河在其城下。緩急用兵，輸送艱阻。且其地險，若修葺未完，邊寇奔衝，難于固守，况城邑焚毁，片瓦不存，所過山林，材木匱乏，城之甚勞，未見其利。」上嘉納之，遂罷役。初，若水率衆過河，分布軍伍，咸有節制，深爲戍將推服。帝謂左右曰：「若水，儒臣中知兵者也。」是秋，遣巡撫陝西緣邊諸郡，令便宜制置，還，拜鄧州觀察使，并代經略使，知并州事。六年春，以疾歸京師，卒，年四十四，贈户部尚書。若水美風神，有器識，能斷大事。事繼母以孝聞，雅善談論，輕財好施，所至推誠待物。委任僚佐，總其綱領，無不稱治。汲引後進，推賢重士，襟度豁如也。有集二十卷。初，若水爲舉子時，見陳摶于華山，有一方外人熟視若水，曰：「急流勇退人也。」後若水爲樞密副使，致仕，年未四十云。

論曰：若水之才，雖未究其用，然其清勁正直，終始無瑕玷。是時宋初開國，節義之風未振，如若水者，顧安可少也。至于争盧之翰事，尤關國體。洞曉邊務，規畫可施而行，帝以爲儒臣知兵，信夫！

曹瑋

曹瑋，字寶臣。武惠王彬之子也。李繼遷叛，諸將數出無功，太宗問彬：「誰可將者？」彬曰：「臣少子瑋可任。」即召見，以本官同知渭州，時年十九。真宗即位，改内殿崇班，知渭州。馭軍嚴明，有部分，賞罰立決，犯令者無所貸。善用間，知敵動静，舉措如老將。徙知鎮戎軍。李繼遷虐用國人，瑋知其下多怨，即移書諸部，諭以朝廷恩信，撫養無所間，以動諸羌，由是康奴等族内附。繼遷略西蕃還，瑋邀擊于石門川，俘獲甚衆。以鎮戎軍據平地，便于騎戰，非中國之利，請自隴山以東，循古長城塹以爲限。又以弓箭手皆土人，習障塞蹊隧，曉羌語，耐寒暑，官未嘗與兵械資糧，而每戰輒使先拒賊，恐無以責死力，遂給以境内閒田，春秋耕斂，州爲出兵護作，而蠲其租。繼遷死，德明立，所屬有數大族，請拔帳自歸，諸將猶豫，不敢應。瑋曰：「德明野心，不急折其翮，後必颺去。」即日將其兵薄天都山，受降者内徙，德明不敢拒。帝以瑋習知河北事，乃以爲真定路都鈐轄，領高州刺史。瑋嘗上涇原、環慶兩道圖至是，帝以示左右，曰：「南北山川城郭、出入戰守之要盡在是矣！」因令别繪二圖，一留樞密院，一付本道。復知渭州，于是隴山諸族皆來獻地。瑋築堡山外，爲籠竿城，募土兵守之，曰：「異時秦渭有警，此必争之地也。」徙知秦州。初，秦州置四門砦，侵奪羌地，羌人多叛去。瑋招出之，令入馬贖罪，還故地，至者數千人，每送馬六十匹，給綵一端。築十砦，浚濠三百八十里，皆役屬羌廂兵，工費不出民。其年嘉勒斯賚率衆數萬大入寇，瑋迎戰三都谷，追奔三十里，斬首千餘級，獲馬牛、雜畜、器仗三萬餘，自是嘉勒斯賚勢蹙，退保磧中，不敢出。丁謂逐宰相寇準，惡瑋不附己，指爲準黨，謫知萊州。謂敗，復華州觀察使，知青州，徙天雄軍。瑋用士得其死力，平居甚閒暇，及師出，多奇計，出入神速，不可測。一日張樂飲僚吏，中坐失瑋所在，明日徐出視事，而賊首已擲庭下矣。嘗稱疾，加砭艾，臥閣内不出，會賊至，瑋奮起，被甲跨馬，賊望見皆遁去。其在邊蕃，部有過惡者，皆平定之。每以餞將官爲名出郊，而兵馬次序以食品爲節，若曰下某食，即某隊發，比至水飯，則捷報至矣。瑋在秦州，有士卒十餘人叛赴敵軍，吏來告，瑋方與客圍棋，不應，吏亟言之，瑋怒叱之，曰：「吾固遣之去，汝再三顯言耶！」諜聞之，亟歸告其將，盡殺之。塞上多廢地，瑋募人耕之，若干畝出一卒，若干畝出一馬，至其種斂，爲發州兵戍守邊儲以實。所募皆爲精兵，又募弓箭手，使馳射校强弱，勝者予田二頃。再更秋課市一馬，馬必勝甲，然後官籍之，則加田五十畝。至三百人以上，團爲一指揮，擇要害處爲築堡，使自塹其地，爲方田環之。立馬社，一馬死，衆爲出錢市馬。開邊濠，率令深廣丈五尺，山險不可塹者，因其峭絶治之，使足以限寇，後皆爲法。降者既多，因制屬羌百帳以上，其首領爲本族軍主，次爲指揮使，又其次爲副指揮；使不及百帳爲本族指揮，使其蕃落將校止于本軍叙進，以其習知羌情與地利，不可徙他軍也。舊例，羌殺邊民，入羊馬贖罪，瑋以如此非所以尊中國而愛吾人，下令羌自相犯從其俗，犯邊民者論如律，自是無敢犯。瑋爲將幾四十年，未嘗敗衂，自三都之戰，威震四海。在天雄，契丹使過魏地，輒陰勒其從人無得高語，疾驅天雄。卒有犯法，衆謂獄具必殺之，瑋乃處以常法，或以爲疑，瑋曰：「臨邊對敵，斬不用命者，所以令吾衆，非喜殺也。平時治内郡，安事此乎？」初守邊時，邀山東知名士賈同與俱，同問從兵安在，曰：「已具。」既出，就騎見甲士三千列立，人音不徹舍，同歸，語人曰：「瑋果名將也！」真宗慎兵事，凡邊事必手詔詰難，至十數反，而瑋守初議，卒無以奪。他將論邊事者，往往密付瑋處之。瑋好讀書，所如必載書數兩，兼通春秋公穀左傳，而尤熟于左氏。瑋爲將不如其父寬，然自爲一家云。卒，贈侍中，謚武穆，嘉祐八年配享仁宗廟庭。

寶元中，王騣爲樞密使，趙元昊叛，帝召問樞臣，皆不能對，明日樞府四人皆罷，而王騣謫虢州，語所善翰林學士蘇公儀曰：「騣之此行，十年前已有人言之。騣爲三司鹽鐵副使時，以事至河北，曹南院爲定帥。騣事畢，將還，瑋謂騣曰：『願少留一日，欲有所言。』騣愛其雄才，遂爲之留。明日食罷，屏左右曰：『公滿面權骨，不十年必總樞柄。此時西方當有警，公宜預講邊備，蒐閱人材，不然無以應卒。』騣曰：『何以教之？』曹曰：『瑋在陝西日，趙德明嘗使人以馬易于中國，怒其息微，將殺之。德明有一子，方十餘歲，極諫不已，曰：「以戰馬資鄰國，已爲失計，今更以貨殺人，誰肯爲我用者！」瑋聞其言，私念之曰：「此子欲用其人矣，是必有異志。」聞其嘗往來牙市中，屢使人誘致之，不可得，乃使善畫者圖其貌觀之，真英物也。此子必爲邊患。計其時，正在公秉政之日，公其勉之！』騣是時殊未以爲然，今知其所畫乃元昊也。」

論曰：瑋之在邊，算無遺策。其料元昊也，于其爲童子之時，十年之後，毫髮無爽，何其神哉！忠誠謀國，所以思患而預爲之防者，無所不用其極也。父子著節，宜矣！

孔道輔　鄒浩

孔道輔，字原魯，孔子四十五代孫也。舉進士，爲寧州軍事推官。數與州將争事，有蛇出天慶觀真武殿中，一郡以爲神，州將以下皆奠拜之，欲上其事。道輔徑前，以笏擊蛇，碎其首，觀者初驚，後莫不歎服。遷大理寺丞，知仙源縣，主孔子祠事。孔氏有放縱者，道輔一繩以法。上言廟制卑陋，請加修崇，詔可。再遷太常博士。章獻太后臨朝，召爲左正言，受命日，論奏樞密使曹利用、尚御藥羅崇勳竊弄威福，宜早斥去，以清朝廷。立對移刻，太后可其言，乃退。奉使契丹，道除右司諫、龍圖閣待制。契丹宴使者，優人以文宣王爲戲，道輔艴然，徑出。契丹使主客者邀還，且令謝之，道輔正色曰：「中國與北朝通好，以禮文相接。今俳優之徒，侮慢先聖而不之禁，北朝之過也，道輔何謝！」契丹君臣默然。又酌大巵，謂曰：「天寒，飲此可以致和氣。」道輔曰：「不和，固無害。」既還，言者以爲生事，仁宗問其故，對曰：「契丹比爲黑水所破，勢甚蹙。平時漢使至契丹，輒爲所侮。若不較，恐益慢中國。」帝然之。明道二年，除右諫議大夫，權御史中丞。會郭皇后廢，道輔率諫官孫祖德、范仲淹、宋郊、劉涣，御史蔣堂、郭勸、楊偕、馬絳、段少連十人詣垂拱殿伏奏：「皇后，天下之母，不當廢。願賜對，盡所言。」帝使宰相呂夷簡告以皇后當廢狀，道輔曰：「大臣之于帝后，猶子事父母也。父母不和，可以諫止，奈何順父出母乎？」夷簡曰：「廢后，有漢唐故事。」道輔曰：「人臣當道君以堯舜，豈得引漢唐失德爲法耶？」夷簡不答，即奏言伏閤請對，非太平美事。于是出道輔知泰州。明日，道輔等趨朝，欲留百官揖宰相廷争。至待漏院聞詔，乃退，亟馳出城。頃之，徙徐州，又徙兗州，復入爲御史中丞。道輔性鯁挺特達，遇事弾劾，無所避，出入風采肅然。及再登憲府，權貴益忌之。未幾，出知鄆州。時大寒，上道行至韋城，發病卒。皇祐三年，王素因對語及之，仁宗思其忠特，贈尚書工部侍郎。子宗翰，元祐初爲鴻臚卿，上言：「孔子之後，自漢以來，有褒成、奉聖、宗聖之號，皆賜實封，以奉先祀。至于國朝，益加崇禮，真宗東封臨幸，賜子孫世襲公爵，然兼領他官，不在故郡，于名爲不正。請自今襲封之人，使終身在鄉里。」詔改衍聖公爲奉聖公，不領他職，給廟學田萬畝，遂爲定制云。

鄒浩，字志完。常州晉陵人。第進士，調穎昌教授。吕公著、范純仁爲守，皆禮遇之。純仁屬撰樂語，浩辭。純仁曰：「翰林學士亦爲之。」浩曰：「翰林學士則可，祭酒、司業則不可。」純仁敬謝。元祐中，上疏論事，蘇頌用爲太常博士，來之邵論罷之。久之，哲宗親擢爲右正言。有請以王安石三經義發題者，浩論其不可而止。陝西奏邊功，中外皆賀，浩言：「兵未戰，以决勝爲主，既勝，則以持盈爲難。苟爲不然，將棄前功而招後患。願申勑將帥，毋狃屢勝，圖惟厥終。」京東大水，浩言頻年水異繼作，雖盈虛之數所不可逃，而消復之方，尤宜致謹。是時，章敦獨相用事，威虐震赫，浩所言每觸敦忌，乃上章露劾，數敦不忠侵上之罪，未報。而賢妃劉氏立，浩言：「立后以配天子，安得不審？今爲天下擇母，而所立乃賢妃，一時公議莫不疑惑。昔仁祖時，郭后與尚美人争寵，仁祖既廢后，并斥美人，所以示公也。及立后，則不選于妃嬪，而卜于貴族，所以遠嫌也。陛下之廢孟氏，天下疑立賢妃爲后。及讀詔書，有别選賢族之語，天下始釋然不疑。今竟立之，豈不上累聖德？臣觀白麻所言，不過稱其有子，及引永平、祥符事以爲證。臣請論其所以然：若曰有子可以爲后，則永平貴人未嘗有子，以德冠後宫故也；祥符德妃亦未嘗有子，以鍾英甲族故也。又况貴人實馬援之女，德妃無廢后之嫌，與今日事體不同。頃年冬，妃從享景靈宫，是日雷變甚異。今宣制之後，霖雨飛雹，自奏告天地宗廟以來，陰淫不止。上天之意，豈不昭然？考之人事既如彼，求之天意又如此。望不以一時改命爲難，而以萬世公議爲可畏，追停册禮，如初詔行之。」帝曰：「此亦祖宗故事，豈獨朕耶？」對曰：「祖宗大德可法者多矣，陛下不之取，而效其小疵，臣恐後世之責人無已者紛紛也。」帝變色，猶不怒，持其章，躊躇四顧，凝然若有所思，因付于外。明日，章敦詆其狂妄，乃削官，羈管新州。徽宗立，亟召還，復爲右正言，累遷中書舍人。又上言：「陛下善繼神宗之志，善述神宗之事，孝德至矣。尚有五朝聖政盛德，願稽考而繼述之，以揚七廟之光，貽福萬世。」遷吏、兵二部侍郎，以寶文閣待制知江寧府，徙杭、越州。初，浩還朝，帝首及諫立后事，獎歎再三，詢諫草安在，對曰：「焚之矣。」既退，陳瓘謂之曰：「禍其在此乎！他日姦人妄出一緘，則不可辯矣。」蔡京用事，素忌浩，乃使其黨爲僞疏，言劉后殺卓氏而奪其子，遂再責衡州別駕，尋竄昭州，五年，始得歸。初，浩除諫官，恐貽親憂，欲固辭。母張氏曰：「汝能報國，無愧于公論，吾復何憂？」及浩兩謫嶺表，母不易初意。稍復直龍圖閣，瘴疾作，危甚，薾然僅存餘息，猶眷眷以國事爲念，語不及私。卒年五十二。高宗即位，贈寶文閣直學士，謚曰忠。浩之友田晝、王回、曾誕，皆良士也。晝素與浩以氣節相激厲，及劉后立，時晝居家，謂人曰：「志完不言，可以絶交矣。」浩既得罪，晝迎諸途，浩出涕，晝正色責之曰：「使志完隱默，官京師，遇寒疾，不汗五日，死矣，豈獨嶺海之外能死人哉！願君毋以此自滿，士所當爲者未止此也。」浩茫然自失，謝曰：「君贈我厚矣。」浩之將論事也，王回勸之曰：「事孰有大于此者乎？子雖有親，然移孝爲忠，亦太夫人素志也。」及浩南遷，人莫敢相顧，回斂交游錢，與浩治裝，往來經理，且慰安其母。邏者以聞，逮詣詔獄，御史詰之，回曰：「實嘗與謀，不敢欺也。」因誦浩所上章幾二千言，獄上，除名停廢。回即徒步出都門，行數十里，其子追及，問以家事，不答。曾誕，公亮之從孫也。孟后之廢，誕三與浩書，勸浩力請復后，浩不報。及浩以言南遷，誕作玉山主人對客問，以譏浩不能力諫孟后之廢，而俟朝廷過舉乃言，爲不知幾者，然百世之下，頑夫廉，懦夫有立志，尚不失爲聖人之清也。其書既出，識者以比争臣論云。

論曰：道輔高風峻節，振動一世，議者謂宋自范仲淹始振作士大夫之氣，道輔之舉功亦偉矣。鄒浩言于孟后既廢之後，曾誕論之是也。然道輔居吕夷簡迎合之時，浩當章敦專擅之日，世有汙隆，禍有淺深，故浩尤爲難。浩之三友所以處浩者不同，而皆有理致可觀，亦僅見之美談也。

狄青

狄青，字漢臣。汾州西河人。善騎射。寶元初，趙元昊反，詔擇衛士從邊，以青爲延州指使。時偏將屢爲賊敗，士卒多畏怯。青行，常爲先鋒。凡四年，大小二十五戰，中流矢者八，破金湯城，略宥州，燔積聚數萬，收其帳二千三百，生口五千七百。又城橋子谷，築招安、豐林、新砦、大郎等堡，皆扼賊要害。嘗戰安遠，被創甚，聞寇至，即挺起馳赴，衆争前爲用。臨敵被髮，帶銅面具，出入賊中，皆披靡莫敢當。嘗以寡擊衆，預戒軍中盡捨弓弩，皆執短兵，密令聞鉦一聲則止，再聲則嚴陣而陽却，鉦聲止則大呼而突之，士卒如言。纔遇敵，遽聲鉦，士卒皆止，再聲皆却。夏人大笑曰：「孰謂狄天使勇？」鉦聲止，忽前突之，夏兵亂，遂大敗之。又嘗戰，已大勝，追奔數里，敵兵忽壅遏山隅，士卒欲奮擊，青遽鳴鉦止之，敵得引去。後驗其處臨深澗，將佐悔不擊，青曰：「奔亡之寇忽止而拒我，安知非謀？軍已大勝，殘寇不足利，萬一落其術中，存亡不可知。寧悔不擊，不可悔不止。」尹洙爲經略判官，薦于經略使韓琦、范仲淹，二人一見奇之，待遇甚厚。仲淹以左氏春秋授之，曰：「將不知古今，匹夫勇耳。」青折節讀書，悉通秦漢以來將帥兵法，由是益知名。累遷涇原路副都總管，經略招討副使。仁宗以青數有戰功，欲召見，問以方略。會賊寇渭州，命圖形以進。元昊稱臣，累遷彰化軍節度使，知延州，擢樞密副使。皇祐中，廣源州蠻儂智高反，陷邕州，又破沿江九州，圍廣州，嶺外騷動。楊略等師久無功，又命孫沔、余靖爲安撫使討賊，仁宗猶以爲憂。青上表請行，翌日入對，自言：「臣起行伍，非戰伐無以報國。願得蕃落騎數百，益以禁兵，羈賊首致闕下。」帝壯其言，遂除青宣撫使，卒衆擊賊，置酒垂拱殿以遣之。曾公亮問方略，青曰：「比者軍制不立，又自廣川之敗，賞罰不明。今當立軍制，明賞罰而已。」有求從青行者，青曰：「能擊賊有功，則朝廷有厚賞。若不能擊賊，則軍中法重，青不敢私也。」由是所辟取皆素知可用者。及行，日不過一驛，所至州，輒休士一日。至潭州，遂立行伍，明約束，軍行止皆成行列。軍人有奪逆旅菜一把者，斬以徇，于是一軍肅然，萬餘人行，未嘗聞聲。青每止郵驛，四面嚴兵，每門皆設司使二人，無人得妄出入，求見青者，即時得通。野宿皆成營栅，所居陳兵彀弓弩皆數重，精鋭列左右，守衛甚嚴。時智高還據邕州，青合孫沔、余靖兵次賓州。先是蔣偕、張忠皆輕敵敗死，青戒諸將：「毋妄與賊鬭，聽吾所爲。」廣西鈐轄陳曙乘青未至，輒以步卒八千犯賊，潰于崑崙關，殿直袁用等皆遁。青曰：「令之不齊，兵所以敗。」晨會諸將堂上，揖曙起，并召用等三十人，按以敗亡狀，驅出軍門斬之。沔、靖相顧愕眙，諸將股栗。已而頓甲，令軍中休十日，賊諜知，不爲備。是夜大風雨，青率衆半夜時度崑崙關，既度，喜曰：「賊不知守此，無能爲也。」已近邕州，賊方覺，逆戰于歸仁鋪。青登高望之，賊據坡上，官軍薄之，裨將孫節中流矢死，賊氣鋭甚。青急麾白旗，人人皆殊死戰。先是青已縱蕃落馬二千出賊後，至是前後合擊，賊之標牌軍爲馬軍所衝突，皆不能駐。軍士又縱馬上鐵連枷擊之，遂皆披靡，相枕藉死，賊大敗，智高夜焚城遁去。遲明，青入城，獲金帛鉅萬，雜畜數千，招復老壯七千二百常爲賊所俘脅者慰遣之。時賊屍有衣金龍衣者，衆謂智高已死，欲以上聞。青曰：「安知其非詐？寧失智高，敢欺朝廷耶！」初，青之至邕也，會瘴霧昏塞，或謂賊毒水上流，士飲者多死，青殊憂之。一夕有泉湧砦下，汲之甘，衆遂以濟。還京師，帝嘉其功，拜樞密使。始，交趾願出兵，助討智高，余靖言其可信，具萬人糧以待之，詔以緡錢三萬爲軍賞。青既至，檄余靖勿與通，即上奏曰：「李德政聲言赴援，非其情實，以一智高横蹂二廣，力不能討，乃假外助。萬一蠻兵貪得忘義，因而啓亂，何以禦之？」詔從青議。賊平，人服其遠略。青在樞密四年，罷，判陳州，明年卒。帝發哀，贈中書令，謚武襄。青善用兵，尤推功不伐。與孫沔破賊，謀一出青，賊既平，經制餘事悉以諉沔，退，若不用意者，沔始歎其勇，既而服其爲人，自以爲不如也。尹洙以貶死，青悉力賙其家事。青爲樞密使，有狄仁傑之後持畫像及告身十餘通，詣青獻之，以爲青之遠祖。青謝曰：「少出田家，一時遭際，敢自附梁公哉！」厚贈而還之。青既貴，每至韓家，必拜于廟廷之下，入拜夫人甚恭，以郎君之禮待其子孫。爲真定副帥時，嘗于軍中宴琦，游士劉易在焉，優人以儒爲戲，易勃然，謂：「黥卒敢如此！」詈青不絕口，青殊自若，笑語益温，次日首造劉易謝之，琦于是時已知其有量。青事親孝，遭父喪，雖衽金革之事而哀戚過人。養母尤篤，征南之日，戒内外勿以兵事聞，第云奉使江表而已。熙寧元年，神宗考次近世將帥，慨然思之，命取青畫像入禁中，御製祭文，遣使齎中牢祠其家。

論曰：青之討智高也，朝臣謂青武人，不足獨任，宜以重臣統之。獨龐籍力言青可用，且謂委任不專，將致僨事。帝用其言，青以成功。此與杜黄裳力保高崇文以破劉闢，李迪力保曹瑋以成三都之績同，所謂廟算者非耶？青之將略蓋一世，而謙讓不居，其識度有過人者。晚遭曖昧之謗，非其素守乎于上下，幾于殆矣。韓、范之所摩厲，其不爲無助哉！

常安民　任伯雨

常安民，字希古。邛州人。年十四，入太學，有俊名。熙寧中取士，學者皆宗王氏，安民獨不變。春試第一，主司啓封，見其年少，欲下之，判監常秩不可，曰：「糊名較藝，豈容輒易？」具以白王安石，安石稱其文，由是名益盛。然安石欲見之，終不肯往。六年，登進士，授應天府軍巡判官，選成都府教授。秩滿，還京師。妻孫氏與蔡確之妻，兄弟也，確時爲相，安民惡其人，絶不相聞。確妻使招，其妻亦不往。調知長洲縣，治以誠信，人不忍欺。縣故多盗，安民籍常有犯者，書其衣，揭其門，約能得他盗乃除，盗爲之息。追科，使民自輸，常先他邑辦。轉運使許懋、孫昌齡入境，皆稱爲古良吏。元祐初，李常、孫覺、范百禄、蘇軾、鮮于侁連章論薦，擢大理鴻臚丞。是時，元豐用事之臣雖去，然其黨分布中外，倡私説，以摇時政。安民竊憂之，貽書吕公著曰：「善觀天下之勢，猶良醫之視疾。方安寧無事之時，語人曰：『其後必有大憂。』則衆必駭笑。惟識微見幾之士，然後能逆知其漸。今日天下之勢，可爲大憂，雖登進賢良，而不能搜致海内之英才，使皆萃于朝，以勝小人，恐端人正士未得安枕而卧也。故去小人爲不難，而勝小人爲難。陳蕃、竇武協心同力，選用名賢，天下想望太平，然卒死曹節之手。張柬之、五王中興唐室以爲慶，流萬世，及武三思得志，至于竄移淪没。凡此者，皆前世已然之禍也。今用賢如倚孤棟，拔士如轉巨石，雖有奇特瓌卓之才，不得一行其志，甚可歎也。猛虎負嵎，莫之敢攖，而卒爲人所勝者，人衆而虎寡也。若以數十人而制千虎，必不勝矣。今怨憤已積，一發其害必大，可不爲大憂乎！」及章敦作相，其言遂驗。歷轉宗正丞，蘇轍薦爲御史，宰相不樂，除開封府推官。紹聖初召對，言：「今日之患，莫大于士不知恥，願奬進廉潔有爲之士，以厲風俗。元祐進言者，以熙、豐爲非，今則反是。願公聽，并觀擇其中，而歸于當。」及拜監察御史，遂論章敦專國植黨，乞收主柄，而抑其權，反覆曲折，言之不置。敦遣所親語之曰：「君本以文學聞于時，奈何以言語自任，與人爲怨？少安静，當以左右相處。」安民正色斥之，敦益怒。中官裴彦臣與户部尚書蔡京相結，强毁人居室，以建慈雲院。事聞，詔御史劾治，安民言：「事有情重而法輕者。中官豪横，與侍從官相交結，同爲欺罔，此之奸狀，非法所能盡。願重爲降罰，以肅百僚。」及獄具，敦主之，止坐罰金。安民復論：「京奸足以惑衆，辨足以飾非，巧足以移奪人主之視聽，力足以顛倒天下之是否。内結中官，外連朝士，一不附己，則誣以黨于元祐，非先帝法，必擠之而後已。今在朝之臣，京黨過半，陛下不可不早覺悟而逐去之。他日羽翼成就，悔無及矣！」是時，京之奸始萌芽，人多未測，獨安民首發之。又言：「今大臣爲紹述之説，皆借此名，以報復私怨。朋附之流，遂從而和之。」疏數十上，度終不能回，遂丐外，帝慰勉而已。及大享明堂，劉賢妃從齋宫，安民以爲萬衆觀瞻，虧損聖德，語頗切直，帝微怒。曾布初以安民數撼章敦，意其附己，屢稱之。其後安民并論曾布，布乃與敦比而排之，取所貽吕公著書白于帝，帝謂安民曰：「卿所上宰相書，比朕爲漢靈帝，何也？」安民曰：「奸臣指摘臣言，推其世以文致臣耳，辨之何益？」董敦逸再爲御史，欲劾蘇軾兄弟，安民謂：「二蘇負天下重望，不當爾。」敦逸以爲黨于蘇氏，奏之，詔與知軍，敦徑擬監滁州酒税。至滁，日親細務。郡守曾肇約爲山林之游，曰：「謫官例不治事。」安民謝曰：「食焉而怠其事，不可。」滿三歲，通判温州。徽宗立，朝論欲起爲諫官，曾布沮之，以爲提點永興軍路刑獄。蔡京用事，入黨籍，流落二十年。政和末卒，年七十，建炎四年贈右諫議大夫。

任伯雨，字德翁，眉山人。邃經術，文力雄健。中進士第，調清江主簿，旋知雍丘縣，御史以法，撫民以恩。縣枕汴流，漕運不絶，舊苦多盗，未嘗有獲者，人莫知其故。伯雨下令維舟無得宿境内，不從則命吏下者斧斷其纜，趣京師者護以出，自是外户不閉。使者上其狀，召爲大宗正丞。甫至，擢右正言。時徽宗初政，納用讜論，伯雨首擊章敦，曰：「敦久竊朝柄，迷國罔上，毒流縉紳。乘先帝變故倉卒，輒逞異意，睥睨萬乘，不復有臣子之恭。向使其計得行，將置陛下與皇太后于何地！若貸不誅，則天下大義不明，大法不立矣。臣聞北使言，去年遼主方食，聞中國黜敦，放箸而起，稱甚善者再，謂：『南朝錯用此人。』又問：『何爲只若是行遣？』以此觀之，不獨孟子所謂國人皆曰可殺，雖外國之人莫不以爲可殺也。」章八上，貶敦雷州。繼論蔡卞六大罪，曰：「誣罔宣仁保佑之功，欲行追廢，一也；凡紹聖以來，竄逐臣僚，皆卞啓而後行，二也；宫中厭勝事作，哲宗方疑，章敦欲召禮法官通議，卞云：『既犯法矣，何用議？』皇后以是得罪，三也；編排元祐章牘，萋菲語言，被罪者數千人，議自卞出，四也；鄒浩以言忤旨，卞激怒哲宗，致之遠謫，又請治其親故送别之人，五也；蹇序辰建看詳訴理之議，章敦遲疑未應，卞即以二心之言迫之，敦默不敢對，即日置局，士大夫得罪者八百三十家，凡此皆卞謀之，而敦行之，六也。

願亟正典刑，以謝天下。」建中靖國改元，當國者欲和調元祐、紹聖之人，伯雨言：「人固不當分黨與，然自古未有君子小人雜然并進，可以致治者。蓋君子易退，小人難退，二者并用，終于君子盡去，小人獨留，不可不戒已。」又上書皇太后，乞暴蔡京之惡，召還陳瓘，以全定策之勲。時以正月朔旦，有赤氣之異，詣火星觀以禳之。伯雨疏言：「嘗聞修德以弭災，未有禳祈以消變。」又言：「比日内降寖多，或恐矯傳制命。漢之鴻都賣爵，唐之墨敕斜封，此近監也。」伯雨居諫省半歲，所上一百八疏。曾布畏其多言，俾權給事中諷以少默即爲真。伯雨不聽，抗論愈力。既而將劾曾布，布覺之，徙爲度支員外郎，尋知虢州。崇寧黨事作，削籍，編管通州，爲蔡卞所陷，與陳瓘、龔夬、張庭堅等十三人皆南遷，獨伯雨徙昌化。宣和初卒，年七十三。紹興初詔贈直龍圖閣，加諫議大夫。采其諫章，追貶章敦、蔡卞、邢恕等，淳熙中賜謚文敏。

論曰：徽宗之初，諸賢章疏多論章、蔡之奸，非好排擊也。小人在位，彼將植黨樹私，以誤國殃民，于是善人不得進，善政不得行，猶冰炭之不相入也。安民所與公著書，大哉言也！于時宣仁在上，距紹聖之世尚四五年，使搜羅俊賢，繼踵而進，以承諸老成之後，殆庶幾乎！及韓忠彦當國，猶持杯水以沃燎原，弗可爲也已。以時之難如彼，以遇之難如此，宋事所以不競哉！

元

王磐

王磐，字文炳，廣平永年人。元兵破永年，將屠城，磐父禧罄家以助軍資，衆賴以免。金人遷汴，乃舉家南渡河，居汝之魯山。磐年方冠，從麻九疇學于郾城，客居貧甚，日作糜一器，畫爲朝暮食。至大四年，擢經義進士第，授歸德府録事判官，不赴。自是大肆力于經史百氏，文詞宏放，浩無涯涘。後寓居河内，東平總管嚴實興學養士，迎磐爲師，受業者常數百人，後多爲名士。中統元年，即拜益、都等路宣撫副使，頃之以疾免。李璮素重磐，以禮延致之，及璮謀不軌，磐覺之，脱身，馳入京師以聞，世祖即日召見，嘉其誠節，撫勞甚厚。從平李璮，還，拜翰林直學士，出爲真定、順德等路宣慰使。邢水縣達嚕噶齊蒙固岱貪暴不法，有趙清者發其罪，使家人夜殺清，清逊獲免，乃盡殺其父母妻子。清訴諸官，權要蔽蒙固岱，不爲理。磐竟奏置諸法，籍其家貲，以半給清。真定蝗起，朝廷遣使者督捕役夫四萬人以爲不足，欲牒鄰道助之。磐曰：「四萬人多矣，何煩他郡！」使者怒，責磐狀，期三日盡捕蝗，磐不爲動，親率役夫走田間，設方法捕之，三日而蝗盡滅，使者驚以爲神。復入翰林爲學士，入謁宰相，首言：「方今害民之吏，轉運司爲甚，宜罷去之，以蘇民力。」由是運司遂罷。阿哈瑪特諷大臣，請合中書、尚書兩省爲一，拜右丞相安圖爲三公，陰欲奪其政柄。有詔會議，磐言：「合兩省爲一，而以右丞相總之實。便不然，則宜仍舊。三公既不預政事，則不宜虚設。」其議遂沮。及將伐宋，凡帷幄謀議，有所未決，即遣使問之。磐所敷陳，每稱上意。帝將用兵日本，問以便宜，磐言：「今方伐宋，若分力東方，恐曠日持久，功卒難成，徐圖之未晚也。」江南既下，磐上疏，大略言：「禁戢軍士，選擇官吏，賞功罰罪，推廣恩信，所以撫安新附，銷弭寇盗。」其言要切，皆見施行。朝議汰冗官，權近私以按察司不便，欲併省之。磐奏曰：「各路州郡去京師遥遠，貪官汙吏，侵害小民，無所控告，惟賴按察司爲之申理。若指爲冗官，一切罷去，則小民冤死無所訴矣！」按察司得不廢。朝廷録平宋功，遷至宰執者二十餘人。因議更定官制，磐奏疏曰：「歷代制度，有官品，有爵號，有職位。官、爵所以示榮寵，職位所以委事權。臣下有功有勞，隨其大小，酬以官爵。有才有能，稱其所堪，處以職位。此人君御下之術也。臣以爲有功者宜加遷散官，或賜五等爵號，如漢唐封侯之制可也，不宜任以職位。」日本之役，師行有期，磐入諫曰：「日本小國，海道險遠，勝之則不武，不勝則損威，臣以爲勿伐便。」帝震怒曰：「汝豈有他心耶！」磐對曰：「臣赤心爲國，故敢以言。苟有他心，何爲從叛亂之地，冒萬死而來歸乎？臣年已八十，他心欲何爲耶？」明日，帝恐其憂懼，遣侍臣慰撫之。磐以年老，累乞骸骨，詔進資德大夫致仕，仍給半俸終身。磐資性剛方，閒居不妄言笑，每奏對必以正，不肯阿意承順，帝嘗以古直稱之，雖權倖側目，不顧也。阿哈瑪特方得權，致重幣求作碑文，磐拒弗與。所薦宋衜、雷膺、魏初、徐琰、胡祗遹、孟祺、李謙，後皆爲名臣。年九十二，卒之夕，有大星隕正寢之東。贈太傅，追封洛國公，謚文忠。

論曰：世祖之時，集天下名儒，列于侍從，與之朝夕論議，雖不盡見施行，亦大略有效焉。磐，儒者而長于吏幹，故建明爲多。當兵革財利之間，因事度義，以行其正。晚争日本之役，批逆鱗而不恤，與竇默之獨論王文統非，立意較然，不欺其志，孰能與于斯！

虞集

虞集，字伯生，宋丞相允文五世孫也。父汲，官翰林院編修。母楊氏，祭酒文仲女也。集三歲知讀書，父挈家趨嶺外，干戈中無書册可攜，母口授論語、孟子、左氏傳、歐、蘇文，聞輒成誦。比還長沙，就外傅，始得刻本，則已盡讀諸經，通大義矣。文仲世以春秋名家，而族弟參知政事棟，明于性理之學，楊氏在室，即盡通其説，故集與弟槃皆受業家庭，出則從吴澄游，授受具有源委。大德初，始至京師，以大臣薦，授大都路儒學教授，升國子助教，師道以立。仁宗即位，除太常博士，丞相拜珠方爲其院，使問從集問禮器、祭義，集爲言先王制作，以及古今因革治亂之由。拜珠歎息，益信儒者有用。遷集賢修撰。因會議學校，集上議，謂：「師道立則善人多，宜求經明行修者，以德化之。其次則操履近正、確守先儒經義師説者，日諷誦其書，使學者習之。其次則取鄉貢至京師罷歸者，其議論文藝，猶足聳動于人。」六年，除翰林待制，兼國史院編修官。仁宗嘗對左右歎曰：「儒者皆用矣，惟虞伯生未顯擢耳。」英宗即位，拜珠爲相，超用賢俊，時集以憂還江南，拜珠不知也，乃言于上，遣使求之于蜀，不見，求之江西，又不見。及集省墓吴中，使至，受命趨朝，則拜珠不及見矣。泰定初，考試禮部，言于同列曰：「國家科目之法，諸經傳注各有所主者，將以一道德、同風俗，非欲使學者專門擅業，如近代五經學究之固陋也。聖經深遠，非一人之見可盡。試藝之文，推其高者取之，不必先有主意。若先有主意，則求賢之心狹而差，自此始矣。」後再爲考官，率持是説，故所取每稱得人。除國子司業，遷秘書少監。天子幸上都，集與王結執經以從，自是歲常在行。拜翰林直學士，兼國子祭酒。嘗因講罷，論：「京師恃東南運糧爲資，竭民力以航不測，非所以寬遠人而因地利也。京師之東瀕海數千里，北極遼海，南濱青、齊，萑葦之場也。海潮日至，淤爲沃壤，用浙人之法築堤，捍水爲田。聽富民欲得官者，合其衆分授以地，官定其畔以爲限；能以萬夫耕者，授以萬夫之田，爲萬夫之長，千夫、百夫亦如之，察其惰者易之。一二年勿征也，三年視其成，以地之高下定額于朝廷，以次漸征之。五年有積蓄，命以官，就所儲給以禄，十年佩之符印，得以傳子孫，如軍官之法。則東面民兵數萬，可以近衛京師，外禦島夷，遠寬東南海運，以紓疲民，遂富民得官之志，而獲其用。江海游食盜賊之類，皆有所歸矣。」爲議者所沮，事竟寢。其後海口萬户之設，大略宗之。文宗即位，仍兼經筵。集以先世墳墓在吴越者，歲久湮没，乞一郡自便，帝惜其去，除奎章閣侍書學士。時關中大飢，民枕藉死，有方數里無孑遺者。帝問集：「何以救關中？」對曰：「宜遣一二有仁術、知民事者，稍寬其禁令，使得有所爲。隨郡縣擇可用之人，因舊民所在，定城郭，修閭里，治溝洫，限畝甽，薄征斂。招其傷殘老弱，漸以其力治之，則遠去而來歸者漸至，春耕秋斂皆有所助，一二歲間，勿征勿徭。封域既正，友望相濟，四面而至者，均齊方一，截然有法，則三代之民，將見出于空虚之野矣。」帝稱善。集因進曰：「幸假臣一郡，必有以報。」或沮之曰：「集欲以此去耳！」遂罷其議。有旨采輯本朝典故，再閲歲書乃成，凡八百帙。既進，以目疾丐去，不許。集弘才博識，一時大典册咸出其手。每承詔，有所述作，必以帝王之道、治忽之故，從容諷切，冀有感悟。承顧問及古今政治得失，尤委曲盡言。或隨事規諫，出不語人，人亦莫之知也。後謝病歸，至正八年五月卒，年七十有七，贈江西行中書省參知政事，封仁壽郡公。集孝友，方二親以故家令德，中遭亂亡，僑寓下邑，左右承順無違。弟槃早卒，教育其孤無異己子。兄采以筦庫輸賦京師，虧數千緡，盡力營貸代償之。撫庶弟，嫁孤妹，具有恩意。山林之士，知古學者，必折節下之。接後進雖少且賤，如敵已。當權門赫奕，未嘗有所附麗。集議中書正言讜論，多見容受，屢以片言解疑誤，出人於濱死亦不以爲德。平生爲文萬篇，稿存者十二三。早歲與弟槃同闢書舍爲二室，左室書陶淵明詩于壁，題曰陶菴；右室書邵堯夫詩，題曰邵菴，故世稱邵菴先生。

論曰：元之名人才士，惟集于經濟最優。觀其屢乞州郡，豈亦有所抑而思奮者耶？其所建築堤墾田之議，百世良規，而當時之論至恐主其事者政以賄成，遂以中止。有治人，無治法，豈不信夫！

史傳三編卷四十九

循吏傳一

漢

文翁

文翁，廬江舒人。少好學，通春秋。以郡縣吏察舉，景帝末爲蜀郡守。仁愛好教化，見蜀地僻陋，有蠻夷風，欲誘進之，乃選郡縣小吏開敏有材者張叔等十餘人，親自飭厲，遣詣京師，受業博士，或學律令，減省少府用度，買刀布蜀物齎計吏以遺博士。數歲蜀生皆成就還歸，文翁以爲右職，用次察舉官，有至郡守刺史者。又修學官於成都市中，爲石室祀孔子，以顔、曾以下高弟配享，後世文廟從祀沿及諸儒，其原皆自文翁發之。招下縣子弟，除其更繇，高者補郡縣吏，次爲孝弟力田。常選學官童子，皆各使其在便坐受事。故當每出行縣，益從學官諸生明經飭行者與俱，使傳教令，出入閨閤，縣邑吏民見而榮之，争欲爲學官子弟，富人至出錢求之，由是大化蜀地，學於京師者比齊魯。至武帝時，乃令天下郡國皆立學校官，自文翁爲之始。文翁終於蜀，吏民爲立祠堂，歲時祭祀，不絶至今。巴蜀好文雅，文翁之化也。

論曰：記云：「古之王者建國，君民教學爲先。」若文翁可謂知所本矣！蜀自秦始通中國，素未耀於文明。然文翁以一守移易風俗，如轉圜然，况於爲天子宰，獎教興學，詎直風草之勢已哉！史又稱文翁倡教，相如實爲之師。夫相如華敷文勝，不過雕篆之技，故終西漢，蜀儒僅以揚雄爲稱首。使當其時，得如古樂正者以師之，其所樂育以贊助道化，當不止此矣。

龔遂

龔遂，字少卿，山陽南平陽人。以明經爲官，至昌邑郎中令。事王賀，賀動作多不正。遂爲人忠厚剛毅，有大節，内諫争於王，外責傅相，引經義，陳禍福，至於涕泣，蹇蹇亡已。面刺王過，王至掩耳起走，曰：「郎中令善愧人！」國人皆畏憚焉。王嘗久與騶奴、宰人游戲，飲食賞賜亡度。遂入見，涕泣鄰行，左右侍御皆出涕，王曰：「郎中令何爲哭？」遂曰：「臣痛社稷危也！願請間竭愚。」王辟左右，遂曰：「大王知膠西王所以爲無道亡乎？」王曰：「不知也。」曰：「膠西王有諛臣侯得，王所爲擬於桀紂也，得以爲堯舜也，王説其諂諛，嘗與寢處，唯得所言，以至於是。今大王親近群小，漸漬邪惡，所習存亡之機，不可不慎也。臣請選郎通經術有行義者，與王起居，坐則誦詩書，立則習禮容，宜有益。」王許之。遂乃選郎中張安等十人侍王，居數日，王皆逐去安等。及昭帝崩，亡子，賀嗣立，官屬皆徵入，王相安樂遷長樂衛尉。遂見安樂，流涕謂曰：「王立爲天子，日益驕溢，諫之不復聽。古制寬大，臣有隱退，今去不得，陽狂恐知身死爲世戮，奈何！君，陛下故相，宜極諫争。」王即位二十七日，卒以淫亂廢昌邑，群臣坐陷王於惡，誅死者二百餘人，唯遂與中尉王陽以數諫争得減死，髡爲城旦。後渤海左右郡歲饑，盗賊并起，宣帝選能治者，以遂爲渤海太守。時遂年七十，形貌短小，上召見，不副所聞，心内輕焉，謂遂曰：「渤海廢亂，朕甚憂之，君何以息其盗賊？」遂曰：「海濱遥遠，不霑聖化，民困於饑寒，而吏不恤，故使陛下赤子盗弄陛下之兵於潢池中耳。今欲使臣勝之邪，將安之也？」上聞遂對，甚悦，答曰：「固欲安之也。」遂曰：「臣聞治亂民，猶治亂繩，不可急也。唯緩之，然後可治。臣願丞相、御史且無拘臣以文法，得一切便宜從事。」上許之。遂乘傳至渤海界，郡發兵迎，遂皆遣還，勅屬縣悉罷逐捕盗賊吏，諸持鉏鉤田器者皆良民，吏毋得問，持兵者迺爲盗賊。單車獨行至府，郡中翕然。盗賊聞教令，即時解散，棄兵弩而持鉤鉏，於是悉平，民安土樂業。遂迺開倉廪，假貧民，選用良吏尉，安牧養焉。遂見齊俗奢侈，好末技，不田作，迺躬率以儉約，勸民務農桑，令口種一樹榆，百本䪥，五十本葱，一畦韭，家二母彘、五雞。民有帶持刀劍者，使賣劍買牛，賣刀買犢，曰：「何爲帶牛佩犢益？」課收斂，畜果實菱芡，勞來循行郡中，皆有畜積，吏民富實，獄訟止息。數年，上遣使者徵遂，議曹王生願從，王生素嗜酒亡節度，遂不忍逆。及至京師，將入宫，王生醉，從後呼曰：「願有白。」遂還問其故，王生曰：「天子即問君何以治渤海，君不可有所陳對，宜曰：『皆聖主之德，非小臣之力也。』」遂受其言。既至前，上果問以治狀，遂對如王生言，天子悦其有讓，笑曰：「君安得長者之言而稱之？」遂因前曰：「臣非知此，乃臣議曹教戒臣也。」上以遂年老，不任公卿，拜爲水衡都尉，議曹王生爲水衡丞以褒顯，遂甚重之，以官壽卒。

論曰：先王之世，無曠土，無游民，食節事時，民咸安其居。以故姦宄不作，五刑不試。秦漢以後，民業益薄，俗益媮，一遇水旱，盜賊輒興。於是立重法以繩其後，而民生愈蹙矣。遂之議安渤海，何其惻然動人也！昔汲黯以謇直立朝，孝武稱爲社稷臣，其涖郡亦能以清静理。遂之忠言似黯，而吏績抑又過之，庶幾重臣之選，乃以年老，不至公卿，惜哉！

黄霸

黄霸，字次公，淮陽陽夏人，以豪傑役使徙雲陵。霸少學律令，喜爲吏。武帝末，以待詔補侍郎謁者，後爲河南太守丞。霸爲人明察内敏，然温良有讓，足知，善御衆。爲丞處議，當於法，合人心，太守甚任之，吏民愛敬焉。自武帝末用法深，昭帝立，幼，大將軍霍光秉政，上官桀等争權，與燕王謀作亂。光既誅之，遂遵武帝法度，以刑罰痛繩群下，繇是俗吏尚嚴酷，而霸獨用寬和爲名。宣帝在民間時，知百姓苦吏急，聞霸持法平。及即位，召爲廷尉。正數决疑獄，庭中稱平。守丞相長史，坐長信少府夏侯勝非議，詔書霸阿縱不舉劾，皆下廷尉，繫當死。霸因從勝受尚書獄中，再逾冬，積三歲乃出。勝出，復爲諫大夫，令左馮翊。宋畸舉霸賢良，勝又薦之，擢揚州刺史，三歲調潁川太守。時上垂意於治，數下恩澤詔，書吏不奉宣。霸選擇良吏，分部宣布詔令，令民咸知上意。使郵亭鄉官皆畜雞豚，以贍鰥寡貧窮者，然後爲條教，置父老師帥伍長，班行之於民間，勸以爲善防姦之意。及務耕桑，節用殖財，種樹畜養，去食穀馬米鹽靡密，初若煩碎，然霸精力，能推行之。吏民見者，語次尋繹，問它陰伏，以相參考。嘗欲有所司察，擇長年廉吏遣行，屬令周密，吏出不敢舍郵亭，食於道旁，烏攫其肉。民有欲謁府口言事者，適見之，霸與語，道此。後日吏還，謁霸，霸迎勞之，曰：「甚苦！食於道旁，乃爲烏所盜肉。」吏大驚，以霸具知其起居，所問豪氂，不敢有所隱。其識事聰明如此。吏民不知所出，咸稱神明，姦人去入它郡，盜賊日少。霸力行教化，而後誅罰，務在成就，全安長吏。許丞老病聾，督郵白欲逐之，霸曰：「許丞廉吏，雖老，尚能拜起送迎，正頗重聽，何傷？且善助之，毋失賢者意。」或問其故，霸曰：「數易長吏，送故迎新之費，及姦吏緣絶簿書，盜財物，公私費耗甚多，皆當出於民。所易新吏又未必賢，或不如其故，徒相益爲亂。凡治道，去其太甚者耳。」霸以外寬内明，得吏民心，户口歲增，治爲天下第一。徵守京兆尹，坐事貶秩，有詔歸潁川，治如其前。前後八年，郡中愈治。是時鳳凰、神爵數集郡國，潁川尤多，天子以霸治行終長者，下詔稱揚曰：「潁川太守霸宣布詔令，百姓鄉化，孝子悌弟，貞婦順孫，日以衆多，田者讓畔，道不拾遺，養視鰥寡，贍助貧窮，獄或八年亡重罪囚，吏民興於行誼。其賜爵關内侯，黄金百斤，秩中二千石。」而潁川孝弟有行義民三老力田，皆以差賜爵及帛。後數月，徵爲太子太傅，遷御史大夫。五鳳三年，代丙吉爲丞相，封建成侯，食邑六百户。霸材長於治民，及爲丞相，總綱紀號令，風采不及丙、魏、于定國，功名損於治郡。時京兆尹張敞舍鶡雀飛集丞相府，霸以爲神雀，議欲以聞。敞奏霸，霸甚慚，又以薦樂陵侯史高可太尉，被詔誚責，霸免冠謝罪，自是不敢復有所請。然自漢興，言治民吏，以霸爲首。爲丞相五歲，甘露三年薨，謚曰定侯。子孫爲吏二千石者五六人。

論曰：子賤爲單父宰，有賢於己者五人，子賤師之而稟度焉，用能鳴琴而治，夫子稱之曰：「昔堯舜聽天下，務求賢以自輔，惜不齊，所治者小也。」霸之治潁川，不聞求一賢，師一士，而獨任聰明以爲理，故處郡則優，以宰天下而其才遂絀。雖然樹畜桑農，王政先務，以此殖民，民可使富也。如其禮樂，則以俟夫君子。

朱邑

朱邑，字仲卿，廬江舒人。少時爲舒桐鄉嗇夫，廉平不苛，以愛利爲行，未嘗笞辱人。存問耆老孤寡，遇之有恩，所部吏民無不愛戴。遷補太守卒史，舉賢良爲大司農丞，遷北海太守，以治行第一入爲大司農。爲人敦厚，篤於故舊，然性公正，不可交以私。天子器之，朝廷敬焉。是時張敞爲膠東相，與邑書曰：「昔陳平雖賢，須魏倩而後進；韓信雖奇，賴蕭公而後信。故事，各達其時之英俊，若必伊尹、吕望，然後薦之，則此人不因足下而進矣。」邑感敞言，賢士大夫多得其助者。身爲列卿，居處儉節，禄賜以共九族鄉黨，家無餘財。神爵元年卒，天子閔惜，下詔曰：「大司農邑，廉潔守節，退食自公，亡疆外之交、束脩之餽，可謂淑人君子。」賜邑子黄金百斤以奉祭祀。初，邑病且死，屬其子曰：「我故爲桐鄉吏，其民愛我，必葬我桐鄉。後世子孫奉嘗我，不如桐鄉民。」及死，其子葬之桐鄉西郭外，民果然共爲邑起塚立祠，歲時祠祭不絶。

論曰：一命之士，苟存心愛物於人，必有所濟。當邑爲嗇夫時，民視爲父母久矣。迨夫報最登朝，輿望日重，推其性情行事，蓋豈弟君子也。昔子產死，夫子以爲古之遺愛，若邑者足以當之。

召信臣

召信臣，字翁卿，九江壽春人。以明經甲科爲郎，出補陽穀長，舉高第，遷上蔡長。其治視民如子，所居見稱。超爲零陵太守，病歸，復徵爲諫大夫，遷南陽太守。信臣爲人勤力有方略，好爲民興利，務在富之。躬勸耕農，出入阡陌，止舍離鄉亭，稀有安居時。行視郡中水泉，開通溝瀆，起水門提閼凡數十處，以廣溉灌，歲歲增加，多至三萬頃。又爲民作均水約束，刻石立於田畔，以防分争。禁止嫁娶送終奢靡，務出於儉約。府縣吏家子弟好游敖，不以田作爲事，輒斥罷之，甚者按其不法，以視好惡。其化大行，郡中莫不力田，百姓歸之，户口增倍，盗賊獄訟衰止。吏民親愛，號曰召父。遷河南太守，治行常爲第一。竟寧中，徵爲少府，奏請上林諸離遠宫館，勿復繕治共張，又樂府黄門倡優諸戲及宫館兵弩什器，奏省太半。太官園種，冬生葱韭菜茹，覆以屋廡，晝夜爇蘊火，待温氣乃生。信臣以爲此皆不時之物，有傷於人，不宜以奉供養。及它非法食物，悉奏罷，省費歲數千萬。年老，卒官。元始四年，詔祀百辟卿士有益於民者，蜀郡以文翁、九江以召父應。詔歲時二千石，率官屬祠信臣冢，而南陽亦爲立祠。

論曰：古爲溝洫，以備旱潦，至周益詳。自阡陌開，井田廢，農之病也久矣，惟水利足以救之。至於禮秩無等，俗尚繁奢，尤宜亟爲之制。信臣於此二者，法禁猶多未備也，而已生獲令名，没享榮祀。彼以古法爲不宜於今者，誠與於不仁之甚者已！

尹翁歸

尹翁歸，字子况，河東平陽人。爲獄小吏，曉習文法，喜擊劍，人莫能當。是時大將軍霍光秉政，諸霍在平陽奴客，持刀兵入市鬥變，吏不能禁。及翁歸爲市吏，莫敢犯者。公廉不受餽，百賈畏之。後去吏居家。會田延年爲河東太守，行縣至平陽，悉召故吏五六十人，親臨見，令有文者東，有武者西，閱至翁歸，伏不起，曰：「翁歸文武兼備，唯所施設。」延年召問，甚奇其對，除卒史，從歸府，案事發姦，窮竟事情，延年自以能不及。徙署督郵河東二十八縣，分爲兩部，閎儒部汾北，翁歸部汾南，所舉應法，得其罪辜，屬縣長吏雖中傷，莫有怨者。舉廉爲緱氏尉，歷守郡中，所居治理。選補都内令，舉廉爲弘農都尉，徵拜東海太守。過辭廷尉于定國，定國家在東海，欲屬邑子兩人，及與翁歸語終日，不敢見其邑子。既去，定國乃謂邑子曰：「此賢將汝不任事也，又不可干以私。」翁歸治東海明察，郡中賢不肖及奸邪罪名盡知之。縣縣各有記籍，收取黠吏豪民，案致其罪，以一警百，吏民皆恐懼，改行自新。東海大豪郯許仲孫爲奸，猾亂吏治，前二千石莫能制。翁歸至，論棄市，一郡怖慄，莫敢犯禁，東海大治。以高第入守右扶風，選用廉平，疾姦吏以爲右職，接待以禮，好惡與同。其負翁歸，罰亦必行，姦邪罪名亦縣縣。有籍盜賊，發其比伍中，翁歸輒召其縣長吏，告曉以姦黠主名，使用類推迹，無有遺脱。緩於小弱，急於豪强，扶風大治。翁歸爲政雖任刑，其在公卿間清潔自守，語不及私。温良謙退，不以行能驕人，甚得名譽於朝廷。元康四年，卒家，無餘財，天子賢之，賜黄金百斤以奉祭祀。三子皆爲郡守，少子岑歷位九卿，至後將軍；而閎孺亦至廣陵相，有治名。由是世稱田延年爲知人。

論曰：尚德緩刑，先王所以致治也。然水懦民玩，威在鈇鉞。觀翁歸之置，籍詰姦以一警百，猶有刑賞忠厚之意焉。至綏小弱而急豪强，則詩所云「不吐不茹」者，意庶幾乎！

韓延壽

韓延壽，字長公，燕人也，徙杜陵。少爲郡文學，燕刺王之謀逆也，延壽父義爲燕郎中，彊諫而死。及魏相對策以爲言，謂宜顯賞其子，以示天下。大將軍霍光納其言，因擢延壽爲諫大夫，遷淮陽太守，治甚有名，徙潁川。潁川多豪彊難治，常爲選良二千石。先是趙廣漢爲太守，患其俗多朋黨，故搆吏民，令相告訐，潁川由是以爲俗，民多怨讐。延壽欲改更之，教以禮讓，乃歷召郡中長老爲鄉里所信向者數十人，設酒具食，親與相對，接以禮意，人人問以謡俗，民所疾苦，爲陳和睦親愛、銷除怨咎之路，長老皆以爲便，可施行。因與議定嫁娶、喪祭、儀品，略依古禮，不得過法。於是令文學校官諸生，皮弁、執俎豆，爲吏民行喪嫁娶禮，百姓遵用其教。賣偶車馬下里僞物者，棄之市道。數年徙爲東郡太守。黄霸代居潁川，因其迹而大治。延壽爲吏上，禮義好古，教化所至，必聘其賢士，以禮待用，廣謀議，納諫争。舉行喪讓財，表孝弟有行。修治學宫，春秋鄉射，陳鐘鼓管弦，盛升降揖讓。及都試講武，設斧鉞旌旗，習射御之事。治城郭，收賦租，先明布告其日，以期會爲大事。吏民敬畏，趨嚮之。又置正伍長，相率以孝弟，不得舍姦人。閭里阡陌有非常，吏輒聞知，姦人莫敢入界。其始若煩，後吏無追捕之苦，民無箠楚之憂，皆便安之。接待下吏，恩施甚厚，而約誓明。或欺負之者，延壽痛自刻責：「豈其負之？何以至此！」吏聞者自傷悔，其縣尉至自刺死。延壽嘗出，臨上車騎，吏一人後至，敕功曹議罰白。還至府門，門卒當車，願有言，延壽止車，問之，卒曰：「孝經曰：『資於事父以事君而敬同。』今日明府早駕，久駐未出，騎吏父來至府門，不敢入。騎吏聞之，趨走出謁，適會明府登車。以敬父而見罰，得無虧大化乎？」延壽舉手輿中，曰：「微子，太守不自知過。」歸舍，召見門卒，遂待用之。其納善聽諫皆此類也。在東郡三歲，令行禁止，斷獄大減，爲天下最。入守左馮翊，滿歲稱職，爲真歲餘，不肯出行。縣丞掾數白延壽，曰：「縣皆有賢令長，督郵分明善惡，於外行縣，恐無所益，重爲煩擾。」丞掾固彊之，延壽不得已，行縣至高陵。民有昆弟，相與訟田自言，延壽大傷之，曰：「幸得備位，爲郡表率，不能宣明教化，至令民有骨肉争訟。既傷風化，重使賢長吏、嗇夫、三老孝弟受其恥，咎在馮翊，當先退！」是日移病不治事，因入卧傳舍，閉閤思過，一縣莫知所爲。令丞、嗇夫、三老亦皆自繫待罪，於是訟者宗族傳相責讓，此兩昆弟深自悔，皆自髡肉袒謝，願以田相移，終死不敢争。延壽大喜，開閤延見，内酒肉與相對飲食，厲勉以意告鄉部，有以表勸悔過從善之民，延壽乃起聽事，勞謝令丞以下，引見尉薦，郡中歙然，傳相敕厲不敢犯。延壽恩信周徧二十四縣，莫復以辭訟自言者，推其至誠，吏民不忍欺紿。延壽代蕭望之爲左馮翊，而望之遷御史大夫，侍謁者福爲望之道。延壽在東郡時，放散官錢千餘萬，望之與丞相丙吉議，吉以爲更大赦，不須考。會御史當問事東郡，望之令并問之。延壽聞之，即部吏案校望之在左馮翊時，廩犧官錢放散百餘萬，廩犧吏掠治急，自引與望之爲姦。延壽劾奏，移殿門禁止望之。望之自奏，職在總領天下，聞事不敢不問，而爲延壽所拘持。上由是不直延壽，各令窮竟所考。望之卒無事實，而御史案東郡，具得其事。於是望之劾奏延壽，事下公卿，皆以延壽前既無狀，後復誣愬，典法大臣，欲以解罪，狡猾不道，天子惡之，延壽竟坐棄市。吏民數千人送至渭城，老小扶持，車轂争奏酒炙。延壽不忍距逆，人人爲飲，計飲酒石餘。使掾史分謝送者：「遠苦吏民，延壽死無所恨！」百姓莫不流涕。延壽三子皆爲郎吏。且死，屬其子勿爲吏，以己爲戒。子皆以父言去官，不仕。

論曰：三代以返，教化衰息。故漢興，良吏如龔、黄輩其效止於富民，即文翁於蜀，亦不過獵其英而咀其華耳，未有能以禮讓爲國者也。延壽之教，考行古禮，與民爲讓，彬彬乎三代之遺。及至末路，與望之相訐，無論當時所案未必得實，就使有之，責過録長，猶當使從議賢之條也。丙吉以爲更大赦，不須考，庶幾休休之度，古所謂「一个臣」者已。

張敞

張敞，字子高。本河東平陽人，祖父孺徙茂陵，敞又徙杜陵。初補太守卒史，察廉爲甘泉倉長，稍遷太僕丞。會昌邑王賀即位，動作不由法度，敞上書諫，後十餘日，王賀廢，敞以切諫顯名，擢豫州刺史。宣帝徵爲太中大夫，與于定國并平尚書事。以正違忤大將軍霍光，使主兵車出軍，省減用度，復出爲函谷關都尉。宣帝以廢王賀在昌邑，心憚之，徙敞爲山陽太守。及霍光薨，宣帝親政，事漸收，霍氏權罷。光兄孫山、雲以侯歸第，霍氏諸壻親屬頗出補吏。敞聞之，上封事陳計，上甚善之，然不徵也。久之渤海、膠東盜賊并起，敞自請治之，天子徵爲膠東相。敞謂：「治劇郡，非賞罰無以勸善懲惡。吏追捕有功者，請得壹切，比三輔尤異。」天子許之。敞乃明設購賞，開群盜，令相捕斬；除罪吏，追捕有功。上名尚書，調補縣令者數十人。由是盜賊解散，吏民歙然。居頃之，入守京兆尹。自趙廣漢誅後，比更守尹如黄霸等數人，皆不稱職，京師寢廢。長安市偷盜尤多，百賈苦之。敞既視事，廉得偷盜酋長數人，召見責問，因貫其罪，免其宿負，令致諸偷以自贖。偷長曰：「今一旦召詣府，恐諸偷驚駭，願一切受署。」敞皆以爲吏遣歸休，置酒，小偷悉來賀，且飲醉，偷長以赭汙其衣裾，吏坐里閭，閲出者汙赭輒收縛之，一日捕得數百人，窮治所犯，盡行法罰，由是枹鼓稀鳴，市無偷盜。敞爲人敏疾，賞罰分明，見惡輒取，時時越法縱舍有足大者。其治京兆，略循廣漢之迹，方略耳目，發伏禁姦，不如廣漢。然敞本治春秋，以經術自輔，其政頗雜儒雅，往往表賢顯善，不醇用誅罰，以此能自全，竟免於刑戮。京兆中浩穰，於三輔尤爲劇，郡國二千石以高第入守，久者不過三二年，近者數月，一歲輒以罪過罷，惟廣漢及敞爲久任職。敞爲京兆，朝廷每有大議，引古今，處便宜，公卿皆服，天子數從之。然無威儀，又爲婦畫眉，故終不得大位。爲京兆九歲，坐與光禄勳楊惲厚善，惲坐大逆誅，公卿奏敞不宜處位，等比皆免，而敞奏獨寢不下。敞使賊捕掾絮舜，有所案驗，舜以敞劾奏當免，不肯爲竟事，私歸其家人。或諫舜，舜曰：「五日京兆耳，安能復案事！」敞聞，即部吏收舜繫獄，是時冬未盡數日，敞晝夜驗治，舜竟致其死事。舜當出死，敞使主簿持教告舜曰：「五日京兆竟何如？」乃棄舜市。會立春，行冤獄使者出，舜家載尸，并編敞教，自言使者，使者奏敞賊殺不辜。天子薄其罪，欲令敞得自便利，即先下敞前坐楊惲奏，免爲庶人。敞詣闕上印綬，便從闕下亡命。數月，京師吏民解弛，枹鼓數起，而冀州部中有大賊。天子思敞功效，使使者即家在所召敞，敞妻子家室皆泣惶懼，敞獨笑曰：「吾身亡命，郡吏當就捕。今使者來，此天子欲用我也。」即裝隨使者詣公車，天子引見，拜爲冀州刺史。敞到部，以耳目發起賊主名區處，誅其渠帥。而廣川王姬昆弟及王同族宗室劉調等通行，爲盗囊橐，吏逐捕窮窘，蹤迹皆入王宫。敞自將郡國吏車數百兩，圍守王宫，搜索調等，果得之殿屋重轑中，皆捕格斷頭，縣王宫門外，因劾奏廣川王。天子不忍致法，削其户。敞居部歲餘，盗賊禁止。守太原太守，滿歲爲真，太原郡清。元帝初即位，待詔鄭明薦敞先帝名臣，宜輔皇太子。上以問前將軍蕭望之，望之以爲敞能吏，任治煩亂，材輕，非師傅之器。天子猶徵敞，欲以爲左馮翊，會病卒。

論曰：敞爲吏，皆以善弭盜得名。其治膠東之法三，治京兆、冀州之法各一。夫盜之熾，必有窩主以爲逋藪，有酋魁以爲指縱，滌其藪，制其魁，而盜源斯塞。至若懸以賞格，使人盡捕吏；優其遷調，使吏盡争功；下除罪之令，使盜黨相捕，無以異於吏民，則盜亦安所容哉！敞負才智，以經術自輔，而弭盜之方實具，足爲後法也。若趙廣漢治京兆，燭奸鋤豪，有趙、張、三王之稱，然多用鈎距之術，少子諒、易直之心，言乎教化則不如文翁、韓延壽，言乎才能則較之敞與王尊獨爲刻深，非所以垂訓也，故削之。

王尊

王尊，字子贛，涿郡高陽人。少孤，諸父使牧羊澤中，尊竊學問，能史書。年十三爲獄小吏，數歲除補書佐，署守屬監獄。久之稱病去，師事郡文學官，治尚書論語，略通大義。復召署守屬治獄，爲郡决曹史。數歲舉幽州刺史從事，察廉補遼西鹽官長，數上書言便宜事。初元中，舉直言，遷虢令，轉守槐里，兼行美陽令事。美陽女子告假子不孝，曰：「兒常以我爲妻，詬笞我。」尊收捕驗問，辭服，尊曰：「律無妻母之法，聖人所不忍書。此經所謂造獄者也。」於是出坐庭上，取不孝子縣磔著樹，使騎吏五人射殺之，吏民驚駭。後擢爲安定太守，到官，出教告屬縣曰：「太守以今日至府，願諸卿勉力，正身以率下。故行貪鄙能變更者與爲治，明慎所職，毋以身試法。」又敕掾功曹：「各自砥礪，助太守爲治，其不中用，趣自避退，毋久妨賢。府丞悉署吏行能，分别白之賢爲上，毋以富賈人百萬不足與計事。昔孔子治魯七日，誅少正卯，今五官掾張輔懷虎狼之心，貪汙不軌，一郡之錢盡入輔家，然適足以葬矣。今將輔送獄丞，戒之戒之！相隨入獄矣。」輔繫獄數日死，盡得其狡猾不道百萬姦臧，威震郡中，盜賊分散，入傍郡界，豪强多誅，傷伏辜者坐，殘賊免起家。復爲護羌將軍，轉校尉，護送軍糧委輸，而羌人反絶轉道，兵數萬圍尊，尊以千餘騎奔突，羌賊功未列，上坐擅離部署，會赦免，歸家。涿郡太守徐明薦尊，上以爲鄗令，遷益州刺史。先是王陽爲益州刺史，行部至邛郲九折阪，歎曰：「奉先人遺體，奈何數乘此險！」後以病去。及尊爲刺史，至其阪，問曰：「此非王陽所畏道耶？」吏對曰：「是。」尊叱其馭曰：「驅之！」王陽爲孝子，王尊爲忠臣。居部二歲，懷來徼外，蠻夷歸附。博士鄭寬中使行風俗，舉尊治狀，遷東平相。是時東平王以至親，驕奢不奉法度，傅相連坐。及尊視事，奉璽書至廷中，王未及出受詔，尊持璽書歸舍。食已乃還，致詔後謁見王。太傅在前，説相鼠之詩，尊曰：「毋持布鼓過雷門。」王怒，起入後宫，尊亦直趨出就舍。先是王數私出入，驅馳國中，與后姬家交通。尊召敕厩長：「大王當從官屬，鳴和鑾乃出。自今有令，駕小車。」叩頭争之，言相教不得。後尊朝王，王復延請登堂，尊謂王曰：「尊來爲相人，皆弔尊，以尊不容朝廷，故免使相王耳。天下皆言王勇，顧但負貴，安能勇！如尊乃勇耳。」王變色，視尊，意欲格殺之，即好謂尊曰：「願觀相君佩刀。」尊舉掖，顧傍侍郎：「前引佩刀視王，王欲誣相，拔刀向王邪？」王情得，又雅聞尊高名，大爲尊屈，酌酒具食，相對極驩。太后奏尊爲相倨慢，王血氣未定，不能忍，誠恐母子俱死。尊竟坐免爲庶人。大將軍王鳳奏尊補軍中司馬，擢司隸校尉。初，中書謁者令石顯貴幸，專權爲奸邪，丞相匡衡、御史大夫張譚皆阿附，畏事顯。及元帝崩，成帝即位，顯徙爲中太僕，不復典權衡，譚乃奏顯舊惡。尊劾衡、譚位三公，典五常九德，以總方略、壹統類、廣教化、美風俗爲職，知顯專權擅勢，大作威福，爲海内患害，不以時白奏行罸，而阿諛曲從，附下罔上，懷邪迷國，無大臣輔政之義。衡慚懼，免冠謝罪，上丞相侯印綬。天子以新即位，重傷大臣，乃下御史丞問狀，尊坐塗汙宰相，輕薄國家，左遷爲高陵令，數月以病免。會南山群盜傰宗等數百人爲吏民害，拜故弘農太守傅剛爲校尉，將迹射士千人逐捕，歲餘不能禽。或説大將軍鳳選用賢，京兆尹於是鳳薦尊，徵爲諫大夫，守京輔都尉，行京兆尹事，旬月間盜賊清。遷光禄大夫，守京兆尹，後爲真。凡三歲，坐遇使者無禮，長安繫者三月間千人以上。御史大夫奏免尊，吏民多稱惜之。湖三老公乘興等上書，訟尊治京兆功效，曰：「往者南山盜賊阻山横行，道路不通，暴師露衆，不能擒制。尊行京兆尹，二旬之間，大黨震壞，渠率效首，賊亂蠲除，民反農業。拊循貧弱，鉏耘豪强，姦邪銷釋，吏民悦服，誠國家爪牙之吏、折衝之臣！今一旦無辜，傷於詆欺之文，上不得以功除罪，下不蒙棘木之聽。願下公卿大夫、博士議郎，定尊素行。」書奏，天子復以尊爲徐州刺史，遷東郡太守。久之河浸瓠子金隄，尊躬率吏民沈白馬祀水神河伯，親執圭璧，使巫策祝請，以身填金隄，因止宿隄上，吏民數千萬人盡叩頭救止尊，尊終不肯去。及水盛隄壞，吏民皆奔走，惟一主簿泣，在尊旁立不動，而水波稍却迴還。吏民嘉壯尊之勇節，白馬三老朱英等奏其狀，下有司考，皆如言。於是秩尊中二千石，加賜黄金二十斤。數歲卒，官吏民祀之。

論曰：推尊之勁氣壯節，雖刀鋸在前，鼎鑊在後，不啻甘飴，曾無顧畏。即自謂賁、育，不能過之矣。《記》曰：「孝子不登高。」然戰陣無勇，又爲非孝者，豈不以丈夫授命、必得死所？當尊疾驅度阪時，萬一馬驚車殆，身殞懸崖，於孝固虧矣，於忠亦不爲得也。是以古之養勇者必先明理，理不明而浪擲其生，不幾於暴虎馮河者乎？

薛宣

薛宣，字贛君，東海郯人。少爲廷尉書佐，都船獄吏，後補不其丞。琅邪太守趙貢行縣，見宣，甚説其能，從貢還府，貢令妻子與相見，戒曰：「贛君至丞相，我兩子亦中。」丞相史察宣廉，遷樂浪都尉，丞舉茂材，爲宛句令。王鳳薦爲長安令，以明習文法，補御史中丞。是時成帝初即位，宣執法殿中，數言政事便宜，舉奏部刺史郡國二千石，所貶退稱進白黑分明，繇是知名。出爲臨淮太守，政教大行。會陳留有大賊廢亂，徙爲陳留太守，盜賊禁止。吏民敬其威信，入守左馮翊，滿歲稱職爲真。始高陵令楊湛、櫟陽令謝游皆貪猾不遜，持郡短長，前二千石數案不能竟。及宣視事，爲設酒飯與相對，接待甚備，已而具得其罪臧。然宣察湛有改節敬宣之效，迺手自牒書封與湛曰：「吏民條言君如牒，或議以爲疑於主守盜，馮翊敬重令。又念十金法重，不忍相暴章，故密以手書相曉，欲君自圖進退，可復伸眉於後。即無其事，復封還記，得爲君分明之。」湛自知罪臧皆應記，而宣辭語温潤無傷害意，即解印綬付吏爲記謝宣，終無怨言。而櫟陽令游自以大儒有名，輕宣，宣獨移書顯責之曰：「吏民言令治行煩苛，謫罰作使千人以上，賊取錢財數十萬，給爲非法，賣買聽任富吏，賈數不可知，證驗以明白。欲遣吏考案，恐負舉者，恥辱儒士。孔子曰：『陳力就列，不能者止。』令詳思之。」游得檄，亦解印綬去。又瀕陽縣北當上郡西河爲數郡湊，多盜賊，其令平陵薛恭本縣孝者，功次稍遷，未嘗治民，職不辦。而粟邑縣小，辟在山中，民謹樸易治，令鉅鹿尹賞久郡用事，吏爲樓煩長，舉茂材，遷在粟。宣即奏賞，與恭換縣。二人視事數月，而兩縣皆治。宣因移書勞勉之，曰：「昔孟公綽優於趙魏，而不宜滕、薛，故或以德顯，或以功舉，君子之道焉可誣也？屬縣各有賢君，馮翊垂拱蒙成，願勉所職，卒功業。」宣得吏民罪名，輒召告縣長吏，使自行罰，曉曰：「府所以不自發舉者，不欲代縣治，奪賢令長名也。」長吏莫不喜懼，免冠謝宣。宣爲吏賞罰明，用法平而必行，所居皆有條教可紀，多仁恕愛利。池陽令舉廉吏獄掾王立，府未及召聞，立受囚家錢，宣責讓縣，縣案驗獄掾，迺其妻獨受繫者錢，獄掾實不知。掾慚恐，自殺，宣聞之，移書池陽曰：「立家私受賕而立不知，殺身以自明，立誠廉士。」其以府決曹掾書，立之柩，以顯其魂。府掾史素與立相知者，皆予送葬，及日至休。吏賊曹掾張扶獨坐曹治事，宣出教曰：「蓋禮貴和，人道尚通。日至吏以令休，所繇來久。曹雖有公職事家，亦望私恩。意掾宜從衆，歸對妻子，設酒肴，請鄰里一笑，相樂扶慚愧，官屬善之。」宣爲人好威儀，進止雍容，甚可觀也。性密静有思，思省吏職，求其便安。下至財用筆硯，皆爲設方略，利用而省費，郡中清静。遷爲少府。月餘，御史大夫于永卒，谷永上疏薦宣，上遂以宣爲御史大夫。數月代張禹爲丞相，封高陽侯，食邑千户。乃除趙貢兩子爲史，宣爲相官屬，議其煩碎，無大體不稱賢。而天子好儒雅，宣經術又淺，上亦輕焉。久之，廣漢郡盗賊群起，數月迺平。會印成太后崩，喪事倉卒，吏賦斂以趣辦。上聞之，以過丞相、御史，遂册免宣。初，宣爲丞相，翟方進爲司直。宣知方進名儒，有宰相器，深結厚焉。後方進竟代爲丞相，思宣舊恩，宣免後二歲，薦宣明習文法，練國制度。上徵宣復爵高陽侯，加寵特進給事中，視尚書事。宣復尊重任政，數年後坐善定陵侯淳于長，罷歸，卒于家。

論曰：貢識宣，宣亦識方進，二人皆卒至相位，何見之明也！宣爲郡頗持大體，及爲相乃以煩碎見譏。方宣之除中丞，以明習文法，故其後方進薦宣，亦云然，以知文法可以治郡，而不可以相天子、宰天下。古之服古入官者，其術業必異於是矣。

史傳三編卷五十

循吏傳二

漢

卓茂

卓茂，字子康，南陽宛人。元帝時學於長安，事博士江生，習詩、禮及歷算，究極師法，稱爲通儒。性寬仁恭愛，鄉黨故舊雖行能與茂不同，而皆愛慕欣欣焉。初，辟丞相府史，嘗出行，有人誤認其馬，茂心知其謬，然嘿解與之。他日其人別得所亡馬，乃詣府歸馬，叩頭謝茂。後以儒術舉爲侍郎、給事黄門，遷密令。勞心諄諄，視人如子，舉善而教，口無惡言，吏人親愛而不忍欺之。有言部亭長受其米肉遺者，茂問曰：「亭長爲從汝求乎，爲汝有事囑之而受乎，將平居自以恩意遺之乎？」人曰：「往遺之耳。」茂曰：「遺之而受，何故言？」人曰：「竊聞賢明之君，使人不畏吏，吏不取人。今我畏吏，是以遺之。吏既卒受，故來言耳。」茂曰：「汝爲敝人矣！凡人所以貴於禽獸者，以有仁愛，知相敬事也。今鄰里長老尚致饋遺，况吏與民乎？吏顧不當乘威力强請求耳。人之生，群居雜處，故有經紀，禮義以相交接。汝獨不欲修之，寧能高飛遠走，不在人間邪？」人曰：「苟如此。律何故禁之？」茂笑曰：「律設大法，禮順人情。今我以禮教汝，汝必無怨；以律治汝，何所措其手足乎？一門之内，小者可論，大者可殺也。且歸念之！」於是人納其訓，吏懷其恩。初，茂到縣，有所廢置，吏人笑之，鄰城聞者皆嗤其不能。河南郡爲置守令，茂不爲嫌，理事自若，數年教化大行，道不拾遺。平帝時王莽秉政，天下大蝗，河南二十餘縣皆被其災，獨不入密縣界。及莽置大司農、六部丞，勸課農桑，遷茂爲京部丞，密人老少皆涕泣隨送。後莽居攝，以病免歸，常爲門下掾祭酒，不肯作職吏。更始立，以爲侍中祭酒。從至長安，知更始政亂，以年老乞骸骨。光武即位，先訪求茂，茂詣河南謁見，乃以茂爲太傅，封褒德侯，食邑二千户，賜几杖、車馬衣絮。復以長子戎爲太中大夫，次子崇爲中郎給事黄門。建武四年卒，賜棺槨、冢地，比葬，車駕素服，親臨送之。

論曰：考茂行事，無赫赫功，而仁厚和平，使人愛慕，至於道不拾遺，蝗不爲災。及遁跡於新莽之世，又何其乃心王室，確然一節也。光武龍興，當群豪未靖、戰將角才之秋，獨首先禮茂，俾居三公之首，以厚德風天下，可謂知所本矣。論者以子陵歸釣，實開東海節義之風；擢茂太傅，遂使東京循吏輩出。諒哉！

衛颯

衛颯，字子産，河内修武人。家貧好學問，隨師無資，常傭以自給。王莽時，仕郡，歷州宰。建武二年，辟大司徒鄧禹府，舉能案劇，除侍御史、襄城令，政有名迹，遷桂陽太守。郡接交州，頗染其俗，不知禮則。颯下車，修庠序之教，設婚姻之禮，期年邦俗從化。先是，含洭、湞陽、曲江三縣，越之故地也，民居深山，濱溪谷，不出田租，去郡遠者或且千里，吏事往來，輒發民乘船，名曰傳役，每一吏出，徭及數家，百姓苦之。颯乃鑿山通道五百餘里，列亭傳、置郵驛，於是役省勞息，姦吏杜絶，流民稍還，漸成聚邑，使輸租賦，同之平民。來陽縣出鐵石，他郡民庶常聚會，私爲冶鑄，因招亡命，致姦盜。颯起鐵官，斥私鑄，歲所增入五百餘萬。颯理恤民事，居官如家，所施政莫不合於物宜，視事十年，郡内清理。二十五年，徵還，光武欲以爲少府，會被疾，不能拜起，以桂陽太守歸家，須後詔。居二歲，載病詣闕，自陳困篤，乃收印綬，賜錢十萬，後卒於家。南陽茨充代颯守桂陽，亦善其政，教民種殖桑柘、麻紵之屬，勸令養蠶、織履，民得利益。

論曰：康誥曰：「如保赤子。」古之治民者如是，後世治不古，若非盡智猷才，分之不足也。視官府爲傳舍，則其誠意之不加也。固宜颯居官如家用，能於聲教甫通之地，立法興化，移易風俗，而民咸宜之。故知設誠致行者，政之善經，雖康叔所以靖頑民，未有外此者也。

任延

任延，字長孫，南陽宛人。年十二爲諸生，學於長安，明詩易春秋，顯名太學，學中號爲任聖童。值亂，避兵隴西，隗囂聘之，不應。更始元年，以爲大司馬屬，拜會稽都尉，時年方十九。到官静泊無爲，唯先遣祠延陵季子，已則省諸卒，耕公田，以周窮急。掾吏貧者，分俸賑給之。每行縣，輒慰勉其孝子。是時中土士人避亂江南，故會稽多士，延乃聘高行、董子儀、嚴子陵等，敬待以師友之禮。有龍丘萇者，王莽時四輔三公連辟不到，掾吏請召之，延曰：「龍丘先生躬德履義，有原憲、伯夷之節，都尉洒埽其門，猶懼辱焉，召之不可。」遣功曹奉謁修書，記致醫藥，相望於道。積一歲，萇乃自謁府門，願備録，延辭讓再三，署爲議曹祭酒。萇尋卒，延自臨殯，不朝三日，是以郡中賢士大夫争往宦焉。建武初，徵爲九真太守。九真以射獵爲業，不知牛耕，常告糴交阯，每致困乏。延令鑄作田器，教之墾闢，歲歲開廣，百姓充給。俗又無嫁娶禮法，各因淫好，不識父子之性、夫婦之道。延使男年二十至五十，女年十五至四十，皆以年齒相配，其貧無禮聘者，長吏以下各省奉禄賑助之，同時相娶者二千餘人。是歲風雨順節，穀稼豐衍，産子者始知種姓，咸曰：「使我有是子者，任君也。」多名子爲任。於是徼外蠻夷，慕義保塞，遂罷偵候戍卒。初，平帝時，漢中錫光爲交阯太守，教導民夷，漸以禮義。王莽末，閉境拒守。建武初，遣使貢獻，封鹽水侯，嶺南華風，始於二守焉。延視事四年，徵詣洛陽，九真吏人生爲立祠。以病稽留，左轉睢陽令，擢武威太守。帝戒之曰：「善事上官，無失名譽。」延對曰：「臣聞忠臣不私，私臣不忠。履正奉公，臣子之節。上下雷同，非陛下之福。善事上官，臣不敢奉詔。」帝歎息曰：「卿言是也。」武威大姓田紺爲郡將兵長史，子弟賓客多爲暴害，延收紺繫之，并其子弟賓客伏法者五六人。紺少子尚乃聚輕薄數百人，自號將軍，夜攻郡，延即發兵破之，自是威行境内，吏民累息。郡北當匈奴南，接種羌，多寇抄，民廢田業。延選武略之士千人，明其賞罰，屯據要害，有警急逆擊追討，寇抄遂絶。河西舊多苦旱，延置水官吏，修理溝渠，人蒙其利。又立校官，自掾吏子孫皆令詣學受業，復其徭役，章句既通，則顯拔榮進之，郡遂有儒雅之士。後坐擅誅羌，不先上，左轉召陵令。顯宗即位，拜潁川太守。永平二年，徵會辟雍，因以爲河内太守，視事九年，病卒。少子愷，官至太常。

論曰：子陵之清風竣節，光武猶不能屈，獨應任延之聘，雖韓起之與田蘇游，其義曷以加兹？及後歷官禮教，行於種姓，直聲動乎大廷，益以知延之學行，誠加於人一等矣。

劉昆

劉昆，字桓公，陳留東昏人，梁孝王之裔也。少習容禮，又受施氏易於沛人戴賓。能彈雅琴，知清角之操。王莽世，教授弟子恒五百餘人。春秋饗射，常備列典儀，以素木、瓠葉爲俎豆，桑弧蒿矢以射菟首。每有行禮，縣宰輒率吏屬而觀之。莽以昆宗室，多聚徒衆，私行大禮，有僭上心，繫昆及家屬於外黄獄。尋莽敗，得免。是時天下大亂，昆避難河南，負犢山中。建武五年，舉孝廉，不行，教授於江陵，光武即除爲江陵令。江陵連年火災，昆輒向火叩頭，多能降雨止風。徵拜議郎，稍遷侍中、弘農太守。先是，崤黽驛道多虎，行旅不通，昆爲政三年，仁化大行，虎皆負子渡河，帝聞而異之。二十二年，徵代杜林爲光禄勳，詔問昆曰：「前在江陵反風滅火，後守弘農虎北渡河，行何德政而致是？」昆對曰：「偶然耳。」左右皆笑其質訥，帝歎曰：「此乃長者之言也。」顧命書諸策，令入授皇太子及諸王小侯五十餘人。二十七年，拜騎都尉。三十年，以老乞骸骨，詔賜洛陽第舍，以千石禄終其身。中元二年，卒。子軼，字君文，傳昆業，門徒亦盛；永平中，爲太子中庶子；建初中，稍遷宗正，卒於官，遂世掌宗正焉。

論曰：中孚以格豚魚，精誠之至，有感必通。然先以感通爲心，而期必其應，則誠之與存焉者寡矣。故昆「偶然」之對，非姑爲謙退也，理固如是耳。漢家自光武再造，以仁厚立國，士多長者。降及桓靈之世，乃有以激昂議論見者，豈事勢之流相激使然歟？

郭伋

郭伋，字細侯，扶風茂陵人。少有志行，哀、平間，辟大司空府，三遷漁陽都尉。王莽時，爲上谷大尹，遷并州牧。更始新立，聞伋名，徵拜左馮翊，使鎮撫百姓。世祖即位，拜雍州牧，再轉爲尚書令，數納忠諫諍。建武四年，出爲中山太守。明年，彭寵滅，轉爲漁陽太守。漁陽既罹王莽之亂，重以彭寵之敗，民多猾惡，寇賊充斥。伋示以信賞，糾戮渠帥，盜賊銷散。時匈奴數侵抄，邊境苦之。伋整頓士馬，設攻守之略，匈奴畏憚遠迹，不敢復入，塞民得安業，户口增倍。九年，徵拜潁川太守。時潁川盜賊群起，伋到郡招降趙宏、召吴等數百人，悉遣歸農，其黨聞伋威信，降者絡繹不絶。十一年，調并州牧，過京師見帝，言曰：「選補衆職，當簡天下賢俊，不宜專用南陽人。」帝納之。伋前在并州，素結恩德，至是入界，老幼相攜，逢迎道路，所過問民疾苦，聘求耆德雄俊，設几杖之禮，朝夕與參政事。行部至河西美稷，有童兒數百，各騎竹馬，道次迎拜。伋問：「兒曹何來？」對曰：「聞使君到，喜，故來迎耳。」比事訖，諸兒送至郭外，問：「使君何日當還？」伋謂：「别駕從事，計日告之。」及還，先期一日，伋爲違信於諸兒，遂止野亭，須期乃入。是時朝廷多舉伋可大司空者，帝以新省朔方，屬并州，而盧芳尚倚匈奴爲邊警，欲伋久於其事，故不召。伋知盧芳夙賊，難卒以力制，常嚴烽候、明購賞，以結寇心。芳將隋昱遂謀脅芳降伋，芳乃亡入匈奴。伋以老病乞骸骨。二十二年，徵爲大中大夫，賜宅一區，帷帳錢穀充其家，伋悉散與宗親，無所遺。明年卒，年八十六。帝親臨，弔賜冢塋地。

論曰：伋所至，以信爲治。夫信者，五常之本也，撫民不以信，則仁不究也；接人不以信，則禮不行也；整兵不以信，則義不足以禦亂也；燭姦不以信，則智不足以靖民也；仮主於信，以成其政，至不欺竹馬兒童，庶幾朴篤君子者已。

杜詩

杜詩，字公君，河内汲人。少有才能，仕郡公曹，有公平稱。更始辟大司馬府，建武元年，一歲中三遷，爲侍御史。安集洛陽時，將軍蕭廣縱兵暴横，百姓惶擾，詩敕曉不改，遂格殺廣，還以狀聞，世祖召見，賜棨戟，復使之河東。至大陽，聞賊楊異等規欲北渡，乃與長史急焚其船，部勒郡兵，將突騎趨擊斬異等，賊遂翦滅。拜成皋令，視事三歲，舉政尤異。再遷爲沛郡都尉，轉汝南都尉，所在稱治。七年，遷南陽太守。性節儉，政治清平，誅暴立威，善於計略，省愛民役，造作水排，鑄爲農器，用力少，見功多，百姓便之。又修築陂池，廣拓土田，郡内比室殷足，南陽人以方召信臣，爲之語曰：「前有召父，後有杜母。」詩自以無勞，久居大郡，乃上疏願受小職，以降避功臣。帝惜其能，不許。詩雅好推賢，數進知名士，身雖在外，盡心朝廷，讜言善策，隨事獻納。初，禁網尚簡，但以璽書發兵，未有虎符之信，詩請立符以絶姦端，從之。十四年，卒，詔使治喪郡邸，賻絹千匹。

論曰：詩之爲治，可謂所居民富，所去民思。召父、杜母之稱，於今爲烈。當其格殺蕭廣，一何壯也，其才略誠有以過人者。退而辭位，以避功臣，又何其恂恂禮讓君子耶！

孔奮

孔奮，字君魚，扶風茂陵人。少從劉歆受春秋左氏傳，歆稱之。遭王莽亂，與母弟避兵河西。建武五年，河西大將軍竇融署爲議曹掾，守姑臧長。八年，賜爵關内侯。時所在擾亂，唯河西獨安，而姑臧通貨羌胡，市日四合，稱爲富邑。每居縣者不數月，輒豐積。奮在職四年，財産無所增。事母孝謹，奉養極求珍膳，而躬率妻子甘菜茹。當天下未定，士多不修節操，而奮身處脂膏，力行清潔，爲人所笑。太守梁統深相敬禮，常迎於大門，引入見母，不以官屬待之。隴蜀既平，河西守令咸被徵召，財貨連轂，彌竟川澤，唯奮單車就道。姑臧吏民及羌胡更相謂曰：「孔君清廉仁賢，今去，何以報德？」遂共斂牛馬器物千萬以上，追送數百里，奮謝之而已，一無所受。既至京師，除武都郡丞。時隴西餘賊隗茂等夜攻府舍，殘殺郡守，奮追之急，賊乃執奮妻子以爲質。奮年已五十，唯一子，終不顧望，窮力討之。吏民感義，莫不倍爲用命。又率厲氐豪齊鍾留等，令要遮賊，氐人多便習山谷，與奮表裏。賊益窘急，乃推奮妻子置軍前，冀以却奮。而奮擊之愈厲，卒禽滅茂等，奮妻子亦爲所殺。世祖下詔褒美，拜爲武都太守。奮自爲丞，已爲河西所敬重，及爲守，舉郡莫不改操。爲政明斷，甄美疾非，見有美德，愛之如親，其無行者忿之若讐，郡中清平。後上病去官，卒於家。弟奇博通經典，作春秋左氏删。晚有子嘉，官至城門校尉，亦作左氏説云。

論曰：光武中興，隗囂猶狡焉，思爲鼎立之計。惟奮與竇融、梁統等精白乃心，以獎王室。其後竇、梁皆藉椒房之寵，累葉貴盛，卒與禍親。奮獨槖囊蕭然，一經授受，終亦不罹世網，所守爲益高矣。觀其以廉律己，而羌人獻貲；以義割恩，而氐人效命，則知爲天子吏，誠心格物，亦何物之不格哉！以此坊吏，而吏猶有以求賕，顧私敗其治蹟者。

張堪

張堪，字君游，南陽宛人。早孤，讓父餘財於兄子，凡數百萬。年十六，受業長安，志美行厲，諸儒號曰聖童。世祖微時，見堪志操，常嘉焉。及即位，中郎將來歙薦堪，召拜郎中，三遷爲謁者。使送委輸縑帛，并騎七千，詣大司馬吴漢，在道追拜蜀郡太守。時漢伐公孫述，軍纔餘七日糧，陰具船，欲遁去。堪聞之，馳往説漢，不宜退師。漢從之，乃示弱挑戰，述果自出戰，死城下。成都既拔，堪先入據其城，檢閲庫藏，收其珍寶，絲毫無私，慰撫吏民，蜀人大悦。在郡二年，徵拜騎都尉，後領驃騎將軍。杜茂營擊破匈奴於高柳，拜漁陽太守，捕擊姦猾，賞罰必信，吏民皆樂爲用。匈奴嘗以萬騎入漁陽，堪率數千騎奔擊，大破之。乃於狐奴開稻田八千餘頃，勸民耕種，以致殷富。百姓歌曰：「桑無附枝，麥穗兩岐。張君爲政，樂不可支。」視事八年，匈奴不敢犯塞。帝嘗召見諸郡計吏，問其風土，及前後守令能否。蜀郡計掾樊顯進曰：「漁陽太守張堪，昔在蜀漢，仁以惠下，威能討姦。前公孫述破時，珍寶山積，捲握之物，足富十世。而堪去職之日，乘折轅車，布被囊而已。」帝聞，良久歎息，拜顯爲魚復長。方徵堪，會病卒，帝深悼惜之，下詔褒揚，賜帛百匹。

論曰：南國多稻田，而北土惟旱種。或以朔漠霜早，又地高阜，恐水泉不足以輸灌也。讀堪傳，乃益知其不然。直阡陌既廢，兩漢之世斥其地爲邊壤，不復更爲經界耳。堪以一守之力，種植一郡，民享樂利，播之歌謡。後之尹是邦者，富民之術，宜莫先於是矣。

宋均

宋均，字叔庠，南陽安衆人。年十五，爲郎，好經書，每休沐輒受業博士，通詩、禮，善論難。調辰陽長，以俗信巫鬼，爲立學校，禁絶淫祀，人皆安之。以祖母喪去官，後爲謁者。會武陵蠻反，圍武威將軍劉尚，詔均乘傳發江夏，奔命三千人救之。均至，而尚已没，因監伏波將軍馬援軍，與諸將俱進。及援爲賊所阨，卒於師，士多疾病，死者大半。均慮軍遂不反，乃與諸將議曰：「今道遠士病，不可以戰，欲承制降之，何如？」諸將皆莫敢應。均曰：「忠臣出竟，有可以安國家者，專之可也。」乃矯制，命吕种奉詔入蠻，告以恩信，而勒兵隨其後，蠻人震怖，即共斬其大帥以降。於是散其衆，遣歸本郡，爲置長吏。及還，自劾，光武嘉其功，迎賜以金帛，令過家上冢。其後每有四方異議，數訪問焉。遷上蔡令、九江太守。中元元年，山陽楚沛多蝗，惟飛至九江界者，輒東西散去，由是名稱遠近。浚遒縣有唐、后二山，民共祠之，巫遂每歲取百姓男女以爲公嫗，既而莫敢嫁娶。均下書曰：「自今以後，爲山娶者，皆娶巫家，勿擾良民。」於是遂絶。遷東海相，在郡五年，坐法免。東海吏民思均恩化，詣闕訟均者數千人。顯宗以其能，徵拜尚書令，每有駁議，多合上旨。均嘗删剪疑事，帝以爲有姦，大怒，諸尚書惶恐，皆叩頭謝，均顧厲色曰：「忠臣執義，無有二心，均雖死不易志。」帝聞之，善其不撓，即貰郎遷均司隸校尉，出爲河南太守，政化大行。常寢病，百姓耆老爲走禱，旦夕問起居，其爲民愛若此。以疾乞免，詔除子條爲太子舍人，均力疾詣闕謝。帝使中黄門慰問，因留之。既而欲用爲司徒，召見，均疾甚，不任趨走，兩騶扶之，流涕固辭，帝甚傷之。建初元年，卒於家。均性寬和，不喜文法，常以爲吏貴弘厚，若苛察之人身，雖廉法而巧黠刻削，毒加百姓，災害流亡，所由而作。及在尚書，以時方嚴切，恒欲叩頭争之，而終未敢陳。帝後聞其言，而追悲之。

論曰：陳湯矯制以開邊，宰臣故抑其賞志，士猶或訟之。若均專命以全王師，而劇盗隨以寧貼，其功浮於湯矣。湯之末年，每以邊事被顧問，均亦獲參異議，所遇又略相似。至均之論吏治，平情準理，以此從政，果且達已！

王景

王景，字仲通，其先琅邪不其人。八世祖仲好道術，明天文。諸吕作亂，齊哀王襄謀發兵，而數問於仲。及濟北王興居反，欲委兵於仲，仲懼禍及，乃浮海東奔樂浪山中，因家焉。景少學易，遂廣窺衆書，又好天文術數之事。沉深多伎藝，辟司空伏恭府。時有薦景能理水者，顯宗詔與將作謁者王吴共修作浚儀渠。吴用景堨流法，水乃不復爲害。初，平帝時河汴決壞未及修，建武十年，以陽武令張汜言，光武方爲發卒，而浚儀令樂俊復以新被兵革，民不堪命，宜須平静，其事遂寢。後汴渠東侵，日月彌甚，水門故處皆在河中。兖豫百姓怨歎，以爲縣官不先民急。永平十二年，議修汴渠，乃引見景，問以形便，景陳其利害，帝善之。夏，遂發卒數十萬，遣景與王吴修渠築堤，自滎陽東至千乘海口千餘里。景商度地勢，鑿山阜，破砥磧，直截溝澗，防遏衝要，疏決壅積，十里立一水門，令更相洄注，無復遺漏之患。景雖簡省役費，然猶以百億計。明年夏渠成，帝親巡行，詔濱河郡國置河堤員史，如西京舊制。景由是知名，三遷爲侍御史。十五年，從駕東巡狩至無鹽，帝美其功績，拜河堤謁者，賜車馬縑錢。建初七年，除徐州刺史。先是，杜陵杜篤奏論，欲車駕遷還長安，景以宫廟已立，恐人情疑惑，會有神雀諸瑞，乃作金人論，頌洛邑之美，天人之符，文有可採。明年，遷廬江太守。廬江百姓不知牛耕，地力有餘，食常不足。郡界故有孫叔敖芍陂稻田，景乃驅率吏民，修起蕪廢，教用犂耕，由是墾闢倍多，境内豐給。又訓令蠶織，爲作法制，皆著於鄉亭，廬江傳其文詞。卒於官。

論曰：太史公曰：「甚哉！水之爲利害也。」當神禹時，九河底績。然自殷家已不常厥所，至周定王而河遂改流。歷考後代治法，雖不必同，要惟疏濬開導以殺其勢、順其性，如孟子所謂水由地中行者，方無惡於智矣。漢世賈讓之後，獨景以此見長云。

廉范

廉范，字叔度，京兆杜陵人，趙將廉頗之後也。漢興，以廉氏豪宗，自苦陘徙焉。曾祖父褒，成、哀間爲右將軍。祖父丹，王莽時爲大司馬庸部牧，皆有名。范父遭亂客死於蜀，范遂流寓西州，西州平，歸鄉里。年十五，辭母西迎父喪。蜀郡太守張穆，丹之故吏也，重資送范，范無所受，與客步負喪。道葭萌，船觸石没，范抱棺俱沉，衆傷其義，鉤求療救，僅免於死。穆聞，復馳使持前資追范，范卒固辭。歸葬服竟，詣京師受業，事博士薛漢。永平初，隴西太守鄧融備禮謁范爲功曹。及融爲州所舉案，范知事譴難解，欲以權相濟，託病求去，融不達其意，大恨之。范於是東至洛陽，變名姓，求代廷尉獄卒。居無幾，融果徵下獄。范衛侍左右，盡心勤勞，融怪其貌類范，而殊不意，乃謂曰：「卿何似我故功曹？」范訶之曰：「君困厄瞀亂邪？」語遂絶。融繫出困病，范隨而養視，及死竟不言。身自送喪至南陽，葬畢乃去。後辟公府，會薛漢坐楚王事誅，故人門生莫敢視，范獨往收斂之。吏以聞，顯宗大怒，召范入，詰責曰：「薛漢與楚王同謀，交亂天下。范，公府掾，不與朝廷同心，而反收斂罪人，何也？」范叩頭曰：「臣無狀愚戇，以爲漢等皆已伏誅，不勝師資之情，罪當萬坐。」帝怒稍解，問范曰：「卿廉頗後耶？與右將軍褒、大司馬丹有親屬乎？」范對曰：「褒，臣之曾祖。丹，臣之祖也。」帝曰：「怪卿志膽敢爾！」因貰之，由是顯名。舉茂才，數月再遷爲雲中太守。匈奴大入塞，烽火日通。故事，匈奴過五千人，移檄傍郡。吏欲用故事求救，范不聽，自率士卒拒之。匈奴衆盛，范兵不敵，適日暮，范令軍士各交縛兩炬，三頭爇火，營中星列。匈奴遥望，謂漢兵救至，大驚，待旦將退。范乃令軍中蓐食往赴之，斬首數百級，匈奴自相轔死者千餘人，由此不敢復向雲中。後歷武威、武都二郡太守，隨俗化導，各得治宜。建初中，遷蜀郡太守。其俗尚文辯，好相持短長，范每厲以淳厚，不受偷薄之説。成都民物豐盛，邑宇逼側，舊制禁民夜作，以防火災，然更相隱蔽燒者日屬。范乃毁削先令，但嚴使儲水，百姓爲便，歌之曰：「廉叔度，來何暮？不禁火，民安作。昔無襦，今五袴。」數年坐法免歸。范世在邊，廣田地，積財粟，悉以賑宗族朋友。肅宗崩，范奔赴敬陵，道遇廬江郡掾嚴麟奉章弔國，所乘小車塗深，馬死不能自進。范令從騎下馬與之，不告而去。麟事畢，不知馬所歸，緣蹤訪之，或謂麟曰：「故蜀郡太守廉叔度好周人窮急，今奔國喪，獨當是耳。」麟亦素聞范名，以爲然，即牽馬造門，謝而歸之，世服其好義。卒於家。

論曰：范之孝義節烈，赴人之險阨，而忘其施，可以廉頑立懦，豈徒以吏治見哉？昔李牧與廉頗相繼爲趙名將，牧之禦邊以示弱制勝，范乃以示强却敵。故孫臏減竈而虞詡增竈，趙奢增壘而趙雲開壘，虛實强弱之形，兵事固倏忽而異變也。若范之將略，其猶有祖風者耶？

魯恭

魯恭，字仲康，扶風平陵人。建武初，父爲武陵太守，卒官，時恭年十二，而弟丕方七歲。晝夜號踴，賻贈無所受。既歸，服喪，禮過成人。卒喪，與丕奉母居太學，習魯詩。兄弟閉户講誦，絶人間事，學士争歸之。太尉趙熹慕其志，每歲時問以酒糧，皆辭不受。恭憐丕小，欲先就其名，郡數禮請，託疾不肯應。及建初初，丕舉方正，恭乃始爲郡吏。肅宗集諸儒於白虎觀，恭以經明召與其議。熹復舉恭直言，待詔公車，拜中牟令，專以德化爲理，不任刑罰。許伯等争田，累守令不能決，恭爲平理曲直，皆退而自責，輟耕相讓。有訟亭長借牛不還者，恭召亭長勑歸牛，至再三猶不從，恭歎曰：「是教化不行也。」欲解印綬去，掾吏泣涕留之，亭長乃慙悔還牛，詣獄受罪，恭貰不問，於是吏人信服。七年，郡國螟傷稼，犬牙緣界，不入中牟。河南尹袁安聞之，疑其不實，使仁恕掾肥親往廉之。恭隨親行阡陌，坐桑下，有雉止於兒傍，兒不捕雉，親問兒，兒曰：「雉方將雛。」親瞿然而起，與恭訣曰：「所以來者，欲察君之政迹耳。今蟲不犯境，一異也；化及鳥獸，二異也；豎子有仁心，三異也。久留徒擾賢者。」遂還府，具以白安。是歲嘉禾生恭庭中，安因上書言狀，帝異之。會詔舉賢良方正，恭舉中牟王方，帝即徵方禮之，與公卿所舉同。恭在事三年，州舉尤異，遭母喪去，後拜侍御史。和帝立，車騎將軍竇憲建議欲擊匈奴，恭上疏諫，略曰：「萬民者天之所生，天愛其所生，猶父母愛其子。一物不得其所，則天氣爲之舛錯，况於人乎？昔太王重人命而去邠，故獲上天之祐。今邊境無事，宜修仁行義，尚於無爲，陛下獨奈何以一人之計，棄萬人之命乎？」不從。恭每見政事有益於人，輒言其便，無所隱諱。尋爲魯詩博士，拜侍中，數召問得失，恩禮寵異，遷樂安相。是時東州多盜賊，群輩攻劫，恭重購賞，開恩信，降其渠帥張漢等。恭上漢補博昌尉，其餘遂自相捕擊，盡破平之。永元九年，徵爲議郎，拜侍中，其冬遷光禄勳，選舉清平。十二年，代吕蓋爲司徒。十五年，上除恭子撫爲郎中，而弟丕亦爲侍中，兄弟父子并列朝廷。後坐事策免。殤帝即位，以恭爲長樂衛尉。永初元年，復代梁鮪爲司徒。初，和帝末，令麥秋案驗薄刑，州郡因此遂盛夏斷獄。恭上疏，略曰：「舊制，立秋乃行薄刑。自永元來，刺史、太守以盛夏徵召農人，拘對考驗，連滯無已，上逆時氣，下傷農桑。月令孟夏斷薄刑者，謂輕罪已正，不欲久繫，故時斷之也。臣愚以爲今孟夏可從此令，其決獄案考皆以立秋爲斷。」是時斷獄承用肅宗之制，率以冬至前，吏入十一月得死罪賊，即格殺，不復讞正。及鄧太后詔公卿以下會議，恭復奏曰：「王者之作，因時爲法。一夫吁嗟，王道爲虧。可令疑罪，使詳其法。大辟之科，盡冬月乃斷。其立春在十二月中者，勿以報，囚如故事。」後卒施行。恭再在公位，選辟高第，至列卿郡守者數十人，而耆舊大姓不蒙薦舉，至生怨望。恭聞之，曰：「『學之不講，是吾憂也。』諸生不有鄉舉乎？」終無所言。性謙退，奏議依經，潛有補益，終不自顯，故不以剛直爲稱。三年，以老病策罷。六年，年八十一，卒於家。以兩子爲郎，長子謙爲隴西太守，有名績。謙子旭，官至太僕，從獻帝西入關，與司徒王允同謀共誅董卓，及李傕入長安，旭與允俱遇害。

論曰：恭以德化人，世傳三異，至其兩論斷刑，上若天時，下便民事，與申商慘覈少恩者迥若河漢矣。當西漢時，惟董仲舒知求端於天，以爲王者任德而不任刑。恭之治郡、立朝，率由是道，可謂寬仁之長、慈惠之師者已！

秦彭

秦彭，字伯平，扶風茂陵人。自漢興，世位相承，六世祖襲爲潁川太守，與群從同時爲二千石者五人，故三輔號曰萬石秦氏。彭同産女弟，顯宗時入掖庭爲貴人，有寵。永平七年，以彭貴人兄，隨四姓小侯擢爲開陽城門候。十五年，拜騎都尉，副駙馬都尉耿秉北征匈奴。建初元年，遷山陽太守。以禮訓人，不任刑罰，崇好儒雅，敦明庠序。每春秋饗射，輒修升降揖讓之儀，爲人設四誡，以定六親長幼之禮，有遵奉教化者，擢爲鄉三老，常以八月致酒肉，以勸勉之。吏有過咎，罷遣而已，不加恥辱。百姓懷愛，莫有欺犯。興起稻田數千頃，每於農月親度頃畝，分别肥瘠，差爲三品，各立文簿，藏之鄉縣，於是奸吏跼蹐，無所容詐。彭乃上言，宜令天下齊同其制，詔令三府以所立條式班下州郡。在職六年，轉潁川太守，有鳳凰、麒麟、嘉禾、甘露之瑞。肅宗巡行，再幸潁川，輒賞賜錢穀，恩寵甚異。章和二年，卒。弟敦、褒，并爲射聲校尉。

論曰：彭之以禮訓人，事同韓延壽。然延壽以罪死，而彭以恩遇終。以此知明、章之馭吏，光於前烈矣。至其差田爲三品，實倣周官不易、一易、再易之舊法。然古者受田於公，故田瘠者所受多，田饒者所受少。後世民自營田，彭亦差之而已，豈能盡如周制哉？但因所差等以定賦税之高下，庶幾猶有禹貢之遺意焉。是則酌古準今者，所可變通其法而行之者已。

第五訪

第五訪，字仲謀，京兆長陵人，司空倫之族孫也。少孤貧，常傭耕以養兄嫂，有閒暇則以學文。仕郡爲功曹，察孝廉，補新都令。政平化行，三年之間，鄰縣歸之户口十倍。遷張掖太守，歲饑，粟石數千錢，訪未及上言，即開倉賑給，以救其敝。吏懼譴爭之，訪曰：「若上須報，是棄民也。太守樂以一身救百姓。」順帝聞之，璽書褒嘉焉。由是一郡得全，歲餘官民并豐，界無姦盜。遷南陽太守，去官，拜護羌校尉，邊境服其威信。卒於官。

論曰：歲之有災歉，天之行也。當鴻雁之哀鳴，求芻牧而難企，坐視赤子之顛連於溝壑，而惟一身之罪譴是恤，豈爲民父母之心哉？汲黯而後，謂訪實追蹤其美，豈其遠而！

王涣

王涣，字稚子，廣漢郪人。少好俠，尚氣力，數通剽輕少年，已而改節，敦儒學，習尚書，讀律令，略舉大義。爲太守陳寵功曹，當職割斷，不避豪右。寵風聲大行，入爲大司農，和帝問曰：「在郡何以爲理？」寵頓首謝曰：「臣任功曹王涣，以簡賢選能；主簿鐔顯，拾遺補闕。臣奉宣詔書而已。」帝大悅，涣由此顯名。州舉茂才，除温令。縣多姦猾，積爲人患，涣以方略討擊，悉誅之，境内清平，商旅露宿於道。遷兗州刺史，繩正部郡，風威大行。後坐考妖言不實論罷。歲餘，徵拜侍御史。永元十五年，從南巡，還爲洛陽令。以平正居身，得寬猛之宜，其寃嫌久訟、歷政所不斷、法理所難平者，莫不曲盡情詐，壓塞群疑。又能發擿姦伏，京師稱歎以爲神。元興元年，病卒。百姓市道，莫不咨嗟，相與賦斂致奠，醊以千數。及喪西歸，道經弘農，民皆設槃案於路，問其故，咸言：「往時持米入洛，爲卒司所鈔，恒亡其半，自王君在事，絶無侵枉，故報之。」其政化懷物如此。民思其德，爲立祠安陽亭西，每祀輒絃歌而薦之。鐔顯後亦知名，仕至長樂衛尉。自涣後，連選洛陽令，皆不稱職。永和中，以任峻補之，峻擢用文武吏，皆盡其能，糾剔姦盗，不得旋踵，威風猛於涣，而文理不及。

論曰：朱子作綱目，縣令書「卒」者，陳寔、王涣二人而已，所以勵天下後世親民之官也。涣非獨以發擿姦伏見長，其誠厚之德，實有感人者。洛陽之民俎豆絃歌，没世而不忘也，宜哉！

孟嘗

孟嘗，字伯周，會稽上虞人。少修操行，仕郡爲户曹吏。上虞有寡婦養姑至孝，及姑老壽終，夫女弟以宿嫌，誣婦厭苦供養，鴆其母，郡輒結竟其罪。嘗知枉狀，備言於守，守不爲理，嘗哀泣謝病去，婦竟冤死。自是郡中連旱二年，禱祈無所應。後守殷丹到官，嘗輒詣府，具陳寡婦冤誣事，因曰：「昔東海孝婦感天致旱，于公一言，甘澤時降。宜戮訟者以謝冤魂！」丹從之，即刑訟女，祭婦墓，天應澍雨，穀稼以登。後策孝廉，舉茂才，拜徐令。州郡表其能，遷合浦太守。郡不産穀，而海出珠，與交阯比境，通商常以珠貿穀。先時宰守多貪穢，珠漸徙於交阯界，於是行旅不至，人物無資，貧者死餓於道。嘗到官，革易前弊，求民病利，曾未踰歲，去珠復還，百姓皆反其業，商貨流通，稱爲神明。以病自上，被徵當還，吏民攀車留之。嘗既不得進，乃載鄉民船夜遁，隱處窮澤，身自耕傭。鄰縣士民慕其德，就居止者百餘家。桓帝時，尚書楊喬七表薦嘗，竟不見用。年七十，卒於家。

論曰：書稱「非佞折獄，惟良折獄」，況於振幽釋滯，尤貴設誠者哉？夫惻怛著則私意捐，是非別而刑罰中，悉其聰明，致其忠愛，虛中以治，鬼神將通。斯于公所以無冤民也。嘗能雪寡婦之冤，至守合浦而有還珠之異。昔宋子罕有言：「爾以得玉爲寶，我以不貪爲寶。」夫不貪誠足寶。嘗乃以不貪之故而還寶，斯誠無價之至寶也已。

王堂

王堂，字敬伯，廣漢郪人。初，舉光禄茂才，遷穀城令，治有名迹。永初中，西羌寇巴郡，爲民患，遣中郎將尹就攻討，連年不克。三府舉堂治劇，拜巴郡太守。堂馳兵赴賊，斬擄千餘級，巴庸清静，吏民生爲立祠。刺史張喬表其治能，遷右扶風。安帝西巡，阿母王聖、中常侍江京等并請屬於堂，堂不爲用，掾吏固諫，堂曰：「吾蒙國恩，豈可爲權寵阿意？以死守之。」即日遣家屬歸，閉閤上病，果有誣奏堂者。會帝崩，京等悉誅，堂以守正見稱。永建二年，徵入爲將作大匠。四年，坐公事，左轉議郎，復拜魯相。政存簡一，至數年無詞訟。遷汝南太守，搜才禮士，不苟自專，乃教掾吏曰：「古人勞於求賢，逸於任使，故能化清於上，事緝於下。」其憲章朝右，簡覈才職，委功曹陳蕃；匡政理務，拾遺補闕，任主簿應嗣，庶循名責實，察言觀效焉。自是委誠求當，不復妄有詞教，郡内稱治。時大將軍梁商及尚書令袁湯以求屬不行，并恨之。後廬江賊迸入弋陽界，堂勒兵追討，即便奔散，而商、湯猶因此風州奏堂在任無警，免歸家。年八十六，卒。遺令薄斂瓦棺以葬。子穉清行不仕，曾孫商爲蜀郡太守，有治聲。

論曰：任賢爲理政之本也。其用弘，其利溥，善兼天下，何況郡邑？於是坐嘯畫諾之後，堂又著焉。雖然，非陳蕃其人則不可。

史傳三編卷五十一

循吏傳三

漢

蘇章

蘇章，字孺文，扶風平陵人。祖父純，字桓公，有高名，性强切而持毁譽，士友咸憚之，至乃相謂曰：「見蘇桓公，患其教責人，不見又思之。」三輔號爲大人。永平中，封中陵鄉侯，官至南陽太守。章少博學，能屬文，安帝時舉賢良方正，對策高第，爲議郎。數陳得失，其言甚直，出爲武原令。時歲饑，輒開倉廩，活三千餘户。順帝時，遷冀州刺史。故人爲清河太守，章行部，案其姦臧，乃請太守，爲設酒殽，陳平生之好甚歡。太守喜曰：「人皆有一天，我獨有二天。」章曰：「今夕蘇孺文與故人飲者，私恩也。明日冀州刺史案事者，公法也。」遂舉正其罪。州境知章無私，望風畏肅。調爲并州刺史，以摧折權豪忤旨坐免，隱歸鄉里，不交當世。後徵爲河南尹，不就。時天下日敝，論者舉章有幹國才，朝廷不能復用。卒於家。

論曰：内舉不避，祁奚所以見稱也。進賢如是，絀惡亦然，况故人乎？然意當時清河貪汙之迹，必不容姑貸，故章以公義案之。若有藉此立名之心，是鬼神之所惡也，罪又甚於徇庇矣。

羊續

羊續，字興祖，太山平陽人。其先七世爲二千石卿校。續初拜郎中，去官，後辟大將軍竇武府。及武敗，坐黨事禁錮十餘年。黨禁解，復辟大尉府，四遷爲廬江太守。及揚州黄巾賊攻舒，焚燒城郭，續發縣中男子二十以上，皆持兵勒陳，其小弱者負水灌火，集數萬人，并勢力戰，大破之，郡界平復。安風賊戴風等作亂，復擊破之，斬首三千餘級，生獲渠帥，其餘黨輩原爲平民，賦與佃器，使就農業。中平三年，江夏兵趙慈反，殺南陽太守秦頡，攻没六縣。拜續爲南陽太守，當入郡界，羸服間行，侍童子一人，觀歷縣邑，採問風謡，然後乃進。其令長貪潔，吏民良猾，悉逆知其狀，郡内驚竦，莫不震懾。乃發兵，與荆州刺史王敏共擊慈，斬之，獲首五千餘級，屬縣餘賊并詣續降。續復上言，宥其枝附。賊既清平，乃班宣政令，候民病利，百姓歡服。時權豪之家多尚奢麗，續深疾之，常敝衣薄食，車馬羸敗。府丞嘗獻生魚，續受而懸於庭，丞後又進之，續乃出前所懸者，以杜其意。其妻與子祕往造續，續閉門不納其妻，惟將祕行其資藏，僅有布衾敝裯、鹽麥數斛而已。顧敕秘曰：「吾自奉若此，何以資爾母乎？」使與母俱歸。六年，靈帝欲以爲太尉，時拜三公者皆輸東園禮錢千萬，令中使督之，名爲左騶。左騶所至，輒迎致禮敬，厚加贈賂。續獨坐之單席，舉緼袍示之曰：「臣之所資，唯斯而已。」左騶白之，帝不悦，以此不登公位，而徵爲太常。未及行，會病卒，時年四十八，遺言薄斂，不受賵遺。舊典，二千石卒官，賻百萬。府丞焦儉遵續先意，一無所受，詔書褒美，敕太山太守以府賻錢賜續家云。

論曰：續之清貧絶世，守原憲之節以終其身，皜皜乎不可尚已。至於數平劇賊，率皆原其枝附，仁以濟勇，用成厥功，豈特民牧之良法，抑亦軍政之善經也夫！

陳寔

陳寔，字仲弓，潁川許人。出於單微，自兒童時，雖在戲弄，已爲等輩所歸。常作縣吏及都亭刺佐，有志好學，坐立讀誦。縣令鄧邵試與語，奇之，聽受業太學，後令復召爲吏，乃避隱於陽城山中。時有殺人者，揚吏意疑爲寔，縣遂逮繫，考掠無實，而後得出。及寔爲督郵，反囑許令禮召揚吏，聞者咸歎服之。家貧，復爲郡西門亭長。其時功曹鍾皓爲司徒府所辟，太守問誰可代者，皓曰：「明府欲必得其人，西門亭長陳寔可。」寔聞之，曰：「鍾君似不察人，不知何獨識我！」由是寔代皓爲功曹。中常侍侯覽托太守高倫用吏，倫教署爲文學掾，寔懷教請見，言曰：

「此人不宜用，而侯常侍不可違。寔乞從外署，不足以塵明德。」倫從之，於是鄉論怪其非舉，寔終無所言。及倫徵爲尚書，郡中士大夫送至輪氏傳舍，倫乃言其故，且曰：「此咎由故人畏憚强禦，陳君可謂善則稱君、過則稱已者也。」聞者方歎息，天下由此服其德。司空黄瓊辟之，選理劇補聞喜長，旬月以期喪去。官復，再遷除太丘長。修德清静，百姓以安，鄰縣人户歸附者，寔輒訓導譬解，遣還故縣。本司官行部，吏慮有訟者白，欲禁之，寔曰：「訟以求直，禁之理將何申？其勿有所拘。」司官聞而太息，曰：「陳君所言若是，豈有怨於人乎？」亦竟無訟者。以沛相賦斂違法，解印綬去，吏民追思之。先是荀淑、韓韶及鍾皓皆潁川人也。淑字季和，有高行，善知人，嘗爲當塗長。韶字仲黄，爲嬴長，賊聞其賢，戒不入境鄰；縣民流入界，韶開倉賑禀，所贍萬餘户，主者争之，韶曰：「長活溝壑之人，以此伏罪，含笑入地矣。」皓字季明，既辟司徒府，頃之自劾去，後連九辟，又徵爲廷尉正、博士、林慮長，皆不就，諸儒頌之曰：「林慮懿德，非禮不處。悦此詩書，弦琴樂古。五就州招，九應台輔。逡巡王命，卒歲容與。」三人者及寔皆以名德，爲當時所尊，號爲潁川四長。及黨錮禍起，諸人多逃避，寔曰：「吾不就獄，衆無所恃。」遂請囚，遇赦得出。靈帝初，太將軍竇武辟爲掾屬。時中常侍張讓權傾天下，讓父死，歸葬潁川，一郡畢至，而名士無往者，讓甚恥之，惟寔獨弔焉。及後復誅黨人，讓感寔故，多所全宥。寔在鄉閭，平心率物，有争訟輒求判正，曉譬曲直，退無怨者，至乃歎曰：「寧爲刑罰所加，不爲陳君所短。」有盗夜入寔室，止梁上，寔陰見之，乃起自整拂，呼子孫訓之曰：「夫人不可不自勉。不善之人未必本惡，習以性成，遂至於此，梁上君子者是矣。」盗大驚，自投於地，稽顙歸罪。寔徐譬之曰：「視君狀貌，不似惡人，宜深尅己反善。然此當由貧困。」令遺絹二匹，自是一縣無復盗竊。太尉楊賜、司徒陳耽每拜公卿，常歎寔大位未登，愧於先之。及黨禁解，大將軍何進、司徒袁隗欲表寔以不次之位，遣人勸寔，寔謝曰：「寔久絶人事，飾巾待終而已。」遂不起。中平四年卒，年八十四，海内赴者三萬餘人，制衰麻者以百數，共刊石立碑，謚爲文範先生。有六子，紀、諶最賢，紀字元方，諶字季方，齊德同行，父子并著高名，時號三君。每宰府辟召，常同時旍命，羔雁成群，當世靡不榮之。紀仕至大鴻臚，紀子群仕魏至司空，然天下以爲公慚卿，卿慚長云。

後漢書論曰：漢自中世以下，閹豎擅恣，故俗遂以遁身矯潔放言爲高士，有不談此者則芸夫牧豎已叫呼之矣。故時政彌惽，而其風愈往。惟陳先生進退之節必可度也，據於德，故物不犯；安於仁，故不離群；行成乎身，而道訓天下。故凶邪不能以權奪，王公不能以貴驕，所以聲教廢於上，而風俗清乎下也。

論曰：四長之名，豔於當時，傳於奕代，自後之爲循吏者莫敢并焉。至迹其行事，則以慈良之風薫乎頽俗，未嘗孑孑於爲民興利而除害也。夫趙、張之治，具煩於卓魯，而卓魯爲優者，以道濟法也，况於四長之德成而上者乎？故知聲色之大，爲化民之末，夫子之言微矣。

賈琮

賈琮，字孟堅，東郡聊城人。舉孝廉，再遷爲京兆令，有政迹。中平元年，交阯屯兵反，執刺史及合浦太守，自稱柱天將軍。靈帝敕選能吏，有司舉琮爲刺史。初，交阯土多珍産，明璣翠羽、犀象瑇瑁、異香美木之屬，莫不自出。前後刺史率無清行，上承權貴，下積私賂，賦斂過重，百姓空單，故卒致怨叛。琮至，招撫荒散，蠲復傜役，誅斬渠帥爲大害者，簡選良吏，試守諸縣，歲間蕩定。巷路爲之歌，曰：「賈父來晚，使我先反。今見清平，吏不敢飯。」在事三年，爲十三州最，徵拜議郎。時黄巾新破，兵凶之後，郡縣重斂，因緣生姦，詔汰刺史二千石，更選清能，吏乃以琮爲冀州刺史。舊典，傳車驂駕，垂赤帷裳，迎於州界。及琮之部升車，言曰：「刺史當遠視廣聽，糾察美惡，何有反垂帷裳以自掩塞乎？」命褰之。百城聞風竦震，諸有臧過者悉解印綬去。惟癭陶長濟陰董昭、觀津長梁國黄就當官待琮，於是州界翕然。靈帝崩，大將軍何進表琮爲度遼將軍。卒於官。

論曰：鄭子太叔盡殺萑苻之盜，而民以安。若張綱之守廣陵，賈琮之治交阯，其用不同，要歸戢亂，顧弄兵潢池，本屬赤子，誰生厲階？乃在於明璣翠羽、犀象瑇瑁也。噫！

陸康

陸康，字季寧，吴郡吴人。少仕郡，以義烈稱，舉茂才，除高成令。縣在邊垂，舊制，令户一人具弓弩，以備不虞，不得行來。長吏新到，輒發民繕修城郭。康悉皆罷遣，以恩信爲治，百姓大悦，寇盜亦息。光和元年，遷武陵太守，轉守桂、陽樂安二郡，所在稱之。時靈帝欲鑄銅人，而國用不足，乃詔調民田，畝斂十錢，而比水旱傷稼，百姓貧苦。康上疏諫，略言：「魯宣税畝而蝝災自生，哀公增賦而孔子非之。豈有聚奪民物以營無用之銅人？捐捨聖戒，自蹈亡王之法。」書奏，内倖譖康援引亡國以譬聖明，大不敬，檻車徵詣廷尉。侍御史劉岱爲表陳，解釋免歸田里。復徵拜議郎。會廬江賊黄穰等與江夏蠻連結十餘萬人，攻没四縣。拜康廬江太守，康申明賞罸，擊破穰等，餘黨悉降。帝嘉其功，拜康孫尚爲郎中。獻帝即位，天下大亂，康蒙險遣孝廉計吏奉貢，詔書策勞，加忠義將軍，秩中二千石。時袁術屯兵壽春，部曲饑餓，遣使求委輸兵甲，康以術叛逆，閉門不通，而内修戰備以禦之。術大怒，遣其將孫策攻康，圍城數重，康固守。吏士有先受休假者，皆遁伏還赴，暮夜緣城而入。受敵二年，城陷，月餘發病卒，年七十。宗族百餘人，遭亂饑戹死者將半。朝廷愍其守節，拜子儁爲郎中。少子績仕吴，爲鬱林太守，博學善政，幼年曾謁袁術，懷橘墮地者也，有名稱。

論曰：讀李賀金銅僊人歌，知漢德之將衰也，况當桓靈之世，欲聚斂以爲之哉？陸康乃有格非之言，恢恢大節，豈待殉城日始著耶？夫忠其君者愛其民，故康之政亦多可稱云。

吴祐

吴祐，字季英，陳留長垣人。父恢爲南海太守，欲殺青簡以寫經書，時祐年十二，諫曰：「大人踰越五嶺，遠在海濱，其俗誠陋，然舊多珍怪，上爲國家所疑，下爲權戚所望，此書若成，載之兼兩。昔馬援以薏苡興謗，王陽以衣囊徼名，嫌疑之間，誠先賢所慎也。」恢乃止，撫其首曰：「吴氏世不乏季子矣。」及年二十，喪父，居無擔石而不受贍遺。常牧豕於長垣澤中，行吟經書。遇父故人，謂曰：「卿二千石子，而自業賤事，縱子無耻，奈先君何！」祐辭謝而已，守志如初。後舉孝廉，將行，郡中爲祖道，祐越壇與小吏雍丘黄真歡語，結友而别。功曹以祐倨，請黜之，太守曰：「吴季英有知人之明，卿且勿言。」真後亦舉孝廉，除新蔡長，有清節。時公沙穆來游太學，無資糧，變服客傭，爲祐賃舂。祐與語，大驚，遂共定交於杵臼之間。祐以光禄四行，遷膠東侯相。濟北戴宏父爲縣丞，宏年十六，從在丞舍，祐每行園，聞諷誦之音，奇而厚之，亦與爲友，卒成儒宗，知名東夏，官至酒泉太守。祐政惟仁簡，以身率物，民有争訟者，輒閉閤自責，然後斷訟，以道譬之。或身到閭里，重相和解，自是之後争隙省息，吏人懷而不欺。嗇夫孫性私賦民錢，市衣以進其父，父怒曰：「有君如是，何忍欺之？」促歸伏罪，性慚懼，詣閤，持衣自首。祐屏左右，問其故，性具談父言，祐曰：「掾以親故受污穢之名，所謂『觀過，斯知仁矣』。」使歸謝其父，還以衣遺之。安丘男子毋丘長從母行市，遇醉客辱其母，長殺之而亡，追蹤於膠東得之。祐呼長，謂曰：「子母見辱，人情所恥，然孝子忿必慮難，動不累親。今若背親逞怒，白日殺人，赦若非義，刑若不忍，將如之何？」長以械自繫，曰：「國家制法，囚身犯之，明府雖加哀矜，恩無所施。」祐問長：「有妻子乎？」對曰：「有妻，未有子也。」即移安丘逮長妻，妻到，解其桎梏，使同宿獄中，妻遂懷孕。至冬盡行刑，長泣謂母曰：「負母應死，當何以報吴君乎？」乃齧指吞之，含血言曰：「妻若生子，名之吴生，言我臨死吞指爲誓，屬兒以報吴君。」因投繯而死。祐在膠東九年，遷齊相，大將軍梁冀表爲長史。及冀誣奏太尉李固，祐聞而請見，争之不聽。扶風馬融在坐，爲冀章草，祐責融曰：「李公之罪，成於卿手。李公即誅，卿何面目見天下之人乎！」冀怒而起入室，祐亦徑去。冀遂出祐爲河間相，因自免歸家，不復仕。躬灌園蔬，以經書教授。年九十八卒。長子鳳，官至樂浪太守。少子愷，新息令。鳳子馮，鮦陽侯相，皆有名於世。

後漢書論曰：夫剛烈表性，鮮能優寬；仁柔用情，多乏貞直。吴季英視人畏傷，發言烝烝，似夫儒者，而懷憤激揚，折讓權枉，又何壯也。仁以矜物，義以退身，君子哉！

論曰：祐佐父以廉，擇交以智，撫民以仁，納争以勇，誠東漢之完人也。夫孫性膠東嗇夫也，毋丘長安丘男子也，感祐之訓，猶能伏罪甘死，馬融以當代經師，黨冀誅固，既受責而曾不知悔，有靦面目，是詩人之所惡也。

童恢

童恢，字漢宗，琅邪姑幕人。少爲吏，執法廉平，司徒楊賜聞而辟之。及賜被劾當免，掾屬悉投刺去，恢獨詣闕争之。及得理，掾屬歸府，恢杖策而逝，由是論者歸美。得辟公府，除不其令。吏人有犯，隨方曉示，若吏稱其職，人行善事，輒禮之酒殽，以勸勵之。耕織種牧，皆有條章，一境清静，牢獄連年無囚，比縣歸化者二萬餘户。民嘗爲虎所害，設檻捕獲二虎，恢聞，出咒虎曰：「天生萬物，唯人爲貴。王法殺人者死，傷人則論法。汝若殺人，當垂頭服罪自知，非者號呼稱冤。」一虎垂頭震懼，即時殺之；其一視恢鳴吼，遂令放釋。吏人爲之歌頌，擧尤異。遷丹陽太守，暴疾卒。弟翊，字漢文，名高於恢，宰府先辟之，翊陽喑不肯仕，及恢被命，乃就孝廉，除須昌長，有異政。聞擧將喪，棄官歸。擧茂才不就，卒於家。

論曰：夫子有言：「苛政猛於虎。」然虎殺人猶知甘罪，苛政殺人而或恬不自怪，是將謂殺人以梃與刃，爲果有以相異也，則誠虎而冠者也。恢與劉昆皆德格異類，異哉！

劉寵

劉寵，字祖榮，東萊牟平人。父丕博學，號爲通儒。寵少受父業，以明經舉孝廉，除東平陵令，以仁惠爲吏民所愛。母疾，棄官去，百姓送者塞道，車不得進，至輕服遁歸。後四遷豫章太守，又三遷會稽太守。山民愿朴，有白首不入市井者，頗爲官吏所擾。寵簡除煩苛，禁察非法，郡中大化。徵爲將作大匠。山陰縣有五六老叟，龐眉皓髮，自若邪山谷間出，人齎百錢以送寵，寵勞之曰：「父老何自苦？」對曰：「山谷鄙生，未嘗識郡朝它守。時吏發求民間，至夜不絶，或狗吠竟夕，民不得安。自明府下車以來，狗不夜吠，民不見吏，年老遭值賢明。今聞當見棄去，故自扶奉送。」寵曰：「吾政何能及公言邪？勤苦父老！」爲人選一大錢，受之。轉爲宗正、大鴻臚，延熹四年，代黄瓊爲司空，以陰霧愆陽免，頃之拜將作大匠，復爲宗正。建寧元年，代王暢爲司空，頻遷司徒、太尉。二年，以日食策免，歸鄉里。寵前後歷宰二郡，累登卿相，而廉約省素，家無貨積。嘗出京師，欲息亭舍，亭吏止之，曰：「整頓灑埽，以待劉公，不可得也。」寵無言而去，時人稱其長者。以老病卒於家。

論曰：蕭何滌秦煩苛，與民休息，而畫一之歌興。寵率是道以牧會稽，亦使犬雞鳴吠各得其情焉。然寵既登台輔，遂不能振衰起錮者，何繼秦之餘酷，而寵值漢之積媮也。在易之需曰：「君子以飲食宴樂。」於蠱則曰「先甲」「後甲」。當高祖時，方撥亂世反之正，其道宜需。至延熹、建寧之間，上下狃於恬嬉亦已久矣，勢不可以無事，故曰「蠱者，事也」。其後諸葛亮與法正論治蜀深明，漢初可以弘濟而已之不得然者以此。

仇覽

仇覽，字季智，一名香，陳留考城人。少爲書生，淳默，鄉里無知者。年四十，縣召補吏，選爲蒲亭長。勸人生業，爲制科令，至於果菜爲限，雞豕有數。農事既畢，乃令子弟群居，還就黌學。其剽輕游恣者，皆役以田桑。嚴設科罰，躬助喪事，賑恤窮寡，期年大化。民有陳元者，獨與母居，而母告元不孝，覽驚曰：「吾近日過舍，廬落整頓，耕耘以時，此非惡人，當是教化未至耳！母守寡養孤，苦身投老，奈何肆忿一朝，欲致子以不義乎？」母感悔涕泣而去。覽乃親到元家，與其母子飲，爲陳人倫孝行，譬以禍福，元卒成孝子。鄉邑爲之諺曰：「父母何在在我庭，化我鳲梟哺所生。」考城令河内王涣政尚嚴猛，聞覽以德化人，署爲主簿，謂覽曰：「聞陳元之過，不罪而化之，得無少鷹鸇之志邪？」覽曰：「以爲鷹鸇，不若鸞鳳。」涣謝遣曰：「枳棘非鸞鳳所棲，百里豈大賢之路？今日太學曳長裾、飛名譽，皆主簿後耳。」以一月奉爲資，勉卒景行。覽入太學，時諸生同郡符融有高名，與覽比宇，賓客盈室，覽常自守，不與融言。融觀其容止，心獨奇之，乃謂曰：「與先生同郡，壤鄰房牖。今京師英才四集，志士交結之秋，雖務經學，守之何固？」覽正色曰：「天子修設太學，豈但使人游談其中？」高揖而去。融後以告郭泰，泰因與融齎刺謁之，遂留宿，泰嗟歎，下牀爲拜。覽學畢歸鄉里，州郡并請，皆以疾辭。雖在宴居，必以禮自整。妻子有過，輒免冠自責，妻子庭謝，候覽冠乃敢升堂。家人莫見喜怒聲色之異。後徵方正，遇疾卒。

論曰：孝弟，天性也。覽之化陳元無他焉，動以至性而已。鸞鳳之瑞，世猶不若，斯人淑世之功多也，况鷹鸇乎？及游太學，窮經自守，視范滂諸人好臧否議論者加一等矣。淑德所關，非徒全身遠禍也。

劉矩

劉矩，字叔方，沛國蕭人。少有高節，以叔父遼未得仕，遂絶州郡之命。諸公嘉其志義，辟遼拜議郎，矩乃舉孝廉，稍遷雍丘令。以禮讓化，其無孝義者，皆感悟自革。於路得遺，輒推求其主。民有争訟，矩常引之於前，提耳訓告，以爲忿恚可忍，縣官不可入，使歸更尋思之，訟者感其言，往往罷去。在縣六年，以母憂去官。後太尉胡廣舉矩賢良方正，四遷爲尚書令。性亮直，不能諂附貴勢，以是失大將軍梁冀意，出爲常山相，以疾去官。適冀妻兄孫祉爲沛相，矩懼爲所害，不敢還鄉里，乃投彭城友人家。歲餘冀意少悟，乃補從事中郎，復爲尚書令，遷宗正太常。

延熹四年，太尉黄瓊復爲司空，以矩代瓊爲太尉。矩與瓊及司徒种暠同心輔政，號爲賢相。時連有災異，司隸校尉以劾三公，尚書朱穆上言矩等良輔，及引殷湯高宗不罪臣下之義，帝不省，竟以蠻夷反叛免。後復拜太中大夫。靈帝初，代周景爲太尉，矩再爲上公所辟召，皆名儒宿德。不與諸郡交通，順詞默諫，多見省用。復以日食免，因乞骸骨，卒於家。

論曰：吴祐以身率物，而矩以禮化人。夫德禮者，導齊之本也。惟祐及矩，其猶有三代之風乎！祐忤冀，遂不仕，矩既去復用，則祐之節爲尤高。然矩之順詞默諫，以濟時事，度其所以拯弊維衰者，爲益當不少矣。

劉寬

劉寬，字文饒，弘農華陰人。有失牛者，誤認寬牛，寬無所言，下車以牛與之，已而其人別得所失牛，乃歸寬牛，謝曰：「慙負長者。」寬曰：「物有相類，事容脱誤，何爲謝之！」州里服其不校。桓帝時，大將軍辟之，累官南陽太守，歷典三郡。温仁多恕，雖在倉卒，未嘗疾言遽色。常以爲「齊之以刑，民免而無恥」，吏人有過，但用蒲鞭罰之示辱而已，終不加苦。事有功，善推之自下，災異則引躬克責。每行縣，止息亭傳，輒引學官祭酒及處士諸生，執經對講。見父老，慰以農里之言，少年勉以孝弟之訓，人感德興行，日有所化。靈帝初，徵拜太中大夫，其後兩拜太尉，皆以日變免。復拜永樂少府，遷光禄勳，封逮鄉侯。中平二年卒，年六十六，謚昭烈。寬嘗坐，客遣蒼頭市酒，迂久大醉而還，客怒罵曰：「畜産須臾！」寬令視奴，疑必自殺，顧左右曰：「此人也罵言『畜産』，辱孰甚焉？故吾懼其死也。」夫人欲試寬令恚，伺當朝會，裝嚴已訖，使婢故覆肉羹汙朝衣，寬神色不異，徐言曰：「羹爛汝手。」其性度如此，海内稱爲長者。

論曰：漢世以牧守入爲三公者至衆，而寬尤爲和厚之宗。古者夏楚二物以收其威，學宫之罰也。寬以蒲鞭馭吏，其化亦行。牧守之官誠視吏如手足，愛民如子弟，至心所感，不怒而人威，何事嚴刑以逞哉？至治臧獲，亦以度勝，號稱長者不虛矣。

任峻

任峻，字伯達，河南中牟人。漢末擾亂，關東皆震，中牟令楊原欲棄官走，峻説原曰：「董卓首亂，天下莫不側目，然而未有先發者，非無其心也，勢未敢耳。明府如能唱之，必有和者。今關東十餘縣，能勝兵者不減萬人，若權行河南尹事，總而用之，無不濟矣。」原從其計，以峻爲主簿，峻乃表原行尹事，使諸縣堅守，遂發兵。會曹操起關東，入中牟界，峻建議舉郡歸操，操表峻爲騎都尉，妻以從妹，甚見親信。操每征伐，峻常居守以給軍。是時歲饑旱，軍食不足，羽林監潁川棗祗建置屯田，乃以峻爲典農中郎將，祗爲屯田都尉，募百姓屯田許下，得穀數百萬斛。郡國别置田官，數年中所在積粟倉廪皆實。官渡之役，峻典軍器糧運，賊數鈔絶糧道，峻乃使千乘爲一部，十道方行，爲複陣以營備之，賊不敢近。軍國之饒，起於棗祗，而成於峻。以功封都亭侯，邑三百户，遷長水校尉。峻寬厚有度，而見事理於饑荒之際。收恤朋友孤遺，中外貧宗，周急繼乏，信義見稱。建安九年卒。

論曰：峻之説楊原討董卓，義形於色，可謂忠於漢而有特識矣，而不免爲操所用，何耶？然峻終身事於孝獻之朝，其没時，操之逆跡猶未著，則安得以與操同事而遽斥爲魏臣哉？操之行軍多致克捷，實資屯田之利，故知時平則勤墾，軍興則開屯者，政之善經也。

董和

董和，字幼宰，南郡枝江人也。先本巴郡江州人，漢末和率宗族西遷，劉璋以爲牛鞞江原長、成都令。蜀土富實，時俗奢侈，貨殖之家，侯服玉食，婚姻葬送，傾家竭産。和躬率以儉，惡衣疏食，防遏踰僭，爲之軌制，所在皆移風變善，畏而不犯。縣界豪强憚和嚴法，説璋轉和爲巴東屬國都尉，吏民老弱相攜乞留和者數千人，璋聽留二年，還益州太守。守其清約，與蠻夷從事，務推誠心，南土愛而信之。昭烈定蜀，徵爲掌軍中郎將，與軍師將軍諸葛亮并署左將軍大司馬府，事獻可替否，共爲歡交。自和居官，外收殊域、内幹機衡二十餘年。死之日，家無儋石之財。亮後爲丞相，教與群下曰：「夫參署者，集衆思，廣忠益也。若遠小嫌，難相違覆，曠闕損矣。違覆而得中，猶棄敝蹻而獲珠玉，然人心苦不能盡。惟徐元直處兹不惑，又董幼宰參署七年，事有不至，至於十反。苟能慕元直之十一，幼宰之殷勤，有忠於國，則亮可少過矣。」又曰：「昔初交州平，屢聞得失，後交元直，勤見啓誨。前參事於幼宰，每言則盡；後從事於偉度，數有諫止。雖姿性鄙暗，不能悉納，然與此四子終始好合，亦足以明其不疑於直言也。」其追思和如此。和子允，與費禕齊名。及許靖喪子，允與禕欲會其葬，允請車，和遣開後鹿車給之，禕直上乘，允有難色。至喪所，諸葛亮及諸貴人悉集，車乘甚鮮，允猶神色未泰，而禕晏然自若。和聞之，乃謂允曰：「吾嘗疑汝於文偉優劣未别也，而今而後，吾意了矣。」然允秉心公亮，丞相亮出駐漢中，時任以宫省之事。其後歷官至侍中，守尚書令，爲大將軍費禕副。

論曰：惟仁者爲能好善，惟智者爲能納益。仁智合，斯天德備而王道行矣。觀和所以贊亮，亮所以思和，其用心一何至耶！然則與人共事而匿其情，不肯畢智竭慮者，誠和之罪人。顧使柄政者諱疾護短，加之以褊迫，如宋王安石之倫，則雖有和，安得而用諸？故書稱斷斷，亮實以之；語贊諤諤，和也有焉。

附魏

杜畿

杜畿，字伯侯，京兆杜陵人。少孤，繼母苦之，以孝聞。年二十爲郡功曹，守鄭縣令。縣内繫囚數百，畿親臨獄，裁其輕重，盡決遣之，郡中奇其年少而有大意。舉孝廉，除漢中府丞。會天下亂，棄官去。建安中，至許見侍中耿紀，語終夜。尚書令荀彧與紀比屋，聞畿言，異之，使謂紀曰：「有國士而不進，何也？」既見畿，知之如舊識，遂進於朝，以爲司空司直。遷護羌校尉，使持節領西平太守。及高幹舉并州反，張晟寇殽澠間，河東人衛固、范先與幹通謀，而河東太守王邑被徵，固等乃以請邑爲名，使兵數千人絶陜津。曹操謂彧曰：「河東被山帶河，四鄰多變，當今天下之要地也，君爲我舉蕭何、寇恂以鎮之。」彧曰：「杜畿其人也。」於是拜畿爲河東太守。時操已遣夏侯敦討固等，未至。畿至陜津，不得渡，或謂畿宜須兵乃進，畿曰：「河東有三萬户，非皆欲爲亂也。今兵迫之，急欲爲善者無主，必懼而聽於固。固等勢專，必以死戰。討之不勝，四鄰應之，天下之變未息也。討之而勝，是殘一郡之民也。且固等以請故君爲名，必不害新君。吾單車直往，出其不意，固多計而無斷，必僞受吾。吾得居郡一月，以計縻之足矣。」遂詭道從郖津渡，范先欲殺畿以威衆，且觀畿去就，於門下殺主簿已下三十餘人，畿舉動自若。於是固曰：「殺之無損，徒有惡名，且制之在我。」遂奉之。畿謂固、先曰：「衛、范，河東之望也，吾仰成而已。」以固爲都督行丞事、領功曹，將校吏兵三千餘人皆先督之。固等喜，雖陽事畿，不以爲意。固欲大發兵，畿患之，乃說固曰：「夫欲爲非常之事，不可動衆心。今大發兵，衆必擾，不如徐以貲募之。」固以爲然，爲貲調發，然諸將貪，所募數雖多而兵實少。畿又喻固等曰：「人情顧家，諸將掾史可分遣休息，緩急召之不難。」固等惡逆衆心，又從之。於是善人在外，陰爲己援，惡人分散，各還其家，賊衆離矣。及白騎攻東垣（龐德傳云：「張白騎叛於弘農。」白騎當即上張晟），高幹入濩澤，上黨諸縣，殺長吏，弘農執留守，固等密調兵，未至。畿知諸縣附己，因單將數十騎赴張辟拒守，吏民多舉城助畿者，比數十日，得四千餘人。固等與幹、晟共攻畿不下，略諸縣無所得。會大兵至，幹、晟敗，固等伏誅，其餘黨與皆赦之，使復其居業。是時天下郡縣皆殘破，河東最先定，少耗減。畿治之崇寬惠，與民無爲。民有訟者，畿爲陳大義，遣歸諦思之，若意有所不盡，更來詣府。父老自相責怒曰：「有君如此，奈何不從其教！」自是少有詞訟。班下屬縣舉孝子、貞婦、順孫，復其繇役，隨時慰勉之。漸課民畜，牸牛草馬，下逮雞豚犬豕，皆有章程，百姓勸農，家家豐實。畿乃曰：「民富矣，不可不教也。」於是冬月修戎講武，又開學宮，親自執經教授，郡中化之。韓遂、馬超之叛，弘農、馮翊多舉縣邑以應之，惟河東民無異心。大軍征遂等，夾渭爲陣，軍食一仰河東。及賊破，餘蓄尚二十餘萬斛。乃增畿秩中二千石。大將征漢中，畿遣五千人運，運者率自勉曰：「人生有一死，不可負我府君。」終無一人逃亡。其得人心如此。魏國既建，以畿爲尚書，然猶鎮河東。畿在河東十六年，常爲天下最。曹丕嗣王位，賜爵關内侯，乃徵爲尚書。既稱帝，進封豐樂亭侯，邑百户，守司隸校尉。及南征吴，以畿爲尚書僕射，統留事後。幸許昌，畿復居守。受詔作御樓船，於陶河試，船遇風没，年六十二，贈太僕，謚曰戴侯。

論曰：光武之敕馮異，以平定安集爲要圖。若畿之逢亂世、守雄藩，而才足定難，德足集民，迹其易亂而治，既富而教，駸駸乎吏道備矣。然仕於操，當漢獻之朝猶可言也，仕於丕不可言也。魏晉五代之間，濡迹兩朝，代鮮完人，如畿輩者何限？故備論之，以明其臣節之不足稱，而猶不忍没其吏治者嚴而恕、德而彰也。

鄭渾

鄭渾，字文公，河南開封人。遭亂避地淮南，袁術厚相賓禮，然渾知術必敗，乃渡江就華歆。曹操聞其篤行，召爲掾，遷下蔡長、邵陵令。天下未定，俗皆剽輕，不念産殖，生子無以相活，輒不舉。渾所在奪其漁獵，具課使耕桑，又開稻田，重去子之法。民初畏罪，後稍豐給，無不舉贍，所育男女，多以「鄭」爲字。辟丞相掾屬，遷左馮翊。時梁興等略吏民爲寇鈔，諸縣不能禦，皆恐懼，寄治郡下。議者勸渾保險，渾曰：「興等破散，竄在山阻，其徒黨率多脅從。今當廣開降路，宣喻恩信。若保險自守，是示弱也。」乃斂吏民，治城郭爲守禦備，遂發民逐賊，明賞罰，與要誓，得賊婦女財物，十以七賞，百姓大悦，争捕賊。賊之失妻子者，皆求降，渾責其得他婦女以贖妻子，於是轉相寇盜，黨與離散。别遣吏民，分布告喻，出者相繼。因敕諸縣長吏，各還本治安集之。及夏侯淵擊興，渾爲前登，遂斬興，後又破斬靳富、趙青龍諸賊，由是山賊皆平，民安産業。轉上黨太守，遷京兆尹。渾以百姓新集，爲制移居之法，使兼複者與單輕相伍，温信者與孤老爲比。勤稼穡，明禁令，民勸於農，而盜賊止息。復入爲丞相掾。及魏稱帝，爲侍御史，加駙馬都尉，遷陽平、沛郡二太守。沛下濕，患水潦，百姓饑乏。渾於蕭、相二縣界興陂遏，開稻田，郡人以爲不便。渾曰：「地勢洿下，宜溉灌，終有魚稻經久之利，此豐民之本也。」一冬功成，比年大收，頃畝歲增，租入倍常，民賴其利，號曰鄭陂。轉山陽、魏郡太守。郡苦乏材，渾課民樹榆爲籬，兼植五果，榆皆成藩，五果豐實，入魏郡界村落，齊整如一，財足用饒。遷將作大匠。渾清素在公，妻子不免饑寒。及卒，以子崇爲郎中。

論曰：子以「鄭」字，陂以「鄭」名，惠愛之在民，亦孔多矣。若其破散梁興，膽略又誠有過人者。昔鄭衆及興爲漢名儒，於渾爲高曾祖，儒者之裔，固宜其達於政事耶！

附吴

顧邵

顧邵，字孝則，吴郡吴人，雍之子也。博覽書傳，好樂人倫。少與舅陸績齊名，而陸遜、張敦、卜静等皆亞焉。自四方人士往來相見，或言議而去，或結厚而别，風聲流聞，遠近稱之。權妻以策女。年二十七起家爲豫章太守，下車祀先賢徐孺子之墓，優待其家，禁其淫祀及非禮之祭。小吏姿佳者，輒令就學，擇其先進擢置右職。舉善以教，風化大行。初，錢塘丁諝出於役伍，陽羨張秉生於庶民，烏程吾粲、雲陽殷禮起乎微賤，邵皆拔而友之，爲立聲譽。秉遭喪親，爲制服結絰。當之豫章，發在近路，值秉疾病，時送者百數，邵辭曰：「張仲節有疾苦不能來，恨不見，暫遠與訣，諸君少時相待。」其留心下士，惟善所在，皆此類。在郡五年，卒。其後諝至典軍中郎，秉雲陽太守，禮零陵太守，粲太子少傅，世以邵爲知人。

論曰：顧雍之相吴也，史稱其選用文武將吏，各隨能所任，心無適莫，以此克成吴業。邵之雅好人倫，殆尚有父風耶？方是時，三國瓜分，雅道陵遲，苟欲興風俗、長道術，自非舉善以教，其爲棄材多矣。由邵斯志，以爲吏牧，其猶爲牛刀之割者歟？

史傳三編卷五十二

循吏傳四

晉

王恂

王恂，字良夫，東海剡人。文義通博，在朝忠正，累遷河南尹。建立二學，崇明五經。鬲令袁毅嘗餽以駿馬，恂不受。及毅敗，諸受貨者悉被廢黜，恂獨無所污。自魏給公卿已下，租牛客户數各有差，其後小人憚役，多樂爲之，貴勢之門動以百數，太原諸部亦以匈奴爲佃客，多者數千。武帝踐位，詔禁募客。恂明峻其防，所部莫敢犯。咸寧四年卒，贈車騎將軍。

論曰：絃歌雅化，類非俗吏之所優爲也。然其教必本於經，乃足以察乎人倫，而協於天則。當魏晉間，崇尚莊老，王、何倡之，諸名流靡然和之。七賢八達之類，何可勝譏？恂於是時獨能建學尊經，尤足珍也。

胡威

胡威，字伯武，淮南壽春人。父質，少與蔣濟、朱績知名江淮間，以忠清仕魏，至征東將軍、荆州刺史。威早厲志尚，質爲荆州時，威自都往省，貧無僕從，身自驅驢，每至客舍，皆親樵爨。既至見質，停厩中十餘日。辭歸，質賜絹一疋爲裝，威曰：「大人清高，不審於何得此？」質曰：「俸禄之餘，以爲汝糧耳。」威受之。質帳下都督思結威好，乃先威未發請假，實陰爲資裝，於道要威，既與威同行數百里，每事資威，威疑之，誘問，知爲都督，即與以父所賜絹，謝而遣之。後以聞於質，質杖都督，除其名。父子清慎如此，於是名譽流聞。拜侍御史，歷南鄉侯、安豐太守，遷徐州刺史。勤於政術，風化大行。後入朝，武帝語及平生，因歎質之清，謂威曰：「卿孰與父清？」對曰：「臣不如也。」帝曰：「卿父以何爲勝？」對曰：「臣父清，恐人知；臣清，恐人不知，是臣不及遠也。」帝以威言直而婉，謙而順。累遷監豫州諸軍事、右將軍、豫州刺史，入爲尚書，加奉車都尉。威嘗諫時政之寬，帝曰：「尚書郎以下，吾無所假借。」威曰：「臣之所陳，豈在丞郎令史？正謂如臣等輩，始可以肅化明法耳。」拜前將軍，監青州諸軍事，青州刺史。以功封平春侯，大康元年卒，謚曰烈。

論曰：史稱晉武寬厚足以君人，明威未能厲俗。結綬者以放濁爲通，彈冠者以苟得爲貴，此威所爲發憤而以過寬爲諫者也。帝既失之寬，而時方以清談相尚，恥言實效，故循良之績邈焉鮮聞。若威克著清慎，而又勤於政術，可不謂吏道之良者乎？抑觀威之傳而有感焉。威父質賜絹一疋，猶必問所從來，以爲俸餘而後受之，以此防民。後世猶有子隨父任，欺以成貪，以至壞父名、戾民事而不顧者。詩曰：「教誨爾子，式穀似之。」

范晷

范晷，字彦長，南陽順陽人。少游學清河，遂僑居焉。郡命爲五官掾，歷河内郡丞。太守裴楷雅知之，薦爲侍御史，補上谷太守。遭喪，不之官。後爲司徒左長史，轉馮翊太守。甚有政能，善於綏撫，百姓愛悦。徵拜少府，出爲涼州刺史，轉雍州。于時西土荒毁，氐羌蹈藉，田桑失收，比屋困敝。晷傾心化導，勸以農桑，所部甚賴之。元康中，加左將軍，卒。子廣，字仲將，舉孝廉，除靈壽令，不之官。天下方亂，廣姊適孫氏，早亡，有孫名邁，廣負以南奔，雖盜賊艱急，終不棄之。元帝承制，以爲堂邑令。丞劉榮者堂邑人，坐事當死，而家有老母，郡以榮付縣，每至節，廣輒聽榮暫還，榮亦如期而反。縣堂爲野火所及，榮脱械救火，事畢還自著械。後大旱米貴，廣散私穀振饑，人遠近流寓歸投之，户口十倍。卒於官。

論曰：晷蘇雍州之困，廣振堂邑之饑，非有奇能異績也，勸其農桑，散其儲積而已。故大田多稼，而民有倉囷之羸者，風之所以盛也。田卒污萊，而野有鴻雁之哀者，世之所以衰也。君子仁心爲質，惠撫其下，善政之基，莫先於是矣。

曹攄

曹攄，字顔遠，譙國譙人。少有孝行，好學，善屬文。補臨淄令。縣有寡婦養姑甚謹，姑以其年少，勸令改適，婦守節不移，姑愍之，密自殺。親黨告婦殺姑，婦不勝考鞫，自誣服獄。當決矣，適攄至，知其有冤，更加辨究，具得情實，時稱其明。歲夕攄行獄，見衆囚，愍之，謂曰：「卿等不幸到此非所。新歲，人情所重，豈不欲蹔見家耶？」因皆涕泣曰：「若得蹔歸，死無恨也！」攄悉開獄出之，尅日令還。掾吏固争，攄曰：「此雖小人，義不見負，保爲諸君任之。」至日果相率還，并無違者，一縣歎服，號曰聖君。入爲尚書郎，轉洛陽令。仁惠明斷，百姓懷之。時大雨雪，宫門夜失行馬，檢察莫知所在，攄使收門士，群官咸謂不然，攄曰：「宫掖禁嚴，非外人所至，必門士以燎寒耳。」詰之，果服。以病去官，復爲洛陽令。及齊王冏輔政，攄與左思俱爲記室。冏嘗從容問攄曰：「天子爲賊臣所迫，吾率義兵興復王室。今入輔朝廷，或有勸吾還國者，於卿意何如？」攄曰：「大王蕩平國賊，匡復帝祚，然道無隆而不殺，物無盛而不衰。非惟人事，抑亦天理。願大王居高慮危，在盈思沖，精選百官，存公屏欲，舉賢進善，務得其才。然後脂車秣馬，高揖歸藩，則上下同慶矣。」冏不納。尋轉中書侍郎，長沙王乂以爲驃騎司馬。乂敗，免官。起爲襄城太守。襄城屢經寇難，摅綏懷振理，旬月漸復。永嘉二年，高密王簡鎮襄陽，以摅爲征南司馬，使督參軍，崔曠討流人王逌。曠，奸凶人也，譎摅前戰，期爲後繼，既而不至，摅獨與逌戰于酈縣，軍敗死之。故吏及百姓并奔喪會葬，號哭即路，如赴父母焉。

論曰：寡婦非嘗有他志而爲其姑所制也，則何爲而遽殺姑？漢孟嘗傳所載上虞寡婦被誣鴆母事，鴆與非鴆尤易辨耳，乃彼必待嘗白冤於身後，而此乃得摅雪枉於生存，所遇異也。至摅受譎戰没，與宋楊業事正相類，潘美爲翊運功臣，乃與奸凶之崔曠同類而并轍，哀哉！

丁紹

丁紹，字叔倫，譙國人。爲人開朗公正，歷官廣平太守，政平訟理，道化大行。於時河北騷擾，靡有完邑，惟廣平四境乂安，是以皆悦其法而從其令。及臨漳被圍，南陽王模窘急，紹率郡兵赴之，模賴以全。遷徐州刺史，士庶戀慕，攀附如歸。未之官，轉荆州。南渡河，至許，而南陽王模爲都督，感紹，留之，啓爲冀州。以破汲桑有功，加寧北將軍，假節監冀州諸軍事。時羯賊爲患，紹捕而誅之，號爲嚴肅，河北人畏而愛之。紹自以才足爲物雄，當官涖政，每事尅舉，視天下事若運於掌握，遂慨然有董正四海之志，若王浚、苟晞輩，紹意蔑如也。永嘉三年，暴疾卒。臨没歎曰：「此乃天亡冀州，豈吾命哉！」

論曰：紹既公正而善得民，其用兵所向輒克，使究其才用，當與祖逖、陶侃爲輩，浚、晞瑣瑣，何足齒數？臨没猶慷慨自負，紹固人豪矣哉！

顔含

顔含，字弘都，琅邪莘人。少有操行，以孝弟聞，州辟不就。東海王越以爲大傅參軍，出補闓陽令。元帝渡江，爲上虞令，累遷東陽太守，後以大司農豫討蘇峻有功，封西平縣侯，拜侍中，除吴郡太守。王導問曰：「今涖名郡，政將何先？」含曰：「王師歲動編户，虚耗南北，權豪競招游食，國敝家豐，執事之憂。且當徵之勢門，使反田桑，數年之後，欲令户給人足。如其禮樂，俟之明宰。」含所歷簡而有恩，明而能斷，然以威御下，導歎曰：「顔公在事，吴人斂手矣。」未之官，復爲侍中，尋除國子祭酒，加散騎常侍，遷光禄勳。以年老遜位，成帝美其素行，就加右光禄大夫。于時論者以王導帝之師傅，名位隆重，百僚宜爲降禮。太常馮懷以問含，含曰：「王公雖重，理無偏敬，降禮或是諸君事宜，鄙人老矣，不識時務。」既而告人曰：「吾聞伐國不問仁人。向者馮祖思問佞於我，我豈有邪德邪？」郭璞嘗欲爲含筮，含辭曰：「年在天，位在人。修己而天不與者，命也；守道而人不知者，性也。自有性命，無勞蓍龜。」桓温求婚於含，含以其盛滿，不許，惟與鄧攸深交。或問江左群士優劣，含曰：「周伯仁之正，鄧伯道之清，卞望之之節，餘則吾不知也。」其雅重行實，抑絶浮僞如此。致仕二十餘年，年九十三卒，遺命素棺薄斂，謚曰靖。

論曰：含所歷以威恩爲治，其與王導論治吴郡，又何適於事宜邪？驅游食使反田桑，平世猶當以爲首務，況軍興國敝之日乎？若其委命于天，不媚權貴，崇行實而抑浮僞，於東晉風聲波靡之時，尤鮮其匹云。

王藴

王藴，字叔仁，太原晉陽人，孝武定皇后父也。起家佐著作郎，累遷尚書吏部郎。性平和，不抑寒素。補吴興太守，甚有德政。屬郡荒，人饑，開倉稟恤，主簿請表上待報，藴曰：「今百姓嗷然，路有饑饉，若須報，何以救將死之命乎？專輒之愆，罪在太守。且行仁義而敗，無所恨。」於是大振貸之，賴藴全者十七八焉。以違科免官，士庶詣闕訟之，詔特左降晉陵太守。復有惠化，百姓歌之。定后立，遷光禄大夫，領五兵尚書，本州大中正，封建昌縣侯。藴以恩澤賜爵，非三代令典，固辭不受。乃授都督京口諸軍事，左將軍，徐州刺史，假節。復固讓，謝安勸之乃受命。頃之徵拜尚書左僕射將軍如故，遷丹陽尹，即本軍號加散騎常侍。藴以姻戚不欲在内，苦求外出，復以爲都督浙江東五郡鎮軍將軍、會稽内史常侍如故。藴素嗜酒，末年尤甚，然在會稽猶以和簡，爲百姓所悦。太元九年卒，年五十五，贈左光禄大夫，開府儀同三司。

論曰：蘊不須報而廪饑民，與漢第五訪相類，然訪見褒而蘊左降，君子因是有以論其世矣。其援三代令典以辭恩澤，卓哉高概偉識！尤非可求於俗吏中者也。

吴隱之

吴隱之，字處默，濮陽甄城人。性至孝，年十餘喪父，每號泣，行人爲之流涕。及執母喪，哀毁過禮，哭臨之時，雙鶴警叫。及祥練，復有群雁俱集，時人以爲孝感。嘗食醎菹，以其味旨，掇而棄之。與太常韓伯鄰居，伯母，殷浩之姊，賢明婦人也，每聞隱之哭聲，輒輟飧投筯爲悲泣，既而謂伯曰：「汝若居銓衡者，當舉此輩人。」故伯爲吏部尚書，隱之遂階清級。隱之美姿容，善談論，博涉文史，以儒雅標名。自弱冠介立有清操，雖日晏歠菽，不饗非其粟；儋石無儲，不取非其道。兄坦之坐袁真事將被禍，隱之時參桓温軍事，乞代兄命，温矜而釋之，遂爲温所知賞。拜奉朝請，再遷晉陵太守。在郡清儉，妻自負薪。累擢左衛將軍。雖居清顯，禄賜皆班親族。冬月無被，勤苦同於貧庶。隆安中，爲廣州刺史。廣州包帶山海，珍異所出，前後刺史多黷貨。距州二十里地名石門，有水曰貪泉，俗謂飲者輒懷無厭之欲。隱之至，謂所親曰：「不見可欲，使心不亂。越嶺喪清，吾知之矣。」乃至泉所，酌而飲之，賦詩曰：「古人云此水，一歃懷千金。試使夷齊飲，終當不易心。」於是清操愈厲。及盧循寇南海，隱之率厲將士固守，長子曠之戰殁。

城陷出走，爲循所得，久方得還，裝無餘資。家僅小宅，數畝籬垣，仄陋不容妻子。劉裕欲爲起宅，固辭。尋拜度支尚書，遷中領軍。常以竹篷爲屏風，坐無氈席，每月得禄，裁留身糧，餘悉分賑親族。時有困絶，或并日而食。身恒布衣不完，妻子不霑寸禄。義熙八年，請老，優詔許之。九年，卒。隱之清操不渝，屢被贈賜，廉士以爲榮。初奉朝請時將嫁女，謝石知其貧，令移厨帳，以助其經營，使至，方見婢牽犬賣之，此外蕭然無辦。後歸自番禺，妻齎沈香一斤，隱之見之，遂投於湖亭之水，其介如此。子延之爲鄱陽太守，延之弟及子爲郡縣者皆以廉慎爲門法，雖才學不逮隱之，而孝弟潔清不替。

論曰：唐柳宗元嘗哀蝜蝂，謂其以土自負，致殃其生而不悟，因以興夫世之以貤敗者。若隱之之清操自厲，雖若過於苦節，要於吾身以内，曷嘗有所亡哉？貪世利以爲身圖，實賈世禍以爲身殃，是誠蝜蝂之技，聞隱之之風可以興矣！

南朝宋

杜慧慶

杜慧慶，交阯朱䳒人。父瑗，歷日南、九德、交阯、交州太守有功，義熙六年卒，明年乃除慧慶繼瑗爲交州刺史。盧循之襲破合浦也，徑向交州，慧慶率文武六千人拒破之。循復招餘黨，結俚獠以進，慧慶悉出私財以充勸賞，自登高艦，與循合戰，放火箭焚循艦，循艦俱然，一時散潰，遂斬循及循父嘏并其二子，傳首建鄴。以功封龍編縣侯。武帝踐阼，進號輔國將軍。其年又南破林邑，遣使獻捷。慧慶布衣蔬食，儉約質素，能彈琴，頗好莊老，禁斷淫祀，崇修學校。歲荒人饑，則以私禄賑給。爲政纖密，有如居家。由是威惠霑洽，姦盗不起，乃至城門不夜閉，道不拾遺。卒，贈左將軍。以長子弘文爲振遠將軍，襲爵，復繼父爲交州刺史，弘文亦以寬和得衆。元嘉四年，弘文已得疾，被徵將行，或勸以少待病愈，弘文曰：「吾荷皇恩，杖節三世，常欲投軀帝庭，况被徵命，而可晏然乎？」即輿疾就路，行至廣州卒，朝廷甚哀之。

論曰：古之治天下，至纖至悉也。彼實推保赤之誠以行其政，故經理籌畫，非極於周詳而不容已也。慧慶之爲政，其有古人之心乎？弘文守藩嶠外，三世樹德，一旦聞命，輿疾赴召，忠誠見於辭色，尤可録已。

劉秀之

劉秀之，字道寶，東莞莒人。少時嘗與諸兒遇大虵，虵來勢猛，兒盡驚號，秀之獨不動。東海何承天雅相器異，以女妻之。景平二年，除駙馬都尉。元嘉中，再爲建康令，有政績。孝武鎮襄陽，以爲撫軍録事參軍，襄陽令。襄陽有六門堰，良田數千頃，堰久壞，公私廢業，秀之修復之，雍部由是大豐。復除西戎校尉，梁南、秦二州刺史，加都督，躬爲儉約，以救饑饉。先是漢川以絹爲貨，秀之令用錢百姓利之。二十七年，大舉北侵，遣輔國將軍楊文德、巴西、梓潼二郡太守劉弘宗受秀之節度，震蕩汧、隴，元凶弑逆。秀之即日起兵，來赴襄陽。孝武入定難，遷爲益州刺史。梁益豐富，前後刺史莫不營聚，多者致萬金，秀之心力堅正，獨清潔，家無餘財。去梁之日，折留奉禄二百八十萬付鎮庫，此外蕭然。其爲政整肅，遠近悦焉。孝建元年，南譙王義宣據荆州爲逆，徵兵於秀之，秀之斬其使以起義，功封康樂縣侯，徙丹陽尹。時縣官買物，多不予直，秀之極言其非宜，不納。遷尚書右僕射，議定隸人殺長吏科，或謂遭赦宜以徙論，秀之曰：「人敬官長，比之父母，殺官長而遇赦以徙論，與悠悠殺人者何異爲！宜長付遠方，窮其天命，家口補兵。」從之。後爲寧蠻校尉，雍州刺史，加都督。將徵爲左僕射，會卒，贈司空，謚忠成。

論曰：秀之處富饒之郡，而能以清著，可謂廉吏。其赴國難、拒逆謀，義形於色，抑亦忠矣。夫吏民於官長，亦有君臣之分焉，峻爲之防，乃所以益嚴堂廉之辨，秀之之議法，其即鷹鸇逐雀之意也夫。

南朝齊

傅琰

傅琰，字季珪，北地靈州人。美姿儀。仕宋爲武康令，遷山陰令，并著能名，二縣皆謂之傅聖。賜爵新亭侯。元徽中，遷尚書左丞。齊高帝輔政，以山陰獄訟煩積，復以爲山陰令。有二姥争團絲，姥各别業，其一賣針，其一賣糖。琰令挂團絲鞭之，有鐵屑，乃罰賣糖者。又二野父争雞，琰問何以食雞，一云粟，一云豆，乃破雞得粟，罪言豆者。縣内稱神明，無敢爲偷。先是，琰父僧祐嘗令山陰，有能名，至琰復再任著績，時言諸傅有理縣譜，子孫相傳，不以示人。昇明中，自縣擢爲益州刺史。齊建元四年，徵爲驃騎將軍，黄門郎。永明中，爲廬陵王安西長史，南郡内史，行荆州事，卒。時長沙太守王沈、新蔡太守劉聞慰、晉平太守丘仲起、長城縣令何敬叔、故鄣縣令丘寂之皆有能名，而不及琰。琰子翽復自吴令歷山陰令，有能名。建康令孫廉嘗問翽曰：「聞丈人發姦擿伏如神，何以至此？」翽曰：「無他也，惟勤而清耳。清則憲綱自行，勤則事無不理。憲綱行則吏不能欺事，自理則物無凝滯，欲不治得乎？」翽天監中位至驃騎諮議。

論曰：君子不能使民無訟，而至於聽訟，化之衰也。然情僞微曖，其變千狀，非中正明達果斷，則亦不能聽也。琰之擿伏，不過以情理推求，而遽得神明之譽。翽本清勤以論其理。嗚呼！斯其爲諸傳之理縣譖歟？

范述曾

范述曾，字穎彦，吴郡錢塘人。好學，嘗從餘杭吕道惠受五經。齊初爲南郡王國郎中令，遷太子步兵校尉，帶開陽令。述曾爲人謇諤，多所諫争，太子雖不能盡用，亦弗之罪也。竟陵王深相器重，號爲周舍太子左衛率，沈約亦以述曾方汲黯焉。明帝即位，遷永嘉太守。爲政清平，不尚威猛，甿俗便之。所部横陽縣山谷嶮峻，爲逋逃所聚，前後二千石討捕莫能息。述曾下車，開示恩信，諸凶黨襁負而出，編户屬籍者二百餘家，自是商旅流通，居人安業。勵志清白，不受餽遺。及徵爲游擊將軍，郡送錢二十餘萬，卒無所受。東昏時，拜中散大夫，還鄉里。入梁，以爲大中大夫。述曾平生所得禄，皆以分施，及老遂壁立無資。天監八年卒。所注有易文言。後吴興丘師施爲臨安令，亦以廉潔稱，當時以比述曾。

論曰：述曾之經術、直氣皆有足稱，匪獨吏治也。恩信所感，至化凶黨爲編户，亦豈硜硜廉介自好者所可庶幾，當時論者以述曾方汲黯，復以師施比述曾，有以也。然濡迹齊梁，隨波逐流而不知怪，君子不免有遺憾焉。

南朝梁

夏侯夔

夏侯夔，字季龍，譙郡譙人。由大匠卿累遷司州刺史，領安陸太守。嘗帥二將軍出義陽道，攻平靜、穆陵、陰山三關，克之。時譙州刺史湛僧智圍東豫州，刺史元慶和於廣陵入其郛，魏將元顯伯率軍赴援。夔乃自武陽出，會僧智斷魏軍歸路，慶和遂降，顯伯聞之夜遁，由是義陽北道與魏絶。及郢州刺史元顯達降，詔改爲北司州，以夔爲刺史，兼督司州，封保城縣侯。大通六年，轉豫州刺史，加督豫州。積歲連兵，人頗失業，夔率軍人於蒼陵立堰，溉田千餘頃，歲收穀百餘萬石，以充儲備，兼贍貧人，境内賴之。初，夔兄亶亦任豫州，有恩惠，於是百姓歌曰：「我之有州，頻得夏侯。前兄後弟，布政優優。」夔在州七年，遠近多附之，有部曲萬人，馬二千匹，并服習精彊，爲當時最盛。性好人士，不以貴位自高，文武賓客常滿坐，時尤以此多之。卒於州，謚曰桓。

論曰：衛文公當破散之餘，再立社稷，無他道也，其在詩曰「星言夙駕，税於桑田」，斯騋牝所以三千也。夔備屏藩於南北分疆之時，武略既振，復能留心民事，用克懷柔遠近，保固邊圉，庶幾衛文之遺烈焉。

張緬

張緬，字元長，范陽方城人，弘策之子也。自幼即爲外祖劉仲德所器異，謂方有海内令名。甫十歲，弘策從梁武帝舉兵向都，緬留襄陽，每聞軍勝負，輒憂喜形於顔色。及弘策遇害，居喪過禮。服闋，襲封洮陽縣侯。起家秘書郎，出爲淮南太守。武帝疑其年少，未閑吏事，取文案試令斷决，見其允愜，甚稱賞之，再遷雲麾外兵參軍。緬少勤學，手不輟卷，有質疑者，隨問輒對，略無遺失。會武帝令徐勉擇可充殿中郎者，勉舉緬。頃之爲武陵太守，還拜太子洗馬，中舍人。緬母劉氏以父殁家貧，葬禮有闕，遂終身不居正室，不隨子入官府。緬在郡所得俸禄不敢用，至乃妻子不易衣裳。及還，并以供母，振遺親屬，累載所蓄，一朝隨盡，私室常閴然如貧素。累遷豫章内史。爲政任恩惠，不設鈎距，吏人化其德，亦不敢欺。後爲御史中丞，推繩無所顧望，號爲勁直。武帝圖其形於臺省，以勵當官。坐事，左降黄門，俄復舊任，遷侍中，未拜卒。

論曰：鈎距之設，吏道之衰也。夫賢者不逆不億，鈎距之爲，逆億也。大矣！上任術以御下，下必狡而相遁，是官民相率而爲僞也，豈曰能？賢君子開誠以平其政，故厥心日休，而甿俗亦返於醇矣，其風顧不尚耶！

南朝陳

褚玠

褚玠，字温理，河南陽翟人。美風儀，博學能屬文，詞義典實，不好艷靡，先達多以才器許之。起家王府法曹，累遷太子庶子，中書侍郎。太建中，山陰縣多豪猾，前後吏皆以贓污免，高宗患之，諏良宰於中書舍人蔡景歷。景歷言玠廉儉有幹用，乃除玠戎昭將軍、山陰令。時舍人曹義達爲高宗所寵，縣富人陳信諂事義達，信父顯文恃勢横暴，玠乃執顯文鞭之一百，於是吏民股慄，莫敢犯者。信卒因義達譖玠，免官。玠在任歲餘，守俸禄而已，去官之日，不堪自致，因留縣境種蔬菜自給。或以嗤玠，玠曰：「吾委輸課最，不後列城，除殘去暴，姦吏跼蹐，若謂不能自潤脂膏者，則如來命。」時人以爲信然。太子知玠無還裝，賜粟米二百斛，於是還都。太子愛其文辭，令入直殿省。十年，除電威將軍，淮南王長史，頃之掌東宫管記。十二年，遷御史中丞，卒，年五十二。玠剛毅有膽決，善騎射，嘗從侯安都於徐州出獵，遇虎，玠引弓射之，再發，皆中口入腹，其虎遂斃。及爲御史中丞，甚有直繩之稱。自梁末喪亂，朝章廢弛，玠方欲改張，大爲條例，綱維略舉，而編次未訖。所製章奏雜文二百餘篇，皆切事理，見重於時。

論曰：高宗患山陰多豪，故簡而用玠，玠試政逾期，竟以鋤豪敗。以此任之，復以此罪之，安得展其力用哉？當陳之時，循良之風益衰，惟玠治縣有幹用之才，立朝有繩直之稱，故録焉。

史傳三編卷五十三

循吏傳五

北朝魏

韓麒麟

韓麒麟，昌黎棘城人。好學，美姿容，善騎射，參征南慕容白曜軍事，進攻升城，師人多傷。及城潰，白曜將坑之，麒麟諫曰：「今方進趣，宜示寬厚。勍敵在前，而便坑其衆，恐三齊未易圖也。」白曜從之，皆令復業，齊人大悦。白曜表爲冀州刺史。白曜攻東陽，麒麟上義租六十萬斛，及攻戰具，軍資無乏。孝文時，拜齊州刺史。在官寡於刑罰，從事劉普慶説曰：「明公仗節方夏，無所斬戮，何以示威？」麒麟曰：「人不犯法，何所戮乎？若必須斬斷以立威名，當以卿應之。」普慶慙懼而退。麒麟以新附之人，未階臺宦，士人沈抑，乃請守宰有闕推用豪望，增置吏員，廣延賢哲，庶華族蒙榮，良才獲叙，因以懷德安土，朝議從之。太和十一年，京都大饑，麒麟表陳時務，略曰：「古先哲王經國立政，積儲九稔，謂之太平。今京師人庶不田者多，游食之口三分居二，故頃年山東遭水而人餒，今秋京都遇旱而穀貴，實由農人不勸，素無儲積故也。自承平日久，豐穰積年，競相矜夸，浸成侈俗。故令耕者日少，田者日荒，穀帛罄於府庫，寶貨盈於市里，衣食匱於室，麗服溢於路。饑寒之本，實在於斯。愚謂凡珍玩之物，皆宜禁斷；吉凶之禮，備爲格式。令貴賤有別，人歸樸素。制天下男女，計口受田。宰司四時巡行，臺使歲一案撿。勤相勸課，嚴加賞罰，數年之中，必有盈贍。往年校比户貫，租賦輕少，請減絹布，增益穀租。年豐多積，歲儉出振，所謂私人之穀寄積於官，官有宿積則人無荒年矣。」麒麟立性恭慎，恒置律令於坐傍。臨終惟有俸絹數十匹，其清貧如此。卒，謚曰康。

論曰：善夫！麒麟之論時務也。人情莫不貴貴而惡賤，苟華衣繁飾即可襲爲士大夫之容，則氓隸慮無不竭貲傾家以求所謂華衣繁飾者矣，雖欲率儉其道無由。惟立之格式，辨爲等威，則章服之貴不係於絲衣，韋布之賤不因乎草服。是貴者不必以奢而成貴賤，則雖奢亦無改乎其賤也。此民志所以定，不期儉而自儉之善術也。至課農積穀，皆三代盛時所惓惓爲民早慮者，實理物之常軌，爲政之所先。北魏名臣經濟如麒麟比者希矣，豈直良吏云爾哉！

李平

李平，字雲定，頓丘人。涉獵群書，好禮易，有大度。太和初，拜通直散騎侍郎，孝文禮之，累遷太子庶子。請郡自效，拜長樂太守。政務清静，徵行河南尹，爲豪右權戚所憚。及宣武將幸鄴，平表諫以爲洛邑俶營，根基未就，實宜安静，勸其稼穡，令國有九載之糧，家有水旱之備。不從。尋爲相州刺史，勸課農桑，修飾太學，簡試通儒，以充博士，選郡中聰敏者教之。圖孔子及七十二子於講堂，親爲立贊。先是，臺使多好侵漁，平乃畫履虎尾、踐薄冰於客館，注頌其下，以示誡徵。拜度支尚書，領御史中尉。會京兆王愉反於信都，以平爲持節都督北討諸軍事，行冀州討之。宣武臨遣平，曰：「何圖今日言及斯事！」因歔欷流涕。平曰：「愉，天迷其心，構此梟悖。陛下不以臣不武，委以總師之任，如其稽顙軍門，則送之大理。若不悛待戮，則鳴鼓釁鉦，非陛下之事。」平進，諸軍大集，夜有蠻兵數千斫前壘，矢及平帳，平堅卧不動，俄而遂定。進，破愉於冀州城南，遂圍城，愉奪門走，追禽之。乃使平以本官領相州大中正，加散騎常侍。爲高肇王顯所陷，除名。延昌初，復除定、冀二州刺史。先是，良賤之訟頻年繁積，平請不問真僞，一以景明年前爲限，於是獄訟衰少。武川饑，鎮將任款擅開倉賑恤，爲有司所繩，當免官，平奏救款，特見原。平高明强濟，所在有聲，但頗以性急爲累。遷中書令，孝明初，轉吏部尚書。及任城王澄爲理定冀之勳，乃封武邑郡公。時梁將趙祖悦逼壽春，諸將乖貳，攻之未克。乃以平使持節鎮軍大將軍，兼尚書右僕射，爲行臺節度諸軍。平嚴勒水陸，尅期齊舉，諸軍憚之，無敢乖互，遂破梁軍，竟斬祖悦，送首洛陽。以功遷尚書右僕射，加散騎常侍。平自在度支，至於端副，夙夜在公，孜孜匪懈，凡處機密十有餘年，有獻替之稱。卒，謚文烈。

論曰：平處機密則爲國腹心，臨軍旅則爲時干城，豈獨以吏績見哉！當其時，南北紛紛，競尚西方之教，而平獨能修學立師，誘誨其民。又知宗孔氏以定其統，遂使丹青之所畫，卒爲學宮祀典之所因，詎非以孝文稽古禮文、風聲日正，故承流者耳目漸染，其所崇好亦爲之翻然一變耶？

張華原

張華原，字國滿，代郡人。爲驃騎府法曹參軍，遷大丞相府屬，尋除散騎常侍。奉使入關，宇文泰愛之，有拘留之意，謂曰：「若能屈驥足，當共享富貴。不爾，命懸今日。」華原曰：「殞首而已，不敢聞命！」泰嘉其亮正，乃使東還。高歡以華原久不返，每歎惜之，及聞其來，喜見於色。後累遷兗州刺史。華原有幹略，達政體，至州，廣布耳目，境内大賊及鄰州亡命三百餘人，皆詣華原歸款，咸撫以恩信，放歸田里，於是人懷感附，寇盜寢息。州獄繫囚千餘，華原料簡輕重，隨事決遣，至年暮，惟餘重罪數十人，華原各給五日假，曰：「期盡速返也。」囚等皆曰：「有君如是，何忍背之！」依期畢至。先是州境數有猛獸爲暴，至是甑山中忽有六駁出食猛獸，咸以爲化感所致。卒官，州人大小莫不號慕，爲立祠，四時祭焉。

論曰：當東西魏時，兵革日興，生民之隘狹甚矣。於是散爲盜賊，豈不樂生？聊以緩死焉耳。君子哀矜之不暇，若一切草薙而禽獮之，傷於仁矣。華原懷附新降，化盜爲民，仁心所全，不已大乎！

北朝齊

崔伯謙

崔伯謙，字士遜，博陵人。高歡召補相府功曹，稱曰：「清直奉公，真良佐也！」遷瀛州別駕。高澄輔政，以爲京畿司馬。時族弟暹方居寵要，伯謙以雅道自居，非吉凶未嘗造暹。齊天保初，除濟北太守，恩信大行，富者禁其奢侈，貧者勸課周給。改用熟皮鞭鞭人，不忍見血，示恥而已。朝貴行過郡境，問人以太守治政，人曰：「府君恩化，古者所無。誦人爲歌曰：『崔府君，能臨政，易鞭鞭，布威德，人無争。』」客曰：「既以德化，何更任威？」對曰：「長吏憚其威嚴，人庶蒙其恩惠。」及徵赴鄴，百姓號泣遮道，數日不得前。以弟仲讓仕於關中，不復居内任。除南鉅鹿太守，下車道以禮讓，豪族皆改心整肅。事無巨細，必自親覽。民有貧弱未理者，皆曰：

「我自告白鬚公，不慮不決。」在郡七年，獄無停囚。每有大使巡察，恒處上第。徵拜銀青光禄大夫。伯謙少讀經史，平生容止儼然，未嘗有愠色。親朋至，置酒相娱，清言不及俗事，士大夫以爲儀表。卒，謚曰懿。

論曰：班固有言：「刑罰不可廢於國，鞭笞不可廢於家。」爲頑梗者言之也。伯謙之用熟皮鞭，與漢劉寬之用蒲鞭，意正相類，然長吏反以此憚其威嚴。故威行而人知恩者，亦恩行而人知威也。刑罰鞭笞，聊以濟威可耳，若夫不怒之威，當不關此。

蘇瓊

蘇瓊，字珍之，長樂武强人。嘗謁東荆州刺史曹芝，芝戲曰：「卿欲官否？」對曰：「設官求人，非人求官。」芝異其對，署爲府長流參軍。高澄以儀同開府，引爲刑獄參軍府僚。有推并州盗事者，所疑賊已拷伏，惟未得贓，澄更以付瓊。瓊乃别推得賊，盡獲贓驗，澄大笑樂。遷南清河太守。瓊性清慎，至部盗賊止息。或外境姦非，從界行過者，無不捉獲。零陵人魏雙成失牛，疑爲村人魏子賓所竊，瓊一問，知子賓見枉，即釋之。雙成哀訴曰：「苟釋子賓，則民何從得牛？」瓊不應，已乃别訪得盗，郡人皆服，自是畜牧不收，鄰郡富家多捋財物，寄瓊界内以避盗。平原妖賊劉黑狗事發，徒黨牽連，瓊所部與平原接壤，無一人染其辭者，時尤服其德績。郡民乙普明兄弟争田，積年不斷，所援証至百人，瓊召諭之曰：「天下難得者兄弟，易求者田地。假令得地，失兄弟心，何如？」因而淚下。諸證人莫不灑泣，普明兄弟叩頭引咎，二人分異已十年，及是感悟，還復同居焉。常以春日集大儒衛覬、隆田、元鳳等講於郡學，諸吏文案之暇輒令受書。又禁斷淫祠，婚姻喪祭皆教以儉而衷之禮。其兵賦次第，并立明式，至於調役，事必先辦。當時州郡無不遣人至境，訪其政術。齊天保中，郡界大水，瓊貸粟於富家以給饑者，咸撫其兒子曰：「府君生汝。」在郡六年，常爲天下尤最。遭憂解職，尋起爲司直廷尉正。時宋世軌爲少卿，亦有名，侍中爲之語曰：「決定嫌疑，蘇珍之；視表見裏，宋世軌。」號爲寺中二絕。及趙州清河連有反獄，前後皆以付瓊，事多申雪。尚書崔昂謂曰：「欲立功名，當思餘理。數雪反逆，身命何輕！」瓊正色曰：「所雪者冤枉，不放反逆。」昂大慙。京師爲之語曰：「斷決無疑，蘇珍之。」皇建中，賜爵安定縣男，徐州行臺左丞，行徐州事。舊制以淮禁商販，不聽輒度，時淮南歲儉，瓊請聽糴淮北，及淮北饑，復請通糴淮南。自是商販往還，彼此兼濟，水陸之利通於河北。後爲大理卿。而齊亡入周，爲博陵太守。隋開皇初，卒。

論曰：瓊之濟饑，所具二法：當在清河貸諸富者，所以酌劑其盈虚也；及在徐州糴諸鄰界，所以懋遷其有無也。朱子之賑南康荒政，無不舉其大端，亦惟通商、勸分而已。通商故鄰無遏糴，而客米雲集；勸分故境無居奇，而舊穀益出，殆權輿於瓊法而行之者歟？

裴延儁

裴延儁，字平子，河東聞喜人。涉獵墳史，舉秀才，除著作佐郎，累遷太子洗馬。齊宣武即位，爲中書侍郎。值帝專心釋典，延儁上疏諫。及詔立明堂，群官博議，延儁獨著一堂之論。明帝時，拜幽州刺史。范陽郡故有督亢渠，漁陽燕郡有戾陵諸堨，久廢莫修。時水旱不調，延儁乃表求營造，遂躬自履行，相度形勢，隨力分督，未幾而就，溉田百餘萬畝，爲利十倍，百姓賴之。又命主簿酈惲修起學校，禮教大行，人歌謡之。在州五年，考績爲天下最。後歷官至吏部尚書。莊帝初，於河陰遇害，其子元直、敬猷并有學尚，與同死。

論曰：昔曹操軍出，終阻於濘滯，田疇曰：「此道秋夏每常有水，淺不通車馬，深不載舟船。」可知幽壤水潦之多，自古已然。當周、召公之國於是也，其時溝澮蓋詳焉。後世闕而不講，乃諉於北土高燥，水不足用。觀延儁之所修復，爲利十倍，可以關其口矣。

北朝周

裴俠

裴俠，字嵩和，河東解人。解褐奉朝請，累遷東郡太守。及孝武疑高歡，徵兵河南，俠率所部赴洛陽，授左中郎將。俄而孝武西遷，俠將從行，而妻子猶在東郡。鄭偉謂曰：「天下方亂，未知烏之所集，何如東就妻子？徐擇木焉。」俠曰：「吾既食人之禄，寧以妻子易圖，忠義之道庸可忽乎？」既入關，除丞相府士曹參軍。從戰沙苑有功，拜行臺郎中。王思政鎮玉壁，以爲長史，後除河北郡守。俠躬履儉素，愛民如子，所食惟菽麥鹽菜，吏民懷之。舊制有漁獵夫三十人以供守，俠曰：「以口腹役人，吾不爲也。」悉罷之，因并罷供役丁夫亦三十人，但量收其庸直以市馬。歲月既積，馬遂成群。去職之日，一無所取。民歌之曰：「肥鮮不食，丁庸不取。裴公貞惠，爲世規矩。」俠嘗與諸牧守俱謁宇文泰，泰命俠别立，謂諸牧守曰：「俠清慎奉公，爲天下最，今衆有如俠者，可與俱立。」衆皆默然，無敢應。乃厚賜俠，朝野歎服，號爲獨立君俠。又撰九世伯祖貞侯傳，以爲裴氏清公自此始，欲後生奉而行之。從弟伯鳳、世彦時并爲丞相府佐，笑曰：「人生仕進，當身名并裕，清苦若此，竟欲何爲？」俠曰：「夫清者，莅職之本；儉者，持身之基。況我大宗世濟其美，故能存見稱於朝廷，殁流芳於典策。今我幸以凡庸濫蒙殊遇，固其窮困，非慕名也，志在自修，懼辱先也。」伯鳳等慙而退。九年，入爲大行臺郎中，居數載，連拜郢、祏二州刺史，徵爲雍州别駕。周孝閔帝踐阼，除司邑下大夫，遷民部中大夫。主倉吏多隱没，積年至千萬，俠勵精發摘，數旬之内姦盗略盡。轉工部司空，錢物所隱費數亦至五百萬，其吏李貴知俠清嚴，懼罪責，乃於府中悲泣，俠聞之，聽其自首。其肅遏姦伏皆此類。俠所居屋，風霜不蔽，帝知之，矜其清苦，爲起宅，并賜良田，奴隸、耕牛、糧粟莫不備足，縉紳咸以爲榮。武成元年，卒，謚曰貞。河北吏民感俠遺愛，乃作頌紀其清德焉。

論曰：俠從魏帝西遷，不顧妻子，忠矣。及爲牧守，又能以清自律，於是蘇綽嘗爲六條詔書，奏施行之。其論吏治曰：「身不能自治，而欲望治百姓，是曲表而求直影也。行不能自修，而欲百姓修行，是無的而責射中也。」故必心如清水，行如白玉，若俠之操，庶能充斯語者耶？

薛慎

薛慎，字伯護，河東汾陰人。好學，能屬文，善草書。起家丞相府墨曹參軍。宇文泰於行臺省置學，取丞郎及府佐德行明敏者充之，令旦理公務，晚就講習，先六經，後子史。又於諸生中簡德行淳懿者侍讀書，慎與李燦等十二人實應其選。復使慎爲學師，以知諸生課業。累遷禮部郎中，六官建，拜膳部下大夫。是時慎兄善亦任工部，并居清顯，時人榮之。周孝閔帝踐阼，除御正下大夫，封淮南縣子，歷師氏、御伯中大夫。保定初，出爲湖州刺史。界雜諸蠻，常苦劫掠，慎乃集蠻豪，宣朝旨，令首領每月一參，或須言事，不時輒見，見必殷勤勸誡，及賜酒食，期年翕然從化。諸蠻乃相謂曰：「今日始知刺史真人父母也。」莫不欣悅，自是襁負而至者千餘户。蠻俗子娶妻，雖父母在，即別居。慎謂守令曰：「牧守令長化人者也，此非惟氓俗之失，亦牧守之罪。」乃親自誘導，示以孝慈，并遣守令各諭所部，有數户蠻還侍養，及行得果膳歸奉父母者，慎以其從善之速，具以狀聞，有詔蠲其賦役，於是風化大行，盡革舊俗。尋爲蕃部中大夫，以疾去職，卒於家。

論曰：語云：「以言感人，其感已淺。」慎勸誡諸蠻而諸蠻景從者，誠心爲之質也。父子之愛，得之最先，雖虎狼猶不泯，况諸蠻乎？慎先之以誘導，加之以激勸，靡然向風，革俗而從化，何其易耶？

隋

梁彦光

梁彦光，字修芝，安定烏氏人。涉經史，有規檢，造次必以禮。仕周，至柱國，青州刺史。及隋受禪，爲岐州刺史，兼領宫監，後轉相州。彦光之治岐也，岐俗淳質，以静鎮之，所部大安，嘉禾、連理，出於州境，奏課連最，爲天下第一。及居相，如故治，以政不理，坐免。歲餘，起拜趙州刺史。彦光曰：「臣前待罪相州，百姓呼爲戴帽餳。臣自分廢黜，無復衣冠之望，不謂天恩復垂收採。請復爲相州，改絃易調，庶以變其風俗。」上從之，復以爲相州刺史。豪猾聞彦光自請來，莫不嗤笑。彦光下車，發擿姦隱，有若神明，豪猾皆潛竄，合境大駭。初，齊亡後，衣冠士人多遷關内，惟技巧商販及樂户之家移實州郭，由是人情險陂，妄起風謡，訴訟官人，萬端千變。彦光欲革其弊，乃用秩俸招致大儒，每鄉立學，非聖賢之書不得教授。常以季月召集臨試，有勤學異等、聰令有聞者，升堂設饌，其餘并坐廊下；若好諍訟、惰業無成者，則坐之庭中，設以草具。及大成，又爲舉，行賓貢之禮，祖之郊外，資以財物。於是人皆尅勵，風俗大改。滏陽人焦通性酗酒，事親禮闕，彦光弗之罪，惟將至州學，使觀韓伯瑜像，爲説伯瑜母杖不痛，哀母年衰，對母悲泣之事。通感悟悲愧，若無容者，改過勵行，卒爲善士，吏人感悦，略無諍訟。卒官，謚曰襄。

論曰：夫子論政曰：「齊一變至於魯，魯一變至於道。」以至聖治齊，必待再變者，習染深錮，非先革其俗，不能行其化也。譬療病而遇厲疾，不投以猛擊祛邪之方，而遽養以中和，必不療矣。洪範曰：「彊弗友，剛克。」此三代之治法也。

劉曠

劉曠，不知何許人，性謹厚，每以誠恕應物。開皇初，爲平鄉令，單騎之官。有諍訟者，輒丁寧曉以義理，不加繩劾，各引咎去。所得禄用賑窮乏，百姓感其德，更相勸曰：「有君如此，何得爲非？」在職七年，風教大洽，諍訟衰息，獄無繫囚，囹圄皆生草，庭可張羅。及去，官吏人無少長，號泣送之數百里不絶。遷爲臨潁令，清明善政，爲天下第一。高潁言狀，上召見勞之，曰：「天下縣令多矣，卿獨能異於衆。」顧侍臣曰：「若不殊獎，何以勸人？」於是優詔，拜莒州刺史。

論曰：誠者體，恕者用，慎斯術也以往，雖以天下之廣、兆民之衆，尚當不疑於所行，况郡縣乎！曠之里居，史猶不具，故治迹亦多闕。要爲吏者，法其誠恕焉，斯即曠矣。

王伽

王伽，河間章武人。開皇末，爲齊州參軍。州使送流囚李參等七十餘人詣京師，流人法：加枷鎖，援卒傳送。伽行次滎陽，憫其辛苦，呼囚謂曰：「若輩既犯國刑，虧損名教，身嬰縲紲，此其宜也。今復重勞援卒，豈獨不愧於心耶？」參等辭謝，伽復曰：「若等雖犯法，枷鎖亦大苦辛，吾爲若脱去，各行詣京，能不違期乎？」因皆拜曰：「必不敢違！」伽於是悉脱枷鎖，停援卒，與期曰：「某日當至京師，如致前却，吾即爲汝受死。」舍之而去。流人感悦，依期悉至，一無離叛。上聞而驚異，名見與語，稱善久之，悉召流人，并令携負妻子入宴殿庭而赦之。乃下詔曰：「凡在有生，含靈禀性，咸知好惡，并識是非。若臨以至誠，明加勸導，則賊必從化，人皆遷善。往以海内亂離，德教廢絶，官人無慈愛之心，兆庶懷奸詐之意，所以獄訟不息，澆薄難理。朕安養萬姓，思導聖法，以德化人。伽深識朕意，誠心宣導，參等感悟，自赴憲司，明率土之人非爲難教。良是官人不加示曉，致令陷罪，無由自新。若使官盡王伽之儔，人皆李參之輩，刑措不用，其何遠哉！」於是擢伽爲雍令，有能名。

論曰：開皇之治，簡覈吏職，故其時户口大蕃，民得休息。東漢以還，於斯爲盛。伽之脱囚，固不可爲常格，要其誠心所感，不可誣也。帝緣是下深厚之詔，以課吏而導民，雖漢文之訓詞，何以加焉！

長孫平

長孫平，字處均，代人也。美容儀，有器幹，頗覽書記。爲周衛王侍讀，武帝逼於宇文護，與衛王謀誅之，王常使平通意於帝。護誅，拜開府儀同三司。宣帝時，遷少司寇。平與隋文帝情好款洽，及文帝爲丞相，恩禮彌厚。賀若弼鎮壽陽，文帝恐其懷貳，遣平代之，弼果不從，平麾壯士執弼送京師。隋開皇三年，徵拜度支尚書。平見天下州縣多罹水旱，百姓不給，奏令民間每秋家出粟麥一石，以下各以貧富爲差，儲之閭里，以備凶年，名曰義倉，帝深嘉納，自是州里豐衍。後轉工部尚書。有人告大都督邴紹非毀朝廷憒憒者，上怒，將斬之，平諫乃止。因勑群臣誹謗之罪，勿復以聞。未幾遇譴，以尚書檢校汴州事，尋除汴州刺史，歷許、貝二州，俱有善政。鄴都俗薄，前後刺史多不稱職，乃遷平爲相州，甚有能名，在州數年。坐事免，俄復進位大將軍，拜太常卿，吏部尚書。卒官，謚曰康。

論曰：歷代建倉以備歉者，惟漢之常平、隋之義倉最著。常平積之自官，義倉斂之自民，校其利弊，各有短長焉。義倉則懼有司之勒民出粟，或因以多科也，然民儲粟而還散之民，則於散時爲便。常平則懼有司之拘守公令，或賑給後事也，然官有粟而還儲之官，則於儲時爲便。要是二策皆所以爲國養民政之善者也。得良吏以行善政，斯皆無弊矣。平憫民生多艱，建爲是策，其歷州郡有聲稱也，宜哉！

辛公義

辛公義，隴西狄道人。仕周至内史上士。開皇元年，除主客侍郎，後轉駕部侍郎，勾檢諸馬牧，所獲十餘萬匹，從軍平陳，以功除岷州刺史。土俗畏病，一人有疾，舉家逃避，父子夫妻不相視養，孝義道絶，由是病者多死。公義欲變其俗，因遣人分檢部内有疾者，舉置聽事。暑月疫時，病人或至數百，公義親設一榻坐其間，終日連夕，對之理事。所得俸盡用市藥，迎醫療之，躬勸其飲食，病者悉瘥。於是召其親戚，喻之曰：「死生有命，不關相染。前汝棄之，所以死耳。今我聚病者，坐卧其間，若言相染，安得生耶？」諸病家子孫皆慙謝，後遇疾者争欲就使君，親屬固留養之，始相慈愛，合境呼爲慈母。遷并州刺史。下車先至獄中露坐，驗問十餘日，決斷咸盡方還。受領新訟，皆不立文案，惟遣當直佐寮一人側坐訊問。或問未得情應，暫入禁者，公義即宿聽事不還閤，曰：「刺史無德導人，尚令百姓繫於囹圄，敢自安乎？」罪人聞之，咸自款服。有相訟者，閭里父老遽相曉曰：「此小事，何忍勤勞使君？」訟者往往兩讓而止。時山東霖雨，自陳汝至海皆苦水災，境内犬牙獨無所損。仁壽元年，充揚州道黜陟大使。豫章王暕恐其官寮犯法，使人迎囑公義，公義惟曰：「不敢以有私。」及至，皆無所縱捨，暕銜之。煬帝即位，揚州長史王弘入爲黄門郎，因言公義之短，竟去官，吏人守闕訴寃，相繼不絶。其後帝悟，除爲内史侍郎。丁母憂，未幾起爲司隸大夫，檢校右禦衛武賁郎將。從征至柳城郡，卒。

論曰：俗吏之於刑獄，雖雀角鼠牙，輒亦託辭審慎，淹留囹圄久者，或至經年，一人淹獄，佐證皆不遑息，便使耕桑者失其時，工賈者失其業，豈獨受繫者幽憂於牢犴已哉？公義下車，百務未逮，獨皇皇於斷遣滯獄，仁心爲質，可以風矣。

魏德深

魏德深，弘農人。爲文帝挽郎，累遷貴鄉長。爲政清静，不嚴而肅。煬帝興遼東之役，徵税百端，責成郡縣。於時王綱弛紊，吏多贓賄，所在徵斂，人不堪命。惟德深一縣有無相通，不竭其力，所求皆給，而百姓不擾。及盗賊群起，武陽諸城多陷，惟貴鄉獨全。郡丞元寶藏受詔逐捕盜賊，每戰不利，輒復徵發器械，動以軍法從事，如是者數矣。鄴城營造，皆聚工役於聽事，吏人督責，晝夜喧囂，猶不能辨。德深各問群工以所欲，任隨便修營，官府寂然，恒若無事，惟約束長吏，所修不須過勝餘縣，使百姓勞苦，然百姓益自竭心，常爲諸縣之最。尋轉館陶長，貴鄉吏人聞之，歔欷流涕，語不成聲。及赴館陶，傾城送之，號泣之聲，道路不絶。既至館陶，闔境老幼皆如見其父母。有猾人趙君實與元寶藏深相結，前後令長無不受其指麾者。自德深至，君實屏處，未嘗輒敢出門，逃竄之徒歸來如市。貴鄉父老冒艱難詣闕，請留德深，詔許之。館陶父老復詣郡相訟，以貴鄉文書爲詐，郡不能決，會持節使者至，乃斷從貴鄉。貴鄉吏人歌呼滿道，館陶衆庶合境悲泣，因從而之貴鄉者數百家。寶藏深害其能，及越王侗徵兵，寶藏遂令德深率兵赴東都。俄而寶藏以武陽歸李密，德深所領皆武陽人，每念親戚，輒出都門東向慟哭。或謂之曰：「李密兵馬近在金墉，歸易耳，何自苦？」其人皆垂泣曰：「從魏明府來，何忍棄去？豈以道路艱阻哉！」其得人心如此。後與賊戰，歿於陣，貴鄉、館陶人懷之不忘。

論曰：「其政察察，其人缺缺。」蓋言苛切之政行，則人益懈而事多隳。觀德深所以修辨器械，不繩督而功多，其語益信。德深所居見慕，所去見思，至使館陶輕違其鄉，武陽忍棄其戚。詩曰：「愷悌君子，民之父母。」德深有焉。

史傳三編卷五十四

循吏傳六

唐

李素立

李素立，趙州高邑人。仕武德初，擢監察御史。民犯法不及死，高祖欲殺之，素立諫曰：「三尺法天下所共有，一動搖則人無所措手足。方大業經始，奈何輦轂下先棄刑書乎？」上嘉納，由是恩顧特異。以親喪解官，起授七品清要。有司擬雍州司户參軍，上曰：「要而不清。」復擬秘書郎，上曰：「清而不要。」乃授侍御史。貞觀中，轉揚州大都督府司馬。初，突厥鐵勒部内附，即其地爲瀚海都護府，詔素立領之。於是闕泥熟别部數梗邊，素立以不足用兵，遣使諭降，夷人感其惠，競獻馬牛，素立又不受，乃開屯田、立署次，邊人益畏威。歷太僕鴻臚卿，累封高邑縣侯，出爲綿州刺史。永徽初，徙蒲州，將行，還所餘儲粔於州，賫家書就道。會卒，謚曰平。

論曰：刑書之鑄，道之衰也，况復棄而不用，是徒任一時之喜怒，以制萬姓之生死也。素立諤諤一言，高祖既嘉異之，又從而優擢之，唐室之興，不亦宜乎？其禦邊戢兵以招攜，開屯以益備，威恩并樹，瀚海爲池，厥功懋矣。

薛大鼎

薛大鼎，字重臣，蒲州汾陰人。隋時以父粹坐漢王諒黨被誅，大鼎亦流辰州，用戰功得還。唐高祖入關，大鼎謁見於龍門，因説高祖軍永豐倉就食，傳檄遠近，據天府示豪傑形勢爲拊背扼喉計，高祖奇之。授大將軍府察非掾，出爲山南道副大使，開屯田以實倉廪。趙郡王孝恭討輔公祏，引爲饒州道軍師，以功遷浩州刺史。貞觀初，徙滄州，無棣渠久廞塞，大鼎浚治屬之海，商賈流行，滄人歌曰：「新溝通，舟楫利。屬滄海，魚鹽至。昔徒行，今騁駟。美哉薛公，德滂被！」又疏長蘆、漳、衡三渠泄汙，潦水不爲害。初，唐興承隋亂離，剗祓荒茶，始擇用州刺史縣令。及太宗立，下詔曰：「朕思天下事，丙夜不安枕。永惟治人之本，莫重刺史，故録姓名於屏風，卧興對之，得才否狀，輒疏於下。」方以擬廢置，又詔内外官五品以上舉任縣令者，以故官得其人，民去愁歎。是時鄭德本在瀛州，賈敦頤爲冀州，暨大鼎皆有治名，河北號爲鐺脚刺史。永徽中，遷行荆州大都督長史。卒，謚曰恭。

論曰：守令之官雖古者都邑下士之職，然所受寄實與邦君等重。一吏失人，輒一方受害。是以願治之主，必以遴擇守令爲兢兢。昔漢宣興而龔、黄輩出，唐宗作而薛、賈有聲，豈不以表端者無曲影，源澄者無汙流？吏治清濁，寧不由於上心哉！寧不由於上心哉！

賈敦頤

賈敦頤，曹州冤句人。性廉潔，貞觀中，數歷州刺史。嘗盡室入朝，車馬羸敝，道上不知爲刺史也。久之，爲洛州司馬，以公累下獄。太宗曰：「人孰無過？吾去太甚者。若悉繩以法，雖子不得於父，况臣得事其君乎？」遂原之，徙瀛州刺史。州瀕滹沱、滱二水，歲溢溢壞室廬，浸洳數百里。敦頤爲立堰，水不能暴，百姓利之。時弟敦實爲饒陽令，與瀛接壤，政清静，吏民稱美。舊制，大功之親不連官，獨敦頤兄弟治行相高，以故不徙。永徽中，遷洛州。洛多豪右，占田踰制。敦頤舉没三千餘頃，以賦貧民，發姦擿伏，下無能欺。卒於官。咸亨初，敦實又爲洛州長史，以寬惠得人心。洛陽令楊德幹尚酷烈，常杖殺人，敦實喻之曰：「政在養人，傷生過多，雖能不足貴也。」德幹爲稍衰減。始洛人爲敦頤刻碑大市旁，及敦實入爲太子右庶子，人復立碑其側，故號棠棣碑。歷懷州刺史，有美跡。永淳初，致仕。病篤，子孫迎醫，敦實不肯見，曰：「未聞良醫能治老也。」卒，年九十餘。

論曰：富連阡陌，而貧無立錐，政之不均莫甚於此。然自國不侯封，地不井授，而欲爲計口賦田，勢必不行。故自漢以來少知治體者，無不以限田、占田、均田之制爲急。若倣古遺意，定爲之限，更經界其田間水道，以漸復溝洫之利，庶國無甚貧之民，而禮樂可興矣。

陳元光　珦

陳元光，字廷炬，光州固始人。生而穎異，博通經史，年十三領鄉薦第一。總章二年，父政爲嶺南行軍總管，鎮綏安。元光隨入閩，父卒，代領其衆。會廣寇陳謙連結諸蠻攻陷潮陽，守帥不能制，元光以輕騎討平之。永隆二年，盜起攻南海邊郡，元光提兵入潮，伐山開道，潛襲寇壘，俘獲萬計，嶺表悉平，還軍於漳。事聞，進正議大夫，嶺南行軍總管。垂拱二年，上疏言七閩宜增爲八，請建一州漳、潮間，以控嶺表，駐刺史領其事。朝議以元光父子久牧茲土，蠻畏民懷，令其兼秩領州，遂建漳州、漳浦郡邑於綏安地，進懷化大將軍，世守刺史，自别駕以下得自辟置。元光復疏山林無賢，而部曲子弟馬仁等多幹略，請授爲司馬等職，詔從之。迺率仁等剪荆棘、開邨落、收散亡，營農積粟，興建陶冶，通商惠工，奏立行臺，於四境不時巡邏。由是北距泉建，南踰潮廣，東接島嶼，西抵虔撫，方數千里無桴鼓之聲。先是，葬父政於雲霄山，望氣者指其塋域有王氣，元光亟徙之大溪峰後。葬祖父母，承重結廬，守制三年，帥事一付别駕許天正。已而蠻寇復起於潮，潛抵岳山，元光帥輕騎討之，援兵後至，爲賊將藍奉高所刃而卒，時景雲二年也。百姓哀悼，相與制服哭之。事聞，贈鎮軍大將軍，世有褒祀。子珦。

珦，字朝佩。自幼不群，從許天正受學。萬歲通天元年，舉明經及第，授翰林承旨直學士。及武后稱制，上疏乞歸養，使主漳州文學。龍溪尹席宏聘主鄉校，迺闢書院於松洲，與士民論説典禮。是時州治初建，俗固陋，珦開引古義，於風教多所裨益。元光戰没，珦哀毁頻絶，廬於大峙原墓左，每泣見血。朝命以嶺南多故，令奪情代州事，珦懇辭終喪。先天元年，釋吉，乃視州事。開元三年，率武勇銜枚緣阻，夜襲巢峒，斬藍奉高首級，并俘餘黨。遷州治於李澳川，即今漳浦縣治也。爲刺史十餘年，剪除頑梗，訓誨士民，澤洽化行。十九年，登王維榜進士表，辭封爵，不允。二十五年，乞休，復尋松洲别業，聚徒教授。天寶元年，卒。子酆，孫謨，世爲刺史，皆有賢名。謨復徙州治於龍溪云。

論曰：元光承父政之後，披荆棘，剪草萊，削平群盜，首闢漳州，方數千里間，始則無伏戎之警，終則政教大行，將略吏治，可謂兼之矣。珦當武后之朝，疏請終養，其高尚之志上薄雲霄。迨父死於賊，詔代父任，而必待終喪，既終喪而即復父仇。守漳二十年，威惠懋著，蓋其生平所得於講學者深矣。

裴懷古

裴懷古，壽州壽春人。儀鳳中，上書闕下，補下邽主簿，頻遷監察御史。姚嶲蠻反，命懷古往輯之，懷古申明誅賞，歸者日千計，俄縛首惡，遂定南方。恒州浮屠爲其徒所誣告，坐祝詛不道，武后命誅之。懷古爲申析，后不聽，懷古曰：「法與天下畫一，臣豈得殺無辜以希盛旨哉？即其人有不臣狀，臣何情寬之？」后意解，得不誅。閻知微之使突厥，懷古實監其軍，突厥欲官之，懷古不肯拜，將殺之，辭曰：「毁節以生，毋寧守節以死。請就斬，不避也！」遂囚軍中。既而得亡，然素尫弱，不能騎，宛轉山谷間，僅達并州。既還，遷祠部員外郎。姚嶲諸酋叩闕下，願得懷古鎮安遠夷，拜姚州都督，以疾辭。始安賊歐陽倩衆數萬，剽没州縣。以懷古爲桂州都督，招慰討擊，使未踰嶺，逆以書諭禍福，賊迎降，自訴爲吏所侵，故反。懷古知其誠，欲示不疑，以破其謀，乃輕騎赴之。或曰：「獠夷雖親備之且不信，奈何易之？」懷古曰：「忠信可通神明，况裔人耶？」身至壁撫諭，倩等大喜，悉歸所掠出降，雖諸洞素翻覆者亦牽連根附，嶺外盡平。徙相州刺史，并州大都督長史，吏民懷愛。神龍中，召爲左羽林大將軍，未至官，還爲并州刺史，而崔宣道代爲長史。并人知懷古還，攜扶老稚出迎。而宣道亦野次，懷古不欲厚愧宣道，使人驅迎者，而來者愈衆。其得人心類如此。俄轉幽州都督，善於綏懷。兩番將舉落内屬，會以左威衛大將軍召，而孫佺代之，佺不知兵，遂敗其師。未幾，卒官。懷古清介審慎，在幽州時，韓琬以監察御史監軍，稱其馭士，信臨財廉國名將云。

論曰：懷古忠以抗北庭之招，信以撫南獠之叛迹，其守節定亂，固慷慨英多人也。而史乃稱其尩弱不任騎，其宛轉山谷，僅而獲免也，事同盛彦師；及造壁納降，則與曹王皋相類。彦師義士而皋才臣，懷古實兼之矣。

韋景駿

韋景駿，京兆萬年人。中明經，神龍中，歷肥鄉令。縣北濱漳連年泛溢，舊防雖峭以迫，漕渠隨決壞，人苦之。景駿相地勢，益南千步，別築鄣水至堤址，輒去其北燥爲腴田，又廢長橋，維艚以梁其上，功少費約，後遂爲法。方河北饑，身巡閭里，勸人通有無，教導撫循，縣民獨免流散。徙貴鄉令，有母子相訟者，景駿曰：「令少不天，常自痛爾。幸有親而忘孝耶？教之不孚，令之罪也。」因嗚咽流涕，付以孝經，使習大義，於是母子感悟，請自新，遂爲孝子。當時治有名者，景駿與清漳令馮元淑、臨洺令楊茂謙三人。景駿後數年爲趙州長史，道出肥鄉，民喜，爭奉酒食迎犒，雖小兒亦與焉。景駿曰：「方兒曹未生，而吾去邑，非有舊恩，何故來？」對曰：「耆老爲我言，學廬、館舍、橋鄣皆公所治，意公爲古人，今幸親見，所以來。」景駿爲留終日。後遷房州刺史，州窮險有蠻風，無學校，好祀淫鬼，景駿爲諸生貢舉，通隘道，作傳舍，罷祠房無名者。

景駿之治民，求所以便之，類如此。轉奉天令，未行，卒。

論曰：禹貢一篇無鄣水之法，惟曰「九澤既陂」，陂乃鄣也。夫澤爲止水，鄣之可引爲灌溉，而不貽後災。若江河洪流，未有鄣之而得資爲永利者也。然河水所經，泛溢爲害，勢又不得不出於鄣，鄣之之方惟有遠水爲堤，使駭濤之至，綽有容納之區，庶隄防可保，不至朝鄣而夕潰。當七國時，梁實濱河業已有堤，而前志載其堤距河且數十里，以知即不得已而爲鄣，亦斷不宜與水争地也。北之鄣水其性略似大河，景駿鄣之，益南千步，其有見也夫！

尹思貞

尹思貞，京兆長安人。以明經調隆州參軍事，屬邑豪蒲氏驁肆不法，州檄思貞按之，擿其姦贓萬計，卒論死，部人稱慶。遷明堂令，以善政聞，擢殿中少監，檢校洺州刺史。會契丹孫萬榮亂，朔方震驚，思貞循撫境内，獨無擾。遷秋官侍郎，忤張昌宗，出爲定州刺史，召授司府少卿。爲侯知一，副知一，亦厲威嚴，吏爲語曰：「不畏侯卿杖，袛畏尹卿筆。」神龍初，擢大理卿。雍人韋月將告武三思大逆，中宗命斬之，思貞固争，乃决杖流嶺南。御史大夫李承嘉助三思，以他事劾思貞，思貞謂曰：「公爲天子執法，乃擅威福，慢憲度，諛附姦臣，圖不軌，今將除忠良以自恣耶？」承嘉慙怒。思貞竟出爲青州刺史。黜陟使路敬潛至部，見績蠶至歲四熟，歎曰：「斯非善政致祥乎！」表言之睿宗，立召授將作大匠。僕射竇懷貞護作金仙、玉真二觀，廣調夫匠，思貞數有損節，懷貞讓之，答曰：「公輔臣也，不能宣贊王化，而土木是興，以媚上害下，又聽小人讚以廷辱士，今不可事公矣。」乃拂衣去，闔門待罪。帝知之，特詔視事。懷貞誅，拜御史大夫，累遷工部尚書，致仕。開元四年卒，年七十七，謚曰簡。思貞前後爲刺史十三郡，其政皆以清最聞。

論曰：思貞責懷貞以媚上害下，夫媚上未有不害下者也，思貞正直不阿權寵，故歷試郡部，所至有聲。洪範曰：「無虐煢獨，而畏高明。」古之有猷有爲有守者如是。

倪若水

倪若水，字子泉，恒州稾城人。擢進士第，累遷右臺監察御史，黜陟劍南道，繩舉嚴允，課第一。開元初，爲中書舍人，尚書右丞，出爲汴州刺史。政清浄，修孔子廟，興州縣學廬，勸生徒，身爲教誨，風化興行。上遣中人捕鵁鶄溪鶒於南方，若水上言：「農方田，婦方蠶，以此時捕奇禽怪羽，爲園籞之玩，自江嶺達京師，水舟陸齎，飼以魚蟲粱稻。道路之言，不以賤人貴鳥望陛下耶？」上手詔褒答，賜帛四十段，悉放所玩，擿中人罪。時天下久平，朝廷尊榮，人重内任，雖以冗官擢方面，皆自謂下遷。班景倩自揚州採訪使入爲大理少卿，過州，若水餞於郊，顧左右曰：「班公是行若登仙，吾恨不得爲騶僕！」未幾，入爲户部侍郎，復拜右丞，卒。

論曰：若水直言格非，使百姓不被徵發之擾，人主不招怨讟之聲，所全至大。然君子循分輸忠，内外之任，寧有擇哉？以若水之謇謇而猶云爾，豈誠未能免俗。抑願出入禁闥，拾遺左右，與汲黯之用心，其致一耶？

元結

元結，字次山，瀼州人。父延祖，再調舂陵丞，輒棄官去，及安禄山反，召結戒曰：「而曹逢世多故，不得自安，山林勉樹名節，無近羞辱。」及卒，門人私謚曰太先生。結少不羈，稍長折節向學，事元德秀，成進士，復舉制科。肅宗問天下士於國子司業蘇源明，源明薦結可用，召詣京師，問所欲言，結上時議三篇。授右金吾兵曹參軍，攝監察御史，爲山南西道節度參謀，募義士於唐、鄧、汝、蔡，降劇賊五千，瘗戰死露胔於泌南，名曰哀丘。帝將親征史思明，結言賊鋭不可與争，宜折以謀，帝善之，因命發宛葉軍挫賊南鋒。結屯泌陽守險，全十五城，以功遷監察御史裏行，俄參山南東道來瑱府。時有父母隨子在軍者，結説瑱曰：「孝而仁者可與言忠，信而勇者可以全義，詎有責其忠信義勇而不勸之孝慈乎？將士父母宜結以衣食。」瑱納之。瑱誅，攝領府事。會代宗立，固辭侍親，歸樊。上授著作郎，久之，拜道州刺史。初，西原蠻掠居人數萬去，遺户裁四千。結到官未五旬，諸使調發符牒二百餘函，結以民困，甚不忍加賦，即上言：「臣州爲賊焚破，糧儲屋宅，男女牛馬幾盡，今百姓十不一在，耄孺騷離，未有所安。嶺南諸州尚多寇盜，守捉候望四十餘屯，一有不靖，湖南且亂。請免百姓所負租稅，及租庸使和市雜物十三萬緡。」帝許之。明年租庸使索上供十萬緡，結又奏歲正供外所率宜以時增減，詔可。結爲民營舍，給田免徭役，流亡歸者萬餘。進容管經略使，身諭蠻豪，綏定八州，民樂其教。加左金吾衛將軍，罷，還京師，年五十卒。

論曰：結有詩云：「去冬山賊來，殺奪幾無遺。所願見王官，撫養以惠慈。奈何重驅逐，不使存活爲？安人天子命，符節我所持。州縣忽亂亡，得罪復是誰？逋緩違詔令，蒙責固其宜。前賢重守分，惡以禍福移。亦云貴守官，不愛能適時。」此結自叙在道時事也，至心懇到，惻然動人。韓愈所謂「作者非今士，相去時已千。其言有感觸，使我復辛酸」者，是詩之類也。要結平生行事，可謂仁心爲質者矣。

吴湊

吴湊，濮州濮陽人，章敬皇后弟也。以后族賜官封，湊固執謙畏，辭尊就卑，爲檢校賓客兼家令，累進左金吾衛大將軍，甚見委信。是時令狐彰、田神功等繼殁，其下乘喪摇亂，湊持節慰安汴、滑，裁所欲爲，奏各盡其情，亦度朝廷可行者，故軍中驩附。及上將誅元載，顧左右無可與計，召湊圖之，卒收載賜死，於是王縉、楊炎等皆當從坐。湊言法有首從，從不應死，縉等由是得減死。德宗初，出爲福建觀察使，以清勤稱，宰相竇參憾之，數加毁短，帝召驗參言不實，帝以此不直參。改湊陜虢觀察使，擢領宣武節度使，猶以爲參所阻，還爲右金吾衛大將軍。貞元十四年夏，大旱穀，貴人流亡，帝以過京兆尹韓皋，罷之，而以湊代皋。湊爲人强力劬儉，未嘗擾民，上下愛向。京師苦宫市强估取物，有司附媚中官，無敢争。湊見便殿，獨陳其非便，又言諸禁兵資課太繁，宜有觸省，帝皆可之。初，府中以湊貴戚子，疑其不諳簿領，每伺其將出，遮湊取決，幸倉卒得容欺。湊叩鞍一視，指擿盡中其弊，衆乃驚服，不意湊精於裁遣如此。僚史非大過不榜責，召至廷詰，服原之，其下傳相訓勗，舉無稽事。文敬太子、義章公主之喪，帝悼念，命厚葬之，湊乘間極争。或勸止湊，湊曰：「上明睿，憂勞四海，不以所鍾愛而疲民以逞也，顧左右鉗噤不言耳。吾反復啓寤，幸一聽之，則民受賜不少矣。」進兵部尚書。及屬病，不内醫巫，不嘗藥，家人泣請，湊曰：「吾以庸謹起田畝，位三品，顯仕四十年，年七十一，尚何求？自古外戚令終者可數，吾得以天年，歸侍先人，足矣。」遂卒，謚曰成。先是街衢多蒔榆，湊以榆非人所蔭玩，令易以槐。及槐成，而湊已亡，行人指樹懷之。其任中外，未嘗以罪罷，爲世外戚表云。

論曰：湊之爲京兆，上則革朝政之非，下則化群吏之黠，至使後之人追思其德，幾與甘棠等烈，可謂救時良牧矣。其鑒古外戚之禍，順化以盡，靡惑於生死之際，卓識定力，蔚爲世表，豈但錚錚於鐵中已哉！

崔衍

崔衍，字著，深州安平人。父倫有孝行，安禄山反，倫陷於賊，不汙僞官，間使子弟表賊事。寶應中，以右庶子使吐蕃，爲吐蕃所留，閹八歲終不屈，乃聽還。代宗見之，爲感動嗚咽。衍天寶末擢明經，調富平尉。繼母李氏不慈，倫自吐蕃歸，李故敝衣以見，倫問，故曰：「衍不吾給。」倫怒，將鞭衍，衍涕泣，無所陳。倫弟殷趨白其實，倫乃悟，由是讚無所入。調清源令，勸民力田，懷附流亡，觀察使馬燧表其能，徙美原，歷蘇、虢二州。虢居陝、華間，賦數倍入，衍以爲太重，將白之。時裴延齡領度支，方務聚斂，私止衍，衍不聽，遂奏：「州部多巖田，又當郵傳劇道，屬歲無秋，民舉流亡，不蠲減租額，人無生理。臣見長吏之患在因循不以聞，不患陛下不憂恤也。陛下拔臣大州，寧欲使視民困而顧望不言哉！」德宗公其言，爲詔度支減賦。遷宣歙池觀察使，簡静，爲百姓所懷。幕府奏聘皆有名士，後多顯於時。年六十九卒。衍儉約畏法，室無妾媵，禄入，周於親族葬埋嫁娶，倚以濟者數十家。及卒，不能葳喪，朝賜賻帛三百段，米粟稱之。先是，天下以進奉結主恩，州藏耗竭，韋皋、劉贊、裴肅爲之倡贊，舊貢金錫凡十八品，皆倍直市於州，民匱多逃去。及贊死衍代，悉蠲革之。居十年，啬用度，府庫充。衍路應爲觀察使，以衍有惠在民言狀。元和元年，詔書褒美，賜一子官。謚曰懿，

論曰：延齡以聚斂逢主之欲，雖忠賢如陸贄，加以托契於艱難，一與之忤，貶黜以死。衍乃能正言悟主，爲虢人輕倍入之賦，而延齡不得沮焉。其蠲革例貢金錫，不以進奉結主恩，所自位置，爲益高矣。

吕元膺

吕元膺，字景夫，鄆州東平人。姿儀瓌秀，有器識。始游京師，謁齊映，映歎曰：「吾不及識婁(師德)、郝(處俊)，殆斯人類乎！」策賢良高第，累官右司員外郎，出爲蘄州刺史。嘗録囚，囚或自白父母在，以歲旦不得省爲恨，因而泣下，元膺惻然，爲戒還期，悉釋械歸之，吏白不可，元膺曰：「吾以信待人，人豈我違？」果如期而反，自是群盜感愧，率避境去。元和中，累擢給事中，俄爲同州刺史。既謝，上問政事，所對詳明，上謂宰相曰：「元膺直氣讜言，宜留左右，奈何出之？」李藩、裴垍皆謝曰：「陛下及此，實宗社無疆之休。」乃留元膺給事左右，未幾進御史中丞，拜鄂岳觀察使。嘗夜登城，守者不聽，左右曰：「中丞也。」對曰：「夜不可辨。」乃還，明日擢守者爲大將。入拜尚書左丞，時度支使潘孟陽、太府卿王遂交惡，有詔各予别除，元膺上其詔，

請明枉直以顯褒懲。又江西觀察使裴堪按虔州刺史李將順受賕，不覆訊而貶，元膺請遣御史按問，宰相不能奪。其執法堅正皆此類。選拜東都留守，東都有李師道留邸，邸兵與山棚謀竊發，事覺，元膺禽破之。始盜發，都人震恐，守兵弱不足恃，元膺坐城門指縱部分，意氣閑舒，人賴以安。東都西南通鄧、虢，川谷曠深，人業射獵，不事農，遷徙無常，率趫悍善鬭，號曰山棚。元膺始募爲山河子弟，使衛宮城，以羈縻之。改河中節度使，時方鎮多姑息，獨元膺秉政，自監軍及中人往來者無不嚴憚。入拜吏部侍郎，正色立朝，有台宰望，處事裁宜，人服其有體。以疾改太子賓客，居官始終無訾，年七十二卒。

論曰：元膺臨事識定而才優，庶幾古之重臣。其入爲執法，出當保釐，大抵以直受知，然守者一言之正，輒擢大將，以此知元膺之能受言也。惟能受言者能獻言，元膺之爲人，其高概略可想見云。

韋丹

韋丹，字文明，京兆萬年人。早孤，從外祖顔真卿學，擢明經，調安縣令，復舉五經高第，歷咸陽尉。順宗爲太子，召爲舍人。新羅國君死，詔拜司封郎中往弔。故事，使外國賜州縣十官，賣以取貲，號私覿官。丹曰：「使外國不足於貲，宜上請，安有貿官受錢耶？」即具疏所宜費，上命有司與之，因著令。未行而新羅立君死，還爲容州刺史。教民耕織，止惰游，興學校。民貧自鬻者贖歸之，禁吏不得掠爲隸。始築州城，屯田二十四所，教種茶麥，仁化大行。遷河南少尹，未至，徙義成軍司馬，以諫議大夫召，有直名。劉闢反，議者欲釋不誅，丹以爲法廢人慢，當濟以威，今不誅闢，則可使者惟兩京耳。憲宗褒美之。會闢圍梓州，乃授丹劍南東川節度使，代李康。丹至漢中，上言康守方盡力不可易，召還議蜀事。及闢去梓，丹卒以讓高崇文。已而拜晉慈隰觀察使，閱歲，復自陳所治非要害地，不足張職爲國家費，不如屬之河東。帝從之，徙爲江南西道觀察使。丹計口受俸，委餘於官，罷八州冗食者，收其財。始民不知爲瓦屋，皆草茨竹椽，久燥則戛而焚，丹召工教爲陶，聚材於埸，度其費爲估，不取贏利。人能爲屋者，受材瓦於官，免半賦，徐取其償；逃未復者，官爲爲之；貧不能者，畀以財。身往勸督，置南北市，爲營以舍軍。歲中旱，募人就功，厚與直，給其食。爲衢南北夾兩營東西七里，以廢倉爲新廄，馬息不死。築堤扞江，長十二里，竇以疏漲，凡爲陂塘五百九十八所，灌田萬二千頃。有吏主倉十年，丹覆其糧亡三千斛，丹曰：「吏豈自費耶？」籍其家，盡得文記，乃權吏所奪，丹召諸吏曰：「若恃權取於倉，罪也。與若期一月，還之！」皆頓首謝，及期無敢違。有卒違令當死，丹釋不誅，卒去乃上書告丹不法，詔丹解官待辨。會卒，年五十八。及驗卒所告，皆不實，丹治狀愈明。後宣宗讀元和實録，見丹政績，他日問宰相：「元和時治民孰第一？」周墀曰：「臣嘗守江西，韋丹有大功德，歿四十年，老幼思之。」乃詔觀察使上丹功狀，命刻功於碑。頃之，上復問墀：「丹有子否？」墀以宙對，上拜爲侍御史，累官爲太原節度盧均副。是時回鶻已破諸部，剽殺塞下，鈞欲得重吏視邊，宙請往，乃自定、襄、雁門、五原，絶武州塞，略雲中，徧見酋豪。視亭障守卒，增其廩，約吏不得擅侵諸戎，犯者死。於是三部六蕃諸種皆信悦。召拜吏部郎中，出爲永州刺史。州方災歉，宙斥刺史供用錢九十餘萬爲市糧餉，書制律，并種植爲生之宜，户給之，使民知避法。自殖州負嶺，轉餉艱險，每饑人輒莩死，宙始築常平倉，收羨餘穀以待乏。罷冗役九百四十四員，縣舊置吏督賦，宙聽民自輸，家十相保，賦入常先期。農民貧，多無牛，宙爲置社二十家，月會錢若干，探名得者先市牛，以是爲準，久之牛不乏。立學官，取仕家子弟十五人充之。又爲俚民具條約，使略知昏禮，俚俗大改。還爲大理少卿，歷遷加檢校尚書、左僕射、同中書門下平章事。咸通中，卒。

論曰：昔公劉徹田爲糧，涉渭取鍛，凡所以使民宅爾宅、畋爾田，故其在詩曰：「于時言言，于時語語。」言其一時民氣康樂，安居作業，而暇豫也。丹之爲政，其勤幾與公劉等。子宙繼之，政績亦殊，有足多者再世善治，偉矣！

崔戎

崔戎，字可大，博陵安平人。舉明經，補太子校書郎。憲宗稱其才，累官諫議大夫。會成都有蠻亂，詔戎持節爲劍南宣撫使，戎奏罷税外薑芋錢，綏招流亡，凡廢若置，公私莫不便之。還拜給事中，出爲華州刺史。吏以故事置錢萬緡爲刺史用，戎不取，及徙兖海沂密觀察使，乃召吏籍所置錢享軍，曰：「吾重矯激以夸後人也。」將行，吏民擁留塞道，至遮詔使，請匄戎於天子，戎乃以夜單騎遁去，民猶追之，不及乃止。既至兖，鉏滅姦吏十餘輩，民大悦。歲餘卒，年五十五，贈禮部尚書。

論曰：書稱「有猷有爲有守」，猷生於智，爲生於才，而守則其本行也。本行不堅而舞才用智，以愚其下，君子譏焉。爲其所猷爲，非古之所謂猷爲也。然或務赫赫之聲，而姑托皎皎之節，則容以矯激一時者，留貽後弊。此其爲守，毋亦異於古者所云耶？戎既不苟得，又不苟廉，爲善不近名，以此得吏民心，其賢於俗吏遠矣。

盧坦

盧坦，字保衡，河南洛陽人。性勁直。鄭滑節度使李復表爲判官。有善笛者爲諸將所悦，請於復，將任以重職，坦笑曰：「大將積勞乃得右職，奈何自薄，欲與吹笛年少同列耶？」諸將皆慙謝。復病甚，監軍薛盈珍内甲士五百於牙中，封府庫，舉軍大恐，坦勸止之，軍乃安。及復卒，姚南仲代之，南仲書生，盈珍易之。坦私謂人曰：「姚大夫外柔中剛，監軍若侵之，必不受，我留恐及禍。」遂從復喪歸東都，爲壽安令。盈珍果與南仲不相中，幕僚多黜死者。河南機織未就而賦已及限，坦請少展賦期，府不聽，坦乃敕縣人曰：「第輸，勿顧限，違限不過罰令俸耳。」由是知名。入爲刑部郎中，兼侍御史，遷中丞。上嘗因赦令禁諸道毋進奉，而山南節度使柳晟、浙西觀察使閻濟美復有所獻，坦劾奏之，上曰：「二人所獻皆家財，朕已原之，不可失信。」坦曰：「布大信者，赦令也。今二臣違詔，陛下奈何以小信失大信乎？」上曰：「朕既受之，奈何？」坦曰：「出歸有司，以明陛下之德。」上從之。以忤裴均罷爲左庶子，數月出爲宣歙池觀察使。初，劉闢壻蘇彊坐誅，彊兄弘宦於晉州，亦自免去。坦以弘有才行，彊從闢時相距三千里，宜不通謀，奏署判官，上曰：「使彊不誅，尚録其才，况其兄耶？」時江淮旱，穀踊貴，或請抑其價，坦曰：「所部地狹，穀來它州，若直賤，穀不至矣，不如任之。」既而商米坌至，市估遂平。再遷户部侍郎，判度支。表韓重華爲代北水運使，列屯益兵，廣開廢田，歲收粟二十萬石。河毁西受降城，宰相李吉甫議徙天德，坦以爲：「城當磧口，美水豐草，邊鄣所利，若避河流，不過退數里足矣。天德地壤墝瘠，烽候無所統接，若果徙，是無故蹙地二百里也。陛下奈何省一時費，墜萬世策耶？」吉甫不悦，出坦爲東川節度使，卒徙天德。師人怨，殺城使，燕重旰，覆其家。坦治東川，盡蠲山澤鹽井榷率之籍。及吴少誠誅，詔坦使兵二千屯安州，坦每朔望輒使人問屯兵家屬，有疾病予醫藥，屯兵皆感慰，無逃還者。元和十二年，年六十九卒。

論曰：重華之屯政，募人爲十五屯，屯置百三十人，而種百頃，各就高爲堡，東起振武，西極中受降城，出入河山之際六百餘里，屯堡相望。寇來不能爲暴，人得肆耕其中，歲果倍收，省度支錢千三百萬。後復請，益開田合五千頃，法用人七千，欲令吏於無事時督習弓矢爲戰守備，庶幾兵農兼事務一兩得。韓愈以爲輸邊之費不可勝計，中國坐耗而邊吏恒苦食不繼，若盡從重華之策，利難可一二遽數。誠哉是言也！後世謀所以實塞下計，莫便於此者矣。是以中唐以還，陸贄建議於前，韓愈深籌於後，可不謂知政務者乎？重華之用，坦實舉之。坦吏績有聲，立朝侃侃，又表重華以興大利，其人良有足多者，故特録焉。

崔鄾

崔鄾，字廣略，貝州武城人。姿儀偉秀，人望而慕之，然不可狎也。中進士第，補集賢校書郎，累遷吏部員外郎。每擬吏，親挾格，褒黜必當，寒遠無留才。三遷諫議大夫。穆宗立，荒於游畋，内酣蕩，昕曙不能朝，鄾進曰：「十一聖之功德，四海之大，萬國之衆，其治其亂繫於陛下。自山以東百城，地千里，昨日得之，今日失之。西望戎壘，距宗廟十舍，百姓憔悴，畜積無有。願陛下親政事，以幸天下。」上動容慰謝。遷給事中。敬宗初，拜翰林侍講學士，旋進中書舍人，謝曰：「陛下使臣侍講歷，半載不一問經義，臣無功，不足副厚恩。」帝慚曰：「少間當親益。」鄜乃與高仲類六經要言爲十篇上之，以便觀省。遷禮部侍郎，出爲虢州觀察使。先是，上供財乏則奪吏俸助輸，鄜曰：「吏不能贍私，安暇恤民？以府常費代之。」改鄂岳等州觀察使。自蔡人叛，鄂、岳常苦兵，江湖盜賊顯行。鄜修治鎧仗，造蒙衝，駛追窮躡，上下千里，歲中悉捕平。復觀察淛西，遷檢校禮部尚書，卒於官，謚曰德。鄜不藏貲，有餘輒周給親舊，爲治其昏喪。居家怡然，子弟自化。室處庳陋，無步廡，至霖潦則蓋而屐，以就外位。治虢以寬，經月不笞一人。及涖鄂，則嚴法峻，誅一不貸。或問其故，曰：「虢土瘠而民勞，吾撫之不暇，猶苦其擾。鄂土沃民剽，雜以夷俗，非用威莫能治。政所以貴知變者也。」聞者服焉。

論曰：周禮之論刑典，平國亂國，其輕重頓殊。鄜以儒臣出試外任，宜其明於政術，知所通變也。唐自穆、敬以後，時事益非矣，鄜獨款款效忠，婉而有直體，黽勉從政，不敢告勞，可謂「靖共爾位」君子者歟！

史傳三編卷五十五

循吏傳七

宋

喬維岳

喬維岳，字伯周，陳州南頓人。治三傳。仕周爲平輿令，入宋歷知州軍。陳洪進納土，朝廷議擇能臣關掌泉州郡事，而維岳以選爲通判。會仙游、莆田盜起，衆至十餘萬攻城，城守兵裁三千，勢甚急，監軍何承矩等欲屠其民、燔府庫以遁，維岳獨抗議不可，承矩乃復堅守。既而救至圍解，竟活泉人，詔褒之。擢淮南轉運使。淮流水湍，運舟多覆，或時值涸，重載皆卸糧而過，綱卒緣此爲姦。維岳始剏二斗門，於西河第三堰門爲設懸以積水，水平乃起懸泄之，建横橋岸上，築土累石以牢其址，自是弊盡革，運舟往來無滯。泗州獄掾誤斷囚至死，維岳按部至泗，將抵掾罪，掾有母年八十餘，自訴伏法即母不能活，維岳憫之，乃曰：「它日朝制按問前事者，可委罪於轉運使。」掾如其言獲免，而維岳坐贖金百二十斤，罷使職，權知楚州。及真宗以壽王尹京，精擇府僚，以維岳爲推官。或言維岳在淮南決獄不平，有知其事者白其實，太宗尤加賞異。京府事繁，維岳評處詳敏，真宗稱其明幹。及踐祚，命與畢士安權知開封府，拜給事中，知審官院。維岳明習吏事，有治劇才，故所至著績。其後以年衰乞外，特授海州刺史，歷蘇、壽二州。咸平四年卒，年七十六。

論曰：馮異之入關中，光武敕以平定安集；曹彬之下江南，藝祖戒勿妄殺。興王之所以覆天下，其用心固如此。洪進率泉之民而納土，泉之民非嘗有貳心也，以它警而遽議屠戮，雖秦政、項籍之暴不及此。倘非維岳一言，所傷於宋室仁厚之氣豈少哉！

周渭

周渭，字得臣，昭州恭城人。幼孤，力學，值劉鋹據五嶺，賦重政繁，渭率鄉人避地零陵，阻賊復還，則廬舍皆燼矣。遂棄妻子奔道州，又爲盜所襲，乃脱身北走。建隆初，至京師，上書言時務，召試，賜同進士，補白馬主簿。縣大吏犯法，渭即斬之，上奇其才，擢右贊善大夫。時魏帥符彦卿專恣，朝廷選常參官强幹者涖其屬邑，由是以渭知永濟縣，彦卿郊迎，渭揖於馬上，就館始與相見，略不降屈。乾德中，通判興州，置口砦，監軍敖狠，縱下爲暴，渭馳諭以禍福，斬其軍校，衆皆慴服。遷知棣州，殿直傅延翰爲監軍，謀作亂，走契丹，渭聞即擒之，械送闕下，鞫得實，斬於西市。渭在郡以簡肅稱，及太平興國二年，擢廣南轉運副使，吏民送者遮道。初，渭走中原時，其妻莫荃及二子皆留恭城，荃年尚少，父母欲嫁之，荃泣誓曰：「渭非久困者，今違難，必能自奮。」於是親蠶績以給朝夕。及開寶三年，廣南平，至是而渭始歸，則二子皆已畢娶矣，凡歷二十六年，時人以爲美談。渭到官，即奏除劉鋹時税算之繁者，重定田賦，興學校，屬有事。交阯主將無功，敗卒二人先逸至邕奪民錢，渭捕斬之，後至者悉令解甲以入，訖無敢犯。復移書交阯，諭以威信，交阯應時入貢。在嶺南六年，徙知揚州，累遷益州轉運使。坐從子累，黜爲彰信軍節度副使。咸平二年，真宗聞其清節，將復召用，詔下而卒，年七十七。貧不能葬，上憫之，賻錢十萬，以其子建平爲乘氏主簿。

論曰：漢孝武時罔密文峻，吏道雜而多端，故太史稱非武健嚴酷不能勝任，有激乎其言之也。渭數用斬擊，可謂武健，然嚴而不酷者，以生道殺之也。宋以寬大開國，而除鋹苛賦，必待於渭。詩曰：「維桑與梓，必共敬止。」渭之芘厥桑梓者大矣！

張綸

張綸，字公信，潁州汝陰人。倜儻任氣，以殿直從討王均於蜀。寇數百已降復叛，使綸擊之，綸報曰：「此窮寇，急之則生患，不如諭以向背。」從之，果降。辰州洞蠻常内寇，以綸知辰州，綸築蓬山驛路，賊不得通，乃遁。及綸去州，曹瑋表留之，不可，蠻復擾，乃復徙爲辰、澧等州安撫使，蠻則復定。久之，除江淮制置發運副使，時鹽課大虧，綸奏除通、泰、楚三州鹽户宿負，官助其器用，鹽入優與之直，由是歲增課數十萬。復置場於杭、秀、海三州，歲入課百餘萬。居二歲，增上供米八十萬。疏五渠，導太湖入於海。復租米六十萬，開長蘆西河以避覆舟之患。又於高郵北築漕河隄，旁錮鉅石爲十礎，以泄横流凡二百里。泰州捍海堰延袤百五十里，久廢不治，海濤冒民田，綸議修復，論者難之，恐濤患息而潦患興。綸曰：「濤之患十九，潦之患十一，獲多而亡少，不亦可乎？」凡三表請，自臨役，卒成堰。復逋户二千六百。居淮南六年，累遷文思使，昭州刺史，歷秦、瀛、滄、乾、潁川刺史，卒。綸有材略，所至興利除害。爲人恕，喜施予。在江淮見漕卒凍餒，多道死，歎曰：「此有司之過，非所以體上仁也。」推奉錢市絮襦千數，衣其不能自存者。

論曰：淮、徐地窪，而泰尤居下游海口，宜使深通，故修海堰。論者慮以致潦，然潦之爲害，水消即田復，海潮所冒田數歲廢，故綸以爲潦患小而濤患大也。自大河南徙淮，既挾黄而多淤淮黄出海之處，復有海堰，則洪澤常苦水泛。是以明潘季馴爲四十里天然減水壩以殺洪澤之漲，今之六壩是也。壩所減水，實漫高郵、興化，以達於海，勢不能無淹浸。若於六壩之下、出海之上，各爲廣疏川渠，以走漫流，斯潦患亦減矣。

李允則

李允則，字垂範，并州盂人。太平興國間，始置榷場於静戎軍，以允則典其事。其後累遷，知潭州。真宗謂曰：「朕在南衙，畢士安嘗道卿家世，今以湖南屬卿。」初，馬氏歛人出絹，謂之地税；潘美定湖南，計屋輸絹，謂之屋税；營田户給牛，歲輸米四斛，牛死猶輸，謂之枯骨税。而民輸茶，始以九斤爲一大斤，後益至三十五斤。允則請除三税，而定茶以十三斤半爲制，民大便之。湖湘多山，田可藝粟，民惰不耕，允則令月所給馬芻，皆輸本色，由是山田盡墾。值饑，發廩賤糶，又募饑民隸軍籍，得萬人。頃之轉運使欲發所募禦邵州蠻，允則曰：「今蠻不擾，無因益戍，是啓邊患也。且兵皆新募，未任出戍。」不聽。陳堯叟上其治狀，上召對，歎曰：「畢士安不謬知人者。」遷知滄州。允則濬浮陽湖，葺營壘官舍，間又穿井。未幾，契丹來攻，老幼皆入保而水不乏，且斲冰以代砲，契丹解去。上復召勞，曰：「頃有言濬井葺屋爲勞民者，及契丹至，始知善爲備也。」轉鎮、定、高陽三路行營兵馬都監，自陳短於武藝，不足以當邊劇，上曰：「卿第爲我運籌策，不必當矢石也。」久之，擢河北安撫，知雄州。時河北既罷兵，而允則治壘不輟，契丹主以爲嫌，其相曰：「李安撫長者，不足疑。」既而有詔詰之，允則曰：「甫通好，不即完治，恐它日頽圮，因廢邊守，患不可測。」上以爲然。始築關城以護甕城，屬之大城，又取材西山，大爲倉廩營舍。教民陶瓦甓，標里閈，置廊市，邸舍水，磑城悉累甓，環以溝塹。廣閻承翰所修屯田，架石橋，構亭榭，列堤道，以通安肅、廣信、順安軍。歲修禊事，召界河戰棹爲競渡，以潛寓水戰。州北舊多設陷馬坑，起樓城，上爲斥堠，望可十里。允則曰：「南北已講，安用此？」命徹樓夷坑，而爲諸軍園圃，浚井疏洫，列畦隴築，短垣縱横，其中植之荆棘，地以益阻。復因治坊巷徙浮圖於北原上，登望乃三十里，命境有隙地悉種榆，已而榆滿塞下。顧謂僚佐曰：「此步兵之地，不利騎戰，豈獨資屋材耶？」州有榷場，禁通異物，而邏獲契丹人所易珉玉帶，允則曰：「此以我無用易彼有用也。」縱不治。雲翼卒亡入契丹，允則移文督還，契丹報以不知所在，允則曰：「在某所。」契丹駭，即歸卒，允則遂斬以徇。天禧間，徙知鎮、潞二州。仁宗立，領康州防禦使。天聖六年，卒。允則不事威儀，間或步出，遇民有可語者，延坐咨詢，以是洞知人情。訟事無大小，一訊立斷。善撫士卒，皆得其用。盜發輒獲，人莫知所由。身無兼衣，食無重羞，不畜資財。在河北二十餘年，方略施設，後人莫之敢隳。至與契丹國信往來，費用儀式，多允則所裁定云。

論曰：允則之爲治，頗以智術濟其才用，當在雄時所興舉，率以便民也，而邊防益固。其器幹籌略，幾爲張詠之亞矣。古所稱折衝禦侮之才，爪牙干城之選，若允則者足以當之。

凌策

凌策，字子奇，宣州涇人。世給事州縣，策獨厲志好學。雍熙二年，舉進士，累官通判。定州李順之亂，選官多不樂川陝，惟策自陳常涖蜀境，諳其俗，即命知蜀州。先是，嶺南輸香藥，郵置萬人，負擔抵京師，甚以煩役爲患。及策入爲户部都官，乃請陸運至南安，汎舟而北，役卒止八百人，大省轉送之費。策爲人彊幹，後以選代盧之翰任廣州廣英路。自吉河至板步二百里，盛夏常苦瘴，行旅死者十八九。策由英州大源洞伐山開道，直抵曲江，人以爲便。代還，知青州，薦歷内任，復出知揚州，屬江淮。歲饑盜起，使策領淮西東路安撫使。洪州水，復轉爲江南轉運使。饒州産金，舊時禁商市鬻，犯者逮繫滿獄，策請縱民販市，官責其算，人甚賴之。尋知益州。策勤吏職，處事精審，所至有治迹。久之，代還。真宗嘗謂王旦曰：「策有才用，治蜀敏而能斷。」旦曰：「策性淳質和，臨事彊濟。」上深然之。方加嚮用，會病，命知通進銀臺司兼門下，拜給事中，權御史中丞。逾年疾甚，復求知益州，遷工部侍郎，從其請。天禧二年卒，年六十二。

論曰：盤根別利者，功名之士也；險易一心者，純臣之節也。李順小蠢，而選官已縮頸曳踵而不欲前，況事變有十百於是者，又安望其能負大重爲國分憂哉？策之自請涖蜀，志節已見，其才績驗白也，宜哉！

陳貫

陳貫，字仲通，先相州人，徙河陽。早歲倜儻，數上疏言邊事，及舉進士，真宗識其名，擢高第。累官知衛州、涇州，督察盗賊，禁戢不肖子弟。簿書筦庫，賦租出入，皆親檢覈，嘗謂僚屬曰：「視縣官物如己物，容有姦乎？」州人憚其嚴。擢利州路轉運使，出職田粟，且帥富民計口占粟，而發其餘以賑歲饑。及爲三司鹽鐵判官，領河北轉運使，請疏徐、鮑、曹、易四水，以興屯田。後遷刑部郎中，直昭文館，知相州。還朝，卒。貫喜談兵，咸平中大將楊瓊、王榮喪師，貫上言曰：「前日不斬傅潛、張昭允，使瓊輩畏死不畏法。請自今合戰而奔者，主校皆斬；大將戰死，裨校無傷而還，與奔軍同；軍衄城圍別部，力足救而不至者，以逗留論。」上嘉納之。又嘗上形勢、選將、練兵三論，其論選將略謂：「昔李漢超守瀛州，契丹不敢窺關南尺寸地。今將帥大抵用恩澤進，卒與敵遇，方略何從而出？」論練兵略謂：「禁旅恬於休息，久不識戰。請募土人隸本軍籍，丁民爲府兵，使北捍契丹，西捍夏人。敵之情僞，地之險易，彼皆素知，可不戰而屈人之兵。」又嘗著兵略，世多稱之。

論曰：宋鑒藩鎮之禍，萬里遣戍，雖無尾大不掉之患，而國勢遂弱。古之爲兵者，同伍之士無非同井之人，故夜戰聲相聞，晝戰目相識，而情足以相死。後世兵制非古，至唐府兵法弛，遂以大弊。故韓愈與柳公綽論用土兵其利有三：餉饋不煩運輓，一也；鄉里自相愛護，二也；形勢素屬諳委，三也。貫議練兵，意與愈同。蘇軾之定軍制，於歷代利病略備矣，至措置之規，所見猶未及此。

陳希亮

陳希亮，字公弼，眉州人。幼孤，好學。年十六，兄使治息錢，希亮召諸貸者，悉焚其券而去。從師，卒成進士。天聖中，知長沙縣。僧海印者，出入章獻皇后家，與諸貴人交通，恃勢横恣，民莫敢正視。希亮捕置諸法，一縣大聳。徙鄠縣，老吏曹腆侮法，以希亮年少，易之，希亮視事，首得其罪，腆叩頭願自新，乃戒而捨之，卒爲善吏。有巫歲斂民財以祭，詭言不祭即有火災，希亮禁之，民不敢犯，火亦不作。毁淫祠數百區，勒巫爲農者七十餘家。及遷太常博士，父老送之，無不泣下。後除開封府司録司事，福勝塔火，官欲更造，時陝西方用兵，希亮請以其費餽軍，詔罷其役。久之，上欲以爲御史。會外戚沈元吉以奸盗殺人，希亮一問得實，元吉自驚仆死，坐是爲御史所劾，辭連諸掾吏，希亮乃曰：「殺此賊者獨我耳。」遂引罪，坐廢期年。京西盗起，富弼薦希亮可用，起知房州。州素無備，希亮以牢城卒雜山河户合數百人，日夜部勒，聲振山南。殿侍雷甲，不能戢士，所至爲暴，將入境，希亮勒兵拒之，命持滿無得發，士皆植立如偶人，甲射之不動，乃下馬拜請死，吏皆欲斬甲，希亮獨治爲暴者十餘人，而使甲捕盗自贖。初，有言華陰張元走夏州爲元昊謀臣者，詔徙元族百餘口於房，饑寒且死，希亮曰：「元事虚實不可知，使誠有之，元終不顧家也，况此其疏屬乎？」密奏釋之。其後代還，復請郡，自效出爲宿州。希亮爲人清勁寡欲，不假人以色，自王公貴人皆嚴憚之。見義勇發，不計禍福，所至奸民猾吏易心改行，不改者必誅。然出於仁恕，嚴而不殘。皇祐元年，移滑州，入對，仁宗勞之曰：「知卿疾惡，無懲沈氏子事。」及滑河溢，希亮發禁兵捍之，自廬於當決處，吏民更諫，堅卧不動，水亦竟去，人比之王尊云。是歲宛句盜起，仁宗以爲憂，諮吏才於執政，執政未及對，仁宗遽曰：「朕得之矣！」即以希亮爲曹州，不逾月，悉擒其黨。淮南饑，復以希亮爲安撫轉運使。先是，轉運使調里胥米而蠲其役，凡三十萬石號折役米，米以故翔貴。希亮至，除之，且表其弊，旁郡遂得并除。久之，徙廬州。虎翼軍士屯壽春者，嘗以謀叛誅，餘不反者數百人，悉遷於廬，常自疑。一日有竊入府舍，將不利於希亮者，希亮獲之，笑曰：「此必醉耳。」貸而流之，盡以其餘給左右，使令或以守倉庫，人爲之懼，希亮益加親信，皆感德，指心誓爲希亮死。累遷判三司户部勾院。三司簿書自天禧以來積滯者以百萬計，希亮日夜課吏，凡九月勾決殆盡。復以請外，出爲京西轉運使。石塘役兵周元叛，希亮聞，即輕騎出，按吏請以兵從，不許。賊二十四人道遇希亮，見其輕出，意色閒和，不能測，遂相與列訴道周，希亮徐問所苦，顧命一老兵押付葉縣需後令，既而令曰：「諸已自首皆無罪，顧首謀者誰也？」衆不敢隱，因得元，遂斬以徇，餘遣赴役如初。轉京東轉運使，上章請老，移知鳳翔。鳳翔倉粟支十二年，主者以腐敗爲憂，適歲儉，希亮發十二萬石以貸貧民，及秋熟，以新易舊，官民皆便。于闐使者入朝，過秦州，經略使享以客禮，使者驕甚，縱其徒壞傳舍，入市掠飲食，民户皆晝閉。始希亮判三司時嘗接伴契丹使，知使者暴，皆譯教之，痛繩譯以法，使者不敢動。至是復使持符告譯曰：「入吾境，有秋毫不如法，吾即斬若！」使者至羅拜庭下，命坐於廊飲食之，護出其境，無一人譁者。英宗立，遷太常少卿，求去不已，出分司西京，未幾致仕。年六十四卒。

論曰：語云：「見義不爲，無勇也。」希亮之奮揚猛起，遇事風生，可謂勇矣。迹其折姦靖亂，智略閒整，故當時以比王尊。然至於機決密理，希亮殆猶過之。

趙尚寬

趙尚寬，字濟之，河南人。爲政興利除害，整有條理。知平陽縣時，鄰邑有逸囚將犯境，尚寬趣尉出捕，曰：「彼不意我至，易敗也。亟往，毋使散漫且爲害！」尉既出，復遣徼巡兵躡其後，悉獲之。徙知忠州，窮治畜蠱，大革其俗，以考課第一，知唐州。唐素沃壤，經亂土曠民稀，議者欲廢爲邑，尚寬曰：「土曠可益墾辟，民稀可益招徠，何廢郡之有？」乃按圖記得漢召信臣陂渠故迹，益發卒疏三陂一渠，溉田萬餘頃。又教民自爲支渠，轉相浸灌，四方之民來者雲布。

尚寬復爲計口授田，貸錢使買耕牛，比三年，榛莽復爲膏腴，增户累萬。尚寬勤於農政，治有異等之效，三司使包拯言狀，仁宗褒焉。後徙同、宿二州，河中神勇卒苦，大校貪虐，匿名告變，尚寬焚之，曰：「妄言耳！」已而奏黜大校，分諸卒隸他營，晏若無事。尚寬去唐後，中山高賦繼之，益作陂堰，募兩河流民使耕作，田日加闢，户日益衆。朝廷推功，尚寬以爲直龍圖閣，知梓州，積官至司農卿，卒。

論曰：冉子以政事之才稱於孔門，所自程效亦曰：「三年足民而已。」尚寬之治唐，勸課惟勤，遂等烈於召父，其處告匿事，尤爲善持大體云。

仇悆

仇悆，字泰然，益都人。大觀初，成進士，授邠州司法，歷鄧城、武陟令。屬燕山之役，調兵數十萬，諸將往往縱卒掠物。悆於軍需率先期趣備，申嚴約束，故餽饟畢給，而民不擾。調高密丞，攝縣事，剖決如流，事無淹夕。有楊蓋者，縣猾吏也，暴其罪，黥之，民大悦服。及州召攝司録，民萬餘遮邀於道，擁以歸廨，天方寒，燃火警守達旦，悆由它道乃得去，既而民數千人經向州牙復奪以歸。其得民如此。萊、密間盜起，群黨戒毋犯悆，高密以安。久之，擢考功員外。時仕者宛轉兵間，多失告牒，銓部亡案籍，愬丐者真僞相錯，悆既爲考覈，復責保識，遂用爲例。及劉豫子麟以金兵至，民情汹汹，悆適以淮西宣撫知廬州，統制張琦乘危將驅民南走，擁甲士數千突入脅悆，左右皆驚潰，悆徐謂曰：「若輩無守土責，吾當以死殉國。寇未至而逃，人何賴焉？」堅不爲動，琦等錯愕，遽散，人心遂定。已而金兵出没近境，悆求援於宣撫司，又遣子赴朝告急，救皆不至。宣撫司既不能進援，遂令焚積聚，棄兵退保，於是淮甸喧言朝廷將棄淮，士志衰沮。適親征詔至，悆乃揭示詔語，讀者皆霣涕思奮。監押閻僅死於賊，餘卒歸悆，悆帑竭無以充賞，惟引班坐，飲食慰勞之，然衆感勵，倍於厚犒。因募廬壽兵數百以益鄉兵，出奇直抵壽春，三戰皆捷，敵走渡淮，進復壽春。俄而麟復至合肥，諜言烏珠爲殿，人心恟駭。會牛皋救至，皋素勇，所向披靡，敵散復集者三，皋副徐慶墜馬，皋手剸數人，免胄大呼曰：「我牛皋也！嘗四敗烏珠，可來決死！」寇畏其名，遂自潰，皋竟掖慶以免。初，金人圍濠不下，乃悉衆向淮東，是時張浚視師金陵，亦檄悆度宜爲棄守計。悆以爲帥臣任一路之責，雖殘破之餘，兵食不給，然義當死守，若委城去，使金人遂有淮西，治兵艦於巢湖，必爲朝廷憂，力陳不可，且以策説浚曰：「金重兵在淮東，師老食匱。若以精兵二萬，一自壽春，一自漢上，徑趨舊京，當不戰而退。繼以大軍尾擊，蔑有不濟。」浚雖不用其計，然悆竟全數州。以功加徽猷閣待制。逾年宣撫司始遣王德來救，德謂其伍曰：「方事急，吾屬無一人渡江者，今何面目見仇公耶？」德麾下見悆，無不以手加額。頃之，改淛東宣撫使，知明州。挫豪强，獎良善，按治賕吏不少貸。歲饑，發官儲，損其直，民無死。徙尋進直學士，安撫湖南。至則禁盜鑄，趣使歸農，物價既平，商賈遂通。數月，加寶文閣學士，爲陝西轉運使。時秦檜倡和，金人歸疆，悆力陳非策，固辭不行。檜惡其異己，落職全州居住。及金人復陷所歸郡邑如悆言，復起知平江府。悆言於上曰："我軍已習戰，非復昔比，故劉琦能以少擊衆。若乘已振之勢，鼓行而前，中原可傳檄定。"上嘉之，以言奉祠去，積官至左朝散大夫，卒。悆性至孝，母没時，方崎嶇轉徙，居喪盡禮，朝議起之，不就。平生居官，無所附麗。初令鄧城，邑子范宗尹以文謁悆，許爲公輔器。及宗尹爲相當國，悆未嘗私見。在明州欲薦一幕官，問曰："君日費幾何？"對曰："二千。"悆驚曰："吾爲郡守，費不至此。所費既多，安得不貪？"遂止。其端方介特，多此類。

論曰：悆在廬，以進爲守，卒完淮甸，復壽春以爲長江外障，其陳兵計亦皆中肯。要其所長則以厚得民心，衆共欣戴，故張琦不敢賊，劉麟不能破。不然，以千百之卒保彈丸之地，浮寄孤懸，蚍蜉無援，亦安能戰勝守固爲國長城哉！

李璆

李璆，字西美，汴人。登政和進士。時房州榷茶輸逾舊額，貧民被繫者以百計，及璆知州事，即日盡釋之。宣和三年，朝議取燕，璆聞之曰："百辟卿士，一倡群和，國家安危，其幾在是。」遂上疏切諫，不省。及燕平，責監英州清溪鎮，逾年赦還爲郎，尋試中書舍人。元祐名臣子孫久被廢錮，宰相方倡紹述之議，莫敢以爲言。璆獨建言，請寬之。而宦者譚楨坐喪師廢，俄將復用，璆不肯書行。會山東盗起，河北無糧，軍士洶洶，璆復條上十事，卒忤大臣意，免官。至紹興間，乃起知吉州。江西兵素剽悍，璆始視事，即有相挺爲亂者，璆捕誅首謀，撫循其餘，大布恩信，境内遂安。累遷四州安撫制置使。三江舊有堰灌田百萬頃，久廢弗修，璆率都刺史合力修復，大獲其利。歲饑，發倉賑活無慮百萬家。治蜀之政多可紀，蜀人感之。

論曰：宋宣和間，政蠹於上，而兵興於下，亂象已成，徒以一時善類斥逐幾盡，故正言不得亟聞。璆以小臣，獨慨然欲爲國家寢兵止亂，雪群正之枉，以開大來之漸，忠矣！紹興嗣運，不復收召群策，以此棄璆於外，不使補闕殿陛之間，而僅以吏績顯，惜哉！

陳規

陳規，字元則，密州安邱人。靖康末，爲安陸令。金人入圍京師，規以兵勤王，道梗乃還。時鎮海節度劉延慶爲金人所殺，所部祝進、王在去爲寇，攻德安府，守棄城遁。父老請規攝守事，再拒却之。建炎初，事聞，即以規知德安府。又連破李孝義、張世、楊進、董平諸賊，卒完德安。擢鎮撫使。其後李横來攻，造天橋填壕，鼓譟臨城。規帥軍民禦之，砲傷足，神色不變。圍急糧盡，出家財勞軍士，氣益振。橫遣使求得妓女即罷軍，規不許，諸將皆曰：「圍城七十日矣！以一婦活一城，不亦可乎？」規竟不予。會濠橋陷，規以六十人持火槍出焚天橋，助以火牛，須臾皆盡，橫拔砦去。遷沿江安撫使，知池州，尋改廬州。辭疾，丐祠，復起知德安府。及金人歸河南地，改知順昌府。時金人隨即敗盟，而規到官輒葺城壁，招流亡，立保伍，未數旬聚粟數萬斛。比都城留守劉錡行過順昌，金人已南下，規即迎錡入，同爲死守計，與錡登城區畫，布設粗畢，而金游騎已薄城矣。既而金龍虎大王提重兵踵至，規躬擐甲胄與錡督戰，金稍引退，復以步兵蹙之，於河死者甚衆。規曰：「敵鋒屢挫，必思出奇困我，不若潛兵斫營，使彼晝夜不得休，可養吾鋭也。」及烏珠至，錡用其策，果劫中其砦。尋加安撫使，年七十，卒。規好賑施，家無羸財，嘗爲女求婢，得一婢甚閒雅，詢之則雲夢舊家女也，即輟女奩嫁之，聞者感泣。守德安時，條上屯田事宜，倣古之制，合射士民兵分地耕墾，詔下其法於諸鎮。又嘗著有攻守方略。自紹興來文臣有威聲者，惟規而已，功名與諸將等，而位不酬勞，時共惜之。

論曰：順昌戰捷，時朱弁猶羈使館，其後南歸，乃曰：「於時金人輒見加禮，可知是役金人實受大創矣。」史氏歸功於錡，然非規先事綢繆，錡亦安恃以守？況夜劫之謀，實出於規乎！昔天寶之亂，許遠嘗請張巡同守睢陽，雙忠之名耀於古今。規請劉錡同守順昌，卒破大敵，聲績當不在許遠下矣。

程迴

程迴，字可久，寧陵人，家於沙隨，靖康之亂，徙餘姚。年十五，丁内外艱，孤貧飄泊，二十餘始知讀書。時高宗南渡，西北士大夫多在錢塘，迴因以考德問業焉。隆興初，成進士。唐肅宗時德興縣有程氏女，其父兄爲盜所殺，因掠女去，女隱忍十餘年，卒能刃盜，盡誅其黨，刳肝心以祭其父兄。迴爲縣丞，乃取春秋復讐之義頌之曰：「大而得其正者也。」表爲英孝程烈女。擢知進賢縣。有子愬母輒私賣田者，母年七十猶坐獄，吏斷需母死服闋，理爲已分，迴駁之，曰：「穀梁傳注曰『臣無訟君之道』，爲衛侯鄭與元咺發也。諸侯於命大夫猶若此，况子於母？」乃使坐獄對，吏愛其親者聞之，不覺泣涕之横集也。在律，別籍者有禁，異財者有禁，然則母在，子孫不得有私財，借使其母一朝費盡，子孫亦不得違教令也，何至預期母死，又開它日争訟之端？抑知不令之子孫，不死於母之前乎？守令者民之師帥，誠宜正守令不職之愆，與子孫不孝之罪，以敬天下之爲人母者。民饑，或愬於府云：「有私與商賈爲販者，以故穀貴。」府檄禁之，迴即報曰：「力田之人逼於税賦，是以出糶，非上户也。縣境不出貨寶，苟不與商賈交易，輸官之錢何由而得？」申論再三，得請乃已。縣既苦水，而郡蠲賦至薄，迴力論之曰：「是驅民流徙耳！賦不可得，徒存欠籍。唐人損七則租庸調俱免，今損十矣。」乃悉蠲之。有婦人傭身以養姑，姑感婦孝，每受食輒以手加額，仰天祝之，其子爲人牧牛，亦裹飯以餉祖母。迴廉知之，白於郡，給以錢粟。調上饒縣，減倍賦，革斛面米，嘗曰：「令與吏服食者，皆此邦膏血也，曾不是思，而横斂虐民，鬼神其無知乎！」郡督經制錢急，迥曰：「斯乃古除陌之類，其數又三倍正賦，民何以堪？」反復言之當路。頃之，奉祠，寓番陽之蕭寺。有程祥者客亡，妻度氏質奩具以育子，久而資竭，或勸之醮，度氏曰：「子幼，若事他人，不得撫是子，豈不負良人乎？」不聽。迥聞之，走告於守，月給以錢粟。迥居官，臨之以莊，政寬而明，令簡而信。綏强撫弱，導以恩義，積年讐訟，一語解去，猾吏奸民無不感激悛悔。暇則賓禮賢士，或進子弟之秀者，爲之陳説詩書，質問疑難。祠廟非典祀不謁，隱德潛善皆表之，以勵風俗。聽決獄訟，期於明允。凡上官所未悉者，必再三抗辨，不爲苟止。官至朝奉郎，卒。所著述極富，朱子稱之以爲博聞至行，追配古人，釋經訂史，開悟後學，當世之務，又所通該，非獨章句之儒而已。

論曰：迥以儒者試政，仁心宣露。要其大端，則薄斂以厚生，慎刑以弼教，樹風聲以廉頑，陳詩書以勸善，而尤於天理民彝之所關者，峻爲之防。古之所以風俗還淳，道不出此。不知治術者，或反目此爲迂遠，其蔽乃生於學術心術，匪獨政事之失也。

顔師魯

顔師魯，字幾聖，漳州龍溪人。紹興十二年進士，調番禺興化簿，懷安丞，歷知寧德、莆田、福清縣。興水利，平市糴，常平使鄭伯熊以治行薦於朝，陳俊卿尤器重之，薦可大用。累遷國子丞。淳熙四年，除江東提舉。時天雨土，日青無光，師魯陛辭極論之，謂：「田里未安，犴獄未清，政令未當，忠邪未辨，天不示變，人主何由省悟？」上韙其言。除浙西常平使。歲鹽百鉅萬，本錢多不給，師魯出帑緡盡償宿負，區畫悉當，鹽政清肅。七年，除直秘閣，召赴行在，上疏論浙西圍築之弊，語及權倖。復奏民有墾田未授租者，但當正其租，不宜治以盜種法，失邵農本意，著爲令。由監察御史爲司成。規約甚肅，治己立誠，率以身教諸生。除吏部侍郎。會太上皇升遐，洪邁請號世祖，師魯率禮官上議，謂：「太上中興，與光武不同。」邁議遂屈。遣使金，不辱命而歸。在銓曹，守法惟謹，請託不行。尋除吏部尚書，兼東宫侍讀。師魯感激知遇，謂生平讀書，今得豫講席，當不負所學。光宗即位，首陳正始之説，上嘉納之。上疏乞休，除龍圖閣直學士，知泉州。泉大郡，舶貨所通，官吏巡城，撈税無虚日。師魯至，首戢之，行平易之政，以誠率下。水旱，齋禱必應。永春上供銀例，預借於民，安溪縣職官田及逃亡産税，皆責民補納，師魯悉停免之。振興學校，葺洛陽橋。去之日，泉人如失慈母。卒，年七十有五。師魯自幼莊重若成人，孝友天至，嘗曰：「窮通自有定分，枉道希世，徒喪所守。」故其大節確如金石。爵漳浦郡侯，謚定肅。孫耆仲、頤仲俱賢，而有宦績。頤仲官至吏部尚書，與師魯享年又同，時人異之。

論曰：師魯端重直方，在朝多昌言，非徒以吏績見也。然觀其歷官所至，子諒公誠，而出之以坦易，使民之政，無不修舉，尤可爲涖民者之法。漢黄霸、魯恭、劉矩、卓茂諸人皆位至三公，而列之循吏者，紀其優也。師魯之道未大行於朝，而循聲懋著，故列於魯、卓之後云。

劉清之

劉清之，字子澄，臨江人。甘貧力學，博極書傳。紹興中成進士，再調建德主簿。使民自實其户，而賦役平，争訟息。萬安縣大祲，清之以縣丞奉檄視旱，徒步阡陌，親與民接，所蠲除具得其實。州議減常平米直，清之曰：「此惠不過三十里以内耳。外鄉之民勢難遠來受米，老幼必有餒死者。今大户閉糴，意欲窺利。我若有政，則大户得錢，細民得米，兩適其便。」乃請均境内之地爲八俾，有粟者分賑其鄉，官爲主之，規畫防閑，民甚利賴。發運使史正志按部至境，將拘畸零之賦，清之不可。正志心敬之，欲薦諸朝，清之貽以書曰：「畸零之賦皆州縣侵削於民，法所當禁，所謂羡餘也。始者獻之自下，而詔止之；今則求之，乃自上焉。不奪不饜，弊有不可勝言者。願侍郎善籌經費，以佐國家，則士孰不願出侍郎之門？不然，清之不敢以玷知人之鑒。」尋擢宜黄令。龔茂良、周必大薦之，孝宗召對，首論：「民困兵驕，大臣退托，小臣苟媮，願陛下廣覽兼聽，并謀合智，提要挈綱而力行之。古今未有俗不可變，弊不可革者。變而通之，亦在陛下方寸之間耳。」改太常主簿，丁内艱闋，除通判鄂州。鄂大軍所駐，軍籍多僞，清之使各自實而正之。其俗計利而尚鬼，家貧子壯則出贅，尤謹奉大洪山之祠，病者不藥而聽於巫，死則不葬而畀諸火。清之皆諭止之。差權發遣常州，改衡州。至則戒諸邑董常賦，緩雜征，閣舊逋，戒預折，新簿籍，謹推收，督勾銷，明逋負，防帶鈔，治頑梗，梔吏姦，擾户長，費用有節，滲漏有防，稽考有政，補置有漸。先是，郡飾厨傳以事常平、刑獄，二使月一會集，互致折餽。清之歎曰：「此何時也？與其取諸民，孰若裁諸公？吾所以事上官，惟究心所職，無負吾民足矣，豈以酒食貨財爲勤哉！」身自常禄外，悉歸之公帑，以佐經用。至之日，兵無糧，官無奉，已而郡計漸裕，民力稍紓。嘗作諭民書一編，首言「畏天積善，勤力務本，農工商賈，莫不有勸」，勉以「事親睦族，教子祀先。謹身節用，利物濟人。婚姻以時，喪葬以禮」，詞義質直，簡而易從，邦人家有其書。非理之訟，日爲衰息。又以士風未振，每因月朔具酒肴與諸生輸情論學，設疑問以觀所嚮，然後從容示以先後本末之序。學者日衆，則增築臨蒸精舍以居之。所講先正經，次訓詁音釋，次疏先儒議論，次述今所紬繹之説，然後各指其所宜用，確然有可舉而措之之實。部使者惡其不能媚己，囑所厚臺臣論罷之。光宗立，起知袁州，而清之疾作，猶貽書執政論國事。諸生往問疾，不廢講論語及時艱，孜孜歎息，若任其責者。取高氏送終禮以授二子，曰：「自斂至葬視此。」遂卒。初，清之既舉進士，復欲應博學宏詞科，及見朱子，盡取所習焚之，慨然志於義理之學。張栻、吕伯恭皆與神交心契，汪應辰、李燾亦敬慕之。母不逮養，每展閲手澤，潸然交頤。厚於族梟，嘗序范仲淹義莊規矩，勸大族隨力行之。高安李好古與族人爭財，於豫章見清之，清之爲説訟家人二卦，好古惕然，遽舍所訟，市程氏易以歸，卒爲善士。

論曰：清之之政，委折周詳，牧民者倣其條理而施設之，何憂不治？雖然，非心乎國、心乎民，誠意有所不至，則徒法未有能自行者也。且其所與諸生講論者，非常磋切於師友間，確有心得，亦安能遽祝之曰「類我類我」哉？學優登仕，聖有明訓，有心於輔世理民者，惡可以無素業耶？

廖德明

廖德明，字子晦，南劍人。少學釋氏，及得楊時書，讀之大悟，遂受業朱子。乾道中成進士，知莆田縣。民有奉淫祠者罪之，沈像於江。有顯者欲得邑地，廣其居，德明不可，守會僚屬諭意德明，曰：「太守爲天子守土，未聞以地與人者。」守爲慙服累。官知潯州，有聲，諸司且交薦之，德明曰：「吾老矣，可以道徇人乎？」固辭。後選廣東提舉刑獄，彈劾不避權要。歲當薦士，朝貴多以書見囑者，德明曰：「此國家公器也。」悉不啓，封還之。有鄉人爲主簿，德明聞其能，薦之，簿以爲至感，會德明行縣，簿爲置酒，觴豆甚設，德明怒曰：「一簿耳，而侈若是，必貪也！」追還薦章，其公嚴類此時。盜陷桂陽，迫韶，韶人懼，德明燕笑自若，遣將馳擊，親持小麾督戰，大敗之，乃分戍守，遠斥堠，明審賞罰，宣布威信，所部晏然。徙知廣州，遷吏部左選郎官，奉祠，卒。德明初爲潯州教授，爲學者講明聖賢心學之要，嘗手植三柏，潯士愛敬之如甘棠。在南粤時，立師悟堂，刻朱子及程氏諸書，暇即延僚屬及諸生親爲講説，遠近化之。嘗語人以仕學之要曰：「吾自始仕至爲郡，惟用『三代直道而行』一句而已。」

論曰：「直道而行」，夫子之治法也，三代之盛以此而已。《乾》之動也直，故人之生也亦直，本無偏曲。後世乃以巧智鑿之，斯治所以不古若也。德明受業朱子，其爲政而知所執要也固宜。

許應龍

許應龍，字恭甫，福州閩縣人。嘉定初成進士，累官太學博士。時李全、時青等來附，應龍入對，有「莽蜂是懲，養虎遺害」之説，後果如所言。三遷宗學博士。理宗立，應龍首勸正心，以爲治平本。遷著作郎，出知潮州。盗陳三搶起贛州，而鍾全亦挺亂出没閩廣間，勢熾甚。應龍亟調禁卒水軍扼要害，明間諜，斷橋開塹，斬木塞涂，復激諭民兵以各保鄉廬、全妻子，由是鄉保相繼以捷聞。及統領官齊敏帥師至潮，應龍爲策曰：「兵法攻瑕。今鍾寇將窮，陳寇猖獗，若先破鍾，則陳不戰擒矣。」敏從之，未幾諸寇皆平。始，人疑應龍儒者不諳軍事，及見其區畫詳練雍容，莫不歎服。僚屬請上功，應龍曰：「扞城保民，職也，何功之云？」州獠與禁兵閧，應龍平決之，皆感悦，至相率鳴缶擊銅，踴躍詣謝。及端平初，召爲禮部郎官，闔郡攀送。入對，上勞之，應龍頓首曰：「臣治州，幸免曠職，皆陛下德化所暨。民無不可化，顧牧民者何如耳。」累遷權右侍郎，直學士院。是日罷鄭清之、喬行簡制，應龍所革也，上稱善，應龍謝，因曰：「昔人有言，進人若將加諸膝，退人若將墜諸淵。今二相乞罷機政，而陛下體貌大臣，要當兩盡其美。」上納之。其後官至端明殿學士，簽書樞密院事。奉祠，卒，年八十一。應龍不躁不競，不激不隨，潮州之治最可紀。

論曰：應龍之談兵，具中機宜。及至功成不居，庶幾勞謙君子者矣。其論進退大臣，而能推廣上心，以全終始之誼，所裨於國體者尤多云。

張洽

張洽，字元德，清江人。嘉定初中第，授松滋尉，請行推排法，以救經界不正之弊，令以委洽。洽令民自實土地疆界產業之數，投於匱，乃籌覈而次第之，吏姦無所匿。改袁州司理參軍。獄有盜黠甚，累訊莫能折，會有兄弟爭財者，洽諭之曰：「訟於官，祇爲胥吏之地，且冒法以求勝，孰與守分以全手足之愛乎？」詞氣懇惻，訟者感悟，黠盜聞之，亦自款服。守以廩虛，籍倉吏二十餘家，命洽鞫之，洽廉其情，乃爲都吏所賣。都吏者，州巨蠹也，嘗干於倉吏不獲，故以此誣之。洽度守意鋭未可嬰，乃密計廩所入以白守，曰：「君之籍二十餘家者，以廩虛也。今校廩入，已豐於昔，是都吏之言誑也。君必不忍受都吏之誑，以籍無罪之家。」守悟，爲罷都吏而釋倉吏。調知永新縣。嘗聞獄中榜聲，廉之則獄吏受賕乘間訊囚使自誣服也。洽大怒，亟執付獄，明日以上於郡，黥之。湖南□寇作亂，與縣接壤，民大恐，洽聞即單車出邑，佐寓士交諫，勿聽，遂按行境上，遍見隅官土豪，訪利害而約結之，咸得其懽心。未幾，南安舒寇將犯境，聞有備乃去。其後通判池州，有張德修者誤蹴人致死，獄吏誣以故殺，洽疑之，請再鞫，守不聽。會旱，洽乃言於提點常平袁甫曰：「史册以來，往往濫刑而致旱，伸冤而得雨。今旱，安知非由德修事乎？」甫爲閲疑狀，德修遂得減死。洽復請蠲征税，緩催科，以召和氣，三日果大雨，民甚悦。頃之，丐祠。及袁甫提點江東刑獄，以白鹿書院寢廢，招洽爲長，洽嘗事朱子，曰：「嘻！是先師之跡也，安可辭？」至則選好學之士，日與講説，而汰其不率教者，凡養士之田没於豪右者復之，學興即謝病去。端平初，以大臣薦，召赴都堂，辭，上將以爲説書，復固辭。嘉熙元年致仕，卒，年七十七。洽學博而皆究其指歸，平居不異常人，至義所當爲，勇不可奪。居閒不言朝廷事，或有災異變故，輒顰蹙不樂。及聞一君子進用，士大夫直言得失，則喜見顏色，一時名流皆敬慕之。

論曰：昔季路以折獄聞，非惟明決過人，亦要本於忠信。洽之聽理，誠意懇到，至使手足全恩，而無情者遂不得盡其辭，豈但長於聽斷已哉！其爲人勇於從義，亦有季路之風，可謂朱門政事之選者已。

楊簡

楊簡，字敬仲，慈溪人。乾道中，舉進士，授富陽主簿。陸九淵道過富陽，簡謁之，遂師事焉。富陽多賈，民不知學，自簡至，士風丕振。改紹興司理，獄事必親，端默以聽，務得其平。帥府怒一吏，命鞫之，簡白吏無罪，帥命追鞫其平日事，簡曰：「吏過詎能免？今日無罪，必摘往事寘之法，簡不敢奉命。」帥大怒，簡取告身納之，争愈力。會朱子爲淛東常平使者，乃薦諸朝。其後知樂平縣，興學訓士，諸生聞其言至有泣下者。一少年爲民害，簡閉諸獄，徐諭以禍福，皆感悟，願自贖。由是邑人化之，以訟爲恥，夜無盗警，路不拾遺，呼曰楊父。紹熙五年，召爲國子博士。趙汝愚敗，簡上書訟其忠，遭斥，予祠。嘉定九年，寧宗更化，簡以著作佐郎轉對，所言經國之要，弭災厲、消禍變之道，北境傳誦，爲之涕泣。累遷將作少監，入對，與上往復，漏過八刻，上目送之。頃以所陳不行，丐外出，知温州。遣罷妓籍，尊敬賢士。有私鹺數百爲群過境内者，分司不白郡，輒檄巡尉捕之。簡聞，驚曰：「是可輕動乎？萬一召亂，貽朝廷憂。兵之節制在郡，將違節制，是不嚴天子命也，應斬！」乃建旗巡尉，庭下劊手兩行夾立，守盛服升西序，數其罪，命斬之，僚吏交進爲致悔罪意，久乃得釋，而奏罷分司。其紀律如此。簡在郡廉儉自將，奉養菲薄，常曰：「吾敢以赤子膏血自肥乎？」閭巷雍睦，無忿争聲，民愛之如父母，畫像事之。及遷駕部員外郎，傾城老稚扶擁出祖。簡入見，上言盡掃喜順惡逆之私情，斯善政盡舉，弊政盡除，民怨自銷，禍亂不作。改工部員外郎，轉對又以擇賢久任爲言，再遷將作監。是時金大饑，中原民來歸者日以千萬計，邊吏臨淮射之，簡蹙然曰：「得土地易得，人心難薄。海内外皆吾赤子，中土故民出塗炭、歸慈父，顧斬斗升，而逆殺之，豈相上帝、綏四方之道哉！」即日上奏，哀痛言之，不報。會有疾，請去，予祠。及寶慶中，詔入見，辭。簡雖家居，朝廷敬其名德，官階屢進，至寶謨閣學士，太中大夫。致仕，卒。簡之論治，嘗以爲最急者五，其次八：一曰謹擇左右大臣，二曰擇賢以久任中外之職，三曰罷科舉而行鄉舉里選，四曰罷設法道淫，五曰治伍法、修諸葛武侯之正兵以備不虞；其次急者：一曰募兵屯田以省養兵之費，二曰限民田以漸復井田，三曰罷妓籍從良，四曰漸罷和買折帛諸無名之賦而禁群飲，五曰擇賢士教之太學，教成使分掌諸州之學，各擇邑里之士教之，教成使分掌其邑里之學；六曰取周禮及古經熟議其可行於今者行之，七曰禁淫樂，八曰修書以削邪説。簡之志如此。

論曰：白鹿洞之講，諸生無不悚然垂洟者，簡與諸生言亦至灑涕，其師生間誠意之感人者多矣。簡門人錢時，史亦稱其論議宏偉，指擿痛決云。簡之惻惻中土遺民，與諸葛亮所謂「國家威力未振，使赤子困於豺狼之吻」者同一用心，其區畫治道亦已詳矣。不究所施，徒使其績效之驗白者限於郡縣，惜哉！

黄震

黄震，字東發，慈谿人。寶祐中登進士，調吴縣尉，不受豪勢，尋攝縣，及攝長洲、華亭二縣，皆有聲。改提領官田，所抗言不便，不聽。累擢史館檢閲，輪對言當時之大弊，曰民窮，曰兵弱，曰財匱，曰士大夫無恥。時宫中建内道塲，震又請勿度僧道，使其徒老死，即收其田入，可以富軍國、紓民力。上怒，降三秩逐之。用諫官言，得寢出，通判廣德軍。初，孝宗班朱子社倉法於天下，而廣德官置此倉，行之既久，民困於納息，人皆以朱子故不敢議，震曰：「朱子本法設之自民，非官置也。且法出於堯舜三代，聖人猶有變通，安有先儒爲法，不思救其弊耶？」乃别買田六百畝，以其租入代社倉息，約非凶年不貸，而貸者不出息。郡多淫祠，至祀以太牢，震以爲非法，言諸司禁絶之。俗有向神自嬰桎梏或自拷掠以徼福者，震見即召使自狀其罪，其人曰：「本無罪。」震曰：「爾罪多不敢對人言，故告神以免罪耳！」杖之。郡守賈蕃世者，似道從子也，驕縱不法，震數與争是非，蕃世積不堪，劾之，解官。撫州饑，起震知其州，單車疾馳，中道即檄富人耆老集城中，毋過某日，至則大書「閉糴者籍，强糴者斬」，揭於市。坐驛舍，署文書，不入州治，不抑米價，價日損，親煮粥食餓者，而後入視州事。既乃修朱子祠，制社稷祭器，復風雷祀，教種麥，禁競渡，刱軍誉五百架，善政畢舉。擢提舉常平。先是，常平有慈幼局，爲貧而棄子者設，久而名存實亡。震謂收哺於既棄之後，不若先其未棄保全之。乃損益舊法，凡當免而貧者，里胥請於官贍之；棄者許人收養，官出粟給所收家，全活至衆。又平役法，先令縣覈民産業，不使下户受抑於上户。大興水利，廢陂壞堰及爲豪右所占者復之。改提點刑獄，決滯囚，清民訟，赫然如神明。有貴家害民，震按之，貴家怨，又彊發富人粟，富人亦怨，爲御史中丞陳堅所劾，遂奉祠去。及賈似道罷相，以宗正寺簿召，將以爲監察御史。内戚畏其直，沮之，移浙東提舉常平，兼福王府長史。震曰：「朝制，外任雖藩王得言之。今爲其屬，豈敢察其非？奈何法壞自臣始！」堅不拜長史，命進宗正少卿，亦不拜。震嘗告人曰：「非聖人之書不可觀，無益之詩文不作可也。」居官，恒未明視事，事至立決。自奉儉薄，人有急難則周之不少吝。所著日抄一百卷。卒，門人私謚曰文潔先生。

論曰：社倉之法，朱子行之至便也，而廣德乃受其弊，以爲置之自官，與朱子本法異者，固亦致弊之一端。要之掌司不得其人，則公廪之實未有不漸入於私橐者也。故知人存政舉，雖文武之道亦不能以自行，於朱子之社倉又何譏焉？

史傳三編卷五十六

循吏傳八

金

王政

王政，辰州熊岳人也。其先仕渤海及遼，皆有顯者。政當遼季亂，浮沈州里。高永昌據遼東，知政材略，欲用之，政度其無成，辭謝不就。永昌敗，渤海人争縛永昌以爲功，政獨逡巡引退。吴王棟摩聞而異之，言於太祖，使贊軍事。及金兵伐宋，滑州降，留政爲安撫使。前此數州既降，復殺守將，反爲宋守，及是人以爲政憂，政曰：「苟利國家，雖死何避！」宋王宗望壯之，曰：「身殁王事，利及子孫，汝言是也。」政從數騎入州。是時民多以饑爲盗坐繫，政皆釋之，發倉廩以賑貧乏，於是州民皆悦，不復叛。傍郡聞之，亦多降者。宋王召政至轅門，撫其背曰：「吾以汝爲死矣，乃復成功耶？」慰諭者久之。天會四年，爲燕京都麴院同監，未幾除同知金勝軍節度使事，改權侍衛親軍都指揮使，兼掌軍貲。是時軍旅始定，筦庫紀綱未立，掌吏皆因緣爲姦。政獨明會計，嚴扃鐍，金帛山積而出納無錙銖之失。吴王楝摩戲之曰：「汝爲官久矣，而貧不加富，何也？」對曰：「政以楊震四知自守，安得不貧？」吴王笑曰：「前言戲之耳！」以黄金百兩、銀伍百兩及所乘馬遺之。六年，授左監門將軍，歷安州刺史，檀州軍州事，户吏房主事。天眷元年，遷保静軍節度使。致仕，卒，年六十六。政本名南薩里，嘗使高麗，因改名政。子遵仁、遵義、遵古，遵古有傳。

論曰：饑民奪食爲盜，與真盜異，急之則亂耳。政之賑饑撫叛，皆得其方。本之以仁心，行之以良法，又能惓惓焉，以四知自凛，可以爲民父母矣。

劉焕

劉焕，字德文，中山人。宋末兵起，城中久乏食，焕尚幼，煮糠覈而食之，自飲其清者，以醲厚者供其母，鄉里異之。稍長就學，天寒擁糞火讀書不怠。登天德元年進士，調任丘尉，縣令貪汙，焕每規正之，秩滿，令持盃酒謝曰：「尉廉慎使我！」獲考調中都市令，樞密使布薩呼圖克家有條給工牟利於市，不肯從市籍役，焕繫之，呼圖克召焕，焕不往，暴工罪而笞之。焕初除市令，過謝鄉人吏部侍郎石琚，琚不悦，曰：「京師浩穰，不與外郡同，棄簡就煩，吾所不曉也。」至是始重之。以廉升京兆推官，再遷北京警巡使。捕二惡少，杖於庭中，戒之曰：「孝弟敬愼則爲君子，暴戾隱賊則爲小人。自今以往，毋狃於故習。國有明罰，吾不得私也。」自是衆皆畏憚，毋敢犯者。召爲監察御史。父老數百人或臥車下，或挽其靴鐙，曰：「我欲復留使君期年不可得也！」以本官攝户部員外郎。代州錢監雜青銅鑄錢，錢色惡類鐵錢，民間盜鑄抵罪者衆，朝廷患之，下尚書省議。煥奏曰：「錢寶純用黄銅精治之，中濡以錫。若青銅可鑄，歷代何緣不用？自代州取青與黄四六雜揉，務省銅而功易就，由是民間盜鑄陷罪者衆，非朝廷意也。必欲爲天下利，宜純用黄銅，得數少而利遠。其新錢已流行者宜驗數，輸納準換。」從之。再遷管州刺史，耆老數百人疏其著蹟十一事，詣節鎮請留，曰：「刺史守職奉法，乞留之。」以廉升鄭州防禦使，遷官一階，轉同知北京留守事。世宗幸上京，所過州郡大發民夫治橋梁馳道以希恩賞，煥所部惟平治端好而已。上嘉其意，遷遼東路轉運使，卒。

論曰：明儒薛文清有言：「立法貴在必行，法立而不行則法爲虛文，適足以啓下人之玩。」至哉言乎！蓋居心以寬仁爲本，而法則必嚴，使民有所畏而不敢玩。煥用法不避貴勢，而其誨民則又諄諄焉，相動以天民之畏而愛之也，有自來矣。抑觀其治事之才，又何其剛明而知體要也。

元

李德輝

李德輝，字仲實，通州潞人。天性孝弟，操履清慎，少嗜學，苦貧無資。年十六，乃監酒豐州，禄食有餘，輒市筆札，録書夜誦，已乃歎曰：「志士顧安此耶？事不足以匡君福民，隱不足以悦親善身。人壽幾何，惡可以無聞，同腐草木！」遂謝去，講學以卒其業。及世祖在潛藩，劉秉忠薦之，與竇默并辟，使侍裕宗講讀。後憲宗封宗親，割京兆隸世祖，時汪世顯宿兵利州以規蜀，世祖乃立從宜府以德輝爲使，俾調軍食。德輝募民入粟，散錢幣，給鹽券爲直，陸輓興元，水漕嘉陵，未期年軍儲充羡，其後卒資以取蜀。中統元年，爲燕京宣撫使。燕多劇賊，結死黨，造僞鈔，德輝悉捕誅之，令行禁止。以忤王文統罷去。及文統誅，復起爲山西宣慰使，勢家籍民爲奴者，皆按免之，且千人。至元元年，世祖以太原難治，改德輝爲總管，至則崇學校，表孝節，勸耕桑，立社倉，一權度，阜民之政無不修舉。入爲右三部尚書。皇子安西王鎮關中，以爲王相。德輝視瀕涇營牧故地可得數千頃，乃起廬舍，疏溝澮，募貧民二千家，假以牛種田具，屯田其中，歲得粟麥芻藁萬計。十二年，詔以王相撫蜀。重慶城守久不下，朝廷於東西川各置行樞密院，合兵萬人圍之。德輝至，成都兩府爭咨方略，德輝曰：「宋已亡矣。重慶彈丸地，不降何歸？政以公輩利剽殺，故懼不來耳。公等既玩寇，又復東西相觀望，軍政不一，敗在朝夕，豈能成功哉！」未幾，瀘川叛而重慶圍果潰。十四年，以德輝爲西川行樞密院副使，仍兼王相。是年遂復瀘州，明年再圍重慶，踰月拔之，紹興、南平、夔、施、思、播所在皆下。是時東川樞府猶故將也，德輝懲前敗，乃請獨軍進圍合州，先釋合俘，使語州將張珏早自歸，又以禮義禍福貽書解譬，珏未及報而德輝還邸。既而珏死，牙校王立代將，遣人詗事成都，德輝獲之，復縱歸，使諭立如諭珏旨，立即使人間至成都請降。德輝赴之，東川樞府害其來，爲説以疑之，德輝曰：「昔合以重慶存，故力可同惡。今已孤絶窮而來歸，亦其勢然耳。且吾所以來，非欲攘公之功，吾懼公等憤其後服，利其剽奪，而快心於屠城也。」遂單舸薄城，呼立出降，安集其民，而罷置其吏，合人自立以下皆家繪祀之。十七年，以爲安西行省左丞。是年羅施鬼國既降復叛，詔雲南、湖廣、四川合兵三萬討之，兵且壓境，德輝馳使止之，而遣人諭降，其酋阿察熟德輝名，曰：「是活合州者耶？其人明信。」即詣德輝降，上以其地爲順元路。後有讚德輝受鬼國馬千數者，上曰：「德輝吾所素知，安有是耶？」年六十三卒，蠻夷聞之，哭之如私親，王立親爲衰絰，率吏民拜，哭聲震山谷，而播州民亦立廟祠之。

論曰：德輝之機權幹理，於事無不辦者，豈彼降才實多哉？當其憤發學業時，所以增益其不能者，殆不可誣。至全合州一城之命，其見事明，赴機勇，而積慮處心一出於仁。元史稱巴延平宋不妄屠戮，以比曹彬。若德輝之遏亂，略固當不在巴延下矣。

程思廉

程思廉，字介甫，東勝州人。性剛正疾惡，用太保劉秉忠薦，給事裕宗潛邸，以謹愿聞。平章哈坦行省河南，署爲都事，丞相史天澤尤器之。天澤規取襄樊，使任轉餉，餉多露積，一夕暴雨，思廉安卧不起，省中召詰之，思廉曰：「此去敵近，中夜騷動，衆必驚疑，或致它變，縱有漂濕，不過軍中一日糧耳。」聞者韙之。累遷監察御史，以劾權臣阿哈瑪特繫獄，阿哈瑪特之黨巧爲機穽，思廉處之泰然，卒不能害。其後遷河北河南道按察副使，行至彰德，聞兩河饑，而吏徵租益急，欲蠲之，有司請需奏報，思廉曰：「若然，民不堪命矣！」即馳檄罷徵，已果得請。至元二十年，河北復大饑，流民渡河求食，朝廷遣使絶河止之，思廉曰：「民急就食，豈得已哉！天下一家，河北河南皆吾民也。」亟令縱之，且曰：「雖得罪，死不恨！」章上，上亦不之罪也。衛輝、懷孟大水，城不没者數板，思廉露宿督修堤防，水不爲害，所賑貸全活者尤衆，衛人德之。二十六年，初立雲南行御史臺，以思廉爲之，思廉奉宣上意，綏懷遠人，明示以禍福，毋使自外，蠻酋皆慴服。雲南舊雖有校，而禮教不興，思廉力振起之，由是有向學問禮者。成宗立，除河東山西廉訪使，亦多惠政。思廉數任風憲，言事剴切，嘗請早建儲貳。訪求賢俊，辨車服議，封謚養軍，力定律令，皆急務也。與人交有終始，或有疾病死喪，問遺賙恤，往返數百里不憚勞。於家族尤盡恩意，好獎拔人物，或譏爲好名，思廉曰：「若避好名之譏，人不復爲善矣！」卒年六十二，謚敬肅。

論曰：君道之大，莫先於尚賢；人心之公，莫良於好善。得賢而用之，大有所以元亨也；見善而資之，不齊所以成德也。思廉之獎拔人物，其設心與龐統正相類。然統絀於百里，而思廉所至皆有治蹟。幹理雖殊，要爲賢者。若其亮直之概，尤不愧古人風節云。

烏克遜澤

烏克遜澤，字潤甫，臨潢人。其先女真烏爾古部，因以爲氏。澤性剛毅，讀書舉大略，一切求諸己，不事章句。才幹過人，元帥索多將下兵閩越，與語，奇之，辟元帥府提控。及收福州，進拔興化，索多怒其民從陳瓚應張世傑，將屠之，澤獨屢諫，不聽。乃復前説曰：「世傑方急攻泉州，比我定興化，整兵而南，泉州且失守。莫若縱興化，遺民使南走扇動之，世傑將膽落而遁，是我不戰而完泉州也。」索多喜，從之，民得脱者甚衆。世傑聞興化破，果解圍去。明年攻潮州，潮備禦甚固，澤獨曰：「潮不時下，以外壘爲援故也。剪其外壘，潮必覆矣。」乃分兵破一大壘，餘壘皆潰，二旬而潮拔。未幾，宋亡，福建立行省，以索多行參知政事，而以澤爲都事從入朝，乃命知興化軍，賞其善謀也。俄改興化爲路，即命以澤行總管府事，民爭歌舞迎候曰：「使君實生我吾父母也！」喜極而繼以泣。興化新殘於兵革，澤下令掩其胔骼，收其流離，有棄子者置慈幼曹籍而撫育之。郡中惡少，竄名卒伍，多爲暴，官吏慮激變，莫敢詰問。澤悉除其名，按誅其尤無良者，貪暴始戢。先是，郡民之從陳瓚戰死者，吏將籍其産業，澤曰：「國家至仁，誅止陳瓚，奈何累及平民？」乃爲令曰：「民不幸詿誤從陳瓚，誅及鬭死無後者。其田廬貲産并給其族姻，有司無所與！」吏不能逆，事得已。當江南未定時，所在民相什伍自保衛，及時平行省，議籍爲兵，民志洶洶，澤獨曰：「國兵非少，今籍民以示少，非所以安反側也。且當籍者衆，民或有他心。」議遂格。澤又興建學校，召長老及諸生講肄經義，行鄉飲酒禮，旁郡聞而慕之。後調永州路判官。湖廣平章約蘇穆爾貪縱，誅求無厭，使者旁午，隨處置獄，民以考掠死者載道。其使至永州，澤戒吏善供帳，豐酒食，順適其意，間以利害曉之，使者感愧，不敢發其毒，一郡獲安。是歲寶慶武岡盜起，澤輒討平之，所俘獲簡出其詿誤者百餘人，上書止誅首惡，餘悉減死。丞相僧格建議考校錢穀，天下騷動，澤歎息曰：「民不堪命矣。」即自上計，無毫釐羨。約蘇穆爾怒繫之，且寘之死。明年僧格敗，約蘇穆爾伏誅，乃得釋。其後從征海南有功，授廣西兩江道宣慰副使。兩江荒遠，不知禮法，澤作司規三十有二章，以漸爲教，民遵守之。又省廐置二十二所，以紓民力。徼外蠻數爲寇，緣徼阨塞布十屯，列營堡以守之。陂水墾田，築八堨以節瀦洩，田熟穀稔，邊民利賴。擢海北海南廉訪使，視事三月，民輸租五百石，澤歎曰：「事君者先事後食，吾涖政日淺，而受禄四倍，非情所安。」量食而入，餘悉委學官給諸生以勸業。常曰：「士非儉無以養廉，非廉無以養德。」身數年一布袍，妻子朴素無華，其所守如此。潮鬶雷州陂塘，農以爲病，澤因行視，見其西北廣衍平袤，乃曰：「三溪走海，而不以灌漑，此史起所以薄西門豹也。」於是浚故湖，築大堤，堨三溪瀦之，爲斗門七、堤堨六，以節其贏耗，釃渠二十有四，别爲牐設，守視者以時啓閉，計得良田數千頃，濱海廣舃并爲膏土。民歌之曰：「舃鹵爲田兮，宣慰之教；渠之泱泱兮，長我秔稻；自今有年兮，無旱無澇。」至大元年，改福建廉訪使。澤平日有德於閩，閩人安之。以母老求歸養，歲餘母殁，澤哀慟不自勝，以毀卒。

論曰：唐褒君素，宋奬韓通，豈不以其忠於所事乎？陳瓚之節，固興王所當録之以爲人臣勸者，况於從瓚之民，亦復何罪耶？澤之諫索多，陳義當必出此，及其不聽，乃干以軍策全其民命，委曲以行吾仁，設心一何摯耶！其論以儉養廉，以廉養德，尤牧民者所當科律奉之者已。

卜天璋

卜天璋，字君璋，洛陽人。天資穎悟，讀書史，識成敗大體，尤負直氣。至元中，爲南京府使。河北饑民數萬集河上，欲南徙，有詔令民復業勿渡，衆皆洶洶。天璋慮生變，白總管聽其渡，遂以無事。後爲中臺掾，主文奏。有侍御史負贓罪，御史將發之，未及奏，先爲所譖，御史與天璋俱出繫内廷。御史對食悲哽，天璋問故，御史曰：「吾老惟一女，心憐之，聞吾繫，不食數日矣，是以悲耳。」天璋怒曰：「死職，義也，奈何爲兒女子泣耶！」御史慚謝，頃之見原。丞相順德王當國，擢中書掾事，有可否，必力辨，王常從其議，且曰：「掾能如是，吾復何憂？」大德四年，遷工部主事。蔚州劉帥豪奪民田，天璋承機往訊，歸田於民，而帥亦屈服。武宗立，尚書省以爲刑部郎中。是時盜賊充斥，廷議犯者并家屬咸衣之青衣，以别民伍。天璋曰：「赭衣塞路，秦弊也，尚足法耶？」乃止。後被命治反獄，帝顧左右曰：「君璋廉慎人也，必得其情。」獄果不冤。皇慶初，出爲歸德知府，課農興學，修弭河患，擒緝盜賊，商旅流通。遷淛西廉訪副使，閲月以更田制。改饒州路總管，聽民自實，事無苛擾，版籍爲清。時省臣董田事，妄作威福，郡縣争賂之，天璋獨無有，省臣銜之，將中以危法，求其罪，卒無所得。所屬以饑告，天璋即令發廪，吏持不可，天璋曰：「待請而後賑，民且死矣。我任其罪，不以累諸君也。」遂發之。其臨事無所顧慮多此類。以治行第一，擢廣東廉訪使，尋乞致事。天歷二年，蜀兵起，荆楚大震，復拜山南廉訪使。將行，人見其老，止之，天璋曰：「國步方艱，吾年八十，常恐弗獲死，所敢避難乎？」至則厲風紀，清吏治，州郡肅然。值穀踊貴，下令勿損其直，聽民自使，未幾舟車争集，米價頓減。會詔三品官言時政得失，天璋列二十事凡萬餘言，目曰中興濟治策，皆中時病，因自引去。既歸，以餘禄施族黨，家無甔儲，處之晏如。至順二年卒，謚正獻。

論曰：史稱天璋讀書史，識成敗大體，宜乎比老列事而皆中於時病也。當其叱御史時，身不過掾吏已，奮不顧命，義形於色。及至矍鑠老翁，猶然强起以濟艱難，庶幾蹇蹇匪躬之節者已！

段直

段直，字正卿，澤州晉城人。至元十二年，北方盜賊充斥，直聚鄉黨，結壘自保。世祖命將略地，過晉城，直以衆歸之，幕府承制署爲潞州元帥府右監軍。其後論功行賞，分土世守，命直爲澤州長官。澤民多避兵未還者，直籍其田廬，寄頓於親戚鄰户，約曰：「本主至，析而歸之。」逃民聞即來，還歸其田廬如約，民得安業。素無産者則出粟賑之，爲它郡所俘掠者出財購之，以兵死暴露者收而瘞之，未幾澤爲樂土。大修孔子廟，割田千畝，置書萬卷，迎儒士李俊民爲師，以招延四方學者，不數年，學之士子以通經被選者百二十有二人。在官二十年，朝命提舉本州學校事，未拜而卒。

論曰：爲政本無它奇，不富不教則民卒流亡，而鄰於禽獸。反是以行吾政，小而試之一州一邑，蒙其澤而充其道，雖堯舜猶病之矣。直之招亡興教，立法頗具，以此救時亂離，福厥桑梓，有足多焉。

楊景行

楊景行，字賢可，吉安太和人。延祐二年成進士，授會昌判官。會昌民汲於河，不知井飲，多致疾癘；覆屋率用茅茨，常有火災。景行始教民穿井陶瓦，二患俱息，百姓德之。又按治其豪之干政害民者，乃創學舍，禮師儒，斥腴田以膳士，絃誦之聲遂盛。調永新判官，奉檄覈租，除剗宿弊，奸欺不容，細民賴焉。再遷爲宜黄令，理冤獄之久滯者數十事。擢撫州推官。金溪民陶甲家厚積而性兇險，嘗持縣短長，陷其長吏，由是官吏畏之，莫敢舉法，陶益横於一郡。景行至，痛繩以法，徙之五百里。有豪僧發塚取財爲奸，事覺，景行急按之，動以賄，不聽，賂當道，撼以危語，不顧，卒治如法，由是豪猾屏迹，良民獲安。轉歸安令，治蹟如判永新時。景行所歷皆有惠政，所去民爲立石頌之。後以翰林待制、朝列大夫致仕，年七十四卒。

論曰：下泉之詩，蓋爲恩澤及於莠民而反遺乎善類而作也。故洌泉以浸蕭，是周之衰也；若陰雨而膏苗，則郇伯之政也。夫莨稗不芟，則嘉禾不茂；莠民不去，則善類不安。景行之治撫，正取諸此。

林興祖

林興祖，字宗起，福州羅源人。至治二年成進士，稍遷知鉛山州。鉛山多造僞鈔者，而吴友文爲之魁。友文奸黠悍鷙，既致富，乃分遣惡少四五十輩爲吏於有司，伺有欲告之者，輒先事戕之，前後殺人甚衆，民罹其害，莫敢訴。興祖至，則曰：「此害不除，何以牧民！」即榜禁僞造，而立格募民首告，俄有獲僞造二人并贓以告者，興祖鞫之急，友文自至官爲營救，遂并執之。須臾訴友文者百有餘人，擇其重罪一二事研之獄立具，因捕其黨二百餘人，悉寘之法，民害既去，政聲籍甚。至正八年，遷道州路總管，行方及城而擅賊已尾其後，相去僅二十里。時湖南副使哈喇特穆爾屯兵城外，聞賊至，以乏軍需欲退去，興祖即夜往留之，哈喇特穆爾曰：「翼日得鈔五千錠、桐盾五百具者，乃可破賊。」興祖許之，還入視事，即以恩信貸商鈔而取郡樓舊桐版爲盾，日中皆具，哈喇特穆爾大喜，遂留爲禦賊計。然賊聞新總管一夕具五百盾，以爲大軍且至，已中夜遁去矣。永明縣峒猺屢竊發，興祖手榜諭之，皆曰：「林總管廉而愛民，不可犯也。」三年不入境。春旱蟲食麥苗，興祖禱之，大雨三日，蟲死而麥稔。已而罷興作，賑貧乏，輕徭薄斂，郡中大治，考課爲天下最。以年老致仕，終於家。

論曰：興祖以明法鋤奸，以敏事退賊，以廉聲服峒猺，所至皆治，其才操兩有足稱者。彼告訐以爲能，戰勝以爲勇，計取術馭以爲智者，成效反有所不逮，故知治道之長不在彼而在此。

周自强

周自强，字剛善，新喻人。好學能文，練於吏事，以文法推擇爲吏。泰定間，廣西猺反，自强往説以禍福，中其要害，猺酋立罷兵，貢方物，納款請命。超宣慰司都事，後知義烏縣。周知民情，而性度寬厚，不爲刻深，凡訟訴一見即能知其曲直，然未遽加以刑責，必爲援經典，反復開譬，悔悟則原其罪，惟迷謬怙惡，然後繩之以法，民畏且愛，獄訟頓息。民間税籍多失實，自强履畝覈之，民不能欺。文簿井井，由是賦役平均，貧富樂業。部使者舉廉能，選知金溪縣，政績愈著。以江州路總管致仕，卒於家。

論曰：虞廷命刑，歸於欽恤；孔門論獄，要於哀矜。豈不以無知之民陷於罪辟，良由教化不明故耶？自强姑惟教之，勿庸殺之，有矜恤之心焉。其引譬必本於經，又何恂恂儒者氣象耶！

王艮

王艮，字止善，紹興諸暨人。尚氣節，讀書務明理以致用，不苟事言説。初辟爲吏，值朝制復立諸市舶司行省買舊舩以付舶商，費省而易集，且絶官吏侵欺掊克之弊，實用艮策也。後爲兩淛都轉運鹽使經歷，時鹽使王克敬以計口食鹽不便，欲稍損其額，以紓民力，衆咸沮之，艮獨毅然曰：「民實寡而强賦多，今死徙已衆矣，顧重改民籍而輕棄民命耶？且淛右商賈輻輳，未嘗以口計也。」移其所賦散於商賈之所聚，實爲良法，於是議歲減紹興食鹽五千六百引。尋復有排前議者，艮固争之，至欲謝職去。丞相聞，乃留艮，而議遂定。遷海道漕運都萬户府經歷。紹興官糧之入海運者十萬石，自城至海，歲拘民船以備短送，吏胥緣是爲虐。及至海次，主運者又不即受，有折缺之患。艮言曰：「運户既受官直，何復爲是紛紛也？」乃責運户自載入運，其弊遂除。運船敗於風者，法當覈實乃除其數，文移咨勘，動經數歲，運户往往破家。艮閲牘即除之，所除糧凡五萬二千八百石，鈔二百五十萬緡。後遷浙江行省檢校官。有訴松江富民包隱田土，請立官糾追者，中書省行下行省，遣艮驗視，艮乃條陳曲折以破其誣，且曰：「彼欲竦朝廷之聽，以報宿怨耳。萬一民心動摇，患生不測，豈培養根本之策哉！」事以得寢。復擢江西行省左右司員外郎，有惠政。歲餘以中憲大夫、淮東道宣慰副使致仕，年七十一卒。

論曰：鹽之爲利，管氏資以富齊，故自漢武榷之，世遂沿爲永制。其産於解池者，水自凝結，是爲顆鹽。若山東、兩淮、浙、閩之産，則煮而後成，是爲末鹽。惟四川出於井深者數百尺，汲而煮之。地産雖殊，要爲國利。雖然，竭澤者無魚，赭山者無獸，留餘於民然後國得取盈焉。至於海運之行，蓋因元時河漕不能直抵京師，又不得不輓東南之粟以實輦下，故世祖從巴延之請而行是策，較諸河漕，利害相半。萬頃汪洋無淺滯之患，揚帆破浪無搾摔之煩，南風發運而北風歸舟，無銜尾相壅、經冬阻凍之弊。然而波濤之險什伯於河渠，一有淪溺，則舵師水工百不全一，此又不若河漕之爲安。至若押運監臨之官，出納收支之吏，弊竇多端，難可究詰，則河與海一也。艮之治鹽漕，概以厚下爲心，實得爲國生財之要道，史稱其讀書務致用，豈虚哉！

按達拉

按達拉，字瑞之，阿爾斯蘭之孫也。通經史，能習諸國語。累官集賢直學士，至順元年，遷襄陽路。值山西大飢，河南行省慮流民入境爲變，檄按達拉守武關。按達拉驗爲良民，輒聽度關，關吏曰：「得無非上官意乎？」按達拉曰：「吾防姦耳，非讐良民也，可不開其生路乎？」既又爲粥以食之，所活萬計。襄陽城臨漢水，歲有水患，築堤護之，遂以無虞。元統二年，除益都總管。益俗頗悍黠，而按達拉務興學校，以平易治之。有劫人賊，久捕不獲，按達拉生擒之，賊黨布賄，反誣按達拉以枉勘而縱其賊。已而賊劫河間，復被獲，乃盡輸其情，而按達拉之誣始白。是時親王瑪努鎮益都府，屬病民，按達拉每裁抑之，民以無擾。至正六年，年七十卒。

論曰：古者諸侯雖有分土而無分民，故齊桓以伯主，猶申遏糴之禁。誠以天地之大德曰生，所爲建侯樹長，皆以爲民也。秦漢以下司牧之官，初非世守，而反過生畛域，東鄰苦荒，西鄰遏糴，甚至拒關以絶其生路，如元河南行省之爲。彼越境求生者，獨非有元之赤子歟？何忍而能舍之至於此極也！嚴譏察而聽度闢，按達拉於是爲能仁矣。

盧琦

盧琦，字希韓，惠安人。至正二年成進士，稍遷知永春縣。始至，賑饑饉，止橫斂，均賦役，減口鹽，蠲榷鐵之無徵者，已而訟息民安。乃新學宫，延師儒，課子弟，月書季考，文風翕然。鄰邑仙游盗發，琦適入邑境，盗望見迎拜，曰：「此永春大夫耶？爲大夫民者何幸之大！吾邑長乃以暴毒驅我。」琦因立馬諭以禍福，皆投刃請縛酋以自贖，琦許之。酋至，琦械送帥府，自是威惠行於境外。十三年，泉郡大饑，死者相枕藉，稍能行者皆老幼，扶攜就食永春。琦勸諸浮屠及大家分食食之，存活不可勝計。十四年，安溪山賊數萬，將襲永春，琦召民諭曰：「若等能戰則與之戰，不能則我獨死之。」衆皆曰：「使君父母也，吾儕赤子，安忍以君畀賊耶！今日之事，有進無退！」琦率以攻賊，無不踴躍争奮，遂大破之，翌日賊傾巢至，又連破之。大小三十餘戰，斬獲以千計，而邑民竟無一人傷者，賊遂遁去。時兵革四起，列郡皆洶洶，惟永春晏然若承平。後改知寧德縣以去。

論曰：孟子有言：「率其子弟，攻其父母，自生民以來未有能濟者也。」琦之得民如此，所謂以衆志爲城郭，雖折箠而威於戈矛，制挺而銛於鋒刃矣。此實百戰百勝之術，孫吴之所未及講者也。

附録：四庫全書總目提要

史傳三編五十六卷江西巡撫採進本

國朝朱軾撰。軾有周易傳義合訂，已著録。是編凡名儒傳八卷，名臣傳三十五卷，又續編五卷，循吏傳八卷，成於雍正戊申。時明史尚未成書，故所録至元而止。

明以來傳名儒者，大抵宗宋而祧漢、唐，而宋又斷自濂、洛以下。軾所爲傳，上溯田何、伏生、申公、高堂生，不没其傳經之功；中及董仲舒、韓愈諸人，不没其明道之功；於宋則胡瑗、孫復、石介、劉敞、陳襄，雖軌轍稍殊，亦并見甄録，絶不存門户之見，可謂得聖賢之大公。其以遷就利禄，削揚雄、馬融；以祖尚元虚，削王弼、何晏；以假借經術，削匡衡、王安石，亦特爲平允。惟胡寅修怨於生母，王柏披猖恣肆，至删改孔子之聖經，咸預斯列，似爲少濫。又據王福畤之虚詞，爲薛收作贊，亦未免失之不考耳。

名臣傳所列，凡一百八十人，去取頗爲矜慎。續編所列又三十九人，其凡例曰：「續編者何？擇其次焉者也。或卷帙編次已定，附之於後焉耳。然見爲稍亞而乙之，與失於偶漏而補之，其品第則有間矣。」混而無別，亦稍疏也。

循吏傳所列凡一百二十一人，雖體例謹嚴，而頗未賅備，如何易于之類，表表在人耳目者，多見刊削。其去取之例，亦未明言，殆不可解。要其標舉典型，示人效法。所附論斷，亦皆醇正。固不失爲有裨世教之書矣。

前有軾及蔡世遠總序二篇，考名儒傳爲李清植所纂，名臣傳爲張江、藍鼎元、李鍾僑所纂，循吏傳爲張福昶所纂，世遠商榷之，而軾則裁定之云。

（據武英殿本四庫全書總目卷五十八）